袁崇焕

家族传奇

赵九洲 著

时代文艺出版社

目录

Contents

目录

Contents

第一回　归故里老宅寻父　小巷口怅忆童年

诗曰：

国祚不振民遭殃，奸小掌权乱朝纲。
甲午风云海魂灭，豺狼八只噬华藏。
义军枪声连天响，神人共怒传庙堂。
清朝王业气数尽，铲除旧恶谱新章。

光绪三十四年十月初，七十四岁的叶赫那拉氏慈禧，因贪吃过多而腹泻不止，病情越来越重。这个阴狠而又无知的泼妇，通过“祺祥政变”，独揽大权四十八年，她自知大限已到，为了妥善处理身后事，慈禧委派心腹太监李莲英，专门伺候被她囚禁在南海孤岛上的光绪皇帝。在李莲英的“精心照料”下，三十八岁的光绪皇帝，于农历十月二十日的黄昏，在与世隔绝的瀛台涵元殿里离奇驾崩。除掉政敌，慈禧也于第二天中午崩于中海的仪鸾殿。临死前，慈禧下诏说：以后勿再使妇人与闻朝政。此与家法有违，需严加限制。尤须严防，不得使太监擅权，明末之事可为殷鉴。慈禧的遗言好像在自我嘲讽，也可能是在死前下的罪己诏。

慈禧虽死，她给国家和民众带来的灾难，却无法在短时期内挽回。国库已经空虚，沉重的赋税把百姓逼得流离失所，良田荒芜农民抗税，起义的枪声响彻四方。时局不稳，外出的游子纷纷还乡，荣振武就是众多游子中的一员，他七岁离家，如今已经年至四旬仍孑然一身。荣振武对其父当年的做法不能释怀，但随着年龄的增长和阅历的积累，逐渐淡化了前嫌，开始思念起年迈的父亲，他决定退出江湖返回故乡，到老父的膝前尽人子之孝。

营口坐落在辽河的入海口，水陆交通极其方便，这里建埠虽然不久，却成为东北与关内货物交流的集散地。英、法、俄、美、德、日等国看准商机，也在此设馆通商，繁荣的景象盛极一时。农历四月，正是春夏交泰冷热适中的季节，归心似箭的荣振武日夜兼程，终于回到阔别已久的故乡。他从郊外顺着辽河南岸进入城区，翘首眺望，宽阔的河面上百舸竞渡，河堤下停靠着数不清的船只，林立的船桅在不停地晃动，洋人的舰船响着高亢的笛声横冲直撞。宽敞的河岸上设有十几处规模不等的码头，成群结队的脚夫在忙着装卸货物。荣振武无心浏览两岸的风光，他加快了脚步继续向西，终于来到久违的故居。这是一座普通的民宅，屋垣虽在却已露出颓败失修的痕迹，院内原有二十多棵桃树，如今仅存三株，枯萎的枝头挂着稀疏的桃珠。睹物思人，荣振武又联想到离别多年的老父，他怀着复杂的心情上前敲门。出来开门的是位老者，仔细辨认才看清楚，这并不是自己的父亲，而是一位陌生的老人。荣振武觉得奇怪，忙问其中的原因。开门的老者稍显迟疑才说：多年前，这里的邻居不齿于荣福生的为人，纷纷与其断绝来往，人际关系破裂以后，他家无法在此居住，只得卖掉房产伴着后续的妻子离开，不知他们的去向。荣振武兼程而来，听完老者的述说犹如冷水浇头，有些话没法再往下问，以免有更多的家丑外扬，他向老者告辞，退到魂牵梦萦的小巷口，站在那里回忆起童年时期的家。

荣振武的父亲名叫荣福生，原籍在登州府蓬莱市的龙山店，因为家境贫寒，十六岁那年跟随同乡流落到营口。初到异乡的荣福生既没有经商的本金，又没有从工的技艺，只能凭借年轻有力到码头充当装卸货物的脚夫。历经三年拼搏，省吃俭用的荣福生略有积蓄，经过同乡人撮合，他与缝补旧衣的姜姓女子相识，此女原是青州府临朐县的人，乳名二丫头。姜氏父母双亡，跟随娘舅流落到关外以摆摊卖布为生。寄身于娘舅家的姜氏，唯恐妗母不满，她起早贪黑为别人拆洗被褥缝补旧衣，以此挣钱贴补娘舅家的生活。周围的人对姜氏和荣福生的境遇深表同情，纷纷出头为他们撮合，这对来自异乡的青年男女，终于组成一个完整的家。

经过夫妻二人的共同努力，四年后，他们不仅有了儿女还建起五间新房。姜氏历经磨难深知生存的艰险，她怕儿女重蹈自己的覆辙就夜以继日地操劳，为家庭积攒钱财以备后用。人非铁石，姜氏经受不住过度的劳累，婚后第八年的春季，就感到乏力气短并伴随着剧烈的咳嗽，开始她并未在意依然不停地劳作，病情逐渐加重并出现咯血。直到这时姜氏才感到害怕，她忙到后街的万春堂药铺，找郎中诊治，经把脉确诊为肺痨，必须抓紧治疗否则将有性命之忧。姜氏听后暗暗吃惊，忙问：诊治的费用多少？郎中说：此病多因操劳过度所致，痊愈较慢，大约需要百日以上方可停药，粗略估算也得用银百两以上。姜氏听后心中起急，郎中说的药费就是她家现有的财产，如若把病治愈，不但要用掉手中的积蓄还得卖掉房产，到那时全家又将一无所有。想到这些，姜氏做出一个惊人的决定，她宁愿不治而死也不想拖累全家受穷。儿女聪明懂事，丈夫老实能干，姜氏相信自己的丈夫一定能把儿女抚养成人，再过十年八载，女儿出嫁，儿子娶妻，丈夫可享天伦之乐。憧憬美好的未来，姜氏反倒轻松起来，她想把家中的事提前安排好，以免在临死时有所牵挂。

姜氏把自己的衣裤全部拆掉，改做儿女的棉衣，随后又买来新布为丈夫做了几套备用的衣服，为了不让丈夫和孩子担心自己的疾病，她隐瞒了实情，独自承受着病痛的折磨，每天都在苦苦支撑着。姜氏知道自己将不久于人世，她狠下心来调教桃花和荣耀这两个年幼的孩子，让他们独自操持家务。不知内情的邻居觉得奇怪，溺爱儿女的姜氏为什么一反常态，逼着年幼的孩子去做那些繁重的家务。姜氏死后，大家才明白这个女人的良苦用心。姜氏的反常并未引起荣福生的关注，他依然过着无忧无虑的生活。姜氏的病情日趋严重整日咯血不止，为了隐瞒病情只得避开家人，躲进草垛偷偷地咳嗽。多日后的早晨，荣福生与孩子先后穿衣起床，唯独妻子躺在那里不动。桃花觉得奇怪忙凑到近前呼唤，这才发现情况不妙，姜氏的鼻孔和嘴角沾满血迹，她圆睁二目不停地挣扎却无力起身。看到这种情况荣福生才知道不妙，忙和孩子上前呼叫。姜氏伸出枯瘦的双手紧紧地抓着儿女，随后就瞪着无神的眼睛望着丈夫，连连张嘴想要说些什么，这时她已无力发声，泪珠从深陷的眼眶里滚落下来。姜氏是个没有学识的苦命女子，只度过二十五个春秋就带着牵挂离开了人间。

突然的变故让荣福生不知所措，孩子的哭声惊动了四邻，他们闻讯过来布置灵堂安排后事。在众人的帮助下，荣福生才把姜氏安葬在南郊的墓地。姜氏死后，荣福生变得沉默寡言，不知如何是好，幸亏妻子早有安排，桃花带着小弟仍能把家中的事务操持起来。荣福生是个没有心计的人，从不过问家中的生活琐事，只是到码头赚取那份血汗钱。为了供给家中做饭取暖用的烧柴，桃花姐弟拿着镰刀和绳索到南郊拾柴割草，顺便到母亲的坟前看望，以解思念之情，父子三人相依为命过着平静的生活。

半年后，前街的肖二姑突然出现，那是个能说会道的媒婆，她要为鳏居的荣福生提亲。女方名叫叶丽香，二十三岁，是船主叶三的独生女。其母白氏人如其姓，这个半老徐娘保养得白胖如雪，人送绰号大白梨。叶三忙于生计，常年带着伙计往返于天津、上海等地，很少回家与妻女团聚。风流淫荡的白氏根本就没把丈夫放在心上，整日带着女儿出入赌场、戏院，与街面上的纨绔子弟混在一起。那些混混把她们母女当成泄欲的玩具，从不论及婚嫁。时间一长，叶丽香就成为声名狼藉的女人，她不但不能攀龙附凤，就连普通人家的子弟也不肯娶其为妻。

前些天，叶三的船在海上遇到风暴，偏离了航道，最终触礁，船毁人亡。叶三死后，白氏母女仍不知节俭，她们将手中的积蓄用完，随后又把家产变卖一空。白氏失去了财源这才感到恐慌，为了生存只能让女儿尽快出嫁，她们母女的名声太臭没人肯接这盆刷锅水。饥渴难耐的白氏夜不能寐，她把全城的男人逐个排查，最后选中了荣福生，此人老实能干又没有主见，便于驱使控制。主意拿定，白氏母女来找肖二姑，让她从中斡旋促成这桩婚事。能言善辩的肖媒婆与白氏母女志趣相同，同类有事必当全力相助，她把提亲的事对荣福生说出。叶丽香的风流艳史广为流传，荣福生早有耳闻，他心生反感却不知如何回绝。肖媒婆早已猜到荣福生的心意，她解释说：叶家原是富户，很多求婚的人都被叶丽香回绝，有些心胸狭隘的人求婚不成反为仇人，事后散布谣言败坏叶家的名声。不知内情的人信以为真，以讹传讹才弄得真假难辨。肖媒婆的解释入情入理，荣福生听后连连点头。肖媒婆见荣福生没有主见就接着劝道：古人讲，饥不择食，寒不择衣，慌不择路，穷不择妻。你只是个出苦力的脚夫，又是婚后再娶，人家叶丽香原是富家闺秀，凭哪点都比你强，错过这次机会你将终身难娶，没有女人就不是完整的家。肖媒婆嘴尖舌利，说得荣福生俯首帖耳连声应诺。肖媒婆见提亲的事进展顺利，就把巧妙装扮的叶丽香找来。荣福生正值壮年精力旺盛，他忍不住扭头偷看，面前的叶丽香轻妆淡抹，衣着朴实无华，根本就不像传言所说的那般妖冶。荣福生更加确信肖媒婆之言不虚。

荣福生结婚已有八年，姜氏只是普通人家的女子，整日为生活奔波操劳，她不懂风情之欢、闺中之妙。叶丽香却有所不同，她是情场上的老手，深谙素女采撷之法、房中阴阳之术。在肖媒婆的精心安排下，初次相会就把荣福生摆布得神魂颠倒，梦游太虚，从此栽倒在这个女人的裙下，任其摆布不能自拔。经过一段时间的交往，叶丽香开始憎恨桃花姐弟和死去的姜氏。她发现，每当提到姜氏时，荣福生仍能流露出眷恋之情。这让生性偏执的叶丽香难以忍受，她把心中的怨恨说出来，肖媒婆早有准备，她笑着说：此事不难解决，只要略施小计就能让你解除烦恼。肖媒婆把离间荣家骨肉的想法一说，白氏母女听后大笑不止，当天晚上她们就实施这一阴谋，在闲谈中套取了荣福生与姜氏的生辰八字。第二天上午，肖媒婆带着叶丽香来到洼坑甸，用金钱收买了神算瞎子王，让他编造谎言，借助神鬼恐吓荣福生，使其憎恨死去的前妻。吃张口饭的江湖人分为不同门派，相面算卦的行当称为金点，他们使用的手段不同各有高低。自称神算瞎子王的人，并非是此道中的高手，他既没读过方观成的《玄关》，又不懂十三道簧，仅凭一张利嘴和几个贴靴就敢出来蒙人。肖二姑以保媒拉纤为生，经常带人到瞎子王这里合婚，他们之间相互利用，合伙蒙骗那些局外人。肖媒婆把来意说出，让瞎子王记住届时的说辞，一切安排妥当，她才把荣福生找来。肖媒婆说：你们二人的年纪都已不小，不能再这样拖下去，今天就到洼坑甸给你们合婚，查看双方的命相是否匹配。荣福生已被叶丽香迷住，唯恐婚事不成，便同这两个女人来到洼坑甸。

瞎子王对姜氏和荣福生的生辰八字了如指掌，他按着肖媒婆的吩咐，装腔作势侃侃而谈。然后指着荣福生说：你的命真硬，厉鬼缠不死，前妻克不动。瞎子王语出惊人，吓得荣福生毛发倒竖，就连围观的人也被惊出一身冷汗。肖媒婆装作诧异地问道：我们还没报出生辰八字，你是怎么算出来的？瞎子王冷笑着说：我的肉眼虽瞎，天眼却开，往前我可以推算出三百年间的天灾，往后我可以预知五百年的人祸，随后就把荣福生和姜氏的生辰八字说出。瞎子王与肖媒婆相互配合，只用了两个贴靴就把荣福生征服。肖媒婆装作虔诚的样子向瞎子王请教详情。瞎子王说：他前妻是个劳苦的身子铁石命，专克最亲近的人，年少时克父母，出嫁后克丈夫，到了晚年克子孙，属于三克的命。幸亏遇上命硬的汉子才得以幸免，两物相碰硬者存，克不动别人她自损。荣福生已经坠入人家设计的圈套，对瞎子王的话深信不疑，他心中暗想，难怪姜氏的父母双亡，原因竟出在这里。肖媒婆见目的已经达到就转换话题，问起荣福生与叶丽香的命运。瞎子王故弄玄虚地说：这两个人的命运合起来，算是君臣得配、鱼水相融，真是难得相遇的一对。合婚到此就算结束，瞎子王的神色突变，他面对着荣福生说：你有一儿一女，小儿命薄倒也无妨，你的女儿非同一般，其母克夫不成冤魂不散，附在女儿的身上继续替她作祟。肖媒婆装作害怕的样子追问：是否有破解的办法？瞎子王说：要想破解倒也不难，只要让此女提前出嫁，到对方的家中独守三年空房，其母的冤魂感到绝望就会离开，到那时合家就能平安。听完瞎子王的论述，荣福生心乱如麻不知如何是好。肖媒婆和叶丽香再也不肯开口，她们各自回家避而不见。

连续几天见不到叶丽香，荣福生感到惶恐不安，他狠下心来求肖媒婆替他拿主意。肖媒婆早把谎言编好，她假作为难的样子说：你与姜氏本是一对能干的人，可惜命运不济才落到今天这种结局，前事已被瞎子王算出就不必隐瞒。我们这些女人经常坐到一起闲谈，姜氏曾讲过自己的身世，她早就知道自己是个三克的命。荣福生急切地问道：我怎么没听她说过？肖媒婆说：这是要你命的事，瞒还怕瞒不住，如何能告诉你。荣福生听后觉得有理，他默默地点头答应。肖媒婆又说：据姜氏讲，四岁那年随父母到寺庙进香，那里的和尚说她命犯三克。姜氏父母听后大惊，为了确定命相的真假，他们又多次找人推算，说法虽有不同结果却是一样。姜氏父母这才深信不疑，有人给他们选出一个破解的方法，让异姓人把姜氏带走，远离家中的父母，那样就能避免灾祸降临。姜氏父母毕竟是无知的小户人家，心存惊惧却舍不得女儿离开，事后没出一年，她的父母就被克死。孤苦伶仃的姜氏无依无靠，这才被她娘舅收留。肖媒婆编造的谎言让荣福生心生寒意，暗恨姜氏无情无义，这种性命攸关的大事竟能隐瞒数年，至死也不肯对他说出。桃花的体貌酷似其母，姜氏的冤魂就藏在她的身上，随时都可能祸害自己，荣福生越想越怕，最后竟不敢与女儿见面。老实而又无知的荣福生，落入女人设下的圈套不能自拔，他哀求肖媒婆帮他找一户人家，提前把女儿嫁出去，以免其母的冤魂在家中作祟。肖媒婆稍作推辞就答应下来，当天就在沟西以五两银子的价格，把桃花卖到船户魏家做童养媳，当场替荣福生书写卖女的契约。

听说被卖，桃花犹如五雷轰顶顿时愣在那里，她绝没想到，老实厚道的父亲竟变得如此狠毒。求助无门的桃花拉着荣耀一路痛哭，来到姜氏的坟前做最后的祭拜，恳求母亲的在天之灵，能保佑小弟平安无事。然后又叮嘱荣耀，处处留神，事事忍耐，避开是非，争取早日长大成人。荣耀的年纪太小对姐姐的叮嘱似懂非懂，只能默默地站在一旁。桃花模仿母亲死前的做法，把自己的衣服找出来清洗缝补，留给小弟日后穿用，她昼夜不停地忙了两天仍未把牵挂的事做完。魏家带着银子前来领人，桃花无法忍受与小弟分离的痛苦，她大放悲声惊恸四邻，围观的人实在看不下去，纷纷斥骂荣福生狠毒无情。不知羞耻的叶丽香伙同肖媒婆上前辩解，当即遭到人们的痛骂，有几个年轻的妇女忍耐不住，扑上前去对她们加以拳脚。叶丽香与肖媒婆被打得脸破发散难以招架，这才狼狈地逃离现场。卖掉桃花以后，叶丽香又把歪主意打在荣耀的身上，她再次找到肖媒婆，请她帮忙撵走这个六岁的孩子。肖媒婆是个奸猾的人，唯恐引起众怒，她劝叶丽香暂时忍耐，不要再做过激的举动，只能慢慢地折磨这个孩子，用不了多久就能让他丧命。想不出更好的办法，叶丽香只能按着肖媒婆的话去做。

荣福生把叶丽香娶进家门，这个浪荡狠毒的女人成为这里的主人。家中的杂务全都落在荣耀的身上，六岁的孩子不但要刷锅做饭，还得把取暖做饭用的柴草备足。早饭后荣福生到码头干活，荣耀就拿着镰刀绳索到郊外割草拾柴，叶丽香仍在家中贪睡不起。经过大半天时间，荣耀才能把柴草割够，回到家中已是饥肠辘辘，揭开锅盖，饭菜全无，只有几个用过的脏碗扔在其中。可怜的孩子只能喝上几口凉水，以解腹中之饥，然后又拿起镰刀和绳索，饿着肚子继续到南郊打柴。一连数日都是这样，不管增添多少米面，中午仍是锅空盆净颗粒不存，荣耀觉得奇怪却不敢多问，他的身体日渐消瘦。一天早晨，阴云密布冷气袭人，没有急事的人都躲在家中，荣耀却不敢借雨偷闲，他仍像往常那样到南郊打柴。走到半路，狂风陡起电闪雷鸣，随即就下起大雨，年幼的孩子被淋得浑身发抖只得冒雨回家，叶丽香仍在家中沉睡未醒。荣耀不敢与这位继母见面，怕她背后搬弄是非。荣耀无处可去，只得钻进草垛躲避雨水风寒，外边的雨越下越大，草垛中的孤儿在朦胧中睡去。不知过了多久，荣耀突然被开门声惊醒，他睁开双眼往外偷看，原来是叶丽香出来倒水。荣耀不敢贸然出来，只能在草垛中焦急地等待。经过精心打扮，叶丽香这才坐下来吃饭，然后她把吃剩下的饭菜全都盛到盆里，端到院外喂街上的野狗。荣耀这才明白不剩饭的原因，他气得浑身发抖却不敢出来质问。

荣耀忍饥挨饿终于熬过了严寒的冬天，随之春生夏长秋叶黄，立秋过后的第三天就是姜氏的忌日。荣福生对肖媒婆等人编造的谎言深信不疑，他憎恨姜氏隐瞒实情欺骗自己，因此对她的年祭置之不理。被卖到魏家的桃花不敢提及母亲的年祭，唯有七岁的荣耀想为母亲做祭，可他身无分文买不起纸锞果品等物。荣耀想到贾家杂货铺，那家主人与姜氏原是同乡，为人也很和气。无路可走的荣耀决定登门求助，愿以十捆柴草换取年祭所用的物品。贾家同情荣耀的遭遇，当即同意。等到年祭那天，荣耀仍像往常那样出门拾柴，顺路取来纸锞和果品，来到南郊把果品摆在姜氏的坟前，在那里孤独地痛哭起来。这就是姜氏拼搏一生的回报。擦干了眼泪荣耀就开始忙碌起来，为了偿还祭奠用品的债，他每天都要割取双份的柴草，一份送到贾家的杂货铺抵债，另一份背回自己的家中，否则又将招惹是非。

这一天，夕阳西下，天色已经不早，经过多日劳作欠债即将还清，荣耀也已疲惫不堪，他捆好柴草准备回家。过度劳累让这个七岁的孩子无力再背起这捆柴草，无奈之下只得坐在那里稍事休息，谁知刚一坐下就进入了沉沉梦乡。

距荣耀打柴的地方向西不足三里，有座被遗弃的缸瓦窑，那是一片让人感到恐怖的地方，很少有人敢到那里走动。营口本是冲积平原退海之地，建埠距此不足百年，这里的百姓来自各地，有人在此发财也有人在此丧命。跟随主人来到这里的狗，也随着主人的命运在改变，很多失去主人喂养的狗无处栖身，只得到南郊以啃食死尸为生，最后都集中到这座废窑中。有些贫困人家饲养的狗，难耐饥饿也偷偷地跑到这里觅食，缸瓦窑一带的野狗多达百条以上，另有十几只灰狼也时隐时现混在其中，每到夜晚它们就陆续出来觅食。经常吃死人的野狗两眼通红，它们对人体散发出来的气味特别敏感。躺在柴草上熟睡的荣耀早已被野狗嗅到，它们从不同的方向朝这里集中，瞬间就来了十几只。野狗的叫声把荣耀惊醒，他紧握手中的镰刀退到坟前的石碑下，周围的野狗见人后退，它们也随之紧逼上来。这时天色已经暗淡，四周的野狗在不停地吼叫，有只黄白相间的花狗进入了荣耀的视线，那是隔壁王家饲养的狗，主人称它虎头。身处绝境的荣耀好像看到了希望，他大声呼叫虎头，果然，那只花狗认出这个邻居，它摇头摆尾马上变得温顺起来，随之过来用鼻子不停地嗅闻。事出突然，周围的野狗也平静下来，没过多久面前的野狗又骚动起来，它们狂叫着向前猛扑，身旁的花狗瞪起双眼，对着那些逼近的野狗吼叫起来，随后就发生了惨烈的撕咬。走投无路的荣耀突然摸到祭祀用的火柴，他忙拿出来点燃坟墓周围的蒿草，同时挥动手中的镰刀大声呼喊。夹杂在野狗中的灰狼惧怕火光，它们迅速后退。灰狼的惊恐嚎叫在围攻的野狗中造成了混乱，进攻的势头得到缓解。狗与狼不同，它们与人类共同生活了许多年，并不惧怕火光，依然围在四周不肯离开。

坟地以东百步之外，有一条贯通南北的大道，北至营口的启文门，向南可达盖平、金州等城。危难时刻从南边赶来一人，他在远处就听到嘈杂的狗吠和狼嗥，其中还有稚子的吆喝声。来人觉得奇怪，在这种阴森可怖的夜晚，为什么还有小孩在墓地里滞留，情况紧急来不及多想，他拔出腰间的短刀向火光闪烁的地方飞奔。来到近前这才看清，有个瘦弱的孩子被几十只野狗围在坟上。来人不敢停留，他冲散脚前的野狗，飞跃到小孩的身旁，伸手将他抓起闪电般地向北奔去。野狗被来人的举止激怒，它们发疯般地尾追过来，前边有几棵盘口粗的槐树，来人把荣耀举到一个树杈上。有只野狗窜到来人的身后，张开腥臭的大嘴向他的小腿咬去。来人略有意识却无法转身应对，只能顺势向后发腿，一个蹶踢正中狗的头顶。这条偷袭的野狗犹如断了线的风筝，飞出两丈之外，落地时七窍流血气绝身亡。几乎同时又有一条野狗向前猛扑，来人已经转正身躯，他踮步侧身屈膝飞踢，正中狗的胸肋，野狗胸骨的碎裂声在寂静的夜晚显得格外清晰。野狗在地上不停地翻滚号叫，吓得其他野狗连连后退不敢向前。趁着野狗惊恐之际，来人把荣耀举到野狗难以接近的树杈上，再用绳索将其固定，以防被救的孩子坠落下来。一切防范处理妥当，来人这才仔细观察，树下站满了种类不同的野狗，在漆黑的荒野中通过叫声才能分辨出其中的灰狼。暗蓝色的鬼火在坟墓之间不停地游动，增添了阴森的气氛。

攀伏在树上的人远离地面难以够到，有几只狡诈的野狗并不像同伴那样蹿跃，它们围着树干用利齿啃咬树的根部，致使树梢产生晃动。这种行为极其危险，如果其他野狗也来模仿，用不了多久就能把树干咬断，到那时后果将不堪设想，必须除掉那几只啃树的野狗以绝后患。来人摘下背上的兜囊悬挂到树枝上，选准时机飘身落地，变化太过突然把多数野狗惊退，他挥动手中的短刀对准仍在啃树的野狗连续砍杀，受伤的野狗发出几声惨叫随即倒地。来人不能在树下久留，得手后立刻攀到树上查看野狗的变化。鲜血从野狗的伤口涌出，血腥味激起其他野狗的凶性，它们返身回来对着同伴的伤口撕咬，瞬间就把那两只受伤的野狗撕成碎块。满嘴是血的野狗并不食用同伴的尸体，它们又围到树下嘶叫着向上跳跃。躲在远处的灰狼又开始行动，它们悄悄地来到树下瞪着闪光的眼睛，准备向上纵跃。来人不敢大意，他拿出弩箭连连扣动，三只昂首嗥叫的灰狼立即倒地。周围的野狗又扑到灰狼的身上猛咬，受伤的灰狼无力反击，它们也被身边的野狗分尸。经过多次争斗，野狗的尸体越来越多，剩余的野狗产生了惧意，纷纷逃离。

杀戮过后，来人这才得闲细看被救的小孩，只见他不哭不喊紧瞪着双眼，不停地向四处张望并未露出惧意，这种异常表现让人感到意外。这时已至半夜，经过长途跋涉又与野狗缠斗多时，来人觉得疲惫，他满身是血，如若进城被巡夜的人看见必将生出事端，倒不如坐在树上休息等到天明再走。两个时辰过后天光渐亮，来人向四周观望并未发现什么异常，这才解开绳索把荣耀抱到树下。深秋的凉气再加上久坐不动，荣耀周身麻木无法站立，来人帮他推拿，等到血脉正常流通以后方能行动。荣耀恭敬地致谢，来人再次细看这个被救的孩子，只见他的身体十分瘦弱，割草用的镰刀依然握在手中。这么小的年纪就孤身出来拾柴，整夜不归也没有人出来寻找，其中必有不为人知的隐情。本想张口询问又怕引起小孩的伤感，再说自己还有很多要事去办，来人把嘴边的话咽下，领着荣耀来到小河边清洗身上的血迹，然后就向市区走去。天色尚早店铺仍未开业，来人让荣耀在前边带路，他想亲手把这个被救的小孩送到家中，看看他家的状况是否还有亲人。

坟地离荣家不足五里，途中有两座木桥，来到门前发现孩子的家境不错，五间新房宽敞明亮，院落高大整齐，这种人家的孩子怎么可能孤身出去拾柴。推开自家的大门，荣耀急忙进屋舀来一瓢凉水，递给这位救命恩人。经过长途疾行和半夜打斗，来人早已饥渴难耐，他接过水瓢一饮而尽。听到外面有了响声，荣福生披衣出来查看，他见荣耀带回一个陌生人，当即就用斥责的口吻责备荣耀整夜不归。来人刚想上前解释，只见一个妖艳的女人出来，她以为抓到荣耀夜不归宿的把柄，就大喊大叫起来，诬陷荣耀贪玩学坏，借此让四邻听到。叶丽香的怪叫果然把邻居招来围观，来人身处局外不知详情，他疑惑地询问被救的孩子，以何为生。荣耀见救命恩人追问，这才把祭奠母亲亡灵身负外债，为了偿还赊欠的祭品，他每天都要拾取双份柴草，用其中的一份抵债。因为过度劳累无力负薪，这才倒在柴草上小歇，没想到竟沉睡不醒，如果不是恩公出手搭救，早已葬身野狗口腹。荣耀的陈述让来人感到震惊。围观的人听后个个动容骂声不止，有几个女人边哭边指着荣福生说：姜氏宁肯丧命也不动用家里的积蓄治病，没想到你贪恋女色卖女虐子，辜负了她对你的信任，以前我们以为你是个老实人，如今看来你比豺狼还狠。

通过知情人的斥骂，来人不想再与荣福生这样的人交谈，他转身走出荣家的大门。荣耀随即跟了出来，恳求来人把他带走，长大以后再报救命之恩。围观的人也在旁边说情。袁寿臣对荣耀的处境十分同情，他面现犹豫地说：荣家父子虽然交恶，可他们毕竟是骨肉之情，我哪能横在中间乱加干预。其他人恳切地说：荣耀的命是你救下来的，这就说明你们爷俩有缘，孩子活得太苦，如不及时让他离开迟早还得丧命。袁寿臣对荣耀已经产生了好感，再加上众人不停地劝说这才答应。他说：不知孩子的家长是否同意。有个商人说：此事由我出面代办，请袁先生稍候。他转身进院协商，荣福生是个没有主见的人，他用请示的目光看着叶丽香，这个阴狠的女人装腔作势趁机索要银子。围观的人知道实情，再也听不下去，他们又对叶丽香痛斥道：你进荣家就把桃花卖掉，如今又想出卖荣耀，难道你就不怕遭报应吗？我们早就想联名告你。叶丽香也不示弱，双方争吵不休，商人见状忙摆手示意，制止争吵。他说：既然你们夫妻不同意让荣耀离开家门那就算了，希望你们今后能善待他，以免引起众怒，大清的律法绝不饶人。商人说完转身就走，叶丽香见状忙上前拦挡，然后呵斥荣福生，让他书写契约。七岁的荣耀终于脱离苦海，追随在袁寿臣的左右。长大后，袁寿臣为他立字振武。

荣振武从童年的记忆中回过神儿来，路上的行人逐渐增多，他转身奔向沟西，看望久别的姐姐，想从她那查找老父的去向。

第二回 争码头乡帮结怨 赶庙会义释前嫌

来到姐姐家，这里住的竟全是陌生人。据他们讲：几年前这一带闹义和团，魏家父子全都参与其中，事后受到牵连。为了避祸，他们举家外逃不知去向。事出意外，荣振武愣在那里，世上仅有的两位亲人全都失去了音信，他感到孤独惆怅，天地之大竟没有自己的立足之地，茫茫人海却没有自己的亲人。心情懊恼的荣振武沿着辽河岸边向市区走去，出了巷口就是西大庙，这是营口最早建造的寺庙，它西临大海北靠辽河香火极盛，寺内供奉着海神娘娘，江南称为妈祖。庙的西南有座气势恢宏的财神阁，那里供奉着文财神比干，据传他是商朝末年的丞相，因其正直仁义而被妖孽怀恨，将心骗走成为无心之神。这位财神不像其他神佛那样，贪图眼前的香火而庇护那些亏心作恶之人，因为清廉才受到世人的尊崇。寺外的场地宽敞，四通八达，门前有两根粗壮的旗杆，高约四丈，上有红漆吊斗，根部两侧的石条用铁箍紧紧地夹在一起，十分壮观。山门外，东西两侧各搭一座高大的戏台，上结彩绸飘带随风飞舞。东边戏台的横楣上，挂着四个遒劲有力的大字：天津会馆。两边配有一副楹联，上联写：倜傥万代高歌长啸动山岳，下联写：风流千古铜琶铁板闹江河。西边戏台的横楣上，另有四个龙飞凤舞的大字：山东会馆。两边也配有楹联，上联写：八府九州雅集定多蓬莱客，下联写：五音六律选词应谱孔孟音。两座戏台的楹联非常有趣，都在夸赞自己家乡的人文壮美，戏台上下人来人往不停地忙碌。至辰时，赶庙会的人陆续来到，大庙内外人头攒动十分热闹。荣振武疾行百里才回到故乡，早已饥肠辘辘，他到广场的面摊前买来一碗榛面，边吃边与周围的人闲谈，借此排解心中的苦闷。

营口城区原是退海之地，定居于此的先民不过百年，当时这里是片不毛之地，沟壑纵横行走不便，饮水更加困难。荒芜的滩涂虽有三十多个深水池塘，可这多为无法入口的苦涩之水，只有几个池塘的水甘甜可以饮用，生存条件极其艰辛。地处辽河入海口的特殊环境，养肥了种类繁多的鱼虾和蟹贝，丰富的物产引来了渔夫和商贾，他们在存有淡水的池塘边建造房屋，设立作坊商铺。唾手可得的物产，让这些先民富裕起来，他们的亲友得信后也从远处赶来到此落户，外来人员不断增加，原本不足的饮水更显得珍贵。最先到达这里的人，把那些水塘视为己有，并以自己的姓氏命名，如南海庙东的贺家塘、练军营旁的王家塘、东边的周家塘、胡家塘等。后来者如若不是先民的亲友或同乡，想在有饮水的地方建筑房屋，必将遭到阻拦，为此发生多起械斗，导致山东与天津两地的乡民结仇，积怨越来越深。虽经官府调停仍无济于事，那些死伤者的后人更是耿耿于怀，总想寻找机会报仇。

旧仇未解新恨又现，外来求生者多为穷苦人家的弟子，他们既无经商之本又无从工之技，唯有一身力气。这样的人只能到码头充当装卸货物的脚夫。营口城区虽有十几家码头，用人毕竟有限，为了有工可做，同乡人聚拢到一起，凭借人多势众占据码头夺取装卸权，双方展开惨烈的争斗，就连官府也束手无策。后经双方有威信的人站出来进行协商，最终决定，用赤体过钉、铁砣沉江和油锅夺权的江湖手段，进行三场比拼以此争夺这里的码头。一方如能全胜，营口辖区的码头统由赢方掌控，输方甘愿听从驱使，两胜者可控码头的三分之二，一胜者只能避在那些小型码头装卸。双方商定各摆香堂，抽签选人出来拼命。赤体过钉，俗称滚钉板，事先摆放宽约一丈、长约十丈的木板，上面布满精心打磨的钢钉，上场人脱光了衣裤，平躺在锋利的钉尖上，从一端滚到另一端，能快速滚完全程即为胜者。铁砣沉江，俗称游龙宫，双方各自选派水性好、气脉足的人出场，先用绳索在他们腰间捆绑一个四十斤重的砝码，用船把人送到河中的深处推到水里，能抢先挣脱身上的砝码浮出水面者为胜。油锅夺权，俗称下油锅。比拼方法较为残酷，先把铁锅注满食油，再将锅内的油烧沸，参与比拼的人赤膊站在油锅旁，做好捞取的准备，然后由双方选出的公证人，把铁砣投进沸腾的油锅里，秤砣没入油中比拼的人就可以下手去捞，能把秤砣捞出者为胜。为了公允，双方决定择日在辽河岸边当众比拼，并让出场的人签下生死无悔、各安天命的状纸。随后同乡会又做出公议：出场人如能为同乡争得码头，取胜后可从收益中提取一成的好汉份作为回报。如若失手造成伤亡，出场人和他的家眷由乡众出资供养。

比拼那天早晨，辽河岸边挤满了人，出场比拼者十字披红，在同乡人的簇拥下来到现场，这将是九死一生的豪赌，他们的父母和妻儿躲在远处低声哭泣，让人感到凄凉。赤体过钉非比江湖艺人表演的卧钉开石，那是腥活。江湖人用的钉板只是道具，上面的钢钉有尖不锐，排列密集，着力点越多分解压力的功能越强，有的艺人还在接触钢钉的皮肤上，涂抹胶质药物，两者之间最大的区别就是静卧与滚动。比拼开始，上场人的年纪都在三十岁左右，身材魁梧体态强壮。山东汉子抽到头筹首先下场，他脱光衣服躺在钉板上艰难地滚动，鲜血染红了钉板。这位山东汉子强忍着疼痛，在半昏迷的状态下滚完了全程，落地前就昏死过去，整个人变得血肉模糊，虽经抢救仍未让他苏醒过来，三天后就离开了人世间。可能是受到前者的影响，天津汉子心生惧意，滚到中途就无力移动只得认输，即使那样，天津汉子也是遍体鳞伤，十几天后全身溃烂不治身亡。围观的人被吓得胆战心惊，血腥并未让双方就此罢手，铁砣沉江又在船上开始。山东派出的人，名叫申得龙，原籍芝罘岛，水性好气脉足，在乡帮之中负有盛名。天津派出的人姓张，他的身材矮小，人称水耗子。公证人在他们的腰间绑上铁砝码，然后投到河水的深处，在场的人屏住呼吸静观水面，挨过多时仍不见动静，双方都在为自己的人担心。申得龙和水耗子入水后，就被沉重的铁砣坠到河底，水的压差突然改变，使他们的心胸发闷不适并伴有眩晕之感。他们强自支撑，各拼全力拆解身上的砝码，浸水后的绳索很难解开，水性超群的申得龙，气尽而淹死在河底。身材矮小的水耗子与众不同，他能在水中换气，经过几番挣扎终于解开绑绳脱离铁砣，艰难地浮出水面，为同乡赢回一局。

最后较量的就是油锅夺权，铁锅已经架起，里边的油也沸腾起来，山东派出的汉子名叫孟庆普，天津派出的汉子名叫李景汉，公证人让比拼者用碱水清洗双臂以免涂药作弊。一切准备妥当，公证人把秤砣投放到沸油中，孟庆普与李景汉都是百里挑一的汉子，他们毫不犹豫，几乎同时出手抢捞铁锅中的秤砣，结果却是徒劳一场。孟庆普与李景汉的手臂下到油锅以后，就失去了知觉无法用力，他们二人已将生死置之度外，依然用手臂在沸油中搅动。同乡人再也忍耐不住，他们失声痛哭起来，有人冲上前去，把孟庆普和李景汉拉开，伸到油锅里的手臂已被沸油炸得枯萎，人离油锅就昏倒在地。为了保住他们的性命，同伴们只得硬起心肠，用事先准备的快刀将伤者的残臂齐肩剁掉，以免毒火攻心，然后敷上乌鱼的骨粉止血，中医称其为海螵蛸。比拼双方以同乡人的性命为代价，仍未分出胜负，凶杀不断，积怨越来越深。有些年长的人深感不安，他们提议：成立乡会，以此协调各种争端。营口这个新兴的商埠小城，先后成立了天津会馆、山东会馆和三江会馆。荣膺乡会首脑的，多为办事公正且有威信的人，各种不遂人意的事都由乡会出面解决，凶杀和争讼减少了许多。食客们讲的虽是旧话，重返故乡的荣振武却听得津津有味。

为求丰年太平，每逢庙会，各种有实力的帮会与个人都会来到现场，用不同的方法祈求神佛保佑。今年与以往不同，三岁的溥仪登基，改元宣统，由其父醇亲王载沣摄政。清朝王朝下诏：新君登基，普天同庆。营口的道台接旨后，立刻召集当地的士绅名流，商讨庆贺的方案。最终决定借庙会之机搭台唱戏，以庆君恩浩泽，万民同乐。天津会馆与山东会馆人多势众，官府责成两家会馆主办此事。地方上的官员开口，乡会首脑哪能不遵，双方派人搭台结彩届时开戏。天津会馆预定的剧目是《打渔杀家》和《水漫金山寺》，这种渔家英雄的水战戏剧，适合船帮弟兄的口味。山东会馆预定的剧目是《景阳冈》和《打登州》，戏曲中的人物都是山东好汉。两天前山东会馆从盛京请来一个戏班，主演秦琼的武生名叫张九伶，初次来到营口一切都感到陌生，他趁开戏之前闲暇无事，就沿着河边观赏两岸的风光，走出不远就遇到久违的舅兄王大舵。张九伶自幼学戏，嗓音洪亮、腰腿灵活，年纪不大就已名动津门。光绪二十五年，张九伶应义和团之约，与其他艺人联袂假扮武林高手，在清朝的权贵面前装神弄鬼画符念咒，用江湖手段演练油锤贯顶、刀枪不入等技法，不但蒙骗了那些高官，就连慈禧也信以为真。血肉之躯怎能抵御洋人的屠刀和子弹，真相败露朝廷反目，当即张榜搜捕那些妖言惑众者。张九伶怕受到牵连，便携带家眷逃到关外，多年不敢返乡探亲。没想到事过多年竟在此遇到其舅兄，二人异常高兴地携手走进岸边的酒肆，进屋后又碰上几位天津同乡，大家凑在一起边饮边谈。听说张九伶要登山东会馆的戏台，几位同乡面现不快，他们说：天津与山东两地的人在营口积怨已久，津门的名伶不该登对头的戏台。张九伶听后，解释说：我们这个戏班已与山东会馆签约，无法更改。浪中求财的王大舵性情粗鲁，他说：这事好办，明天你们上台先演

《打登州》，演完你就转到天津会馆的戏台，来段《挑滑车》，让这里的人开开眼界。张九伶与舅兄分别多年不好意思驳他的情面，只得违背行规答应下来。

荣振武久闯江湖，吃完椿面就到一家茶棚，借喝茶之机缓解整夜奔走的疲劳。两家会馆已经开戏，台上金鼓齐鸣，优伶各展身手，场面十分热闹。首场戏结束，扮演秦琼的张九伶脱下行头，直奔天津会馆的戏台，改换高宠的脸谱，他提枪上场叫板亮相。山东会馆的管事，见自己请来的名角登上人家的戏台，当即发怒大骂不止，在场的山东人更是怒不可遏，他们呼喊着奔向天津会馆的戏台。还没等这些人上台找张九伶理论，就与台下看戏的天津香客厮打起来，到天津戏台寻衅的山东人只有十几个，瞬间就被人家打得鼻青脸肿返身逃回。山东人见同乡被打立刻喊叫起来，有人抄起戏班里的钢刀、花枪、铜锣等，就连戏子们休息用的条凳也被当作武器，他们涌向对方的戏台为同乡讨还公道，几百人扭打在一起。这次争执源自于戏班处事不当，在场的戏子无法置身世外，《水漫金山寺》中的虾兵蟹将，在法海和尚的带领下各拿手中的武器参战，《景阳冈》上的老虎也被夹在人群中不停地挥动拳脚，扮相古怪的戏子混在人群当中打斗，格外显眼。身手灵活的戏子打起架来，比在台上演戏还要好看，站在远处观看的人们忍不住哄笑起来，他们拥挤着围上前来。

居住在营口的天津人来自海河下游，七十二沽的百姓多为船帮兄弟，他们常年在险恶的风浪中升帆、摇橹、撒网、拉锚，练出强壮的身体和彪悍的性格。定居在此的山东人来自登州府蓬黄等县，这些人以商贩为业，长期负重者为数不多。双方交手强弱立现，有几个负伤的山东人自知不敌，他们脱围逃走到公益久货栈求救。这家货栈的老板名叫纪连生，九年前曾在家乡设坛授徒，事败后，他带着几个弟子逃往关外躲避官府的追杀。山东同乡知道底细，纷纷出钱替纪连生创办货栈，乡亲的关爱让他感到歉疚，每遇难事都能挺身出来排解。面带伤痕的山东人来到纪连生的面前，把受欺被打的事重述一遍。纪连生听后暗自皱眉，漂泊在外的人生存都难，何必为这些无关紧要的小事争斗，如不出面护佑又无法面对同乡人的信赖。纪连生左右为难，无奈之下只得唤来弟子，各带钢刀奔向庙前的广场。聚集到这里的人越来越多，混乱的人群相互撕扯争吵不休，就连那些小脚女人和三尺顽童也置身其中。眼前的场景让纪连生感到为难，庚子年面对着洋人的枪炮，他敢挥刀抗敌也敢反击官府的镇压，眼前的人与自己一样，都是背井离乡的沦落人，没法出手，更没有办法平息这场纠纷。山东籍的人见纪连生等人提刀赶来，当即欢腾起来，天津的乡众心生惧意，他们纷纷后退却不肯罢手，缠斗更加激烈。纪连生的弟子与其师一样彷徨不安，有个弟子按捺不住想要上前排解，却被情绪激愤的船帮兄弟围住，身不由己。

船帮兄弟对纪连生早有耳闻，他们见山东籍的高手参战，立刻回去报信。船帮的老大名叫苗德根，他的经历与纪连生相仿。光绪二十五年，苗德根在静海县的府君庙设坛，没出半年就与独流镇的义和团结盟。光绪二十六年，苗德根与张德成等率领五千多人，分乘七十多艘大船沿着运河北上，赶赴天津城助战，围攻紫竹林租界那场恶战震动中外，张德成负伤后被奸人暗算身亡。后又遭到官府围攻，苗德根带领弟兄奋力突围，侥幸逃脱，只身来到营口避难。船帮弟兄敬重他的为人，公推苗德根为营口的船帮老大。为了防范当地流氓和水贼的侵扰，苗德根精心调教出二十多个身体强健的船伙，作为弟子护卫帮内的船只。西大庙的香火极盛，水陆两路来人较多，寺庙距船坞不足三里，苗德根怕歹人夹杂其间对船上的货物下手，因此静守船坞不肯出来赶会。报信人来到船坞，把双方殴斗的经过重述一遍，对于戏子违规转台的事只字未提。苗德根听后觉得奇怪，乡众无知情有可原，纪连生率领门徒提刀参战，这种做法却不应该。当年纪连生在山东的名声很大，就连津京等地也经常有人提及他的英名。苗德根与纪连生同属于义和团的首领，按理算是同气相连的战友，为了躲避官府的耳目，所以才不能重提那些旧事，以免招惹是非。两个人的行业有所不同，没有适当的机会接触，他们之间只是慕名，并不清楚对方的底细。没想到大名鼎鼎的纪连生，竟是个仗势欺人的狂徒，想到这里苗德根的气往上撞，他带领几个弟子提刀奔向西大庙，想要会会那个山东狂徒。

纪连生的弟子排解纷争不成，反被船帮的人围住。纪连生怕出意外，他大声呼叫，让弟子住手，尽快退出厮打的人群。纪连生的弟子已被愤怒的对手纠缠住，没有办法脱身，咒骂声此起彼伏不绝于耳。苗德根从远处奔来，听不清纪连生在说什么，只见他一手提刀另一只手在不停地挥动，情绪特别激动。苗德根误认为纪连生仗势欺人，唆使弟子殴打他的同乡。苗德根先入为主，对报信人的话深信不疑。他快步来到纪连生的面前，大声喝道：姓纪的不要猖狂，苗德根不才，愿为同乡讨还公道。听说面前的大汉就是苗德根，纪连生暗自一惊。庚子年间就曾听人说过，静海苗德根是个敢作敢当的义士，没想到传闻中的英杰竟是个出言不逊，骄横无理的伧父。纪连生沉着脸说：苗老大不要欺人太甚，拜佛进香本是喜庆的事，你们却在暗中用卑鄙的手段，强行拉走我们山东会馆请来的戏子，这种损人利己的行为无耻之极。不知实情的苗德根听后一怔，随即醒悟过来，他以为纪连生等夹技欺人，然后编造谎言混淆视听。苗德根更加气愤，他反唇相讥。纪连生见苗德根不可理喻，就冷笑着对周围的人说：天津台上扮演高宠的戏子名叫张九伶，他应山东会馆之约从盛京赶来，主演《打登州》和《景阳冈》，刚才在山东台上扮演秦琼的就是那位，戏未演完就被人拉到天津会馆的戏台上。苗德根偏信同乡人的话，对纪连生的指证置之不理。纪连生以为苗德根有意抵赖，就指着台上的张九伶，让他到天津会馆的戏台上与那个戏子对质。苗德根是个心胸坦荡的人，他并不知道实情，当即就与纪连生一起到天津的戏台对证。王大舵等人见势不妙，忙让张九伶下台，躲到人群中溜走，以免让商定的事情败露。纪连生与苗德根带着自己的弟子登上戏台，四处寻找却见不到张九伶的身影，台上都是天津人，他们有意隐瞒那个戏子的去向。

没有当事人的佐证真相仍难辨清，纪连生与苗德根各执一词再次争吵起来，他们的弟子年轻气盛，相互之间竟在台上动起手来。庙前的打斗愈演愈烈，近处的商贩也被殃及，有的人到官府报案。新君登基，各地的官员必有升降，道台怕自己的辖下出事，忙派手下的衙差带着械具，到现场抓捕那些闹事者，尽快平息这场事端。捕厅受命，率领衙差到庙前的广场办案。事态严重出乎他们的意料之外，成千上万的人撕扯在一起拥来挤去飘荡不定。捕厅心急高声呼喊勒令大家住手，结果却无济于事。捕厅无计可施只得让差人鸣枪示警，这种做法在这种场合依然无效，殴斗的场面虽然凶险，那些虔诚的佛教信徒依然按着时辰拜佛、进香、燃放鞭炮，祈求神灵保佑。鞭炮声胜过差人手中的枪声，双方斗得性起没人顾及场外的衙差。

争吵之初，纪连生和苗德根的弟子赤手相搏，虽有损伤，只是鼻青脸肿的皮外伤并无大碍，受伤后的年轻人怒火攻心，他们不计后果抽出钢刀上前拼命，眨眼之间就有几人中刀倒地。纪连生与苗德根见自己的弟子身负重伤生死不明，再也按捺不住心中的怒火，他们抽出钢刀厮杀在一起。这两个人不但武功精湛且有实战经验，庚子年间杀过入侵的洋人，事后又抗击反目围剿的官兵，论武功，他们在义和团的首领中，算是屈指可数的人物。纪连生的梅花刀法极为轻灵，一刀五闪罩住对手的全身。苗德根的八卦刀法专走偏锋，斜劈上挂暗藏玄机。两口钢刀上下飞舞，刀风陡起慑人心胆。

荣振武寻亲不见，闲坐在茶棚下异常烦闷，广场上发生的事全都被他看在眼里，初回故乡不能理睬那些是非难辨的闲事，以免官司缠身。纪连生与苗德根亮刀出手，这才使荣振武的眼前一亮，从这两个人的身手就能看出，即使够不上一代宗师也是武林中出类拔萃的人物。庚子年间，许多身怀绝技的人都惨死在洋人的枪炮下，血的教训让武林人感到失望，有些人心灰意冷弃武不练，致使多种技艺失传。时至今日，具有他们这种身手的人已不多见，纪连生与苗德根的功力应在伯仲之间，如不及时制止必将两败俱伤。荣振武怜惜他们的修为，甘冒风险化解这场争斗，他放下手中的茶碗把布包系在腰间，提起短棍挤到人群当中，随即晃肩摆胯，毫无阻碍地穿行于拥挤的人群之中。这种身法称为怪蟒穿林，身边那些人不由自主地向两侧倒去，还未等他们清醒过来，荣振武已经来到戏台下，他纵身跃起，悄无声息地落在台板上。

纪连生的弟子站在那里，聚精会神地看着师父与人家拼命，突见有人来到面前，这几个山东青年以为天津人过来偷袭，他们破口大骂挥刀就砍。荣振武见状目闪寒光，他抬腿踢正中为首者的内肘，钢刀脱手，挟着劲风飞向台顶，插在戏棚的横梁上，刀身被震得不停地颤动，被踢者疼痛难忍抱臂跳到台下，其他人也惊恐地收刀后退。事发突然，众人为之一震，嘈杂声随即停止，荣振武趁机开口。他说：众位都是沦落在关外的异乡人，何必干戈相见？在下拜求各位就此罢手以免造成更大的伤害。纪连生与苗德根斗红了眼，误把荣振武当成对方的帮手，他们稍似迟疑又斗在一起。事已至此别无选择，荣振武自我解嘲地说：众位既然有此雅兴，在下适逢其会必当助之。他舞动手中的短棍，插到二人的刀光之中。只见

上步人藏棍，退步棍护身。白猿出古洞，酒醉打山门。盖棍劈华山，撩阴惊敌魂。扣棍胸前点，避棍速转身。擂棍风云起，摔棍泣鬼神。

荣振武的短棍犹如九霄风云，遮天盖地。纪连生与苗德根都是威震一方的人物，哪能轻易服输，他们对来者产生了误解，无意中联手进行

夹击。荣振武不想打掉纪苗二人手中的钢刀，以免让他们当众出丑伤及自尊。纪连生与苗德根绝非泛泛之辈，二十几个回合过后才被这条短棍逼退。荣振武的棍法怪异，罩住二人的要害示警而不发力，纪连生与苗德根自知不敌，他们心灰意冷地跳到台下，怔怔地站在那里不知如何是好。荣振武独自一人站在台上，本想交代几句场面话，就在这时场外响起枪声。候在场外的捕厅趁殴斗暂停之机，让手下的差人鸣枪示警，然后齐声呼喊：我等奉命前来拘捕聚众闹事的元凶，无关者赶快离开，否则将以妨碍公务罪论处。平民百姓毕竟胆小怕事，在官差的恫吓下纷纷离开，广场上滞留的人数已经不多，倒卧在地上的伤者也被显露出来，经官差查证，伤亡者十一人，其中四死七伤。人命关天非同儿戏，捕厅见事态严重不敢怠慢，忙到戏台抓捕人犯。荣振武已经跳到台下，正与纪连生和苗德根聚在一起，述说自己看到的一切。纪连生与苗德根这才解除了误会，他们相互致歉握手言和。

捕厅任职多年熟知这里的详情，今天本是乡帮之间的群殴，致人死伤的真凶很难查到，如要抓人只能抓捕携带凶器的苗德根、纪连生，以及他们的弟子。可是，捕厅不敢在这些人的身上做文章，否则将要招致乡帮的攻讦，轻则丢官，重则丧命。捕厅久履官场，明白办案的手段，他把目光落在荣振武的身上。官场上有个不为人知的积习，每逢遇到棘手的案件，必找那些无钱无势的人下手，罗织罪名由他们去做替罪羊。捕厅见殴斗双方人多势众不敢得罪，只能把这个陌生人抓走以此结案，苗德根的性情刚烈忙上前阻拦，他说：这位先生与械斗无关，不该拘拿。捕厅赔着笑脸说：这场殴斗造成四死七伤，案情重大，按着本朝的律法，凡属涉案之人一律拿办，此人在众目睽睽之下登台打斗，必须到案录供，这也是下官无奈之举，望苗大把头见谅。纪连生见捕厅诡辩，就冷笑着说：你等如要把人带进官衙必须立案，然后过堂具结，呈报上峰。民众殴斗，造成四死七伤另有众多轻伤者，打斗的过程绝非一时片刻，身负朝廷之命、民众之托的地方官员不能及时弹压，上峰得报必究地方官员治境无方之罪，难道捕厅大人就不为自己的前程担忧？捕厅听后冷汗直流，他知道大清的官员虽然腐败，可是律文却不饶人。行事奸猾的捕厅再次露出笑容，他放下官腔说：我等在此为官全仗众位抬爱，咱们之间情同手足，这桩命案如何了结还望二位赐教。捕厅原是讼师出身，嫁祸陌生人的想法落空，只得求助当地有势力的乡帮。纪连生熟知捕厅的为人，所以才对他当头棒喝。捕厅不敢横生枝节，纪连生这才与苗德根协商，死伤者的后事由双方会馆共同承担，不再需要经官。他们各自派人代表乡会出面，随捕厅到衙门画押结案。纪连生让弟子返回货栈，取来二百两白银送给捕厅作为奉议。得了银子又脱了干系，捕厅满心欢喜，再也不去清查死者的原因，更不愿理睬那个登台的陌生人。

官差的事办完，纪苗二人这才得闲向荣振武致谢，话未说上几句，突然有两个陌生人来到他们的面前。其中有个高大汉子，自我介绍说：在下林天佐，这位是我的同伴乔道玄，我等都是永胜镖局的人，适才见先生的武功绝伦，心生敬佩，所以才冒昧地上前打扰，不知先生高姓大名如何称呼？林天佐的名字出口，荣振武的心头一动，难道这就是大师伯的儿子，他心中起疑却不露声色。荣振武报出自己的姓名，林天佐与乔道玄立刻变了脸色，他们相互对望当即开口邀请。林天佐说：荣先生如若没有急事去办，可否屈驾到永胜镖局盘桓几天。苗德根与纪连生正在商量，如何才能答谢荣振武，没想到永胜镖局的人竟要喧宾夺主抢先来邀。苗德根沉着脸过来阻拦，他说：承蒙荣先生仗义出手，终止了这场争斗，我等正不知如何答谢，你们二位却想把人拉走，这不是陷我们乡会于不义吗？林天佐怕与乡会伤了和气，连忙解释说：你们的美意在下理解，这场纠纷非同一般，近期你们将有很多棘手的事需要处理，无法脱身陪同客人。我们暂时把人请到镖局小住几日，等你们把后续的事处理完，咱们再到望海酒楼相会，不知二位是否答应。林天佐的话原在情理之中，纪苗二人无话可说，只得应允。

第三回　亮包裹兄弟相逢　谈师承曲折悲惨

永胜镖局坐落在营口城中，紧邻二官塘的北岸。那是一座高大整洁的四合院，两进的房屋宽敞明亮，高大挺拔的槐树排列在庭院两侧，气势恢宏的门楼庄重肃穆，门外有方正的场地，门前立有粗壮的旗杆，永胜镖局的大旗高高地挂在上面随风舞动。门楼两侧的石壁上刻有一副楹联，上联写：玉柱擎天映南北，下联写：金轮着地照东西。荣振武看后暗自猜测，不知这家镖局的主人是何出身。林天佐把荣振武让进客厅由自己相陪，他让同伴到后面给总镖头送信儿。乔道玄转身离开，时间不长就从后面传来沉重而又快捷的脚步声，有个身材高大的汉子跨进客厅。林天佐介绍说：这是我家总镖头孙振纲，江湖人称大铁枪，他转身又要为荣振武介绍。性情急躁的孙振纲，没等林天佐开口就抢步上前，他说：不用介绍我也知道，这位就是仗义出手的荣振武先生，我代表永胜镖局和集安商号的同仁向您致谢。明天早起我就派人到盛京送信，让集安商号的主人亲自过来拜谢，在场的人也随声附和。林天佐恭敬地说：光绪二十年，我等被困在万家岭，多亏荣先生出手相助才使镖局化险为夷，集安商号的东家希望面见荣先生，以谢当年的救命之恩。

听到这些莫名其妙的言论，荣振武如同坠入雾中，不知这些人在说什么，他以为镖局认错了人。就自我解释说：在下从这离开已有三十多年，从未再到关外更没在辽南行走，还望众位明察。众人听后面现惊愕，孙振纲先是一愣随即就大笑起来，他说：荣先生真乃古之朱家，舍生取义，功成身隐，从不留名。现有物证在此，看你还能作何解释。孙振纲的性情急躁话没说完抬腿就走，时间不长就拿回一个蓝布包裹，摆放在桌案上。荣振武只看了一眼就站起身来，随之流下泪水，他轻轻地抚摸那个包裹连连叹息。林天佐貌似粗放，其实是个心细的人，他站在那里观察着事情的变化，荣振武本是个城府较深的神秘人物，且不说以前那些经历，就拿今天的事情为例，戏台上技压群雄，他不露轻狂；面对众人的恭维，他不现高傲；对于官差的锁拿，他不带惊惧。为什么一见到布包就显得如此激动，其中必有不为人知的隐情。荣振武仔细察看了包里的物品，然后将它包好。他沉思了一阵儿才说：这个布包确实是我的，当年在这出现的人并不是我，而是师妹黄艳雯，她是义叔黄百川的女儿。荣振武的话音未落，林天佐却激动起来，他急切地上前追问：你义叔可是河南荥阳的黄百川。荣振武答道：正是。林天佐又问：你是黄百川的什么人。荣振武说：我是他义兄袁寿臣的弟子。林天佐听后，再也控制不住喜悦的心情，他拉住荣振武连叫兄弟，然后自我介绍说：我就是林沛雨的儿子。直到这时荣振武才认定，面前这位林天佐就是自己的兄长，他忙倒身下拜，兄弟二人拥在一起悲喜交集。

荣振武寻父不见却巧遇师门的兄长，同时收回师妹当年的遗物，这两件喜事冲淡了他心中的烦恼，情绪也显得兴奋起来。孙振纲见林天佐与荣振武兄弟相逢，也感到高兴，马上派人摆放酒席予以祝贺，酒席摆放完毕，大家分宾主落座。庙会上的事早已被这里的人们传成神话，在众人的怂恿下，孙振纲反复追问当时的细节。荣振武不愿多说那些过去的事，便以平淡的话加以搪塞。林天佐见荣振武不愿提及此事，只得代他讲述庙会上打斗的过程。正当大家对荣振武夸赞的时候，林天佐却感到奇怪，他接过话题追问道：兄弟这身武功是谁教的。荣振武觉得林天佐的问话有点怪异，就随口答道：我只拜袁寿臣一人为师，从未跟其他人学过什么。荣振武的回答，反让林天佐感到疑惑不解，他说：二叔袁寿臣本是一介书生，以教书为业，为人虽然豪爽可他根本就不会武功，怎么能够教你。听完林天佐的问话，荣振武这才明白过来，师伯的儿子并不知道师父的根底。他说：你们虽然在我师父面前长大，却不知道他老人家的底细，我家师门有段不可告人的血泪史，如今天下大乱用不了多久就将改朝换代，现在说出来已经无关紧要，随后就讲述起来。

荣振武的师父袁寿臣，是大明兵部尚书兼右副都御史袁崇焕的七世孙。袁崇焕自幼就勤奋好学，天生一副侠义心肠，他乐善好施，喜欢结交朋友，如遇他人有难必当尽力去帮，深得乡邻的喜爱。十岁那年春季，袁崇焕随父袁子鹏探亲回来，途经太平石山顺便进去游玩。天近中午，碰到两个衣衫褴褛的采药人，年长者大约六十多岁，年少者与袁崇焕相仿，他们身背药筐坐在石壁上，可能是腹中饥饿，正在分食药筐中的野果。袁崇焕看后心生怜悯，他征得父亲的同意以后，就拿出自己的食物，来到二人面前与他们共同食用。通过交谈得知，这两位采药人本是师徒，他们精通医术药理。

这一带正值瘟疫盛行之时，当地的郎中束手无策，很多人都死于这场瘟疫，为了能拯救百姓，袁子鹏恳请两位采药人留下，替当地的乡民解除疾苦。采药人见有人挽留就点头答应，当问及他们的家乡与姓名时，却奇怪地发现，两个采药人的精神有点异常，年纪大的叫痴郎中，年纪小的叫茶药童。袁子鹏听后哭笑不得，对于他们的医术也产生了怀疑，他本想带着儿子离开。袁崇焕的想法与父亲不同，他在刚才的交谈中发现，这两个采药人的衣着虽然破旧，言语之中却暗含着深奥的哲理，有些地方让人难于理解。从痴郎中的身上倒看不出有什么特别的地方，那个年幼的茶药童却有所不同，他那两只呆滞的眼睛蕴藏着精光，开合之间机敏异常，听口音他们都不是本地人。袁崇焕心中暗想，不管采药人的医术是否高明，见到穷困潦倒的异乡人就应该伸手相助，不能让他们流落荒野客死异乡。他央求父亲把这两个采药人带回家中，先让他们为患者进行治疗，看看能否有效。如能治愈，既可解除灾难又能让采药人有所积蓄。如若不能治病，咱们可以资助一些路费让他们早日回家。袁子鹏偏爱这个次子，不想让他在中间为难，当即答应袁崇焕的要求。袁子鹏把痴郎中和茶药童带到家中，安置他们在前面的门房居住。痴郎中师徒把自己带来的草药，蒸烤研磨配置成剂，让袁崇焕送给近处的患者服用，经过不停地奔波，共为患病者送去三十多份草药。

天近黄昏人们蜂拥而至，凡是服过草药的病人全都有所好转，他们的亲属赶来向袁家致谢。那些没有拿到草药的人家，听说以后也派人过来索取，袁家内外挤满了求医讨药的人。痴郎中带来的草药已经用完，无法再去配制，眼前的场景让他感到为难。无奈之下，年迈的痴郎中又背起药筐，带着茶药童起身，他们要连夜进山采集所用的药材。有些青壮汉子备受感动，他们也要与痴郎中师徒同行，多采些草药回来救治病人。痴郎中听后摇头说：山陡坡滑路途遥远，你们没有办法跟上，那样反倒误事，救人要紧不能耽搁。青壮汉子不服，他们暗想，你们师徒本是老弱年少之人，难道比我们这些青壮汉子还强，那些人不能明辨只能暗中跟随。结果却让人感到意外，没出五里就见不到痴郎中师徒的身影，青壮汉子觉得奇怪只能悻悻而回。痴郎中师徒昼夜不停地炮制药剂，经过半个多月的劳作，终于将这里的病人治愈。远处的病人听说白马圩有位神医，也纷纷前来讨药治病，痴郎中师徒的名声大振。通过这件事，袁子鹏发现自己的儿子慧眼识人，更加注重对袁崇焕的培养，希望袁家这个次子成为栋梁之材。

这一年正值三年大比，秋试即将到来。袁崇焕废寝忘食备考乡试，他挑灯攻读四书五经、策问，以及八股文等，争取考入举人之列。这天夜晚袁崇焕读的是《论语》，子曰：父在观其志，父没观其行，三年无改于父之道，可谓孝矣。这段话的意思是说，父亲在世的时候要看他的志向，父亲死后要看他的行为，多年以后仍不改变父亲的处世之道，那样就可以称为孝顺。袁崇焕读后感到疑惑不解，如若父亲的处世之道有悖法理，那样也要遵循吗？要按那种说法去做，岂不成为先帝之错，后帝继承的恶性循环，天下百姓焉有活命之理？袁崇焕的年纪虽小学习却很执着，直到鸡鸣才感到疲倦，他仍不肯放下书抄睡觉。为了使自己的头脑清醒，袁崇焕决定到庭院当中活动一下筋骨，透点凉气再回房攻读，刚出房门就听到墙外的响声。袁崇焕觉得奇怪，他踮起脚尖轻轻过去，拿来木梯搭在墙头，探身向外张望。眼前的场景让袁崇焕感到震惊，痴郎中站在那里，指点茶药童练习武艺，师徒二人目射精光威武无比，这与他们平时那种呆傻之相判若两人。茶药童纵如飞鸟，动如灵猿，起落敏捷，出手力逾千斤。

袁崇焕正看得入神之际，茶药童突然飞跃过来，伸手将他抓起扔到痴郎中的面前。突如其来的变化，把袁崇焕吓得浑身发抖，过了半晌才回过神儿来，他说：我想拜前辈为师学习武艺。痴郎中默默地站在那里，停了一会儿才说：你本是富家子弟，很难吃这种苦，还是回去读书吧。袁崇焕说：能吃苦的并不一定都是穷人，那些沿街乞讨的健全人，他们宁肯舍出脸来沦为乞丐，也不愿做工受累满足自己的温饱。古训讲得好，将相本无种，男儿当自强，英雄不问出身。听了袁崇焕的话，痴郎中暗自高兴，他点着头说：我没看错你这个孩子。原来在太平石山时，痴郎中就看出袁崇焕是个可造之才，所以才应袁子鹏之约，前来为当地的百姓治病，借机观察他的品行，伺机收为弟子。痴郎中说：做人要讲品德，练武也是一样，武者止弋也，弋乃带绳之箭，中伤者有绳牵制，使其不能带箭逃生，此器歹毒，有赶尽杀绝之嫌。武字拆解，原为制止残暴的杀戮，那样才不负习武者的本意。袁崇焕初次听到这种论述只能半懂。痴郎中见天色已明，他叮嘱袁崇焕不要对任何人提及习武之事。袁崇焕点头答应。痴郎中是个学识渊博的人，他不但传授弟子武术、兵法、阵法，还诠释四书，五经等经史中的精奥之处。袁崇焕的视野开阔、学识超群，十四岁应藤县试，补弟子员。二十三岁赴乡试来到桂林府，试后游览群山，曾在独秀峰下赋诗一首：玉笋瑶簪里，兹山独出群。南天撑一柱，其上有青云。以此抒发报国的情怀。

光阴荏苒，痴郎中与茶药童来到白马圩已有十六年。这年春天，痴郎中突然把两个弟子叫到面前，提出与他们告别。事发突然，茶药童与袁崇焕，急忙询问原因。痴郎中说：山海关外有座医巫闾山，那是他的原籍，当年负气离家已有几十年，如今已至耄耋之年总得回去看看。袁崇焕见师父的年纪太大，需要有人照顾，他跪在那里苦苦地挽留，痴郎中执意要走，不为弟子的苦劝为意。茶药童见痴郎中的去意已决，忙收拾途中所用之物，他想伴随师父同行。痴郎中见状，沉下脸来呵斥道：你随我多年竟如此没有长进，我要独自离开，必有独自离开的事务要办，你跟在我的左右反倒碍事。茶药童已经得到痴郎中的真传，他觉得师父的做法有点反常就在暗中进行观察。茶药童发现痴郎中的印堂发黑，额上有乌云盖顶之变，他心生惊惧，怀疑师父的大限将临，仔细再看又觉得不对。痴郎中的身躯挺拔，步履矫健，不带残烛之相。茶药童心存疑虑却不敢多问，只能按着师父的话去做，经过精心筹备，一切应用之物全都齐全。袁崇焕备上酒席为痴郎中饯行，师徒三人聚在一起做分别前的畅谈。痴郎中说：我这一生只有你们两个传人，根据你们的秉性各有大任在身，希望你们好自为之。茶药童感到不解，忙站起身来请求师父明示。痴郎中说；你是师兄却无大志，传承此艺只能落在你的身上，希望你能择优而授，不要让这门武功失传。茶药童怕师父生气，连连答应。痴郎中又对袁崇焕说：你的文采远胜于师兄，可那并不是安邦定国之术，只能用它求取功名，今后要多向师兄请教兵法的运用和武技的应变，日后用它必能干出一番大事业。不过你要严加注意，锋芒太露能招致小人的嫉妒，处置不当就将引来杀身之祸。凡事要适可而止，切记急流勇退。袁崇焕听后，连连称是。痴郎中拿出一部《武经》递给茶药童，让他们兄弟二人细心参悟。袁崇焕怕恩师旅途劳累，就雇来一辆暖车让他乘坐，痴郎中也不推辞。第二天清晨，袁崇焕和茶药童骑马跟在暖车的左右，向东北方向走去，天过午时来到梧州。在痴郎中的严厉斥责下，他们才止住脚步，站在那里眺望，直到车马在远处消失，茶药童和袁崇焕才若有所失地转身回去。

茶药童甘于平静的生活，他继续采集药材为乡邻解除病痛。袁崇焕与师兄不同，他心怀大志，希望能博取功名，进入仕途为黎民造福，因此整日攻读经史、对仗八股，准备参加会试。每到夜晚就与茶药童一起，研讨兵法练习武技。万历四十七年，三十五岁的袁崇焕进京会试，考中进士第三甲，第四十名。张榜后，袁崇焕踌躇满志，他赋诗一首表达自己兴奋的心情：战罢文场笔阵收，客途不觉遇中秋。月明银汉三千里，歌碎金风十二楼。竹叶喜添豪士志，桂花香插少年头。嫦娥必定知人意，不钥蟾宫任我游。踏入仕途以后，袁崇焕先在工部任职，不久便授福建邵武知县，他为官清廉，处事公正，深得百姓的爱戴。有一次城内失火迅速蔓延，袁崇焕来不及脱掉官服，就飞身上房穿越于火海之中，冒险抢救财产指挥民众灭火，三班衙役深受鼓舞，也纷纷投入灭火的行列。邵武城中的百姓，从未见过这样的父母官，他们感动得热泪盈眶，事后为这位知县制作了万民伞。

痴郎中离开白马圩已有多年，茶药童和袁崇焕担心年迈的恩师，他们想到医巫闾山寻找，可是广宁已被敌军攻占，边关战事吃紧无法成行。建州女真部，在努尔哈赤的带领下迅速壮大，他们以报祖父两代之仇为借口，公开向大明王朝宣战。努尔哈赤统帅骁勇善战的八旗子弟，先后攻占了抚顺、清河等镇。警报传进关内，朝野震动，贪婪荒怠的明神宗朱翊钧仍无动于衷，继续躲在深宫称病不出。大学士方从哲与吏部侍郎赵焕，曾多次带领群臣匍匐于文华门外请命。迫于无奈，神宗这才派兵部侍郎杨镐为辽东经略，总领边关战事。杨镐带领总兵刘綎、李如柏、杜松，马林等二十万大军。再加上叶赫、朝鲜等各路援军为后盾，兵力多达四十七万。杨镐将人马分为东西南北四路，对兴京（赫图阿拉）进行合围，想要一举荡平努尔哈赤建立的后金。努尔哈赤仅以八万人马就打败了指挥失误的明军，杜松、马林、刘綎三人战死，李如柏弃甲逃走，杨镐等人兵败下狱。数十万明军出征仅有月余，便丢盔弃甲一败涂地，神宗忧急而死。光宗继位只有一个月就驾崩。朱由校继位，是为熹宗，朝廷调熊廷弼为辽东经略，出关抗击后金这个强敌，兵败后改换袁应泰代之。努尔哈赤带兵来犯，连下沈阳、辽阳等城，袁应泰兵败自焚。朝廷再派薛国用出任辽东经略，又败。无奈之下，朝廷重新起用熊廷弼。魏忠贤的死党，广宁巡抚王化贞与熊廷弼不和，他们相互推诿坐失战机。努尔哈赤趁机攻入广宁，连下四十余城，王化贞下狱，熊廷弼被杀。随后又派王在晋、孙承宗、高第、王之臣等，轮流为辽东经略。朝中这些名将全都败在努尔哈赤马前，关外的土地尽失，只能坚守边关。明朝有名的将领不是战死就是下狱，无人再敢请缨。熹宗任命宣府巡抚张经邦为辽东经略，总领边关战事。张经邦听后吓得冷汗直流，他三次上疏，拒不受命，疏中坦承，宁肯革职为民也不赴任，其他将领也是如此。熹宗无奈，只得采取抓阄和推荐的办法，不管本人是否同意，只要皇上批准就得上任，否则将绳之以法。朝中那些权臣，趁机将自己的仇家推荐出去，硬夸他们懂兵。结果不是兵败战死，就是获罪被杀。

正在朝中述职的袁崇焕，觉得熹宗的用人方法荒唐可笑，军国大事关乎社稷的安危，哪能用抓阄的办法解决，他在吏部慷慨陈词，大谈用兵之道。袁崇焕的话在权臣当中引起关注，兵部尚书兼东阁大学士孙承宗心中暗想，此人本是文科出身的小秀才，他不知天高地厚，只做了两年知县就敢涉足军旅侈谈武事。孙承宗把袁崇焕找来，当场就谈起兵法战策，两人谈了两个时辰仍未尽兴。孙承宗怕袁崇焕是赵括、马谡之流，只会纸上谈兵，他找来侍卫与其比试武技。袁崇焕说：此人只是侍卫胜之不武，你们再找出几位同时与我相搏。各部官员不再自持身份，他们围拢过来纷纷响应。袁崇焕与其交手不过三合，五名侍卫全都倒地。御史侯恂慧眼识人，当即上疏奏道：关宁不保，京师动摇。戡平叛乱必须借助谋臣、猛将。目前，在京述职的邵武知县袁崇焕，英风伟略，不妨破格录用。朝中正值用人之际，袁崇焕由吏部所辖的文官，调往兵部任职方司主事。袁崇焕虽然得到痴郎中的真传，可他毕竟初次涉猎兵事，没有实战经验，为了查清关内外的军事实情，顺便出关到医巫闾山寻找恩师，向他讨教守土保疆和收复失地的战策。袁崇焕派人把师兄请来与他同行。为了不惊动其他人，袁崇焕与茶药童身穿便装扮成商人，暗带利刃直奔山海关，他们对长城内外进行了实地考察，然后又赶到医巫闾山，那里村镇分散、地广人稀，到处都驻扎着后金的人马。袁崇焕不敢公开寻找只能在暗中搜寻，经过三天不停地寻访，仍未探到痴郎中的下落，他们不敢长时间逗留，唯恐引起后金士兵的注意，无果而返。

袁崇焕只是兵部一个掌管地图和武官叙功核过的小官，没人把他放在心上，朝中诸事依然如故。熹宗惶恐不安，权臣束手无策，拥兵自重的将领畏敌如虎，蛰伏驻地不敢挺身驱敌。袁崇焕原想请痴郎中出山，共商破敌的大计，结果却从关外空手而归，见不到恩师只能求助师兄帮助。茶药童与痴郎中一样生性淡泊，不愿参与世间的纷争，经过再三恳求，他才看在同门兄弟的情分上答应留下来，帮助袁崇焕参悟战事。茶药童与袁崇焕都曾学过痴郎中留下来的《武经》，可他们却从未亲历过军旅生涯，初次涉猎战事，只能按着《武经》上的要求去做。根据回忆，袁崇焕与茶药童绘制了长城内外的山川地形图，再把沿途听到的一切加以研究，最终做出克敌制胜的方略，他们先要找出后金的取胜之道。努尔哈赤是个狡诈而又狠毒的人，他以杀父之仇不共戴天为借口，暗行夺取天下之实，以此欺骗天下仁者之心，借此笼络各种人才，以正兴兵反明之名。按兵法所言，此为出师有名。再找后金的取胜之本，久居穷乡僻壤的努尔哈赤，为了能让寥寥无几的后金人口迅速增长，他带领将士攻城夺地，抢劫财产掠夺人口，把抢来的女人分配给手下的将士，让这些女人为他们生儿育女，促使后金的人口扩增。强迫被抓来的男人，为他们制造攻城略地的器具。努尔哈赤通过这种野蛮的手段，致使后金迅速强大起来。最后查明后金的取胜之术，努尔哈赤及其手下的将领，并没有什么惊人的韬略和过人的武技，只能用一些狠毒的统兵手段，让将士在阵前拼命。出征时，军中的将士带着妻儿同居。行军时，将士列队在前，妻儿随同粮草辎重在后。交战时，将士在阵前拼杀，妻儿在阵后运送物资，救治伤者。即使阵前失利，后金的将士也不敢溃退，他们的妻儿就在身后，为了保护自己的亲人只能死战到底。后金的将士多在炮火声中诞生，在马背上长大，他们把阵前的杀声当成小曲，把惨烈的杀戮当成儿戏，自幼养成残忍的习性，长大后就能成为彪悍的将士，这就是努尔哈赤的取胜之术。

找出努尔哈赤取胜的原因以后，袁崇焕胸有成竹，他在兵部慷慨激昂地说：只要给我兵马钱粮定能守住边关，随后又向朝廷上疏《平金十策》。在连遭败绩无人敢战的危难关头，袁崇焕的壮举让兵部大员感到振奋。给事蔡思允上疏曰：山海一关，只有残兵五万，皆敝衣垢面，城垣低薄塌圮。溃卒，难民聚集如斗之城，互煽互惊，立见乌合兽散之势。袁崇焕饶有才略，宜勒令出任逾关。熹宗准奏，升任袁崇焕为山东按察司佥事、山海关监军，同时拨帑银二十万两，命他招兵买马。从这时开始，袁崇焕才能亲临前敌。接旨后，袁崇焕异常高兴，他带着师兄茶药童奔赴边关，先后拜访那些曾经败在努尔哈赤手下的将士，想从以前的失败中吸取教训。那些战败的将士极其痛苦，虽然逃生却遭到朝廷的处罚和大家的鄙视，根本就没人理睬他们。袁崇焕却截然不同，他对那些惨遭败绩的将士给予安慰，并耐心请教以前的战事。那些败将深受感动，立誓以死洗刷前耻，日后都成为袁崇焕麾下的死士。

边关不稳，有些官吏趁机克扣军饷中饱私囊，士兵愤怒各存异心，致使军前倒戈结阵逃窜。为振军威，袁崇焕斩杀几个依仗朝中有人、明目张胆侵吞军饷的官吏，这才使军心稳定、纪律严明，赢得了士兵的拥戴。为了提高将士克敌制胜的本领，袁崇焕与师兄共同研究，从《武经》中选出三种简单易学却又凌厉无比的泼疯刀法，传给军中的将士，这种刀法专门对付骑术精湛的后金骑兵。努尔哈赤把大明的官军打败，占领了整个关外，义州的百姓却不肯投降，他们在义侠杨三和毕麻子的带领下，聚众四万多人退守十三山，虽被后金的人马围困多日，依然凭险固守拒不投降。杨三曾多次派人进关求援，辽东经略王在晋惧怕努尔哈赤不敢出关营救。袁崇焕得报后义愤填膺，他想带领五千人马到宁远驻守，策应十三山的义军突围。结果却遭到王在晋的反对，十三山陷落，数万义军被杀，只有六千余人逃回，事后都投到袁崇焕的军中效力。为人豁达的袁崇焕重于义气，广招忠义勇猛之人，他统领的人马不足两万，却是一支精悍的队伍。在兵部尚书孙承宗的支持下，袁崇焕打开关门攻城夺地，收复失地二百多里，修建九城四十五堡。宁远城最为重要，它西连长城，东接锦州，背靠丘陵，面对大海，是通往辽西的咽喉要道，距山海关只有二百余里。袁崇焕带领军民苦干一年才把宁远城筑起，各地流亡的百姓纷纷来投，关内外的商贾也到这里经营，宁远成为关外的重镇。

关外忙，朝中更忙，身为九千岁的太监魏忠贤，虽然目不识丁却极有心计，他趁熹宗皇帝引绳弹墨，专心制作木器家具的时候，对东林党人大开杀戒。魏忠贤首先杀掉御史杨涟和左光斗，再罢赵南星和叶向高等十几位重臣的官，只要不是阉党的人全都罢免，兵部尚书孙承宗是东林党的干将，自然在罢免之列。魏忠贤派他的义子高第出任辽东经略，总领边关战事。此人胆小又不懂军务，上任后就下令撤掉宁锦防线，将驻防的将士和安家立业的百姓撤到关内，军民苦心修建起来的城池和防御工事全部被毁。百姓留恋新建的家园和良田，哭声震野怨声载道，沿途弃尸不断，大明王朝的军威丧失殆尽，根据事后统计，丢弃的军粮马料约有十万余石。

袁崇焕拒不听从高第之命，并竭力劝阻道：诸城已复怎能不战而撤，锦宁为关前屏障，只要择良将守此决无他虑。高第对此置之不理，袁崇焕怒斥道：我是宁远守将，誓与宁远共存亡，尔如强撤宁远守军入关，吾愿独卧孤城以挡后金。高第无奈只得撇下这座孤城不管，独自带领十万大军退到关内，紧闭关门自保，不再理睬关外军民的死活，宁远成为关外一座孤城。

努尔哈赤善于用兵，得到高第丢弃粮草仓皇撤军的消息万分高兴，他统领大军，趁辽河封冻之机踏着坚冰过河，想要抢运明军丢弃的粮草，顺势拿下宁远城达到一统关外的目的。警报传来，宁远城内人心惶惶，流言四起。为了稳定人心加强军民的守城意志，袁崇焕修书一封，派快马送到家中，恳请师兄茶药童到军前相助，同时把老母和妻女接到宁远这座危城，借此稳定人心鼓舞士气。正在病中的袁老夫人接到来信，立刻派人去请茶药童到病榻前议事。看完师弟的手书，茶药童知道前线危在旦夕，他决定独自前去相助，不想让袁家老少涉险。茶药童劝阻道：如今正值隆冬，关外极其寒冷，伯母顽疾在身难耐长途颠簸之苦，不如先在家中静养，由我替代你们前去最为妥当。袁母听后，脸色凝重地说：国家有难，边民遭殃，吾儿与将士独守危城，如若不是万不得已，他绝不可能千里传书邀家人前往，我已是风烛残年、行将就木之人，岂能安卧家中惜命偷生。袁母的话慷慨激昂，让在场的人涕泪交流。茶药童见袁母的去意已决就不再多劝，他为老夫人下了两剂猛药，然后回去做周密的准备。广东东莞、广西藤县以及福建邵武一带的义勇之人，听说袁崇焕在边关遇险，他们纷纷来投，不出几日便集中了二百多名各具所长的强壮汉子。一切准备完毕，茶药童让袁老夫人以及其他家眷坐进暖车，他率领这二百多名精壮汉子，保着袁家老少日夜兼程，火速奔赴山海关，沿途不断地有人加入，出关时赶来支援的人数已达千人以上。宁远城上的守军遥见有人来到关下，急忙进去通报。战事迫在眉睫，袁崇焕独坐大帐心急如焚，他见有人到此急忙登城观望。见到家人和师兄带人前来增援，袁崇焕大喜过望，立即带人开关出迎，茶药童把前来的经过述说一遍。听说老母抱病陈词前来赴险，袁崇焕声泪俱下，当众跪倒在地磕头出血。城中的军民深受感动，他们的呼声震耳，纷纷表示，愿与宁远共存亡。袁崇焕站起身来，向城中的父老和全体将士致谢，他把老母和妻小安顿完就与师兄闭门筹划如何应对即将来犯的敌军。

茶药童与袁崇焕本是师兄弟，两人之间不必客套。袁崇焕说：努尔哈赤挟得胜之师，锐气正盛，此次前来共带精兵十三万，宁远守军不足两万，双方的兵力相差悬殊，不知师兄有何良策退敌。茶药童说：此次交兵本犯兵家大忌，孙子谋政篇讲得清楚，十则围之，五则攻之，倍则分之，敌则能战之，少则能逃之，不若则能避之。故小敌之坚，大敌之擒也。咱们的人马只有后金的七分之一，两军对阵无法取胜，只能凭借城坚器利不择手段地杀伤他们，让后金的人马感到胆寒，那样才能逼他们退兵。袁崇焕说：宁远城经我手修建，城高三丈二尺，雉堞高六尺，墙基宽约三丈，算是一座坚城，只是没有利器。茶药童说：刚才听通判金启宗说，城中有十一尊仿西洋的红夷大炮，正可架到城上使用。临来前我赶制出两种药粉，可以掺到火药之中，红色药粉名为烈焰舞风，这种药粉伴着炮火打进敌阵以后，随风飘动可达半个时辰，触物即燃无法扑灭。紫色药粉名为蚀骨粉，也是随着炮火打出，借助炮火的爆炸力向四处飞溅，粘到人马的身上无法摆脱，快速溃烂，奇痒无比难以忍受。这两种药物不但能让远离炮火的人丧生，还能使伤者的同伴惊惧丧胆，以此摧毁后金将士的斗志。袁崇焕听后连连称赞。茶药童接着说：努尔哈赤连年征战，虽然抢夺了不少奇珍异宝和粮草辎重，仍无法满足军队的需要。满族的男丁全都从军，大量的土地荒芜粮草十分短缺，此次兴兵既想夺城又想夺粮，只有坚壁清野才能逼其速战。咱们把高第丢弃在近处的粮草运到城内，远处的粮草无法运回只能派人过去烧掉，不给努尔哈赤留下一粒粮食。如今趁敌兵未到，先派人把方圆百里之内的房屋芦苇，就连野草也全部焚烧干净，让努尔哈赤的人马在数九寒天的旷野里，无处栖身无柴取暖。袁崇焕听后大惊，他有点不敢相信，平时语言迟钝面相呆板的茶药童，竟能在短时间内筹划得如此周全。难怪师父在临别时说，我的学识不及师兄，看来果真如此，他暗自庆幸能及时把师兄请来相助。这场战争非比寻常，袁崇焕不敢大意，继续与师兄研究守城的事宜。茶药童说：努尔哈赤有备而来，城中必有他的奸细，你派熟知城中内情且又心细的将佐，带人严查潜伏在这里的奸细，对那些藏匿不报者就地正法以警他人。师兄的话，让袁崇焕取胜的信心大增，他说：据以前的将士讲，努尔哈赤曾选出一批精悍的军士，组成凿城队，他用重金聘请几位挖墙钻洞的小偷和刨坟掘墓的盗贼，到营中传授拆石除砖的本领，经过训练，后金的掘城手相互配合，眨眼之间就能把城墙凿穿。茶药童听后连连点头，他说：别小看了这支凿城队，必须想法除掉他们以绝蝼蚁溃堤之患。两人一直谈到黄昏，袁崇焕才辞别了茶药童，回到帐中点将议事。

城中的将领听到鼓声迅速赶来。袁崇焕镇定地说：宁远为辽西重镇，如今孤立无援危在旦夕，只有军民同心合力坚守，才能险中求生守住宁远，努尔哈赤不下此城难以西进，我将家眷接到城中，誓与此城共存亡，望各位携手抗敌以报皇恩。袁崇焕的一席话让在场的人深受感动，帐中的将领纷纷表示，誓死守城决不退缩。袁崇焕见士气旺盛，当即宣布守城的事宜，总兵满桂提督全城防务，并要坚守东关。副将左辅坚守西关。参将祖大寿坚守南关。副总兵朱梅坚守北关。通判金启倧配送弹药，编排民夫供给饮食。卫官裴国珍采办，征用一切守城的物料。同知程维模带领卫兵和百姓，清查混入城中的奸细，对那些藏匿不报者予以严惩。传令驻扎在城外的人马，把距城五里的龙官寺粮仓打开，将那里存放的粮谷运到城内，其他较远的粮草无法搬运，只能将其烧掉以免落入敌军之手。城外的百姓可携带贵重物品和守城工具，进城躲避敌军的骚扰，方圆百里的房屋登记造册，然后捣毁，等到战后予以重建，再把芦苇树木以及野草等可燃之物焚烧干净。最后派人通知前屯的守将赵率教、山海关的守将杨麒，如有宁远逃亡的将士到此，一律斩首，各将领令离开。

大战迫在眉睫，城中的灯火通明如同白昼，所有的人都为战事忙碌。茶药童见袁崇焕安排得当，有大将风范，不由得暗暗称赞，难怪师父把他收为弟子并预言师弟定能成其大事，他见众将散去就迈步进入帐中。袁崇焕见师兄进来忙起身相迎，危难时刻兄弟二人更加亲近。茶药童说：我带人制作了二十多个长约三丈的厚木方筒，置于四面的城墙上，如遇敌军的凿城手躲在城墙角下凿城，那是弓箭无法射到的死角，可将火药包在棉被中扔到城下，再将这些方筒从堞口推出少半，悬露到城墙以外，弓箭手躲藏在长筒内，用火箭射燃棉被内的火药，烧死那些凿城手以确保城墙无损。袁崇焕听后连连称妙，兄弟二人初次临敌，他们运用痴郎中传下来的《武经》守城，越谈越觉得兴奋，直到天明才分手离开。天亮以后同知程维模来报，共从城中搜查出二十名奸细，另有三户人家被后金收买，替敌军传递情报。袁崇焕听后恨极，当即传令，将案犯绑于城上斩首，弃尸城外以警贪图钱财者。派到城外的人马陆续进城，一切准备就绪，只等敌军前来攻城。

努尔哈赤在盛京的宫中与众将议事，突然接到斥候传来的快报。高第接任辽东经略后，突然丢弃十万多石粮秣仓忙撤进关内，只有宁前兵备佥事袁崇焕，独带两万人马驻守在宁远孤城。努尔哈赤觉得奇怪，忙把军师范文程请来。范文程是北宋名臣范仲淹之后，才智不下乃祖，他博才多艺，上识天文，下知地理，深明韬略，能推算未来。因其怀才不遇，得不到大明朝的重用，万历四十六年，范文程背祖弃宗投靠了努尔哈赤，帮他出谋划策夺取大明的江山。努尔哈赤虽然比范文程大三十八岁，却把这个青年视为神人，他让十六个儿子拜在范文程的门下，只称先生不许呼名以示尊崇。眉清目秀的范文程来到殿前，努尔哈赤忙起身致意。两人客套一番，努尔哈赤就把探子的话重复一遍。范文程说：这真是天赐良机，夺取十万石粮秣可够全军将士食用半年，趁魏忠贤专权，明廷混乱，咱们大军压境必能获取全胜。努尔哈赤听后大喜，他怕日久有变，忙传令大贝勒代善整顿人马择日出兵。祭祀完毕点炮发兵。

第四回 守孤城血战宁远 痴郎中遁迹闾山

天启六年正月，努尔哈赤率部来到辽西，分别派遣人马到锦州、右屯、大小凌河，以及松山、杏山、塔山等明军囤积粮草的地方，抢运高第丢弃的粮草。到那以后才发现，所有的粮仓全都化为灰烬。后金的将领觉得奇怪，经搜寻抓到几个故土难离的汉人，通过审问这才清楚。两天前宁远的守军来到这里放起大火，他们把仓内的粮草焚烧得颗粒不剩，等到大火熄灭才扬长而去。得到报告以后，努尔哈赤气得大骂不止。军师范文程劝解说：汗王息怒，不要为这点粮秣烦恼，拿下宁远一统关外，暂与大明平分长城，徐图中原才是大事。听到范文程的劝解，努尔哈赤这才冷静下来，他与军师商讨，如何攻打这座宁远城。范文程说：袁崇焕本是文科出身的进士，他敢以两万新募之兵，独守宁远孤城，由此可以断定，袁崇焕是个胆大却不懂兵法的书呆子。汗王可以修一封言辞犀利的书信加以恫吓，再派能言善辩的说客到宁远城中下书，许以高官劝其投降，那样就可以兵不血刃，得到那座坚城和两万人马。努尔哈赤对范文程十分尊崇，当即回答说：烦劳先生代笔。范文程满腹经纶，他提起笔来一挥而就。努尔哈赤从降金的汉人中，选出一名能言善辩的信使，到宁远城内下书。信使走后，努尔哈赤让手下的将士把宁远城围困起来，以此对城中的军民施压。

袁崇焕接过书信展开观看，上写：吾朝以二十万大军攻打宁远，此城必破，尔如降金必将封以高爵，如其不然，等到城破，必屠此城。信使刚想张嘴劝说，袁崇焕却露出蔑视的笑容，随即指着他说：你已背祖弃宗，是个无常的小人，不必在此信口雌黄。袁崇焕提笔写道：宁远是大明的城池，吾等身为朝廷命官，只能死守不能投降。尔等兵力只有十三万，谎称二十万那是虚夸之数。由此可见虏等心虚，未等开战已露败象，只能用假话壮三军之胆。信使出城来见努尔哈赤，他把回信呈上，随后就把投书的经过述说出来。努尔哈赤听后大怒，他对众贝勒说：袁家小儿只是个不知天高地厚的小秀才，朱家满朝名将全都败在我的马前，他居危城还敢信口开河。努尔哈赤提刀上马下令攻城，他在军中亲自督战，大有一鼓踏平此城之势。后金阵中的鼓声突起，将士们从阵后推出吕公车，它比宁远城还要高出两丈多，身披重甲的弓箭手站在上面，对宁远城上的守军进行俯射。可以遮挡炮火的楯车也向城下移动，楯车后面是装载沙土、准备填塞沟堑的小车，紧随其后的敢死队手持盾牌和单刀，二十人一架云梯随时准备登城，人马皆披重铠的骑兵列队殿后。自开战以来，努尔哈赤多采用这种阵法，攻城夺寨屡屡得手。一通鼓罢旗门大开，后金的健卒从阵中推出二十四尊大炮，他们快步向前，炮口对准宁远城，直到这时努尔哈赤的阵容才全部亮开。

守城的将士见后金的阵容严谨，不由得紧张起来，他们把惊恐的目光投向主将。袁崇焕正与师兄谈论敌军的阵势，茶药童边看边说：难怪后金连连取胜，努尔哈赤的帐下确有高人，咱们必须认真对待。袁崇焕镇定地说：只要全城军民携手定能战胜敌酋。主将的镇定和从容，让守城的将士感到宽慰，他们不再像以前那样害怕城外的敌军。随着第二通鼓响，后金的人马已经冲入炮火的射程之内，双方的大炮几乎是在同时响起，隆隆的炮声把大地震得不停地颤抖。宁远城中这十一尊仿西洋的大炮，已在军中多年，那是无锡的工匠制造，以前的明军将领并未把这些大炮放在心上，他们只知道在两军阵前拼杀，却不知道大炮的威力，更不懂使用的方法。跟随茶药童到关外助战的一千余人，多为两广和八闽等地的义士，他们身怀绝技各有所长，地处沿海的闽人，常受倭寇和海盗的侵扰，为了保卫自己的家园只能在沿海架起火炮进行自卫，因为长期使用所以对大炮颇有研究。茅元仪、孙元化和罗立等人都是此道高手，尤其是罗立更为突出，被同乡称为神炮手，他对装药的多少、填弹的数量以及引爆的时间，都计算得恰到好处，无形中增加了炮火的威力。为了能连续发炮，茶药童弄来一些浸水的棉被蒙到炮身上，不停地浇注冷水降温，那样就可以解除炮筒过热、无法填装弹药的弊端。

努尔哈赤率领的人马，确实是骁勇善战的队伍，阵前那二十四尊大炮依次射击，宁远城的内外被火光笼罩，爆炸声此起彼伏连续不断。吕公车上的神箭手居高临下，连续射杀城上的守军，借此掩护楯车向前推进，双方都有人员死伤。后金的人马久经沙场，不为惨状所动，依然踏着同伴的尸体，奋不顾身地向城下推进。有些楯车终于来到护城河边，护城河里的水虽然结冻，冰面毕竟比地面低矮得多，楯车无法前进只得停在那里。躲在楯车后面的小车被健卒推出，连车带土全都扔到护城河里，后金的人马眨眼之间就把道路铺平。城上射出的炮火不停地在敌阵中爆炸，后金的将士死伤累累，他们依然向前猛冲。有些楯车躲过火炮，终于来到城下，手持斧凿的掘城手躲在楯车下面，城上的箭矢和滚木檑石，奈何不了楯车顶部的厚挡板，更砸不坏蒙在上面的生牛皮。袁崇焕站在城上看得真切，他令通判金启倧把内包火药的棉被投掷到城墙下，随后又把长木柜从堞口推出悬在城外，藏在柜中的弓箭手用火箭射燃棉被里的火药，大火迅速燃烧起来。正在忙碌的凿城手无处藏身，全都被烈火烧死。

突如其来的变化让后金的人马慌乱起来，他们不敢再往前冲只能掉头后撤。等到火势稍减以后，袁崇焕这才探身向下观看，眼前的景象让他感到震惊，正当他们投掷棉被的时候，后金的凿城手趁机凿城穿穴，他们之间相互配合，在极短的时间内就拆开宽约两丈的大洞三处，如若不是天寒封冻有些墙体可能塌陷坠落。袁崇焕发起狠来，他令金启倧用拌有蚀骨粉和烈焰舞风的弹药，向敌军集中的地方打去，竭尽全力杀伤他们的人马。金启倧领令立刻施放特制的弹药，后金的人马乱作一团。趁敌军慌乱之际，袁崇焕立刻组织人马封堵墙体的缺口，他亲自带人挑土担石鼓舞士气。楯车上的神箭手认出宁远城的主将，他们对准袁崇焕的咽喉弯弓发箭。正在担土的袁崇焕突觉劲风扑面，他自知不好，急忙摆头侧身让开要害，随即用手拨挡那支冷箭，这才逃过一劫，只有小臂留下创伤。周围的将士劝他下城养伤，袁崇焕说：大丈夫不能舍身报国，岂不枉活此生。他随手扯下战袍一角，将伤口包扎起来，继续挑土封堵城墙缺口。守城的将士见主将如此，个个舍命杀敌，城中的百姓深受感动，纷纷加入抢修的行列。

城上的炮火呼啸着飞入敌阵，后金的人马被炸得血肉横飞，经过鏖战，后金阵前的大炮炙热发红，无法填装弹药，由于强行使用有几尊大炮炸膛，致使周围的炮手丧命。随之怪事发生，后金阵中出现多处幽灵般的怪火，在毫无征兆的情况下突然发生，不但烧伤了人马还有很多物品被烧毁，另有一种让人不解的怪现象，人和马的皮肉突然溃烂，奇痒无比难以忍受。得了这种怪病的人极其痛苦，他们面目扭曲，不停地嚎叫并用手撕扯那些烂肉，直到露出白骨仍不罢休。努尔哈赤手下的将领，不知是明军施放的药物所致，他们以为是神灵不佑，当即跪倒在地不停地祈祷。足智多谋的范文程，对阵前出现的怪异感到懵然，不知如何应对。他劝谏道：如今天色已晚，咱们暂且收兵，等到明日再战。久经沙场的努尔哈赤也知道再战无益，只得点头答应。努尔哈赤的十三万大军只带了沿途食用的口粮和几百顶帐篷，将士无法在寒冷空旷的荒野中生存，只有拿下宁远城才能解决全军的食宿，结果战到天黑也没攻下此城，反倒损失了很多人马。没有柴草生火做饭，后金的将士只能分食腊肉和生米，那些伤者得不到有效的治疗，他们不停地在寒夜中号叫，让人感到恐惧不安。努尔哈赤召集众将到大帐商讨对策，几位贝勒愤愤不平却又无计可施，就连足智多谋的范文程也提不出应对的办法，只能默默地等待天明。

努尔哈赤收兵后，金启倧就带着城中的百姓送来热水和食物，同时救治城上的伤者。饭后，袁崇焕挑选百名身手矫健的军士，带上火具，用绳索将他们坠到城下，把后金遗弃在城下的云梯、战车等攻城用具全部焚毁，并捡回大量的弓、刀、箭矢等。第二天清晨，后金的人马全部出动想要拼死一战，但他们的攻城器具大部分被毁，将士心存恐惧，斗志锐减，不敢再到城下拼杀。八旗将领挥刀驱赶仍无济于事，有些将士想到昨天的惨状，到了城下不敢停留转身就往回跑。努尔哈赤亲自在阵后督战，他气愤难耐，挥刀斩杀了几名退缩的将佐，仍然止不住众多的后退者。将士的怯懦让努尔哈赤无法忍受，他拍马舞刀向前冲去，大贝勒代善和莽古尔泰等人急忙上前阻拦，代善跳下马来，死死地抓着父亲的马缰不放。努尔哈赤已经怒到极点，他举起钢刀要斩代善，众贝勒及五大臣全都跪倒在地。努尔哈赤心如刀绞，代善抓紧马缰向其他兄弟高喊：你们还不赶快带人攻城。莽古尔泰和皇太极等人飞马舞刀向前冲去，努尔哈赤怕自己的儿子阵前有失，忙挥刀斩断缰绳，跃马奔向宁远城，代善扔掉手中那半截缰绳，翻身上马从后边赶来护卫。神炮手罗立站在城上寻找战机，突见敌酋飞马冲来，他急忙调整炮口等待他们进入射程之内，结果一炮奏效。只见浓烟四起烈焰冲天，人的残肢和马的鞍鞯，随着炸起的泥土向四处飞溅，哭嚎声随之传来，等到众贝勒清醒过来，忙从地上抬起受伤的努尔哈赤奔回大帐。努尔哈赤苏醒后仰天长叹：自二十五岁起兵以来，历经大战上百次算是常胜将军，没想到竟败在统军不足两万的秀才手下，自己还身负重伤。

努尔哈赤拔城无望只能撤军。为了给努尔哈赤找回颜面，范文程献计说：攻不下宁远城，可以分兵夺取觉华岛，那里囤积着大量的粮草。努尔哈赤明白范文程的良苦用心，他让武纳格统领五万人马，按着军师的安排，履冰渡海攻下觉华岛，数万军民全部被后金的将领杀害，以泄宁远兵败之恨。后金的人马撤围退兵，袁崇焕防其有诈忙派侦骑跟随其后观察。经过战火洗礼，宁远城已经千疮百孔，多处墙体崩塌，必须及时修复以防敌军卷土重来。为安城中民众之心，及时对被毁的民宅进行登记造册予以补偿，等到解冻时再重新修建。督屯通判金启倧等阵亡的将士，需要上报朝廷等待褒奖，对于死难将士的家属要从优抚恤。敌军阵亡的尸体，被同伴运往城西的砖窑中焚烧，因其伤亡过重尸体堆积如山，无法在短时间内燃尽，后金的人马只得弃尸而走，为防瘟疫流行只得抽调人手继续焚烧，战后诸多事务仍需操劳。正当军民忙碌的时候，派出的侦骑来报，后金的人马分道而行，其中一部护送伤重的努尔哈赤返回盛京疗伤，另外一部由武纳格率领奔向觉华岛。袁崇焕听后大惊，自己的人马经过血战伤亡过千，箭矢等利器所剩无几，战后的宁远城百废待兴无力出兵增援，他修书两封，送给辽东经略高第和驻守山海关的总兵杨麒，书中晓以利害请求他们发兵援救觉华岛，以免岛上的军民惨遭不测。高第对此置之不理，事过几天就传来了惊人的消息，驻守觉华岛的参将金冠，率领一万五千名将士迎战敌将武纳格，终因寡不敌众被后金的人马战败，岛上的军民全部被杀。袁崇焕听后心如刀绞，他面对着觉华岛的方向长叹：奸人误国，致使数万军民丧生。

恶战过后，宁远城依然矗立在辽西大地上，辫子兵在宁远城下，被袁崇焕打出了原形，努尔哈赤不可战胜的神话也随之破灭。宁远大捷震动朝野内外。喜讯传遍四方，朝臣交口称颂：八年来贼始一挫，乃知我朝有人是役也，遏十余万之强虏，振八九年之积颓，四夷共凛天威，九塞咸称庙算。熹宗视宁远取胜为奇迹，称：八年来所绝无，深为封疆之固而吐气。他传下几道圣旨，重赏宁远参战的将士，袁崇焕被提升为督察院右佥都御史、辽东巡抚和兵部右侍郎，其他将领也都得到提升和奖赏，督屯通判金启倧等阵亡将士的家属都予以优抚。

让人感到奇怪又难以理解的是，既未出谋又未参战的魏忠贤却在朝中吹嘘说：予发火器，大壮军威，功虽奏于前敌，谋实出于帷幄。朝中的阉党也随声附和大放厥词，死不要脸地吹捧这位秉笔太监。结果熹宗皇帝鬼迷心窍，对魏忠贤恩加三等，成为九千九百九十九岁，同时加封他的大哥魏钊为锦衣千户。身在宫中行乐的太监竟立了头功，他们得到的封赏，比关外浴血奋战的将士还高。高第任辽东经略，总领边关军务，宁远被困不发一骑相救，得胜后不派一卒追歼，置危城于不顾，致使觉华岛上数万军民被屠。因有阉党保护，这位贪生怕死的边帅，竟毫发无损地离开边关。

努尔哈赤是个重权欲宽生活的人，为防大权旁落竟不顾亲情，幽禁与他出生入死的三弟舒尔哈齐，后于万历三十九年将其除之。长子褚英年过三十，时值英华正茂，大有君临天下之势。努尔哈赤亦不能容，万历四十三年将亲生的长子、法定的接班人杀掉。次子代善睡其大妃（皇后）乌拉纳喇氏、阿巴亥，努尔哈赤对这种乱伦的事，却可以不闻不问。身受重伤的努尔哈赤，回到沈阳以后气愤难耐。他在病榻上愤恨地说：我自二十五岁起兵征伐，战无不胜，攻无不克，唯宁远一城不下，皆在袁崇焕一人也。羞愧愤恨伴随着努尔哈赤的伤痛，让他夜不能寐日不能食，病情越来越重。七月二十三日，努尔哈赤到清河汤泉沐浴疗伤。八月初一病情加重，努尔哈赤命二贝勒阿敏，立起索伦杆子祈祷神佑，最终并无效果，病情已经垂危，只得乘船顺着太子河返回盛京，当他们行至叆鸡堡时，这位叱咤风云的人物竟魂断途中，距宁远之战只有半年。

战败努尔哈赤的侵扰，将士得到封赏，百姓得到补偿，战后的宁远城一片欢腾，只有茶药童孤单躲在一边叹息，亲临这场血腥的杀戮，让他感到胆寒，由此想到恩师的良苦用心。生长在武学世家的痴郎中自幼遵循家规，在严父的督导下成为胸藏甲兵身怀绝技的人，可他的生性善良不愿投身仕途，更不愿争名夺利，总想以家传的医术悬壶济世终此一生，父子之间为此反目为恨。一天清晨，痴郎中趁家人不备留下书信离开家门，远走他乡漂泊不定，四处行医以解世人的疾患之苦，直到晚年才幡然悔悟，觉得对不起父母的良苦用心，为了弥补当年的孟浪，不使这门绝学失传，痴郎中这才开始寻找有根基的童儿予以传承，三十多年前，途经河南与湖北交界的武胜关，他见道旁站着一个赤足烂衫、满脸污垢的小孩，惊恐地望着过往行人。痴郎中觉得奇怪，无意中注目察看，发现这个小孩形同乞丐却暗含丽质，突然有种亲切感在心中升起，他走到小孩的面前，询问他的姓名及其家乡。小孩听后茫然地摇头，问及他的事全都不知。小孩的反应让痴郎中感到不解，看似聪明的孩子为什么一无所知，就连自己的姓名也不知道，难道是自己看走了眼，错把顽石当成美玉。正在疑惑的时候，小孩开口解释说：在他刚会走路的时候故乡遭到水灾，家人抱着他逃离灾区，从此沦落四方，穷途末路的人们只想求生，无暇谈及其他。前几天他们路经此地，遭到歹人的拦劫和殴打，他与家人逃散，等到歹人离开以后，小孩又回到这里守候家人，至今已过两天仍不见亲人露面。通过小孩的述说，痴郎中这才知道其中的原委，他见孩子可怜，就把他带到近处的客栈进行梳洗。痴郎中带着小孩在这等候，多日后仍不见孩子的亲人回来寻找，他这才把孩子带走，并替他取了个临时呼叫的名字茶药童，没想到一直沿用至今。

茶药童跟随师父采药行医，习文练武，转眼就过了五年。痴郎中发现茶药童聪颖正直却无大志，几乎与自己一样甘于平淡。年迈的痴郎中，常为当年不遵父命而感到内疚，他想调教一个出类拔萃的弟子，干一番惊天动地的事业，以慰九泉之下的父母。茶药童的禀性让痴郎中感到失望，只得另选弟子替他完成这份夙愿，当他们来到广西蒙江东岸的太平石山，正巧遇到袁子鹏父子，袁崇焕的举止让痴郎中眼前一亮，经过交谈，他发现这个孩子就是可造之才。痴郎中本想暗中跟踪观察，伺机把这个小孩收为弟子。偏巧这里流行瘟疫，痴郎中借治病之机来到袁家，经过长时间观察这才把袁崇焕收为弟子。功夫不负有心人，经过痴郎中的精心调教，茶药童与袁崇焕全都成为文武双全的人才。

痴郎中在白马圩居住了十六年，一天清晨起来练功，突然发觉体内不适并伴有万虫撕咬之感，一种不祥的预感涌上心头。痴郎中不敢怠慢忙以意导气，以气化神，顺任督二脉萦绕三匝，神情方始稳定。当天晚上又出现这种征兆，痴郎中这才确信自己的大限已到，不久即将离开人世，他对关外的故乡产生了思念之情，想在死前到父母的坟前谢罪。痴郎中要拼尽自己一生的修为，坚持回到故乡，再看一眼那里的山川，并把这身白骨埋葬在那里，他不敢停留，急忙为自己配制几颗续命丹以备途中服用。茶药童本想与师父同行，便于随时照顾，没想到竟被师父怒斥。痴郎中是个学识渊博处事谨慎的人，不让与他同行必有道理，所以茶药童才打消了同行的念头，没想到这次分手竟变成永别。

临别前几日痴郎中见身旁只有茶药童一人时，暗中对他叮嘱：你师弟的天性聪明又肯用心去学，将来必能成为栋梁之材，他为人豁达耿直处事认真果断，不能容忍那些奸佞的小人，为证曲直敢于犯上，这些本是君子之风，同时也是惹祸的根苗。据我观察，你师弟虽有栋梁之材却无善终之相，恐负韩信身后之灾，他过于重名不能急流勇退，你没有家业，看在师兄弟的情分上，要跟在他的左右提示规劝，相机施出援手护卫。对于痴郎中这番叮嘱，茶药童感到茫然，为什么师父要说这些不着边际的话，为了能让师父在临别前高兴只能点头答应。痴郎中又对茶药童说：你虽没有大器之相，却有襄人解困之貌，将来选个德玄悟敏的少年传之，千万不要滥传，以免让那些奸小学成制造事端。茶药童听后连连答应。自从与师父分别，始终探听不到他的任何音信。努尔哈赤已被战败，后金的人马退出辽西，锦宁与医巫闾山近在咫尺，上次到闾山寻访时，那里被后金占领不敢公开声张只得无果而返，这次可以多带人马寻根问源，分头去找必能有所收获。

宁远大捷以后袁崇焕因功升为二品大员，成为关外的统帅，为报皇恩，他带领军民夜以继日地操劳，很快就把破损的宁远城修缮一新，为了巩固关外的防线以备将来收复失地。袁崇焕带领人马逼退后金的守军，重新夺回锦州、中左、大陵等城，并派总兵赵率教率领三万人马修复被毁的城池，一切安排完毕这才抽身回到宁远。听说师弟回来，茶药童忙去找他。多日不见相互怀念，二人把话题扯到师父的身上，痴郎中的年纪太大，茶药童与袁崇焕放心不下，他们决定趁闲暇之际明晨起身，北上闾山细心寻访。天交五鼓，袁崇焕率领两千人马与师兄同行，他们奔向广宁西北的医巫闾山，在山下驻扎营盘。多年来辽西的战火不断，广宁一带归属不定，有时被大明占领，随即又被后金夺去，双方都无法设置固定的衙门，有些乡痞村霸趁机兴风作浪，那里的百姓苦不堪言。袁崇焕派手下的将士，拿着师父的画像分头到各村镇张贴，对那些知情来报者予以重赏。寻人的布告张挂不久就来了几位知情者，他们把自己知道的和盘托出。

原来痴郎中忍着病痛回到故乡，来到久违的家门，当年离开这里时家中只有父母和小妹，现在父母可能早已不在，他站在院外看了很久才走进家门，屋内有对中年夫妻正在做饭。痴郎中怕产生误会就自报家门，然后询问小妹的去向。烧火的男人听后，放下柴草忙喊娘舅，他把痴郎中让到屋内，通过交谈才弄清双方的关系，眼前这个中年男子名叫王大柱，是自己的亲外甥。据王大柱讲：痴郎中走后父母非常生气，他们以为自己的儿子负气才离家出走，过一段时间就能回来。他们父母这才感到后悔，不该逼着儿子去做违背自己意愿的事，没过几年这对老夫妻就在思念和忧虑中死去，痴郎中的妹妹见娘家无人照管房产这才搬来居住。二十多年前，王大柱的父母也相继去世。痴郎中听后万分后悔，大错既已铸成再也无法挽回。王大柱的妻子丁氏见丈夫的娘舅归来，忙去准备饭菜，痴郎中强忍心中的悲痛，他装出笑脸假意应酬。当天下午痴郎中就以探视朋友为名，独自离开家门直奔大山深处。当年他在山中采药时偶逢大雨，无意中躲到悬崖下避雨，突然有道闪电划空而过随之惊雷炸响，整个悬崖下被照得雪亮，就在电闪雷鸣间，痴郎中发现，悬崖深处的峭壁上有道裂痕，他的好奇心突起，忙用药锄敲打，裂痕开始松动脱落，露出一个可容出入的洞口。痴郎中感到意外，他燃起火绳小心翼翼地探进身躯，里面竟是个方圆三丈的空洞穴，如同人工雕琢一般。这时外边的风雨已经停止，痴郎中退到洞外又用沙石按原样把洞口封好，然后就匆忙地离开再也没回去看过。

痴郎中已经年近九十岁，早就发觉自己的身体不适，凭借多年的修为再加上自制的丹药，这才熬过漫长的跋涉回到故乡，他想把自己的尸骨葬到那个不为人知的山洞中，安享山中的清静。当晚痴郎中与外甥谈起家乡的近况。王大柱说：这一带战火不断，那些游手好闲的歹人趁机兴风作浪，他们为满人通风报信以此讨取奖赏，然后再借敌人的凶威敲诈乡邻，闹得这里的百姓提心吊胆无法安生。通过交谈痴郎中发现自己的外甥是个忠厚老实又没有心计的庄稼汉，就叮嘱他说：你是个老实人，膝下无子，只有两个已经出嫁的女儿，今后再也没有什么操心的事，在这种兵荒马乱的年代缄口不谈外面的事，只要守住自家的田园就能混个温饱。我这一生四处漂泊身无余财，如今只有二百两白银留给你，以备荒年拿出来填补生活，你们夫妻都是命薄之人，不要贪利经商更不能把钱借给他人，以免引发纠纷。王大柱听后诺诺连声。

清晨起床痴郎中就把银子交给外甥藏妥，这才背起装满纸锞的药筐，在王大柱的指引下来到父母的坟前祭拜。年迈的痴郎中早已看破生死，他没有泪水只有一颗愧疚的心，祭拜完父母这才带着外甥进入大山，王大柱觉得奇怪却没法开口询问，只能默默地跟在后边。来到悬崖下痴郎中才告诉外甥，他现在就要离开人世间。王大柱听后吓得毛骨悚然，愣在那里不知说什么才好，他觉得奇怪，娘舅的年龄虽大，登山时却比自己还要快，怎么突然说起要死的话。痴郎中看出外甥的疑惑，他解释说：早在两个月以前自己就应该辞世，为了赶回家乡才催动体内那点元气，忍着剧痛护住心脉，如今已是强弩之末不能坚持太久，这里有个山洞，等我进去以后你在外面速将洞口封死，不要留下任何痕迹，回家后不要对任何人谈起这个地方，包括你的妻女，更不要到这祭拜。痴郎中怕外甥不听劝告，又疾言厉色地重复一遍，王大柱见娘舅起急这才答应。痴郎中用药锄撬开洞口的石块，面色从容地进入洞穴，当年他裸身而来，如今又赤体而去，不留恋世间的任何财宝。王大柱不忍心将娘舅活活地封在洞中，他探身进去想要劝说。痴郎中背靠着石壁坐在那里，眼神有点散乱，他见外甥进来就大声斥责。王大柱这才确信娘舅的话，他急忙退出封堵洞口。痴郎中见王大柱已经封堵洞口，这才散去元气与世长辞。洞口封死以后王大柱的精神有点恍惚，如在梦中一般，他呆呆地坐在悬崖下守候，希望娘舅能在洞中呼唤，直到天黑依然寂静无声。王大柱这才绝望地下山，丁氏已把饭菜做好，她见丈夫独自回来就上前询问：娘舅怎么没和你一起回来。神志昏沉的王大柱随口答道：已经走了。丁氏以为痴郎中又离家出走，就调侃着说：这个老头真难琢磨，这把年纪还四处游走。丁氏边说边摆放饭菜，王大柱坐在那里并未动手吃饭，他起身进入套间拿出那二百两白银放到桌上。丁氏大惊，他们本是普通农夫，从未见过这么多银子，忙问这笔巨款的来源。王大柱说：这是娘舅留给咱们的。他的话还未说完就开始流泪。丁氏以为王大柱是喜极而泣，再也没往下追问，她高兴的心情难以抑制，起身就到娘家，把家中那二百两银子的事炫耀一番，不料却招来横祸。

丁氏有个三弟横行乡里不务正业，人称三狠子。丁三狠从不下地操劳，总以欺诈的手段骗取钱财，然后就与其他几个臭味相投的人肆意挥霍。近些年大明与后金的争斗不断，这伙恶徒又从战乱中取财，他们以告密发起国难财。丁三狠等人四处游走，探听明军的动向，然后到后金的军中报信，以此讨取敌军的赏银，他们贪婪成性有多少钱也不够挥霍。丁氏与娘家老少谈论银子的事，丁三狠躲在一旁不动声色地偷听。第二天，他就约来几个朋友议论银子的事。其中一人说：这件事好办，你与王大柱是郎舅关系，算是至亲，可以用合伙经商的名义把银子弄到手，然后谎称亏本，那二百两银子自然归你所有。如若王大柱不拿出银子，你就磨你姐，闹你妈以死威胁，让你们全家不得安宁，那样就能把银子弄到手。丁三狠本是此道中的老手，一点就透，他乐得眉开眼笑连连称好。当天丁三狠就去找姐夫商量经商的事，王大柱虽然老实可他不傻，谁奸谁坏还能分得清，当即回绝了妻弟的要求。丁三狠早有准备，转身就去找他姐寻他妈。这个恶徒声泪俱下地说：他以前年轻少不懂事，今后要痛改前非重新做人，这次经商就是要做给别人看。丁氏母女根本就不信这个败家子的花言巧语，丁三狠见这套办法不行就装疯卖傻，摔盆砸锅，拿绳上吊，连续几天闹得全家不得安宁。丁老太太毕竟心疼儿子，无奈之下只得找女婿苦苦地哀求。王大柱经不住岳母的苦劝，只得把那二百两银子拿出来交给丁三狠。

半月后丁三狠空着双手狼狈地回到家中，他谎称在经商的途中遇到劫匪。王大柱听后当即昏倒不省人事，经过抢救才缓过气来，丁家老少上来劝解。王大柱呆呆地坐在那里不言不语，丁氏对着她的三弟吵闹，丁三狠低头不语任凭别人奚落。因为气愤过度，当天晚上王大柱夫妻既未点灯又未做饭，他们和衣而卧各自想着心事。王大柱躺在那里回想，娘舅是个即将要死的老人，他不辞辛苦从千里之外赶回，把全部积蓄留给自己，临终前还特意叮嘱，此银备做荒年填补生活不要移作他用，自己并未照办才落到这种下场。王大柱越想越是后悔，他憎恨丁氏全家联手欺骗自己，一个轻生的念头突然升起。王大柱拿起绳子毫无留恋地走出房门，到后院的大槐树上吊死了，此事迅速传开，人们纷纷议论，都为这个老实人鸣不平。王大柱的女儿闻讯后回到家中哭闹，在姥姥的劝解和母亲的涕泪面前无可奈何，只得忍下胸中的怨气。

听完知情人的陈述，袁崇焕怒极，他拍案而起，命帐前的将士去抓丁三狠及其同伙。帐前的将士深恨丁三狠的恶行，他们来到丁家验明身份，当场就把这个恶棍打翻在地，按着他的口供又把其他同伙抓来。这些乡间的地痞平日鱼肉乡里欺压百姓，如今落到官军手里立刻变成待宰的羔羊，他们被打得鼻青脸肿缩成一团。涉案人员全被带到大帐，袁崇焕最关心的就是恩师。他先问丁氏：你舅公到底去了哪里。丁氏把痴郎中回家后的经过讲述一遍，因为家中贫寒见了银子一时高兴，没问其他就回娘家多嘴，最终落得人财两空。袁崇焕生性耿直，疾恶如仇，深恨这些奸诈的小人，为了查清事实替王大柱报仇，他让军士把丁三狠押到案前，当面追问那二百两银子的下落。王大柱吊死已经过去十几年，丁三狠以为审案的官员不知当时的内情，所以拒不承认。袁崇焕冷笑着说：那些银子出自我手，如今事实俱在你还敢在帐前抵赖。他喝令左右用刑。卫士对此十分气愤，他们抡起手中的木棍一顿痛打。丁三狠这时已经年近五十，作恶半生却未尝过这种苦头，他被打得血肉模糊多处骨折，痛苦地倒在地上哀求住手，受刑不过只得供出实情。

丁三狠以为姐夫老实无能又没有近亲挚友，即使知道被骗也不敢上门讨要，所以才敢大胆地骗他。拿到银子丁三狠就约来几个朋友，到广宁城内逛妓院下赌场，不到半月就把银子用光，没想到王大柱竟上吊自杀，丁三狠的陈述让在场的人气愤不已。袁崇焕转过话题又问：根据别人揭发，你曾伙同他人到敌营传递我朝的情报，这事是否属实。丁三狠自知死期已到，他不再隐瞒，如实供出以前的罪行，并把其他同伙的姓名说出。袁崇焕听后大惊，难怪明军阵前失利，他传令卫士按着丁三狠供出的姓名抓人。那些横行乡里、为非作歹的恶徒全被斩首示众，以儆效尤。查不到痴郎中的下落，袁崇焕仍不甘心，他还想派人张贴告示继续寻找。茶药童劝阻道：师父早已离开人间，不要再去打扰他的清静。师兄的话让袁崇焕感到愕然，他愣在那里不知该说什么。茶药童猜到袁崇焕的心意，他接着说：在广西，我就发觉师父的言辞有异，似有不祥之兆，结合丁氏的陈述更加确定了这种猜测，如今想来，师父真不愧是绝世高人，他悬壶济世无愧于天下，后事又安排得如此高明，通阅今古，可与老庄二圣媲美。袁崇焕听后这才释然，他传令将士拔营撤军返回宁远城。痴郎中究竟葬身何处，至今仍是个未解之谜。

第五回　战锦宁名震朝野　避阉祸卸甲归田

努尔哈赤死后，皇太极继承汗位。为报父仇，皇太极于天启七年五月初六，尽起全国之兵，只留下贝勒阿敏镇守盛京，各路人马由他亲自率领杀向辽西，想要一举踏平关外，擒杀仇敌袁崇焕。宁远之战，重振了明军的声威，让不可一世的八旗将士感到胆寒。朝野上下一片喝彩，袁崇焕却忧心忡忡，他愁眉紧锁不敢有丝毫大意，宁远之战只是重创了敌军，并未伤及后金的元气，他们挟怒而败迟早要回来报复。袁崇焕与茶药童对着恩师留下来的《武经》苦苦参悟，最终制定了长期的方略和短期的措施。首先要组建一支能与八旗将士抗衡的骑兵，苦练他们新编制的泼疯刀法，以前使用的刀法，是针对敌人的头胸等要害，如能得手一击既能毙命，愿望虽好却难实现。泼疯刀法却有所不同，两军相争先砍马头，再斩敌腕，回刀扫腿，那些部位便于攻击却难防护，如要击中同样可以取胜。事后证明，使用这种刀法竟让骑术精湛的八旗将士败在这支队伍的马前。

原来驻守在长城上的将士，多数来自关内各地，如果遇到惨烈的厮杀，他们往往惊恐思乡阵前溃散。袁崇焕上任后，逐步遣退这些兵员，重新招募当地的义勇之士守土保疆。前些年，这里的百姓惨遭后金的抢掠和奸杀，劫后余生的人们惧怕敌军再来，纷纷逃离自己的家园，致使大量的土地荒芜。宁远之战鼓舞人心，有些胆大的人开始返回故乡。为了坚定民众的信心，袁崇焕带领将士屯田开荒自筹粮草，他把剩余的土地分给军民，春秋农忙的季节将士可以轮流回家，帮助亲人耕种，只有在严冬、酷暑才全部集中起来操练，关外的军民丰衣足食。驻守在边关的将士，为了自己的亲人和重新建起的家园，他们可以舍命杀敌决不退缩，这种以关外民众养关外驻军的方略，胜于砖石筑起的长城。

袁崇焕把驻守关外的六万人马分为两部，驻守宁远的为前锋，驻守前屯的为后劲，两部人马交替前移，这种阵法收效甚佳，战可一城援一城，守则一节顶一节，前后照应相互配合，步步为营，逐渐收复以前的失地。为了解除后顾之忧，袁崇焕多次派人与蒙古察哈尔等部联系，并送去粮食，帮助他们度过荒年。蒙古各部首领非常感谢，他们愿与明军配合，相互之间建立了军事同盟。一切准备完毕，袁崇焕这才全力组织军民重修锦州、中左和大凌三城。天启七年五月，锦州城池还未修缮完毕，袁崇焕就接到斥候传来的情报，皇太极率八旗人马倾巢出动，不日就将兵临城下。袁崇焕忙派赵率教带领三万人马，驻守新建的锦州城，同时把尚未建成的大凌、中左等城的人马撤到锦州城中，各地的粮草分散掩埋，使敌军的粮草供应不上，无法在此久留。

后金的人马渡过辽河，皇太极不由得大惊，他们从这里离开仅有一年多，袁崇焕竟将防线向前推进了一百七十多里，沿途又新建起几座城池，周边地区荒芜的土地全被开垦出来，庄稼长势良好。皇太极看后既气又急，他带领人马直扑这座尚未完全竣工的锦州城。十一日那天，后金的人马将锦州城围困起来，听说这里由总兵赵率教镇守，袁崇焕仍留守在宁远城。皇太极以为赵率教曾败在后金的马前，他欺这位明军将领无能，当即派出信使到城中劝降并许以高官。没想到赵率教竟拍案而起，怒斩劝降的信使，然后将他的人头悬挂于城楼之上。十二日午时，皇太极见劝降的信使被斩，立刻下令攻城，并发誓踏平锦州不留一个活口。赵率教追随袁崇焕已有几年，深得守城的要领，他按着当年宁远的防御手段，连续重创攻城的敌军。

听说皇太极全力攻打锦州，朝廷内外乱作一团。熹宗派人传旨，令袁崇焕尽起宁远之兵，援救被围困的锦州重镇。接到圣旨以后，袁崇焕感到为难，锦宁两城的人马加起来还不足敌军的一半，这是一支组建不久的新军，没有实战经验，两军实力相差悬殊，若在阵前对垒必败无疑，他犹豫不定只能与师兄研究抉择。茶药童说：皇太极这次出兵主要是来寻仇，必须提前做好准备，既然朝廷下旨，让你出兵援救锦州，如不照办战后必究抗旨之罪。如今已有六千马队，可让满桂与祖大寿率领驰援锦州，从敌军的身后发动攻击，一击得手立即后退，以骚扰为主，让敌军不能全力攻打锦州，借此减轻锦州守军的压力。这种做法势必会激怒皇太极，他绝不肯善罢甘休，必然派兵追杀身后偷袭的骑兵，那样就能把围困锦州的敌军引到宁远，锦州城外之围自解。满桂与祖大寿的人马回到宁远不要进城，满桂的人马可在城南的高地扎营，祖大寿的人马应在城西立寨，这两座营盘都在城上炮火的射程之内。咱们利用炮火和矢石，尽量杀伤后金的人马，然后再派人袭扰锦州把敌军引回去，使其疲奔于锦宁之间，最后再出奇兵断其粮道。锦宁久攻不下，粮草接济不上，皇太极无法支撑只能撤军，到那时再派出追兵随后掩杀，此役既能达到向前推进的目的，又可再建几座新城，借此增添关外的军事实力。茶药童的话让袁崇焕感到振奋，他立刻调遣人马分头行动。

袁崇焕来到边关已有五年，经过实战考量，在众多的将领中，祖大寿、满桂和赵率教都有万夫不当之勇。祖大寿原是东晋名将祖逖之后，他为人豪爽深得辽西百姓的拥戴。满桂与赵率教生就一身铁骨，两军阵前敢冒矢石，冲杀在前无人能挡。这次机缘凑巧，三员虎将会锦州合力攻打敌军，致使后金的人马伤亡过重。皇太极见锦州久攻不下，反遭宁远骑兵的偷袭，他心中气愤却又无计可施，只得派人回盛京征调人马，随后传令转攻宁远，只要拿下此城万事皆休。听说后金的人马来战宁远，袁崇焕急忙带人登城瞭望，察看敌军的虚实。正巧遇见皇太极，只见他站在城北的高岗上向宁远城眺望，仇人见面分外眼红。皇太极挥动手中的钢刀，命令八旗将领倾全力攻城。大贝勒代善和莽古尔泰等人上前劝阻，这种不避矢石和炮火的进攻，伤亡必将过重。还未等代善把话说完，皇太极就指着他二哥的鼻子大声斥责道：父汗临终前还曾嘱托，踏平宁远以雪前耻，斩杀袁家小儿以报家仇。今天我要是再攻不下宁远，还有什么脸面去见家乡的父老。说完拍马舞刀发疯般地冲向宁远城，后金将士见大汗发怒，立即舞刀拍马紧紧地追随左右，双方的炮火在空中交叉飞舞。

满桂的人马在城南扎营，祖大寿的人马在城西下寨，两路人马早已列队于寨门之外，听到战鼓敲响，他们立刻下令弓箭手挽弓搭箭，等到敌军靠近，先射前面的头领然后再催马反击，双方在宁远周围展开惨烈的厮杀。皇太极刚冲到城下就被一阵乱箭射回，当年努尔哈赤就是在这里负伤落马。在众将的劝说下皇太极再也不敢逞凶，他怕城上的弓箭手认出自己，当即退到旗门之下站在那里观战。身披铁甲的满桂与祖大寿抖起神威，他们挥动手中的钢刀，在敌阵中横冲直撞如入无人之境。满桂背中三箭仍在奋力冲杀，站在城上的袁崇焕看得真切，他怕手下的虎将失手，忙让身边的金鼓手传令，由炮火掩护两营马队速到城下休息，明军马队第一次敢与满人的骑兵对攻，泼疯刀法初显神威。为了能速战速决，茶药童带人赶制出二百多盏孔明灯，然后算准敌营及粮草存放的距离，根据风力添加适当的燃料。孔明灯内携带火药，升空后随风飘荡到敌军的上空，燃料耗尽灯球必然倾斜下坠，余火引燃灯内贮藏的火药，瞬间就能变成巨大的火种。当天晚上，袁崇焕就派人放出孔明灯，敌营变成一片火海，后金携带的粮草及营帐全都化为灰烬。经过两天拼搏，后金的游击将军觉罗拜山和备御巴希阵亡，骁将济尔哈朗和代善的两个儿子全都身负重伤，士兵的尸体遍布四野无法清运。惨烈的现场让皇太极丧失了理智，他见宁远无法攻破又回军再攻锦州。代善见八弟的做法近似疯癫，就当众怒斥他说：你想把父汗创下的家业打光才肯罢手吗。皇太极听后泪流满面，他呜咽着说：父子两代全都败在这个小秀才的手下，实在让人咽不下这口恶气。取胜无望只能收兵，他们焚烧了阵亡将士的尸体，架着伤者班师回朝，经过二十四天苦战，后金损兵折将，精心打造的攻城器具全部被毁。回到盛京以后，皇太极立刻下令，扩招人马加紧训练，储备粮草打造新型的攻城器具，重铸远程大炮，等到筹备齐全再与大明决战。

袁崇焕率领边关将士，用鲜血和生命战胜了后金的进攻，他们不顾疲劳和失去亲人的悲痛，立即将战场打扫干净以防瘟疫流行，同时抢修被毁的城池以防敌军卷土重来。锦宁大捷再一次震动中外，捷报传到京师，朝中的官宦在紫禁城内连续摆宴庆贺。听说边关取胜熹宗这才放心，他把朝中的军国大事，统交魏忠贤全权处理，这位大明朝的皇帝又回到后宫，重操旧业，他拿起锛凿斧锯专心制作自己的家具。

这位昏君把魏忠贤晋为一级国公，恩加三等。魏良卿封为太师，宁国公，并颁发丹书铁券。魏希孟世袭锦衣卫同知。魏忠贤的孙子躺在摇篮也被封为少师，平安伯。过继的儿子魏良栋，也是个刚满周岁的孩子，同样被封为太子太保，成为朝中的一品大员。其他死党也有不同的升迁。通过这次册封，魏忠贤独揽了朝中大权，巡抚浙江佥都御史潘汝桢，见魏太监在朝中一手遮天，为了能让自己早日升迁，他绞尽了脑汁极力巴结，最终想出一个遗臭万年的主意，为魏忠贤建造生祠，祭祀的等级与孔子相同。奏章传到朝中，阉党的成员欢声雷动，纷纷向皇上进言。熹宗这位昏君不假思索，当即予以批准。得到皇上恩准，潘汝桢马上带人选址，他们在风景秀丽的西湖岸边，找到理想的地方，当即破土动工。魏忠贤的生祠建在关帝与岳飞庙的中间，这座生祠富丽堂皇胜过宫殿，关岳二庙相形见绌。当时有位饱读经史的大儒、提学副使黄汝亨从生祠门前经过，他只是叹息了一声就被守祠的太监用乱棍打死。

朝中的内阁、六部以及各地的封疆大吏，全都换上魏忠贤的亲信，他们争相献媚极力巴结，唯恐落在他人之后，蓟辽总督阎鸣泰也不甘于人后，他骑上快马来到宁远。阎鸣泰是一品总督，总领关内外的军政事务。袁崇焕是从二品的辽东巡抚，只分管关外的辽东。锦宁大捷以后，袁崇焕不仅没得到封赏，反遭到朝中权臣的轮番弹劾，他闷坐在府衙内愤愤不平，同时又提心吊胆不知今后将如何应对。正在这时卫士来报，总督阎大人到。听说上司突然来临，袁崇焕不知是福是祸，急忙迎了出去。阎鸣泰急于修建生祠，无暇与下属客气，他直言不讳地说：关外两次大捷，全赖九千岁的福荫庇护，为了答谢千岁，他想在关外的前屯和宁远两地，各建一座生祠，既能震慑敌军之胆又能保佑百姓平安，不知袁巡抚有何高见。作为属下又是被弹劾的人，袁崇焕哪敢不从，他忙低下头说：属下愿听总督大人的吩咐。阎鸣泰知道袁崇焕正直高傲，怕他出言反驳，没想到这次协商竟如此顺利。阎鸣泰怕事后有变，忙要来笔墨，当即书写一道在前屯和宁远两地为魏忠贤修建生祠的奏折，袁崇焕的名字也被附在后边。送走了阎鸣泰，袁崇焕觉得心里踏实了许多，他以为朝中的阉党看在这道奏折的分上，就不会再难为自己。

袁崇焕信步来到茶药童的房间，把建生祠的事向他转告，以免再替自己担心。茶药童静静地听完，沉默了很久才说：你此事做得太过草率，如今朝中混乱，不知今后如何了结，应该避开建生祠的事，否则将为你的坦荡人生，留下无法抹掉的污点，一旦时局有变还将受到牵连。袁崇焕解释说：师兄不知我的苦衷，近两年魏忠贤曾多次派人找我进行拉拢，都被我婉言拒绝，阉党对我怀恨在心，硬说我是东林党的成员。我与锦宁两城的将士舍生忘死，苦战多日才将敌军杀退，我等不但无功反被阉党罗织了几条大罪，如若再像以前那样耿直，必将遭到他们的毒手，因此才违心地签上名字。茶药童说：当年恩师在梧州与咱们分手时，曾再三叮嘱，让你功成身退切莫留恋功名利禄，以免招来杀身之祸。魏忠贤本是小人得势，阴狠贪婪树敌太多，迟早要遭报应，你与他并无深仇大恨，只要辞官回家远离这场是非，深居宫中的太监绝不可能再找你的麻烦，那样就可以保住名节又不必再去奉迎那些龌龊的奸人。一句话点醒梦中人，袁崇焕起身回到书房，奋笔写下一道解甲还乡、为父守孝的辞呈，随后派人送到朝中。

袁崇焕愁闷多日的心情豁然开朗，他又回到茶药童的房间，兄弟二人开怀畅饮。酒至半酣，袁崇焕怀着复杂的心情赋诗一首：功名劳十载，心迹渐依违。道说还山是，唯言出塞非。吟罢五言诗，袁崇焕面现伤感地说：国家正在用人之际，我却无法报答圣上的知遇之恩。茶药童听后当即反驳说：义者不为昏君死，智者不为暗主谋。从重用魏忠贤这个目不识丁的太监，就能看出熹宗皇帝的昏庸，追随这样的君主不但难得善终，还将被后世讥笑。师兄的警言让袁崇焕消除了离别之苦，他叹息着说：不怕战敌于外就怕谗构于内，奸佞的小人嫉贤妒能，逼得忠臣良将无法施展报效国家的才能，全身而退确实算是上策。直到这时袁崇焕才真正愿意归还故乡，安享天伦之乐。阎鸣泰拿着他与袁崇焕共建生祠的奏章，来到朝中，亲自交到魏忠贤的手上。魏太监摸着无毛的下巴，高兴地说：袁崇焕早要是识相，何必自寻烦恼。崔呈秀说：袁崇焕被逼无奈才向千岁低头，咱们不能手软，一定要将他革职查办。魏忠贤虽然未读过史书，可他能有今天这种显赫决非等闲之辈。阉党的宿敌环列四周，袁崇焕并不是他们的主要对手，因此决定，暂时不对这位名动中外的巡抚下手。正在这时又有人送来奏章，崔呈秀接过来观看，原来是袁崇焕的辞呈，魏忠贤等人见他自动请辞非常高兴，当即予以批复。

袁崇焕洒泪告别了生死与共的边关将士，带着家眷和两广、福建等地的义士离开宁远，在还乡的途中他低头不语。茶药童却恰恰相反，他见袁崇焕功成身退，能与家人平安还乡，暗暗替师弟高兴。边关大捷传遍朝野，袁崇焕成为人人敬仰的常胜将军，为了规避奸党的谗言，茶药童让他闭门谢客，拒不接受地方官员的拜谒，以免引起朝中宵小的非议和迫害。袁崇焕本是个聪明人，他从茶药童的言行中看到师父的影子，他们的学识渊博却与世无争，常常帮扶别人于危难之中，事后并不张扬。为了能陶冶出他们那样的胸怀，袁崇焕虚心向师兄求教。茶药童也不客气，他拿出师父留下的《武经》与师弟共同参悟。痴郎中别无他物，只有一部家传的《武经》带在身边，因为酷爱药理、医术，常把那些疑难顽疾的药方记在这部《武经》上，日积月累，致使该书的字迹模糊不清。茶药童与袁崇焕追随师父多年，深得其中的精髓，这才将两种毫无关联的记载分清。通过兄弟二人的共同努力，终于把有关医药的部分剔出，想要重新抄写一部《武经》。正在这时，朝中有位挚友派人到两广报信，让袁崇焕小心提防，朋友在信中说：袁兄辞官后，魏忠贤勾结熹宗的奶娘客氏把持朝政，他们大开杀戒，先后处死正直的官员七十余人，另有惊天的阴谋不能在信中说明。袁崇焕看后大惊，如不及早辞官还乡，必与其他官员一样，惨遭阉党的毒手，他不懂惊天阴谋的寓意，忙向来人请教。传书人惊恐地摇头，然后一言不发转身离去。

传书人的表情和信中的内容，让袁崇焕的心提了起来，他拿着这封简短而又含糊不清的书信，来找茶药童共同斟酌。两人不知朝中发生了那些变化，他们对坐了整个下午，仍无法破解惊天阴谋的内涵。茶药童见袁崇焕愁眉不展，就劝解说：魏忠贤的气焰正盛，他的耳目遍布各地，这封来信必须焚毁，千万不要对任何人提及此事，以免招来灭顶之灾。你要安下心来静观其变，咱们明天就到罗浮、西樵、鼎湖等名山大川畅游，以此消除阉党对你的戒备。袁崇焕明白师兄的心意，他想用韬晦之计让自己安渡危险。第二天，袁崇焕就与师兄一起离开家门，畅游这些名山大川，他们沿途题诗作赋，撰写三教名胜的碑文，似有隐居林下的心意。魏忠贤派在湖广的党羽，早就把袁崇焕的言行传到朝中，阉党见他不再理会朝中之事，这才放弃了迫害的念头。

熹宗的奶娘客氏，家住保定府定兴县，那是个外表俊美内心狠毒的女人，她与魏忠贤气味相投形影不离，整日缠绵如同夫妻。二人掌控朝中的大权以后仍不满足，经过多日密谋，他们决定效仿战国末期的吕不韦，用移花接木，借腹生子的办法，篡夺朱家的大明江山，阴谋敲定分头行动。熹宗皇帝的正宫是张国纪的女儿，张氏知书达礼言行端庄，母仪天下，客氏见她身怀六甲，暗中更换皇后身边的侍女，那些侍女全是客氏的心腹，她们趁捶背之际暗下狠手，致使皇后受创流产。范贵妃、容妃等人怀孕后也得到同样的结果。魏忠贤指派诊治的太医，对皇帝身边的女人暗用猛药，致使熹宗身边的后妃全都不能生育。魏忠贤与客氏又用威胁利诱的方法，掌控了一些胆小的嫔妃任由他们摆布。一切安排妥当，魏忠贤不能亲自上床，只能让他的侄儿魏良卿与客氏的儿子侯国光，夜晚进宫与那些嫔妃睡在一起，鼓励他们尽快让熹宗的妃子怀上身孕。即使那样魏忠贤仍不放心，他从各地搜罗到一些能歌善舞的戏子，用插科打诨的俏皮话逗乐，整日围在熹宗的身边嬉闹，乐得这位昏君泪水横流，直到半夜才让他回宫睡觉。玩得过分疲劳，熹宗回到后宫如同一头死猪，倒头便睡，无力再与自己的后妃亲近。魏忠贤就是用这种手段，让熹宗皇帝断子绝孙。日积月累，熹宗玩得劳累过度，他于天启七年八月卧床不起。这位昏君的性情也发生了重大变化，他开始依赖张皇后，整日让她陪在身边。张氏见熹宗的病情日趋严重，担心皇位的嗣承不稳，她劝熹宗，让同父异母的信王朱由检继位，他是熹宗朱由校的唯一亲人，这次提议得到熹宗的赞同。魏忠贤与客氏见熹宗病重，时刻严守宫门，不许可疑的人员进入。

八月十一日那天，魏忠贤正在沐浴。张皇后趁着这个机会把信王召到宫中，朱由校强自打起精神说：吾弟要勤于朝政，照顾好你嫂子，随后又叮嘱信王，魏忠贤与王体乾皆是忠臣，今后要依靠他们处理疑难之事。信王不敢多说，只能默默地伏在地上不停地叩头。十一天后，二十三岁的熹宗皇帝终于玩到了尽头，于天启七年八月二十二日申时驾崩。十七岁的朱由检登基，称为思宗，改元崇祯。思宗深知魏忠贤的势力庞大，开始他假装糊涂，暗中更换宫中的侍卫等待时机。以前依附魏忠贤的朝臣，预感到局势将变，有些人怕受到牵连纷纷寻找退路。阉党内部也发生了分裂，杨维垣与崔呈秀都是阉党的骨干，为了推卸以前的罪责，他们相互攻击无情揭发，各级官员纷纷上疏，揭露魏忠贤的罪行。不学无术的魏太监吓得六神无主，他以患病为由辞去东厂的印务，思宗顺势让他出宫调治。魏忠贤毕竟是个无知的太监，大祸临头仍不识趣，他把多年搜刮来的奇珍异宝装到车上，又把往日的死党召到身边。魏忠贤带领车队和党羽，浩浩荡荡地离开京城，魏太监这种愚昧的做法，激怒了各级官员，他们纷纷上疏参奏。

思宗派人把魏忠贤押往先祖的故居凤阳，等到熹宗的大丧过后再做处理。思宗身边的亲信太监徐应元和曹化淳，原是魏忠贤的赌友，他们见同类有难忙站出来讲情。思宗不准并对他们予以斥责。走到阜城县，魏忠贤才知道自己今后的下场，他吓得浑身发抖当晚就上吊自杀。思宗的余怒未消，他派侍卫把客氏逐出皇宫，查抄房间时意外地发现，那里暗藏着八个怀有身孕的嫔妃。人算不如天算，魏忠贤与客氏万没料到，熹宗皇帝能死得那样早，假如他再晚死半年，这八个腹中之胎，很可能就有一个成为皇位的继承人。事后袁崇焕才明白，这就是朋友信中所说的惊天阴谋。思宗闻报再也忍耐不住，他不再理会大丧之期，当即传令将客氏押往浣衣局，用浣洗衣物的棒槌将她打死。魏忠贤的尸体从阜城运到河间，把头颅砍下挂在他的家门，尸体剁碎扔到荒野。魏忠贤与客氏的家人全部被杀，家产抄没充公，阉党成员的封号全部削夺，建造的生祠全部夷平，凡是被魏忠贤迫害的官员都予以平反。边关重镇的守将都是魏忠贤的党羽，这些人被革职后，隐瞒的警报迅速从前敌传来。才登基的思宗惊恐不定，许多朝臣推荐前任辽东巡抚袁崇焕，让他重镇边关。劫后余生的东林党人以功臣自居，他们又狂横起来，有人抓住袁崇焕曾与阎鸣泰联名上疏，为魏忠贤建生祠这件事不放，硬说他是阉党的漏网小人，虽然未列入逆案仍不能重用。

思宗原在宫外，深知事情的始末，像袁崇焕这种既不是阉党又不是东林党的人，到什么时候都是孤立的。他不再理睬那些书生的反对，忙派钦差到广东传旨，委任袁崇焕为兵部尚书兼右副都御史，总督辽蓟天津登莱等地的军务，让他即刻起身兼程入京。江南各地的官员纷纷前来祝贺，亲朋好友也为他摆酒饯行，当年的同窗学友赋诗一首以壮其行：耳边金鼓梦忧惊，又荷丹书圣主情。草野喜逢新雨露，河山重忆旧功名。即将登程的袁崇焕，再也按捺不住喜悦的心情，他高声朗诵一首激情诗：策杖只因图雪耻，横戈原不为封侯。故园亲侣如相问，愧我边尘尚未收。众人听后，群情激动，只有茶药童低头不语，他不知思宗的人品，更不知新君如何施政，圣旨已下不能更改，只得劝师弟小心行事。送走了众人，袁崇焕与茶药童商量启程的事宜。茶药童说：圣旨难违，你马上与钦差起身，我在家中等候那些愿到边关的义士。

崇祯元年二月，袁崇焕与钦差一起奔赴京师。十四日，思宗在建极殿东的高台上，召见了袁崇焕，君臣二人促膝相谈。思宗说：边关危急，迫在眉睫。赖卿赴边，重振军威。纾四海苍生于水火，解天下黎民于倒悬。袁崇焕是个血性汉子，他见思宗这样器重自己，就慷慨陈词，说出抗敌保疆、收复失地的方略。然后提出，只要六部予以支持，五年内既可收复辽东的失地。思宗听后这才放心，他连连称赞袁崇焕的忠勇。袁崇焕曾夹在东林与阉党这两大势力的中间，遇事左右为难，他见思宗的言辞至诚。就说：以臣的学识制敌有余而结僚不足，离开皇上便在千里之外，两军阵前与敌斗智斗勇，有些事容易被人误解。那些嫉贤妒能的人可能借机摇舌鼓唇，在圣上面前进谗。思宗听后，安抚道：卿不要多虑，朕自有主见，他命大学士刘鸿训拿出尚方宝剑，赐给袁崇焕，让他便宜行事，随后又赏赐蟒袍玉带貂裘银甲。袁崇焕只拜受了尚方宝剑，其余的物品全部辞退，这就是史书上记载的平台召对。回到府第袁崇焕把晋见皇上的经过，详细地向茶药童讲述一遍。茶药童听后，叹道：伴君如伴虎，师弟不应该轻易承诺五年之期，兵家胜败本无定数，世间哪有常胜将军，另有天时、地利、人和等诸多关乎胜负的诱因，难道这些都能如你所愿吗？袁崇焕虽被思宗的言辞所动，但仍不以为然地说：当今圣上英明，有他为我做主，别人又能奈我何。茶药童见袁崇焕一时固执，就不再多加劝导。

第六回 掌帅印平台对应 护京师连挫敌焰

天启七年七月，袁崇焕辞官还乡，崇祯元年七月奉旨回京复职，中间相隔只有一年，长城内外，敌我友三方的形势却发生了巨大的变化。一年前，后金这个强敌与袁崇焕三战皆败，就连努尔哈赤也倒在宁远城下，八旗将士不可战胜的神话被戳破，后金失去了往日的斗志，再也未敢起兵犯边。袁崇焕被逼走以后，边关将士气愤难消，他们对朝廷的做法感到心寒，勇猛善战的将士鄙视阉党派来的大员，拒不听从那些人的号令。接替袁崇焕的巡抚本是阉党爪牙，他不懂攻守之策，更不懂治军之道，来到边关的目的就是想在军饷上发财。巡抚如此下面的官吏也纷纷效仿，他们克扣军饷冒领钱粮，仅在短短的一年之内，关外诸城就发生了多起兵哗。守城的军士缺粮断饷难以为生，他们以杀官毁城泄愤，然后结伙携械溃逃，有些城池不攻自破，往日的军威早已不见。原来聚集在这里的百姓感到生存无望，他们纷纷逃往别处，军民开垦的良田也随之荒芜，当年袁崇焕开创的基业完全被毁。

后金的情况却截然不同，皇太极损兵折将败回盛京，他奋发图治，常与军师范文程商讨富国强兵之策。范文程献计说：要想夺取大明的江山，必须先安抚那里的民心，中原百姓对宋代的金人入侵，怀有无法抹灭的旧恨，他们崇拜岳飞、韩世忠和吴玠等抗金名将，咱们后金这个国号容易引发反感。皇太极听后深明其中的得失，经过反复推敲，最终决定改后金为大清，寓意为清在明之先。范文程又提议：满洲人口毕竟有限，今后要缓和满汉之间的关系，对归降的明将要予以重赏，甚至可以封王拜相，那样就能招来更多的归降者，同时要礼聘那些朝中无人举荐而被明廷弃之不用的儒生和谋士，还要借鉴大明的法典治国。皇太极与其父一样尊崇范文程，当即派人携带重礼潜入大明的境内，把鲍承先、宁完我和高鸿中等有才华的人，请到身边作为谋臣将佐。就在这时探马来报，遭到魏忠贤排斥的袁崇焕已经辞官回家。皇太极听后惊喜万分，连呼苍天佑我，他加紧训练人马，打造攻守器具，想要尽早起兵攻打边关。

前些年，袁崇焕与蒙古各部往来密切互通有无，双方建立起牢固的友情，各部首领不但为明廷看守边关的门户，还经常派兵前来助战。袁崇焕离职后换上魏忠贤的党羽，他们都是势利小人只看眼前那点小利，常为无关紧要的琐事与蒙古各部发生争执。皇太极趁机派人进行挑拨拉拢，蒙古各部先后脱离了大明，转而投靠后金，蓟门沿线的藩篱尽失，京师北面的门户洞开。边关的变化让袁崇焕感到意外，他忙派人到清朝和蒙古各部的驻地查探虚实，果如上述所言，往日的朋友已经变成敌人的帮凶。正在这时有人来报，宁远又发生兵哗，巡抚毕自肃、总兵朱梅等都被绑架，锦州城中的守军也随之响应。袁崇焕听后唯恐事态闹大，他只带十几名亲兵出关，来到宁远城内未进官衙，直入大营倾听士卒的诉求，将士见袁崇焕回来齐声欢呼，他们将兵哗的始末说出。袁崇焕查清了事情的真相，当场惩治那几个贪赃枉法的官吏，对闹事的军士予以训斥，同时发放拖欠的饷银二十万两，关外诸营随即平静下来。袁崇焕撤换了阉党的爪牙，调猛将赵率教驻守关门作为后劲，何可纲驻守宁远居中策应，祖大寿进驻锦州作为前锋，以这三位猛将为核心固守关外。

皮岛守将毛文龙，原是辽东将领，前几年被努尔哈赤战败撤到海上扎营，后金的人马不习舟船，难以出海对其征讨，因而有后顾之忧。锦宁大战时，皇太极把自己人马全都调到辽西，袁崇焕曾多次派人劝说毛文龙，让他乘后金出兵征战之机，攻打敌军的老巢盛京使其腹背受敌。毛文龙依仗自己是魏忠贤的义子，拥兵自重拒不出兵，错失了那次难得的战机，他曾多次以粮饷不足为由，带兵到山东沿海抢掠钱粮。临走时还放出狂言：吾若牧马登州如信步，夺取南京如反掌。阉党覆灭后，毛文龙对朝廷心怀不满，他与后金开始往来，把朝廷禁运的铜铁输以敌方，使后金得到打造兵器和炮火的材料。毛文龙独居海外，恶行累累却没人敢对他进行指责。魏忠贤死后有名义子躲过那次劫难，此人就是思宗身边的亲信太监杜勋。杜太监为人极其阴沉，遇事不动声色，他与毛文龙的关系极其密切，私下常有往来。另有内阁大学士温体仁，他与毛文龙是浙江的同乡，二人自幼相识，入仕后臭味相投很快就结成死党。温体仁曾多次陷害异己，是公认的巨奸。有了杜勋和温体仁这两个重要人物撑腰，毛文龙才敢公开抗命。袁崇焕深知毛文龙的恶行，当前清朝重兵压境，朝廷正在用人之际，临阵换将本犯兵家大忌，出于无奈只得忍让规劝。崇祯二年五月，袁崇焕亲自登岛会见毛文龙，晓以大义，劝其自律，历经三天毫无用处。毛文龙依旧狂横无礼，根本不把这位边帅放在眼里，更不以国家大业为重，言语之中透出反意。袁崇焕见他不可救药当机立断，用尚方宝剑将其斩首为朝廷除掉隐患。事后又从毛文龙写给皇太极的书信中，查到反叛的证据，其中有这样一段话：汗凡来旨，我皆领受，无不遵行。尔取山海关，我取山东，若从两面夹击，则大事定矣。尔牵兵前来，我为内应，如此，则取之易如反掌。诸如此类的言辞还有许多，不再枚举。袁崇焕为国除害，怒斩了肆意妄为的毛文龙，却给自己埋下杀身之祸。

袁崇焕对蒙古各部的变化极为重视，他曾多次向朝廷上疏，奏请皇上，派人对察哈尔部和喀喇沁部进行赏抚，思宗总以国库空虚为由予以拒绝。袁崇焕深知喀喇沁部的底细，那些蒙古人，常年穿行于人迹罕见的辽蓟以北地域，熟知那里的山川河道以及季节变化，倘若他们引导清朝来犯，东至宁前，西至喜峰口，那段边墙处处可虑。当年该部正闹饥荒，水干草枯，饿殍遍地，为了笼络喀喇沁部，袁崇焕把本部将士节省下来的粮食，接济他们度过荒年，他曾语重心长地劝告该部首领，为了本部兴盛应该从长计议，不要叛明投清。这位首领指天发誓，并且要将自己的妻儿押在这里作为人质，保证不做满人的向导。从首领闪烁不定的眼神里，袁崇焕看出了破绽，即使留下喀喇沁部首领的妻儿作为人质也无济于事，蒙古首领从不把自己的妻儿当回事。袁崇焕并不相信喀喇沁部首领的承诺，他从崇祯二年五月以来曾两次上疏，奏请朝廷对蓟门属地增设劲旅以防不测。奏章中写道：若顺天等处则听督抚为政，臣不敢越俎而议者也。唯蓟门陵京肩背，而兵力不加。万一夷为向导，通奴入犯，祸有不可知之者。袁崇焕两次上疏都没能引起思宗的重视，反倒招致蓟门一带守将的不满。经过近一年的筹备，关外诸城已经兵强马壮，袁崇焕本想起兵东渡辽河攻打清朝，却担心敌军偷袭兵力不足的蓟门防线，为此让他感到疑虑不敢贸然行动。

皇太极趁熹宗大丧、新君登基未稳之机，加紧训练人马，准备夺取大明的边关。派往辽西侦探明廷动向的斥候，突然回来禀报：思宗登基后，重新起用辞官回家的袁崇焕，委任他为兵部尚书兼右副都御史，总领边关战事。这条消息如同炸雷，立刻引起八旗将领的恐慌，皇太极大惊失色，他瘫坐在皮榻上默不作声，忙于备战的激情也随之消失。皇太极闷坐在宫中寝食难安，众贝勒怕他病倒轮番过来劝解。皇太极不愿与自己的弟兄多费唇舌，他紧皱双眉只是叹气，随即摆手示意让他们出去。一天傍晚，降清的汉人高鸿中来到深宫献策。他说：大汗不必烦恼，咱们避关东之锋，击关西之惰，大功必能告成。一语惊醒梦中人，皇太极听后精神大振，忙把范文程、宁完我和鲍承先等人召到宫中，共同商讨如何对大明用兵。这些降清的家伙毕竟是才华出众的干练之人，经过反复研究，攻打大明的方案终于制成。皇太极想用射人先射马、擒贼先擒王的策略，倾全国之兵，避开坚关直捣皇城，活擒明廷皇帝，重演五百年前金人亡宋的靖康之变，只要逼着思宗写下降书顺表，一统中原的目的就能实现。皇太极派出密使，通知暗中降金的蒙古各部，按时率军前来助战，让熟知关西路径的喀喇沁部在军前带路，然后兵分两路，同时向大安口和龙井关进发。清朝制定的作战方案，很快就被明军派出的斥候侦知。袁崇焕听后大惊，他所担心的事终于要发生了。袁崇焕怕关西失守，忙派部将谢尚政到蓟州增援。蓟州守将是个心胸狭隘之人，误以为袁崇焕是在贬低他人抬高自己，这位巡抚暗中生气，他以消息不实为由，将谢尚政及其带去的人马全部遣回。

三战皆败的八旗将士对袁崇焕非常惧怕，他们于十月初十的早晨从盛京出发，在喀喇沁部的引领下绕道蒙古，从都尔鼻（今辽宁彰武）转向西行，经科尔沁草原，由北向南直扑长城，经过长途跋涉，皇太极率领联军终于来到长城脚下。二十六日攻破喜峰口突入塞内，沿途南下，先后击败来援的各路明军，斩杀明将易爱、王遵臣等诸将。二十七日攻破洪山城。三十日打败前来增援的五路明军，逼降马兰口、马兰营和大安口，三城守军全部投降。皇太极率领满蒙联军在关西的征途上，日抢三城，夜劫五寨，势如破竹无人能挡。八旗将领挟得胜之师挥军南下，直奔蓟北重镇遵化。警报传到朝中，平日趾高气扬的权贵慌作一团，思宗怒视群臣，后悔没听袁崇焕的劝告，当初如在关西扎下一支劲旅，清朝的人马焉能越关，同时他又憎恨那里的守将无能。敌军近在咫尺不能迟疑，思宗传旨：让靠近京畿的将领火速带兵前来勤王，以解京师之危。

袁崇焕正在中后所操练人马，听说满蒙联军突入塞内，忙派驻守山海关的总兵赵率教，率领本部人马入关向西疾驰，增援遵化城中的守军，随后又来找师兄共同商讨对策。茶药童为难地说：边关守将没接到皇上的圣旨就擅自调动人马入京，这种做法会遭到别人的猜忌。袁崇焕说：二十多万满蒙联军踏入境内，连下数城，京师危在旦夕，不能再顾自身的安危，如能杀退敌军保住皇城，虽死无憾。茶药童听后左右为难，无奈只得带上钢鞭，跟在师弟的身后奔向校军场。袁崇焕立刻传令，让祖大寿和王承胤带领九千骑兵，跟随自己入关救驾，何可纲率三万步兵随后接应，他来不及多说，带领九千铁骑如离弦之箭，迅速向关西飞奔。尘土高扬遮天蔽日，人马行到中途，突有几名汗流浃背的斥候来到马队面前，他们向袁崇焕禀报前面的战况。赵率教带领人马奔向遵化，距城五里就被敌军困住，双方的兵力相差悬殊。赵率教身遭重创血染征袍仍挥刀拼搏，诛杀敌将多名依然难突重围，最后战死沙场。遵化巡抚王元雅见明军大势已去，他与推官何天球一起刎颈而死。总兵朱国彦拼死上前，迎战清朝的勇将觉罗图，双方交马一回合就被斩于马下。城上的守军见主将已死，他们无心再战，有的逃走有的降敌，遵化重镇就此失守。皇太极的目的是想尽快拿下京城，他带领人马并未停留继续向南奔去。

斥候的话让袁崇焕感到震惊，皇太极的阴险用心已经暴露无遗，同时他又感到悲伤，猛将赵率教竟那样为国捐躯，大明又失去了一员良将。袁崇焕急怒交加，他催动坐骑奋力向前。听说赵率教阵亡，九千铁骑也被激怒，他们紧随边帅的身后，希望尽早与敌军交战，为昔日的战友报仇，两军终于在马伸桥相遇，这里离蓟州城只有二十多里。皇太极认为，袁崇焕只是个足智多谋的读书人，以前凭借城坚炮利巧妙配合，才能取得几次胜利，如今两军都在旷野之中，没有任何可以借助的条件，要想取胜全靠自身的实力。皇太极断定，袁崇焕和他率领的骑兵，难敌生长在马背上的满蒙将士，今天定要抓住这个千载难逢的机会，让这个诡计多端的小秀才命丧此地，那样既可报杀父之仇又能雪关外两败之耻，要想入主中原必先除掉此人以绝后患。仇人见面分外眼红，皇太极见袁崇焕身边的人马不足一万，他忙传令，让手下的将士把前后通道全部截断。然后振臂高呼：不许放走明军一人一马，违令者斩。二十四万满蒙联军齐声响应，他们欺明军人单势孤，一拥而上挥刀乱砍，袁崇焕及他所带领的九千骑兵，全被困在重围之中。袁崇焕见状反倒高兴起来，他想竭尽全力拖住这二十四万敌军，为各路勤王将士争取解救京师的时间。

为了避免腹背受敌，袁崇焕将队伍带到湖边背水而战，他手提利刃站在阵前，一百六十名护卫排列在身旁，身穿护卫服饰的茶药童也夹在护卫当中，祖大寿与王承胤率领九千铁骑殿后。多年来，明军第一次与满蒙将士在阵前列队交锋。关西征途的胜利让皇太极骄狂起来，他欺袁崇焕是科场出身的文人，所以才敢挥动钢刀亲自出战。三贝勒莽古尔泰忙上前阻拦，他说：你是一国之汗，何必与一个要死的人动手，待我替你取下他的项上人头。莽古尔泰的话未说完就拍马向前，其他将领紧随其后也向明军扑来。清朝的悍将觉罗图，曾在遵化城下斩杀总兵朱国彦，他越过莽古尔泰首先与袁崇焕交锋，两人相斗只有一合就被劈于马下，在场的人全被惊呆。祖大寿与何可纲不知道袁崇焕的底细，平时把他视为孙武、孔明之类的军师，他们怕这位儒帅阵前失手。没想到袁崇焕竟是个文武双全的奇才，能在两军阵前一合取胜，就连勇冠三军的祖大寿，也难在十合之内击败觉罗图。袁崇焕旗开得胜，身后的将士备受鼓舞，他们齐声欢呼声震四方。狂傲的满蒙联军停止了呼叫，眼前的变化让他们感到震惊，冲在前边的将领止住了脚步，拼杀的锐气顿减。

皇太极被眼前的一幕激怒，他大声呼喊，让手下的将士合力攻打，要不惜一切代价除掉袁崇焕。大贝勒代善深知其中的厉害，他带领众将从远处赶来，想把袁崇焕及其卫队单独包围起来。夹在卫队当中的茶药童唯恐师弟有失，他拍马冲出卫队，挡在袁崇焕的马前，抡起臂粗的钢鞭向四周打去，敌军的将士纷纷落马。指挥围攻的代善暗暗吃惊，眼前这个侍卫非同一般，与他交手的将士不但被打死，就连手中的兵器也被钢鞭震断，如此神力绝难抵挡。代善摘下硬弓想用暗箭偷袭这个强敌，双方已经搅杀在一起无法施放冷箭，无奈之下只能采用以多取胜的办法。满蒙联军前赴后继不停地向前攻击，共有五十多员战将死在茶药童的鞭下，在皇太极的催促下，满蒙联军仍向这边涌来。茶药童边战边想，敌军现有二十四万，明军只有九千，假如再这样打下去，不过一个时辰这九千人马就将全部战死，即使杀掉敌军四万，仍有二十万人马围攻京师。茶药童心中焦急举目环视，皇太极与自己相距不足百步，正在那里调动人马组织围攻。机不可失，茶药童抖起神威奋力向前，他杀开一条血路想要生擒皇太极，以此胁迫敌军退出边关。

皇太极的卫队看穿了茶药童的用意，他们呐喊着上前拦挡。双方的功力相差太远，没人能挡住茶药童的攻杀，又有多名侍卫死于马下。代善见势不妙，急忙指挥将士过来救援，不管敌军如何反扑，茶药童仍挥动钢鞭不停地向前，当他距皇太极不足十步，马上就要伸手擒拿这个敌酋时，突然从皇太极的身旁飞来一支冷箭，直奔茶药童的面门，这支箭头泛着蓝光，分明是支毒箭。茶药童是用药的行家，他忙在马上侧身闪过，毒箭擦肩而过，随之一人从马背上腾身飞扑过来，人在半空就用钢刀猛劈。此人就是皇太极的贴身侍卫，他见情况危急这才决定先射一支毒箭偷袭，趁茶药童闪躲之际再跃离战马，想与敌人同归于尽以解燃眉之急。茶药童深得痴郎中的旷世绝学，又常年攀岩爬壁，涉水泛舟，出没于荒山野岭之中采集药材，早已练成钢筋铁骨。那个侍卫依仗剽悍敏捷想要上来拼命，可惜技不如人依然没能如愿，就在刀锋要刺中的刹那间，茶药童已用钢鞭将他的头颅打碎。站在旁边的皇太极，被侍卫的鲜血和脑浆溅得二目难睁，被吓得浑身发抖，胯下的战马突然受惊，撒开四蹄落荒逃走。皇太极的坐骑是万中挑一的良马，脚力极快，这位大汗单人独骑收缰不住，迅速脱离了战场，联军将士怕他中途遇险，忙带人从后边追赶。

七贝勒阿巴泰正在远处指挥围攻，突见自己的弟兄面现惊慌先后离开战场，他心生惊惧不知发生了什么变故，忙催马赶去查看。军士见主将纷纷离开，误以为是被明军战败，他们也紧紧地跟在后面，满蒙联军收不住阵脚迅速溃退。正在厮杀的袁崇焕见敌军败走，当即疾呼，让手下的将士趁胜追杀。皇太极想借野战之机除掉袁崇焕，却意外地被战败，失去了攻打蓟州的机会，致使他们没有立足之地只能在四处游动。九千铁骑击溃了二十四万大军，祖大寿与何可纲率得胜之师一路追杀，沿途斩杀敌军两千多人，当他们赶到段甲岭时，皇太极已经带人扎下营寨，楯车鹿角和火炮等都已架设完毕。袁崇焕担心京城的安危，他想提前赶到那里设防，因此无心再与敌军纠缠，关宁铁骑犹如旋风一般，越过皇太极的营盘向北京奔去。袁崇焕率领边关将士，在马伸桥与满蒙联军大战的消息传到北京，思宗听后喜忧参半，他为袁崇焕能及时出兵而感到欣喜，又因双方的实力相差悬殊而忧虑。思宗追问兵部尚书王洽，如何处置当前的危急。这位兵部大员张口结舌无言以对。思宗大怒，将他革职下狱，随即又向群臣问计。满朝文武低头不语静如止水。思宗见状连声斥骂，然后拂袖而退。

忍饥挨饿的关宁铁骑，经过两昼夜的兼程，终于在十一月十七日的深夜，来到京城的左安门，这里的天气极其寒冷，人马无处栖身。经过长途跋涉，滴水未进的将士口干舌裂，马匹瘫倒在地浑身战栗，为了保住自己的战马能够再上战场，他们拖着疲惫的身体，砸开龙潭湖的冰面，迎着彻骨的寒风从湖下取水饮马。饥饿的将士站在封冻的大地上瑟瑟发抖，关爱将士的袁崇焕泪流满面，他站在皎洁的月光下重申了军令，不许私闯民宅，即使周围的草木也不准动用。边关将士敬佩袁崇焕的人品，他们纷纷表示，宁肯冻饿而死也不违抗边帅的将令，将士们把受伤的人马围在人群当中躲避风寒。天明后，附近的百姓见边关将士静卧在严寒的旷野中，他们深受感动，纷纷拿来食物和草料前来慰劳。就在满朝文武束手无策、思宗焦急不安的时刻，喜讯传来，关宁铁骑已于昨晚到达左安门。思宗听后万分高兴，忙传袁崇焕进宫商讨对敌之策，对于那些士不传餐、马不再秣、千里疾行、露宿旷野中的将士只字未提。阁臣钱龙锡实在看不下去，他上奏道：敌军即将兵临城下，现在正是用人之际，饥寒交迫的将士如何能够对敌，不能让将士在阵前流血，再回到旷野之中流泪。思宗并不是糊涂人，他看完奏章当即醒悟，忙派人送去酒肉米饼和草料，犒赏那些远道而来的勤王将士。有了赏银，茶药童带人与附近的百姓商谈，临时租用一些房屋，对那些伤病的将士进行救治。

十八日中午过后，大同总兵满桂、宣府总兵侯世禄也率本部人马赶来，两处人马都在德胜门外驻扎。满蒙联军也在同时到达城外，皇太极带领人马驻跸于城北，二十日，他令大贝勒代善等人攻打德胜门，三贝勒莽古尔泰等人领兵攻打广渠门。皇太极知道袁崇焕的人马驻扎在广渠门，所以才派这位骁勇善战的五哥担当此任，莽古尔泰率领二十四员战将和七万联军奔向广渠门。临行前皇太极还一再叮嘱：要竭尽全力歼灭这支人马。莽古尔泰当即保证，此次交锋定能除掉这个仇敌。袁崇焕身边只有九千人马，他想等何可纲带领的三万步兵到齐以后，再与敌军决战，没想到皇太极却首先发起攻击。袁崇焕带领人马在广渠门外布阵，他令祖大寿领兵三千列于右翼，王承胤领兵三千列于左翼，自己统率中军正面迎敌。天至午时，莽古尔泰带领人马来到广渠门，他先察看了明军的阵势，然后命七弟阿巴泰带领二十四员战将上阵，先把袁崇焕单独围住，让他与自己的卫队隔离，造成明军群龙无首失去统一指挥，然后催动大军合围，把这九千骑兵困在当中，先用乱箭射杀，再将残存者全歼。莽古尔泰的意图早被茶药童识破，他见敌军拥上前来忙从卫队当中冲出，拍马向前挡住敌将拼杀起来。

莽古尔泰见袁崇焕仍在旗门下发号施令，只得亲自带人上前包抄。袁崇焕见敌军蜂拥而至，唯恐全军被围，他让旗鼓手传令，左右两翼的人马后撤到阵外，伺机扰杀敌军，只有茶药童与二十四员敌将被双方的人马围在当中。满蒙联军认出茶药童，他们惊呼：这就是追杀大汗的侍卫。有些敌将不信传闻想要上前抢功，未等看清对方的面容就命丧钢鞭之下。茶药童在阵中发威，横冲直撞如入无人之境，阵中大乱，二十四员战将死伤过半，祖大寿与王承胤趁乱从左右两侧夹击。袁崇焕见全军参战，他手搭硬弓先后将两员敌将射于马下，然后挥刀杀入阵中。莽古尔泰见袁崇焕勇不可当，忙令弓箭手放箭，宁肯误杀自己的将士也要除掉这个仇敌。袁崇焕身中数箭形如刺猬，因他身穿三层铠甲，虽然中箭并未伤及皮肉。突有一员蒙古将领闪出，他趁着混乱之际从侧面窜出，举起手中的钢刀就向袁崇焕砍去，幸亏身旁的侍卫用刀拦挡，双方用力过猛两口钢刀同时折断。袁崇焕恨极，返身挥起手中的钢刀，当场就把那个偷袭的敌将斩于马下，他已经杀得双目赤红，定睛细看原来是自己的族侄袁升高，在危急关头出手相救。

茶药童的战马被乱箭射死，就在战马倒地的刹那间，他纵身跃离马尸徒步对敌，先后斩杀三十多员敌将，趁乱夺取他们的战马乘坐。双方都抱必胜之心，各自冲杀十几次都未能得手，战场向外延伸了十几里，杀声震动四野战况极其惨烈，这场厮杀从午时至酉时，历经三个半时辰，天色逐渐暗淡，满蒙联军败迹已露。为了扭转战局，莽古尔泰重新组织人马想做最后一搏，他带领众将向袁崇焕的中军奔来。茶药童始终不离师弟左右，他见敌将结队而来忙上前拦挡，交马两合就把七贝勒的马头打碎，阿巴泰的右腿被死马压在地上无法脱身。茶药童带马回来想要取他性命，莽古尔泰见七弟遇险，忙让身边的巴图鲁（勇士）上前缠斗。两名巴图鲁先后丧在茶药童的鞭下，阿巴泰终于挣脱马镫，推开死马得以逃生，八旗将士失去了斗志纷纷向后退避。袁崇焕趁势发出反击的号令，满蒙联军再也支持不住，他们全线溃败，祖大寿带领人马乘胜追杀，直到运河岸边仍未罢手。为了逃命，人数众多的八旗将士把运河的冰面压碎，落水者不计其数，有数千人被冰冷的河水淹死，关宁铁骑追杀残敌直到天明方肯收兵。

大同总兵满桂与宣府总兵侯世禄，接到京师的警报立刻前来勤王，两镇人马驻扎在德胜门外。敌军攻城的消息传来，满桂率领大同的人马为左翼，侯世禄率领宣府的人马为右翼，京师的禁军闭关自守，在城上设置大炮予以支援。南北夹击的满蒙联军，同时向广渠门和德胜门发起攻击，大贝勒代善指挥北路人马杀向德胜门，满桂与侯世禄带领将士迎上前去，双方在阵前展开厮杀。苦战一个时辰后，明军渐渐抵挡不住满蒙联军的冲杀，宣府的人马首先溃败，侯世禄约束不住自己的部下只得随着败军逃走。满桂不愧为三猛之一，他临危不乱，仍带着自己的人马孤军奋战，后因身负多处重伤血染征袍不能再战，这才带着残存的人马避入城中。战败城外的明军，代善立刻传令，让手下的将士准备攻城器具，趁胜夺取德胜门，就在联军筹备攻城的时候探马来报，攻打广渠门的莽古尔泰已被关宁铁骑战败，联军的人马伤亡惨重，袁崇焕可能要挟得胜之师前来增援。代善听后大惊，唯恐自己腹背受敌，慌忙下令，停止进攻速离此地，他将攻城的人马撤到南海扎营。

敌军攻打皇城的消息传来，思宗心慌意乱，他把满朝文武留在宫中等待敌军的动向，午时过后广渠门和德胜门同时展开厮杀，南北两门的战况随时传到朝中。天近黄昏，德胜门的败报首先传来，思宗与满朝文武乱成一团。钱龙锡进言说：速调城中的禁军到德胜门增援，多施炮火矢石拒敌于皇城之外。驻守京师的禁军统领急忙出宫，调动人马前去策应。天至戌时有人来报，广渠门外大获全胜，敌军已经仓皇逃走。随后又有人来报，取胜后的代善突然传令撤军，他们走得匆忙，就连攻城的器具都未带走。思宗听后异常高兴，他对着满朝文武夸赞道：自如（袁崇焕的字）真乃社稷之栋梁也。思宗传旨，宣袁崇焕等各路将领进宫，向他们询问退敌的大计。袁崇焕、满桂、孙祖寿、黑龙云、侯世禄等各路将领齐聚在朝堂上，思宗面带焦急之色向众人问策。袁崇焕说：敌军避开坚关，绕道千里突入关内，志在一举夺下皇城，逼我朝签订丧权之盟。皇太极的谋划确实狠毒，这种做法让关内的生灵涂炭，将士伤亡京师震动，同时也显露出清朝的胆怯和技穷，他们不敢再与大明的将士正面交锋，只能以偷袭的方法孤军深入。身后无援粮道不畅本犯兵家大忌，只要各路勤王大军到齐，截断皇太极的退路，封住他的粮道，满蒙联军必败无疑，然后尾随追杀必能荡平敌寇，收复失地在此一举。前年七月平台应对，我曾在圣上面前许下五年之期收复辽东失地，如今只过去一年零四个月，皇太极冒险犯禁，可能导致他们提前败北。袁崇焕的一席话让思宗感到振奋，当即赐给他貂裘银甲又派人到城外分发赏银、酒肉和食品。

经过昼夜苦战边关将士伤亡数百人，有些将士急需到室内进行治疗。袁崇焕向思宗皇帝请示，让将士进城休整医治，尽快恢复元气。思宗对此置而不答。袁崇焕以为皇上没听清楚，就再次奏请，仍未得到答案。关爱将士的袁崇焕内心甚是不平，他悻悻地离开皇宫，回到城外来找师兄述说此事。茶药童听后眉头紧锁，他见四下无人就悄声说：皇太极带兵突入塞内围困京师，越境之处虽是蓟辽总督刘策的辖区，身为边帅也将难辞其咎，如今强敌环视无人能敌，皇上才对你进行褒奖，拒不让边关将士进城休整就能透出对你的猜疑，再有奸小从旁进谗，事后必将大祸临头。目前敌锋已挫，各路勤王大军陆续赶来，京师已趋安稳，你要趁此递上罪表请辞，解除官职交出兵权以释皇上对你的猜疑。袁崇焕听后感到不服。他争辩道：努尔哈赤重伤在我的军前不治身亡，死在锦宁城下的清朝人马不计其数，广渠门外再挫敌锋解除京师之危，难道这些还不能证明我的清白吗？不愿多言的茶药童一反常态，耐心细致地说：恩师善兵谙武通透医卜，可称为世间奇才，他若进入仕途无人能及，其实不然。据恩师讲：世间另有一部纵横捭阖、专讲权谋的奇书《鬼谷子》，此书共有十四篇，内中皆奸小鼠蛇之智，它能让人变得能言善辩不知廉耻，曲意巴结权贵，借此攻讦那些建功立业者，纵观今古有多少顶天立地的英雄豪杰命丧此辈之手。袁崇焕听后连连点头，他似有所悟地默默离开。严寒的郊外难以入睡，心事重重的袁崇焕又来到师兄身旁，他说：白天师兄对我说的话确有道理，据我分析，当今圣上是个有道的明君，登基以后就除掉了魏忠贤及其党羽，他勤于国事，重整朝纲，并把整个辽东托付于我，国难当头哪能撒手不管，为报圣上知遇之恩我愿以身许国。话已至此茶药童无法再劝，只能听天由命。

第二天清晨天还未亮，思宗就派心腹大臣携带酒肉、食品前来犒军，一连数日天天如此。茶药童细心观察，从那些近臣闪烁不定的目光中，就能觉察出不祥之兆，思宗想借犒军到此察看动静。茶药童预知大祸即将来临，他别无选择只能向师父的在天之灵祷告：弟子无能，难劝师弟脱离险境，只能把他的独生子带走，一旦大祸临头也能为袁家保住这支香火，同时留下本门的武功传人。祷告完就来找袁崇焕。茶药童说：咱们在一起生活了三十多年，友情胜过亲兄弟，如今我已年过四十，最近几天突然勾起思乡之情，可我既不知道家在何处又不知道自己的宗族姓氏，只有幼年的模糊记忆印在心中，门前的流水房后的高山常在梦中出现，认祖归宗是我最大的心愿。茶药童的话让袁崇焕感到震惊，当年与恩师离别的情景再现眼前，他上下打量自己的师兄，从神色上并未发现异常。袁崇焕还是忍不住焦急的心情，他追问道：师兄是否感到身体不适。茶药童忙解释说：我的身体无恙请师弟放心。袁崇焕不愿与茶药童分离，尤其是在战火纷飞前途未卜的形势下，师兄留在身边胜过千军万马。可是茶药童既不是官又不是将，从未拿过朝廷的俸禄和饷银，自己决定以身许国死而无怨，不能再拖累师兄涉险。想到这些袁崇焕的心平静下来。他说：师兄的想法原来在情理之中，希望你能尽快找到自己的故乡，为了路途上的方便，我派十名得力的侍卫伴你同行，让他们多带盘缠协助寻找。茶药童说：多谢师弟想得周全，你送的路费我全收下，那些侍卫就不需要了，我本是一介草民，雄壮的汉子跟在身边反倒让人起疑。稍似停顿，茶药童又接着说，一个人外出确实寂寞，如若师弟放心就让你家升泰陪我同行。袁崇焕先有两个女儿，而立之年才得贵子取名升泰。近些年，他把全部精力投放在边关的战事上，无暇顾及家庭，更顾不上对儿子的培育，年长的侄男都编入军中，只有十二岁的独生子在广东老家赋闲。听说要带自己的儿子同行，袁崇焕当即答应，他明白茶药童的良苦用心，师兄是想替自己培育后人。袁崇焕说：小儿远在广东，烦劳师兄把他带走。当天下午袁崇焕就与茶药童洒泪而别，没想到这竟是兄弟二人的生死离别。

皇太极原想出奇制胜，一举夺下大明的皇城，重演靖康和土木堡之变，活捉思宗入主中原。没想到袁崇焕竟敢弃关回防，沿途截杀拦挡，致使满蒙联军拖延了围攻的时机，让明朝各路勤王大军及时赶来，失去了最佳的偷袭时机。二十日午时，代善与莽古尔泰分头攻打德胜门和广渠门，皇太极带领群臣守在土城大营，静等攻破北京的佳音。天黑后从广渠门传来的却是败讯，随后代善也撤围而归，攻城失败必将陷入重围。皇太极怒火中烧，大骂莽古尔泰并严惩了阿巴泰等将领，他坐在大帐对众贝勒哀叹：自从父汗起兵，从未遇见袁崇焕这样的劲敌，攻城不能克，野战不能胜，父子两代全都败在此人之手，等到各路明军到齐必将截断咱们的退路，到那时粮草不能及时供给，这几十万大军不战也将被活活地饿死在中原大地。皇太极已经后悔，不该统率全部精锐冒险深入大明的腹地，如今进退两难无以为计，他让众人退出，独自坐在大帐苦思解救的办法。惶恐不安的皇太极寝食俱废，他不知道如何才能顺利地退到关外，熟知明朝内幕的鲍承先突然进帐，他想利用前两天抓到的太监行使反间计，再现当年蒋干盗书的情节，对袁崇焕进行栽赃陷害，借思宗之手除掉这个劲敌。皇太极听后连连摇头，他说：这种小儿伎俩岂能瞒过思宗和明廷的文武。鲍承先说：我原在明廷深知这些太监的厉害，他们被阉割后不但喉骨缩回胡须脱落，就连性情也变得狭隘，一言不合就将记恨终生，捏造事实陷害他人的本领极高，只要让他们回到宫中，就会编造故事借机邀功。再说思宗为人苛刻，反复无常，登基不到两年就反复更换宰相、尚书，多名总督被杀，朝中群臣人人自危谁也不敢进言，只有那几个奸佞的小人和献媚的太监受宠。陷入困境的皇太极已经无路可走，只能侥幸一试，他让高鸿中和鲍承先回营安排。

前几天朝中得到警报，皇太极近日就将统兵来到，思宗忙派人出城，通知近处的守军进城协防。宫中的太监杨春与王德成奉命来到南海子，没想到这里已被敌军占领，原来驻扎在这里的明军早已不知去向，这两个太监见势不妙转身就想逃走，可惜为时已晚，他们被守营的敌军捉住。这里是高鸿中和鲍承先的营地，经审讯得知，他们是宫中的太监，当时并未在意，随手就把他俩关押在堆放杂物的营帐中。攻城失败以后满蒙联军人心惶惶，鲍承先这才献策。这天傍晚，高鸿中与鲍承先以巡营为名传播谣言，他们边走边谈，经过关押杨春和王德成的营帐时，故作大意地说：袁督帅与大汗暗订密约，等他完全掌控各路明军以后就放咱们进入京城，到那时咱们多弄几个美妃享乐，今后再也不用提心吊胆地拼杀。两人边说边笑继续向远处走去。冰冷的夜晚特别肃静，龟缩在角落里的太监无法入睡，外面的谈话他们听得真切。杨春和王德成相互对视心中狂跳不止，他们以为立功的机会来了，半夜后远处的草料垛突然起火，敌营中的将士忙于扑火。杨春和王德成趁机逃走，回到宫中，他们以军情重大晋见思宗。杨春与王德成把听到的话，添枝加叶地述说一遍。多疑的思宗信以为真，他以议饷为名把袁崇焕骗入宫中，殿内暗伏甲士，锦衣卫将毫无防备的袁崇焕拿下、关入天字大牢。

袁崇焕被捕的消息传出以后，皇太极当即跪伏于地，连连拜谢苍天保佑。明军将士感到震惊，特别是从关外赶来救驾的关宁铁骑分外绝望，他们彻夜啼号声震四野，身在异乡不知如何是好。祖大寿见袁崇焕被捕焦急万分，他拿出自己的官诰，赠荫进宫，愿以身家性命为袁崇焕担保。结果却遭到思宗的拒绝，祖大寿见保人无望就争辩道：袁总督与皇太极有杀父之仇，他们之间岂能私通，前不久马伸桥一战，多少满蒙将士死在袁大人之手，广渠门外又有数千八旗将士被杀，难道这些战绩还能有假吗？思宗听后觉得有理，他开始犹豫起来。站在思宗身旁的心腹太监杜勋本是魏忠贤的余孽，他对袁崇焕斩杀毛文龙的事恨之入骨。杜勋再也不能忍耐，他带有挑拨的口气说：大胆的狂徒竟敢居功自傲，朝堂之上也敢当面欺主。杜勋吩咐侍卫把祖大寿哄出宫门，那些近侍都是杜勋的死党，他们一拥而上把这位边关将领赶到宫门外。关宁铁骑见救主无望，就簇拥着祖大寿一起向关门逃去。杜勋怕再有人为袁崇焕申冤，他暗中叮嘱宫中的侍卫，今后不许再放祖大寿之类的边关将士进宫，以免思宗为那些言词所动。十四年后，这位杜太监从思宗的身边叛逃，引领闯王李自成，破关夺隘来到北京城下，围困皇城，逼死思宗灭掉大明。

第七回 蒙奇冤身遭劫难 闹京华为友申冤

敌军重兵压境，明军却在阵前失帅，朝野为之震动。刚愎自用的思宗，表面狂傲内心却惊恐不安，他向群臣问计。魏忠贤的余党、兵部尚书梁廷栋和御史高捷等，怕袁崇焕东山再起，上前奏道：大同总兵满桂勇冠三军算是大明的良将，文韬武略胜过袁崇焕许多，由他统领各路大军必能击退敌酋的侵扰。满桂确实是员勇将，思宗传旨：让他接替袁崇焕之职，总领各路人马。经过多日筹备，各路勤王大军云集于北京城外，满桂统领七十余员战将，在永定门外与满蒙联军展开激战。历经数日拼搏，满桂与副将孙祖寿等三十余名将领战死，黑龙云、麻登云等十几名战将被俘后投敌，随后皇太极又全歼了卢沟桥的守将申甫，以及他所率领的人马。京师震动军心不稳，思宗又想起用狱中的袁崇焕。静观其变的奸相温体仁，见皇上的神态有所改变，他再也不能沉默下去。温体仁时刻都想为毛文龙报仇，他用威胁利诱的手段，收买了袁崇焕的部将谢尚文，让他编造边帅通敌的伪证，随后又指派兵部尚书梁廷栋、御史高捷和袁宏泰等人轮番上奏，竭尽全力致袁崇焕于死地。太监杜勋怕袁崇焕临危挂帅，忙派死党到外地雇来几个泼皮无赖，假扮敌军的奸细在京城现身，故意让城内的侍卫抓到，他们用事先备好的说辞，对袁崇焕加以陷害。有个肥头大耳的人自报刘文端，他在供词中说：近两个月曾多次为袁崇焕和皇太极传递密信。另有个操京西口音的人自报姓张。据他讲：上个月曾伴随清朝特使来到袁崇焕的大帐，听到双方制定灭明的内容。那些人的供词几乎一样。

大学士钱龙锡觉得奇怪，为什么能同时冒出那么多奸细，他向思宗上奏，要求严查这些奸细的详情，结果却让人感到奇怪，留下证词以后所有的奸细全都失去了踪迹。钱龙锡更加怀疑，他继续上奏追查那些奸细的去向，无奈奸党的势力太大，他们暗中勾结联手袒护，致使此事无果而终。思宗无计可施，只得起用被他革职的兵部尚书孙承宗，此人通达治军之道，与袁崇焕的交情比较深厚。孙承宗是位儒将，只能在帐中运筹却不能上阵厮杀，前些年曾多次败在清朝的阵前，他心有余悸不敢应命赴任。这时思宗才感到害怕，他收起狂态向群臣求助。大学士成基说：满桂战死，孙承宗不敢应命，只有关东将士的泼疯刀法让敌军胆寒，如今无将可派，只能到狱中向袁崇焕讨取手札，让他劝关东的将士进京，协助孙承宗共同退敌。思宗不知羞耻，忙派成基到天字大狱，向所谓阴谋叛国的罪犯讨取退敌文书。袁崇焕身负冤案，仍能以江山社稷和黎民百姓为重，他不顾个人恩怨当即书写一道言词至诚的手札，劝众将守疆保土奋勇杀敌。然后吟道：身中清白谁人信，世上功名鬼不知。以此道出心中的悲愤之情。

保奏不成反被逐出宫门，祖大寿心灰意冷，不愿再为思宗这样的昏君卖命，他率领将士逃到关外闭门自守。赵率教救遵化战死在城外，满桂替代袁崇焕战死在永定门，当年的边关三勇只剩下祖大寿一人。思宗皇帝的无情让将士们感到心寒，他们不愿再为那样的昏君卖命，朝廷多次下旨召边关将士回京勤王，锦宁等城的将士闭关自守，不再理睬京城的战事，派来传旨的使臣全都被拒之城外无人接待。思宗派出的使臣又来到锦州城下，他首先拿出袁崇焕的亲笔信，守城的将士这才让他进城。听说边帅来信，全城的军民聚集在总兵府前，血战沙场从不皱眉的祖大寿手捧书信涕泪交流，在场的将士也痛哭不止。祖大寿的老母年过八十，在别人的搀扶下来到这里，她面对着大家进行劝说：如今只有杀敌立功方可赎回督师之命，希望你们能以大局为重。老夫人的劝告，让边关将士的心情振奋起来。为了拯救袁崇焕，让他早日离开冤狱，祖大寿再次领兵进关，对满蒙联军发起了猛烈的攻击，沿途的百姓也纷纷拿起武器参战，他们一举收复了永平、遵化等城。驻扎在京城外的满蒙联军连连取胜，各路明军全被战败，从山西等地赶来勤王的大军，惧怕满蒙联军的凶残，走到中途就自行溃散。

祖大寿率领的援军虽然收复了几座城池，皇太极并不惧怕，锦宁派来的援军是支人数不多的孤旅，犹如无源之水，经过几场恶战就能把这支人马耗尽。皇太极召集众将商讨，想要一鼓作气拿下这座皇城，活擒明廷的思宗皇帝。军师范文程站出来加以制止，他说：咱们必须撤军不能再战。皇太极与其父一样尊崇这位年青的军师，他疑惑地问道：咱们千里绕行历尽艰辛，目的就是要夺取皇城，如今胜算在握为什么却要撤军。范文程说：袁崇焕与大汗签订密约才被捕入狱，朝野之中对此争议很大，此案未结，袁崇焕仍然活在狱中，如若攻城太急，把思宗逼得无路可走，很有可能再次起用袁崇焕，到那时咱们又将面临险境。范文程的话让在场的人感到震惊，皇太极是个聪明人，当即明白过来，他说：如非范先生及时提醒几乎酿成大祸。皇太极按着军师的提议，停止周边的战事，商讨各项撤军事宜。范文程说：大汗可派军中的汉人到各地散布谣言，就说密约的事情已经败露，没有袁崇焕作为内应，满蒙联军无力攻进北京城。如今可乘祖大寿夺取永平、遵化等城，明军暂获小胜之机，咱们假装害怕的样子撤军，那样就不能引起明廷的怀疑，同时加大了袁崇焕的通敌嫌疑，咱们的仇敌必死无疑。皇太极连连称赞，只要能除掉袁崇焕这个劲敌，付出多大的代价都行，他派大贝勒代善全权实施这条毒计。皇太极带领满蒙联军伪装成惊慌的模样，退到关外静观明廷的变化。敌军撤走京城谣言四起，魏忠贤的余孽借敌军散布的谣言，进一步对袁崇焕进行诬陷。朝中的昏君与奸党集在一起相互吹捧致贺，思宗自诩为千古罕见的明主，奸党自封为乱世的忠良，他们不知敌军设下的圈套又恢复了往日的淫威。

崇祯二年十一月末，茶药童与袁崇焕互道珍重洒泪而别，他孤身一人向广东奔去，经过数日疾行，这天中午来到东莞袁家的老宅。茶药童在袁家生活了三十多年，上下人等全都相熟，袁崇灿与袁崇煜见他孤身赶来，衣裤已溻透，兄弟二人不由得大惊，他们怕袁崇焕在阵前遇险，忙过来询问前敌的战事。茶药童安慰他们说：边关将士已将围城的敌军击溃，战事进展顺利，二位兄长不必担心。他拿出袁崇焕的亲笔信并把自己的来意说明。袁家兄弟知道，茶药童与袁崇焕的友情胜过他们亲兄弟，因此也不多问忙把袁升泰找来，摆上告别的酒席为他们饯行。茶药童怕朝中出现意外，不敢在此久留，清晨就带着袁升泰离开东莞向北走去。茶药童按照儿时的记忆，在黄河两岸反复查找两个多月，最终在广武山下找到自己的故乡，泛滥的河水已将这里冲刷得面目全非。广武山坐落在黄河南岸，这里原有两座古城，相距只有二百步左右，中有广武涧相隔，楚汉相争时，项羽屯兵东城，刘邦屯兵西城，双方在此对峙多年。

茶药童原来的家就在山涧之侧，当年黄河决堤水漫大地，溺水而亡者不计其数，他的家建在高处这才躲过那次劫难，人虽安然无恙，山下的田园却被浸泡在洪水之下无法耕种，绝收的灾民无法生存只得举家外出逃荒。茶药童当时还不足两岁，对于周边的事务已经记忆不清，唯有广武山的外貌被深深地印在心中，时间隔得太久自家的房屋早已荡然无存。这时已至三月，春回大地万物复苏，茶药童在故居的近处选址，历经三个多月操劳终于把新家建成。趁着闲暇之时，他带着袁升泰来到荥阳城中购置书籍和文房四宝，想让师弟的幼子攻读经史习练武技，作为本门的衣钵传人。天近中午应用之物已经购齐，茶药童把袁升泰领进东关饭庄打尖。荥阳是个四通八达的重镇，来往行人较多，有几个食客是从北京赶来的，他们借着酒兴正在高谈阔论，有人提及京师的战事说：当今天下大乱，身为蓟辽总督的袁崇焕竟能投敌叛国，他想勾结清朝夺取皇城，没想到老天有眼，他们的阴谋提前败露，当今圣上已于年前将其诱入宫中抓捕下狱，皇太极见攻城无望这才下令撤军，二十多万人马慌忙逃往关外。茶药童听后大惊，他家建在广武的山野之中消息闭塞，根本就不知道师弟下狱。听说父亲被捕，袁升泰吓得冷汗直流，他站起身来想要询问详情，茶药童怕引起别人的注意忙拉他坐下，暗示这个孩子不要冲动静听下文。饭庄内的食客除茶药童与袁升泰以外，其余人全都开口参与争论，后面的话无非是些道听途说的传言，或者是他们自己的猜测。茶药童无心吃饭，他带着袁升泰返回广武的家中，先对孩子进行一番安慰，然后把他寄托在邻居的家中。当天夜里茶药童带上盘缠和短刀，锁上自己的家门，他北渡黄河直奔京师，经安阳进入直隶，通过小红门来到广渠门，这里原是关宁铁骑的驻地。茶药童想找祖大寿等边关将士，向他们询问袁崇焕被捕的原因，没想到这里已经空无一人，通过与当地的人交谈，这才知道事情的始末，边关将士见统帅无故下狱，当即结队逃往关外。茶药童举目无亲，他茫然地进入京城不知如何才能解救狱中的师弟，无奈之下只得在朝阳门内的客栈投宿，想在那里探听实情。

七月的天气炎热似火，拥挤的客栈内潮热难耐，晚饭过后住宿的客人赤着上身手摇凉扇，纷纷来到庭院坐在那里闲聊。几句客套话过后，人们就把话题扯到敌军围城、袁崇焕被捕入狱的事件上。其中有位客人的亲属在刑部为官。据他那位官亲讲：当满桂等将领战死的噩耗传到朝中，思宗惊慌失措，他想释放袁崇焕出狱，重振大明王朝的军威。奸相温体仁大惊，他暗中串联同党，一日之内五次上疏，要求严惩叛贼袁崇焕。奸相温体仁、兵部尚书梁廷栋、御史高捷和袁宏勋等阉党的余孽，见思宗的态度暧昧就围在他的左右反复参奏。从铲除以魏忠贤为首的阉党就能看出，年轻的思宗并不是个糊涂人，他仍在权衡处置的利弊和得失，袁崇焕确实是个文武双全的奇才，当今天下再也找不出像他这样的将帅。可这又是个危险的人物，军中的威望太高，边关将士敢把钦差拒之城外，视圣旨如同儿戏，却把狱中罪犯的一道手札，奉若天书照办不误，袁崇焕真要是反叛无人能挡。心慌意乱的思宗不愿再与温体仁等人纠缠，他挥手示意让众人退下。站在身边的心腹太监杜勋，及时凑上前来说：圣上不要忘记，当年秦桧与王氏东窗围炉时的对话，缚虎容易，纵虎难。入狱前的袁崇焕可能感激圣上的知遇之恩，下狱后就另当别论，他如真有反叛之举还能心安理得，如若谋反是假下狱后必将产生恨意，不能再像以前那样与圣上同心，如不及时除掉必成后患，天下的百姓也将耻笑圣上反复无常。

杜勋这番话刺到思宗的痛处，他这才决定不管袁崇焕是否反叛，都要将他除掉以绝后患。思宗下令查抄袁崇焕的府第，想从他家找出一些罪证。锦衣卫领旨来到袁府仔细搜查，结果却让他们感到意外，身为兵部尚书的袁崇焕平日生活十分俭朴，只有皇上赏赐的貂裘银甲供奉在家，合府上下并无其他余财。查抄袁家的锦衣卫不信，他们对袁夫人进行盘问：每当前敌取胜，朝廷都对袁崇焕进行巨额嘉奖，当年那些赏银藏在什么地方。袁夫人说：那些赏银并没往自己的家里拿，当场就分给伤残的将士和阵亡的遗孤，我家从未留过半文。锦衣卫仍然不信，他们又对袁家的仆妇和卫士进行审问，最后的答复几乎相同。查抄袁府的锦衣卫这才收起凶相，对袁崇焕这样的官员肃然起敬，再也不为难袁家的人。他们在上奏的表章中写道：袁崇焕无子嗣，家中空无余财，只将其妻押解归案。思宗见袁崇焕如此清廉更加不安，他派人远赴广东，把袁崇焕的兄弟宗侄押到京师羁禁。表章传到朝中群臣心中不平，却没有人敢站出来为袁崇焕申辩。思宗与朝中的奸党更加惊恐，这样廉洁的人能孚众望，如要反叛必将成大其事。思宗决定让这些阉党的余孽编造罪状，对袁崇焕处以极刑，以此遮掩他的私心。奸党的成员聚到一起，他们搜肠刮肚罗织罪名。最后以市米则资盗，以谋款则斩帅；纵敌长驱，屯兵不战；潜携喇嘛，坚清入城三罪当处磔刑论。罪状递到思宗手中并未在朝中宣布。这位客人把自己听到的一切全都讲完，随后的争论就在这家小客栈中展开。

茶药童听后心如刀绞，残酷的现实让他无计可施，个人的本事再大也无法与政权相抗争，他回到客房彻夜未眠。次日清晨茶药童率先离开客栈，他漫无目的地向前走去，偌大的京城每天都在议论这件事，日近中午又有一个惊人的消息传出。八月初八，袁崇焕的族人及其妻子，将被流放到三千里之外的蛮荒之地。这时已是八月初七，茶药童四处打听，终于查清押解出城的路线，他买来腊肉和面饼等食物带在身边，想在暗中跟随予以保护。初八的早晨，刑部派人拿着公文，用大车押解袁崇焕的家人上路，出了西直门沿着大路向前走去。茶药童不敢靠近只能在远处跟随，日近黄昏，他们来到周口店住进了平安客栈。茶药童怕引起差官的注意，他到对街的客栈投宿，连续跟踪了几天并未发现异常，他们离开直隶进入山西境内。离京后的第七天就是八月十五，差官押解人犯，提前到客栈投宿，他们事先买到酒菜、瓜果和月饼等食品，在异乡的客栈里过起了中秋节。可能是思念亲人，这些差官的话题从未离开自己的父母和妻儿。茶药童趁着差官酣饮之际，他推开关押人犯的后窗跃入室内。袁夫人出身名门能识大体，突见异常仍能镇静应对，当她看清茶药童的面貌时，这才流下两行热泪，随即询问小儿的近况。茶药童说：弟妹放心，只要有我三寸气在，就不能让升泰这个孩子受到半点委屈。被收押后袁夫人对外面的事一无所知，她又问起狱中的丈夫。茶药童说：自己在北京无亲无友，只能在街面上听到一些传言，确切的消息并不清楚，他关切地询问流放地点。袁夫人摇头说：具体被流放到哪儿，他们也不知道。茶药童说：他想在僻静的山野中截杀这几个官差，然后把袁家人救走。袁夫人听后大惊，她连忙制止说：大伯且莫冲动，我家丈夫含冤入狱迟早能得到昭雪，如要杀官劫人再也没有出头之日，我愿杀身全节绝不做苟且偷生之人。茶药童听后，仰首长叹：袁家满门皆忠烈之人。为了能在日后找到袁家眷属的流放地点，茶药童叮嘱袁夫人，在沿途投宿的客栈外暗中留下三角形的标记。袁夫人点头答应。茶药童身处两难，既担心袁家眷属流放途中的安危，又担心狱中的师弟是否能够脱险，他从怀中掏出三百两银子递给袁夫人，让她分给大家藏在身上以备路上急用。时间紧迫不能久留，茶药童硬起心肠含泪跃到窗外，他站在月光下想了很久，最后决定公开与差官见面，摸清他们的善恶再做决定，以防这些差官被奸党收买，在流放途中暗下毒手。

茶药童身藏利刃，到外面的店铺买来果品和月饼，然后叩开差官的房门讲清来意。他说：自己原在边关当差，听说袁督师罹难家眷流徙经过这里，回忆当年的情谊无以为报，时逢中秋佳节特备几样果品前来探视，望几位官爷能行个方便。几位差官酒至半酣，他们相互对视。其中一人开口说：这位仁兄既在边关当差也算是我们这些衙差的同路人，你要是没有什么急事要办，不如坐下来共饮一杯，讲讲当年边关的奇闻轶事。差官的神态虽然和善，茶药童并未放松警惕，衙门口的人很难猜测，他随意讲起前几年的战事。袁崇焕的忠勇事迹感动了这些差官，他们时而振奋时而叹息，最后竟对奸党的做法进行嘲骂，从表情就能看出对袁崇焕的同情。茶药童这才拿出百两银子赠送给这些差官，恳求他们沿途照应。出于对袁崇焕的崇敬，差官拒不收受这些银子。茶药童说：中秋过后天气逐渐寒冷，不知什么时候才能到达终点，你们可用这些银子添置御寒的衣物。差官见茶药童的情义真诚，这才把银子收下，他们把果品和月饼转交给袁崇焕的家眷。茶药童这才放心地向差官告辞连夜回返，历经三昼夜不停地疾行。八月十八日的下午来到卢沟桥，茶药童已经累得筋疲力尽，他走进桥下的饭庄买来大饼和清汤，没吃上几口就发现对面的墙上，张贴着处决袁崇焕的布告。茶药童心中暗惊，他扔掉手中的大饼急忙来到布告前，这才把全部罪状看清。其文如下：袁逆欺君谋叛，斩帅以践虏约。米市以资盗粮。暗携夷使，坚请入城。图谋不轨，罪当磔刑。八月十六日押赴西市刑场处以磔刑。尸骨移至漏泽园暴尸示众，以儆效尤。茶药童从头至尾连看两遍，这才相信眼前的事实。离此不远有座茶棚，路人趁歇脚之机在那谈论此事，茶药童平息一下心中的怒火然后才走过去，他要来茶水坐在那里静听众人谈论。有个茶客家住城西，他把行刑那天知道的情节全都讲了出来。

十六日的早晨，刑部派人来到西市道口，在那搭建芦棚作为监斩台，二百名禁军列于芦棚四周警戒。天至巳时，有个蓬头垢面的男子被绳索捆绑着押到台上，台下已经挤满了人，有些衣着华贵的人开始嘲骂。他们大喊：这就是叛贼袁崇焕。听到台下有人呼喊，台上的袁崇焕突然挺胸昂首。随即高声吟道：一生事业总成空，半世功名在梦中。死后不愁无勇将，忠魂依旧守辽东。袁崇焕的声音高亢有力，词意掷地有声，台下立刻安静下来，他还想要说些什么。满身酒气的刽子手，见袁崇焕已是将死之人，为了在大众面前逞能，他用手中的钢刀捅到袁崇焕的嘴里搅动。袁崇焕的两腮被刀锋划开，血水从口中喷出，这位倔强的边帅依然昂首挺胸毫无惧意，奸党派来羞辱他的人，吓得浑身发抖低头不语。午时三刻号炮震天，三名刽子手按着凌迟处死的程序，手持锋利的小刀，先从双眉下手，然后双肩、前胸、后背，由上至下零切碎剐。袁崇焕圆睁二目，至死也未呻吟一声。有些蠢人轻信官府的告示，为了显示对朝廷的忠心，他们用手中的银钱争抢着从刽子手那里购买滴血的皮肉放到嘴里咀嚼，并对袁崇焕进行谩骂。皮肉售完就开膛取出脏腑，截短而沽，那些表忠心的狂徒竟变成食人的禽兽。有些茶客低头叹息，他们不敢表达心中的不平。茶药童强忍悲愤，向那位知情者询问后来的经过。那位茶客说：行刑的刽子手一直闹到黄昏才被刑部的官员制止，有人用大车把袁崇焕的尸骨运到城南的漏泽园暴尸。袁崇焕的遭遇全都听清，茶药童这才付清茶钱起身向东南奔去，来到黄村已过申时，漏泽园周围派有重兵把守，到这观看的人络绎不绝。

守卫漏泽园的军士见天色已晚，为防意外发生，他们及时拦住进园的人，并把园内的游人驱赶出去。茶药童虽想尽早见到袁崇焕的尸骨，可他对这里的情况不熟，所以不敢贸然硬闯，只能在墙外游走，默记各处通道，以备遇险时能顺利地脱身。为了避免别人注意，茶药童混在人群中远离漏泽园，在西红门的寓安客栈投宿，他在客房内和衣而卧，焦急地思考着袁崇焕的善后。开始茶药童想把袁崇焕的尸骨盗走，找那种山清水秀的地方埋葬，以求入土为安，随即他又改变了主意，师弟生前轰轰烈烈，镇守边关忠勇无双，两军阵前屡建奇功，他对朝廷并无二心，这样的人本该名留青史，最终竟遭到奸人的陷害，千古奇冤迟早要被昭雪。想到这些茶药童决定，宁肯丢掉性命也要大闹一场，为九泉下的英灵正名，主意拿定这才静下心来闭目养神。茶药童想要积蓄力量应对今后的不测，天明后他走出店房到饭铺饱餐一顿，然后与店主闲谈，借此探明京南一带的风土人情，以及出入城卡的管制时间。

街上的行人逐渐多了起来，茶药童这才走出饭铺，随着行人来到漏泽园，木材搭建的暴尸台摆在园内醒目的地方，旁边竖立着高大的木牌。上写“叛徒袁崇焕”五个扭曲的大字，从字形就能让人感到死者的邪恶。茶药童看后气往上撞，他快步来到暴尸台前，立刻就被眼前的情景惊呆，台上摆着一具枯骨，比狗啃的还要干净，如果不是事先知道详情很难让人相信，这就是威震敌胆的边帅，如今只剩下一具枯骨仍被那些蠢人指点着咒骂。茶药童强忍着泪水，快步离开，他怀着悲愤的心情把园内的路径记牢，这才转身离去。在回寓安客栈的途中，茶药童买来笔墨纸张和白布，当天晚上紧闭门窗，他展开白布端端正正地写上“千古奇冤”四个大字，下面有边关将士的题款，然后又用白纸写了十份“飞鸟尽，良弓藏。敌国破，谋臣亡。鞑虏盛，杀忠良。朱姓无道，大明必亡”的揭帖，下面仍落边关将士的题款。一切准备完毕，茶药童这才躺到床上，静待夜深人静时动手。子时刚过茶药童就开始准备，他带上短刀、布幛、揭帖和糨糊等物品，起身离开客栈向南奔去，来到漏泽园的墙外，细心向里边查看。经过几天的忙碌，这里的守军感到疲倦，除两名军士坐在灯下值更外，其余的人全都进入梦乡，园内寂静无声一片漆黑。茶药童见里边防守不严就飞身跃起，悄无声息地飘落到漏泽园内，他蹑足潜踪来到暴尸台前，先留下一张揭帖，然后就把千古奇冤的布幛挂在木牌上，遮挡原来的字迹，眨眼之间就把诸事办完。为了不惊动守园的军士，茶药童立刻离开漏泽园向皇城奔去，经过大半夜的奔走，北京外城七门醒目的地方都粘上申冤的揭帖，他想让天下的人都知道袁崇焕是被朝廷冤杀的。

天亮前，茶药童扔掉笔墨偷偷地回到客栈，夜晚的事进行得非常顺利，可他还是坐卧不安，各种申辩报复的想法仍在不断地涌现：到太庙放火让思宗落下不孝的骂名；跟随玉泉山的运水大车，趁夜间昏暗之际混进皇城，刺杀思宗这个昏君。茶药童毕竟是个修为极高的人，虽恨不乱，他想到袁崇焕的幼子孤身寄居在异乡无人养育，袁家老少流放到三千里之外生死不明，谋害师弟的不只是思宗一人，另有朝中的奸小和关外的鞑虏。自己一人孤掌难鸣根本就报不了眼前这个血海深仇，事到如今还不如留下有用之身，遵照恩师的重托，将本门的武学传给袁升泰，等待后人寻机报仇，那样才能对得起恩师的教诲和师弟的信赖。茶药童闭目静坐调整激动的心情，天明以后他才走出店房，想到漏泽园观察守军对昨晚出现布幛的反映。

人在远处就能看到拥挤的人群，围在那里议论，守园的军士如临大敌，他们手持刀枪列于墙外不许围观的人们靠近，站在园外就能看到千古奇冤的布幛依然挂在那块木牌上。守园的禁军把总不敢私自处理，他拿着尸骨下面压着的揭帖到朝中报信，等候上峰的命令再做处理。袁崇焕确实是大明的栋梁之臣，就连努尔哈赤也伤在他的军前，说他反叛，那只是敌营的传言并没有什么真凭实据，即使身在狱中仍能规劝边关的将士忠君杀敌。思宗并非蠢人，他也觉得有愧，今天早朝正要议事，突然从漏泽园传来一个惊人的消息：昨天晚上有人在戒备森严的暴尸台前，用“千古奇冤”的布幛，遮盖了“叛逆袁崇焕”的木牌，这种与朝廷作对的行径就是造反。思宗展开手中的揭帖，更让他感到惊恐不安的是“飞鸟尽，良弓藏。敌国破，谋臣亡。”后面还有“鞑虏盛，杀忠良。朱姓无道，大明必亡。”这段话的意思是说，边关战事吃紧朝廷却敢滥杀无辜的忠良，这就是亡国的征兆，这几句话刺中了这位自诩为中兴之主、开明之君的要害。袁崇焕死后谁能代替他固守边关，被权臣吹捧为天神的满桂，离开袁崇焕以后就败在清朝的阵前，最后战死在永定门外。孙承宗是当朝公认的名将，可他屡次败在敌军阵前，根本就不是皇太极的对手。如今边关只剩下祖大寿，他只是一介武夫难当大任，此人心中只服袁崇焕一人，根本就不把朝廷的圣旨放在眼里。手拿揭帖的思宗沉思良久一言不发，他坐在那里暗想，难道传承二百多年的大明江山，真要断送在自己的手中。揭帖的题款是边关将士，思宗相信题款的真实，他知道只有边关将士才能有这种身手和胆量。

思宗坐在那里胡思乱想，又有人来报，外城七门全都发现这种揭帖，百姓议论纷纷，很多人都改变了当初的看法，他们认为袁崇焕功高震主才被除掉。思宗大怒，他传旨下去，各门设卡，捉拿妖言惑众的边关将士以正视听。九门提督不敢怠慢急忙下去安排，凡是操关东口音的青壮之人，出入关卡必须严查，当天就有五百多名嫌犯被抓，这种做法激起了民愤，街头巷尾骂声不绝。茶药童从小就四处漂泊，没有特定的乡音，各处的关卡并未对他留意。通过百姓议论这桩冤案更加清楚，袁崇焕惨遭杀害的起因，除敌军的谣言和思宗的猜疑之外，另有杜勋和温体仁等阉党的余孽从旁诬陷。茶药童想趁目前混乱之际对思宗和温体仁示警，不要再对袁崇焕的尸骨进行污辱，他分别写下两张字柬带在身边，想要贴到太庙，那里供奉着大明王朝十五代帝王的灵牌，另一张投到温体仁的家中。经过探询，终于在东城找到那座相府，茶药童查明了前后路径，然后就在近处的客栈落脚。半夜后，他来到相府东墙外的小巷，见四下无人就攀到路边的大槐树上，居高临下向府内察看。这是一座三进院落的府衙，前院是公事房，后院是眷属居住的地方，府内灯火辉煌，前后都有侍卫驻守。温体仁害人无数唯恐仇家报复，每天都在小心提防。茶药童站在树上观察多时仍难辨清院内的虚实，他抽出腰间的短刀来到墙边，纵身跃到院内刚把腰身挺直，突然从黑暗中蹿出一条体形巨大的恶狗，它张开血口扑上前来撕咬。事发仓促，茶药童来不及出手只能闪身避开，恶狗的性情凶狠转身再次猛扑。茶药童唯恐恶狗嚎叫惊动周围的侍卫，他趁恶狗纵身蹿起的时候，迅速将短刀插入狗嘴，随即抬腿踢中狗的腹部，因为用力过猛刀身全部没入狗嘴之中，只有刀柄露在外面，这只恶狗闷哼了几声就倒地不起。茶药童怕响声惊动府内的侍卫，他把死狗拖到花坛之中静静地观察，未见异常这才起身搜索。温体仁算是当朝的巨奸，他从各地搜刮来的财宝无数，房屋层叠难辨，家中的妻妾成群，很难找到他的宿身处。为了尽快留下字柬，茶药童改变来时的初衷，不再搜寻温体仁的下落，他摸到前院拨开书房的门，把字柬放在案头用镇尺压在下面，事情办妥这才从原路退出。茶药童不敢耽搁，今晚必须把两件事同时办完，以免夜长梦多，他隐在暗影之中向西潜入内城，躲在皇城的东南角，等到巡防的禁军过后迅速来到太庙前，把字柬贴到门上然后离开，回到客栈这才吐出胸中的恶气。天刚见亮茶药童就走出客栈，他想远离这个是非之地以免引起别人的怀疑。

温体仁是个奸坏而又严谨的人，平时装成正人君子，天至五更，他推开身边的小妾准备起床。相府的总管早已候在门外，他见屋内传出响动这才急促地呼唤。温体仁闻报大惊急忙穿衣出来，只见总管满脸惊恐地说：昨晚有人进府，杀死守夜的獒犬。温体仁追问：是否有人员伤亡。总管说：现在还不清楚。温体仁让总管通知府内的人员起床，清点人数查看财物，结果却让人感到意外，既无人员伤亡又无财产被盗。温体仁觉得奇怪，敢进相府绝非等闲之辈，守夜的獒犬胜过豺狼，来人能够一刀将它毙命还不惊动侍卫，可见此人的武功非同寻常，这样的高手潜入相府必有所图，绝不可能无功而退，他让侍卫继续查找其中的隐情。上朝的时间快到，温体仁来到书房去拿上奏的表章，突然发现案头的字柬，他拿到近前细看。上面写：温体仁乃阉党余孽，毛文龙的同乡，公报私仇，陷害忠良。为恶多端，不一而论。如今限尔五日之内，将袁崇焕的尸骨下葬，以赎前罪。否则必杀尔全家，以慰九泉之下的英灵。下面题款仍是边关将士。温体仁看后冷汗直流，五日之内期限太短，如不按字柬上的话去做全家将有性命之忧，袁崇焕的部下都是亡命之徒，就连八旗悍将都惧怕他们三分。温体仁不敢多想急忙上朝，他想寻找适当的机会让袁崇焕的尸骨入土，以免遭到边关将士的暗算。进了朝门就见大家议论纷纷，温体仁不知发生了什么事，忙凑上前去静听，有人拿着太庙门外的字柬等候早朝上奏。

思宗手持这张鸣冤的字柬，脸色不停地变换，过了半盏茶的光景才让人把字柬拿下去，命朝臣传阅，他目注群臣让大家发表意见。思宗是个反复无常的人，谁也不敢开口以免招来横祸，连问数遍还是没人搭腔。思宗大怒，历数群臣奸猾误国。大学士成基与兵部尚书孙承宗同时上奏，他们说：袁崇焕罪孽深重现已伏法，念其前功，还请圣上法外开恩，准其尸骨入土以安天下之心。众人见成基和孙承宗为钦犯说情，都惊出一身冷汗。思宗听后面无表情，仍注视着丹墀下的群臣。恰在这时温体仁站了出来，众人以为他又要出什么坏主意，没想到这位奸相竟一反常态，极力赞同孙成二人的奏议。温体仁的话让思宗感到奇怪，他挥手示意让群臣退下，只把这位奸相留下。思宗用讥讽的口吻对温体仁说：当初因为你等的奏议才将袁崇焕下狱，如今你又出尔反尔来为叛逆说情。温体仁说：小臣心直嘴快，只知有君不知有己，处处都为社稷着想，当初劝圣上磔杀袁崇焕那是顺应民意，刑场上争食其肉就足以佐证当时的民意，如今乱民造反，鞑虏犯边，无人能敌，这才有人思念起袁崇焕。边关那些亡命之徒趁机作乱，有人竟敢舍命犯险，为防民变不如借此施恩，允许袁崇焕的尸骨下葬了却这场风波，全力对付陕西的乱民和关东的鞑虏。温体仁的话刺中了思宗的痛处，陕西的张献忠和李自成等人带领饥民扯旗造反，他们杀官夺城流窜中原，各地告急的文书如同雪片一般传到朝中。关外诸城相继失守，边关的警报不断传来，驻守在那里的将士为袁崇焕鸣不平，有的抱病辞官，有的弃械逃走，留在军中的人也不愿为朝廷拼命，这些都是亡国之兆。思宗惊出一身冷汗，再也不能顾及颜面，只得点头同意，他让温体仁妥善处理袁崇焕的后事，以平边关将士的积怨。得到思宗的应允，温体仁这才放心，回到相府就把总管招来，让他到广东会馆去找袁崇焕的同乡，就说皇上念及当年的功绩，对袁崇焕的罪行予以赦免，让他们把袁崇焕的尸骨从漏泽园运走，对外不许妄加议论，否则必究其罪，同时索要白银一千两。

广东乡会同情袁崇焕的遭遇，他们甘冒风险纷纷出钱，在袁崇焕杀退满蒙联军的广渠门外，为他购地修建坟墓，多年后又在龙潭湖和广东会馆建起祠堂。温体仁不但害死了袁崇焕，最终又榨取一千两白银，历代贪官同出一辙。茶药童见师弟的尸骨已被安葬，这才吐出心中的恶气，他又为袁崇焕的家眷担忧。下葬的当天晚上，茶药童趁无人之际来到袁崇焕的墓前，做离别前的祭拜，他失声痛哭并发誓，一定替师弟把升泰抚养成人。袁崇焕的后事已经办完，茶药童这才离开京城奔向西南，他想追踪师弟的家人，查清他们被流放的地点，日后可带袁升泰与家人团聚。八月十五，袁夫人在山西祁县的客栈与茶药童分手，她按照茶药童的吩咐在住过的客栈门旁，留下三角形的暗记，直到陕西韩城突然失去了标记。陕西境内的百姓全都参加李自成的义军，他们见到官府的人就杀，途经此地的刑部差官也将难逃厄运，袁崇焕的家眷身处战乱不知流落到什么地方。经过往返奔波仍未查到袁家人的音信，茶药童感到失望，他孤身在外无法再往前查找只得无功而返。鞑虏犯边，饥民造反，朝廷失德，天下大乱，改朝换代已成定局，为避战乱茶药童决定遁迹藏形，缄口不谈医药之事，以免被人认出自己的来历。

袁崇焕被磔杀的消息传到盛京以后，皇太极在宫中摆酒与群臣庆贺。军师范文程说：袁崇焕虽死余威仍在，如能找到他的家人教以说辞，让其在阵前现身，劝降边关的守将绝非难事，那样就可以兵不血刃夺取大明的边城。皇太极听后茅塞顿开，范文程的话让他感到振奋，明廷虽然腐败毕竟地广人多，将士仍有百万以上。境内反叛的李自成和张献忠等人更不可小觑，他们各自拥有几十万人马。满蒙联军加起来还不足三十万，无力入主中原，如能利用袁崇焕的家人招降边关劲旅，一统天下只是迟早的事。皇太极马上传令，让熟知中原的降将高鸿中，从军中挑选出二百名精干，分别乘坐快马沿着流放的路途寻找，只要是袁崇焕的家人不论老少全都请来。高鸿中领令不敢怠慢，立刻选出二百人连夜起身，历经两个多月，派出寻找的人纷纷回来复命，他们受到皇太极的密嘱，绝口不谈外出寻找的经过，袁家老少的下落成为不解之谜。

事过五年，这段血海深仇仍缠绕在茶药童的心中，他对明廷及清朝恨之入骨。这年正月，义军中的革里眼、左金王、改世王、射塌天、横天王、混十万、过天星、九条龙、顺天王、高迎祥和张献忠等，十三家反王，七十二部大营会盟荥阳，义军如从天降连营数十里。消息传到明廷，权臣震动，思宗惊慌，身在广武的茶药童却感到兴奋，他希望义军能推翻大明，改朝换代。茶药童借故来到荥阳，暗中察访这些举义的首领，结果却让他感到失望，看似轰轰烈烈的壮举内部却藏有隐患，各部首领都是急功近利之辈并无王者之气，这样的人很难成大事。茶药童只得抱憾而归。十三家首领鼠目寸光，会盟期间争吵不休，最终分兵五路，高迎祥、张献忠和李自成各带本部人马攻颍州，破凤阳。在当地人的指引下来到太平乡孤庄村，攻进朱家的皇陵，在紫禁城内放火刨墓，践踏朱家列祖的亡灵，这种做法只能泄愤，却不能动摇大明的基石。茶药童只能蛰居广武等待时机，蓄势为袁崇焕昭雪冤案，更正叛国投敌的恶名。

正月过后天气逐渐转暖，皇太极传令各旗将领加紧操练，择日向明廷开战。三月初双方在辽西大地展开厮杀，皇太极依仗人多，将锦州这座孤城围困了五个多月。祖大寿率领军民决定死守，他派人突围到朝中求救。思宗深知锦州的重要，立刻征调沿边八镇的总兵，共计十三万大军，由蓟辽总督洪承畴率领奔赴关外增援锦州。两军在松山发生激战，总兵王朴怯敌，首先溃败，巡抚丘民仰、总兵曹变蛟等战死，洪承畴失策被俘，锦州城又陷入重围。祖大寿等将领牢记袁崇焕的豪言，策杖只因图雪耻，横戈原不为封侯。他带领众将，在内无粮草外无救兵的情况下，坚守孤城一年多，双方伤亡惨重，皇太极仍无法攻破锦州这座重镇。半月后城下突然传来呼喊，祖大寿登上城楼查探，只见敌军阵前簇拥着一个双手被绑的年轻人，范文程紧随其后。他高声说：祖大将军可识此人否，他就是袁崇焕的爱子，现已被我带到这里，思宗昏庸宠信奸阉残害忠良，袁崇焕功高盖世却落得千刀万剐的下场。袁崇焕与我朝本是仇敌，按理应当将他的儿子处斩以祭老汗王的在天之灵。你如开城纳降不但能保住袁公子的性命，你等仍可留守此城。自古有言，义者不为昏君死，智者不为暗主谋，请将军三思。范文程的话打动了将士的心，祖大寿回忆前情，袁督师确有一子远在东莞老家，查抄袁府的表章上并未有此子的记载，城下被绑之人定是袁公子。想到袁崇焕的悲惨遭遇以及城中断粮绝炊、饥民争食人肉之事时有发生，为了保住袁家这支香火，解除关外诸城百姓的疾苦，祖大寿决定不再为昏庸的朱由检卖命，他与松山、杏山、塔山等城的守将一起答应范文程的要求，开城纳降解救袁崇焕的后人，从此关外落入清朝之手。

第八回 北邙山歃盟结义 赴皇城科场称冠

袁崇焕获罪后，新任的将帅畏敌如虎，他们随时准备逃离此地，关外开垦的良田全部荒芜，边关将士不能再像以前那样自己解决粮饷，只能伸手向朝廷索要。为了保住朱家的天下，思宗不顾百姓的死活，严令各地按期交纳辽饷、剿饷和练饷。各级贪官趁机加码中饱私囊，逼得各地的农民无法生存，他们纷纷举起义旗杀官造反。崇祯十七年正月，李自成在西安称帝，国号大顺，他从二月开始带领义军入山西，拿下蒲城、临汾、太原，生擒晋王朱求桂。进破代州、怀庆、彰德、真定，斩杀总兵周遇吉。三月围大同，守将姜瓖出降，随后宣府守将王承胤、居庸关守将唐通等先后降于义军。在太监杜勋的指引下，三月十七日，义军来到北京城下，思宗自知国破家亡就在眼前，这位刚愎自用的亡国之君，死前还想推卸责任，他坐在龙案前反复书写“文官该杀，书生误国”，然后狠狠地撕扯，弄得满地都是碎纸。思宗的余怒未消，他又来到后宫逼妻杀女，纵子逃离。十八日夜晚，思宗来到煤山上的寿皇亭，咬破小指写下最后一道诏书：朕德薄匪躬，上干天咎。登基十有七年，逆贼直逼京师。虽朕之不明所致，亦诸臣误朕也。国亡，无颜见列祖于九泉之下，自去冠冕，以发覆面，任凭贼人分尸，勿伤百姓一人。思宗写完遗诏，在秉笔太监王承恩的帮助下引颈上吊，大明朝二百七十六年的基业随之终结。李自成于三月十九日的中午由德胜门入城，北京这座大明的皇城落入义军手中。

消息传到广武，茶药童又燃起申冤昭雪的希望，他奋笔疾书，陈述当年袁崇焕蒙冤的经过，希望能在青史留下公正的一笔，一切准备妥当，静等新帝登基上递陈情状。没想到义军的首领不懂安民兴业之术，政权未稳就急于向贪官污吏、巨贾富绅追索赃银，追索的范围不断扩大，致使四方震动人心惶惶。宁远总兵吴三桂与义军首领刘宗敏，为争夺一个妓女而投敌叛国，他勾结清朝入关，合力攻打北京城内的义军。李自成见事不妙匆忙登基，只做了一天皇帝就率部败走，京师落入清朝之手。听说仇家入主中原，茶药童如遭雷殛，为袁崇焕申冤的希望彻底破灭，这位饱经风霜的老人再也不能承受这样的打击，他口吐鲜血仰面跌倒从此卧床不起。多日后茶药童睁开双目勉强坐起，双唇抖动却不能发音，袁升泰含泪把他扶住。茶药童双眼圆睁，手醮口中的血水，在床巾上留下死前的遗言：明清两朝皆吾之仇家，切莫为其出力。写完气绝身亡。袁升泰这时已经二十七岁早已娶妻生子，他深感师伯的恩德，忙买来上等棺椁装殓，然后将茶药童葬在广武山中。通透医术药理的茶药童，怕别人从这条途径找到他们的行踪，因此对悬壶济世的医术只字未存，只为后人留下一部《武经》，让袁家子孙暗中传习，以备今后雪耻之用。茶药童死后，袁升泰为其守孝三年，然后就按照他的吩咐在庠序传授经史，静观时局之变。

清道光年间，袁家已经传至七世孙，袁寿臣秉承先祖的遗训，仍蛰伏在乡间设馆授徒，他善于诗画是中州的名儒。年少读书时因情趣相投，袁寿臣与荥阳的林沛雨和黄百川交情过密，三人在北邙山的密林中互换年谱，义结金兰，成为异姓兄弟。林沛雨年长，是三人中的长兄，他家广有财，是富甲一方的望族，可惜偌大的家族竟没有人博取功名。天性聪明的林沛雨为人豪爽，林家族人期望他能进入仕途，跻身公门为林家增添光彩。林沛雨秉承先辈的夙愿，奋发图强攻读经史，他曾拜过多位名声显赫的武师，十八般兵器无所不精，经过多年磨炼成为文武双全的举子。黄百川的先祖出身行伍，凭借军功升至提督、总兵，家业大兴，黄家已经三代为将，成为中州一带的名门望族。黄百川受到家庭的熏陶，自幼习武，深得家传的刀法，年纪不大就已名动中州，被河南军界视为奇才。袁寿臣与别人不同，他秉承先祖的遗训，牢记国仇家恨，白天伴友苦读经史，夜晚随父通读兵法，苦练家传的武功以备后用。为了掩人耳目，袁寿臣从不在人前谈兵论武，周围的人都把他当成腐儒加以取笑。

林沛雨与黄百川追求功名想要入仕为官，他们整日攻读四书五经、策问以及八股文等，并在大比之年的乡试、会试中夺魁，从秀才到举人，经过不懈的努力终于赴京参加殿试。二人不负众望，林沛雨获殿试第一甲第二名，赐进士及第。黄百川获殿试第三甲第七名，赐同进士出身。这对异姓兄弟同殿中甲，立刻引起轰动，天下的举子对他们称羡不已。年迈的道光皇帝，听说林沛雨与黄百川不但文笔好，还有一身高超的武功，兴致大发，当即恩准，让他们兄弟二人到校军场当众献艺。道光皇帝带领六部官员到现场观看，首先演练弓马，设长靶于五十步之外，林沛雨和黄百川抖起神威，每人三箭全都命中靶心，朝中的权臣连连称赞，随后又测试刀马。林沛雨的六合刀，犹如乱云飞舞暗含杀气，刀光闪烁摄人心胆。黄百川亮出家传的霹雳刀法，舞动起来如同狂风暴雨，刚猛迅疾虚实难辨。校军场上围观的将士欢声雷动，无不叹服，林沛雨和黄百川成为天下瞩目的人物。发榜后道光皇帝在礼部赐进士恩荣宴，第一甲的进士只有三人，头名为状元，二名为榜眼，三名为探花。第一甲的进士列座于其他进士之前，紧傍在皇帝之侧。道光皇帝自三十八岁登基，原想整顿朝纲根除烟害，抵御外强，重振国威，前些年他曾派林则徐和黄爵滋等人到广东禁烟，皆因清朝故步自封，懵然不知境外列国之变，在兵弱银枯民情不稳的情况下妄自用兵，结果却连连败北，在列强舰炮的淫威下，先后签订了丧权辱国的《望厦条约》和《黄埔条约》。道光皇帝对此非常气愤却又无力应对，晚年产生了重武轻文的倾向，在恩荣宴中接待其他进士只是敷衍应酬，对林沛雨这位文武全才的榜眼，却关爱有加寄予厚望。道光皇帝按例让在场的进士每人赋诗一首，以观各人的才华和志向。君臣同乐，礼部大堂传出激昂的吟诵欢笑声，这场恩宴持续了两个时辰才散。

林沛雨与黄百川金榜题名的消息迅速传到家乡，河南总督派巡抚陆应谷，率领各州城的官员预先出迎，其他地方的官员也争相前来拜谒，就连朝中的权贵也派人到家中祝贺，荥阳城内灯火辉煌昼夜不息。林沛雨与黄百川中榜后，深受道光皇帝的恩宠，为了结交这两个后起之秀，河南巡抚陆应谷，在府衙内摆下丰盛的大宴，遍招河南各州城的官员齐集一堂，让林黄二人与境内的官员互相增进友谊，以备日后相互照应。黄家的先人都曾为官，深谙官场上的潜规，黄百川的老父备上几份厚礼，拿着自己的拜帖到京师行走，恳请过去的同僚为儿子举荐。半个多月后，中榜的进士先后被授以官职，黄百川虽然是第三甲的第七名，因其是个文武双全的人才，又有其父在暗中为他打点，因此吏部议定，授黄百川为正五品的守备派驻荥阳，到自己的家乡为官。四十多名进士全都授以官职，唯独名列第二的榜眼没人过问。林家满门望眼欲穿，期盼封官的圣旨早日到来，林沛雨更是焦躁不安，人们对此议论纷纷。林沛雨是个心高气傲的人，中举时名动天下，回乡后热闹非凡，如今却没人理睬，他整日闭门在家唉声叹气，不知毛病出在什么地方。

有个熟知宦海内幕的学友来找林沛雨，向他述说这次被朝廷束之高阁、弃而不用的原因。正处茫然之际的林沛雨万分感激，忙向这位学友请教变故的原因。学友说：林家虽然富有万贯家财，你也是个文武双全的人才，你们林家毕竟是个克勤克俭的乡绅，不懂官场上尔虞我诈的幕后交易，官宦人家的子弟中举后，可由长辈的故交出面举荐。布衣之家的子弟中举后，朝中没有熟人替他举荐，举子本人必须备上厚礼，附上拜帖，投到权贵的门下，先要拜他为师，然后再由这位恩师出面举荐，那样才能进入仕途。林沛雨不懂官场上的潜规，中了进士以后每天都在家中傻等，朝中的权贵以为他太张狂，故意托大，蔑视他们这些老臣，因此心生不满，不但不在朝中替他举荐，有些人还在暗中制造谣言加以中伤。殿试后，朝廷在礼部大堂赐进士恩荣宴，饮酒时让中举的进士展示才华，每人赋诗一首，以此观察他们的志向和心胸。中举后受到道光皇帝的青睐，这让林沛雨的心情十分激动，为了表达自己的报国之心，他豪情万丈，朗诵了岳飞留下的《满江红》。这首词，本是南宋抗金名将岳飞，在武昌的黄鹤楼上面对着滔滔的江水，激起山河破碎的情仇，抒发以身许国的壮志，此事距今已经相隔元明两代，那是七百多年前的往事。词意豪迈，咏者情深，当时赢得满堂的喝彩，没想到事后不久，这些权贵竟以此为题大做文章。他们说：当年岳飞抗击的金兵就是清朝的先人，努尔哈赤建国之初立国号为后金，林沛雨是在指桑骂槐借古讽今。朝臣聚在一起引经据典，对林沛雨这位榜眼加以陷害。另有人造谣说：林沛雨上八辈的先祖是明朝的重臣，肩负着反清复明的使命。这时的道光皇帝已经病入膏肓，无力再过问这些琐事。学友的话还没说完，林沛雨就忍耐不住，他拍案而起，大声吼道：林家世代经商，从未有人为官，更谈不上是托孤的重臣，这些空穴来风的话都是谣言。那位学友见林沛雨发怒忙予以劝解，让他放弃仕途这条险路，安心操持先辈留下的商铺。林沛雨生性固执，仍要进京面见对他器重的道光皇帝，陈述其中的原委，学友见劝说无效只得告辞离开。林沛雨闭门在家草拟陈情疏，这时已到年终岁尾，只能等到年后再起身进京。

正月十五那天，荣升荥阳守备的黄百川，派人把林沛雨和袁寿臣这两位义兄请到府衙饮酒观灯，闲谈时林沛雨告诉两位义弟，他要进京面见道光皇帝，递上自己的陈情疏。黄百川听后悄声地说：刚从京中传来密报，道光皇帝已于昨天驾崩，由四皇子奕詝继承皇位，庙号文宗，年号咸丰，现在还未送来公文，否则咱们也不能在这饮酒赏灯。听说器重自己的道光皇帝已经驾崩，林沛雨犹如冷水浇头，想要光宗耀祖的梦想彻底破灭。咸丰皇帝只有二十岁，正值年轻气盛，登基之初军政大事全赖他的师傅杜受田及其周围的亲信操持，新的权贵正在争宠，哪能容忍林沛雨这个陌生人靠近。大清律法规定，皇帝驾崩那是国丧，举国上下都要致哀，一切娱乐全部停止，否则必究欺君之罪。袁寿臣怕饮酒观灯招来祸端，因此劝林沛雨和黄百川撤下酒席，摘掉花灯各自回家。袁寿臣与两位结拜弟兄不同，他秉承先祖的遗训决不进清朝这个仇家的科场，更不可能做仇家的官。林沛雨的处境与袁寿臣不同，他身负整个家族的愿望，进京后高中榜眼并受到道光皇帝的器重，没想到这位老皇帝竟一病不起，朝中的权臣趁机对他进行攻讦。林沛雨自恨怀才不遇命途多舛，从此萎靡不振，闭门不出，身体日渐消瘦，无论亲友如何解劝都无济于事。

林沛雨的妻子怕丈夫出现意外，无奈之下，只能舍出脸面去找袁寿臣和黄百川，希望他们能到家中进行劝解。黄百川上任不久军务比较繁忙，无暇顾及这些琐事，只能由袁寿臣一人到林沛雨的家中劝解。当天晚上，袁寿臣买来两条黄河鲤鱼交给林夫人，这是他们兄弟最喜爱的下酒菜。林沛雨感到苦闷整日嗜睡不愿见人，袁寿臣与黄百川不同，他们毕竟是自己的结义兄弟不能慢待。林沛雨只得睁开惺忪的眼睛下床，两人相对而坐，林夫人摆上酒菜随即退出，兄弟二人开始饮酒。袁寿臣不停地劝解，林沛雨依然低头不语，他心中暗想，你本是个胸无大志的书生，哪知别人的鹏鹄之志。从表情就能看出，林沛雨对袁寿臣的劝告不屑一顾，为了能使义兄摆脱烦恼恢复常态，首先要让他知道，怀才不遇的人并非只有他自己，那样才能除掉积存在心中的狂傲，静心面对不平的现实。经过反复思考，袁寿臣决定，在义兄面前亮出自己真实的身手，让他明白天外有天人外有人的道理。主意拿定，袁寿臣的神态马上改变，先用嘲弄和蔑视的语言激怒林沛雨。他举起手中的酒杯说：大哥这次进京高中榜眼已属侥幸，不该再到校军场上献艺，京师本是藏龙卧虎的地方，你要是不在人前逞能，如何能落到今天这种被人轻视、唾弃的下场，我劝大哥不要再谈兵论武，以免被别人耻笑。说完仰首喝干自己杯中的酒。

袁寿臣的话过于刻薄，气得林沛雨头上的青筋暴起，他圆睁二目拍案而起，疾言厉色地反驳说：你乃胸无大志的井底之蛙，休要妄下断言。袁寿臣见义兄开口争辩不由得暗自高兴，他再次举起酒杯说：今天晚上这里没有外人，大哥说点气话也就算了，凭你那点本事赢我都难，还敢在两军对阵前斩将夺旗，说完又把杯中的酒喝干。袁寿臣反常的举止让林沛雨感到诧异，他疑惑地看着这位义弟。袁寿臣的话并未终止，他想趁热打铁继续用话激怒林沛雨。袁寿臣装作羡慕的样子说：你看人家三弟带领千军万马镇守荥阳，那是何等的威风，再看你这种失魂落魄的样子，即使与我这种人动手较量也难占上风。这是袁寿臣第二次向义兄挑战，被朝廷弃之不用的林沛雨本已心烦意躁，如今再也按捺不住心中的怒火，别人嘲笑倒无所谓，就连二弟这种迂腐的儒生也敢登门叫阵。林沛雨怒极而笑，他说：难道二弟真要逼我动手？袁寿臣听后毫不犹豫地放下酒杯，起身就往门外走去。

林沛雨见义弟真要与自己动手较量，只得跟到院中，两人相对而立，袁寿臣用轻视的目光看着义兄，想在动手之前把他激怒，以免林沛雨顾及颜面手下留情。林沛雨虽然气愤，却不想让这位迂腐的义弟受伤，只要让他感到疼痛，知道厉害即可，以免今后再信口雌黄。主意拿定，林沛雨亮出猛虎夺食的技法，拍抓袁寿臣的脉门，想以此法将他制住，让义弟当面呼喊疼痛。林沛雨的手指刚碰到袁寿臣的脉门，突见这位拜弟目射精光，他用白驹过隙的招式贴着林沛雨的外臂划开，就在二人错身换位的刹那间，用手拍中林沛雨肋下的章门穴，进一步踢中小腿正中的条口穴，上下两处虽然用力不大可那都是人身所忌之处。即使像林沛雨那样的高手也被惊出一身冷汗，多日的烦恼随之不见。林沛雨转身上前再次出手，只三个回合就被袁寿臣反手拍中小腹，他立身不稳，连退三步还是跌倒在地。袁寿臣忙过来将林沛雨搀扶起来，兄弟二人携手回到屋内。林沛雨坐在那里感到茫然，他看着这位结拜的义弟感到陌生，不知该说什么才好。袁寿臣站起身来为义兄斟酒，然后叹息着说：大哥的苦楚难及小弟半分，我只能装痴扮傻含恨度日。袁寿臣这几句没有头尾的话，反让林沛雨感到莫名其妙，他追问道：难道二弟也有什么伤心的事？袁寿臣见义兄询问，这才把自己的家史和盘托出。

袁家的血泪史让林沛雨感到震惊，他疑惑地问道：以前我与三弟谈论兵法时，为什么你却独坐一旁漠不关心。袁寿臣说：修德振兵，抚万民，度四方，古之兵法多达三千三百多部，那是仁者见仁、智者见智的章法，只能揣其意，度其势，非逞口舌之利。历代开国之君夺取天下以后都会感到自危，他们往往采用分封和削爵的方法，收回将领手中的兵权。宋太祖采用赵普的建议，为防重臣割据，他用杯酒释兵权的手段，解除自己的后顾之忧。传至明代，朱元璋不惜背上卸磨杀驴的恶名，毒杀军功卓著的开国将领。即使那样朱元璋仍不放心，他以整理兵法为由，让各地的将领交出自己家中珍藏的兵法，如有藏匿不献者以谋反罪论处。朱元璋这样做的目的，是为了避免更多的人学会用兵，以免威胁朱家的江山，最终选用《孙子》《吴子》《六韬》《司马法》《三略》《尉缭子》和《唐太宗李卫公问对》等七部兵法传世，其他兵书一律封存销毁，致使很多兵法失传。林沛雨对袁寿臣的学识大加赞赏，他说：二弟熟读兵法，平时又能深藏不露，真乃世间少有的奇才。袁寿臣连连摇头，他说：熟读兵法而用，那是赵括、马谡之流，只会纸上谈兵。透读兵法必须悟彻其中的玄机，不可照搬古人所历之事，要做到计中计颠倒使用，谋连谋环环相扣，让对手步步犯险，只有那样才可以用兵。林沛雨与袁寿臣相比自感卑微，对这位深藏不露的义弟佩服得五体投地。他赞叹道：二弟既有治军济世之才，为什么不趁天下动乱之机站出来干一番大事业。袁寿臣说：纵观天下各路义军，以天地会、白莲教和捻党的势力为最，可惜他们的首领皆为心胸狭隘之人，不能广揽天下英才，因此难成大事。再说明清两朝都是迫害袁家先祖的仇人，袁寿臣不可能与反清复明的人混在一起，更不可能为忘恩负义的朱家子孙卖命。通过两人的较量和半夜长谈，林沛雨这才知道袁寿臣的苦衷和真实身份，他是袁崇焕的七世传人，难怪有那样惊人的本领。袁崇焕的仕途经历让林沛雨感到胆寒，他的性情变得豁达起来，再也不把功名看得太重。可能是这次挫折和袁寿臣的影响，导致林沛雨对清朝王朝产生憎恨。

广东花县的洪秀全与林沛雨有相同之处，也想要通过科举进入仕途，可惜他的才华和命运不及林沛雨。洪秀全只在道光七年的县试中入选，争得一个秀才名号，后经十年努力，先后三次参加广州府试，每次都名落孙山失望而归。道光十六年，洪秀全第二次到广州应试，等待发榜的日子实在难熬，他惶恐不安，心情烦躁，整日在外游走。吃过午饭，应试的学子结伴闲游，在闹市遇到基督教派书传道，深受儒家经典熏陶的洪秀全，对那些洋人的言行感到好奇，他凑上前去观看，在听讲的过程中得到一部《劝世良言》的赠书，此书是由华人牧师梁发编纂。梁发是英国传教士马礼逊在中国招收的第一个门徒。当时的洪秀全把全部精力都放在科考上，无心顾及其他，回到住所，随手就把那本《劝世良言》扔入书箱之内。道光十七年，洪秀全第三次在广州府的考场落榜，在沮丧失望、羞耻和怨恨的刺激下，于清明那天坐轿回到家中，他的行为癫狂、神志不清，患上严重的精神病，成为难以让人护理的疯子。在发病严重的四十多天中，处于半疯半癫的洪秀全，顺口吟出一首杀气腾腾的七律。诗曰：手握乾坤杀伐权，斩邪留正解民悬。眼望西北江山外，声振东南日月边。展爪似嫌云路小，腾身何怕汉程偏。风雷鼓舞三千浪，易象飞龙定在天。在场的人都以为那是病人的疯话，后来的事实证明，那些胡言乱语才是洪秀全的志向和愿望。道光二十三年，第四次踏入考场，这位三十一岁的老秀才再次败兴而归。

年龄和经历让洪秀全彻底绝望，回到家中，他奋笔写下一首反意十足的七绝，抒发心中的怒气。诗曰：龙潜海角恐惊天，暂且偷闲跃在渊。等待风云齐集会，飞腾六合定乾坤。写完，洪秀全掷笔于地，他发誓：从此再也不进鞑虏的考场。秀才造反三年不成，洪秀全孤掌难鸣，他找表兄李敬芳、表弟冯云山、族弟洪仁玕等几个有学识的人聚在一起，共同商讨举义的大事。冯云山首先开口，他说：古往今来，凡要举义者必有所托，方能唤起民众的随附。秦末的陈胜吴广想在大泽乡起义，为了取信于九百壮丁，他们事先在鱼腹中藏书，夜晚在远处点起篝火，假扮狐狸呼叫大楚兴，陈胜王等，以此骗取壮丁的信赖，最终举起义旗。后汉的张角，自称得到天书三卷，能呼风唤雨，号为大贤良师，他挟此云游四方，广收门人弟子，得势后自称天公将军。冯云山的话未讲完，李敬芳就挺身站起，他说：穷苦百姓备受官府的欺凌，他们敢怒而不敢言，如果没有法术无边的神佛作为精神寄托，哪敢拿起刀枪造反，因此历代起义的首领都用神佛造势，借此鼓舞人心，有了神佛庇护，民众才能踊跃加入其中。洪秀全说：二位弟兄的话确有道理，我们既没有神签又没有天书，如何才能让百姓信服。李敬芳说：本朝之初就有律文规定，洋人可以自行其教，国人不许传习，以免奸人通敌卖国。只从道光二十一年一月，英军突袭虎门，随后攻占香港，清朝在舰炮的威胁下，以赔款六百万两白银和清军撤出广州为代价，签订了丧权辱国的《广州和约》。洋人的传教士趁此而来无人敢惹，信奉洋教的人也日渐增多，他们以上帝耶和华为最高神祇，目前国人对洋教的经义知之甚少，不如借题发挥。我看你书箱里有一部《劝世良言》，内中有些奇妙之处，可以用它作为起义的标本，既能坚定民众的信念又能得到洋人的支持。李敬芳的一席话惊醒了彷徨中的洪秀全。他高声说：八年前那次并非疯病发作，那时我被召到天堂。上帝说我是他的次子，耶稣之弟。随后洪秀全又吟唱了一首七绝，诗曰：鸟向晓兮必如我，太平天子事事可。身照金鸟灾尽消，天兵天将都辅佐。在座的人一致喊好。从此洪秀全等就开始了起义的筹划，他们几个人成立了拜上帝会，然后到石角潭进行自创的洗礼。回到家中用传统的牲祭仪式，在上帝面前摆放三牲、茶水、米饭等，并清炖一大盆狗肉请上帝享用，以此表示尊崇。祭案上放置杏黄旗和奉天令箭，这种土洋结合的祭祀方法让人感到啼笑皆非。

梁发生于广东高明，是个雕版印刷工，他从嘉庆十五年开始就被马礼逊雇佣，专门刻印《圣经》并接受洗礼，加入了基督教，成为第一个华人牧师。梁发曾多次向英国政府致书，诡称中国人民为罪恶所迷惑，要求英国多派教士来华宣讲教义，他的做法被时人斥为卖国贼，曾多次获罪潜逃境外。梁发本是学识浅薄的印刷工，他所编纂的《劝世良言》佶屈聱牙，文理不通。洪秀全是个才志甚高的人，稍一揣摩就能发现其中的弊端，为了能深入掌握《圣经》的要义，他于道光二十七年三月到广州，向美国传教士罗孝全学习，两人结为密友。起义之初，洪秀全曾得到罗孝全的大力支持，这位美国传教士，在公开场所为太平天国的起义辩解，他说：彼等不是反抗政府，而是为宗教自由而争斗，我对彼等之争斗具有同情而且预期有重要的结果，让福音传遍全中国。罗孝全的宣传鼓动，在英、美、法等国引起了强烈的轰动，这些国家的使臣、教士和商人纷纷涌来。为了让世人知道自己是受上帝之命，应梦出山为民除害，洪秀全与李敬芳同铸两口诛妖剑，当众高吟诗词以明其志，诗曰：手持三尺定山河，四海为家共饮和。擒尽妖邪投地网，收残奸宄落天罗。东西南北敦煌极，日月星辰奏凯歌。虎啸龙吟光世界，太平一统乐如何。当地的人都知道洪秀全是个落榜的秀才，当年的疯名远扬，围观的人不停地对他嘲弄取笑。

洪秀全惧怕乡邻的议论，他模仿东汉末年的张角，带领冯云山等人远离家乡到广西传教。洪秀全白天开课教书，晚上带人习练武技，以此发展徒众为起义储备力量。从道光二十三年六月创立拜上帝会开始，至道光三十年十二月，经过七年不停地筹备，洪秀全等人终于在广西桂平的金田村举起了义旗，建号为太平天国。洪秀全被推举为天王、杨秀清为东王、萧朝贵为西王、冯云山为南王、韦昌辉为北王，石达开为翼王。清朝王朝以种族歧视起兵，以民族压迫执政，官府的贪婪和腐败致使百姓无法生存，只要有人敢于举起义旗，穷苦的人们就能响应。太平天国的队伍迅速壮大，他们从广西的永安突围，经湖南进湖北，沿途攻城夺县势如破竹。咸丰二年一月攻克武昌，太平军的人马由当初的两万增至五十多万，并组建了一支强大的水师营，他们水陆并进顺江而下，连克九江、安庆等重镇。当年三月太平军攻克南京，斩杀清朝王朝的两江总督陆建瀛，以及江宁将军祥厚，随后又攻克镇江、扬州等城，这时的太平军已经超过百万。太平天国定都南京，洪秀全把两江总督衙门改为天王府。

第九回 太平军挥师北伐 广武山挑灯求贤

起义之初太平军四处转战居无定所，天国将领对军政事务的处理，并未感到困难，定都南京以后，诸多棘手的事都摆在面前，农民出身的将领这才感到学识匮乏，力不从心。天国将士多为目不识丁的穷苦百姓，就连天王洪秀全也只是广东花县一个秀才，为了巩固政权尽快夺取天下，太平天国忙于开科取士。他们选拔人才的题目多为《圣经》中的章节，这种极端的做法，引起人们的反感，很多有才华的人拒不参加，经过几次开科并未招揽到有用的人才。为解燃眉之急，洪秀全想到了美国的传教士，他希望罗孝全能多带一些治国安民的洋兄弟前来相助。听说拜上帝会起义成功，罗孝全万分高兴，他想通过洋教的精神渗透控制洪秀全，借此把中国变成美国的殖民地，这位西方来的传教士急忙从广州赶到上海，经苏州进入南京。天国将领以天父、天兄和天弟的化身起义，成功后又想用那些愚昧的做法，对待他们的洋教师，为此双方发生了争执。天国将领不顾内忧外患，重蹈清朝王朝狂妄自大的覆辙，强逼这些洋人在他们面前下跪，最终与支持他们的列强反目成仇。

依靠洋人已经无望，天国将领又把目光转向国内。有人提议：道光二十九年，高中榜眼的林沛雨因刚正不阿，得罪了当朝的权贵，至今赋闲在家，据说此人文武双全，是个难得的人才，如能把他请来辅佐天国，开疆拓土铲除清妖指日可待。天王听后非常高兴，立刻派出特使，携带厚礼专程到荥阳聘请。天国的特使经过乔装改扮，立刻动身奔向河南，从荥阳的北关混入城中，很快就找到林沛雨的家，他把来意说明并呈上洪秀全的亲笔手札。文中曰：林先生台安，清妖盘踞中原，抽捐抽税，竭尽吾之脂膏。厚敛重征，罪恶滔天。吾等奉上天之命，救民于水火倒悬。敦请先生驾临，当面赐教共铸义举。天国的特使突然出现，尤其是名动天下的天王洪秀全竟能亲笔下书来请，反让林沛雨感到懵然不知所措，朝中的贪官污吏虽然可憎，可他毕竟是名列第二的榜眼，天下能有几人获此殊荣，特别是道光皇帝的嘉勉让他终生难忘。林沛雨手拿着书信默默地坐在那里左右为难，不知如何决断才好。下书的特使都是能言善辩的说客，他们不停地在一旁劝说。林沛雨坐在那里犹豫不决，突然想到义弟袁寿臣，那是个明辨是非的人，这种大事必须找他商量。主意拿定，林沛雨忙换上笑脸，他说：上差旅途劳累先到客栈休息，容在下与家人相商后再做决定，望二位见谅。特使见林沛雨的做法本在情理之中，因此不能再下说词，只能随他住进客栈等候。

安顿完两位特使，林沛雨并未回家，他直奔广武去找袁寿臣商量。兄弟相见不用避嫌，林沛雨拿出洪秀全的密信，并把特使的话重复一遍。袁寿臣拿着书信反复看了几遍，然后才说：天王信中的言辞至诚，按理应该前去襄助，既能解救天下苍生又能名留青史，金田举义的做法让人称羡，但开创根基的手段似乎不正，他们独尊洋教行事偏激，不能统领广大的民众共同对敌，终将难成大业。袁寿臣的话让林沛雨感到愕然，他忙问原因。袁寿臣说：我虽在乡间教书，暗中仍在观察各地反清组织的动向，前年我曾到广东的东莞和广西的藤县，那是我们袁家先祖的故地，当时借祭拜先祖之机在湖广一带游历了两个多月，暗中观察太平天国的宗旨及其施政方略。听完袁寿臣的自述，林沛雨犹如冷水浇头，来时的激情顿时不见。林沛雨是个极其聪明的人，他沉思了良久才说：多谢二弟指点迷津。说完就站起身来怏怏不快地离开广武。回到荥阳，林沛雨把特使请到家中盛情款待，他先向天王洪秀全及其他将领致谢，然后以家中老母有病为由，婉言谢绝了天国的邀请。特使见林沛雨的态度坚定不能再劝，只得告辞起身回去复命。

道光三十年十二月初十，洪秀全率众于广西桂平的金田村起义，在天地会的首领罗大纲和侠女苏三娘的协助下，斩杀清朝江协副将伊克坦布，攻占军事要冲江口镇，太平军的声威大振。咸丰元年九月攻占永安，这是太平军夺取的第一座城池。咸丰皇帝闻报大惊，忙派参赞军务的大学士赛尚阿为钦差，到永安与广西提督向荣、广州副都统乌兰泰一起，围攻永安城中的义军，限期破城。经过半年多的苦战，太平军顶住了清军的围攻，并从永安这座孤城突围出走。为了解决粮饷和器械不足，义军掉头向北围攻广西的重镇桂林，击溃驻守城外的清军，斩杀广州都统乌兰泰，血战月余桂林未克。太平军不能久留，只得撤围向北攻占全州，能谋善断，筹创太平天国的实际组织者南王冯云山在蓑衣渡中炮，伤势过重不治身亡。八月围攻湖南的首府长沙，英勇善战阵前争先的西王萧朝贵，命丧在长沙的南门外。为了减少伤亡，义军撤长沙之围转攻益阳、岳州，乘胜挺进湖北。年末攻克汉口、汉阳和武昌，此时的太平军已经增至五十多万，并组建一支精锐的水师，他们水陆并进顺流而下，连克沿江重镇九江、安庆。夺取南京时，太平天国已经拥有百万大军，他们四面出击，掌控的州城却为数不多，各种供给严重不足。天国将领并未注重这些潜在的隐患，整日忙于建造府第，选美纳妾，相互之间争权夺利装神闹鬼，用谎言欺骗自己的将士。咸丰二年，南王冯云山与西王萧朝贵，在三个月内就相继阵亡，洪秀全竟在那时公开选美。建都南京以后，天王的妻妾多达百人以上，宫中储秀超过千人，穷苦出身的天国将领，忘掉过去同甘共苦血洒疆场的将士，他们身居宫中过着骄奢淫逸的生活。

被义军杀得胆战心惊的咸丰皇帝，听说洪秀全定都南京，忙召集众臣商讨对策。首先由广西前提督、征剿太平军的钦差向荣，向朝廷陈述这两年来的战事。他说：乱匪四处流窜，漂浮不定，难以集中兵力打击，如今他们定都南京，忙于建府纳妃，安富尊荣，这正是根除乱匪的良机。经过整日商讨，咸丰决定组建两座大营对南京进行夹击。琦善统领直隶提督陈金绶、刑部侍郎雷以諴、副都统德兴阿、总兵瞿腾龙等，在扬州建立江北大营。向荣统领江南提督邓绍良、吴全美、明安泰、德安等将领，在孝陵卫建立江南大营。为了保住奢华的都城，天王洪秀全将太平军的全部精锐，分别派驻在南京周围，与各地征调过来的清军进行苦战。

咸丰二年末，攻下武汉三镇时，天国的将领决定，夺取南京以后分兵驻守，太平军的主力掉头北上，乘胜夺取北京灭掉清朝王朝。当时的咸丰皇帝惶恐不安，准备逃往热河避难，没想到洪秀全等人目光短浅，在这种杀机四伏的时刻却忙于寻找奇石异木，强行拆毁民宅上万间，为自己和其他诸王营造宫殿和王府。罗大纲原是天地会的首领，正当金田起义处于危难时刻，率众赶来解太平军之围，如今又担心天国的命运，他联名上奏，要求天王派兵北伐，尽早夺取天下以免久拖有变。迫于将士的压力，洪秀全派天官副丞相林凤祥、地官正丞相李开芳、春官副丞相吉文元和秋官正丞相朱锡锟等四人，带兵两万从扬州出发北伐。北伐军于咸丰三年五月夺取浦口，迅速进入安徽，林凤祥等人都是广西起义的骨干，他们本想避开坚城重镇，减少伤亡，乘虚而入直取北京。清廷将领看穿了北伐军的意图，他们急忙调兵沿途堵截。经过一路苦战，北伐军连破滁州、临淮关、凤阳、怀远、蒙城、亳州等城，他们在前进中宣传拜上帝会的教义和宗旨。进入中原腹地民情与以往不同，很少有人理睬和投奔，就连沿途逃荒的饥民也远远地避开，拒不收受义军赠送的食品，北伐军的将士感到大惑不解。

六月初北伐军进入河南，在归德城外与河南巡抚陆应谷发生了激战，清军不敌败入城中闭门不出。北伐军原想从归德西北的刘家口，渡过黄河北上，经山东取道进攻北京。清军猜出北伐军的意图，提前在各渡口布防，河中的船只也严加管制。当地的百姓对义军怀有敌意不予支持，北伐军无法过河只能在河南一带徘徊。无计可施的北伐将领，经过反复研究，最终决定先攻下开封，从城中征集舟楫和船夫强渡黄河。北伐将士回军围困开封昼夜攻打，清军凭借城坚墙厚全力死守，双方僵持不下。前有黄河拦住去路，后有河南巡抚陆应谷飞檄征调近处州城的人马前来截杀，北伐军的处境极其艰险。林凤祥等四名将领合写一份北伐回禀，详述入豫后的战况，然后派人携带这份密奏，回天国的都城南京，希望天王增派人马前来支援。太平军的主力正与长江两岸的清军苦战，无法抽调人马前来增援。林凤祥焦急万分彻夜难眠，突然他想起自己的同宗兄弟林沛雨，上次天王派人去请，正赶上林沛雨的老母患病，族弟不能离家，致使邀请落空。荥阳距此不远，林凤祥决定亲自前往，希望能得到这位同宗兄弟的帮助，他找到李开芳等将领商量，并将军中的事务交由他们代管。林凤祥亲自挑选二十名精壮的军士，经过乔装改扮与他们一同到荥阳去找林沛雨。

时局动荡，太平军围困开封的消息早已传开，近处州城戒备森严，设卡盘查过往的行人。林凤祥不敢贸然进城，他派两名河南籍的军士混入城中，到北关去找林沛雨，自己仅带两名侍卫在路旁的客栈等候，其他随行的人员隐于近处以防不测。混入城中的军士见到林沛雨，他们把来意说明。林沛雨听后不敢怠慢，忙随军士出城来到客栈。情况危急林凤祥直言不讳，他把来意说明并诚恳地要求帮助。林沛雨见客栈离城太近，往来的行人较杂不是谈话的地方，就邀林凤祥到广武山中详谈。袁寿臣的家偏僻安静行人稀少，屋后的林木茂盛便于随行的将士隐藏。林凤祥见族弟安排周密十分高兴，忙随林沛雨来到广武山下。袁寿臣见义兄带来这么多陌生的广西人，不用问就能猜出他们的身份，他把众人让到院内，林沛雨为袁寿臣和林凤祥作了介绍。袁寿臣见来人众多怕引起乡邻的猜疑，他带着这些乔装改扮的将士到后山隐藏起来。袁寿臣借此避开林凤祥，他不愿与太平天国的人有所接触，以免日后受到牵连。

咸丰元年，林凤祥在广西永安加入义军，他虽是农民出身却与林沛雨一样，怀有一身高超的武功。林凤祥为人机警，骁勇善战，围攻武昌时他首先登城，挥刀杀散守城的清军，破城落锁拿下这座重镇。攻打南京时，林凤祥率左一军先破仪凤门进城，后与李开芳等夺取扬州截断清军的漕运，他屡建奇功，在太平军中的勇猛与萧朝贵和罗大纲齐名，是位敢动帝祚的人，因此天王洪秀全才派他为这次北伐的主将。林凤祥与林沛雨是同宗兄弟，骨肉相连，在这种特殊的时刻相见倍感亲切。林沛雨关心时局的变化，更关心同宗兄弟的安危。他急切地问道：据往来的行人传言，家兄带领人马已将开封围困，不知近日战况如何。林凤祥面现焦急，他叹着气说：太平军从永安突围以后，所到之处势如破竹，进入河南却处处不顺，在归德虽然战败了河南巡抚陆应谷，归德城却未能拿下，致使清军封住黄河，我军无法涉水进入山东，无奈之下再围开封，因我军兵力不足此城仍未攻破，双方僵持不下。如若再这样拖下去，清廷必将抽调其他州城的人马前来增援，到那时我军将腹背受敌。困于旷野无险可守，我与其他将领人地生疏无计可施，这才觍颜前来寻求帮助，希望贤弟伸出援手指点迷津。林凤祥的言辞恳切，再加上林沛雨对清廷怀有恨意，他不再顾及自己今后的安危，直言不讳地谈起攻城策略。为了能在清朝的援军赶到之前夺取开封，林沛雨提议水攻。

开封坐落在黄河南岸，途经这里的河段被称为悬河，河水穿行于黄土高原，把上游的泥沙带入河道，经过常年不断地沉积，河底逐年加高，两岸的堤坝也随之加高，目前的河水已经高过开封城楼，如要掘开河堤必将水漫这座古城，如今正是汛期，河水滔滔，开封古城不攻自破。林凤祥听后暗暗赞叹，难怪这位族弟名动四海，如能让他随军北伐定有一番建树。林凤祥站起身来，代表全军将士向林沛雨致谢，并诚恳地邀请他加入义军。林沛雨本是血性汉子，经不住林凤祥的苦劝，当即答应随军同行。林凤祥听后异常高兴，忙让军士拿出随身带来的食物和酒肉予以庆贺。天近黄昏，路上的行人已断，林沛雨让林凤祥在此稍候，他到后山去找袁寿臣，诉说自己的决定并做最后的辞行。几天前袁寿臣的夫人王氏，带着才过百岁的儿子到洛阳的娘家探亲。为了置身事外，袁寿臣把北伐军的将士带到后山隐藏，他仍在山中逗留不肯回家。黄昏后林沛雨却突然上山，袁寿臣不知内情，他以为林凤祥想要离开，忙迎上前去询问。林沛雨兴奋异常，他把参加义军的事说出并拉着袁寿臣回家，想要与他饮酒辞行。袁寿臣听后暗暗吃惊，义兄处事太过草率，林家将要大祸临头，事已至此多说无益，他默默地跟在后边盘算着补救办法。林沛雨处于极度的亢奋中，根本就没注意袁寿臣的神态，他幻想着驰骋疆场，名垂青史。

林沛雨走后，林凤祥暗将水淹开封的方案斟酌一番，目前义军置身险地进退两难，如不速离此地必将被增援的清军全歼，掘堤放水可以兵不血刃制敌取胜，不过自己的人马也将难逃水患之厄。想到这些林凤祥不由得冒出一身冷汗，随后又想到近处的荥阳，两个时辰以前他曾精心观察过这座城池，它比开封和郑州两城小得多，易于夺取。林沛雨的家就在城内北关，如若提前派人进城藏在他家，等到夜静更深时四处放火趁乱开关，夺取此城将不费吹灰之力，到那时北伐军就可以进城补充粮饷，休整人马，征集船只，强渡黄河将不在话下。想到这些林凤祥决定撤开封之围，暗中准备夺取荥阳，主意拿定他便坐在那里静等林沛雨回来再做具体的商量。时过片刻林沛雨伴着袁寿臣回来，林凤祥怕出意外，忙吩咐随行的将士隐于暗处，轮流警戒替换用餐。林凤祥与林沛雨和袁寿臣聚在一起饮酒，继续谈论如何用兵。袁寿臣早有预感，太平天国行事偏激终难成大业，所以一直置身事外。林凤祥见袁寿臣儒生气十足，以为是个私塾先生并未把他放在心上，因此只寒暄了几句就不再理睬。林凤祥把夺取荥阳的打算说出，林沛雨和袁寿臣听后大吃一惊。林沛雨急忙解释说：荥阳守备黄百川是我的三弟，当年我们三人义结金兰情同手足，我不能对他暗下毒手。听说荥阳守将是林沛雨的义弟，林凤祥更加高兴。他说：既是自家兄弟何不晓以大义劝其倒戈，让他率领手下的人马投奔天国，共同干一番轰轰烈烈的大事业。林沛雨连连摇头，他说：黄家先人三代为官，他不可能背叛清朝王朝，人各有志劝也没用。林凤祥说：咱们先瞒着他，等到夺取荥阳以后生米已成熟饭，到那时，你三弟没有退路只能跟着咱们北伐。林沛雨身处两难依然摇头，不肯答应这种背信弃义的勾当。

为了天国的事业，林凤祥仍不厌其烦地劝说，急得林沛雨坐立不安，一直沉默不语的袁寿臣接过话题说：林丞相有所不知，你带领天朝的将士刚入河南境内，河南巡抚就派快马送来战报，让三弟严守荥阳做好应敌的准备。开封被围困的第二天，朝廷就派兵部特使提调郑州、荥阳等地的人马，让黄百川亲自统领到开封对你们进行夹击。黄百川知道你与我们的大哥是同宗兄弟，他很为难，无奈之下才找我商量如何处理此事，经过反复研讨最后决定。为保一方平安，不伤兄弟之义，三弟甘冒欺君之罪，谎称荥阳城内民心不稳，唯恐不法之徒趁城中空虚之机聚众闹事，以此为由拒不出兵。郑州总兵本是捐班出身，用金银买到官职的人，都是平庸无能胆小怕事之辈，他见黄百川按兵不动，这位总兵也如法炮制拒不出兵。我与三弟希望你们义军，能在其他州城的人马赶到之前迅速撤离，以免陷入清军的重围之中。袁寿臣的一席话让林凤祥感到惊恐，他面部表情不停地变化，并向林沛雨投去询问的目光。林沛雨这时也是满头雾水，茫然不知所措，他根本就不知道朝廷调兵、增援开封夹击北伐军的事。林沛雨听后愤然发问：这种大事你们为什么不提前告诉我？袁寿臣说：大哥不要参与此事，不然你将陷入左右为难的境地，敌对双方形同水火互不相容，一方是你的族兄骨肉相连，另一方是你的义弟义重情长。黄百川拒不出兵那是抗命不遵，贻误战机将获满门抄斩之罪，如若按时出兵增援开封，你族兄及他所率领的北伐军必败无疑。大哥夹在中间能做什么？林沛雨听后觉得有理，他默默地点头。袁寿臣又转脸对林凤祥说：林丞相有所不知，我大哥林沛雨与三弟黄百川，都是先中举人后中进士，科考场上一路畅行，他们凭的是真才实学。刚才你说派人潜入城中，里应外合巧取荥阳，那算是一条常用的妙计。可是你们义军并不知道，三弟熟知兵法为人精细，他知道大哥性情忠厚又憎恨当今的朝廷，你们又是同宗兄弟。当义军处于险境的时候，难免在他身上做文章，因此提前做好防范的措施，派专人对大哥的住所及其家人进行监视，要想里应外合很难成功。

林凤祥原指望里应外合夺取荥阳，如今却被袁寿臣一语道破，全部希望化为泡影，他失望地坐在那里沉思。林凤祥的面部突现杀机，他霍然站起疾指着袁寿臣，厉声喝道：你想充当清廷的说客吗？袁寿臣坐在那里默默地摇头，林沛雨见族兄失态忙在暗中拉他的衣襟，林凤祥发现自己的情绪失控，忙借倒酒之机加以掩饰。林沛雨如坐针毡几经犹豫才说：二弟的身世本不该外泄，为了解除家兄的质疑只得简单介绍一下。我与天王一样自幼苦读，想通过科考进入仕途，做清朝王朝的官，因为没有达到目的才与清朝反目为仇，如要仕途顺利，洪秀全就不是义军的天王，而是清朝的七品知县，我这个抱恨之人就是从六品的翰林院修撰。袁寿臣却有所不同，他是袁崇焕的七世孙，袁家与清朝世代为仇，从未有人踏进仇家的考场，二弟有一身让人尊崇的傲骨，非我等所及。林凤祥听后大惊，他疑惑地说：据史书记载，当年的袁督军并未有子嗣。林沛雨解释说：袁崇焕有个智勇双全的师兄，他预感到情况不妙，为保住袁家的香火，提前携带袁崇焕的独生子潜逃，这才躲过那次劫难。弄清袁寿臣的身世和人品以后，林凤祥肃然起敬，他愧疚地站起身来致歉并恭敬地讨取制胜之策。

袁崇焕为国尽忠最后落了个谋反的罪名，就连他的家族也惨遭不幸，劫后余生的袁家子孙吸取了这个惨痛教训，立下家规，凡是袁家子孙永不入仕为官，袁寿臣遵循家训，不想介入那些是非难辨的争斗中。林沛雨见袁寿臣不肯相助就在一旁劝说，并坚定地表示，愿与这支北伐军共存亡。袁寿臣受到家庭熏陶，对清朝这个仇家恨之入骨，在义兄的苦劝下不得已才叹息着说：不是我不愿出手相助而是无力回天，说句不中听的话，你们天国在起义之初就埋下了失败的种子。林凤祥听后大惊，忙问原因。袁寿臣说：清朝以种族仇视起兵，以民族欺压施政，入关后残暴屠杀中原百姓，导致各地义民不断反抗，致使大小起义上百次，驱除鞑虏是天下人的心愿。天王洪秀全算是择时而起应运而生，备受煎熬的人们对他寄予厚望，结果却让人感到失望。四次落榜的洪秀全不查找其他原因，却把全部积怨转嫁到古人身上，他编造谣言对孔子进行诋毁和污辱，这种不明智的做法让天下文人感到气愤。华夏本是佛教信徒众多的国家，洪秀全带头砸毁寺庙歪曲神佛经义，由此激怒了广大的佛教信徒和僧侣，上述那些做法在湖广一带不易显现，那里是少数民族集居的地方，各自的信仰不同，进入中原就能现出端倪。清朝原在白山黑水之间，他们信奉的是萨满教而不是佛教，祭拜的是索轮杆子而不是寺庙，使用的是通古斯语和满文，崇拜的是巫而不是孔子。那些憎恨清朝的佛教信徒和读书人，本该是天国的朋友和中坚力量，就因为天王的做法过激，才将那些人推到清朝一边成为天国的敌人。装神弄鬼只能作为权宜之计，如今已经建国立号，再用那种手段愚弄天下必将适得其反。

袁寿臣的话让林氏兄弟感到震惊，林凤祥若有所思地说：难怪沿途的百姓那样冷漠，就连那些即将饿死的饥民，也不肯接受我们馈赠的食物。袁寿臣接着说：洪秀全成立拜上帝会之初，曾拜美国传教士罗孝全为师，专学《圣经》，那些西洋来的传教士，想把洪秀全塑造成第二个梁发，利用他达到扩张和统治这个地方的目的。天王毕竟受儒家熏陶多年，骨子里仍保留着儒家的传统，这种半土半洋的做法难让洋人满意，今后双方必将反目成仇，到那时不但失去洋人的支持，还将要面对他们的枪口，以上这些弊端不除，天国的大业难成。听到这里林凤祥的冷汗浸透了衣衫，天国的前途让人担忧。他沉思了一会才说：多谢袁先生的一番指教，我等平日疲于阵前厮杀难顾这些积弊，如今听来确实让人胆寒，等我回到军中立刻向天王上疏，革除弊端早日夺取清朝的天下，目前急需解决的不是这些，而是北伐军的处境和今后的动向。袁寿臣理解林凤祥的心情，他说：你们应该速撤开封之围，退回南京重整人马，首先夺取周边的城镇平定江南九省，到那时再组成精锐的大军，兵分多路，齐头并进，这样才能拿下清朝盘踞的老巢北京。林凤祥听后感到为难，他说：我等率领的北伐军是天王亲定，据他讲，这些是上帝的旨意任何人都不能更改。袁寿臣讥讽道：既是上帝的旨意，为什么不去请上帝前来破敌。林凤祥被问得满面通红无言应对，林沛雨见状及时上前。他说：家兄奉命行事其中必有难言的苦衷，你就不要再让他为难。

袁寿臣这才接着说：归德、开封和郑州的守将，虽然都是无能的庸才，可这三座州城的人马合起来超过四万，比北伐军多出一倍有余。没有后援的北伐军犹如无源之水，日久必将枯竭，近处州城的守将不敢久违将令，必将前去增援，到那时双方的兵力更加悬殊，北伐军哪有不败之理。民间的力量也不能小觑，你们砸毁寺庙独尊上帝的消息，早已传遍中原，这种做法激怒了广大的佛教僧侣。开封城内有座相国寺，那里的僧人对太平军恨之入骨，他们拿出多年的积蓄购置武器，号召全城的佛教信徒，不分男女都要舍身护法，剿灭洋妖外魔。相国寺的住持还派人到嵩山和洛阳，分别通知少林寺和白马寺，让他们组织人马伺机截杀太平军。寺庙的实力不可等闲视之，佛教僧侣和广大的佛教信徒，为捍卫自己的宗教信仰与天国为敌，这种做法本在情理之中，只要你们耐心解释，说明其中的原委，定能与他们化敌为友。嵩山的少林寺与其他寺庙不同，那里的僧人不习佛教经义，专门勾结官府充当朝廷的鹰犬。近在咫尺的少林寺，建寺已有一千三百多年，历代住持都善于应变，为了结交官府，常派寺内的武僧与俗家弟子到官军阵前效力。就拿明代为例，正德年间少林寺派三奇和尚周友等，协助官军对刘六、刘七领导的霸州农民起义进行镇压，致使数万农民惨遭杀害。随后周友等和尚又随官军赶往云南，镇压临安府的饥民。

嘉靖元年少林寺又派周友及一千多名俗家弟子，协助官军对王堂领导的青州矿丁起义进行屠杀。屡立战功的周友及少林寺，都得到朝廷的封赏。嘉靖三十二年，师尚诏与王邦用在柘城起义，斩杀官军十万余人，朝廷震动，少林寺派竺方和尚与周参等，率领武僧到官军阵前效力。

林凤祥远在广西，不知道中原这些奇闻轶事，他疑惑不解地说：朝廷拥有千军万马，为什么还要请少林寺的僧人到军前效力，难道这些和尚真像传说中的那样，练成刀枪不入的金刚之体。袁寿臣摇头说：那倒不是，僧人被称为和尚，梵文的原意是博士和亲师的通称，僧人又称为比丘，梵文的译意为乞士，因乞讨食物而得名，连起来的意思就是有学识的乞食者。这些人为了自己的信仰抛弃家庭放下事业，在艰苦的环境中宣扬佛法劝人向善，他们自己却一无所有过着清贫的生活。世人对那些僧人表示尊敬和信任，少林寺的武僧凭借那些善誉来到军前。义军都是走投无路的穷苦农民，他们提防那些凶残的官军，对于口宣佛法、善悲为怀的和尚并不在意，任由他们在义军的驻地行走。那些僧人先用因果报应恫吓造反的农民，劝他们放下刀枪回归家中，听天由命不可强求，否则来世还将遭到报应。有些人对武僧的话深信不疑，他们放下刀枪回到家中，任凭贪官污吏的摆布。通过劝导，瓦解义军的斗志分化他们的队伍，同时又能摸清义军的动向，少林寺的武僧这才露出狰狞面目，他们带领官军对义军进行围剿。武僧挥动手中的钢刀，屠杀那些即将饿死的农民，这就是人们常说的那句讥讽话：少林寺的和尚，练成一个生铁脊和两片点钢唇，他们先用两片点钢唇瓦解义军的斗志，再用生铁脊剿杀那些造反者。

林氏兄弟听后毛骨悚然，袁寿臣接着说：道光八年，河南巡抚杨国祯等，向少林寺捐赠白银三千七百多两。同年，河南按察使麟庆代表杨国祯来到少林寺。少林寺的主持见这位高官喜武，忙召集全寺的僧人到此，轮番上场各显神通，不停地在这位按察大人面前演练，借此逞能套近关系。为了向世人炫耀这段往事，他们请来画工在白衣殿的墙壁上，精心留下当时的场景。尤其让人感到厌恶的是，寺僧把麟庆等随行的官员画在正面墙上，而且画得比武僧高大威仪，这种媚俗下贱的做法太过露骨，少林寺曾多次为那些贪婪的县令立感恩碑。少林寺的武僧，对那些无冤无仇的饥民都能痛下杀手，天国将领砸毁僧侣赖以生存的寺庙，他们岂能放过你们。河南、山东本是文人荟萃的地方，有些文社已经出资组建民团，希望太平军能多作解释，不要与那读书人发生冲突，尽快撤开封之围，以免被增援的清军围困。通过袁寿臣的讲解，林凤祥这才知道北伐军的处境极其危险，向天王求援已经无望只能依靠自己解决。

参加北伐的将领都是广西人，对中原的山川河道风土人情全都不详，为此才到荥阳来请林沛雨参赞军务，没想到结识了隐居乡间的袁寿臣。林凤祥身处险境，又把北伐的希望寄托在袁寿臣身上，他厚着脸皮极力恳求，希望这位乡间奇人也能加入太平军。袁寿臣与林沛雨不同，惨痛的家史无法遗忘，他沉下脸来说：人各有志，请你不要强人所难。袁寿臣的回绝让林凤祥感到失望，凭借自己这两万人马，既攻不下开封又无法脱身，再这样纠缠下去必将全军覆没。愁眉紧锁的林凤祥坐在那里左右为难，虽然拒绝加入北伐军，袁寿臣的心却与太平军联在一起，他不赞成洪秀全等将领的过激做法，希望天国能纠正那些不当的行为，团结大众夺取天下。林沛雨是个热血汉子，他来到袁寿臣的面前，激愤地说：难道这两万北伐弟兄非要在这战死吗？袁寿臣说：天国拥有雄兵百万，其中必有高人，就拿林丞相为例，他敢率万众跨越千里直捣清朝的老巢，就凭这份胆气无人能及。林凤祥苦笑着说：当初低估了鞑虏的实力，才做出这种轻率的决定。袁寿臣见林凤祥的神情沮丧，忙上前劝解说：既然你们奉令不能退军，那就鼓起余勇继续北上。林凤祥说：前有黄河这道天险阻断道路，迫使我们无法前进。袁寿臣说：只要精心策划必能安渡此河。他的话让林凤祥感到振奋，随即用期待的目光，看着这位外貌平凡的乡间奇人。袁寿臣接着说：清军在黄河沿岸严密布防，所有的舟楫都已封存无船可渡，但是在汜水至巩县之间仍有大量的运煤船往来，有些被清军打散的捻军混杂在运煤的脚夫当中，你们先跟那些人取得联系，然后再派精干的将士扮成脚夫，分批加入其中，等待时机抢占渡口劫夺运煤船。汜水以东的河防归荥阳管辖，必须说服三弟，让他暗中予以配合，制造机会放太平军渡河。林凤祥听后目射精光，他站起身来连连称妙。静坐一旁的林沛雨却忧心忡忡，经过沉思才说：联络捻军抢占河渡，劫夺煤船，这确实是条妙计，不过，围困开封的人马多达两万，突然撤围向西，必然引起开封、郑州等城守军的警觉，他们肯定要抽调人马尾随追击，置身河堤的太平军无法快速过河，如若半渡遭袭，即使不能全军覆没也将损失过半，黄河北岸的渡口紧邻怀庆，那里驻有六万清军，他们对元气大伤的太平军必然要痛下杀手，那样的后果将不堪设想。林沛雨的担忧极有道理，袁寿臣暗暗赞叹，难怪大哥有怀才不遇之感，他比这位天国的将领要高明许多。袁寿臣说：

大哥所言极是，先前你们商定水淹开封，双方的人马都将受到重创，那是两败俱伤的下策，同时还要殃及开封及周边二十余县的百姓，这种灭绝人性的做法必遭天谴。如今咱们可以借鉴此计迷惑敌军，随后他就压低了声音说出后续的策略。林沛雨听后这才转忧为喜，连声赞叹：二弟真乃奇人。说完就让林凤祥与随行的将士暂时住在这里，他与袁寿臣连夜奔向荥阳。

第十回 战开封巧渡黄河 断龙脉孤身犯险

广武与荥阳相邻，二人快马加鞭，只用了半个时辰就来到荥阳城下，这时已近子夜，城门关闭多时。林沛雨站在关下大声呼叫，城上守军看清了二人的面貌，知道他们是黄将军的朋友，不敢怠慢忙到守备衙门通报。黄百川刚入睡不久，听说两位义兄同时出现在城外，感到奇怪，大哥的家在城内北关，二哥的家在广武山下，如果没有急事要办，绝不可能在这种时刻犯禁叫关。黄百川吩咐军士打开关门把人带到府衙，时间不长，林沛雨和袁寿臣就来到守备衙门。黄百川见两位义兄满身都是风尘，林沛雨的面容焦急憔悴，袁寿臣的双眉紧锁面现疑难，三人对视多时不知从何说起。林沛雨忍耐不住首先开口，他把事情的始末全部说出，黄百川听后拍案而起，他说：大哥是当朝的进士，先帝对你恩宠有加，你与叛匪勾结即是叛逆。林沛雨早有准备，他冷冷地说：清朝入关后，剃发圈地，荼毒中原，致使百姓流离失所饿殍遍地。驱除鞑虏、重整河山是民众的意愿，那些助纣为虐的清朝帮凶，才是卖祖求荣的叛逆。林沛雨与黄门百川的际遇不同，他们据理争辩吵闹不休，袁寿臣坐在那里低头不语另有所思。争吵过后，林沛雨与黄百川的情绪逐渐平静下来，黄百川关切地说：大哥不要见怪，恕小弟直言，你我都是有家业的人，即使赋闲在家也可衣食无忧，何必冒险与那些亡命之人混在一起。林沛雨解释说：君主昏庸，官员腐败，百姓蒙受涂炭之苦，凭我等所学岂能袖手旁观，看在愚兄的分上请你暂撤河防守军，留下一条通道，让义军渡河北上。黄百川听后再次起急，他说：上次调我等增援开封，曾以民心不稳为由，拒不派兵出战，那次已经引起朝廷的不满，如今再明目张胆撤走河防，纵容太平军过河，黄家必遭灭门之祸，黄河沿岸各处都有渡口，为什么非要从荥阳的防区渡河。

袁寿臣怕伤了兄弟之情，忙制止林沛雨与黄百川的争论。他说：咱们三人自幼相识，情投意合亲如兄弟，而今都已长大成人，没想到今晚就要分别，这可能是咱们兄弟的最后一次相聚。黄百川听后愣在当场，他疑惑地发问：二哥这话从何说起？袁寿臣说：你们与我不同都有进取之心，大哥仕途受挫必然产生逆反之心，再有同宗兄弟从中拉拢，势必与清朝分庭抗礼，因此才许诺了太平军。黄百川听后扼腕长叹，随即又站起身来，他面对着袁寿臣说：摆脱太平军的纠缠不难，先将大哥软禁在此，然后派人到广武，把林凤祥抓到这里秘密地关押起来，失去主将的北伐军不战自乱，等到战事结束以后，再把林凤祥偷偷地放走，这是两全其美之计，先抓天国的将领以尽守土之责，后放林凤祥逃走可全咱们兄弟之义。林沛雨听后大惊，他霍然站起当场就要发作。袁寿臣却泰然自若地说：三弟之言太过幼稚，林凤祥等人从广西起兵，攻城夺地一路杀来，算是久经沙场的宿将，他敢孤军深入直捣皇廷，决非等闲之辈。林凤祥与大哥虽是同宗兄弟，平日却疏于来往，我与他只是萍水相逢毫无瓜葛，身负重任的将帅岂能轻信于人。据我猜测，隐身广武的林凤祥必有防范，哪能让你轻易得手。三弟如要轻举妄动必将引火烧身，迁怒于你的北伐军，很可能撤开封之围转攻你的防地，区区的荥阳城，如何能与开封那座古城相比，到那时必将被太平军踏破，城池失守你将受到朝廷的惩处，沦为牢中之囚。

袁寿臣的话让黄百川感到胆寒和震惊，狂傲之态顿时不见。袁寿臣见林沛雨和黄百川都恢复了常态，这才把话转入正题，他对清朝这个仇家恨之入骨，希望这个残暴的王朝尽早灭亡。天国本是匡复汉室的义军，可是洪秀全等人没有王者之气，那些过激的做法让人感到心寒，最终难成大业。袁寿臣道出自己的苦衷以后又说：你们是名门望族，都有建功立业的壮志，身处乱世必须小心提防，错走一步就将家破人亡。林凤祥等将领于今年四月，带领这支北伐军从扬州出发，仅用四十多天就跨越三省，连破十余城，进入河南以后又在宋家集大败河南巡抚陆应谷，经过连续苦战，这支精悍的劲旅已成强弩之末，无法乘船北上只能以攻为守，寻机夺取开封补充粮饷，借此筹集渡河的船工和舟楫。他们随军带来的火炮以及各种攻城器具，多已丧失殆尽，围困开封月余却无力拿下此城，各路清军以及文社出资组建的民团，另有一些隐于暗处的佛教僧侣也将赶来相助，北伐军的处境岌岌可危。经过倾心交谈，已能看出林凤祥的人品，他是个敢作敢为的铁血汉子，对于天国的事业忠贞不贰，既奉天王北伐之令就下宁死不退的决心，如果不能及时渡过黄河，必将被围困于此。根据林凤祥的性格很可能掘堤炸坝，与开封及前来增援的敌军同归于尽，周边二十余县的百姓也将葬身洪水之中，造成中州这块沃土多年不能耕种，以上就是袁寿臣最担心的后果。为了制止这场悲剧的发生，他才为林凤祥精心策划，让太平军渡河北上，确保一方百姓的平安。

袁寿臣虽是一介布衣，却有乃祖袁崇焕的遗风，这种忧国忧民的宽阔胸怀，让林沛雨和黄百川感到汗颜，他们不再争执，都愿听从这位结拜弟兄的安排。兄弟和好如初，袁寿臣这才把自己的设想说出，黄百川听后连连点头，他答应依计而行，配合太平军渡河离开。商谈全部就绪，林沛雨这才起身告辞，他想回家做离别前的安排，袁寿臣与黄百川继续谈论后续的细节。两个时辰以后天光大亮，林沛雨这才急匆匆地赶回来，黄百川心神恍惚，如同梦中一般，他把义兄送到城外洒泪而别。林沛雨与袁寿臣出了荥阳，拍马向北奔向广武，离城不足五里，突然从道旁的密林中窜出两匹快马挡住他们的去路。其中一个粗壮汉子跳下马来说：二位先生请留步，我家丞相在东边的铁炉镇恭候，望你们移驾前往。林沛雨听后感到愕然，袁寿臣低声说道：你这位族兄行事缜密，他怕三弟重功名轻情意暗中加害他们，所以才提前离开广武，到六十里之外的铁炉镇隐身，静观这边的事态变化。林沛雨这才醒悟过来，人心急马蹄快闲谈之间就来到铁炉镇，人在远处就能看到镇口的酒店，林凤祥站在门前向他们眺望。

双方抢步前迎，林袁二人翻身下马与林凤祥进入酒店，陪他们同行的太平军并未停留，继续拍马向前不知到何处隐身。林沛雨首先开口，他把最后与黄百川议定的结果说出。北伐军被困在黄河南岸，陷入险境多时，如今竟能绝处逢生，战事立现转机，这种结果出乎林凤祥的意料之外，他欣喜若狂，当即拿出五十两黄金相赠。袁寿臣沉下脸来予以拒绝，他说：林丞相把我们兄弟当成了什么人。林凤祥解释说：此事关系重大，还有很多难以预料的事，需要求你替义军打点，这些黄金留此以备日后应急，如无用处下次见面再归还于我。林沛雨也在一旁劝说，袁寿臣这才答应，暂时为义军保管。林凤祥是北伐军的主将，离开的时间不能太久。临别前袁寿臣再一次告诫林氏兄弟，过河后要避开繁华通达的州城，进入物产丰富的山区，选择易守难攻的险要驻扎下来，收敛锋芒善待百姓，囤积粮草扩充人马等待时机，单凭你们目前这点人马连郑州、开封那样的城池都打不下来，何况是清朝王朝经营多年的老巢。林凤祥连声应诺，他对袁寿臣的才华十分尊崇，没能把这位隐于乡间的高人拉进太平军，让这位北伐将领感到惋惜。林沛雨与袁寿臣含泪道别，他追随族兄奔向凶险难测的战场。

袁寿臣满腹忧伤地回归广武，没想到这竟是他们兄弟的生离死别。北伐军的大帐设在开封城南的朱仙镇，回到军中林凤祥立刻升帐，他召集另外几位将领，密传渡河北上的大计，并把林沛雨带到现场。李开芳、吉文元和朱锡锟，听说这位身材高大威猛的人，就是四年前名动天下的双科进士，他们不由自主地围拢过来，如同老友重逢亲切无比。李开芳争先开口，他说：咱们赶紧上奏天王报喜，早日加封林先生的官爵不能埋没这样的人才。林凤祥摆手示意加以阻拦，他说：北伐军置身险境必须尽早离开，无暇顾及这些琐事，林沛雨是我的同宗兄弟，初到军前寸功未立，急于讨封必将遭到别人的猜疑。吉文元与朱锡锟不服，同时上前与林凤祥争辩，他们说：林先生在北伐军遇险时设计渡河北上，解义军将士于危难之中，这种大功无人能及。坐在现场的林沛雨深受感动，他说：多谢众位将军抬爱，北渡之计是我两个义弟所为，与我无关，等到日后有所建树，再请天王封赏。北伐将领对林沛雨深表敬佩，他们不再争论，林凤祥这才把袁寿臣制定的战略方案说出，然后由他提调各路人马。第一路主将朱锡锟，由他挑选五十名精干的军士，扮成穷苦百姓，到巩县至汜水等地，寻找天地会的分舵，请他们协助与运煤船上的捻军取得联系，把北伐将士安插在运煤的脚夫当中，等待时机杀掉护船的清军，然后夺取那些运煤的船只。第二路主将吉文元，带兵五百分成两部，一部到河堤上测量，佯作掘堤前的准备，另一部到近处的村镇购置挖掘器具，把水淹开封的消息传播出去，在当地制造恐慌，使这里的敌军丧失斗志。第三路主将李开芳，带兵一万佯攻开封迷惑敌军，以免守城的清军出战。第四路主将林沛雨，率精兵两千，隐藏在黄河岸边的花园口和桃花峪，接到荥阳的情报，立刻攻占南北两岸的渡口，作为抢渡黄河的先锋，然后拱卫大军渡河。第五路主将林凤祥，率剩余的八千人马殿后，阻挡敌人的追兵。一切安排妥当，各将出帐分头回去准备，静等荥阳那边的变化。

朱锡锟是广西郁林人，道光三十年参加金田起义，他为人机警办事果断，因功封为秋官正丞相，此次奉命夺船事关北伐军的存亡。朱锡锟不敢大意，他在军中选出五十名面目和善的人同行，以免沿途守卡的清军起疑，经过三天细心探访，终于在巩县城内找到天地会的分舵。舵主姓姜，是县衙的典吏，通过他才与船上的捻军取得了联系，经过交谈查清了事情的始末，船上的人都是南阳的捻军，他们被清军打散以后，才混在运煤的脚夫当中暂时栖身。朱锡锟把来意说明，船上的捻军十分高兴，他们共有三十六人全都愿意跟随北伐。五十名太平军顺利地混进脚夫当中，他们选用特定的船工号子作为夺船命令。吉文元是广西桂平人，瑶族，咸丰元年参加义军，因功封为春官副丞相，这次奉命掘堤是假，为了能让敌军相信，他亲自带人四处购买火药及挖掘工具，通过闲谈散布水淹开封的谣言，周边城镇人心惶惶，有钱有势的人携带贵重物品外逃，穷苦的农民无处可去，只能在家中烧香祈求神佛保佑。

河南巡抚陆应谷，听说太平军要掘开黄河大堤水淹开封，他既恨又怕立刻上奏，向朝廷请求救兵。咸丰皇帝主持朝议，他派钦差带着尚方宝剑赶到河南，提调荥阳、郑州等城的人马奔赴开封城外，攻占河堤解救开封。军情紧急，钦差领旨后不敢耽误，他带着随从日夜兼程赶到河南，向荥阳和郑州的守将传旨，令他们尽早发兵增援开封，攻占河堤，确保这座古城不被水淹。郑州守将本是捐班出身，他不顾同僚的安危，更不顾开封周边百姓的死活，仍以各种借口拖延时间。黄百川却恰恰相反，接旨后立刻答应出兵，他把钦差请到府上，恳求这位权臣帮他谋划。黄百川说：荥阳辖下共有八千人马，城南有两处囤积粮草的官仓，那里驻扎着三千守军。汜水至巩县这段河防驻有守军两千。城防共有守军三千。不知增援开封的人马如何提调，请上差明示。解救开封事关重大，增援的人马越多越有取胜的希望，荥阳只有八千人马不能全部出战。钦差沉思良久才说：官仓乃国家的命脉，那里的驻军不能抽调，以免歹人趁机作乱。荥阳周边较为安宁，可从三千城防守军中抽调两千，留下一千守城，短时期内决无大碍。再从河防的守军中抽调部分人马，留下一千足矣。黄总兵可带这三千人马先行，郑州的兵马随后就来接应，黄百川按照钦差制订的方案，提调人马连夜出征。钦差见事情办得顺利，心中十分高兴，他与黄百川一起检点人马放炮出城，经过整夜疾行，天亮前来到郑州城外。黄百川传令，原地休息饱餐战饭，然后奔赴开封城外的战场。钦差这才告辞，他带领随从进入郑州城内，继续催调那里的人马。

天过午时，荥阳的兵马来到开封城北，黄百川一马当先手舞钢刀攻上河堤，交战只有几回合就把吉文元战败，围城的北伐军抵挡不住，迅速南撤败向朱仙镇。开封城上的守军看得真切，他们齐声欢呼为黄百川喝彩，荥阳的人马只有三千，他们以保堤为主。黄百川带领将士，拆除炸药修补被毁的堤坝，过了半个时辰，开封城的北关才被打开，城内的守军出来与荥阳的人马相会，就在这时从远处奔来两骑快马，那是巩县派来的信使。据他们讲，太平军已经占领堤岸开始渡河，希望这里的将士过去堵截。开封的守军深恐有诈，他们不敢离开自己的防地。黄百川心知肚明，这是袁寿臣事先制定的调虎离山计，让北伐军趁河防空虚之机夺取河口迅速北渡，他假装心急，立刻传令，拔营回返堵截过河的义军。荥阳来的将士经过长途跋涉和拼杀，已经累得筋疲力尽，任凭催促行动仍然迟缓，等他们赶到汜水渡口时天光已经大亮，北伐军早已渡过黄河不见了踪影。

离开铁炉镇的那天早晨，林凤祥按着袁寿臣的吩咐，留下五名随从，让他们分别隐藏在荥阳城外，注意观察城内的动静，如有出兵的消息立刻到花园口通知林沛雨，然后再回朱仙镇报信。六月二十六日的未时，荥阳城内人声嘈杂，留守在这里的北伐军觉得奇怪，经过询问才在当地人的口中得知，荥阳就要出兵增援开封。经过多方验证传言准确，北伐军的留守人员马上离开，奔向花园口报信。林沛雨得报后立刻带领人马，悄悄地来到汜水与巩县交界的渡口，发动突然袭击，守卫河堤的兵力不足无法应战，只能仓皇逃走。北伐军趁乱占领河渡，缴获了大量的火器和粮草，林沛雨按照事先的约定，让将士喊起船工号子。运煤船上的北伐军听到劫船的信号，他们在捻军的帮助下，不费吹灰之力就将押运煤炭的清军除掉，并把船上的煤炭扔到河里。林沛雨初次上阵情绪特别激昂，他留下一半人马守卫渡口，以防巩县的清军前来增援，亲率另一半将士弃马登船，乘风破浪夺取黄河北岸的渡口。守军在睡梦中听到船工号子，他们觉得奇怪，还未等明白过来，就被弃船登岸的北伐军攻占了渡口并将睡梦中的清军俘获。经过临时协商，由林沛雨镇守北岸接应北伐军登陆，朱锡锟留在南岸，截杀那些前来增援的清军。经过两个时辰的耐心等待，终于见到吉文元和他带领的先遣队，朱锡锟把他们送到船上，随后李开芳和林凤祥也带着大队人马赶来。

离开铁炉镇，袁寿臣的精神有点恍惚，回到家中心情更加沉重，孤立无援的北伐军只有两万，他们将面对着上百万清军的堵截和追杀，另有无法计算的民团和乡勇，这种远征如同以卵击石必败无疑，他的心一直悬在那里。六天后荥阳发兵，增援开封的消息传来，袁寿臣怕北渡的计划出现纰漏，他带上食水隐藏在岸边的密林中，亲自到近处观察，危急时可出手相助，并能为自己的义兄送行。二十七日酉时，埋伏在岸边的北伐军，沿着河堤由东向西奔向汜水，身材高大的林沛雨手提钢刀走在前面，表情异常兴奋，躲在林中的袁寿臣却为他的前途担心。历经两个时辰，北伐军全部渡过黄河，袁寿臣见谋划成功，这才放心地离开密林转身回家。

渡过黄河以后北伐将士齐声欢呼，历经多日辗转终于越过这道天险，可这并非久留之地，林凤祥召集众将相商，制订今后的战略战策。林凤祥深受袁寿臣的影响，他想把这支太平军带到偏僻的太行山，进行休整和扩充。结果却遭到吉文元和朱锡锟的反对，他们与林凤祥不同，都是拜上帝会的骨干、金田起义的参与者，对万能的上帝深信不疑，吉朱二人坚持执行洪秀全的命令，抄近道直取北京这座皇城，灭掉清朝一统天下。林凤祥深知自己的力量不足，他们之间发生了严重的分歧，双方各执一词争论不下。李开芳感到左右为难，他坐在一旁低头不语。林沛雨初到军中无职无权，对于这种重大的决策不能多言，后来见双方争得面红耳赤无法了结，这才提出一个折中的办法。为了验证北伐军的实力，就拿前边的怀庆为例，如能一举拿下此城，就有夺取北京的实力，如果连这样的小城也拿不下来，要想夺取清朝的巢穴岂不是痴人说梦。众将觉得林沛雨的话很有道理，他们完全赞同。林凤祥传令李开芳、吉文元，朱锡锟和他自己，各带五千人马，分别攻打怀庆的四门，林沛雨率领剩余的两千人马往来策应。由于缺少炮火和楯车等攻城器具，他们拼尽全力攻打了五十多天，仍未将怀庆攻破，北伐军的粮草器具已经告罄，清朝的援军陆续赶来，人马多达六万。朱锡锟和吉文元见攻城无望，这才同意林凤祥的主张，他们连夜撤军，沿着偏僻的小道进入太行山。进山后北伐军据险进行休整，时过半月天朝就派人前来催促，他们不管这支北伐军的死活，强令众将出山尽快攻打北京。

咸丰皇帝早已洞察了北伐军的意图，他让河南巡抚陆应谷、直隶总督讷尔经额等将领，集中人马严守通往北京的道路，并在险要之处设伏剿杀这支天国的劲旅。缺衣少粮的北伐军处境极其艰险，无力再与强敌交战，四位北伐将领面有难色，但军令如山不得不从。林沛雨这时才真正明白二弟为什么要远离天国，既已涉足不能回头。林沛雨再次献策，他说：清军已在东北各路设下埋伏，现在要是奔向北京犹如自投罗网，依我之见不如用声东击西之计，出其不意继续向西，攻打山西境内各城，夺取那里的钱粮和器具充实自己，有了足够的辎重才能继续北上。林沛雨的话让北伐军的将领看到了希望，他们整顿人马出山，一举拿下防守不严的垣曲。得到给养的北伐军士气大振，他们继续在山西境内攻城夺寨，先后攻破绛县、曲沃、平阳等几座重镇。捷报传到南京，天王立刻派人传旨，加封林凤祥为靖胡侯、李开芳为定胡侯、吉文元为平胡侯、朱锡锟为剿胡侯，派兵增援的话却只字未提。

清廷以为这支太平军，要在山西境内安营扎寨，立刻调集各路人马入晋，东北各路的防守自然松懈下来。北伐将士趁清军调动之机，突然掉头转向东北，由涉县、武安进入直隶，经过数日苦战终于夺取了临洺关，由于连日征战，从山西带来的粮草辎重几乎消耗殆尽。时值十月，天气已经寒冷，没有后援的北伐军再次陷入困境，疲劳过度的朱锡锟再也坚持不住，他病倒在临洺关，没过几天就离开人世间。全军将士悲痛万分，他们把这位出生入死的战友，埋葬在关外的荒山中，只能等到胜利归来，再把这位剿胡侯的遗体运回原籍厚葬。寒夜难熬，无法入睡的林沛雨披衣出帐，只见这些广西汉子相互依偎，坐在一起仍被冻得瑟瑟发抖。眼前的场景让林沛雨感到焦急，冥思苦想依然无计可施，他感到烦恼，解开外衣想要上床休息，看到里边的内衣不由得灵机一动，一条妙计油然而生。因为天气寒冷，北伐将士从临洺关的军仓中找出很多清军服装，他们套在里边抵御风寒。林沛雨想利用这些衣服让将士扮成清军，骗取沿途州城的钱粮，借此通过那些关卡直逼北京，主意拿定他兴奋起来，当即来到林凤祥的大帐。这位北伐军的主将与其他人一样，面对着强大的敌人和严寒的天气无法入睡。林沛雨说出自己的设想，林凤祥听后霍然站起，忙把李开芳和吉文元找来，共同商讨大计，经过周密的策划，他们决定制作一面直隶总督的大旗，冒充讷尔经额，蒙骗各城的守将。

经过几个时辰的精心筹备，这支北伐军竟变成了一支清军，他们离开临洺关向北，经沙河、任县、隆平、柏乡、赵州、栾平、晋城，沿途州城的文武官员，见到讷尔经额的大旗，纷纷出城巴结，他们不但按律供给粮草，自己又备上厚礼送给这位钦差。十月十三日抵达张登镇，这里距保定只有六十里，北伐军的计谋才被清军识破。十几天前直隶总督讷尔经额，带领两万人马在临洺关与北伐军大战数日，最后不敌败往广平驻扎。败报传到北京朝野震动，咸丰改派大学士桂良为直隶总督，讷尔经额获罪后被革职，定监斩侯，上述州城的官员不知道朝廷这段任免，所以才以假为真。太平军占据张登镇的消息传到北京，咸丰大惊，忙派重兵在北京周边设防，皇城内戒严，同时派人携带珍宝作逃往热河行宫的准备。官绅富商也不甘落后，共有三万多户逃迁外地，京师处于混乱之中。桂良上任后重新布置人马，他在保定以北各镇，布下十多万人马拱卫京师。人单势孤的北伐军无力突破清军设下的防线，他们掉头向东攻打献县、交河、沧州等城，想从侧翼逼向北京。

双方厮杀正烈之时，天朝又派来特使，令林凤祥速聘堪舆术士，到关外去断清朝皇室的龙脉。特使的话让众人感到懵然不知所措，北伐将士多为广西偏远地区的农民，不懂什么是堪舆术，他们茫然地看着特使无法接令。眼前的变故让林沛雨感到失望，北伐军的将士拼死向前，目前已经占据了独流镇，前锋已到杨柳青，北京近在咫尺，天朝如要及时派兵前来增援，驱除鞑虏指日可待。可是天王不但不派重兵前来增援，反而要在军中抽调精干，到关外去搞那些鬼化狐的勾当。林沛雨摇头叹息，北伐将领无处求助，又把恳求的目光投向这位博学多才的进士。林沛雨解释说：堪舆术就是民间所说的风水，只是各地的称谓不同。晋时的郭璞著有《葬经》，专论藏风得水之法，故曰风水术。唐末，司天监杨筠松趁黄巢之乱，从宫中盗走《阴阳天机书》，逃往宁都怀德乡隐居，数年后分著《撼龙经》和《金刚钻》等多部有关风水的书籍，这些藏书为后世的术士所推崇。风水之术种类繁多，大体可分为三类，即天星、山水和八卦。天星类的推理依据采用二十四宫为取向定穴之法，其意为，本骸乘气，遗体受荫。山水类的推理依据采用山脉、水路的走向为取向定穴之法，其意为，山环水抱，势脉相合。八卦类的推理依据采用多阴则蹶、多阳则痿的法则，作为取向定穴之据。通过审龙、观砂、察水定穴，才能找到龙止气聚之地。再用青龙白虎左右分、朱雀玄武庇中心的方法定位，那就是暗含五行四象的龙脉。

林沛雨梗概地讲解了堪舆术，林凤祥等将领这才明白过来，他们向特使询问这次断龙脉的起因。特使说：栖霞山住着一位七十多岁的江湖术士，按着当地的传言，他能预知三百年内的兴衰，这位老术士见天国日渐强盛，就曲意前来巴结。他向东王献计说：清妖虽败，难亡。究其根源，皆因其祖葬于龙脉之上，如能将龙脉截断，清朝王朝不攻自灭。术士的话在朝中引起轰动，三天后上帝就附在东王之体，代其传言说：清妖作孽多端，早该朝灭人亡，所仗龙脉荫护，才能苟延残喘至今，尔等派人将其截断，尽早扫除妖孽一统天下。天朝的将士离关外太远，唯有你们这支北伐军距那最近，所以天王才派我前来传旨。特使讲完，林凤祥等人这才恍然大悟，李开芳说：当前双方正在鏖战，百姓早已逃离此地，上哪儿去找风水先生。特使说：从刚才的交谈中就能看出，林先生就是此道中的高手，如能担当此任胜过他人百倍。林凤祥说：沛雨是个文武双全的人才，善以奇谋取胜，如今已经成为北伐军中不可缺少的军师，让他离开战场无异于斩断我等的膀臂。李开芳接着说：北伐军历经半年转战五省，现在已经逼近北京，只要合力向前必能兵临城下。特使听后反驳说：上帝附体的传言，已经验证了栖霞隐士的话，光靠拼杀不能亡清，截断清朝皇室的龙脉才是头等大事，天国拥有雄兵百万要以大局为重，不能只想你们这两万人马的得失。为了完成使命，特使与三位北伐将领争论起来，林沛雨对天国将领的分歧深感不安，多年来他苦读经史参悟兵阵，对堪舆术以及医卜星卦等玄学只是拥书浏览，从未涉猎那些冥玄难测之术。为了天国的事业，林沛雨决定以身犯险，凭自己的学识到关外实地查证，破除鞑虏的风水，截断清朝皇室的龙脉，以此撼动清廷的基业，鼓舞太平军的士气，想到这些他违背自己的初衷点头答应，愿到关外去断龙脉。林凤祥和李开芳见林沛雨自己答应下来，就不能再加阻拦，特使见自己的使命已经完成自然高兴。林沛雨带上罗盘、素尺和阴阳镜等，又从军中选出八十名精壮汉子，当晚就与三位北伐将领道别，他们离开军营绕道向东，经宁河过唐山直奔关外。

隐士的预言和上帝的旨意，让太平军的将士产生了奢望，他们翘首以待，希望出关的林沛雨能早日截断清朝皇室的龙脉。北伐将士抱着侥幸的心态，不再像以前那样舍生忘死地向前拼杀，吉文元首先提议，他说：咱们都是凡夫俗子，难争天命，不如撤杨柳青之兵坚守静海和独流镇，在那等待关外的佳音，林凤祥与李开芳也有同感，他们同意吉文元的撤军主张。林沛雨于十月末离开独流镇，十七天后天降大雪气温骤降，林凤祥等将士都是广西人，从未见过这样的天气，没有棉衣御寒的将士几乎全部病倒，北伐军无力再向清军发动进攻，只能据险而守。林凤祥曾多次派人到南京向天王求援，终无结果，北伐将士只能在缺衣少粮的寒冬里坚守。

目送义兄渡过黄河，袁寿臣的心就与这支北伐军联在一起，每天都到河渡旁的茶棚闲坐，借此向过往的客人探听战地消息，因此才对北伐军的动向了如指掌，直到寒冬来临，双方的战事才算终止，他的心也随之放了下来。两万人的北伐军就能把中原大地搅得翻天覆地，直隶总督讷尔经额，被咸丰皇帝革职拿问，河南巡抚陆应谷也被朝臣弹劾，说他畏敌如虎坐失归德。身为河南巡抚置开封危城于不顾，只有荥阳守备黄百川得到朝廷的褒奖，称他临危不惧，只带三千人马就敢独闯贼营，勇战太平军保住黄河大堤，致使开封等城免遭水患。有人提议罢免陆应谷，提升黄百川为河南巡抚。寒冬过后钦差大臣胜保，在咸丰皇帝的严厉斥责下率领所辖的清军，向北伐军的驻地发起攻击，天津知县谢子澄也带民团前来相助。这时的北伐军只剩下一万多人，他们与人数众多的清军展开血战，谢子澄欺北伐军人单势孤，他率领六千民团蜂拥而上，想要荡平这支实力不足的太平军。李开芳见敌军太过嚣张，他挥舞手中的钢刀迎上前去，交手一合就把这位知县砍倒在地，民团当即溃散向四处奔逃。驻扎在王庆坨的蒙王僧格林沁，奉召后立刻带领人马赶来增援，他们把吉文元困在中央轮番攻击。林凤祥见吉文元身处险境，忙带卫队赶来增援，胜保见状也带着自己的卫队上前拦截，林凤祥与这位清朝重臣战在一起。僧格林沁拼尽全力，围攻这位天国的平胡侯，吉文元竭尽全力，连续斩杀十几名凶悍的蒙军将领，终因寡不敌众，身中数刀壮烈地牺牲。北伐军的元气大伤，无力再战，从二月开始南撤，经大城、束城、献县，军中已经弹尽粮绝，他们在失利的情况下拼死攻下阜城，夺取那里的粮草，据此进行短暂的休整。出征时的四位将领，如今只有林凤祥和李开芳二人，两万人马只剩下八千，北伐将士站在高处向北眺望，急切地等待林沛雨，希望他能早点截断龙脉。

败报传到南京，洪秀全这才感到事态严重，他与东王权衡利弊仍以苦心经营的安乐窝为重，不肯派重兵营救这支战功卓著的北伐军。后经石达开等众将苦劝，不得已才派陈仕保、许宗扬和曾立昌等将，率领不足两万人的偏师北上增援。他们自安庆出兵，避开强敌一路北上，从丰工渡过黄河，经丰县进入山东，先后攻克郓城、阳谷、莘县、冠县，四月十二日攻克临清。咸丰得报立刻调来重兵围堵，陈仕保和许宗扬不敌，率部败至李官庄，幸亏曾立昌拼死反攻击退敌军，他想乘胜北进与林凤祥和李开芳会师。陈仕保和许宗扬惧怕清军势大，他们以众人欲归为由反对曾立昌提出的北上。身为副将的曾立昌不能左右大局，他面朝北方悲愤地横刀自尽，陈仕保与许宗扬率部南逃。五月五日，增援的太平军败逃到黄河北岸，被设伏的清军全歼，陈仕保与许宗扬侥幸逃过黄河。五月十四日，溃逃的太平军又在丰台中伏，陈仕保被杀，许宗扬只身逃回南京，投到北王的门下，成为韦昌辉的心腹。一年后他与韦昌辉密谋，屠杀了东王杨秀清及其家属部众两万多人，成为天国的罪人，这些都是后话暂且不提。

第一次北援，从咸丰四年二月开始至当年的五月结束，前后不足三个月，就以全军覆没的惨败告终。天王闻报大惊，事隔多日又派燕王秦日纲率部，再次统兵北援。上次惨败让这位燕王感到恐惧，他从安庆出兵，行至舒城的杨家店就与那里的清军相遇，不敢北援的秦日纲一战即溃，逃回安庆自保，从此再也没人敢提北援的事。坚守阜城的北伐军，已将城中可食之物全部用尽，不得已他们再次突围，先后夺取东光和连镇，继续在那坚守，等待天王派来援军。四月初，听说天王派来的援军，带着辎重来到近处的冠县和临清，被敌军堵在那里不能前行。为了尽快与援军会合，林凤祥派李开芳率领马队前去接应，配合援军对敌军进行前后夹击。李开芳带领人马途经高唐时，派出的探马回来禀报，陈仕保和许宗扬已于今晨结队离开临清南逃，曾立昌制止不住，愤而自刎以明其志。李开芳听后犹如冷水浇头，他愣在那里不知如何处置，前有清军拦截，后有民团追击，如今已经无法再回连镇，只能占据高唐在那坚守。林凤祥和李开芳被清军分隔两地，无法相聚，只能遥相呼应，处境极其艰险，即使那样北伐将士仍坚守了近一年的时间，他们牵制了大量的清军。咸丰五年三月七日，连镇终于被清军攻破，身负重伤的林凤祥宁死不屈，他破口大骂，历数鞑虏的罪恶，八天后被清军押到北京斩首示众。三月十七日，连镇失守的消息才传到高唐，李开芳听后失声痛哭，他感到孤独绝望，这里已经不能久留，当天夜晚就率部突围，行至茌平冯官屯就被敌军困住，八百壮士据屯坚守。五月三十一日，清军攻进屯内，李开芳携带剩下的一百多人诈降，结果被清军识破，他于六月十一日被清廷斩首。北伐将士孤军奋战，历经两年转战六省，行程五千多里，先后夺取几十座州城，逼得清帝准备出逃，将士们的壮举震动朝野内外。

第十一回　闯龙潭壮士尽节　除恶徒血溅桑园

咸丰五年六月，北伐军在山东，直隶一带失利的噩耗传到广武，袁寿臣顿足扼腕惶恐不安。袁寿臣决定沿着太平军北伐的路线，寻查义兄的下落，他要生见其人死见其尸以尽弟兄之谊，主意拿定立刻着手准备。袁寿臣先把妻儿送到洛阳，请岳父暂时代他照应，然后来到荥阳守备衙门，想把这个不幸的消息告诉黄百川。门卫见将军的拜兄来访急忙进去通报，黄百川得报后起身出迎。袁寿臣站在门外大惊，他见义弟的面色蜡黄，眼窝深陷好似大病在身。袁寿臣忙问原因，黄百川连连叹息，不停地埋怨林沛雨，他把朝廷传来的战报递上。这份战报记述了围剿太平军的整个过程，通令各地严查潜逃的叛匪，还没等袁寿臣把这份战报看完，黄百川就发起牢骚。他说：大哥的性格偏激错投了叛军，不但自己受害还将连累家人和朋友，近日风声特紧，朝廷派人暗中查访，对那些防守不严、征战不利的将官予以严惩。礼部侍郎、节制直隶军务的钦差大臣胜保，因久攻高唐不下，被朝廷革职查办遣往新疆戍边。文渊阁大学士、节制黄河南北的钦差大臣讷尔经额，因临洺关失守，被朝廷革职拿问定监侯斩，不知今后能否活命。另有几十名地方守将，因剿匪不利也被处置。以前我听从了你们的安排，借口增援开封暗中撤走护堤的守军，让北伐军顺利地渡过黄河，致使这支太平军搅动中原威胁京师，此事如被朝廷查出，不但我的脑袋不保，还将祸及九族。袁寿臣劝解道：此事极其机，密请三弟放心，当初只有咱们兄弟三人和林凤祥知道，这是北伐军的最高机密，不可能再外泄于其他人。黄百川担心地说：据战报上讲，李开芳在冯官屯被俘时曾表示投降，并写下降书供词，难道他不能供出此事吗？袁寿臣说：李开芳要是供出此事，你早就被朝廷抓捕下狱，哪能等到今天还逍遥法外。袁寿臣的话，让黄百川那颗恐惧的心稳定下来，近两天他滴水未进，直到这时才觉得腹中饥饿，他吩咐卫士准备酒饭与义兄共饮一杯，以解心中的烦恼。袁寿臣担心林沛雨的安危，他急于回家筹备所用之物，到战地寻找朝廷通缉的钦犯。黄百川的心情依然紧张，需要得到别人的宽慰，袁寿臣耐着性子，装作若无其事的样子陪他饮酒闲谈，时间不长门外的卫士就来报信。他说：林府的仆人在门外替夫人传话，请袁先生过府议事。黄百川与袁寿臣明白林家人的心意，卫士在场不能多说，彼此之间心照不宣只能会意地点头。袁寿臣起身告辞来到林沛雨的家，这位仆人直接把他带到林夫人的房间，只见这位庄重的女人两眼红肿仍带泪痕。林夫人直言相向，她说：据外间传言，北伐军已被清军剿灭，不知此事是否属实。袁寿臣不能隐瞒，他把自己知道的一切全部说出，并把北上寻兄的决定告诉义嫂，让她放心等待，不要对任何人提及此事，以免招来祸端。林夫人乃大家闺秀，识文明理深知其中的厉害，因此连连应诺，情况紧急不能久留，袁寿臣把话说完就告辞回家。

第二天寅时袁寿臣锁好家门，肩挎布包内藏短刀和银两，他登舟破浪渡过黄河，昼夜兼程奔向山东西部的茌平，那里就是北伐军最后拼杀的地方。过了聊城就能看到搜捕太平军的布告，上面写明：举报叛匪者赏银五十两，活捉叛匪者赏银一百两，如有藏匿不报者满门抄斩。这里的布告警示了袁寿臣，他警觉地向前走去，临近茌平并未停留，以免引起别人的怀疑。人在远处就能看到被战火焚毁的房屋，满目都是残垣断壁，尸臭和血腥伴着焦土的气味。遭到战火摧残的茌平已经无人居住，阴暗颓败的城门下时而有人闪现，从诡异的目光就能猜到，那些人是官府的密探，他们仍在搜捕漏网的太平军。袁寿臣虽然放慢了脚步，可他仍然朝前走去，在琉璃寺落脚住进了镇中的客栈。六月正是冷热适中的季节，日近黄昏，住在这里的客人陆续来到前厅，有的凑在一起饮酒闲谈，有的喝茶歇脚静听别人说笑，行走江湖的人都善于交往，几句话过后就能成为朋友，他们愿意把自己知道的奇闻怪事讲出来，供大家议论。开始人们谈论仙妖作乱，神佛施法，后来就扯到高唐和茌平的战事。听到茌平的战事，客栈的少东家忍不住从屋里出来，他站在前厅的中央，神气十足地说：太平军退到这里死守茌平，官军围攻多日仍然不能破城。这里是孔孟之乡，很多贵文富儒散居于此，他们对洪秀全等人捣毁万世师表的灵牌，诽谤孔子的言行恨之入骨，那些自诩为书香门第的儒生，纷纷斥资组建民团。孔子的故乡曲阜和孟子的故乡邹城，各派两千民团前来助战，济南等地也有人数不同的民团赶来，客栈的少东家就是当地的民团，他曾目睹了当时的一切。

清军和民团不敢与太平军硬拼，为了减少伤亡，熟悉地形的民团采用火攻，他们从附近运来柴草和火药等引火之物，置于茌平的上风头点燃，火借风势迅速蔓延，整座城池笼罩在火海中。为了躲避烈火，李开芳率部冲到城外与围攻的敌军展开血战，终因众寡悬殊北伐军难以招架，最后退到冯官屯死守，清军步步紧逼并高声呐喊，只要太平军放下武器一律免死。借着月光李开芳清点人数，退守冯官屯的将士不足二百人，而且各个带伤，他仰天长叹不知如何应对，心腹部将黄懿端上前献计。他说：胜败乃兵家常事，将军可仿三国时的姜维暂时诈降以待日后复蜀。李开芳已经无路可退，为了能保住部下的性命，他答应向清军投降。太平军投降的消息传出以后，清军和民团的胆气壮了起来，他们争抢着进入冯官屯，先把李开芳看押起来，然后用污言秽语对其他将士进行谩骂。北伐将士强忍怒火，其中一人不甘凌辱，他夺取民团手中的钢刀猛砍，眨眼之间就有三名清军倒地，这一壮举激发了其他人的豪气，另有二十多名义军加入最后的拼杀。突如其来的恶战，造成近百名清军伤亡，多名义军被乱刀砍死，北伐军的刚烈让清军胆寒，没人再敢对投降的将士进行污辱。

通过少东家的讲述，袁寿臣这才明白茌平失守的经过，林沛雨的生死仍无定论，人们对北伐将士的遭遇感到同情，谁也不敢公开表示只能偷偷地叹息，直到亥时客人才陆续散去。回到客房难以入睡，袁寿臣又把少东家的话重新梳理一遍，根据当时的战况，茌平幸存的北伐军极少，即使有人逃脱也已离开此地，绝不可能再在这里等死。经过反复思考，袁寿臣不想放过任何寻找的机会，既已到此就该查明，他想趁夜潜进茌平探查究竟，结果却一无所获，这时已近天明不能再继续查找，只能失望地从茌平离开。

第二天清晨，袁寿臣踏上官道，沿着北伐军南撤的路线继续向北探寻，途经高唐、德州，来到吴桥就发现情况有变，这里的气氛异常紧张，清军林立戒备森严，各处道口都设有哨卡盘查过往的行人。当地组建的民团定时到各家搜查，近处的名儒争贴告示，大骂太平军是异邦的禽兽、邪教的煞星，有关北伐军的传言不断。为了避开是非，袁寿臣没进吴桥县城，先在南关外的桑园镇落脚，他想从茶坊酒肆，那些闲人聚集的地方探听消息，经过多日查访，终于从当地人的交谈中，摸清了连镇一带的战况。三个月以前，北伐军被多路清军围困在东光和连镇，坚守两地的将士几乎断粮绝炊，林凤祥与李开芳正在商量弃镇南撤，突然有外出的斥候回来报信。据他们查实，天王派陈仕保等将领率部增援，他们已经来到山东临清，被那里的清军拦截不能前进。为了能与援军尽快会师，林凤祥派李开芳率两千骑兵南下接应，人马点齐刚要出镇又有斥候回来报信。他说：吴桥县衙有个名叫尼楚的典吏，家住桑园镇，是个正白旗的满人。顺治二年，他家先祖借跑马圈地之机强行霸占了桑园镇的大片土地，当年有五户人家不服被尼楚的先祖杀死。经过几代人的盘剥，尼楚家族已经成为这一带的首富，凭借满人的特殊身份，就连这里的知县也惧他三分。骄横跋扈的尼楚，听说太平军被困在相邻的连镇，就强行组建民团伺机参战，咱们如要接应陈仕保的援军必须经过桑园镇，请将军小心提防。李开芳听后大怒，他说：清军以多欺少还算罢了，县衙的典吏竟敢如此猖狂，我军正缺少钱粮，不如顺手牵羊先破桑园镇，夺取尼楚的家财然后再去接应援军。李开芳另选一千步兵，携带车辆同赴桑园镇，得手后由他们往回运送钱粮。

北伐军南撤的消息传出以后，近在咫尺的吴桥县一片混乱，知县派把总关闭四门严加防守，尼楚上前反对。他说：叛匪过境必须予以截杀，以安圣上之心。知县解释说：奔袭截杀由将佐定夺，保境安民才是地方官员的职责，本县不敢越俎代庖。知县说完拂袖而退，尼楚虽然狂横也不敢对上司过分无理，他赌气回到典押房，立刻召集衙差赶往桑园镇，想与民团一起截杀过境的太平军。尼楚平日狂横，多数衙差不愿与他交往，很多人借故离开，只有几个臭味相投的家伙随他来到桑园镇。几个月前，北伐军从静海一路退到连镇，尼楚见太平军来到家门，这位典吏不知北伐军的厉害，妄想建立战功升为朝廷命官，他派管家带领打手挨家登记，凡是青壮男子必须加入民团，否则将以通匪罪论处。百姓惧怕典吏的淫威哪敢不从，经过统计，桑园镇共有团民一千八百多名，尼楚看后大喜，他以为可以称霸一方。军中不能无主，尼楚派人把本镇的郝云飞找来，让他充当民团的头领。吴桥坐落在南运河的东岸，是个水陆两便的码头，江湖艺人常在这里行走，很多人在此落脚。郝云飞出身艺人世家，自幼随父习练武功，经过不懈的努力，年纪不大就练得腰腿灵活四肢有力，长大后飞马挽弓箭不落空，顶幡舞刀力逾千斤，江湖人称盖世郝。

二百多年前，郝云飞的先祖带着家人到保定府卖艺，半年后才回到桑园镇，这里已经发生了巨变，祖传的家产被满人霸占，同宗兄弟全家被杀，行凶者就是尼楚的先辈，郝家的先人无法报仇，只能忍气吞声地活下去。太平军驻扎在近处，尼楚又强迫郝云飞充当民团的头领替他卖命。久闯江湖的郝云飞哪能任由仇家摆布，他暗中准备趁乱为先祖报仇。不知天高地厚的尼楚，带领几个衙差回到家中，命管家去找民团的头领，让他召集团丁截杀路经此地的太平军。郝云飞不敢公开抗命，他以磨刀为由拖延集合队伍的时间，管家怕尼楚怪他办事不力，急忙回去报信，就在这时李开芳率领人马来到镇外。这样的结果让尼楚始料未及，他忙派家丁到街上鸣锣呼叫，催促团丁出来应战，桑园镇的百姓恨透这个为非作歹的满人，他们关紧门窗偷偷地向外张望，没有一人出来应命。尼楚这才感到绝望，他不顾别人的死活，跨上坐骑就向县城逃去，喧嚣的桑园镇突然沉静下来。来到镇外的李开芳深感疑惑，唯恐镇中设下埋伏，为了慎重行事，他命部将黄懿端先带一百名骑兵进镇查探虚实，大军随后予以接应。黄懿端领令率领马队闯到镇内，所有的房门全都紧闭，只有一座豪宅的大门开放，有些手持钢刀的人影在院内闪动。黄懿端率领人马扑到门前，豪宅内外一阵大乱，手持钢刀的大汉纷纷躲进室内。黄懿端令军士踹开房门，把里面的人揪出来审问，从那些打手的口中得知，这正是他们要找的恶霸尼楚之家。郝云飞躲在自家，眼见太平军进入尼楚的家门，他再也按捺不住复仇的怒火，当即打开家门提刀冲出，尾随着北伐军冲进仇人的家中，带着李开芳的人马砸开粮仓和钱库。有些胆大的百姓见郝云飞已经出手，他们也走出家门帮助义军装运钱粮，李开芳见状深受感动，他让将士留下一半钱粮，分赠给当地的穷苦百姓，剩下的一半运回连镇作为军粮。接应援军的事刻不容缓，李开芳见步军已将钱粮运走，这才率队出镇向南奔去。

分到钱粮的百姓见北伐军撤走，刚才的豪气顿时不见，他们担心凶残的尼楚会加倍报复，郝云飞也有同感，他与所有的乡邻一样，拿着分到的东西不敢回家。众人正在彷徨之际，尼楚的管家冲到门外，他见北伐军走远，当即沉下脸来大声斥骂，让分到钱粮的百姓如数退回，否则将扭送官府严办。管家的话如同火上浇油，再一次激起郝云飞的怒火，他跳到管家的面前手起刀落，当即就把这个狐假虎威的帮凶砍倒在地，随后带领众人冲进尼楚的家门，把他家老幼二十四口以及所有的打手全部杀掉，与尼楚同来的几名衙差也未能幸免。世代为恶的魁虏招致灭门之灾，独有尼楚一人逃脱。后患未除桑园镇的百姓仍有后顾之忧，郝云飞与在场的人当街盟誓，如若尼楚勾结官府前来询问，就说是太平军所为，谁敢暗中报信必遭全镇人的报复，任何人都有义务将他铲除。为了防止意外，郝云飞又找来几个知心的朋友共同商定，如要发现有人告密，立刻将他除掉然后投奔太平军。尼楚逃到吴桥县城，犹如惊弓之鸟，他登上城楼向南眺望，桑园镇的上空已被浓烟遮盖，这个恶吏暗自庆幸，如非及时逃走必将命丧家中。第二天辰时，尼楚才率领全县的衙差，壮着胆子回到桑园镇，想要查看家人的安危。人在远处就看到，偌大的家园已经变成灰烬，家眷和仆妇的尸体已被烧焦，无法辨认主仆，只能将他们草率地埋葬。他带着衙差多方查询，桑园镇的百姓早有准备，他们把这次杀戮推到太平军的头上。尼楚听后半信半疑，他不敢在桑园镇停留，唯恐太平军再次光临。

三个月后，咸丰皇帝一日三次下旨，督促蒙王僧格林沁配合钦差大臣胜保，从南北两面同时对连镇发起围攻，驻守连镇的北伐军所剩不足三千人，他们各个都敢舍命相拼，清军无力攻破此镇。三月五日，咸丰传下最后一道死令，三日之内不能拿下连镇，僧格林沁与胜保都将革职戍边永不录用。二人正在一筹莫展的时候，东光县的民团头领进来献计。他说：连镇坐落在运河的东岸，地势较为低洼，只要炸开东岸的河堤就可以水淹此镇，那样就能把叛匪逼到镇内的高地，然后再施以火炮轰杀，咱们兵分两路趁乱进镇，何惧叛匪再逞凶顽。僧格林沁与胜保连连称妙，忙与这位民团的头领回去准备。天黑后胜保突然从镇东发起攻击，林凤祥带领将士到镇东进行抵抗，双方在朦胧的夜色中发生了激战，突然有人来报，镇西的河堤下发现多处可疑的灯光。林凤祥听后大惊，这是敌军的声东击西之计，他忙分派人员去查，可惜为时已晚，爆炸声接连不断地从镇西传来，堤坝已被炸开，河水顺着缺口翻滚着涌来。林凤祥自知末日来临，他把将士带到镇中的高处，从中选出二百多名水性好的将士，让他们换上百姓的服装，沿着运河向南从水中逃生，脱险后可到高唐投奔李开芳，也可以回南京向天王报信。林凤祥与这些战友含泪道别，然后率领剩余的将士扑向进镇的清军，掩护水中逃生的战友。经过整夜拼杀北伐将士伤亡殆尽，林凤祥身中三刀倒地不起，他与一百多名受伤的将士被俘，坚守多日的连镇失守。

林凤祥被杀的消息传到吴桥，尼楚听后凶相毕露，要从水中逃脱必须经过吴桥，他带着衙役在那设卡，搜捕堵截那些劫后余生的北伐将士，想从他们当中审出是谁勾结太平军对他家进行劫杀。尼楚的家人被杀以后，阴狠的县吏并未表示复仇，唯恐镇内藏有太平军的眼线，经过反复揣摩，所有的疑点都集中到郝云飞的身上。他表面不动声色，却在暗中对郝云飞进行监视，如能拿到通匪的证据再将他拘捕下狱。为先祖报仇本是件开心的事，可是郝云飞却高兴不起来，当众人杀掉仇家满门能解一时之愤，这种人命关天的大事迟早要被外泄，他的命运与北伐军连在一起。三月六日夜晚，爆炸声不断地从连镇那边传来，随后就是炮声，郝云飞倒在床上无法入睡，只得披衣起来在院中走动，丑时过后炮声停止，他顺着运河旁的官道向北察探，走出不过五里，突见两条人影从运河的水里钻出向四处张望。郝云飞毕竟是个江湖艺人，见识虽广却未涉猎过军政大事，眼前的场景让他感到惊惧，忙趴倒在地静观下面的变化。两人出水后稍一迟疑就爬到岸边，拧干衣服向近处的人家走去，他们并未进门入户而是钻进屋后的草垛躲藏起来。郝云飞看后更加奇怪，为了查清来人的身份，他小心翼翼地来到草垛旁偷听二人的谈话，从乡音就能断定，他们就是从广西来的太平军。劫杀尼楚的家人以后，郝云飞已把北伐军的将士当作朋友，这里是吴桥县的辖区，常有衙差巡察，草垛之中难以藏身，他轻声呼唤让二人出来。躲在草垛里的将士不知呼叫的人是敌是友，他们分别从两个方向出来将郝云飞围在当中。郝云飞报出自己的姓名，随后又把协助太平军劫夺尼楚钱粮的经过说出，两名将士曾亲身经历桑园镇的现场，他们这才消除了敌意。郝云飞说：白天无法行走，不如先到他家的地窖里躲藏，等到夜深人静时再出来赶路。经过半夜厮杀，又在冰冷的河水里泅渡了近两个时辰，北伐将士已经累得筋疲力尽，如能找个安全的地方躲藏实属万幸。郝云飞以卖艺为生，家中只有六亩耕田，远在桑园镇外的东南，郝家的祖坟和场院都在那里，场院内有个硕大的石碾盘，下面有个不为外人所知的地窖非常隐蔽，他把两名将士藏入地窖然后回家去取食水。临别时特意叮嘱他们：不管外边发生了什么千万不要擅自出来，一定要等他回来再做决定。

攻破连镇的消息于七日上午传到吴桥，尼楚在当天中午就带人在境内设卡，严查过往的行人，他们把重点放在桑园镇及运河两岸。时局突变出乎郝云飞的意料之外，最近几日，北伐将士无法逾越清军设置的关卡，强行登程必将被拿获，子夜过后，他又备下多日的食水来到地窖，两名将士疲劳过度依然昏睡不醒，其中一人患上风寒高烧不退。郝云飞把他们唤醒并将沿途设卡、无法脱身的情况说明，事到如今两名将士无路可退，只能躲在这里等待机会。最近几天，多名逃脱的北伐将士又被沿途的官府拿获，他们被押往北京处斩，另有多名同情者受到株连。郝云飞每天都在关注着官府的动态，他希望藏在地窖里的将士能早日离开，以免受到牵连。袁寿臣携带荥阳守备黄百川的路引，因此不怕别人盘查，他以经商为名整日出入茶棚酒肆，想从路经此地的客人口中探听消息。郝云飞与别的艺人不同，每天都到码头镇口游逛，专门搜听太平军的传闻，他出身艺人世家不该犯那样的大忌。袁寿臣猜想，这种人不是朝廷的鹰犬就是太平军的眼线，经过跟踪观察又有新的发现，两个衙役常在暗中对他进行监视，由此就能判定，既与官府无关就应该是太平军的人。袁寿臣决定对郝云飞实施跟踪，通过他可能查出林沛雨的下落。

袁寿臣溜出客栈跃到郝家对街的房上，居高临下静观郝云飞的院落，从中寻找有用的线索，过了多时才见他走出房门到外边张望，确认四下无人才背上包裹向镇外走去。袁寿臣飘身下房，隐藏行踪远远地跟在后边，出镇后郝云飞奔向田间的小道，继续朝着东南方走去，在自家的场院外停住脚步，他机警地向四周查看未发现异常，这才俯身移开地窖的盖板探身下去。袁寿臣躲在暗处，对刚才的一幕看得真切，他照猫画虎如法炮制，按照郝云飞的做法，抓着窖口的滑索下到底部。窖内躲藏的北伐将士见郝云飞来到，忙点亮身边的油灯，突然发现有个陌生人跟踪进来，他们拔出腰间的短刀挺身站起。郝云飞这才知道有人暗算，他扔掉手中的食物与两名将士站到一起，共同应对这位不速之客。袁寿臣见状忙上前解释，他说：三位不必惊慌，我到此处是想寻找一个朋友，假如我有恶意必先封住窖口，尔等深陷窖下焉能逃脱。来人说的话确有道理，北伐将士这才消除了敌意，郝云飞首先开口，他说：请问仁兄高姓大名，家住何方能否以实相告。袁寿臣回答说：身临险境难报真实姓名，以免日后留下祸根，望三位朋友见谅。郝云飞本是老江湖，一点就透，两位北伐将士命悬一线，自然明白其中的利害，通过对话他们看出，袁寿臣是个至诚的人，所以就不再追问他的身世。双方产生了信任，袁寿臣这才开口询问。他说：北伐军中有个身材高大的河南人，名叫林沛雨，不知二位是否认识。两位将士相互对望，沉思过后连连摇头。袁寿臣进一步提示说：咸丰三年六月，前有黄河这道天险拦路，后有多路清军追堵，开封久攻不下，北伐军正处两难之际此人投身其中，不但协助北伐将领谋划了渡河大计，还带人攻占了两岸的渡口护卫大军渡过黄河，我要寻找的就是那位。说到这里两名将士兴奋起来，他们都知道林沛雨这个人的事迹，却不知道他的姓名。

时间紧迫不能详谈，袁寿臣止住两位将士的夸赞，继续追问林沛雨的下落。将士说：一年前北伐军占领了静海和独流镇，天王突然派人传旨，让北伐军聘请此道中的高手，到关外去断清朝皇室的龙脉，不知出于什么原因，此事竟落在你朋友的头上，由他率队出关寻找鞑虏的老巢，从此就与北伐军失去了联系。袁寿臣此行的目的就是寻找林沛雨，如今已经查到义兄的去向，本该返回荥阳报信，可他担心郝云飞与那两名北伐将士的安危。袁寿臣决定暂时不走，留在这里伺机出手，除掉为害一方的恶霸尼楚，协助北伐将士脱险，他把自己的想法说出。危难时刻竟能出手相助，这种侠义心肠感动了郝云飞，但他对袁寿臣的能力产生了怀疑。郝云飞见袁寿臣谈吐儒雅书生气十足，难当杀人除恶的重任，因此就善意地劝其离开。他说：尼楚狂傲阴狠善于跤法，能开二百石的硬弓具有一身蛮力，平常的壮汉难进其身，除掉此人绝非易事，稍有不慎反遭他的毒手。袁寿臣知道郝云飞的心意，听后没做任何解释只是礼貌地道谢。临别前他提示说：郝兄已被衙役跟踪，今后行事必须多加小心，以免露出破绽。郝云飞听后暗自心惊，他与袁寿臣不能在此久留，二人向北伐将士告辞，趁着夜色返回桑园镇。

尼楚原想抓几个逃脱的北伐军施以酷刑，再从他们的供词中，查出血洗桑园镇的实情，找出本镇的参与者追缴丢失的财物，对那些哄抢财物的人予以严惩。尼楚的如意算盘打空，经过多日堵截连一个北伐军也没抓到，他的幻想破灭，只得改变主意，把查找的线索转移到当地人的身上。尼楚用威胁利诱的手段，张贴布告重赏举报者，如若有人知情不报必将受到严惩，布告出现以后，桑园镇内人心惶惶各种传言不断。郝云飞等人更加恐慌，他在码头旁边的酒馆找到袁寿臣，两人以饮酒为由坐到一起。郝云飞担心地说：有些胆小的百姓怕受牵连，可能要出面举报，过不上多久就将大祸临头，不知先生有何指教。百姓之中难藏秘密，袁寿臣早已知道近日的变化，他让郝云飞沉住气不要显现惊慌，回去做好北伐将士离开的准备。经过简单交谈郝云飞匆匆地离开，袁寿臣坐在那里看似悠闲地饮酒，其实他在焦急地盘算，如何出手才能平息事端。事情紧迫必须尽快除掉尼楚，以免桑园镇的百姓相互揭发，那样的后果将不堪设想，主意拿定立刻行动。袁寿臣要在出手前，摸清尼楚的习性和活动规律，那样才能顺利地将他除掉。

吴桥县内有个红极一时的戏子名叫花月仙，人长得漂亮装扮也很妖艳，此女性情轻浮势利，总想嫁入有钱有势的豪门。那些有权势的人只是把她当作玩偶取乐，并不肯娶一个戏子为妻，以免辱没门楣，二十六岁的花月仙至今孤身一人。全家被杀以后尼楚感到惊恐孤单，不敢留在桑园镇过夜只得搬进县城，为了消除心中的恐惧，他找花月仙寻求刺激。典吏是个未入流的官员，凭借满人的特殊身份，尼楚用钱捐了个从九品的头衔。尼楚的条件满足了花月仙的心愿。尼楚带着手下的衙差，在桑园镇内耀武扬威不可一世，每当黄昏来临就感到恐惧，他不敢在桑园镇停留，赶紧回到县城住进花月仙的家。经过反复观察，袁寿臣摸清了尼楚的生活规律，也查清了花月仙的住址，他怕官府提前对郝云飞等人动手，因此决定当晚行动。晚饭后袁寿臣来到郝云飞的家，让他做好撤离前的准备，再把北伐将士带到家中等候，以粮仓起火为号，趁乱渡过运河向西，走清兰，经新河通过马岭关绕行南归，那里不是北伐军的归途，设防不严容易通行。经过简单交代郝云飞已经默记在心，袁寿臣又拿出二十两银子交给他，以备路途使用。袁寿臣的言行让这位江湖艺人十分感动，郝云飞拿着白银不知如何答谢才好。为了不露出破绽，袁寿臣又返回客栈，关闭门窗上床假寐，天至亥时客栈熄灯，他离开客栈奔向吴桥县城。

最近几天尼楚查到焚杀他家的线索，缉拿人犯追回财物的举措即将实施，他与花月仙非常高兴，两人边饮边谈。尼楚说：不知好歹的郝云飞，我有意把民团交给他统领，没想到这小子知恩不报，反倒勾结叛匪到桑园镇抢劫，致使我家遭到灭门之祸。今天已把事实查清，等到明天就将具表上报，请知县派兵到桑园镇抓捕罪犯，抄没他们的家产，你我又将拥有用不尽的钱财。袁寿臣躲在门外暗自心惊，今晚如不除掉此人，不知以后有多少人丧命。袁寿臣想等尼楚和花月仙入睡后再出手，以免惊动四邻，没想到这对男女毫无倦意。时间紧迫刻不容缓，袁寿臣抽出短刀破门而入。尼楚见状大惊，他记得这个手持荥阳路引的外乡人，平时见其慈眉善目谈吐儒雅，并未对他产生怀疑，没想到此人竟是个深藏不露的煞星。尼楚不知来人多少，因此未敢轻举妄动。尼楚任职多年阅历极丰，他知道今晚凶多吉少。尼楚将花月仙抓住抛向来人，然后向四周观察寻机脱身。袁寿臣持刀向前突见花月仙迎面飞来，他不想伤及无辜，忙止住身形撤步收刀。花月仙见来人闪身躲避，误以为对方惊恐胆怯，她张开双臂扑向袁寿臣，妄想把他抱住，帮助尼楚过来抓捕。花月仙的无知激怒了袁寿臣，他拧腕转刀把这个戏子的右掌齐腕切掉，粉手落地一阵乱抓。花月仙这时才知道厉害，可惜为时已晚。抛出花月仙去替自己挡刀，尼楚并未停顿，他反身抽出钢刀原想上前厮斗，突见一道血线飞起，花月仙的右手落地，来人的刀法极快难以让人看清。尼楚暗自心惊，他挥刀砸开后窗，纵身跳到窗外，展开身形想要逃命。尼楚的举止尽在袁寿臣的视线之中，今晚到此就是来取这个恶吏的性命，他飞身跃起穿窗而出，两个起落就把这个恶吏截住。身陷绝境的尼楚无路可逃，只能舍命来拼，两个人的功力相差太远，交手一合尼楚就被砍倒。袁寿臣怕尼楚未死又补上一刀，将他的喉管割断。为了不给桑园镇的百姓留下后患，袁寿臣再次回到室内搜寻，他发现桌上有个公文夹，里面尽是百姓的证言录，每张证词都有郝云飞的名字。袁寿臣移来灯火把这些证言全部烧掉。花月仙与尼楚的号叫惊动了四邻，人们纷纷出来观看，却没人伸手救助这对仗势欺人的恶男浪女。

袁寿臣趁乱离开吴桥县城，奔向运河岸边的粮仓，这座粮仓紧邻河岸便于运转，当地的人称其为皇粮仓，那是周边城镇的税米，由此装船运往各地，官仓内驻有重兵防守极严。袁寿臣沿着河堤潜入粮仓，皇家的粮仓没人敢盗，常年无事看管自然松懈，守更人依赖四周有重兵把守，他们都躲到屋里鼾睡。袁寿臣见四下无人，他摘下仓内的风灯先后点燃三座粮囤，火舌飞舞迅速绞在一起，粮仓内顿时大乱。守更人被惊醒，他们不停地敲锣呼喊，守卫粮仓的军士也从睡梦中惊醒，迅速赶来灭火。袁寿臣怕郝云飞心慌误事，急忙赶回桑园镇越墙进入他家，郝家铁锁封门，四周寂静空无一人。袁寿臣这才放心地回到客栈上床小鼾，他想养足精神追赶西去的北伐将士。粮仓起火尼楚被杀吴桥大乱，事关重大知县不敢隐瞒，连夜派人向直隶总督桂良请罪。桂良闻报大惊，忙派干练人员前去戡乱。天刚见亮袁寿臣就起身结账，他渡过运河，按照原订的路线向西追赶郝云飞，劝他不要再回桑园镇。直到马岭关也没见到郝云飞等人的踪迹，袁寿臣不能再往前走，他掉头转向东南，急于回去报信。

第十二回　救遗孤舍家北上　灭奸宄度厄义全

归心似箭的袁寿臣，渡过黄河直奔荥阳守备衙门，他把北上查寻的结果向黄百川讲述一遍，对于杀尼楚救助郝云飞，火烧吴桥官仓，掩护北伐将士逃脱的经过只字未提。黄百川听后面露喜色，他说：北伐军覆灭大哥失踪，咱们与北伐军的秘密再也不能外泄，从此就可以高枕无忧。黄百川的自私让袁寿臣感到气愤，但袁寿臣关心义兄的安危，无暇纠缠这些小事，他谢绝了黄百川的款待，匆忙离开守备衙门到林家报信。袁寿臣是林家的常客，不用通报径直去找林夫人，他把林沛雨奉令离开北伐军，率部奔赴关外，去断清帝龙脉的概况讲出，然后又对林夫人进行安慰。临别时袁寿臣告诫林夫人，千万不要对任何人提及此事，就连自己的亲友也不例外，以免被官府侦知引来祸端。林夫人知书达理深知其中的利害，她回答说：此事关乎全家人的性命，我定当守口如瓶决不外泄，请二叔放心。袁寿臣离开荥阳直奔洛阳，他要把自己的妻儿接回广武，以免使岳父继续受累。

经过多日搜捕，大部分逃脱的太平军又被官府抓回，清廷恨透了这支搅动中原近两年的北伐军，连镇与茌平失守后，不但北伐军的将领惨遭杀害，就连那些被俘的士兵也难逃厄运。战后僧格林沁摆设灵堂，借祭奠之机残害北伐将士，他命人绑来八十名被俘的将士及两名幼童，把他们的心肝挖出来进行活祭。清朝的祭文曰：尔官尔民为国忘身，沙场战死，英灵未眠。天鉴尔志，振吾军威。渠魁既歼，贼党悉擒。剖其心肝，慰尔忠魂。尚飨祭后，僧格林沁仍未解恨，又对剩下的一千多名被俘人员进行毒打，让他们供出太平军的将领及其亲友的姓名，三百多人至死不肯招供被活活地打死，有些将士挺不住残暴的酷刑只得供出实情。林沛雨随军参战屡建奇功，却未得到天国的封号，后来又率众出关远离战地，很少有人知道他的姓名，所以未被载入搜捕的名单之列。为了能斩草除根，咸丰传旨，按被俘人员的供词寻根溯源，查出叛匪首领的住址除掉他们的家人，就连那些族人和亲友也不许放过。各地的官员闻风而动，竞相施展非人的手段，他们残害太平军的家属，以此向朝廷邀功。河南是北伐军滞留时间较长的地区，河南总督传令，各州城的官员，必须严查太平军的同党以及他们的家人，如有怠慢者将要受到严惩。黄百川心中有鬼，唯恐别人生疑，接到公文之后立刻派人到荥阳四周，张贴清查太平军的布告。

咸丰三年六月的那天晚上，林沛雨从守备衙门回家辞行，他把自己的去向告诉了夫人于氏，并求于氏替他保密，不要告诉老母以免老人家担惊受怕。于氏体谅丈夫的大志和苦闷，她并未加以阻拦，只是流着眼泪进行叮嘱。她说：军国大事非同儿戏，必须小心谨慎方可无虑，出门在外要注意冷暖切莫贪杯纵酒。夫妻二人依依不舍地长谈了半夜，直到天明才在夫人的陪伴下来到老母的房间。他说：孩儿苦读多年最后竟一事无成，回想起来愧对老母的教诲，仕途失意只能重操祖业继续经商，前几天邀来两个朋友结伴出门，原定于今天动身，临行前特来向老母辞行。林母担心儿子苦闷成疾，如今见林沛雨有意经商自然高兴，反倒劝他放心地去做生意。告别了老母，夫妻二人又回到了自己的房中，林沛雨静静地看着一对熟睡的儿女。然后叹息着说：父母在不远游，妻儿少家中留。我这种对家庭不负责任的做法太过自私。林夫人不想让丈夫为家中的事担心，她违心地劝解道：好男儿志在四方，我在家中替你担负起，照顾老人和抚育儿女的重任。林沛雨听后十分感动，他挥泪离开家门奔赴凶险万变的战场。

林家只有兄妹二人，小妹林淑贞于三年前出嫁，丈夫尚天梁也是林沛雨的同窗学友，尚家经营烧锅以酿酒为业，算是荥阳城里的殷实人家。尚天梁行事乖巧身带市侩之风，出师后与其他学友同进考场屡试不第，只在本地获取一个秀才的名号，他自知与仕途无缘，只能回家协助老父经营酒业。四年前林沛雨和黄百川同殿中甲，二人衣锦还乡非常荣耀，尚天梁见学友发迹，他又燃起升官的希望，想要借助学友的门路跻身官宦行列。尚天梁每天都到林黄两家请安帮闲，其意殷殷深得林母的喜欢，他见林老夫人对自己有偏爱之意更加殷勤，闲谈时恪守礼节语出如蜜。林老夫人最终决定，把淑贞姑娘许配给尚天梁。开始林沛雨持有异议，最终难拂老母的心意，只能促成这桩婚事。完婚后尚天梁就成为林家的门婿，他想借助舅兄的关系踏入仕途，没想到林沛雨的性格倔强，不肯折节屈尊拜帖投刺，朝中的权臣怒其高傲自大，将这位榜眼束之高阁弃而不用。尚天梁的愿望落空，内心十分懊恼，屡劝舅兄携带重礼到京师疏通，却遭到林沛雨的回绝，他对舅兄的做法暗生不满，入仕为官的愿望越发强烈。一年前林沛雨离家出走，立刻引起尚天梁的关注，他以为舅兄能到京师疏通关系，就匆忙地赶到林家向岳母探听消息。林老夫人把儿子出门经商的经过，如实地告诉了这位东床快婿。原想把舅兄当作垫脚石达到升官的目的，如今已经没有希望，尚天梁又把目光转到黄百川的身上，他想巴结这位五品守备将军，替他向朝廷举荐，因此常到守备衙门献媚。

林母一直为出门经商的儿子担心，她常找儿媳询问林沛雨的下落，于氏每次都以假话进行安慰。离家已有一年多仍不见林沛雨返回，林母实在放心不下，她决定到寺庙进香，求神佛保佑儿子在外平安。在进香的途中林母发现，到处都是搜捕太平军及其家属的布告，一股寒意袭上老夫人的心头。林母并不糊涂，人生坎坷伤透了林沛雨的心，这个倔强的汉子很可能铤而走险，加入义军与清朝王朝分庭抗礼，达到陵谷变迁的目的。林母再也抑制不住心中的恐惧，她向儿媳逼问林沛雨的去向，于氏不敢说出实情，仍以出门经商的假话予以搪塞。关心儿子心切，林母经常外出，逢人便问林沛雨的去向，这种妇人之举招致街头巷尾的热议，人们对这位榜眼的去向产生了怀疑。为了不让婆母再出去招惹是非，于氏决定向她道出实情，林母听后更加冲动，她想把女儿找来共同计议。于氏劝阻道：这种事知道的人越少越好以免被外人陷害。林母听后大怒，她说：我的女儿能算是外人吗。于氏见婆母生气不能再劝，只得退到一旁听候安排。林母派人把女儿找来，母女二人躲在房中密谈了大半天，淑贞才面带忧愁的从这里离开。

街头热议引起尚天梁的怀疑，他不动声色的回到家中，只见妻子满面愁容泪痕未干。尚天梁假作不知，他用温柔体贴的语言与妻子交谈，以此套取林家的秘密。善良的淑贞错把丈夫当作靠山，她把娘家的隐私全部讲出。尚天梁听后大惊，唯恐受到牵连，他决定到官府举报，借用舅兄的人头换取自己的荣华富贵。主意拿定，尚天梁换上一副笑脸对淑贞进行安慰，让她待在家中不要外出走动，以免引起别人的怀疑，其余的事由他出面解决。淑贞听后十分感动，她代表家母向自己的丈夫致谢。尚天梁安抚完妻子就来到本城的州衙，当他抬腿进去举报时，林沛雨的身影突然在头脑里闪现，那个高大威猛的汉子生死难判下落不明，说他投奔叛军只是妻子的一面之词，并未有确凿的证据。林沛雨是当朝进士，地方官员不能擅自做出决定，必须上报朝廷，如果没有真凭实据必将落个诬告反坐的罪名。再说那位黄百川，原是林沛雨的密友，掌握本地的兵权，他与知州同为五品命官，两人之间难免徇私，尚天梁是个无名的秀才，要想发迹必须谨慎行事，想到这层关系他才惊恐地退回，放弃了告密的念头。尚天梁仍不死心，他又奔向守备衙门，想用闲谈试探黄百川的反应，以此推测林沛雨的去向。进了衙门，尚天梁就把街头巷尾的传闻讲述一遍，黄百川从这位学友的语气中就能觉察出，他想加害自己的舅兄。黄百川与尚天梁同窗多年深知此人的品行，他不露声色静静地听完，然后就忙于查阅各级公文，将这个奸佞的小人淡在那里。尚天梁自找没趣只得悻悻地离开。

两年前，河南巡抚在宋家集被北伐军战败，归德失守，陆应谷弃城逃走，败报传到朝廷，咸丰震怒，当时就想把这位巡抚拿到京师问罪。幸亏陆应谷的朋友在场替他辩解，咸丰皇帝这才答应朝臣的奏议，让他戴罪效力等候处置。月余后，黄百川应朝廷调遣，自带三千人马独战北伐军，解开封多日之围，其他州城的守将闭关自守不肯出兵相助，致使太平军渡过黄河。钦差派人把这道奏章送到朝廷，立刻引起朝臣的热议。有人提议：黄百川忠勇可嘉应该晋升，接替河南巡抚之职。陆应谷为官多年善于交际，朝臣当中有很多朋友，危难时刻这些人都站出来为他说话。咸丰见双方争执不下，只得以继续考察再做决定的话，制止了这场奖惩难定的争论，从此陆应谷的罢免，与黄百川的升迁就成为悬案。虽然暂时保住了官职，可是查处的钢刀依然悬在头上，为此陆应谷寝食难安，他召集手下的幕僚商量对策，有人提议寻找立功的机会，以此抵消归德失守之责。主意虽好立功却难，陆应谷苦苦寻找机会总难如愿。

北伐军在京南失败，大部分将士被杀，搜捕太平军的残部及其同党，查找他们的家属成为当务之急，做这种事并没有什么风险可担，只要心狠手辣就行。陆应谷想抓住这次立功的契机，赎回归德失守、阵前战败的劣迹，他把自己的心腹召集起来，分别派往各州城严查那些可疑的人。派往荥阳的马驰是正九品的把总，他带领二十多名身穿便衣的随从来到城内，分别搜寻有价值的线索。马驰以传递公文为名来到守备衙门，恭敬地呈上廷报，随后就与黄百川闲谈起来，借机查看这位青年得志的将领，是否对陆应谷构成威胁。黄百川早有提防，他对这位上差小心应酬，礼数得体并未露出任何破绽。马驰见黄百川的言辞拘谨，神态谦和似有辞尊居卑之意，无法探出他的心意只得告辞离开。出了守备衙门，这位把总并未离开荥阳，依然在境内到处走动。傍晚时分，尚天梁与几位生意上的朋友来到酒楼，正碰上马驰与随从在那里饮酒密谈。尚天梁见马驰的面貌有点熟悉一时又想不起来，经过仔细辨认才回忆起来，那是自己的远房表兄，听说他在军中效力。尚天梁的名利心极重见官就上，经过攀谈得到证实，马驰确实是他的表兄。来到荥阳已有多日，马驰等人并未查到有用的线索，众人正在发愁之际没想到巧遇尚天梁，二人各有所求立刻交谈起来。

从表兄说话的语气中就能听出，河南巡抚陆应谷对黄百川怀有敌意，尚天梁见出头的机会来到，忙把林沛雨投奔太平军的事说出。马驰听后惊喜交加，急忙追问林沛雨的下落，尚天梁就把自己知道的过程说出。几天前于氏在婆母的威逼下，才把林沛雨投奔太平军的事粗略说出，其他详情并未告诉这位老人。尚天梁听到的只是梗概，无法说出林沛雨的具体去向。马驰向店家要来纸笔，让尚天梁亲笔写下举报的证词，然后低声叮嘱，叫他在家耐心等候，不要外出以免遭人暗算。马驰想要连夜赶回归德，向巡抚禀报。尚天梁做贼心虚，眼见马驰要走立刻惊慌起来。他说：黄百川是这里的守备，手握兵权，他是林沛雨的结义兄弟，此事如果被其知道，自己的性命必将难保。马驰听后更加高兴，他说：此事如能查实可为巡抚除掉一个政敌，表弟立下大功一件，陆应谷绝不可能亏待你这个功臣。尚天梁听后异常兴奋，他连连向这个远房表兄称谢，为了预防证人发生意外，马驰拨出十名侍卫对他进行保护。马驰带着其余的人员离开荥阳奔向归德，径直来到巡抚衙门，他把尚天梁的证词拿出递给巡抚。陆应谷看后大惊，林沛雨本是当朝进士，他竟敢背主从逆，投奔搅动中原的北伐军，如将此事上奏朝廷那便是奇功一件，凭借此事就能将功补过。陆应谷刚要开口夸赞，马驰却诡秘地凑上前来连连道喜。陆应谷不知就里，他大声喝问：喜从何来？马驰这才把尚天梁的话重复一遍，听说黄百川是林沛雨的结义兄弟，陆应谷拍案而起，以手加额连呼苍天佑我。黄百川本是朝廷的五品命官，他竟敢结交叛逆，此事如被查实定难逃脱干系，轻则撤职重则入狱，再也不能与陆应谷争夺巡抚一职。为了把事情办得稳妥，陆应谷又把幕僚召集起来，精心书写上报朝廷的奏章，以此彰显自己的功绩。

马驰来到荥阳言行诡异，当时就引起黄百川的警惕，他派身边的侍卫对其进行监视。尚天梁与马驰等人在酒楼密谋，当即就被黄百川的侍卫查到，可他却不能公开出手加以制止，危难即将来临别无其他选择，只能去找自己的义兄商讨。通身是汗的侍卫来到广武，立刻递上黄百川的亲笔信，上面只有十个大字：二哥速来，弟有要事相商。信上虽然只有寥寥几字，袁寿臣却能猜出，近期必有重大的变故发生。袁寿臣跟随侍卫来到守备衙门，黄百川屏退左右，然后就把尚天梁与马驰的谈话说出。袁寿臣听后大惊。经过简短的密谈，袁寿臣起身告辞，分手前他告诫黄百川不要惊慌，今后发生的事由他独自处理。

出了守备衙门，袁寿臣直奔林沛雨的家门，事情紧急不能隐瞒，他把尚天梁向河南巡抚告密的经过说出，林夫人听后大惊，深恨自己嘴敞口松。袁寿臣说：事不宜迟，你们全家必须于今天晚上离开，以免遭到官府的毒手。林夫人犹豫不决地说：偌大的家业如何能够带走。袁寿臣劝解道：首先要保住性命，然后再观察朝廷的动静，如果没有大事发生再把你们送回家中。事情重大于氏不能擅自做主，她让袁寿臣在这等候，然后来到婆母的房中。林夫人知道婆母偏爱姑爷，因此才隐下尚天梁告密的情节，只能推说，官府追查的风声太紧暂时出去躲避。林母听后大怒，她疾指儿媳予以痛斥并发誓，决不离开家门半步，于氏无奈只得退出婆母的房门，回到自己的住处向袁寿臣诉说。危难时刻必须当机立断，袁寿臣交给于氏一套说辞，让她回去再劝。林夫人二次来找婆母，林老夫人仍然固执地表示，决不离开自己的家园，于氏这时才把脸沉下。她说：既然婆母不肯离开，儿媳愿意伴在你老人家的身边，不过我要托人把天佐和玉珠这两个孩子带走，为林家保住这两根幼苗。于氏的言行超出了林母的意料，她怔怔地看着这个从不饶舌的女人，林母偏爱女儿和姑爷，同时也不愿离开自己的孙儿，经过一阵沉思，林母终于同意和于氏母子一起离开。

大难临头必须做好充分的准备，林夫人拿出城外的地契和房文交给袁寿臣，让他代为保管，随后又派人把家中的暖车备好。黄昏后林夫人在袁寿臣的陪同下，把家中的伙计和仆妇召集起来，每人发给五十两白银，让他们远离荥阳暂时回籍，不要再提及林家的事以免招惹是非。林夫人伤感地说：林家可能要经历一场劫难，如能侥幸躲过再请你们回来。林家老少素有教养，从不轻视下人，这些伙计和仆妇对林家忠心耿耿，听说家主有难，他们纷纷提出，愿意留在这里与主人共同赴难。林夫人听后动情地说：多谢众位的好意，你等如若留下，不但于事无补反倒害了你们，我代表林家老少，恳请众位马上离开以免生出祸端。众人见林夫人把话说绝，这才结伴离开。林夫人把余下的钱财，以及婆媳二人的首饰，包裹起来带在身边。袁寿臣在外边备马套车，于氏进屋服侍婆母和儿女，更换普通人家的粗布衣褂。一切准备妥当，于氏这才依依不舍地锁好房门，离开这座气势恢宏的家园。袁寿臣亲自驾车向北。

车马渡过黄河，继续朝东北方向行走，袁寿臣原想离开河南，把林家老少送到人地生疏的山东，途经封丘已近黄昏，林母与两个孩子坐在车内昏昏沉睡。袁寿臣怕他们经受不住长途颠簸之苦，因此决定提前投宿，妇孺同行必须严加防范，他把客栈的前后查清，然后才把林家老少安顿下来，于氏先到茶炉弄来一桶温水，让婆母和两个孩子净面除尘。袁寿臣吩咐厨房把饭菜送到林氏婆媳的房间，自己却滴水难进，客栈的事安排完，他这才走出客栈在周围游走，借此消除心中的焦虑。这次出行本为避祸逃命，根本就没有预定的去处，只能凭借机遇临时决定，封丘地处河南北部，南对黄河，东临山东进退极其便利，这倒是个藏身的好地方。袁寿臣想把义兄的家人安顿于此，可惜没有当地的熟人投靠，客栈人杂不能久留，最好能租到一处隐蔽的民宅栖身。后院传来马嘶，客栈的伙计正在那里添加草料，袁寿臣灵机一动，转身来到伙计面前与他攀谈起来。袁寿臣说：封丘盛产红花和其他贵重药材，他做的是药材生意，收购上来的药材无处存放，必须租赁一套房屋，今日到此人地生疏希望老弟帮忙，话没说完银子已经塞到伙计的手里。银子到手，喂马的伙计喜笑颜开，他不假思索地告诉袁寿臣，家舅是个游方的郎中常年在外行医，这里闲置的房屋由他代为看护，只要客官觉得合适租用多长时间都行，事不宜迟当天晚上就去看房。袁寿臣与这位伙计来到城东，进入僻静的小巷，那是一处独门小院，五间正房虽然破旧倒也整洁干净，双方以每月二两银子的价格商定。经过简单的清理，第二天中午就把林家老少接到这处新居，有了临时落脚的住处于氏踏实了许多，她连连向袁寿臣致谢。林母的态度却截然不同，她面沉似水一路无话，对袁寿臣的操劳置之不理，暗恨这个没有亲缘关系的人多管林家的闲事，对于儿媳同样憎恨，如不是难舍孙儿绝不可能离开家门和于氏同行。为了保护义兄的家人，袁寿臣并不计较那些琐碎小事，身在封丘，荥阳那边的事却让他放心不下，这里的事刚安排完就从原路返回。

听说义兄归来，黄百川的表情异常，他不顾自己的身份，见面就把袁寿臣拉进书房，没等坐稳就开始讲述近来所发生的一切。两天前朝中有位朋友派人到这送信，让黄百川提前做好准备，预防陆应谷的暗算。河南巡抚陆应谷迎战不利弃甲丢城，开封被围他不组织人马援救，差点让开封这座古城葬身水底，查处的事悬而未决。几天前，出人意料的事情发生，获罪待罚的陆应谷竟参奏军前立功的黄百川，奏章传到朝中立刻引起轰动。咸丰觉得奇怪，他把陆应谷的奏章和尚天梁的证词一齐展开。咸丰阅后深感震惊，林沛雨为什么要舍弃进士这份殊荣投靠叛逆。为了查清事实，咸丰严令刑部官员，重新提审大牢中的北伐将士，经过严酷的刑讯，从那些人的口中得到证实，林沛雨确实于咸丰三年六月加入太平军，于咸丰四年初失踪不知他的去向。咸丰大怒，重新下旨，令刑部派人秘密抓捕林沛雨及其家人，同时查清他的同党。林沛雨是个文武双全的进士，文韬武略非同常人，刑部不敢大意，急调各地办案的高手，等到人手到齐就到河南侦办此案。朋友的忠告让黄百川惊恐不安，见到义兄，他那颗悬着的心才稍见平静。袁寿臣劝解道：三弟不要惊慌以免露出破绽，只要择机除掉尚天梁，你就可以高枕无忧，兄弟二人商谈多时才悄悄地分手。

投靠太平天国的事实已被查明，咸丰必将派人全力追捕林沛雨及其家族。回到广武袁寿臣的心神不宁，他想起林家的祠堂，那里摆放着林家族谱和族人的名册，刑部如要来人可按族谱上的记载抓人。为了解救那些无辜的受害者，袁寿臣决定，到荥阳城西七里的林家祠堂，提前取回林家的族谱和名册，妥善收藏起来，那样就能掐断追查的线索。黑夜来临袁寿臣换上深色的衣裤，奔向城西的林家祠堂，祠堂周围一片漆黑，门前的风灯在夜幕中不停地摇动，他不敢大意，唯恐官府提前在此设下埋伏。袁寿臣悄悄地靠近祠堂，用舌尖舔破窗纸向里张望，这里平静如常，看守祠堂的老人安然熟睡，他纵身跃入祠堂，借着灯光摘下族谱，搜出名册，用布包扎起来，然后拍醒老人递过去二十两白银，让他迅速逃离此地。老人睡眼蒙胧，还没等他看清是谁，袁寿臣早已穿窗而出悄无声息地离开。前几天，看守祠堂的老人就听到一些风声，可他并未在意，今晚怪事发生这才引起守祠老人的警觉，经过查点，各种祭祀用具一样没少，唯独族谱和名册不见。看守祠堂的老人看了看手中的银子，深感事态严重，他收拾起自己的东西，带着银子连夜从这离开不知去向。

林沛雨的案件比较复杂，咸丰皇帝极为重视，钦点刑部郎中苟建功与御前侍卫郎鑫，为追查林案的正副头领。苟建功是从四品的刑部郎中，带有西域血统，满头赤黄色的卷发异常显眼，因其姓苟，所以被同僚戏称为金毛犬，此人办案缜密果断，是咸丰年间缉办疑案的高手。郎鑫是正黄旗的满人，武进士出身授三品侍卫，是咸丰皇帝的心腹，此人相貌丑陋却有一身高超的武功，出手毒辣从不留情，黑白两道的人都惧他三分，因此得号煞手鬼判。他们在刑部选出二十名办案高手，秘密来到荥阳，在林家周围及四门通道布控，查找与此案有关联的人员，经过整日监视并未发现任何疑点。林家的大门始终未开，更未发现有人出入，苟建功觉得奇怪，为了不暴露行踪，他与郎鑫商定夜进林宅探查究竟。子夜过后人们已经进入梦乡，周边的人家全都熄灯，郎鑫与苟建功手提钢刀，各带两名身手矫健的巡捕潜入林沛雨的宅院，前后两进的庭院空无一人，只有铜锁封门。抓捕林沛雨的家人已经落空，只能从速缉拿他的同宗族人，苟建功把身边的巡捕留在这里，让他们隐藏在室内，以免被四邻发现，如有闯入此院者，不管是谁一律拘捕法办。四名巡捕知道其中的利害，他们连连答应。苟建功与郎鑫带领巡捕来到林家祠堂，结果还是晚了一步，林家的族谱和名册已经不见，就连守护祠堂的老人也不知去向。苟建功和郎鑫大惊，一切线索全部中断，他们不敢耽搁，只能派人回京上奏，请求朝廷决断。

接到苟建功的上疏，咸丰皇帝召集朝臣商议。刑部尚书提议：搜捕林沛雨及其家属的线索既已中断，莫不如暂时放在一旁，先把陆应谷参奏黄百川通匪的事实查清，再把林沛雨的案件并入其中同时查办。咸丰皇帝恩准刑部尚书的奏议，另派刑部侍郎为钦差大臣，赴河南督办此案。钦差离京查案的消息传到河南，陆应谷与黄百川都感到惊慌，他们各自研究应对之策。林沛雨背叛朝廷的罪行已经查实，株连黄百川的证据却不存在，不除掉这个战功卓著的年轻将领，屡战屡败的陆应谷就难坐河南巡抚这把交椅。要想除掉这个政敌，必须从尚天梁的身上下手，陆应谷把马驰找来密议，仍然由他出面，以表亲的身份把尚天梁接到归德，许以高官，让他编造陷害黄百川的谎言，到那时这位荥阳守备就将有口难辩。钦差已经启程不日即到，必须抢在钦差来临之前，把尚天梁带到归德，时间紧迫不能耽搁，陆应谷令马驰立刻出发兼程赶往荥阳。

危难时刻，黄百川派人把袁寿臣请来相商，他迫不及待地道出钦差来此查案的概况。黄百川接着说：尚天梁官迷心窍，为了升官他连自己的舅兄都能出卖，何况咱们这些非亲非故的人。为了除掉后患，黄百川想派自己的贴身侍卫行刺尚天梁，然后再让这个侍卫远遁他乡。袁寿臣听后连连摆手，他说：三弟有所不知，最近几天荥阳来了一批身手敏捷、目如鹰隼的高手，他们分散在荥阳的各个角落，你这周围就有几个那样的人物在走动。开始袁寿臣并不知道他们的底细，为了辨清敌友，他对那些人进行了跟踪观察，后来才发现，那些神秘人物就隐藏在林沛雨的家中，总计二十二人。黄百川听后大惊，忙问那些人的来历。袁寿臣解释说：为了彻底查清那些人的身份和来意，昨天晚上我潜入林家的宅院，躲在窗下偷听、这才弄清神秘人物的真实身份，他们是刑部从各地选调出来的办案高手，此次前来专门搜捕大哥和他的家眷。两位首领一个叫郎鑫，人称煞手鬼判，他有一身高超的武功，被咸丰皇帝视为心腹。另一个是刑部的郎中，官居从四品，江湖阅历极丰，是个缉办要案的高手。他们对守备衙门布控多日，你那几个侍卫不是人家的对手，你与郎鑫相比只在伯仲之间，如要擅自出手必将引火烧身。突如其来的变化让黄百川感到绝望，他神态惊恐地说：难道我就这样坐以待毙吗？袁寿臣劝解道：三弟是朝廷的命官万人瞩目，且莫插手此事以免露出破绽，除掉尚天梁只是早晚的事，决不能容他再害别人。兄弟二人精心筹划，觉得诸事未有纰漏这才握手道别。

日近黄昏，荥阳城东的官道上奔来两匹快马，只有一匹马上有人乘坐，守候在茶棚里的袁寿臣眼前一亮，来人正是他所期待的马驰，他忙从后边跟踪过来进行监视。马驰对荥阳城内的路径很熟，进城后直奔尚家对面的客栈。通过详细询问，马驰见守备衙门平静如初，并未发现黄百川有什么异常，这才迈步走进尚家的大门。尚天梁见马驰回来，他面现喜色，急忙凑到一起低声耳语。上述过程全都落入袁寿臣的视线，关键时刻不能大意，他转身来找黄百川将自己的去向说明，随即出城到远处等候。

第二天清晨城门开放，马驰与尚天梁并辔出来，二人谈笑风生，踏上官道就向东方飞奔。袁寿臣预先藏在密林中，眼见他们走远，忙带马出来，经过仔细观察并未发现有人跟踪，这才远远地追随下去。马驰与尚天梁快马加鞭，相互追逐，脚程极快，过了郑州尚天梁的马就慢了下来。马驰焦急万分，却不能丢下尚天梁独自回去报信，他耐着性子伴在这位证人的左右，兼程三天才来到谢家集，这时已经日落西山，归德城就在前边。尚天梁的人马已经疲惫不堪，行走更加缓慢，心急如焚的马驰，担心钦差提前来到，为了能及早做好安排，他想先行进城向巡抚报信。马驰说：前面那座城池就是归德，你顺着这条官道从西门进城，巡抚衙门就在城内的中街。马驰说完，提缰带马绝尘而去。路上共有三次出手的机会都被袁寿臣克制住，他想在归德城内下手，让尚天梁死在河南巡抚的身边，那样就能把杀人灭口，湮没证据的罪名加到陆应谷的头上。没想到距归德不足十里的地方，马驰竟独自离开，这正是千载难逢的好机会，袁寿臣略加思索就把除害的计划制成，这时的天色已晚，四周朦胧一片。

袁寿臣拉低了风帽，拍马上前拦住去路，他模仿林沛雨的嗓音大声喝道：奸贼竟敢害我。林沛雨如从天降，吓得尚天梁抖作一团。他哀告道：此事不能怪我，都是马驰逼我干的。为了惩治这个阴狠的小人，袁寿臣把尚天梁的人马逼进道旁的密林中。这才改用陌生人的嗓音说：你竟敢勾引匪人到柳河镇杀我全家。说完手起刀落把尚天梁的右手齐腕砍掉。眼前站着的人并不是林沛雨，尚天梁的胆子又壮了起来，柳河镇杀人不着边际。他大声呼叫：壮士可能认错了人，我是荥阳的秀才，名叫尚天梁，今天应巡抚大人之召，途经此地并未去过柳河镇。袁寿臣听后假作惊讶地说：天黑事急截错了人。他忙在尚天梁的衣襟扯下一块布条，替他扎住断腕以免流血过多，随后又从自己的衣袋里掏出一粒药丸，说是止血丹让尚天梁吞服下去。袁寿臣从地上捡起断手放到尚天梁的挎袋里，让他快点进城医治。

突如其来的变化犹如儿戏，尚天梁的思维一片混乱，他来不及多想就奔向归德。城西的关门洞开，里边灯火通明，十多个军士罗列在城门两侧，候在那里已有多时，他们簇拥着尚天梁来到巡抚衙门，众军士首先下马小心等候。见到巡抚衙门，尚天梁的心中异常兴奋，眼前却感到发黑，随之就失去了知觉，翻身栽到马下，迎候的军士以为他在途中劳累过度，急忙过来搀扶。尚天梁仍在地上静卧不起，众人这才慌了手脚，忙把他抬进府衙，到了室内这才看清，来人满身是血不省人事。陆应谷正与马驰密谋，他们得报急忙出来查看，果如军士所言。陆应谷大惊，忙派侍卫去叫郎中过来诊治，经过查验发现尚天梁的右手不见，因为流血过多他已气绝身亡。陆应谷怒极，他责问马驰到底是怎么回事。马驰瞪着一双惊恐的眼睛无法回答。陆应谷怀疑是黄百川派来的刺客，趁马驰离开之际暗中下手，他亲自带人顺着地上的血迹向前搜查，出城二里就不见了血迹，沿途不但没发生过打斗，就连下马的痕迹也没发现。陆应谷吩咐马驰继续向前搜寻，直到他与尚天梁分手的地方也没发现异常。夜间太黑仅凭灯火无法勘查，陆应谷恨极，他令马驰带上两名骑术高超的侍卫，各备两匹快马，轮流乘坐兼程赶往荥阳，汇同原有的侍卫对黄百川进行监视，务必找出杀人灭口的证据。马驰自知心急误事，他不顾连日奔走的疲劳，带着侍卫连夜返回，想在路上活抓那个刺客。搜查了半夜一无所获，陆应谷只得收兵回城，他让郎中重新查找尚天梁的死因，经过一阵忙碌，有人在他的挎袋里找到那只断手。经检验尚天梁没有中毒的症状，断腕为利刃所为，事后又用布条扎紧，救治的方法非常得当，就此伤而言不至于丧命，为什么能将全身的血液流净。尚天梁受伤后只剩下一只左手，无法进行包扎救治，是谁在暗中帮他处置伤口，种种疑团无法解释。陆应谷担心自己的前程，他焦急万分彻夜难眠。

马驰与尚天梁赶往归德的那天晚上，朝廷派出的钦差已经踏入河南境内，按理他们应该先找总揽全省军务、吏治和刑狱的巡抚，可是陆应谷是这次查处的当事人必须回避。钦差决定先到开封下榻，那里的将佐和官吏与此案无关。开封守将是正四品的都司，科班出身善于攻守。一年前，他曾统领开封城内的军民与太平军厮杀了月余，力保这座古城未被攻破，逼得敌军差点掘堤。幸亏黄百川及时赶来增援，才使开封周边的军民免遭灭顶之灾。从此这位都司就把黄百川视为救命恩人，每逢年节都有重礼相赠。陆应谷是河南境内最高的官员，开封被围他见死不救，城中的军民对其恨之入骨。通过交谈摸清了钦差的来意，这位都司的爱憎立刻显现出来，出言便有偏袒攻讦之意。为了答谢救命之恩，都司暗派心腹侍卫到荥阳送信，提醒黄百川及早做好应对的准备。黄百川得报后非常感激，当即重赏了来人，他企盼袁寿臣能及时除掉尚天梁，以免造出假证难以澄清。

经过一天两夜的兼程，终于赶到荥阳，还没等马驰把查找刺客的话说出，留守此地的随从就抢先向他报信，钦差已经下榻开封着手调查此案。马驰听后目瞪口呆，查找刺客的希望已经落空，留在此地毫无价值，往返徒劳已属多余。马驰感到沮丧，他带着手下的随从返回归德与巡抚商讨对策。走投无路的陆应谷，把全部希望都寄托在马驰的身上，最终却见他无功而返。陆应谷无法面对钦差的盘诘，他又把心腹召集起来密议。有位文案献计说：证人既死无法复生，只能模仿尚天梁的笔体，按上次那份证言的语气，重造一份证言，把黄百川牵扯到林沛雨的逆案中。即使那样的孤证不能定案，黄百川的仕途也将走到尽头。当今圣上多疑，绝不可能重用一个忠逆难辨的人。事态紧急没有其他途径可行，陆应谷让文案精心编造那份证词，以此陷害黄百川。

马驰与尚天梁分手后，袁寿臣就用林沛雨的腔调诈出实情，然后又以柳河镇的命案为借口，砍掉尚天梁的右手。惊恐伴随着疼痛在瞬间发生，尚天梁感到天旋地转，往日的坏水全都不见任由别人摆布。袁寿臣又以天黑误伤为由，替尚天梁包扎止血，同时拿出一粒丹药，那并不是止血丹而是强筋壮骨的大力丸，此药劲力十足能让人气血两旺。尚天梁断腕处的血管裸露，药性发作时一根布条如何能扎截得住。尚天梁脱身后一路狂奔更加快了药力发作，因此才将一腔热血流净。尚天梁走后袁寿臣仍不放心，他把马匹藏在双八镇北的废黄河套，然后返回归德，在城外的密林中观察动静。时间不长城门开放，人马列队出城，提灯举火的官兵沿途勘查，通过他们的对话得知尚天梁的死讯，袁寿臣这才放心地离开。他远离官道沿着废黄河的乡间古道绕行，避免与陆应谷派出的追兵纠缠，回到荥阳时马驰早已离开。

黄百川望眼欲穿，日近中午终于见到袁寿臣，他迫不及待地追问详情。袁寿臣把除掉尚天梁的经过说出。黄百川喜极而泣，他昂面长叹，恶人必有恶报。袁寿臣劝解道：身逢乱世不要过分追求名利，以免坠入万劫不复的深渊。除掉尚天梁这个隐患以后，黄百川的心情豁然开朗，他踌躇满志地说：二哥放心，我决不像大哥那样意气用事。林沛雨的生死不明，黄百川竟出微词，袁寿臣沉下脸来反诘道：咱们都缺少大哥那种至死不渝的义气。黄百川自知说漏了嘴，忙把话题转到钦差身上。袁寿臣离家多日，他放心不下家中的妻儿。分手前又对黄百川进行叮嘱：面见钦差时要拢住心神，喜怒不要外泄，以免让人看出破绽。黄百川不敢多言，唯有诚恳地答应。

第十三回 开封府公堂脱险 志未酬家毁人潜

入豫后的第三天，钦差就把郎鑫和苟建功召到开封，共同商定查案的程序。为了显示公允，钦差派郎鑫和苟建功分别到归德和荥阳两城，提调陆应谷、黄百川以及其他有关人员到开封应诉。陆应谷是从二品的封疆大吏，平日威风八面不可一世，可是郎鑫这个三品侍卫却未把他放在眼里。郎鑫是咸丰身边的心腹，一句话就能要了别人的命，所以才敢狂横傲慢，他带着刑部从员来到归德，按律将陆应谷及其属员解除武装，扒下官服带回开封受审。苟建功与郎鑫同时启程，奉命到荥阳提调黄百川，他办案的阅历极丰，从不当面呵斥疑犯以免翻案时结下怨仇。苟建功率领刑部从员进入守备衙门，见到黄百川以礼相待，然后婉转地说明来意。黄百川是个识趣的人，忙脱掉官服解下佩剑，跟着刑部的官员离开守备衙门，坐到封闭的箱车内被押解出城。荥阳周边的百姓争相出来观看，人们议论纷纷，林淑贞也夹杂在人群中。有人说：黄百川是个战功卓著的清官，这次受审皆因林沛雨的逆案所累。林淑贞听后如遭雷殛，转身奔向娘家查看虚实，来到近前才看清楚，林家大门紧闭，里面寂静无声，刑部的封条贴在大门中央。林淑贞看后心乱如麻，丈夫离家已有多日不知何时才能归还，她转身奔向守备衙门，想找黄百川的部下询问始末。

城防将士知道黄百川与林沛雨的关系，平时对林淑贞特别客气，如今见面截然不同。其中一人大声喝道：你们夫妻合谋害人，既已得手何必再来戏弄我等。将士的表情和百姓的议论让林淑贞更加糊涂，她不知道自己做错了什么，为了弄清事情的真相，只得厚着脸皮闯进黄府的内宅，向黄百川的夫人求教。黄夫人出身名门通达情理，熟知林淑贞的人品正直，绝不可能伙同丈夫坑害自己的娘家，所有的勾当都是尚天梁一人所为，她把自己所知道的一切全都说出。林淑贞这才恍然大悟，深恨自己饶舌，多管闲事，不但坑害了娘家满门，就连黄百川那样的朋友也被株连。让她感到震惊的是尚天梁，那个与自己同床共枕合力生子的人，竟是个出卖至亲的衣冠禽兽。黄夫人同情林淑贞的遭遇，她关切地提示道：妹子应该做好出庭作证的准备，以免届时失策。林淑贞愕然地问道：为什么让我出庭作证。黄夫人说：据京中来的传言，尚天梁在证词中说，通过你们夫妻之间的闲谈，才知道林沛雨背叛朝廷投敌作恶的情节，为了落实案情，必须追本溯源找你查证。林淑贞终于明白过来，她站起身来恭敬地说：感谢夫人一番关照，贱女林淑贞铭记这份恩德，容当来世再报。黄夫人听出林淑贞的话中隐有不祥之音，事已至此，这个苦命的女人已经无法活在这个世上。离开守备衙门，林淑贞买来一包砒霜，回到家中紧闭门窗做好自绝前的准备，她拿来笔墨展纸写道：有其父必有其子，为了不给后世留下祸根，罪女陪同此子共赴黄泉，以示儆尤。写完就把砒霜拌到饭菜当中，母子二人吞下毒药当即暴毙身亡。

控告双方的当事人被带到以后，钦差就在开封大堂问案，洛阳、郑州、开封等地的官员列坐在两边相陪。钦差首先开口，他说：开封这座大堂富有传奇色彩，咱们必须秉公执法，不能玷污这座名堂。在场的官员齐声应诺，首先让原告上堂并在案前为他设座。钦差让原告递上诉状以及其他证物。陆应谷早有准备，他把诉状和证词同时拿出，状纸上的呈文都来自尚天梁的证词。钦差会同郎鑫和荀建功传阅，至于那些自幼交厚、少年结拜、关系密切等说辞都无法定案。唯有两处至关重要，其一，咸丰三年六月六日那天，林沛雨把黄百川请到家中密谋反叛，正巧被尚天梁撞见。事后怕遭到黄百川的报复，因此才忍隐不敢外泄。其二，咸丰三年七月三日，黄百川纵容叛军从他的辖区渡河北上，致使中原动荡京师不安。尚天梁的证词被传阅以后，钦差派人传黄百川上堂，让他与陆应谷当面对质。黄百川与陆应谷本无仇怨，只因河南巡抚一职才使二人积怨，事后竟反目成仇。晋升黄百川的官职，只是朝臣的动议，与他本人无关，所以他的仪态坦然。陆应谷却有所不同，他做贼心虚目光游移，不敢正视自己的宿敌。

黄百川坐定以后，钦差开始问案。他说：黄百川你要如实回答我的问话，咸丰三年六月六日那天，你在什么地方，跟什么人在一起密谈。突如其来的问话让黄百川感到懵然，不知如何回答钦差的讯问，经过一阵沉思才回忆起来。他说：那年的六月初北伐军进入河南，在宋家集战败咱们的巡抚，随之夺取了归德城，河南全境大乱谣言四起，南召和汝州等地的捻军趁机举事，他们密谋夺取荥阳城南的粮仓，近处的饥民也随之响应。黄百川怕官仓遭劫，忙从城防军中抽调一千人马，由他亲自率领进驻官仓以防不测，荥阳城防暂时由千总张羽才代守。黄百川从六月四日进驻粮仓，他曾与帐下的将士多次筹划，制定了严密的防守预案，时间和内容都在衙内的卷宗里，找本城的文案即可查清。审案的官员相互交换眼色，然后记下这段证言。钦差又问：咸丰三年七月三日，叛军可是从你的辖区渡河北上。黄百川回答说：可能是从末将的辖区渡河。钦差听后沉下脸来质问：身为防区守备不该用可能二字回答。黄百川解释道：北伐军围攻开封月余难克此城，所以才要掘堤放水淹没这座古城，军情紧急，朝廷派钦差到荥阳传令，让我率本部人马前去增援。荥阳只有八千人马，我与钦差反复研讨，官仓是国家的命脉，驻守在那里的三千人马不能调动，只能从城防与河防两处，抽调三千人马奔赴开封，配合城中的将士对太平军进行夹击。托圣上的洪福，战败敌将吉文元，夺取了黄河大堤，随即布防，清除堤下的炸药，填补被掘的缺口，正当将士忙碌之际，突然得报，溃败的太平军从朱仙镇绕道向西逃走，意图不详。为防敌军使诈，黄百川派斥候前去打探，情况属实这才留下一千人马驻守河堤，他带着余下的两千人马尾随追杀，当他们赶到河岸时，太平军早已渡过黄河。黄百川找来当地的船夫询问，那些人的说法各不相同，有人说太平军是从荥阳的防区渡河，也有人说太平军是从巩县那边渡河，当时我没在场无法判定真伪，关于其他详情可找当年的钦差查证。

钦差与郎鑫等人听后同时点头，然后才把尚天梁的证词递给黄百川。接过证词，尚天梁的名字首先进入视线，黄百川的心中暗惊，难道这个阴损的小人还活在世间，仔细辨认就能看出破绽，这份证词不是尚天梁的手迹而是他人伪造。黄百川与尚天梁同窗多年，关系虽然疏远，对于他的字迹却很熟悉。尚天梁的字架比较工整，结构却不谨严，黄百川看出证词的破绽以后仍不戳穿，他要求与证人当面对质，辩清其中的真假。在场的官员全都赞同，钦差让陆应谷召证人上堂对质，这位巡抚当时就冒出了冷汗。他支吾了半天才吞吞吐吐地说：尚天梁的家远在荥阳，短时间内很难找到。郎鑫听后拍案而起，他大声喝道：三天前你派马驰到荥阳，把尚天梁接走至今未归，而今竟敢欺骗我等。郎鑫高喊：带马驰上堂问话。钦差怕郎鑫动粗，他对马驰规劝道：你是正九品的把总，品级虽低毕竟是朝廷的命官，此案关系重大，必须招出实情以免害人害己。跪在堂口的马驰左右为难，只能低头不语。郎鑫狂横惯了，他抽出御赐的尚方宝剑当场就要动手。苟建功急忙拦住，然后用办案人惯用的手段问案。马驰见大势已去难以逃过此劫，为了能给自己留条活路，他把实情全部说出，只有尚天梁的死因无法说清。审案的官员怀疑陆应谷杀人灭口。钦差又把伪造证词的文案带到堂上，录取他的供词，最后才让涉案人员下堂候审。经过合议，钦差派刑部从员到荥阳守备衙门查卷，再把尚天梁的妻子林淑贞带回开封详审。

四天后刑部从员回来禀报，查阅当年的卷宗与黄百川的陈述完全相同。咸丰三年六月四日，黄百川离开荥阳进驻粮仓。六月十五日回归荥阳。六月六日在林沛雨家中密谋的话纯属谎言。钦差追问林淑贞的下落，刑部从员把林淑贞服毒自杀的详情说出，办案的官员不敢显露同情，只有叹息而已。此案已定，黄百川与林沛雨的关系确实密切，合谋背叛的证据却没有，只能将他放归任所等待朝廷的合议。陆应谷兵败嫉贤，伙同部下陷害他人并有杀害证人的嫌疑。陆应谷是从二品的高官，钦差不能擅自决定，只能把他押解回京交刑部处治。钦差回京交旨，苟建功与郎鑫仍回荥阳，继续查办林沛雨的案件。林家反叛早有预谋，藏匿家谱举家脱逃，不知躲藏到什么地方，办案人几经周折一无所获。朝廷震怒，咸丰传旨：抄没林家的财产充公，夷其宅院，毁其祖坟，继续搜捕林沛雨的家族和同党。

两位办案首领接旨后，共同商讨对策。苟建功说：黄百川与林沛雨的关系非常密切，他们之间犹如手足一般，背叛朝廷这等大事，密友之间焉有不知之理。可是黄百川竟能置身事外毫无破绽可查，由此推断，这是个深藏不露的人。为了查清他的动向，苟建功想从荥阳抽调五百名军士，由黄百川的部下去捣林家宅院，再到城西掘墓暴尸，借此观察这位守备的表情，同时又能勾引林沛雨的族人前来收尸，到那时就能将他们一网打尽。郎鑫听后连连称妙，他带着刑部从员到林宅清点财物，苟建功到守备衙门调兵。林沛雨背叛清廷的案件已被查实，毁家掘墓的结局早在黄百川的意料之中，由他的部下去掘义兄家祖的坟墓，这种伤天害理的事让人无法接受。黄百川心如刀绞，他借去取笔墨之机转过身去稳定心神，然后让苟建功办理调兵的手续。通过短暂的内心调整，黄百川这才缓过神来，他装作若无其事的样子，看着这位刑部大员。苟建功满脸堆笑，静静地观察着黄百川的变化。黄百川不愿与金毛犬再周旋下去，以免露出破绽，他忙派人调拨兵员协助刑部办案，两个人这才各有所思地分手。苟建功带领五百健卒出了荥阳城，在西山南麓找到林家的墓地，他让军士砸毁祭亭和石翁仲，然后掘墓开棺暴尸，对林家先祖的遗骸肆意进行侮辱，以此激怒林家的族人和亲友。

送走了苟建功，黄百川心潮起伏，同为结义弟兄，袁寿臣敢冒风险为朋友赴难，自己却像乌龟一样，缩手缩脚不敢出头。苟建功欺人太甚，他让自己派兵去掘友人家族的祖坟，借此予以嘲笑和羞辱。黄百川气往上撞，他想派心腹将士趁夜黑进山，替义兄收殓祖上的遗骸，移往别处安葬，以慰愧疚之心。黄百川正在徘徊之际突见灯光一闪，袁寿臣竟悄无声息地站在面前，他把苟建功调兵和自己想要派人收尸的打算说出。袁寿臣听后制止道：派人收尸那是自投罗网，随后就把自己看到的一切说出。校军场上金鼓齐鸣，袁寿臣立刻警觉起来，他站在远处留神观望，中午过后手拿锹镐的军士列队出城，向西山进发，苟建功骑在马上向四周张望，寻找那些可疑的人。袁寿臣判定，这支队伍要去掘林家的坟墓，他仗着脚程快路径熟，抢先登上山顶，山下的情景尽收眼底。苟建功带人掘墓毁尸，郎鑫率领几十名刑部高手，隐藏在墓地的周围张网以待，随时捉拿那些可疑的人。袁寿臣的话让黄百川感到震惊，直到这时他才醒悟过来，苟建功到这调兵的目的是在激怒自己。袁寿臣接着说：朝廷已经对你起疑，衙内肯定有人被他们收买，成为监视你的眼线，今后切莫轻信于人，以免陷入刑部设下的圈套。今天晚上，郎鑫与苟建功的人马全在墓地蹲守，所以才借机进来通知，你对沛雨大哥的后事不要插手，由他一人足以应对。危难时刻兄弟之间更见真情。分手时，袁寿臣再次叮嘱：郎鑫凶狠，苟建功阴毒，他们对守备衙门进行全天候监视，今后如果没有重大的事情发生，你我二人最好不要见面，以免引起办案人的警觉。说完又从来路退出。

经过整夜筹划，袁寿臣终于想出一个万全之策，他乔装改扮，游走于巩县至汜水之间的河渡，通过闲谈向路经此地的陌生人散布传言。袁寿臣神色自若地说：荥阳城西有座小山，那是林进士家的祖坟，不知什么原因被人挖掘，大量的珠宝被官府拿走，另有散落的物品被过路者捡走，地下仍有大量的财宝未被找到。他的话在黄河两岸引起轰动，有些话越传越神。那些急于发财的人不辨真假，立刻奔向林家祖坟，结果被刑部高手当作林沛雨的同党捕获，送往开封秘密关押。消息传出，人们更加相信那里藏有财宝，近处的百姓纷纷上山搜寻。那些蒙冤被抓的亲友来到山上，将郎鑫和苟建功等办案的人员围在当中，向他们喊冤要人。五百名军士和几十名刑部从员，挡不住上万人的喧闹，只得再从荥阳调兵前来增援，这种做法起到了推波助澜的效果，黄河两岸的州城闻风而动，人们从四面八方涌来，整座西山乱作一团。袁寿臣见时机成熟，他背上药筐手提布袋，混在人群中当收敛地上遗弃的枯骨，经过多次往返终于把尸骸捡净，深葬在巩县境内的小山中。上山寻宝的人越来越多，邻近几处显贵人家的祖坟同样遭殃，坟墓被掘随葬的财宝被盗，他们联名向朝廷哭诉。咸丰怕激起民变，这才下旨，召郎鑫和苟建功回朝，深究逆案的风波暂时告一段落。

黄百川摆脱了这场逆案风险，不用再在暗中庇护，袁寿臣这才决定返回封丘，将林沛雨的家小带到河南境外，妥善安置起来。此次出行不知能否顺利，袁寿臣再次把妻儿送到洛阳，求岳父代为照顾。袁寿臣的岳父见女婿又要离家，就劝阻道：太平军占据长江两岸，在南京称王，捻党在北方举义。天地会的分舵遍布各地，他们遥相呼应。广西舵主胡有禄在南宁起义，占灌阳建国号为升平天国。广东舵主陈开在佛山镇起义，占浔州，建国号为大成。苗民首领张秀眉在贵州台拱扯旗造反，率众数十万雄踞西南。天下大乱刀兵四起，还是守在家中为妙。袁寿臣先向岳父致谢，然后谎称，多日前应友人之约无法推辞。岳父见女婿去意已决，不能执意再劝。他叮嘱道：出门在外远离是非，速去速回以免家人惦记。袁寿臣答道：此次出门少则两月，多则百天，小婿定能如期归来。翁婿二人言尽分手。袁寿臣先到荥阳与黄百川道别，然后回归广武，带上林凤祥留下的黄金以及路途应用之物，拍马奔向封丘。

林母离家已有月余，日夜思念自己的女儿和女婿，为此常与儿媳吵闹，于氏总是含泪苦劝，让她耐心等待袁寿臣的回音。这天中午袁寿臣风尘仆仆地来到门前，人马通身是汗，还未等他站稳，林母就奔到面前，追问家中的财产和林沛雨的下落。袁寿臣不敢讲出实情，唯恐林母无法承受那样沉重的打击。他犹豫片刻才安慰着说：家中一切都好，朝廷派来的刑部官员仍在荥阳盘查，咱们应当离开河南到外埠躲避风头，等到严查过后再回荥阳。林母听后沉下脸来，厉声斥责道：你与沛雨虽是结义兄弟，咱们之间并无血缘关系，你无权做我们林家的主，沛雨虽然不在，淑贞和天梁仍在荥阳，女婿负有半子之劳，今后的事由尚天梁替我们做主。林母的话太过刻薄，袁寿臣本想抽身离开，当他想到铁炉镇与义兄分手时，林沛雨曾把家小托付给自己，这种托妻寄子的交情古来少有，他不能辜负义兄的信赖，只能忍下心中的怨气。

林母出身望族，在家时受到父母的娇宠，出嫁后得到丈夫的疼爱，年纪大时又被孝顺的儿女围在当中，逐渐养成专横跋扈的性格，如今性命攸关仍不知利害。袁寿臣低头沉思，为保义兄的家眷免遭伤害，必须讲出部分实情。他说：林家的宅院已被官府夷为平地，今后还能发生什么很难预料。林母听后仍然不信，她高声吵闹，即使是死也要与淑贞和天梁在一起。为了稳住林母，避免她在险中添乱。袁寿臣提议，让于氏陪伴婆母到路边的茶棚中，以饮茶为由偷听茶客们的议论。从袁寿臣的话锋和神态就能看出，降到林家头上的灾祸不仅是房屋被拆，很可能还有更严重的事在隐瞒，否则，哪能提出搬迁还要远离河南。于氏满腹狐疑，她对婆母劝说道：中午已过无法启程回家，不如出去转转，听听外边的传言再作决定。林母见儿媳的话有道理，这才压下心中的怒火，随着于氏走出房门。婆媳二人来到茶棚，果如袁寿臣所言，茶客们争相议论荥阳的事。林家的房屋被毁，祖坟被掘，女婿告密，女儿林淑贞在家中下毒，她与自己的儿子同归于尽，让尚天梁绝后，以此向娘家谢罪。林母听后吓得灵魂出窍，当场瘫倒在那里，暴戾之气顿时不见。于氏怕露出破绽，忙把婆母搀扶回家。林母两眼发直呆坐不动，她暗恨自己不该把断头的事告诉女儿，更不该相信女婿的甜言蜜语，致使林家的儿孙受累先祖遭殃。袁寿臣和于氏怕林母发生意外，他们轮番上前劝说仍无济于事。林老夫人面带悔恨，她摆手示意，让袁寿臣与儿媳退出，独自留在这里安静心神。

封丘仍在河南辖下，此地不可久留，袁寿臣想到山东境内寻找新的住处，临行前叮嘱义嫂，让她对林母进行耐心地劝解，以免发生意外。远迁的事得到林母的首肯，袁寿臣这才乘马离开封丘，东渡黄河，在山东菏泽找到合适的隐居地。他急忙回返，想把林沛雨的家小尽快带走，人在墙外就能听到低沉的哭泣声。袁寿臣大惊，他来不及多想就破门而入，只见于氏身穿素服，拥着一双儿女不停地流泪，装束整洁的林母已经停灵在地。袁寿臣忙问原因，于氏说：婆母知道内情以后滴水不进，昨天晚上，趁别人熟睡之机写下遗嘱，摘下首饰吞金而死。袁寿臣听后感叹不已，他买来棺木将林母盛殓起来，趁夜葬在城东的高坡上，等到林家的后人发迹再回来厚葬。于氏见婆母辞世，这里已经没有任何牵挂，她改变了初衷，想带着天佐和玉珠到关外寻找丈夫。义嫂的话让袁寿臣感到为难，他说：断龙脉的事只是传言真假难辨，等到有了确切的消息再作决定。于氏说：沛雨是当朝的榜眼影响极大，他的案子绝不可能轻易了结，为了给林家留下后人，必须隐姓埋名远走他乡，那样才能避开官府的追杀。沛雨与我夫妻一场，决不能让他一人独处异乡，我要竭尽全力找他团聚。

出关寻夫绝非那样简单，山海关距此远在千里之外，如今刀兵四起蟊贼遍地，一个少妇，带着两个不懂事的孩子上路，难逃歹人的暗算。袁寿臣左右为难，他与岳父订下百日之约，如要护送林家母子出关，回归的期限很难确定，关外乃苦寒之地人烟稀少，不知大哥躲在什么地方，此次出行，犹如盲人骑瞎马只能撞运气。为尽兄弟之情，袁寿臣狠下心来违背翁婿之约，他要护送林家母子出关，争取林家劫后团聚，于氏听后万分感谢。袁寿臣把来时乘坐的暖车推出加以修理，由他亲自驾驭上路，为防不测把祖传的风雨鞭带在身旁，经过长途跋涉，他们于咸丰五年腊月来到山海关。袁寿臣的神情特别激动，袁家七世祖曾在这里留下辉煌的足迹，眺望关外大地茫茫，到处都是皑皑的白雪。袁寿臣生长在黄河岸边，从未到过关外，不知各州县的具体方位和路径，他与于氏相商，决定在此投宿，等到查清关外的路线再走。林家母子生长在黄河以南，经受不住凛冽的寒风，他们全都病倒在客栈中，虽经郎中诊治仍无起色。林家原是富甲一方的大户，锦衣美食习以为常，逃亡在外就沦为常人，每日以粗茶淡饭充饥，身体消瘦再加上水土不服，因此才病倒在山海关的客栈里。再过几天就是年关，住在这里的客人纷纷结账还乡，唯有袁寿臣与林家母子无处可去，只能在异乡的客栈中过年。店家误以为袁寿臣和于氏是携子外出的夫妻，并未感到奇怪。后来才发现，袁寿臣与于氏各居一室，黄昏前就各自回房规避不见，孤男寡女一路同行，相互之间执礼甚恭，这种有悖常理的现象立刻引起周围人的猜疑。

二百年前，茶药童怕袁家子孙露出行藏，没敢给他们留下医书，致使很多妙方失传，有些常见的疾患依然能治。林家母子久治不愈，袁寿臣不能再拘于俗礼，只能亲自为他们把脉并开出配伍奇特的药方，然后再到药铺抓药。常春堂是山海关最大的药铺，掌柜的先生姓齐，这位坐堂的郎中目光犀利，行动机敏，江湖气息极浓。前一段时间，袁寿臣曾请药铺的齐掌柜，到客栈为林家母子诊病，他见于氏衣着粗糙人却透着端庄华贵，再看袁寿臣的举止，既不像病人的丈夫更不像赶车的下人。齐掌柜心中起疑，他借闲谈之机与袁寿臣把合（用江湖话交谈）。袁寿臣熟知江湖唇典(江湖术语的汇总犹如文人用的字典)，明白齐掌柜的心意，因为不清楚此人的底细，唯恐言语不合引发事端，难带林家母子脱身，所以才装作不懂敷衍过去。如今见面算是熟人，齐掌柜接过药方仔细查看，此方有悖《金匮要略》，他没让伙计下药，先与袁寿臣攀谈起来。袁寿臣见齐掌柜不敢下药，就与他讲起平虚火、驱实寒的道理。齐掌柜听后大惊，更想知道袁寿臣的来历，这次他改用帮会的规矩进行试探。袁寿臣以病人急需用药为由迅速离开，分手前还留下一句耐人寻味的话。他说：在下侍奉病人无法脱身，日后定当登门拜谒，望先生不吝赐教。经过袁寿臣的精心调治，林家母子的身体先后康复。

元宵节过后，天气逐渐转暖，天佐和玉珠童口无忌，他们质问袁寿臣为什么不快点去找爸爸。袁寿臣被两个少不更事的孩子，问得面红耳赤无法回答。近一段时间，袁寿臣为林家母子煎汤熬药端水送饭，忙个不停，没有时间查问关外的详情。袁寿臣连哄带劝地说：二叔这就出去想办法。两个孩子围在前后依然吵闹不休。袁寿臣独自坐在房间，苦思了半天仍未想出万全之策，中午过后就到关外查探路径。

第二天就是正月二十，袁寿臣备好马车与林家母子出关，经过两天疾行，他们于二十二日的中午来到锦州城，在北关客栈落脚。袁寿臣只定了一套房间，于氏感到奇怪又不好多问，吃过午饭继续向前，两个时辰以后来到石山，在镇中找到一家客栈。袁寿臣让林家母子住在这里，他吩咐店家把马匹喂好，当晚还要赶路。一切安排妥当，袁寿臣这才叮嘱于氏，住在这里不要外出，三天后，要是不见他回来就带着孩子投奔盛京，在故宫的附近投宿，最好能在客栈的门旁留下标记，那样便于寻找。于氏知道袁寿臣要去冒险查探，暗中替他担心，可惜自己是个文弱的女子无以为助，只能默默地向上天祈祷。袁寿臣赶着空车返回锦州的客栈，当晚就住在那里筹划，他决定返回山海关，去找常春堂的齐掌柜，那是个神秘人物也是极具危险的人物，只有通过那种人才能探出林沛雨的去向，不过要预先做好准备，提防他是朝廷派出的鹰犬。清晨起床袁寿臣仍不退房，他把暖车放在客栈较为显眼的地方，以此吸引有心人的注意，那样就能遮掩石山客栈中的林家母子。

袁寿臣独自骑马返回山海关，于氏母子不在身边拖累，惊恐担忧的心情随之不见，他毫无顾忌地来到常春堂，拜访那位神秘莫测的齐掌柜。锦州那边已经有人把信送到这里，齐掌柜装作不知，他命人摆上酒席把袁寿臣让到上座，另有三名店伙相陪。齐掌柜等人摘下帽子，顶部朝下反放在桌角上，那是天地会的帮规，寓意是改朝换代。随后又把自己的筷子交叉放在口碟上，以此暗示，敢与当朝分庭抗礼不服清朝的辖治。袁寿臣熟知江湖唇典却不懂帮会的规矩，为了求得对方的谅解，他直言不讳地道出了实情。袁寿臣解释说：在下是个不闻世事的教书匠，以前曾同友人结伴出游，对江湖艺人取利的法门略有所闻，其他帮规概不知情，望齐先生指点迷津。袁寿臣的神态诚恳语气实在，博得了在座人的信任。齐掌柜说：话已至此就不再隐瞒，我们都是天地会的人，我是关外分舵的舵主。袁寿臣听后，站起身来恭敬地施礼，深致歉意地说：再下愚钝不识舵主的英风，望众位朋友见谅。天地会是清军入关后最大的民间组织，他们的势力十分庞大，如能得到帮会的协助，寻找断龙脉的太平军就将容易许多。

袁寿臣隐居乡间，从未与天地会的人交往，要想开口求助必先摸清帮会的宗旨，他向齐掌柜请教天地会的起因。齐掌柜说：据老舵主讲，福建莆田县的九连山有座少林寺，地至幽邃，人迹罕至，伽蓝堂与佛塔耸峙林间，极其庄严。寺僧在诵经之余，恒心究于军略武艺。康熙年间藏人寇边，官军征讨受创。朝廷张榜悬赏，征召天下知兵之人。寺僧郑君达偕一百二十八名寺僧应募，僧兵出征三个月，未损一人而凯旋。皇上欣赏有佳，赐大宴，赏金银绢帛无数。并御书：圣泽无疆的匾额一块，高悬于山门。朝中的权臣趋炎附势，争写三副楹联。山门外刻有：英雄居第一，豪杰定无双。和尚的居室刻有：不用文章朝圣主，全凭武艺见君王。伽蓝殿刻有：出门朝见君王面，入寺方知古佛心。郑君达等人归寺后倍感荣耀，山下的民众蜂拥而至，争相庆贺大加夸赞。功高而不掩饰必然震主，事后皇上感到担忧，近臣陈文耀与张近秋从旁进谗。皇上更加起疑，命陈文耀和张近秋趁夜深人静入寺，堆放柴草火药等引以松香燃之。寺内只有五人逃生，余者全部葬身火海，郑君达虽被烧伤仍然未死，陈文耀命人用皇上赏赐给僧人的红绢将他缢死。数日后，郑君达之妻郭秀英与其妹郑玉兰，儿子郑道德、郑道芳同来祭墓。暗伏的官兵突起，郑家众人惊惧不知所措。忽有一柄桃木剑自郑君达之墓中跃出，剑柄有“反清复明”四个大字，剑身有双龙争王图。郭秀英接剑在手乱挥，竟有多名伏兵被斩，众人遂脱险。张近秋闻听此事，增兵前来搜索。郭秀英力竭，将桃木剑交由二子速遁，她与小姑郑玉兰投三合河而死。天地会亦称三合会，可能由此而生。谢帮恒得其尸葬于河畔之陵，并立石碑志之。火中逃生的蔡德忠、方大洪、马超兴、李式开和胡德帝，闻听张近秋的暴行，他们匿身林中，趁士兵周章之际将张近秋斩之。官兵怒而追之，幸得吴天成、洪太岁、姚必达、李式地和林永超等五人出救。前者被天地会称为五祖，后者被天地会称为五虎。众人复还高溪庙，再过宝林院。倦无卧，饥无食，困苦殊甚。时逢湖广陈近南，此人曾为学士，素有大志，与僧党相结，他把众人带到家中。近南家中室隘，不适于谋事，后移下普院后院的红花亭。康熙十三年七月二十五日，陈近南联络大明的遗老及僧俗人等，举朱洪竹为盟主，在此亭盟反清复明之誓。因此有人称天地会为红花会。上述之事《清稗类钞》都有记载。齐掌柜把天地会成立的起因以及经过说出。

齐掌柜把自己的底细说出以后，就开始盘问袁寿臣的来历。他说：袁先生携眷到此必有要事，如无大忌不妨说出来让我等明白。袁寿臣叹道：说来话长，与我同行的人是在下的义嫂和两个侄辈，多年前我与同窗好友结为金兰，头年孟秋这位义兄跟随太平军北伐，事后到关外去断清朝皇室的龙脉，义嫂得信后甚是不安，她想携带子女出关与丈夫团聚，如今世道不平，在下只得追随左右，沿途有所照应。齐掌柜听后目射精光，他说：你的义兄可是林沛雨？袁寿臣见齐掌柜直接道出大哥的姓名，他惊喜过望，忙追问道：您可知道此人的下落？齐掌柜解释说：一年前总舵派人传书，太平军出关去断清朝皇室的龙脉，林沛雨身负天国之托，他就是道光二十九年的榜眼。总舵让我等派人予以接应，不知什么原因，他们竟瞒过我们的眼线越关而去，错过了相见的机会。从盛京传来的消息说：林沛雨率领八十余人，直奔盛京城东的石咀头山，那就是埋葬努尔哈赤的福陵，俗称东陵，经测查那里并非藏风聚水之地。林沛雨等人久居中州，根本就不熟悉关外的山川河流，无奈之下才向天地会求助，希望协助他们查找清朝先祖的陵墓。天地会与太平天国的信仰虽然不同，可他们的宿敌都是清朝王朝，齐掌柜得信后，令关外七大堂主分头派人收集情报，经汇总大致弄清了爱新觉罗氏的传承。

关东北部有几个较大的部族，高句丽、扶余、挹娄、沃沮和女真。北宋时期，女真部在完颜阿骨打的统领下迅速崛起，脱离了蒙古人的统治建立了金国。随后南侵大宋，占领了黄河两岸长达百年，在宋元联军的夹击下终于灭亡，余部逃回关外的老家，隐藏于穷乡僻壤。朱元璋灭元后，女真人又走出大山，进行部族之间的争斗。努尔哈赤的六世祖猛哥帖木儿，驻守在哈尔撒山下的费阿拉寨（满语为低矮的旧山城），被明朝封为建州都督佥事，后被七姓野人杨本培兀等人杀害，次子董山继任。成化三年，努尔哈赤的五世祖董山，率部进犯辽东，被明将诱至广宁囚禁而死，为了铲除后患，明将出兵建州，破营寨五百于座，董山的子孙率众逃入深山避祸，多年后事态才算平息。努尔哈赤的高祖锡宝齐篇古，他是董山的三子，跟随其兄妥罗等北上，平生事迹不详。努尔哈赤的曾祖名叫福满，他是锡宝齐篇古的独子，福满随着家族来到牡丹江的下游扩充实力，曾得到明朝的封赏。努尔哈赤的祖父觉昌安，他是福满的第四子，觉昌安兄弟六人共同筑城，合称宁古塔（满语六个），众贝勒的势力大增，被明朝封为建州左卫都指挥。努尔哈赤的父亲塔克世是觉昌安的第四子，他与其父觉昌安同时死在古勒寨，事后被葬在建州西边的龙山（现名启远山），被定为永陵。清朝在北京建都后，尊六世祖猛哥帖木儿为肇祖原皇帝。五世祖董山获罪后累及家族，高祖锡宝齐篇古平庸，二人均无尊号。曾祖福满尊为兴祖直皇帝。祖父觉昌安尊为景祖翼皇帝。其父塔世克为显祖宣皇帝。以上这些就是清朝皇室的先祖。林沛雨详细记下清朝皇室迁徙的经过，绘制出精确的路线图，他带上罗盘、素尺等应用之物，告别了天地会的朋友，带着同伴奔向建州，从此就与天地会失去了联系。

齐掌柜把自己知道的一切全部说出，袁寿臣代表义兄，向齐掌柜及天地会的其他朋友致谢。齐掌柜关切地说：关东大地浩瀚荒凉，民风彪悍不羁，清帝先祖的陵墓都在山野之中，那里派有重兵把守，你带着年轻的少妇和两个不懂事的孩子，很难在那种危险的地方行走。齐掌柜的话确实有理，袁寿臣深感为难。齐掌柜见时机成熟就提议说：我有一桩两全其美的生意想与你做，不知袁先生是否能有兴趣。齐掌柜的话让袁寿臣感到讶异，不知这位舵主有何用意。齐掌柜略作沉思才说：你孤身在外人单势薄，荒野寻人如同大海捞针，你我萍水相逢只有一面之交，可我对你的人品极其敬佩。袁先生既不属于太平军又没加入任何帮会，只是出于朋友之谊就能抛舍家业，甘冒杀头之险救助朋友的妻小，就凭这份义气今古少有。袒护钦犯就是与清廷作对，鞑虏决难容你，古有名言，公私不能兼顾，忠孝难以两全，既已犯险决难退避，天地会义举反清复明的大旗，广揽天下英才，袁先生满腔忠义何不投身其中，由天地会出面代你寻找友人。袁寿臣听后，不假思索当即回绝。他说：在下懒散惯了，只图温饱别无他求。

齐掌柜见袁寿臣的性情固执，就改换话题想把他留住，等到日后寻机再劝。齐掌柜说：捻军的首领张乐行原是安徽亳州人，他想把各路捻军召集到雉河集（今安徽涡阳）会盟，再举义旗，因此急需大量的钱财。时间仓促难以筹集，只能向其他帮会求援，天地会的总舵主、镇南王朱洪英得到消息，急令各地的分舵伸手相助，筹集资金送到雉河集，支援捻军会盟。关外七堂共筹白银万两，黄金百两，请锦州的振远镖局护送。据尹镖头讲：雉河集距此遥远，中途有不少荒山峻岭，绿林中的朋友见面能给让道，那些民团却难应对，他们的首领都是富甲一方的豪强，充当清朝的帮凶，对过路的义军绝不手软。为了能把这宗数额巨大的资金送到捻军手中，天地会选出十几位武功高强的人随同前往，齐掌柜仍嫌实力不足，他想邀请袁寿臣与他们同行。袁寿臣觉得奇怪，齐掌柜并不知道自己的底细，为什么能让一个陌生人与他们共同涉险，他不知道对方的用意只能沉默不语。

齐掌柜怕袁寿臣再次回绝，忙解释说：你帮我们运送金银，天地会派人替你寻找义兄作为回报，这是两全其美之策，互不亏欠。为了弄清齐掌柜的意图，袁寿臣反问道：既有镖局护送又有天地会的高手相随，何必要让一个手无缚鸡之力的教书人同行，万一途中遇险不知如何应付。齐掌柜见袁寿臣没有拒绝，这才解释说：通过多日观察和今天的交谈，发现你是个可以信赖的人。我们想把白银装在外包铁皮的木箱中，藏在镖车底部，上面用布匹和杂物加以掩盖，百两黄金藏在你的身上，如遇歹人抢劫先由镖师出面应对，咱们在暗中观察，如能取胜就上前相助，假如镖局露出败象咱们趁乱溜走。贼人来追由天地会的高手断后，即使全部赴难也得把贼人拖住，掩护袁先生逃走。齐掌柜相信，根据袁寿臣的人品，定能把这些黄金送到雉河集，交给张乐行，那样就能防止这批捐赠全部被劫。齐掌柜的话触到袁寿臣的伤痛，他想起自己的先祖，袁崇焕曾在这里战败满人，让不可一世的努尔哈赤受创而死。齐掌柜与张乐行从未谋面，相互之间并不认识，只是为了反清复明的大业，就能舍生忘死前去支援，自己如再畏首畏尾予以推辞，难对九泉之下的先祖。再说人家天地会，还答应帮助自己寻找义兄，袁寿臣不再迟疑，他毅然地答应下来。齐掌柜听后非常高兴，他说：十天后咱们准时启程，大家分手各自回去准备。

离开山海关，袁寿臣飞马赶往锦州退掉客房，他驾着暖车来到石山将林家母子接走，经过日夜兼程终于来到盛京，在城南的小河沿投宿，于氏和两个孩子全都疲惫不堪。袁寿臣把齐掌柜的话重复一遍，于氏盼夫心切却又没有办法，只能听从天地会的安排。林家母子得到妥善安置，袁寿臣这才返回山海关去应齐掌柜之约。天地会订于五月初六动身，端午节那天晚上，齐掌柜把天地会选出的高手集中起来摆酒相认。他指着袁寿臣对大家介绍说：这位就是袁寿臣先生，他与林沛雨和黄百川义结金兰，被世人誉为邙山三友。听到黄百川的名字，袁寿臣大惊，唯恐连累自己的三弟。他解释说：我们三人只是同窗好友而已，邙山三友那是外界的误传，他们二人各有所长，从不与我这个顽愚之人为伍，请齐掌柜不要过分抬举在下，以免被知情人耻笑。齐掌柜听后，笑着说：既然林沛雨瞧不起你这个顽愚之人，袁先生又何必冒死庇护他的家人。齐掌柜的思维敏捷，言辞犀利。袁寿臣暗想，此人的心智不低，难怪能坐关外舵主之位，今后还有很多仰仗他的地方，因此不能争辩，两人凝视多时然后大笑起来。第二天清晨，振远镖局的总镖头尹良，吩咐点炮启程，齐掌柜率领袁寿臣与天地会的高手，远远地跟在后边。过了山海关，镖局就按行规行事，由大伙计在前边喊起号子，通知江湖道上的朋友关照，镖局持有通州过县的关文，各地的关卡都不阻拦。经直隶过山东随之进入河南，沿途的响马都与振远镖局有交情，没人出来生事。踏上故土，袁寿臣显得兴奋起来，自己的妻儿离此不远，不知他们的现状如何。齐掌柜悬着的心也放了下来，从大伙计呼喊号子的声音，就能听出众人的喜悦心情。

第十四回　闯关东追本溯源　逢乱世人鬼难安

郭庄地处河南的边缘，再往前走就进入安徽境内，那就是张乐行的老家亳州。正当大家高兴的时候，突然从道路两旁的树丛中，窜出二百多人拦住了去路，他们手中都拿着刀枪和火铳，为首一个胖大汉子，像凶神恶煞一般呼喊。振远镖局的尹镖头，拍马上前与他们把簧升点套交情。这群拦路截道的恶徒是一群力巴，根本就不懂江湖规矩，他们是这里的民团，为首的大汉名叫田守仁，是郭庄的大户，这小子为人奸坏，仗着身高体壮有一身功夫，平日欺男霸女为非作歹。田守仁结仇太多，唯恐遭人暗算，所以就借围剿太平军之机组建民团，这样做既可以保护自身安全，又能劫夺过往客商的钱财，他结交的人多为市井无赖和乡间混混，为非作歹已有多日。前天傍晚，从归德传来一则消息，振远镖局将有四辆镖车途经此地，千里而来必有贵重财物，田守仁率领民团提前在这守候。天近中午镖车来到，田守仁指挥民团一拥而上，他们依仗人多又是在自己的家门前，这些恶徒亮出兵器将道路截断，神态十分狂横。田守仁不容尹镖头多说，他带领民团杀上前来抢夺镖车。尹镖头被逼得无路可退，他高声呼喊：喷子升点。镖师与趟子手按照尹镖头的吩咐，抽出火铳扣动机簧，向民团集中的地方射去。十几名团丁应声倒地，硝烟过后才看清楚，只有四人重伤不起，其余的人全是被火铳的响声吓倒，他们爬起身来没命地逃走。田守仁见状大骂不止，他让团丁用火铳向镖局的人马还击。振远镖局的人久闯江湖，熟知攻守之道，他们躲在镖车后面观察劫匪的动向。民团拥有几十支火铳，他们同时开火，流弹横飞响声不断，镖局的人躲避及时并未有人受伤。田守仁趁镖师避弹之机，再次上前抢夺镖车。镖局的人迅速结成小阵，尹镖头与三名镖师各占自己的方位，二十四名趟子手拿着刀枪，环列在他们的左右予以策应，四名车夫手提腰刀紧握缰绳站在中央，随着战局变化调整镖车的方位。在尹镖头的带领下，多次击溃民团的哄抢。要讲真本事，民团无法与镖局的人相比，尤其是尹镖头那口钢刀，上下飞舞左右盘旋，一次反击就有多名团丁伤在他的手下。手段狠毒的田守仁胆小心坏，他站在团丁中间呼喊，自己却不肯上前拼命。

断杀声惊动了近处的村民，他们不问是非就拿着刀枪，加入同乡人的行列向镖局发起攻击，人越聚越多，田守仁更加猖狂，镖局的人马围被困在当中无法脱身。镖局只有三十二人，民团已经增至四百余人，双方的实力相差悬殊。厮杀多时，镖师与趟子手大半负伤，尹镖头满身是血仍在咬牙苦战，镖银被劫只是早晚的事。齐掌柜站在远处看得真切，他哀叹道：今天这场灾祸难以逃脱，不但万两白银被劫，振远镖局的人也将难得善终。为了能保住剩余的百两黄金，齐掌柜狠下心来，想要丢下身陷险境的镖师，让袁寿臣独自从小路逃走，由天地会的人为他断后，那样就能把这些黄金送到张乐行的手中。齐掌柜对袁寿臣叮嘱道：前面就是安徽地界，那是捻军的天下，你的快马没人能追得上。袁寿臣并未理睬齐掌柜的话，他依然站在那里，静静地看着前边那场厮杀。齐掌柜心中起急，他大声呼喊，让袁寿臣赶快离开，以免落入民团之手。袁寿臣这才催动坐骑，他不是向岔路逃走而是冲向前边的战场，这种行为出乎众人的意料之外。齐掌柜见状暗暗叫苦，深恨自己看错了人，他以为袁寿臣是个知书达理讲义气的人，没想到竟是个不以大局为重的伧父。为了挽回损失，齐掌柜带领天地会的高手随后赶来，无论如何也得让袁寿臣安全脱险，把天地会这份厚礼送到捻军的手中。

袁寿臣的坐骑太快，这是天地会特意为他准备的，此马名为踏雪无痕玉狮子，全身上下洁白如雪没有一根杂毛，脚程极快且有耐力，眨眼之间就来到民团的身后。袁寿臣深恨这些以多欺少的恶奴，他舞动手中的钢鞭，将一个团丁的头颅打得血肉横飞，无头的尸体重重地摔倒在地，民团顿时大乱。齐掌柜的心头一震，不相信袁寿臣有这等功力，他摆手示意让天地会的人做好准备，及时上前接应，就在这时又有几名团丁被打倒在血泊中，民团见来人凶狠纷纷躲避。袁寿臣趁机来到田守仁的面前，这个地方恶霸狂横惯了，依仗民团人多又在自家门前，他带领十多个死党围拢过来，刚把钢刀举起，就觉得一股凉风从左耳边飘过，随之身子失去了平衡，不停地向右倾斜。田守仁扭头察看，自己的左臂齐肩而断，如同刀切一般，他觉得奇怪，好端端的左臂为什么能在眨眼就不知去向，还未等明白过来人已瘫倒在地。袁寿臣怕镖局的人支持不住，继续挥动钢鞭对周围的团丁痛下杀手，各地的民团都有一个共性，他们依仗本地的官府欺软怕硬。郭庄的民团从未见过这种惨烈的场面，哭喊和惊叫声四起，他们丢下伤者和死尸向四周逃走，再也不敢兴风作浪。

齐掌柜见民团败走兴奋异常，他指挥天地会的人上前施救，为振远镖局的人包扎伤口，整顿车马。尹镖头算是一条硬汉，身中三刀依然以死相拼，他见齐掌柜过来救援。连忙谢道：在下无能烦劳齐先生出手搭救，我等深感汗颜。齐掌柜说：这里不是讲话的地方，咱们必须尽快离开以免再起祸端，他让天地会的人把镖局的伤者扶到车上，然后由自己的人驾车向安徽境内奔去。袁寿臣怕郭庄的民团勾结清军追捕，他单骑跟在车后加以保护，三十里路眨眼就到，头包蓝布的捻军手拿刀枪，守在各个路口盘查过往行人。齐掌柜首先下马，报出自己的身份和来意，守候在这里的捻军非常客气。他们说：我等奉命在此恭候多时，随即将他们护送到雉河集。张乐行是亳州的巨富为人仗义，结交了不少江湖上的豪客，他们结伙贩卖私盐常与官府发生争斗。张乐行痛恨清朝的残暴，咸丰二年，他聚集了一万多人攻下河南永城，杀死城中的贪官恶吏，打开粮仓赈济那里的饥民，从此名声大振人马迅速增加。为了抗击清廷的围剿，张乐行传檄天下，遍请各地的义军结盟，携手驱除残暴的鞑虏。

咸丰五年秋，各地的捻军首领赶往雉河集，共同推举盟主建立大汉王朝，公开与清朝王朝分庭抗礼。近几天各地的捻军陆续赶来，其中声势较大的有张乐行、苏天福、龚德、王贯三、候世维、韩老万等。为了举办这次会盟，张乐行毁家举义变卖了所有的财产，仍无法筹足会盟期间的粮饷，不得已才向太平军和天地会的朋友求助。洪秀全等天国将领忙于修建王府，无力帮助捻军。天地会的总舵主朱洪英，在灌阳称帝，中原一带的分舵全力对其支援，无暇顾及北方的捻军，只有关外的分舵能伸出援手，他们从千里之外送来巨资并由舵主亲自押运。张乐行得报忙出来迎接，他与齐掌柜虽未谋面却知道对方的底细，两人见面格外亲切，大有相见恨晚之感。众人进入大厅，齐掌柜就把途经郭庄，被当地的民团拦截，以及袁寿臣施威的经过述说一遍，捻军首领把称羡的目光投向这位远来的客人。齐掌柜扭头细看，只见袁寿臣面有愠色低头不语，他觉得奇怪就小声询问：袁先生觉得何处不妥。袁寿臣说：你刚才说的那番话必将传扬出去，官府侦知岂能容我，你已截断了我的回家路。齐掌柜听后这才明白过来，他连连致歉可惜为时已晚，袁寿臣置身捻军会盟的现场，并杀死郭庄的民团多人，从此再也不能返回自己的故乡。张乐行派郎中为振远镖局的人治伤，随后又忙于结盟前的准备，他邀请齐掌柜、袁寿臣和天地会的随行人员，参加捻军的结盟商讨。袁寿臣无处可去只能听从张乐行的安排。

捻军头领各个都有膺任盟主的意图，只是不能表白而已，张乐行英名远播，手下有五万多人实力最强，按理应该由他担任盟主，可惜没人推举，自己又不好意思毛遂自荐，只能闷坐那里观察其他人的变化。王贯三是河南夏邑的捻军首领，武秀才出身，性情刚直无法忍受这种沉默，他首先提议，通过对策和擂台推选盟主。王贯三的话让那些争强斗胜的人感到兴奋，张乐行却面现不快，他坐在那里借喝茶之机观察其他人的脸色。在座的人都老于江湖，从张乐行的脸色就能看出端倪，他们默不作声等待后面的变化，就在这时，有个名叫唐森的首领站起身来，支持王贯三的提议。此人口齿伶俐，他说：唯才是举，任人唯贤。只有通过较量才能看出真本事，不能让那些沽名钓誉的人，耽误了捻军的前途。唐森的话引起人们热议，这些草莽英雄忘掉了清朝这个强敌，只想与自己的战友争个高低。袁寿臣仔细观察，觉得唐森有点面熟，好像在哪儿见过，通过回忆突然想起，四年前，林沛雨和黄百川同殿中甲朝野震动，各地的官员都以为他们前途无量，纷纷前来结交。唐森曾代表直隶总督讷尔经额到荥阳致贺，此人能言善辩特别惹人注意，在客人之间的交谈中，袁寿臣得知他叫王人杰，是总督府的都司，官居正四品。袁寿臣心中起疑却不能发作，这是捻军内部的事外人无法过问，他想看清王人杰的意图然后再做决定。

捻军首领分成两伙各执一词，相互之间争吵起来，如不及时制止未等结盟就将反目为仇。袁寿臣不能再沉默下去，他怕捻军结盟的地方，变成同室操戈的战场。袁寿臣拉着齐掌柜的衣袖小声说：此人名叫王人杰，是清朝的奸细。齐掌柜对清朝恨之入骨，他不假思索就站起身来说：请大家少安毋躁，我这位朋友有话要说。袁寿臣正琢磨如何揭穿这个清朝的奸细，没想到齐掌柜竟这样鲁莽，事出突然，他不得不站起身来向在座的人点头致意。然后目注唐森说：王人杰你好大的胆子，竟敢来这种地方行骗。话一出口犹如晴天霹雳，只见这个所谓的唐森浑身发抖，脸色骤变，随即握住腰间的刀柄。袁寿臣看在眼里，更坚信了自己的记忆。王人杰深深地吸了口气，眨眼之间就恢复了常态。他说：袁先生沿途厮杀，可能是疲劳过度，致使精神有些恍惚，所以才把我当成了另一个人。王人杰冒充唐森之名混进捻军，如今已是捻军的首领，这种人绝非等闲之辈，必须小心应对。袁寿臣不愿与王人杰纠缠，以免被在座的首领误解，他换成笑脸，顺着王人杰的话音说：你的话确有道理，可能是我惊恐过度才造成这种幻觉，请唐首领见谅。袁寿臣改换话题说：唐首领全力倡导比武打擂，身上必有过人的本领，在下虽是一介儒生却尊崇习武之人，不知您是否能当面教我。王人杰表面镇静内心却忐忑不安，眼前这个陌生人，为什么能喊出自己的真实姓名，这让他感到惊恐，必须除掉此人以绝后患，没想到，袁寿臣竟主动提出这种奇怪的要求。

王人杰听后喜出望外，唯恐别人上来劝阻坏了自己的大事，他起身来到大厅中央，面带杀气等在那里。袁寿臣假作不知，他面带着微笑走上前来，还没等站稳，王人杰就使用致命的招法，恶意出手，对他的要害进行攻击。袁寿臣面现惊慌，撤步闪身勉强避开。王人杰一击不成，随之连连出手，逼得这个多嘴的对手东躲西藏连连后退。齐掌柜站在旁边觉得奇怪，郭庄镇前袁寿臣威猛如同天神，为什么现在如此狼狈，他暗中着急却无法相助。争斗多时仍无结果，王人杰心中起急，他拔出腰间的尖刀向对手猛刺。袁寿臣等的就是这个结果，他挥掌拍掉尖刀，反掌打断这位都司的肋骨，顺势扯下奸细的贴身腰牌递给张乐行查验。那是清朝王朝正四品的都司腰牌，左边用满文书写布泰扬古，右边用汉文书写着王人杰的名字。铁证如山，倒在地上的王人杰自知死期已到，他不再狡辩，当即供出实情。张乐行恨透了这个拨弄是非的奸细，他命人把他捆绑结实再审。王人杰善于逢迎，他与在座的首领相识虽短，却得到这些人的好评。突如其来的变化让大家感到震惊，人们把怀疑的目光投向王贯三，他与清朝的奸细一唱一和，极力要求比武打擂。

袁寿臣怕捻军的首领相互猜疑引发内讧，他不顾喧宾夺主之嫌。接着说：用什么方法选拔人才都没有错，只是动机不同，王首领怕埋没人才这才提出比武以判优劣，那个奸细却有所不同，他想通过打擂制造矛盾让大家结下仇怨，借此破坏这次会盟。纵观古今，历代都用开科取士这条途径选拔人才，建唐初期急需治国的人才，李世民见新科进士从端门列队出来。他高兴地说：天下英雄入吾彀中。由此可见这位帝王的求才之心何等迫切。武科场与文科场的考试方法相同，只是题目的内容不同，近百年来的武科殿试，都在西苑的紫光阁进行，共分四场，头一场测试弓马，先比步射后比骑射。第二场测试刀马，各自骑马演练自己的兵器。第三场较力，先开十二力以上的号弓，再舞八十斤以上的大刀，最后掇二百斤以上的石担。第四场卷试，笔录兵法，策论。通过这种综合测试，不用打斗就能分出高低，关于那些比武打擂的传闻，都是说书艺人的渲染，切莫相信。近些年市面上的无赖受此影响，为了哗众取宠，他们在民间搭台造势，借此敛财，更有甚者，暗中安排输赢蒙骗百姓。袁寿臣及时揭穿敌人的阴谋，揪出混入义军的奸细，此举惊醒了在座的首领。张乐行对此十分感谢，他见时机成熟忙站起身来说：袁先生的话乃金玉良言，咱们是生死弟兄不必相互猜疑，只要把这个奸细的来历审清，一切都能明白。捻军首领围上前来，要对这个奸细施以酷刑，王人杰是个奸诈的小人，他怕在死前受苦就主动说出了一切。

两年前讷尔经额被北伐军战败，致使临洺关失守，朝廷以贻误战机的罪名将他革职查办，王人杰是这位总督手下的战将同时受到株连。为了能官复原职，王人杰静观时局的变化，以待东山再起，今年初春，听说捻军要在雉河集会盟，他就向新任总督桂良请缨，想要自成一捻混入义军，寻机刺杀捻军的首领，破坏这次结盟。咸丰五年天下大乱，太平天国派出的北伐军，大闹中原直逼北京，朝野为之震动，咸丰急调各地的精锐才于五月将其击溃。石达开与罗大纲率军西征，连败各路清军，三占武昌，长江两岸的敌军望风披靡。天地会的首领朱洪英、胡有禄在广西南宁起义。陈开与李文茂在广东佛山起义。苗民张秀眉在贵州的台拱起义。各地的捻军攻城夺地逐渐强大，另有数不清的饥民抗捐税，抢粮仓，难测动向。咸丰与满朝文武听说捻军要在这时会盟，他们焦急万分却又无兵可调，正在这时直隶总督桂良送来密报，详述王人杰的请战计划。咸丰大喜，赏王人杰腰牌一块官复原职，凭此可以调动近处的兵马，伺机除掉捻军的首领。张乐行听后大怒，他命人把王人杰押出去严加看管，等到会盟那天用这个奸细的人头祭旗。王人杰的话触动了大家的心，王贯三首先表态，他愿在张乐行的马前效力。其他首领也纷纷响应，袁寿臣见捻军的会盟即将成功，他以探望振远镖局的伤者为由，离开这座议事大厅。

经过十多天的调治，镖师的创伤基本痊愈，袁寿臣归心似箭，他想早点返回关外，尽快查到林沛雨的下落，好让他们全家团聚。听说袁寿臣与齐掌柜要走，张乐行忙过来劝阻，希望他们能再等几天，届时参加捻军的结盟大会，以壮义军的声威。张乐行更希望袁寿臣留下，如有这样的人才在军中运筹，捻军的前途将不可限量。袁寿臣当面谢绝了张乐行的邀请，这位义军首领深感遗憾，他从怀中掏出一个金漆木盒，内装晶莹剔透的竹节玉瓶，赠给这位远道来的朋友作为纪念。张乐行介绍说：这是张家祖传几代的器物，开始并未在意，八年前他带着所有的白银和家中的古玩，结伴到河南贩运私盐，半路遭到官军的堵截。张乐行带着手下的弟兄丢弃运具逃走，官军紧追不舍，想要搜出他们身上的钱财。张乐行等人无路可退，只得逃上一座荒山藏匿，那时正值伏天烈日如火，官军截断了取水的道路，他与十二名弟兄焦渴难耐无水可饮，眼看就要被渴死。张乐行感到绝望，他让大家拿出身上的财物集中掩埋，然后拼死突围下山。张乐行拿出那只玉瓶，觉得内有水的响声，他以为出现了幻觉，仔细查看果然是真，众人惊喜过望，每人一口，清凉甘甜沁人心肺，过了多时又有人拿起玉瓶把玩，突然发现瓶内又有水声。张乐行以为神灵暗中相助，忙率众人跪倒致谢，他们反复饮用瓶内之水，度过了炎热的三天。官军以为被困在山上的盐枭必死无疑，他们这才撤围而去。张乐行带领众人下山，经过休整，重新纠集江湖上的豪客，对官府的盐仓进行抢砸，从此就与清廷势不两立。

玉瓶救主的奇闻被传开以后，有位搜奇猎艳的江南富绅慕名前来，愿付重金观瞻，查探究竟，当他拿起这支玉瓶不由得待在那里。据那位富绅讲：竹节玉瓶是用上古时期的寒玉雕琢而成，瓶内极寒，能将空气中的水分留在瓶壁，凝成水珠聚集起来，那就是玉瓶的奇特之处，并非神灵显圣。富绅爱不释手想用重金购买，竹节玉瓶曾有救命之恩，张乐行岂能轻易出手，他将这只玉瓶收藏起来不再外示于人。听说玉瓶是稀世珍宝又是张家的祖传之物，袁寿臣当即谢绝不肯收受。张乐行解释说：我带本族的子侄毁家举义胜负难卜，如能夺取清朝的天下，前途自然无量，如要失利，不但要遭灭门就连祖坟都将难保，何况这些身外之物，都得落入鞑虏的手中。张乐行执意要把这只玉瓶送给袁寿臣留作纪念，齐掌柜忙上前收下。他说：我代表袁先生收留此瓶，预祝捻军早日成其大业，到那时你们再赴玉瓶之约，共筹治国大计。张乐行随即补充道：如要失败，咱们来世再见，希望通过这只玉瓶结下你我今生的一段情谊。张乐行的悲壮情怀让袁寿臣深受感动，他只得答应将玉瓶收下。

天地会与振远镖局的人马结伴北归，很快就来到河南的地界。尹镖头心有余悸地说：前边就是郭庄，大家要提高警惕，如若再遇上民团拦路，我与另外三名镖师上前，其余的人迅速离开。众人小心翼翼地来到郭庄，只见那里房倒屋塌不见人影，尹镖头觉得奇怪却不敢停留，他们拍打坐骑迅速离开。走出百里之外才听到路人传说，郭庄的民团勾结官府为恶一方，经常抢劫过往客商的钱财，半月前他们抢劫捻军的朋友。张乐行得知此事，当即派出两千人马血洗郭庄，临走时放起大火，把那里变成一片焦土。齐掌柜这才明白张乐行的良苦用心，他是为振远镖局的伤者报仇，同时为他们的回归扫除障碍。回归的路上非常顺利，很快就来到山海关，尹镖头分别与齐掌柜和袁寿臣道别，他率领镖局的伙伴出关。齐掌柜知道袁寿臣寻找义兄心切，回到常春堂就询问关外七堂的调查结果。分舵的下属说：从建州、海林和宁古塔等地传来一些消息，那些地方都曾有人见到过太平军的身影，那是数月前的事，后来就失去了踪迹去向不明。袁寿臣听后深感失望，借助天地会的希望破灭，必须亲自到那些荒山野岭中寻找，他辞别了齐掌柜奔向盛京，要向林夫人说明查找结果。见到林夫人，袁寿臣大惊，他与义嫂分别只有月余，这位端庄俊俏的女人竟变得骨瘦如柴，脸塌腮陷双目失神，两个孩子也病倒在床。袁寿臣现身，客栈的老板喜出望外，急忙过来催促让他们尽快离开。他说：先生走后，他们母子三人全都病倒，虽经郎中诊治仍无起色，夫人的病情越来越重，老朽怕出意外，企盼先生早日归来，望先生体谅我等的难处，赶紧把他们接走。袁寿臣无暇与客栈的老板纠缠，他说：我们久居中原，初次到此水土不服，望老掌柜多多担待，两日之内我们准时离开，不再给贵栈增添麻烦。客栈老板这才放心地离开。袁寿臣原想说出实情，如今见义嫂重病在身，无力承担刺激，只能用谎言加以安慰。他说：天地会的朋友正在竭尽全力，帮助咱们在关外各地寻找线索，有人说曾在宁古塔见到过义兄，谋事在人成事在天，只要咱们耐心等待，一定能与沛雨大哥相见。林夫人担心丈夫的安危和孩子的未来，她昼夜难眠致使精神恍惚。她知道自己即将不久于人世，苦笑着说：多谢二叔为我们操劳，话未说完就咳喘不止。袁寿臣见林夫人已经病得无力长谈，就拉起两个孩子为他们把脉，然后出去抓药。

盛京风硬天燥，林家母子生长在黄河岸边，对这里的气候有所不适，袁寿臣想把他们送到辽东半岛，找一处山清水秀的地方暂时安身，那里是海洋气候，与山东、直隶的冷暖相差无几。经过精心调治，天佐和玉珠这两个孩子的病情都有起色，袁寿臣的谎言让林夫人信以为真，她在绝望中振作起来。袁寿臣趁林氏母子康复之机把他们带走，一路向南，经辽阳过海城来到盖平县城。林夫人重病在身，经不住旅途的劳累，她的病情又开始恶化，袁寿臣不能再往前走，只得停住脚步住进客栈。经过十几天的调养，林夫人的病情又稳定下来，袁寿臣离家已有数月，义兄的生死不明，远在千里之外的妻儿无人照顾，如今进退维谷无法分身，心中的苦闷不能在别人面前显露出来，他走出客栈，漫无目的地在大街上游走，以此排解心中的忧愁。盖平这座古城并不算大，没到一个时辰就把整座县城走遍，无处可去的袁寿臣见路边有个茶馆，几个文士装束的人正在里面高谈阔论，他没意思地走进去，借喝茶之机探听这里的风土人情。

袁寿臣向店家要来茶水慢慢地品尝起来，时间不长就从那些茶客口中得知，他们是辰州文社的会友，算是盖平县内的名儒。袁寿臣也是此辈中人，他们一拍即合，通过攀谈，从那些儒生的口中得知，此城在秦汉时名为辰州。后汉至隋唐改为建安。唐贞观十八年，新罗遭到高句丽和百济联军的攻打，战事危急，新罗王派使节来唐乞援，唐王派使臣予以调停。高句丽的大将盖苏文，独揽朝政不听劝阻，反将唐朝的使臣囚禁不放。两年前，高句丽的荣留王见盖苏文欺上辱下残暴凶狠，就与朝中诸臣密议决定将其诛之。盖苏文得知此事提前动手，他带领亲信诛杀诸臣及荣留王，另立王族臧为高句丽之主，号为宝藏王。盖苏文自封为莫离支，太大对卢，独掌朝政，他侵扰邻帮蔑视大唐，羞辱其使。唐太宗大怒，派李世勣于贞观十八年十一月，率军攻打高句丽。第二年四月，唐王亲自跨海东征，李世勣等于四月破建安，拔盖牟城，擒杀盖苏文，事后将此改为盖平以纪此役。人们不耻盖苏文的人品，后人将盖姓改为葛音以示区别。这些儒生通古达今侃侃而谈，冲淡了袁寿臣的苦闷心情，他决定将林家母子留在这里调治。林夫人沉疴在身店家不愿留宿，四处漂泊又非长久之计，袁寿臣见盖平这座古城，西邻大海，背靠群山，是个山清水秀文风极盛的地方，住在这里既能让义嫂调治疾患，又能让天佐及早进入书院读书。

主意拿定袁寿臣就回到客栈，他把自己的想法说出。林夫人已经病入膏肓，无力再四处奔波，她完全赞同袁寿臣的决定。袁寿臣来到辰州文社，拜访茶馆结识的朋友，他把购置房产的意愿说出，那些儒生非常热情，很快就在东关联系到一处新居。有了自己的家，林夫人的病情也有所好转，袁寿臣这才能够脱身，他沿着林沛雨的足迹向北，来到建州的古勒寨、费阿拉和赫图阿拉老城。经当地人讲解袁寿臣这才明白，当年的建州卫是个由北向南不断变迁的治所，他们先在牡丹江一带聚集，然后横跨吉林，几经辗转才来到辽东，在那设立建州卫，随着势力的壮大又增添了建州左右两卫，清朝迁徙的情节曲折没有人能说得清楚。袁寿臣边走边问，从土著人的谈话中得知，清朝的丧葬习俗是按萨满教进行的，进关后才改为中原的仪式下葬，关于龙脉的传说已经很久。

农历九月，袁寿臣来到海林河南岸的旧街镇投宿，那就是当年的宁古塔老城，康熙五年，朝廷又在老城的东南，新建一座宁古塔城，后来改为宁安城，要想查找清廷皇室的先祖，必须从老城下手。临近河岸的客栈不大却很古朴，透着当年满族人的生活习性，时值中秋这里的天气已经寒冷，黄昏后店里的客人就围坐在前厅的火炉旁，一边喝酒品尝野味，一边畅谈天南地北的见闻。有两个常到此地的中原客商，与这里的人相熟，他们想请店家帮忙，雇几匹驮马进山收购皮毛、山货和药材等。客栈的主人说：你老有所不知，如今雇人非比往年那样容易，谁也不敢进山。客商觉得奇怪就追问道：为什么不敢进山，难道山里有什么精灵作祟。店家说：去年也是这个季节，你们这些生意人已经离开，仍有一些中原人滞留不走，他们从不过问生意上的事，专门询问皇上先祖的身世，尤其对那些葬身处特别感兴趣。开始没人主意，后来见他们拿出一些稀奇古怪的东西，在山上观望测量，这才引起当地人的警觉。

军户首领得知此事秘密派人监视，最终制订了抓捕方案。军户首领召集了五百多人，将那些来路不明的人围在山中，原想把他们全部活捉。没想到这竟是一群亡命之徒，他们见状并未惊慌，各自抽出刀剑与军户厮杀起来，那些外来人临危不乱进退有方，像是久经训练的杀手。那些神秘的人物只有近百名，却敢与人多势众的军户死战。军户绝非等闲之辈，他们多为猎户出身，动作敏捷敢于近身与虎狼搏杀，这些勇士奋力向前仍然无法取胜，伤亡的人数越来越多，无奈之下才吹起号角，向其他城寨的军户求助。不到半个时辰，其他地方的军户闻讯赶来，陌生人见状忙向东北方向的密林中逃走，军户本是当地的猎人，善于登山穿林又熟知这里的路径，哪能让那些凶手逃走，他们抄近道围追堵截。有个虎面虬髯的大汉，从逃走的人群中闪出，阻挡军户追杀掩护同伴逃走。军户之间本是父子兄弟，死伤者的亲友已经杀红了眼，为了给亲人报仇，他们蜂拥而上，将虎面大汉围在当中死战。远处的密林中传来几声呼唤：林进士赶快撤走，不要与这些满族纠缠，咱们还有重任在身。被称为林进士的大汉，并不理会同伴的呼叫依然挥舞钢刀，将眼前围攻他的四名军户砍倒，众人惊惧不敢靠前，虎面大汉这才退走。围追的人越来越多，其中有胆大不惧者，他们呐喊着扑上前来。虎面大汉再次停住脚步，反回身来迎战，他的刀法凶狠性情剽悍，敢在重围中横冲直撞，手中的钢刀上下飞舞，眨眼之间又有多人伤在他的刀下。围追的人见同伴断臂少腿，哀号之声摄人心肺，众人胆寒纷纷躲避，虎面大汉这才收刀后退。军户首领不敢强攻，他们聚在一起商量决定，先用弓箭和火铳在远处施放堵截，再让猎狗上前撕咬，最后再让军户发起攻击，密林峻岭配上这种安排，来路不明的陌生人必死无疑。箭矢横飞，铳弹爆响，上百条猎狗在主人的驱使下狂叫着扑来，身陷绝境的虎面大汉发起狠来，他从怀中掏出火石和绒绳，将地上的枯枝败叶点燃。深秋季节关东多为北风，天气干燥枝叶枯黄，火头随风蹿上树梢迅速向南蔓延。猝不及防的军户和猎狗忙想逃走，可惜为时已晚，火借风势翻卷而来，眨眼之间就将他们吞噬。葬身火海的军户和猎狗，在烈焰中发出凄厉的尖叫，让人感到毛骨悚然，劫后余生的军户四散逃走，再也不敢去追那些陌生人。这场大火整整燃烧了两昼夜，直到海林河才被阻断。经军户首领事后统计，此役共造成二百七十四名军户死亡，一百多人负伤，敌方也有二十一人死亡，其中六人是在受创后服毒自杀，经过这次较量，当地的人再也不敢进山。店家讲得惨烈动人，两个中原客商竟忘记了生意上的事，他们继续追问下情。店家接着说：此事关系重大不能隐瞒，军户首领联名向朝廷申报，请求派人前来查证围剿以绝后患。

警报传到朝中，咸丰看后感到奇怪，早朝后就把几位亲王和身边的重臣留下，他拿出关外传来的警报共议此事。咸丰的异母六弟，恭亲王奕䜣首先开口。他说：乱匪占据南京，伪称天王，他们的家园和祖坟已被咱们捣毁，为了泄愤乱匪可能照猫画虎以牙还牙，也想捣毁咱们的祖坟。怡亲王载垣反驳说：此事绝非那样简单，一年前就有传言说，全匪派人出关，寻找皇帝先祖的阴宅，测到龙脉予以断之，以此动摇大清的国祚。载垣不懂风水术，王府有位书吏是此道中的高手，回到府上，他就把那位书吏找来详问此事。书吏见怡亲王单独召见询问风水，他认为升迁的机会来了，就极尽所能地讲了起来。书吏说：藏风聚水，再配以九曲迂回的地下暗河，那种地方就是龙脉，不过像那种巧合的地方极少，如能把先人的遗骨葬在那里，他家的后人必将发达。兹事体大，关乎大清王朝的安危，怡亲王并未向书吏说出实情，只是破格将他提升为七品给事，留在身边以备后用。为了查出实情，载垣曾暗中派人观察此事，最后竟无果而终，他以为是民间的讹传就不再理会，没想到竟成为事实。咸丰听后疑心顿起，他惊恐不安地说：难怪朕的身体欠佳，原来是乱匪从中捣鬼。

咸丰命身边的侍卫到怡王府，把那个给事找来询问详情。懂风水的给事姓葛名丹，丹阳句容人，自称是三国时期吴国著名的道士葛玄之后。葛玄，字孝先，师承左慈，曾受太清、九鼎、金液等丹经，隐于合皂山修道，被尊为太极仙翁，深受吴主孙权的尊崇。从孙葛洪，自号抱朴子，赐爵关内侯，论著颇丰，壮年后驻足罗浮山炼丹，是个半人半仙的人物。葛丹深得家传，对堪舆术有独到的见解。咸丰皇帝迫不及待地问起龙脉，葛丹说：想断龙脉绝非易事，首先要找出隐龙的头尾，然后才能用锁龙头、牢龙尾、斩龙腰、断龙爪和揭龙鳞这五种方法去断龙脉。咸丰与众臣听不懂葛丹的话，载垣让他讲得通俗一些。葛丹说：在龙脉的准确位置上打井、劈山、截流、改道和封堵，以此改变当地的形貌，那就是所谓的断龙脉。话到此处咸丰这才明白，他加封葛丹为四品道员，带人出关勘查，重点保护先祖的陵墓不被侵扰。葛丹说：皇室的陵寝贯通南北并未葬在一处，必须按照关外的老档，查出各位先王的墓地，然后再到关外实地考证，那样才能弄清，是那一代先王的遗骸葬在龙脉上，到那时才能有针对性地加以保护。咸丰觉得葛丹的话很有道理，他命人把宗人府的宗令找来，让他协助葛丹查办此事。宗令知道事关大清的安危，他不敢怠慢，忙把葛丹领到宗人府，查阅那些难得一见的满文老档。

宗人府是管理皇室宗族的署衙，共有八千多人，他们熟知皇族的秘密。根据满文老档的记载，葛丹得知，从猛哥帖木儿至塔克世，传承六代，历经二百多年，他们的生平事迹记载详细，唯有努尔哈赤的高祖，锡宝齐篇古没有任何文字记载。葛丹觉得奇怪就向宗人府的老者询问详情，宗人府的管事各个闪烁其词，不肯明确回答。在葛丹的追问下，宗令才说：听老辈人讲，锡宝齐篇古生性平庸，死因也不光彩，曾遭到族人的厌弃。据说，当年有位游方的道士见到锡宝齐篇古时，说他生平碌碌死后却能荫及子孙，是舍枝固根之命。葛丹听后这才清楚，根据记载和传闻，他绘出清朝皇室先祖的丧葬地点。经过十几天的精心筹划，葛丹决定启程，咸丰派大内侍卫郎鑫和桂秋，带领二百名禁军随行，并赐给他们一块令牌，凭此可以调动沿途州城的兵马。

出关后，葛丹等人首先来到盛京城北的昭陵，那里是皇太极的陵寝，随后又到城东的石咀头山，那是埋葬努尔哈赤的福陵，两处守陵的将士并未发现可疑的人员出现。葛丹等人继续向北，他们来到建州的启远山，那是觉昌安和塔克世父子的永陵，经过测查也没遭到破坏。葛丹求功心切，他催促人马疾行，按着皇室先祖的辈分查找，最后来到海林河。根据传闻，找到锡宝齐篇古葬身的高山，那就是陌生人出没的地方。为了找出神秘人物的藏匿处，查出他们的来历和目的，郎鑫从近处几座州城调来两千人马，又从民间征集到一千名军户，由桂秋率领进山搜寻。郎鑫亲自率领二百名禁军，伴随葛丹测查锡宝齐篇古的墓地，那里是否存在龙脉。两路人马分头进行，桂秋将三千人马分成十队，齐头并进，相互配合，很快就找到陌生人逃走时散落的物品。从遗物中就能辨出，那就是出关的太平军，他们由当朝的进士林沛雨率领。找到了线索，桂秋十分高兴，他督促人马用心搜索，这里地广林深，经过二十多天搜寻仍无尽头。携带的粮草全部用尽无法再往前走，桂秋这才下令返回驻地。郎鑫伴着葛丹进山后，立即封锁山间的通道，不许任何人出入，时隔月余禁军竟抬着葛丹的尸体出山。郎鑫见众人面露惊诧，就神情平淡地说：昨天晚上，不知是什么人将葛丹暗杀，今天早晨才发现他的尸体。有人看到葛丹的创伤，那是一刀断喉的致命伤，众人觉得奇怪又不敢多问。郎鑫与宁古塔的守将密谈多时，才带着葛丹的尸体率部回京。事隔多日才从军户首领那里传出，葛丹是被郎鑫除掉，具体原因谁也说不清楚。据猜测，可能是葛丹知道皇家的秘密太多，因此才丢掉性命。店家把自己知道的一切全部讲出，众人听后叹息不止。袁寿臣暗自庆幸，碰巧听到林沛雨的确切消息，照店家的说法，义兄和剩余的太平军仍在深山之中。葛丹之死耐人寻味，不知是被太平军除掉，还是被朝廷灭口。袁寿臣决定进山寻找，他购买了抗寒的衣物和腊肉等食物，傍晚后，避开闲杂人员悄悄地进入大山，开始了漫长的探寻。

内忧外患闹得咸丰心神不安，郎鑫和桂秋回京后不知密奏了些什么，年仅二十多岁的清帝竟疑心重重，总以为自己将不久于人世，他对朝中的事不像以前那样关心，常带着后妃到热河行宫休养。进宫不久的兰贵人见状，主动上前替咸丰打理朝政，批阅奏章。咸丰视而不见，躲在一旁乐得清闲。一年后兰贵人生下一子，取名载淳，子贵母尊，咸丰加封兰贵人为懿妃，随后又进贵妃。这位年轻的贵妃对自己的亲子并不在意，对于朝政却情有独钟，时间一长就引起咸丰的警觉，他联想到断龙脉的事，病情越加沉重。三十岁的咸丰已渐成熟，他怕皇室的大权旁落，忙召集怡亲王载垣、郑亲王端华、协办大学士户部尚书肃顺，御前大臣景寿以及军机大臣穆荫、匡源、杜翰、焦佑瀛等八人，受遗命总摄朝政，辅佐年幼的皇子载淳，改元祺祥。这时的兰贵人已是皇后，咸丰怕唐周之变重演，为了预防母后夺权，咸丰命东西两宫太后不许回京，留在热河行宫居丧。咸丰皇帝绝未想到，他的尸骨未寒，这个正黄旗的女人竟内外勾结，除掉八名顾命大臣，发动了宫廷政变，她明目张胆地改换祺祥年号，以同治年号为名，达到个人专权的目的。爱新觉罗氏的大权旁落到叶赫那拉氏的手中，更让人不解的是，自从断龙脉的事件发生以后，直到清朝灭亡，同治、光绪和宣统等几代帝王都没有子嗣，这也许是天意，也许是巧合，也许是冥冥之中早有定数。

第十五回 救难女火烧妓院 辞故乡随师南返

进入深山林海以后，袁寿臣按着有人踩踏过的痕迹摸索着前进。越过几座高山，地上遗留的印记逐渐模糊不清，袁寿臣停住脚步向四处观望，前边的密林中散落着啃吃剩下的兽骨，以及仍未燃尽的余灰，树干上留有多处刀刻的十字，那是拜上帝会的标记。上述几种迹象足以证明，林沛雨所率领的太平军，已经逃过军户的追杀，袁寿臣顺着那些足迹继续前行。进山后的第七天风云突变，鹅毛一样的雪花被狂风吹得满天飞舞，遮天蔽日，星月难见，前行的方向顿失，厚厚的白雪覆盖在大地上，川河路径全都不见，站在茫茫的荒野中不知路在何方。袁寿臣生长在中原，从未见过这种场景，他感到惊慌和茫然，天气严寒不能停留，以免被冰雪覆盖冻僵致死。这种天气昼夜难辨，袁寿臣紧抓着马的缰绳茫然地前行，天无绝人之路，经过漫长的跋涉，密林中出现一座用乱石垒起的棚屋，上面用枯枝和茅草封顶，墙体大半被积雪掩埋。绝处逢生的袁寿臣心中狂喜，忙把冻得发抖的白马拉进石棚避寒，他把里边的积雪清扫干净，锅灶与炊具全都显露出来，这里是淘金者，或许是挖参人曾经住宿的地方。袁寿臣把马背上的东西卸下，点燃灶下的柴草，融化雪水供人马饮用，饱餐后，他在灶下填满枯枝继续取暖，缓解疲劳的身体。袁寿臣倒头便睡，不知过了多久才苏醒过来，他感到双腿疼痛无法站立，那是风寒所致，经过半个多月的调养才能走出石棚。外边的风雪已停，高处的积雪已被烈风卷走，露出地面上的枯草。袁寿臣牵马出来让它自寻食物，他在近处采摘一些松子和菌蘑，有时还能猎到一些山鸡和野兔。

生活平静下来，袁寿臣的内心却焦躁不安，他希望能及早见到义兄，更希望能尽快走出大山。在一个风和日丽的早晨，袁寿臣带上钢鞭、短刀和袖弩踏雪出行，他想找到有人活动的痕迹，顺便踩探出山的路径。日近中午，途经一座高山的南麓，突然从树丛中传出奇怪的喘息声，不知那里隐藏着什么。袁寿臣警觉地抽出钢鞭悄悄地向前探视，凑到近前才看清楚，树丛后面有个山洞，一只黑熊正躺在里边冬眠。袁寿臣稍加犹豫才决定出手，他不知要在这里等待多久才能离开，必须储备足够的食物。袁寿臣迈步上前将黑熊打死，然后用短刀分解，背回石棚储备起来，事后他又多次外出探路，希望能尽早脱离险境，最终都未能成功。春季到来，被困在深山里的袁寿臣终于度过了严冬，他没找到义兄还差点丢掉性命。袁寿臣的双腿肿痛，移动困难，无法再往前探寻，只得先返回盖平调治，然后再做决定。

回到盖平城内购置的新居，袁寿臣上前敲门，等了很久才有人出来开门。林夫人带着孩子疑惑地看着这个敲门人，问他有什么事。袁寿臣觉得奇怪，连忙呼唤大嫂和两个孩子。林夫人这才认出半年不见的袁寿臣，他被困在荒山长达数月才侥幸活着回来。袁寿臣变得骨瘦如柴，满脸都是紫黑色的冻疮，如今已经春暖花开，他依然穿着破旧的脏棉衣，与往日相比判若两人，根本就无法辨认。袁寿臣刚想述说半年来的经过，双眼含泪的林夫人却抢先开口。她说：二叔不必再去冒险，你也是个有家室的人，我们林家不能无休止地拖累你，我替沛雨求你一件事，天佐和玉珠这两个孩子无依无靠，今后不管是送人或是寄养，只要能让他们活下去就行，希望二叔酌情处理，这就是我们夫妻最后的乞求。病入膏肓的林夫人出言绝望，袁寿臣感到凄凉却又不知如何安慰。苦苦等待的林夫人，从袁寿臣的神色就能猜到这次出行的结果，林沛雨的下落仍然不明，她感到绝望，再也支撑不住沉重的病体，当天夜里就走完了短暂的一生。袁寿臣带着两个幼小的孩子，将林夫人葬在大清河南的高山上。经过两个多月调治，袁寿臣的双腿已见好转，他想把天佐和玉珠带回原籍，交给妻子代为抚养，这里的房屋暂由辰州文社的朋友看管。袁寿臣备好车马择日启程，历经六天来到山海关，直奔常春堂药铺，他要向齐掌柜道别，顺便探听一下时局的变化。

自从雉河集归来以后，袁寿臣在关外的帮会和武林中名声大震，大家都知道他是个深藏不露的高人。齐掌柜把袁寿臣奉为圣人，如今见他来到异常高兴，忙派人摆酒为这位挚友接风。为了不使谈话外泄，齐掌柜屏退左右，独自与袁寿臣饮酒畅谈，他先询问林家母子的近况以及林沛雨的下落。袁寿臣叹着气把半年来的经过说出，最后才谈到回原籍的事。齐掌柜听后连忙予以制止，他说：从中州分舵那里传来的消息说，自从朝廷派人到关外核查龙脉的事，咸丰皇帝如同中魔一般，整日惶恐不安，严令刑部查找林沛雨的下落，生要见人死要见尸。随后又抽调郎鑫等大内侍卫再回河南，严惩与林沛雨有牵连的人，他的义弟黄百川已被革职，如不是当年战败太平军，解开封之围有功，这位荥阳守备必被关进大牢，你与林沛雨的关系密切也在查找之列。袁寿臣听后昂首叹道：看来我是有家不能还，只能在外继续漂泊。齐掌柜见袁寿臣的心情烦闷，就劝解道：目前太平天国正与清军在长江两岸厮杀，清军连连受挫，如能驱除鞑虏何愁不能还乡。袁寿臣不能拂齐掌柜的善意，只能点头附和，从此打消了回家的念头。

不能回家与妻儿团聚，只得带着两个孤儿再次返回盖平，袁寿臣把七岁的天佐送到学馆读书，经文社的商秀才推荐，他把前街一位姓史的老太婆请到家中，照顾这两个孩子的生活起居。丧夫无子的史老太婆以拆洗缝补度日，生活极其艰辛，来到林家以后，她把天佐和玉珠当成自己的子孙那样疼爱。袁寿臣深感欣慰，他把整个家务交给这位姓史的老人操持。袁寿臣想让林沛雨的儿子成为文武双全的人才，他把天佐送到东关的永胜镖局，拜鬼影无形杨威为师。天佐与玉珠的生活起居安排妥当，袁寿臣又想起义兄，根据林沛雨的禀性和人品，只要他有三寸气在，必将与清朝抗争到底，绝不可能躲在深山苟且偷生。袁寿臣想要另找途径寻找，他不顾别人的讥讽和劝阻，买来刀枪铜锣和链子鞭，装扮成江湖艺人游走于繁华的集市，专找人多的地方鸣锣呼叫，林沛雨如在近处必能将他吸引过来。经过多年奔走，仍没访到义兄的踪迹，却意外地救下荣耀并把他收为弟子。荣耀的遭遇唤起袁寿臣的怜悯之心，他把这个孩子带在身边，立字振武，师徒二人结伴行走江湖，继续查找林沛雨的下落。多年后林家兄妹终于长大成人，玉珠出落得亭亭玉立，她于十八岁那年出嫁。林天佐的性情豪放有乃父之风，深得杨威的信任，老镖头把永胜镖局的生意全部交给这位爱徒操持，并把女儿许配给他。林天佐总想等到父子团聚时再行完婚，因此婚期一再推迟。

袁寿臣于咸丰五年出关，历经咸丰、同治两帝，屈指算来，离家在外已经漂泊了十九年。太平天国的风波过去以后，官府对此逐渐淡漠，不再像以前那样严查深究。袁寿臣又萌生了返回故乡的念头，只是离家太久心中有愧，无法面对自己的妻儿，因此才迟迟不能成行。载湉登基，改元光绪，年近五十的袁寿臣再不回家，必将把这身枯骨扔在异乡，他决定带上多年积累的钱财回家，向妻儿说明原因求得他们的谅解。主意拿定，袁寿臣就把弟子留在海城租住的家中看守门户，只身来到盖平，他把自己要返回故乡的决定说出。林天佐听后泪流满面，当即跪倒在地不肯起来。他说：林家父子拖累二叔太久，致使你老无法回家，小侄至今不能答谢，容等日后补报。林天佐不再固执地等待父亲，他改请袁寿臣这个异姓长辈，在分别之前为自己主婚。袁寿臣与杨威见林天佐答应完婚，自然高兴，他们撒下喜帖，遍请各地的朋友到盖平助兴。杨老镖头既是岳父又是师父，他带着永胜镖局的伙计操办这场婚礼。

师父走后，荣振武独自留守家中，聚精会神地练功习字，这时他已闯荡江湖七年，是个十四岁的半大青年。下午未时，从对街传来少女的哭喊声，荣振武的心头一震，这种悲叫声与桃花姐姐极其相似。八年前桃花被卖，她就是带着这种哭声离开家门，至今仍在荣振武耳边萦绕，他再也听不下去，忙走出房门来到对街的妓院外，哭声就是从那里发出的。妓院门前挤满了看热闹的人，荣振武不知里面发生了什么，就凑到近前静听别人的议论。有位老者住在隔壁，知道其中的隐情。他说：有两个人贩在牛庄那边，用迷药迷倒了这个姑娘，然后带到这里卖给妓院，黑心的老鸨子让她接客，这个姑娘至死不从，这才遭到大茶壶的毒打。老鸨子仍未解恨又将姑娘的衣服扒光，任由这两个大茶壶调戏和污辱。围观的人们议论纷纷骂声不止，正在这时几盆脏水从妓院的墙内泼出，人们来不及躲闪就被淋成了落汤鸡，围观的人敢怒而不敢言，他们纷纷离开。回到住处，荣振武的余怒未消，他痛恨妓院的主人狠毒狂暴，逼迫良家妇女干那种下贱的勾当，同时又感到惭愧，学艺七年连一盆脏水都没能躲过，如遇强敌焉有活命之理，正在胡思乱想之际，少女的哭叫声又起。童心未泯的荣振武再也按捺不住，他想趁师父不在之机夜闯妓院，救出少女毁掉这座害人的魔窟。

荣振武要除掉此害以解心头之恨，他腰藏短刀怀揣散碎银两以备失手时急用，夜静更深路上断了行人。荣振武关紧门窗跳到墙外，他见四下无人就快速地来到高墙下，纵身跃入妓院，蹲在暗处观望，整个院落全都熄灯，唯独正厅和茶房仍有光亮。荣振武蹑足潜踪来到窗下，舔破窗纸向里张望，屋内只有老鸨一人，她瞪着小眼抖动着满脸的横丝肉，用那双近似猪蹄的胖手，快速清点那些用肮脏手段弄来的钱财，然后用得意的表情加以封装，为恶多端的娼妇却不知死神已经向她走来。年轻气盛的荣振武怒上心头，他用短刀拨开门闩闪身进去，整理钱财的老鸨子先是一惊，当她看清是个半大的孩子立刻神气起来。惯于玩弄男人的老鸨张嘴就想喊叫，荣振武早有提防，快如狸猫一般猛扑上去，还没等这个女人的叫声出口，他手中的短刀已经插入老鸨子的嘴里，随着手腕的转动，那颗拨弄是非的舌头，随着短刀脱口而出应声落地。荣振武不愿看到这个恶毒的女人在死前露出那种狰狞的面目，他抬腿把老鸨子的尸体踢到墙角。荣振武按着江湖惯例将脏银带走，日后接济那些穷苦的百姓，他稳定一下心神直奔茶房，两个强壮的大茶壶忙碌了大半夜，此时得闲正在喝酒，他们各自吹嘘自己的收获。

妓院雇用的大茶壶多为市井上的无赖，专干偷鸡摸狗的勾当，他们来到这里名为烧水送茶，实际是妓院豢养的打手。荣振武人小胆大，面对妓院的打手毫无惧色，他轻轻地推开房门突然蹿进茶房。还没等打手看清荣振武的面目，其中一人已经中刀倒地，另一个打手见势不妙，转身拿起桌下的钢刀。荣振武一击得手并未停留，他踢开酒桌抢步上前，茶壶以为是强盗趁夜进来打劫，开始有点害怕，当他看清来人是个满脸稚气的半大孩子，大茶壶的胆子立刻壮了起来。常在江湖上混的人都曾练过武功，这个打手也不例外，他也在武馆练过几年三脚猫的功夫，虽然不算高深毕竟强于常人，再加上心狠手黑和多年殴斗的经验，并未把来人放在眼里。荣振武追随名师多年，袁寿臣却未把自己的绝技传授给他，只是出于同情之心才将其带在身边。荣振武虽然没学到真本事，毕竟跟随袁寿臣多年，仍能看到一些皮毛，无意间扎下坚实的基础，他练得周身有力四肢灵活，江湖上行走的艺人绝非他的对手。荣振武亏在没有临场经验，反被对手抢得先机，大茶壶抡起手中的钢刀如同风车一般，缠头裹脑、捋背塌腰、挑砍劈砸、刺撩抽扫，不停地变换着招式。荣振武被逼得连连后退，大茶壶本想一举将他拿下，没想到这个半大的孩子身法灵活进退敏捷，虽处下风并未惊慌，几个照面过后竟能反守为攻。大茶壶心中焦急，他发起狠来，拼尽全力挥出致命的一刀。荣振武见钢刀劈来，他纵身闪到对手的左侧，顺势把短刀刺进他的软肋。大茶壶闷哼一声倒地不起，荣振武见他身受重伤不能害人，这才逼问关押被拐少女的住处。大茶壶内腹受伤无法说话，他指着西边的厢房，惊恐地看着这个神秘的杀手。

荣振武离开茶房，按着打手指点的方向，很快就找到关押少女的地方，摘掉门上的铁锁，闪身进到屋内，这里只有姑娘一人，她瞪着惊恐的眼睛龟缩在角落里。荣振武压低了声音说：你不要害怕，赶快从这离开。被拐的姑娘见他是个陌生的孩子不肯相信。荣振武唯恐夜长梦多再出意外，他掏出怀中的散碎银子递给姑娘，将其拉到妓院的大门外，让她顺着前边的大道，朝着有月亮的方向前行，那样这能回到牛庄。被救的姑娘死里逃生，她连句致谢的话都没来得及说就向远处奔去。荣振武怕露出行踪连累师父，他再次回到妓院查看，茶房里的打手全都死亡，为了摆脱杀人的干系，荣振武抽出茶炉里的火种，将室内贮存的柴垛点燃，等到大火蔓延以后，必能将死者的尸体烧毁。火起以后荣振武迅速离开，当他走出妓院的大门以后，又担心那些下贱无耻的妓女和嫖客遭殃。荣振武毕竟年少，他捏着鼻子尖声怪叫：快来救火。夜深人静，尖叫声格外刺耳，妓院内外一阵大乱，妓女和嫖客惊慌失措地逃到院子里，他们丑态百出各自逃命，事前那些甜言蜜语早已抛到九霄云外。荣振武趁乱离开妓院，大火整整燃烧了两个时辰，直到天明才被扑灭，整座妓院化为一片灰烬。官府派人到这勘查，有人说是盗匪打劫。也有人说，这是被拐少女的家属前来救人，顺便予以报复。还有人说，妓院作孽多端才引发了这场天火。差官寻找目击证人，那些嫖客早已逃得不知去向，只有瑟瑟发抖的妓女光着身子无言以对。回到住处荣振武才感到害怕，不知师父回来如何处置，他最担心的就是被逐出师门。荣振武怕官府挨家搜查，他用碱水清洗短刀上的血迹，自己穿戴的衣裤鞋帽全都放进炉灶付之一炬，然后又用热水从头到脚清洗一遍。荣振武换上新衣离开家门，忐忑不安地挤在人群中，静听别人对妓院失火的评论。

林天佐完婚后，袁寿臣总算了却一桩心事，他返回海城收拾储存的物品，准备回河南老家。荣振武不敢隐瞒，他把妓院救人的详情讲出。袁寿臣听后惊出一身冷汗，他本想对他痛斥一番，转念一想又打消了这种念头，自己即将回家，马上就要与这个相伴七年之久的孩子分手，何必在离别前留下恶念。再说，荣振武的本意并未错，那是除恶扬善的侠义心肠，他与那些助纣为虐的恶人相比有天壤之别。袁寿臣沉思了片刻才说：天下不平之事不胜枚举，哪能尽随人意，即使那些行恶之人，也要留给他们自新的机会，处世要有容人之量，不可刚强过度，以免众叛亲离横祸飞来。对于师父的教诲，荣振武听完似懂非懂，他把这些话牢牢地记在心中。晚饭后，袁寿臣又把练武人难懂的乱环术传授给荣振武。诀曰：乱环法术最难通，上下随合妙无穷。任敌来势千钧力，四两千斤招法成。手脚齐到横竖找，制胜隐于进退中。此术内藏五行，暗含八卦，合为十三式。这是一种简捷实用却又寓意高深的防身术，如遇强敌凭此便可全身而退，后人称其为太极。这就是袁寿臣在回家前留给弟子的礼物。乱环术本是袁家祖传的九艺之一，再加上多年苦练的根基，直到这时，荣振武才算是袁寿臣的入室弟子。

袁寿臣在关外行走了十九年，虽然没找到林沛雨，却结交了很多武林中的朋友，有几家镖局的主人听说他要返回故乡，纷纷过来劝阻，希望他把家眷接到关外居住。袁寿臣谢绝了众人的盛情，他不能离开先祖居住的地方。尹镖头仍不死心，他邀来天地会的朋友和常春堂的齐掌柜，重忆当年郭庄遇险时的旧事，以此挽留生死与共的老友。袁寿臣叹着气说：不怕众位见笑，随着年岁增长，对妻儿的思念之情愈甚，为此彻夜难眠，他感到太累，所以没到五十四岁就想退出江湖，返回故乡与家人团聚，安享天伦之乐。尹镖头等人把袁寿臣视为靠山，每当他们接到大宗生意，总要请袁寿臣暗中相助，因此不愿让他离开。不管袁寿臣如何解释，尹镖头等人仍然围在左右苦苦地挽留。袁寿臣被逼无奈，只得按照江湖上的规矩，摆上香案立下重誓，当众从铜盆的清水中捞出制钱抛掷于地，以证金盆洗手，从此不再过问江湖上的恩仇。尹镖头见袁寿臣的决心已定，这才无奈地离开。

辽河号称关外第一河，全长两千七百多里，由东、西两河汇集而成。西辽河发源于河北七老图山脉的光头山，东辽河发源于吉林的哈达岭，两河在福德店汇集向南，沿途接纳招苏台河、清河、柴河、汎河、秀水河、养息牧河、柳河、浑河、太子河等九股支流，于营口进入渤海，因此人们常说，营口是九河下梢之地。咸丰八年五月（1858年6月），英法俄等国在武力的威胁下，逼迫清廷在天津签订条约。规定外国公使进驻北京，增开牛庄、登州等十处为通商口岸。后经实地勘查，将牛庄口岸改在河海交界的无名小村，通商更为便利。袁寿臣于咸丰五年出关，当年这里只停靠着捕鱼的小船和为数不多的三桅货船。《天津条约》签订至今已经过去十七年，这里不但建起多家规模不等的码头，英法俄德等六国，还在这里设立了领事馆，这座新兴的小镇成为关外第一港，国内外货物的集散地。袁寿臣积攒的钱财多半存在这里，他带着荣振武回来，想把弟子送归家中，同时取走自己的钱财。

听说让自己回家，荣振武犹如五雷轰顶当即痛哭流涕，他哀求师父带他同行。袁寿臣与荣振武形影不离已有七年，也觉得难以割舍。他老泪纵横地说：我回家是为了父子团聚，哪能再拆散你们的骨肉之情，我对你今后的生活有所安排，等你长大以后自然明白。荣振武见师父满脸是泪，不能再往下争辩，只能按照他的吩咐去做。回到家中，正碰上荣福生与叶丽香吃饭，他们见荣振武回来，不由得一愣，当即放下碗筷凝视着他们师徒二人。袁寿臣深知他们夫妻的为人，因此用不着委婉客气，直接把来意说明。听说让荣振武回家，叶丽香沉下脸来面对着袁寿臣说：当初领人时并未说半途送回，你这种做法就是违约，我们要与你对簿公堂。袁寿臣不愿理睬这个女人，他仍然对着荣福生说：我于近日就要返回河南老家，无法再收留你的儿子，如今我给荣振武留下三百两银子，作为今后的安家费，因为孩子的年纪太小，暂时交你代为保管。听说留下三百两银子，荣福生愣在当场不知该说什么才好。叶丽香的反应倒快，她抢步上前眉开眼笑地接过银子，娇声说道：这样最好，我们全家再也不用分离。袁寿臣不愿在这久留，他转身离开这对龌龊的夫妻。荣振武也不愿待在这里，他跟着师父回到临时的住处。

有些交情过密的朋友闻讯赶来，轮流宴请袁寿臣。荣振武见师父忙于应酬，他急忙回家做出走前的安排。叶丽香拿到银子满心欢喜，她把荣福生留在家中，陪她逛街购买服装首饰。两个人正在热议，荣振武却突然回来，他要索回一百两银子。听说索要银子，叶丽香沉下脸来，摆出一副长辈的姿态斥责道：小小年纪，有你吃的，有你穿的，要银子干什么用。荣振武已经不是七年前的小孩，他目闪精光厉声喝道：这是师父留给我的安家费，不能任由你来挥霍。荣振武积怨已久，诸多往事涌上心头，他面现杀机，怒视着这个狠毒的女人。叶丽香的心头一颤，她自知理亏，无奈地拿出一百两银子。银子到手，荣振武这才吐出心中的恶气，他对自己的家庭感到绝望，从此再也没进过这个家门。

荣振武惦记桃花的处境，他向周围人询问姐姐的近况。据邻居讲：桃花已在半年前与魏家的长孙完婚。荣振武怀揣银子直奔沟西，来到魏家的门外停住脚步，以前他曾来过，每次都是躲在暗处观望，等到四下无人再出来与姐姐相见，倾诉自己的不幸。被卖到这里的桃花无力呵护小弟，只能偷偷地从魏家拿点吃的东西给他。后来荣振武才发现，桃花递东西时面带惊恐，她的手在不停地哆嗦，从那时开始，他才知道姐姐的处境艰难。为了不给桃花增添麻烦，荣振武再也没到魏家，距今已有七年多。荣振武现有一百两银子，为了能给姐姐找回尊严，洗刷年幼被卖的耻辱，他站在魏家的门前叩打门环。荣振武要代表荣家来会魏家这门亲家，出来开门的正是桃花，姐弟二人多年不见，双方的变化很大几乎不敢相认，他们感到亲切而又陌生，全都愣在那里不知说什么才好。还是久闯江湖的荣振武首先开口，他祝愿姐姐婚后幸福，然后让她带路，前去拜见魏家的尊长。荣振武的言行让桃花感到震惊，她做梦也没想到，寡言少语的弟弟竟会变得能说会道。听说要见魏家的长辈，桃花吓得脸色煞白。她说：魏家老太太是个爱挑过节的人，平时心气高傲，对晚辈管教甚严，就连桃花的公婆也经常遭到她的斥责。荣振武说：就是因为这个缘故他才过来拜访，桃花见小弟执意要见只得硬起头皮带路。

见到那个干瘦的天津老太婆，桃花提心吊胆地上前引见，魏老太太原本就瞧不起荣家夫妻，如今见荣振武是个半大孩子，更没把他放在眼里。她对荣振武上下打量一番，然后不冷不热地吩咐桃花，带他下去吃饭。荣振武站在那里没动，他说：多谢亲家老奶的关爱，这顿饭暂时不吃，留待日后再用，今天来此是为桃花姐姐补办嫁妆，顺便请魏家老少到望海酒楼相聚。说完取出五十两银子放到八仙桌上。意外的变化让在场的人感到震惊，魏老太太忙站起身来让座。她辩解说：自己的年纪已大，耳聋眼花没看清是谁，还望亲家小哥见谅。明知魏家老太婆前倨后恭的原因，荣振武却不能戳穿，他故作糊涂与其应酬。魏老太太心中疑惑，孙媳的父亲是个没有主见的脚夫，他的收入微薄，续妻叶丽香放荡不羁挥霍无度，荣家根本就没有隔夜之财，他的儿子为什么出手如此阔绰。为了弄清银子的来历，魏老太太与荣振武拉起家常，借此盘查真相。荣振武毕竟是个孩子，他不会编造谎言只能以实相告。魏家老少见荣振武是个有志气的人，他们深受感动不停地夸赞。桃花明白小弟的良苦用心，她再也忍耐不住心中的悲愤，随即放声痛哭起来。魏老太太自知平日太过苛刻，她拉着桃花的手予以安慰。荣振武来此就是要给姐姐争得一席之地，从此摆脱婆家对她的歧视，此行的目的既已达到，他不再为被卖的姐姐担心。

第二天，荣振武到黄家杠房聘请鬼头，这是当地名气较大的白事执宾，在这位阴事者的指引下，他在董家木铺定做了一副五鼓三圆的上等棺材，又请石匠镌刻了石碑和镇墓兽。一切准备妥当，荣振武再次来到姐姐家，请姐夫全家以及原来熟悉的同乡，帮他重修母亲的坟墓，再次下葬，荣家姐弟痛哭不已，熟知详情的人纷纷落泪。事后，荣振武宴请了所有的到场者，索要回来的百两银子，共操办了嫁妆和修坟这两件事。多年的心愿了却，荣振武又回到袁寿臣的身边，帮助师父打理回家的事务。经过多日筹备，袁寿臣将寄存在各地的财物全部取回，为了不让友人前来送行，他与脚行约定，对启程的时间密不外泄。启程的那天晚上，荣振武与师父忙碌了大半夜，才把所有的箱笼封装完毕。袁寿臣亲自到灶台回勺热菜，准备与弟子进最后一顿晚餐，等他把饭菜做好却不见荣振武的踪迹。袁寿臣暗自猜想，跟随自己多年的弟子可能和他一样，临别前心里难受躲到没人的地方伤心流泪。袁寿臣也没有心情吃饭，他把做好的饭菜放到一边，静等车夫届时备车上路。

天至寅时，车夫过来整顿车马搬装物品，袁寿臣期盼弟子能在这时出现，他想再见荣振武一面。袁寿臣一再拖延上路的时间，结果却让他失望，荣振武始终没见露面。袁寿臣不能再等，只能带着遗憾登车启程，马车在朦胧的晨光中向北，经高坎奔牛庄，西渡三岔河，前边就是郑家店，天色已经黑得不见五指。车上装有很多贵重物品和大量的金银，久闯江湖的袁寿臣暗自提防，这一带是盗匪经常出没的地方不能大意，就在这时车后传来响声，一件模糊不清的东西落在地上。袁寿臣不敢怠慢，他飞身跃起来到近前，只见一人静卧在地上。事发突然唯恐歹人使诈，袁寿臣晃燃千里火，借着亮光探身察看，原来是自己的弟子荣振武。袁寿臣关爱弟子心切连忙把他拉起，荣振武久卧不动，四肢麻木全身僵硬，既不能说话也不能站立。袁寿臣感到奇怪忙把弟子抱到车上，吩咐车夫加紧赶路，到郑家店的客栈投宿。进了客栈，倒在车上的荣振武才缓醒过来。他说：师父不必为我担心。听到荣振武的声音，袁寿臣这才放心，他把弟子扶到床上，喝下半杯热水。荣振武的身体才恢复如初。袁寿臣详细询问事情的始末，荣振武就把回家索要银子，了却两桩心愿的事述说一遍，故乡已经没有任何牵挂，他想追随师父返回河南永不分离。当晚收拾完东西，荣振武就躲到院内的草垛里，整夜不敢合眼，等到车夫把马车套好，他趁师父与车夫忙碌之机，偷偷地趴在方木车轴上，手脚并用死死地扣住车轴。马车上路以后，迎着北风行驶在颠簸不平的道路上，荣振武趴在车轴被震得上下颠簸，左右摇晃，时间过长，他的四肢逐渐麻木最后竟失去了知觉。过河后天色逐渐暗淡，路上有块突起的石头碰到马车的右轮，强大的震动把四肢麻木的荣振武弹出，重重地摔到地上，这就是事情的过程。袁寿臣听完连连叹息，事已至此只能带他同行。

第十六回　传绝艺父子反目　助师兄立足荥阳

车马进入河南以后，归心似箭的袁寿臣突然紧张起来，也许是分别的时间太久，不知该与重逢的妻儿说些什么。过了黄河就是广武，来到自家依然是铁锁封门，房屋破旧了许多，院内杂草丛生，让人产生苍凉之感。当年离家时，袁寿臣曾将宅院托付给西邻照管，他来到这家门前报出自己的姓名。西邻的主人只有三十多岁，他并未迟疑就认出了袁寿臣。钥匙交还，袁寿臣告辞回家，他把房门打开，潮湿发霉的气味扑面而来，师徒二人把车上的东西搬到屋内。袁寿臣与荣振武开始忙碌，他们连夜将房屋打扫干净，事后又请来工匠对这座老宅进行修缮，房屋变得整洁质朴。袁寿臣看后感到满意，这才独自离开广武到洛阳去接妻儿。洛阳曾是九朝建都之地，城池雄伟，市面繁华，袁寿臣避开岳父的店铺径直来到内宅，正碰上妻子、舅嫂与其他几个女人在一起闲谈。王氏比以前胖了许多，脸上已出现皱纹，袁寿臣暗自愧疚，他上前与妻子相见。事发突然，王氏怔怔地看着袁寿臣，半天才回过神来，随即就放声痛哭起来，十九年的思念、忧虑和怨恨交织在一起，同时释放出来。袁寿臣满面通红恭顺地站在那里，连连向妻子致歉。

哭声和吵闹声惊动了王氏的娘家人，他们觉得奇怪，纷纷从自己的房间里跑出来。当他们发现是出走多年的老姑爷回来，连忙让进客厅询问他的去向，还没等袁寿臣坐稳，这些女人又开始埋怨起来。袁寿臣的舅兄实在看不下去，这才出面予以制止。闹腾了大半天，王氏的气也消了许多，她向丈夫询问多年不归的原因。袁寿臣不敢说出实情，只得以谎言搪塞。他说：当年与朋友游历关外，无意中加入了商贾的行列，皆因债务纠缠无法脱身，经过多年打拼，虽然积攒了丰厚的钱财，却耽误了回家的路程，回想起来真是追悔莫及。谎言不能说得过头以免露出破绽，袁寿臣扭转话题，开始询问岳父及其全家人的近况。舅兄叹息着讲述了这些年的变化。听说岳父和岳母都已过世，袁寿臣哀叹起来，自责自己没能尽上女婿的半子之劳。王氏家人见他面现悲色，忙劝解道：人之生死乃由天定，非人力所能改变，姑爷不必过分伤感。袁寿臣又问起自己的儿子，王氏告诉他，奀颋跟随娘舅学做典当生意，如今已能独自经营，只愁没有开业的本金，所以仍留在那里帮闲，两年前他与齐家之女完婚，夫妻之间相敬如宾，去年又生下一子。听说儿子娶妻生子，袁寿臣非常高兴，反复向王氏及其家人致谢。有人出去报信，时间不长，奀颋就带着自己的妻儿过来，全家人总算团聚在一起。袁寿臣把随身带来的礼品分别赠送给大家，同时拿出五百两银子留给舅兄，酬谢岳父全家对妻儿多年来的照顾，一切应酬结束，他带着妻子和儿孙回归广武。见到家中的金银和珠宝，王氏与奀颋兴奋起来，他们每天都守在这些贵重物品的旁边进行估价。家中的事情安排完，袁寿臣就带着荣振武来到荥阳城内，会见多年不见的三弟，想把出关寻找义兄的经过向他倾诉。

袁寿臣护送林家老少逃离以后，断龙脉的风波再度掀起，朝廷多次派人到河南，追查林沛雨的同宗及其友人。黄百川与林沛雨曾是结义兄弟仍未摆脱株连，从疾驰百里苦战太平军，在强敌手中夺取黄河大堤，解救开封于危难，从这几件事就足以证明，他与叛军毫无瓜葛，因此才免遭牢狱之灾。尚天梁的证言难辨真假，咸丰皇帝无法放心，他以交友不善为由将黄百川革职为民永不录用。回家后黄百川的性情大变，整日喝酒发疯无故就与别人吵闹，亲友闻讯过府来劝，仍不见他改变。黄百川为功名利禄所困，听不进别人的忠告，反与亲友结仇。众人见黄百川是个不可理喻的官迷，没有办法解劝，只得离他而去断绝来往。黄百川的妻子是个贤惠的女人，强忍着这种提心吊胆的生活。这年秋季正当妻子临产之际，黄百川又喝酒发疯，他把尚天梁的族叔打成重伤致残，黄夫人在惊吓中产下一女随即死去。这件事对黄百川的打击非常大，他的情绪稳定了许多，随后就变得抑郁起来，整日怨天恨地尤其憎恨林沛雨，赖他毁了自己的家庭和前程。袁寿臣离家多年并不知道这些详情，他仍以当年的情意前来相会，邙山三友曾是历经生死的弟兄，晚年重逢本是一件幸事，结果却出人意料。袁寿臣刚提及林沛雨，黄百川就咆哮起来，大骂林沛雨坑人害己。袁寿臣实在听不下去就与他争辩起来，两位结义多年的老兄弟，初次见面就争吵起来，最终竟不欢而散，从此少有来往。

袁寿臣把关外带回来的钱财和珍宝，全都交到儿子手里。袁奀颋学做典当生意，通识珍宝和古玩，当他看到那只竹节寒玉瓶不由得待在那里，玉瓶算是稀世珍宝难以估价，另有一些字画和古玩都是难得一见的珍品，拥有这么多贵重物品，确实让王氏母子高兴了一阵。袁奀颋与母亲长期生活在繁华的洛阳城，耐不住偏僻寂静的乡间，一天中午他找父亲商量，想把广武的家搬进荥阳城内，选择繁华的地段开办当铺。袁寿臣犹豫了很久才说：咱们袁家世代都以耕读为生，虽然不算富裕却很安康，强似尔虞我诈的生意场，尤其典当那是乘人之危巧取豪夺，非君子所为的营生。袁奀颋随即反驳，他说：无农不稳，无工不强，无商不富，只有经商才能发家致富，那是一条敛财的捷径。为了择业父子二人初次发生争论，袁寿臣离家太久，没能尽到父亲该尽的责任，他始终感到愧疚，处处都对妻儿忍让。全家人分离多年才聚到一起，不能再使父子之间产生隔阂，如今袁奀颋已经娶妻生子，应该让他选择自己的生存之道，袁寿臣只得点头答应。袁奀颋年轻气盛，办事雷厉风行，没用上两个月就在荥阳城内开起当铺。多年来王氏一直企盼着丈夫归来，如今团聚反感到厌烦。袁寿臣经历了很多艰辛，回到家中仍难忘掉，有时呆坐在那里回忆往事，对妻子的问话没能及时回答，王氏以为这是对她的慢待，心中暗生不满。袁寿臣被困在关外的荒山中长达整个冬季，留下了咳喘和风寒的疾患，每当他咳喘不止时，王氏总是远远地避开，厌烦那种刺耳的声音。王氏不愿与袁寿臣住在一起，她搬到荥阳城内与儿孙一起生活。袁寿臣与荣振武仍留居广武这座老宅，全家人聚到一起不足半年又分居住在两地。

转眼来到中秋佳节，袁寿臣带着荣振武到袁奀颋的家中，没想到黄百川和他的女儿黄艳雯也在这里。搬进荥阳以后，袁奀颋与黄百川的宅院相距不远成为近邻，经过几次接触，叔侄二人情投意合往来逐渐增多。时逢中秋，黄百川闷坐家中感到无聊，这才带着女儿来到袁奀颋的家中，两人饮酒畅谈、兴趣正浓的时候，没想到袁寿臣也带着弟子来到。黄百川的脸色阴沉下来，他敷衍了几句就想带着女儿离开。黄艳雯是黄百川的独生女儿，十二年前当她出生的时候，罢官在家的黄百川酒后发疯，致使其妻产后惊吓而亡，所幸女儿安然无恙。酒醒后黄百川追悔莫及，从此就把全部关爱放在黄艳雯的身上，对她倍加呵护，平时父女二人独守家中，只有几个佣人相伴寂寞无聊。如今正逢中秋，行人匆匆，商号热闹，很少出门的黄艳雯不愿回家。黄艳雯见伯父身边有个与自己相差无几的男孩，同龄人有自己的时代语言，她挣脱了父亲的手，躲在袁寿臣的身后拒绝离开。黄百川气得脸色发紫，他没有办法去拉女儿，只能骂骂咧咧地独自回家。

袁寿臣关切地询问黄艳雯的生活起居。黄艳雯早就听说有个二伯离家出走，初次见面就感到温暖亲切，她把家中发生的不幸全都说出。袁寿臣听后，只能劝慰这个不幸的孩子，对于义弟的家事无法评说。借着节日的欢乐气氛，袁寿臣与儿子谈起家史，他想把祖传下来的兵法和武技传授给袁implicit颋，希望袁家的绝艺不能失传。没想到袁奀颋竟断然拒绝，他说：兵者，危术也，纵观古今，知兵之人极少能得到善终，那些自视高明的军事人才，不是死在两军阵前，就是功高震主遭到猜疑而被治罪。先祖袁崇焕就是个实例，他威震边关无人能敌，就连大清的始祖与其对阵，也兵败弃甲受创而死。其子皇太极想要雪耻报仇，他挟怒起兵屡遭惨败多日不敢犯边。京师被围舍命救驾，疾驰千里，士不传餐，马不再秣，独闯敌营，解京师之险。袁崇焕立下扛鼎之功，可称为大明的栋梁，最终竟落了个千刀万剐的下场，不但他自己含冤而死还连累了整个家族遭罪受苦。父亲如要没有这身过人的本领，哪敢独自保护钦犯的家眷远走他乡。再说林伯父，他要是没有文经武纬之才哪能被太平军请走，不但他自己下落不明，还获得了不忠不孝不仁不义的罪名。袁寿臣听后大惊，忙问袁奀颋，你这些话是从什么地方听来的？袁奀颋说：三叔黄百川洞知其中的隐情，他曾讲过多次。袁寿臣听后气得浑身发抖，他反问袁奀颋，这些罪名的根据是什么？袁奀颋说：林伯父考中进士，不报皇恩反而谋叛，此为不忠。获罪后祖坟被掘，此为不孝。抛下妻儿老母只身逃走，此为不仁。连累义弟革职被查，此为不义。听到这里，袁寿臣再也忍耐不住，他大声喝道：蓬蒿之雀，焉知鹄鹏之志。小人总以个人得失为据，不以天下苍生为重，这样的言行如同禽兽一般。

荣振武站在一旁看得真切，唯恐师父与他的儿子闹僵，忙上前解释。他说：黄三叔不理解师父与林师伯的苦衷，所以才有上述那种误判，请奀颋大哥不要轻信一面之词，日久必能见真情。说完就伴着懊恼和失望的师父返回广武。黄艳雯是个明辨是非的刚烈少女，刚才那番争辩让她感到震惊，难怪二伯父有那样的肝胆和胸怀，原来他是袁崇焕的后人。黄艳雯对父亲的言行深表惭愧，他与袁奀颋一样，都是心胸狭隘的势利小人。黄艳雯见荣振武师徒起身，她也随之离开，中秋佳节的团圆不欢而散。回到广武袁寿臣闭门不出，他痛苦地反思着家族的传承。明崇祯二年冬，祖师茶药童预知大祸即将降临，他带着袁家的幼子到这避祸，历经七代，至今已有二百四十五年，袁家一直把这门绝艺传承下来，没想到要在自己的手中失传，追究原因完全由自己造成。十九年前就与年幼的儿子分离，没能对他进行教导，失去父爱的袁奀颋，只能跟在娘舅的左右经商，受到欺买诈卖的熏陶，使他学会了奸佞利己的行事方法，处世不顾大体总是以利为先。袁寿臣急于从关外回来，就是想把袁家的绝艺传授给奀颋，如今却无法实现，为了不使绝艺失传，他想到荣振武的身上，由这个异姓弟子作为传人，如若那样，今后这门绝艺就将与袁家的后人无缘。袁寿臣左右为难，他觉得对不起袁家列祖列宗多年来的苦心和厚望。袁寿臣陷入极度的困苦之中，他无法抉择只能在痛苦中煎熬。

袁奀颋当铺开张之初，各项事务都很顺利，没出百日麻烦就找上门来。一天中午，来了三个油头粉面的中年男子，其中一人手托画卷，递到柜台要求典当。当铺的伙计拿起来细看，原来是一张不堪入目的避火图，伙计觉得奇怪，低头向外张望，原来是当地的无赖到这儿诈当。伙计大惊，忙把避火图推出，当画的无赖哪能善罢甘休，他与接当的伙计争吵起来。听到喊叫，袁奀颋忙从里间出来，手提画眉鸟笼的无赖迎上前来大骂：你们袁家开的是黑店，竟敢在光天化日之下当面调包，把董其昌的《松溪幽胜图》，换成了避火图。袁奀颋跟随娘舅经商多年，很少遇到这种诈当的事，他心中焦急却不知道如何处理。董其昌是明朝的进士，官至礼部尚书，他的人品虽差字画却称为上品，如被这些无赖讹上，事后将难以解脱。另有一个怀抱京巴狗的无赖，趁忙乱之机想要溜进仓房，盗取别人典押的物品。正在这时黄百川踏进当铺，他曾是这里的守备，虽被革职余威犹在。黄百川久经沙场，一眼就能看穿无赖的鬼蜮伎俩，他大声斥骂并要出手，吓得三个无赖抱头鼠窜慌忙逃走。赌场，妓院和当铺，那是三种霸道的生意，市面上的无赖轻易不敢登门闹事。袁奀颋生长在洛阳，他对荥阳的人和事一无所知。黄百川驻守此城多年，熟知这里的官宦和富豪，对于民间那些鸡争鹅斗的小人物并不知情，后经多方探听，才从佣人口中得知了此事的详情。

荥阳城内原有一家济安当铺，传承三代是百年的老字号，奀颋当铺开张后，荥阳城内的典当生意，由一家独揽变成两家平分，济安当铺的生意大不如前。同行是冤家，济安当铺的郑老板无意中露出几句怨言，有几个惹是生非的朋友充当申公豹的角色，他们欺袁奀颋年轻又是外来户，就从本地邀来几个混混诈当。为了壮诈当之胆，三个无赖都没空手，一人拿着避火图，一人抱着京巴狗，另有一人提着画眉鸟，五个活物同时在袁奀颋当铺搅闹，最终碰到黄百川将他们吓走。郑老板与他的朋友在济安当铺等候消息，突见三个无赖狼狈逃回，喘息过后才把详情说出。郑老板气得捶胸顿足，他说：黄百川私交叛匪已被革职，朝廷把他当作危险人物进行监视，即使对簿公堂也没人敢对革职的官员进行袒护，你们何必怕他。三个无赖心中有数，他们低头不语，只等郑老板手中的佣金。

三个无赖被吓走以后，黄百川也感到后悔，他毕竟是个被革职的官员，此事如要传扬出去，既降低了自己的声威又将引起其他官员的非议。黄百川悄悄地离开，再也不敢过问当铺的事。袁奀颋并不是个糊涂的人，同行之间的纠纷既起，绝不可能就此了结，上次那是机缘巧合，撞上黄百川才把事情平息，侥幸的事绝不可能经常出现。黄百川不能长期守在当铺，店里的伙计也不可能为了那点薪酬与闹事者拼命，一切只能依靠自己。袁奀颋无奈之下想到荣振武，他虽然是个半大孩子，毕竟是可以信赖的自家人。袁奀颋派店里的伙计到广武传信，让荣振武过来帮他料理当铺的生意。伙计按照袁奀颋的吩咐来到广武，他把东家的话传到。大哥派专人来找，荣振武不能推辞，他转告师父立刻就要起身前往。中秋节那天，父子之间的对话让袁寿臣感到失望，可是袁奀颋毕竟是自己的儿子，当铺有事哪能袖手旁观，他叮嘱弟子，要用息事宁人的方法化解那些无聊的纠纷，千万不要激化矛盾，以免结下深仇。荣振武恭听师父的吩咐，他连连答应，当即赶往荥阳。袁奀颋守在当铺，唯恐无赖再来闹事，他心急如焚地站在门前，危难关头荣振武能及时赶来，袁奀颋的表情异常兴奋，一改往日那种淡漠的神色，他近身上前拉住师弟的手寒暄起来。

一个多月平安过去，没人再来寻衅闹事，袁奀颋那颗悬着的心终于放下。但好景不长，那三个无赖又找上门来，他们提着大布包，在两名力士的陪同下前来典当。无赖把布包放在高台上，出口要当一百两白银。店里的伙计害怕不敢接当，三个无赖借机吵闹起来。袁奀颋自知无法躲避就硬着头皮上前，他吩咐伙计打开包裹验货，包里是些肮脏破旧的衣裤半文不值。他们要当百两银子，袁奀颋拒不答应，有个无赖不由分说，上前就把他的衣领抓住，二人在当铺里撕扯起来。另外两个无赖瞅准时机，奔向储藏抵押物品的仓房想要行窃。荣振武站在旁边哪能让无赖得手，他飘身过来，抓住无赖拉到怀中，随即放手一推，那个无赖如同断了线的风筝，猛地向后飞去，撞到同来的壮汉仍未收住脚步，出了当铺的大门才跌倒在地。被撞的壮汉觉得胸腹闷胀，肝肠搅动，痛得他冷汗直流。躺在当铺门外的无赖被摔得鼻青脸肿，几经挣扎才站立起来。荣振武仅用了半招借花献佛，就把寻衅滋事的家伙扔倒在店门外，在场的人全都感到惊愕。荣振武并未停留，他拿起布包用天女散花的招法抖手抛出，布包出门突然散开，七件破旧衣裤整齐地散落在门前，如同精心摆放一般让人看得真切。过往的行人觉得奇怪，他们迅速围拢过来探查究竟。袁奀颋哪能错过这种表白的机会，他撩起长衫的下摆快步出来，对路人讲起两次诈当的过程。有些年轻好斗的愣头青，激于义愤齐声喊打，臊得两个壮汉满面通红低头溜走。三个无赖失去了靠山，他们连地上摆放的衣裤也没敢捡，就随着壮汉逃走。

路经此地的行人不知底细，他们见荣振武的年纪不大武功却如此高超，不由得夸赞起来。袁奀颋极力掩饰内心的兴奋，他假作生气的样子对荣振武进行训斥，以此抬高自己的身价，这样就能把郑老板的怀恨，转嫁到这个异姓人的身上。袁奀颋面对着围观的人群说：我这位小师弟的性格倔强，没有厚重的涵养，气愤不过才对诈当人施以薄惩，望众位不要见笑。人群中再次响起赞叹声，他们猜测，师弟的身手如此，师兄的武功更不可测。炫耀自己的目的已经达到，袁奀颋这才转身回到当铺，让伙计出去清理门前的破旧衣裤，他拍着荣振武的肩头低声称赞，情意绵绵胜过亲兄弟。三个无赖再次逃回济安当铺，郑老板惊讶地询问结果。无赖们垂头丧气，他们把事情的经过陈述一遍。

三个无赖回来不久，郑老板派出的朋友也从袁奀颋当铺的门前回来，他们面现惊恐，把自己看到的一切说出。郑老板这才感到后怕，他只能忍下心中的怨气不再制造事端。

为了报答师父的救命之恩，荣振武想借无赖诈当的实例，劝说袁奀颋师兄遵从父命，把家传几代的兵法和武艺传承下去，凭此可以为民造福也可以建立功业。袁奀颋急需荣振武的帮助，他不敢反驳更不敢出语伤人，只能以生意繁忙为由加以推辞，随即又信誓旦旦表示，等到日后闲暇定要痛下一番苦功。袁奀颋的转变是师门的幸事，荣振武十分高兴，他赶回广武向师父报信。袁寿臣默默地听完未置可否，他只是叹息了一声就岔开话题，询问诈当的结果。荣振武觉得奇怪，袁奕颋大哥既已答应练习家传的绝技，为什么师父还不高兴，他心中疑惑却不能多问。袁寿臣独居乡间无人照顾，袁奕颋又不让荣振武离开当铺。荣振武被逼无奈只能奔走于两地之间，一天傍晚他从广武回来，人在墙外就能听到袁奕颋和黄百川的谈笑声。出于好奇，荣振武停住脚步偷听他们发笑的原因。可能是饮酒过量，袁奕颋的舌头不如往日那样灵活。他断断续续地说：善于用兵的军师和冲锋陷阵的将士，都是智者的鹰犬。就拿三国时期的刘备为例，论文他不及卧龙、凤雏。论武他难比关、张、赵、马、黄。可是，那些所谓的英杰都拜倒在他的脚前，甘愿为其卖命至死不变。前些天那些无赖在当铺逞凶，被荣振武打跑，他们之间既无恩怨又不相识，我与济安当铺的郑老板才是利益的争夺者，拼命的事却落在无关人的身上。人生在世不管用情感或是利益，只要能驱使他人为己所用那就是智者，如能学会驾驭之术，就不必起早贪黑练那些亡命的技艺，他话音未落就传来得意的笑声和碰杯声。站在墙外的荣振武听得真切，直到这时他才明白过来，难怪师父发出那样的叹息，袁奕颋答应学艺那只是蒙骗自己的权宜之计。

一天清晨当铺还未开张，黄百川就急匆匆地跑来，让袁奕颋到黄府安排家中的仆妇，清扫厅堂摆放花卉，他要赶往开封迎接贵客。袁奕颋觉得奇怪，他说：三叔被朝廷革职多年，黄家又没有其他权贵，从哪儿来的贵客。黄百川兴奋地说：昨天晚上有人过来送信，朝廷派钦差大臣来豫，察看当地的官风民情，目前已经下榻开封。这位钦差曾是他手下的部将，关系极其密切，如今已是朝中的二品大员。黄百川想把钦差请到家中，重忆当年的友情，求他在皇上面前替自己美言，盼望朝廷重新启用再报皇恩。袁奕颋听后同样高兴，他希望黄百川能东山再起重掌官印，到那时自己也能沾光获利。想到这些袁奕颋连连答应，他让黄百川放心，家中的事定能安排妥当。黄百川急于赶路，他飞身上马带着仆从绝尘而去。袁奕颋并未忘记黄百川的嘱托，当即来到黄府，他把这里的仆妇集中起来训斥一番，然后分工清理前后两进的厅堂和院落。黄家男仆原是守备衙门的侍卫，黄百川被革职后侍卫不愿离开旧主，这才带着家眷投奔黄府委身为仆，出身行伍的仆人军风难改，凡是交给他们的事定能如期完成。袁奕颋不知好歹，他那通训斥本是多余的废话，反使听者感到厌恶。仆人知道袁奕颋与黄百川的关系，这才不与他计较，众人分头出去操劳。袁奕颋闲坐无聊，又担心起自家的生意，唯恐店里的伙计疏忽走眼砸了买卖，起身离开黄府返回当铺。

荣振武刚从广武回来，袁奀颋怕黄百川回来挑礼，他让师弟替自己到黄府督办。按照袁奀颋的吩咐，荣振武来到黄府，只见那些仆妇满头大汗个个都在不停地忙碌。荣振武与袁奀颋不同，他绾起双袖加入仆妇的行列之中，很快就与那些人混熟，他们毫无拘束地谈笑起来。黄艳雯深居闺房寂寞无聊，陌生人的说笑声传来，她好奇地推开窗户向外张望，发现是伯父的弟子荣振武来到家中。黄艳雯回想起前年的中秋，就是那天与荣振武在袁奀颋当铺相遇，通过短暂的接触，她对这位义兄产生了好感，至今念念不忘。今日得闲再次相逢，哪能错过见面的机会，黄艳雯带着身边的李妈下楼，她们也加入到仆妇之中。人们见小姐与他们一起操劳情绪更高，只用了半天就把整座黄府装扮一新。筹备完毕，荣振武本该返回当铺，临来时袁奀颋一再叮嘱，必须见到黄三叔才能离开，以免留下口舌。午饭后荣振武无处可去，他信步来到黄百川的书房在那等候，时间不长黄艳雯也随之进来，二人交谈起来。黄艳雯对荣振武的遭遇深表同情，荣振武对黄艳雯的身世感到怜惜。他们谈了很久，黄艳雯才不舍地离开，荣振武独坐书房闲着没事，就在室内浏览起来。案头醒目的地方，摆着《曾文正公全集》和《胡文忠公遗集》，两本书都曾被黄百川圈点过。曾国藩，字伯涵，号涤生，湖南湘乡人。胡林翼，字贶生，号润芝，湖南益阳人。曾胡二人都是道光年间的进士，镇压太平军的功臣，为了表彰他们的功绩，朝廷选调大批文人，从他们的文集中，筛选出有关战事的论述加以润色，然后分发到各地的将官手中研读。黄百川原是五品守备自然在领取之列，为了表示尊崇这两位清朝功臣，敬佩他们屠杀太平军的经历，以此证明自己的清白，黄百川故意把书放在案头显眼的地方，希望钦差来时能够看到，据实上奏朝廷以证他的忠心。

荣振武本是习武之人哪能错过阅读兵书的机会，他边看边想，正在入神之际，突然听到门响，原来是黄百川回来，只见他满脸沮丧并伴有怒气，两个人对望都是一愣。

早晨起来，黄百川就带着仆人快马加鞭，赶到开封钦差下榻的地方，那里戒备森严。黄百川离开官场多年，没人认得当年这个五品守备，他命仆人拿着自己的拜帖上前投递，守门的卫士接过拜帖进去通报。钦差名叫吴通，多年前确实是黄百川的得力部将，他接过拜帖左右为难，拒不接待这位老上司感情上过不去，还将受到知情人的讥讽，如要念旧款待又怕政敌非议遭到弹劾。思考过后，吴通决定热情接待，掌握尺度，既不收礼也不往来，用明哲保身的方法敷衍过去。主意拿定就让侍卫出门去请，贴身侍卫都懂官场上的礼数，他忙换上笑脸恭敬地邀请黄百川入见。眼前的场景让黄百川兴奋起来，他以为吴通没忘旧情，今后定能为自己陈述。进了府衙就见吴通站在二门外相候，黄百川异常激动，他快步上前屈膝要行大礼。吴通连忙用手相搀，他说：下官原是老将军的属下，至今不敢忘怀，哪能受此大礼。寒暄过后，黄百川就把谈话扯入正题，他想请吴通到荥阳的家中小坐，以解思念之情。吴通早已猜到黄百川的来意，他想让自己在皇上面前为其申诉。太平天国虽然已被剿灭多年，可是谁也不敢冒险重提此事，吴通假装糊涂。他说：下官出访实在繁忙，无暇到老将军的府上拜谒，等到空闲时定当登门请安，望老将军见谅。黄百川听后仍不死心，依然苦苦相求，吴通见他不识进退只能用官腔了结这种纠缠。他说：下官要到归德巡察，那里的官员已在等候，请老将军暂回，容等日后再见。黄百川这才明白过来，他沮丧地回到荥阳。

黄百川想把今天碰到的事，告诉守候在家中的袁奀颋，以泄心中的怒气。没想到，袁奀颋竟把荣振武派来替他，黄百川更加气愤，他见荣振武拿着曾胡二人的文集，就把这股邪火发到他的身上。黄百川口无遮拦地说：你这个来历不明的孩子太没教养，擅自闯入我家随意翻动东西，真是无法无天。荣振武见黄百川发怒，忙把书籍放到原处。他说：三叔息怒听我解释，今天早晨当铺的生意繁忙，奀颋大哥无法脱身只得派我过来，并反复叮嘱，等您回来才能离开，闲坐无事我才随手拿来翻看，望三叔原谅。气愤懊恼的黄百川已经失去了理智，他大声呼喊：你给我滚。荣振武的年纪虽小自尊心却强，他瞪起双眼静静地看着黄百川，听他还能说些什么。荣振武的目光犹如两把利剑，看得黄百川的心头一颤，急忙收住下面的脏话。荣振武掉头离开。一系列的变故，促使袁寿臣下定决心，他要把袁家的绝艺传给这个异姓弟子，师徒二人配合默契，荣振武在文武两途都有飞跃的进展。

转眼就是三年，当铺的生意逐渐兴旺起来，黑白两道的人都知道，袁奀颋当铺的大掌柜是个深藏不露的高手，没人再敢登门闹事。荣振武这时已经不是个孩子，他出落得一表人才，处事机敏为人和善，大家都尊称他为二掌柜。经过几年打拼，袁奀颋已是荥阳城内的知名人物，不再需要别人帮衬，另有一种不祥的预感在他心中产生。经过长期观察，袁奀颋觉得袁寿臣对荣振武的关怀，胜过他这个亲生儿子。再看荣振武的言行举止与袁寿臣一模一样，如同他的影子一般。袁奀颋开始怀疑这个所谓的荣振武，很可能就是自己的同父异母兄弟，父亲离家时正值青壮，如果没有外室为什么十九年不肯回家。袁寿臣的才华横溢、机敏过人，绝不可能为了别人，牺牲自己的青春年华，出关寻友那只是他自己杜撰出来的说辞，目的是为了蒙骗家人。想到这些袁奀颋开始恐惧起来，如今荣振武已经是个十九岁的成熟青年，凭他现在的修为胜出自己许多，今后更不可限量，一旦老父过世必将站出来争夺家产。袁奀颋越想越怕，没过几天就病倒在床。王氏见儿子生病，心中焦急，她让儿媳去请郎中，经过诊视并未发现病源。王氏出身商家笃信神佛，她以为袁奀颋中邪，又想去请大仙前来驱赶。袁奀颋怕把事情闹大，传扬出去有损于自己的名声，不得已才说出得病的原因。王氏听后也有同感，她觉得丈夫偏袒这个所谓的弟子。

袁奀颋道出了心中的疑虑病情也好了许多，他是个心思缜密的人，深恐父亲舍出老脸当面承认这个事实，到那时生米已经煮成熟饭，不用等他过世就得提前分家，王氏母子只能遵从家法，眼睁睁地看着荣振武把家产分走。王氏听后问儿子该怎么办。袁奀颋说：此事必须保密不能传扬出去，要想查出荣振武的生母，必须找黄三叔盘问。他怀疑父亲年轻时就与别的女人相好，只有那样才能私奔在外。王氏觉得有道理，她说：黄百川与袁寿臣是结义兄弟，年轻时交情过密，也许他能知道那些隐私。王氏母子筹划多时最终商定，明晚请黄百川过来饮酒，不露声色地拿话试探然后再做决定。黄百川如约前来，王氏亲自安排一桌酒菜并伴在旁边伺候。袁奀颋早有准备，他先从黄百川的功名谈起。那是黄百川在人生中最得意的一笔，在烈酒的刺激下，这位被革职的官员侃侃而谈，好像又回到当年。当袁奀颋问及林沛雨与袁寿臣离家时的细节，黄百川的话就不那么流利，分手前他们兄弟密议，撤河防假战太平军，保义弟智杀尚天梁，那些都是天大的秘密。如被朝廷查出，黄百川得到的就不是被革职为民的处罚，而是祸灭九族的重罪，因此他才支吾搪塞不肯说出实情。王氏认为黄百川在替袁寿臣保守隐私，她当即追问丈夫身边那个女人。黄百川这才明白王氏母子的心意，他贪图名利却不是小人。黄百川斩钉截铁地表示，袁寿臣绝对没有越轨行为。从黄百川的口中并未找到真凭实据，王氏母子只得把怀疑埋在心中。

第十七回　联姻缘滋生事端　毁寺庙教徒凶残

经过书房长谈，荣振武与黄艳雯之间产生了同情。独守闺房的黄艳雯，常以各种借口到袁奕颋当铺与荣振武相会，有时还结伴到广武探望袁寿臣。随着年龄的增长，黄艳雯对荣振武产生了爱慕之心，荣振武也对这位小师妹怀有眷恋之情，两人不但借故相会还常有书信来往。为了暗示自己的情意，黄艳雯特意把名字改成彦文，那样就能与振武的名字相匹配。荣振武早就洞察了黄艳雯的心意，可是他却不敢有所表示。荣振武自幼离家，追随在袁寿臣的身边四处漂泊，至今还寄住在师父的家中，自己未有立足之地，想要娶妻家在哪里。黄百川是个因循守旧的人，讲求的是门当户对，荣振武是个脚夫的儿子，出身卑微，两家的门楣相差悬殊。根据黄百川的处世之道，绝不可能把将门之女嫁到苦力的家庭，因此荣振武才望而却步假装糊涂，只能把黄艳雯的爱意埋在心中。妻儿的冷漠让袁寿臣感到心寒，他默默地守在老宅，心中只有一个愿望，能让荣振武成为自己的衣钵传人，因此对这个弟子特别关心。

荣振武与黄艳雯的心意早被袁寿臣看穿，他希望这两个年轻人能结成伴侣。为了促成这桩婚姻，袁寿臣决定亲自出面，到黄府为弟子提亲，他特意请来几位早年的学友作为月老。开始黄百川感到奇怪，并不清楚这些老友的来意，经过解说这才明白，原来是为黄艳雯提亲，当他听到荣振武的名字就犯了犹豫。黄百川低头不语，他沉思了良久才说：小女艳雯已至及笄之年，按理应该出嫁，荣振武是二哥的弟子不算外人，论人品倒也不错，可他是个脚夫的儿子，既无功名又无家业，两家的门楣相差太远。袁寿臣怕的就是黄百川这双势利眼，麻烦果然出在那里。他解释说：多年前就为荣振武备下一笔钱财，作为他的安家费，这个不用三弟担心。黄百川听后深感诧异，他瞪着疑惑的眼睛看着袁寿臣，王氏母子的怀疑突然闪现出来，难道荣振武真是二哥的私生子。想到这里，黄百川暗自高兴起来，碍于其他学友在场不便多问。他有意岔开话题说：关于小女的婚事暂时放下，容当思考以后再做决定，我等本是竹马之交，很难聚到一起，今日相逢应以美酒相佐叙叙儿时的趣事，不失为人生之乐，望众位学友赏脸。黄百川命人排摆酒席畅饮起来，独有袁寿臣心神不定，他无法揣摩这位拜弟的心意，散席时个个都喝得醉眼蒙眬，无法再谈正事。袁寿臣不愿与他们纠缠，只得起身告辞先行离开。

守候在广武的荣振武悬着一颗焦急的心，他见师脸色懊恼地回来，不用问就能猜出结果。袁寿臣把提亲的过程说出，他安慰弟子不要心急，从黄百川的话里就能听出，提亲的事可能另有转机。荣振武理解袁寿臣的苦衷，他劝师父不要把这件事看得太重，男婚女嫁只能随缘而定。清晨起来，袁寿臣又赶往荥阳与黄百川单独商讨婚事，再次提亲就不用遮掩，黄百川反复询问荣振武的真实身份。他说：今天没有外人，二哥就跟我说句实话，荣振武是不是你的儿子，如果要是你的儿子，这门亲事就算订妥，一切由我操办，黄家的财产全部由他继承。如要不是你的儿子，提亲的话免谈，我的女儿绝不可能嫁给一个苦力的儿子。袁寿臣并未理解黄百川的本意。他说：荣振武虽然不是我的儿子，我们之间的感情胜过父子，经过多年观察，他是个聪明而又善良的孩子，请三弟相信我的话，最好能答应这门亲事。黄百川说：二哥不要自作聪明，二嫂与袁奕颋早就看穿了你与荣振武的父子关系，前些天他们母子还找我查证。袁寿臣听后这才明白过来，难怪王氏母子那样冷漠。黄百川反复表示，不管别人如何议论，只要二哥亲口承认，荣振武是你的骨肉，我就把女儿嫁给他。从黄百川的话音就能表露出来，他对袁寿臣的尊崇和敬佩，他们毕竟是历经生死的兄弟。但袁寿臣的性情耿直从不骗人，更不可能在自己的义弟面前说谎，二人话不投机再次谈崩。

袁寿臣走后，黄百川气愤难耐，他恨这位义兄不懂自己的心意，即使用谎言欺骗也行，只要能瞒过众人的耳目，这门亲事就能达成，可叹这位义兄连句谎话都不肯说。通过提亲这件事，确定了袁寿臣与荣振武的师徒关系，他们绝不是父子。黄百川正在胡思乱想之际，当铺的伙计突然进来传话，他说：我们东家有请。前天晚上，袁奕颋从黄府的仆人口中得知，袁寿臣会同几位老友拜访黄百川，共同为荣振武提亲。袁奀颋听后大惊，连忙赶去探查究竟，进了黄府这才发现，黄百川已经醉卧不起，无法询问提亲的结果，他只得悻悻而回，把提亲的事向母亲叙述一遍。王氏唯恐这门亲事议成，她说：通过提亲这件事就能看出，荣振武真是你爹的私生子，不然哪能如此关心。袁奀颋接着说：荣振武如与黄艳雯结成夫妻，黄百川与他就是翁婿关系，咱们的财产更难守住。王氏母子商量多时，他们决定从中挑拨，寻机搅散这桩婚事。第二天清晨安排完当铺的生意，袁奀颋就来到黄府，他见袁寿臣早已进入黄府，正坐在那里与黄百川交谈。袁奀颋不敢与其父见面，只得悄悄地退回当铺，他派伙计前去守候，等到袁寿臣离开黄府以后，再邀请黄百川到当铺相见。

伙计按照袁奀颋的吩咐，把黄百川请来，王氏母子急不可待地问起详情。黄百川把这两天提亲的经过述说一番。王氏母子交换一下眼色，就顺着黄百川的话音说下去。王氏说：黄家几代为官算是将门，即使革职受罚，也不能将女儿嫁给苦力的儿子为妻，此事如要传扬出去，难免遭到别人的讥讽，你也对不起她死去的亲娘。注重名利的黄百川被王氏的话击中了要害，他臊得面红过耳。连忙解释说：此事已被自己当场拒绝。袁奀颋不甘落在其母之后，他也上来帮腔。黄百川这时才铁下心来，他说：宁肯把女儿铡碎了喂驴，也不能把她嫁到那种下贱人家。王氏母子的目的已经达到仍不肯罢休，等到黄百川走了以后，他们又商量起来。袁奀颋想用釜底抽薪的办法，让荣振武绝望。他说：如能让黄艳雯另嫁他人，荣振武必将与黄家反目成仇，到那时黄百川就能站在咱们这边。王氏觉得奇怪，黄家女儿的婚事哪能任由咱们决定。袁奀颋胸有成竹地说：此事由我安排，必能成功。袁奀颋备马来到巩县，这里有个驿丞是他的学友，凡是途经此地的官吏，都由驿站负责迎送。驿丞虽然是个未入品级的小吏，可那是个广交朋友的差事，他对近处州城的官宦人家比较熟悉，撮合此事必能成功，两人同窗多年不用客气。袁奀颋说：黄百川原是荥阳守备，官居正五品，他家有个十七岁的女儿名叫黄艳雯，是个才貌双全的佳丽。此女自幼丧母，没人替她操办嫁娶之事，袁黄两家本是世交不能坐视不理，因此才由他出面撮合这桩婚事。黄百川在河南一带名望极高，是个妇孺皆知的人物，如果没有尚天梁的诬告，早已成为河南巡抚。驿丞知道黄百川的概况，他说：此人以前确实辉煌，如今已被革职，成为无权无势的没落人。袁奀颋解释说：学兄有所不知，黄家几代为官积蓄颇丰，官场上的朋友仍然不少，就连京师那边也经常有人过来走动。驿丞听后拍案而起，他说：本地县令的三公子就是最佳人选。

巩县地处洛河下游，宋代的皇陵建于此地，当年曾盛极一时，现任知县姓胡，他有三子一女，其他子女都已嫁娶，唯有幼子独身。胡三公子举止斯文，相貌也算不差，但接触后就能发现弊端，他善于言谈却不合时宜，是个十足的书呆子。近年来，胡三公子从言情说爱的书本里，找出几首打情骂俏的歪诗，又从戏文里学会几句肉麻的求婚语，他把那些取笑的东西拿到实际生活当中，每次相亲都以失败告终。巩县一带的富绅都在私下传说取笑，没人肯把女儿嫁给这种愚人，胡县令十分焦急却又无可奈何。黄艳雯的条件比较优越，驿丞听后兴奋起来，这是巴结上司的最好时机，他带着袁奕颋来到县衙，胡县令听后不假思索当即同意，双方互换了生辰八字。三公子的婚事终于有了着落，胡县令十分高兴，他盛情款待袁奕颋这位月老，临别时又亲自把他送到城外。回到荥阳，袁奕颋把黄百川请来密议。听说是县令的儿子求婚，黄百川自然高兴，可是女儿的性格特别倔强，很难改变她的初衷。袁奕颋说：暂时不要告诉艳雯，等到两家长辈议定后，生米已经煮成熟饭，到那时谁也不能改变婚约。没有其他更好的办法，只能按照袁奕颋的话去做。黄百川也为女儿的婚后担心，他让袁奕颋拿着黄艳雯与胡三公子的庚帖，到卦摊为他们合婚。从卦摊回来，袁奕颋就把二人的生辰八字说得天花乱坠，黄百川听后十分高兴，他这才与胡家商定择日相亲。

袁寿臣为弟子提亲被拒，黄艳雯与其父大吵一顿，从那以后，父女二人互不往来。一天傍晚，陪伴黄艳雯的李妈从巩县探亲回来，她急不可待地说：小姐有所不知，老爷已经把你许配给胡县令的三公子，此事已在巩县传开。黄艳雯听后变了脸色，她站起身来，让李妈说得清楚一点。喘息过后，李妈才把先前发生的事说出，随即又说出相亲的时间。黄艳雯听后，气得柳眉倒竖连连说好，她让李妈下去休息，独自思考着应对的办法。相亲的日子终于来到，黄百川让李妈为小姐装扮起来，等候胡三公子及其家人过府会面。这次相亲出乎人们的意料之外，黄艳雯并未吵闹任凭别人摆布，黄百川见状这才放心。辰时过后胡县令与夫人带着胡三公子，在媒婆和袁奕颋的陪同下来到黄府。黄百川与胡县令寒暄一番，就到客厅为女儿相亲，胡三公子旧病复发，刚想展喉吟诗卖弄几句，突见黄艳雯面现杀气，随手从怀中抽出两把尖刀钉在桌案上，然后又把一封绝命书拍到旁边。胡三公子本是一介书生，哪见过这种场面，他被吓得两腿发抖，男女之情早已忘掉，转身就向门外跑去。事出突然在场的人全都失色，胡县令架着夫人退出，再也不敢与黄家联姻。黄百川知道女儿性情刚烈，他不敢强逼，只得带人离开，从此不提出嫁的事。

王氏母子的如意算盘就此落空，他们又把心中的怒火转到袁寿臣的身上，王氏常回广武指桑骂槐，寻衅滋事。袁寿臣离家多年不愿与妻子争吵，他装聋作哑忍气吞声，这种忍让反使王氏得寸进尺更加猖狂，有时竟站在大街上耍泼。为了安度晚年，袁寿臣决定携带弟子远离故乡重返关外。荣振武知道师娘讨厌自己，他劝阻道：师父的年纪已大，非比当年，袁家的先祖不同于常人，他们的尸骨全在这里，别说师父就连弟子也想在此按时祭拜。袁寿臣叹道：落叶还要归根，何况我这风烛残年之人，谁愿意背井离乡，这都是无奈之举。为了解除袁黄两家对自己的误解，荣振武决定暂时从这离开，到外面闯荡一番，既可增长阅历又能平息师门的纠纷。袁寿臣觉得弟子的做法很有道理，他拿出一张陈旧的字柬交给荣振武，让他到廊坊兵器铺，去找圣手补天杜盼，取回当年定做的三件器物。荣振武按着师父的叮嘱，带足了银子，离开广武登程北上。

咸丰十年八月，英法联军趁清廷与天国苦战之机在北塘登陆，相继占领大沽、天津、通州等地。丢城失地的清朝王朝，在洋人的淫威下签订了丧权辱国的《北京条约》，英法等国得寸进尺，强行霸占土地，建造教堂。两年后，法国公使派德唯里亚到天津，威逼清朝的通商大臣崇厚，把天津东门外租给法国建造教堂，那里是南北运河的交通枢纽影响极大。同治八年，法国传教士谢福音，以武力拆掉岸边的望海楼，在原址上建起三层高的天主教堂，为了嘲笑清朝王朝的无能，洋人把这座教堂称为圣母胜利堂，同时又在近处建起育婴堂。为了扩大教堂的势力，传教士用金钱收买当地的贪官污吏为他们撑腰，随后又网罗那些地痞流氓充当教会的打手，从此就不断地发生幼童失踪案，失踪的孩子多为那些不肯信教的人家。从教堂传出的谣言说：这是上帝对那些邪教徒的惩罚。天津的民众人心惶惶，唯恐灾难降到自己的头上。

为了查清幼儿失踪的原因，有些地方的乡邻暗中串联，轮流看守各条通道，不久就抓获了张栓和郭拐，这两个洋教徒曾多次拐骗小孩。百姓恨之入骨，将他们扭送到天津县衙，县令刘杰当众升堂，衙役从张栓和郭拐的身上搜出鹰洋，那是外国流通的钱币。过堂时，拐骗幼儿的洋教徒又供出其他同伙，并交代了鹰洋的来源，那是育婴堂里的修女，颁发给他们的酬金。知县刘杰不敢擅自做主，只得移文上交，后经洋人暗中干涉此案竟无果而终。百姓愤怒，民情涌动，拐骗幼儿的洋教徒见势不妙，纷纷蛰伏不敢出来作案。无计可施的洋神父焦躁不安，咒骂身边那些教徒胆小怕事。教徒武兰珍为了得到洋人的青睐，她在神父面前挺胸拍腹地表示，愿为上帝献身，做其他教徒的榜样。当天中午，武兰珍就在距教堂五里之外的小巷，用麻药将四岁的小孩迷得神志不清，随即带往育婴堂，行至半路就碰上小孩的亲属，女教徒被当场截获。人们从小孩的鼻孔里，抽出一团带有异味的棉花，孩子登时清醒过来，随即发出惊恐的哭声。武兰珍见事情败露当即要起泼来，她拿洋人威胁周围的百姓。愤怒的人群如同火上浇油，在众人的拳脚下，武兰珍哭爹喊妈，供出王三等八名同伙，并拿出育婴堂给的迷药。

天津附近的百姓再也忍耐不住，他们罢工、罢课、罢市，各种反洋教的揭帖布满了大街小巷，愤怒的浪潮，惊醒了几个迷途知返的洋教徒，他们道出了育婴堂的黑幕。经过战争和文化渗透，有些洋人开始醒悟过来，单凭先进的武器，只能打败腐朽的清朝王朝，却不能长期霸占这个地大物博的古国，更无法征服这里的人心。一旦时机成熟仍能将入侵者赶出去，并让他们付出惨重的代价，就连那些信誓旦旦的教徒也不可靠。为了能培养出真正的洋教徒，必须从那些年幼无知的小孩开始，所以教会才以慈善为名办起育婴堂。洋人对外宣称，他们是按照上帝的旨意，收养那些遗孤和家庭无力抚养的孩子，让这些可爱的娃娃在育婴堂里快乐成长。事实却恰恰相反，真正献身于宗教信仰的神父和修女，绝不可能离开自己的国门，到其他地方干那些伤天害理的勾当。这里的神父和修女具有豺狼本性，他们以锻炼体魄为名，让小孩干那些超强的重活，又以锻炼意志为借口，让小孩忍受饥饿的折磨，更让人无法容忍的是拿这里的孩子，做各种新药的研制试验。综合上述种种原因，育婴堂里有大量的小孩死亡，为了补充名额，神父和修女才不惜拿钱雇佣教徒四处拐骗。有些教徒良心发现，对育婴堂里死去的小孩露出怜惜之情，神父和修女就强词夺理地说：这些小孩已经升到天堂享福，咱们应该为他们高兴才对。人们听了教徒的陈述更加气愤。天津道台怕激起民变，他会同通商大臣崇厚，带着受害家属的诉状，到领事馆去找法国领事丰大业，请求协助查办罪犯。丰大业无视清朝的官员和法律，在崇厚反复的哀求下，他才答应，三天后，由天津的地方官员带人到教堂对质。

六月二十一日的早晨，天津道台、知府和县令押解罪犯武兰珍，如约来到教堂，这里早已挤满了人。几天前丰大业怕事情败露，所以才用了缓兵之计，答应清朝官员的要求，通过精心安排，教堂里的神父已把主犯王三等人藏匿起来，各种罪行都推到武兰珍一人身上。丰大业组织一支配有洋枪和军棍的守卫队，在恶狗的配合下向前来查案的官员进行恫吓。洋人的恶行激怒了围观的百姓，他们捡起地上的砖石砸向恶狗，教堂里的枪手鸣枪示威，子弹从人们的头上横飞。丰大业见崇厚派来的清军人数太少，无法驱散愤怒的人群，他手提双枪，带着全副武装的秘书西蒙溜出教堂，径直来到通商衙门要求崇厚增兵。面对上万名愤怒的民众，崇厚无法满足丰大业的要求。这位法国领事狂横无比当即举枪射击，子弹从崇厚的耳边飞过，吓得这位通商大臣两腿发抖，转身奔向后院，钻进自家的狗窝躲藏起来。丰大业仍不罢休，他边走边砸，找遍了整个通商衙门也没见到崇厚的踪迹。丰大业这才狂傲地离开，走出没有多远，正碰上知县刘杰和典吏高升。丰大业不容分说举枪就放，刘杰见势不妙急忙躲开，高升却未能幸免，他应声倒地当场死亡。

民众哪能容忍本国的官吏受辱，他们一拥而上，丰大业和西蒙当场丧命。人群失控犹如火山爆发，法国领事馆和天主教堂成为人们攻击的目标，那里的洋人和作恶多端的教徒，低估了民众的力量，他们虽有洋枪在手仍难逃过死亡的厄运，领事馆与教堂被焚烧。愤怒的人群冲过浮桥砸开育婴堂，从那救出一百多个骨瘦如柴的幼童，另有三具还未来得及掩埋的幼童遗体，也被人们发现。蛇蝎般的修女不知自己的死期来到，企图上前拦挡，她们被汹涌的人流撞倒丧命。修女的死尸与这座残害儿童的魔窟，一起被大火吞噬化为灰烬。天津周边的洋教堂全被铲除，法国公使听说此事，暗骂丰大业不识时务，为什么要在这个时候制造事端。公使惶恐不安，他躲在使馆内闭门不出，唯恐清廷趁法国危难之时兴师问罪。天津教案发生的同时，法国首都出现了大规模的暴动，朝野上下矛盾重重一片混乱。与法国世代为仇的普鲁士，在铁血宰相俾斯麦的领导下迅速崛起，他们借法国内乱之机，暗中备战以雪前耻。法国帝王拿破仑三世，预知强邻压境，即将开战，他叮嘱驻外使节不要招惹是非，集中精力对付普鲁士。

七月十九日，普法双方终于开战，普军势如破竹长驱直入，色当一战法军崩溃，宣布投降。九月一日，拿破仑三世被普军生擒，关押在威廉堡的大牢里，法国成为无主之国。清朝王朝的君臣只顾自己享乐，对于轰动世界的普法战争并不知情，慈禧唯恐洋人动武，忙派两江总督曾国藩，携其得意弟子，直隶总督李鸿章合办此案。被清朝王朝奉为千古一现的大军事家，竟不知审时度势，曾国藩来到天津如同痴儿一般，他见法国公使闭门不出更加害怕，只能制定媚外的方案，杀有关臣民，以解强敌之恨。曾国藩与李鸿章不查是非滥捕无辜，天津知府、知县等二十多名官员被革职充军。十月十九日，又将十六位无辜的民众押至西关刑场处决。曾国藩仍不放心，他派通商大臣崇厚，携带白银四十六万五千两到法国致歉，这时的法国已经沦陷在普鲁士的铁蹄下，不知崇厚把这笔巨款交到谁的手里。法国公使得知这个结局竟愣在当场，查阅今古，从未听说哪个国家向沦亡之国求和献金。清朝王朝的愚蠢和无知，遭到各国使节的嘲笑和讥讽。

拜别了师父以后，荣振武从桃花峪渡过黄河，经安阳进入直隶，一路走来，到处都是风格不同的尖顶教堂，他联想起从未谋面的师伯林沛雨，他参加的太平军也信奉上帝，由于有师门这层渊源，所以才对教堂格外留意，对信奉上帝的人怀有偏爱之心，这可能就是爱屋及乌的结果。这天傍晚荣振武来到霸州投宿，饭后客人聚集到庭院议论一桩奇案，洋教徒与三义庙的和尚对簿公堂。荣振武觉得奇怪，宗教本是各自的信仰，万宗同源意在劝人向善。应该相互尊重才对，何必闹上公堂，听到后来才知道事情的真相。莱华拼是英国的传教士，他来到中国多年始终没有出头的机会，只能在同伴的手下做些杂事。莱华拼怀有野心，总想拥有自己的教堂，实现做大主教的梦想，为了能达到这个目的，近年来这位传教士四处奔走寻找机会。一天中午，莱华拼随同几个教徒来到永清县，城东有个武家营，那是一座四通八达的村镇，茂密的林木环列在四周，清澈的河水绕庄而过，村北有一座三义庙。据当地人讲：后汉末年，家住涿郡的刘备和张飞，结识了河东解梁的关羽，兄弟三人曾在此地起兵，创建了鼎足大业。多年后，有个游方的和尚看中了这块风水宝地，他借刘关张的灵气在此建起三义庙，方圆百里的人常到这里朝拜进香，今天正是庙会，人如潮水往来不断。眼前的场景让莱华拼产生了妒羡之心，一个恶毒的想法涌上心头，他想把这座寺庙夺过来毁掉，改建成洋教堂。

目前莱华拼没钱没势，不敢暴露自己的意图，他决定留下来网罗人才积蓄力量，等到羽毛丰满时再伺机出手。伪装和善的莱华拼笑容可掬。中原人纯朴善良，不知包藏祸心的洋人另有阴谋，经过一段时间的观察，莱华胼选中了几个特殊人物，他想把那些人拉到自己的麾下加以利用。莱华胼首先选中了南关的姚三黑，此人身高体壮自幼习武，深得梅花刀法的真传，算是当地的武林高手，可惜他的心术不正，因其心黑、手黑、做事黑，人送绰号姚三黑。永清县的姚三黑恶名远扬，黑白两道的人都惧他三分，负案在逃的土匪纷纷来投，就连白洋淀里的水贼也常来拜访。姚三黑俨然成为坐地分赃的大寨主。经过莱华胼的精心安排，两人终于在酒楼相见，姚三黑虽然凶狠见到莱华胼却很客气，他知道现在的洋人比官府还要厉害，两人各怀鬼胎当即凑到一起畅谈起来。姚三黑的生性凶残却不糊涂，目前世道混乱，朝廷无暇顾及地方上的治安，所以像他这样的土匪才能逍遥法外，今后如要严查必将被官府捕获斩首，因此才想找个强硬的靠山为他撑腰。莱华胼猜出姚三黑的心意就直言不讳地告诉他，只要带领手下的弟兄入教，大英帝国就会出面保护你们。姚三黑听后十分高兴，当即就带领手下的土匪，进入教会举办的保守书房，学习八端经和简言要理，随后就领了洗。

洗礼后姚三黑取名保禄，土匪胸前佩戴着教堂颁发的圣牌。有教会在背后撑腰，姚三黑的胆子更大，就连那些有钱有势的大户人家也敢去抢。莱华胼手中的钱财迅速增加，他购置一批洋枪分发给这些干将，姚三黑加入教会，洋人的实力大增。可是莱华胼仍不敢轻举妄动，那些土匪只能充当教会的打手，既不能公开露面，更不能在光天化日之下明火执仗。莱华胼又把目光转到一个讼棍身上，武家营的史鸿章读书多年，诡计多端，他把学识用在挑词架讼和拨弄是非上。有了纠纷才能从中获利，有些受史鸿章挑唆的人，为争一时之气与人对簿公堂，最终闹得倾家荡产人财两空，积年累月，他就成为当地的官司篓子，人送绰号史坏水。要想收服史坏水这种奸佞之徒，必须用些手段才能让他死心塌地地卖命，莱华胼按照这里的习俗，备上四种贵重礼品，亲自带人登门拜谒。洋人的器重让史坏水受宠若惊，从此就追随莱华胼左右，干起伤天害理的勾当。

有了姚三黑和史坏水相助，莱华胼觉得自己的翅膀硬了，他来到北京西什库教堂，找圣公会华北大主教鄂方智，共同商量夺取三义庙的方案。对于夺取佛教寺庙改建教堂，圣公会的大主教非常赞同，经过审慎的思考，他又提出新的建议。鄂方智说：你身边有了能文能武的助手依然不够，再收罗一些不要脸的人，让他们出面去干那些千人指万人骂的可耻勾当，做事不要心急，多读几遍朱元璋的名言，广积粮，缓称王，等到夺庙时就会干得漂亮一些。鄂方智的话犹如醍醐灌顶，莱华骈心领神会地回到永清，潜下心来收罗各种类型的教徒，尤其那些不知廉耻的人当在首选之列。

武清县小韩村，有个名叫张文玉的人，他自幼生疥留下满头瘢秃，同时拥有一张三环套月的麻子脸，人送绰号花狸豹。张文玉的形象不佳色心却大，经常到茅厕偷看女人，为此遭到乡邻的毒打，花狸豹的名声极坏没人与他来往。为了扩展教会的势力，莱华骈四处开办保守书房，广召弟子大力培植新的教徒。张文玉孤独无聊，无意间走进保守书房，莱华骈正在宣讲简言要理，突然发现花狸豹，他被吓得浑身发抖不停地呕吐。从西洋到中国，行程万里没见过这样寒碜的人，莱华骈不由自主地多看了几眼。平日没人理睬的花狸豹，误以为这个洋人与他有缘，径直过来跪倒在地默默地磕头。其他教徒见花狸豹不懂礼数，忙过来教他喊神父。花狸豹这个人既是流氓又是文盲，对外边的事一无所知，他怔怔地看着大家，不知神父是什么东西。有个教徒上前解释说：父就是爸爸，只是各地的叫法不同。花狸豹茅塞顿开，他再次扑倒在地，高声呼唤神爸爸。事发突然众教徒愣在当场，随即发出哄堂大笑，从此教会多了一条带瘢秃的走狗。

京南一带的地痞，听说花狸豹都能入教，他们也纷纷来投，莱华骈的实力更加强盛，他这才决定出手夺取三义庙。霸占佛教寺庙决非小事，莱华骈也不敢大意，他把姚三黑、史坏水和花狸豹等人找来，共同商讨夺庙的方案。姚三黑首先开口，他说：这等小事何需诸位劳神，今晚我就带几个弟兄杀掉那里的和尚，拆掉三义庙决非难事。莱华骈久居中原熟知这里的实情，清朝的官吏可欺，市井的民众难犯，咸丰年间的天津教案就是前车之覆，后车之鉴，丰大业的教训不能重演。莱华骈面向史坏水，恭敬地向他讨教，如何才能稳妥地毁掉寺庙。史坏水久涉公堂毕竟高于常人，他说：夺取三义庙极其容易，改变人们的信仰却难，庙拆了可以重建，如能让佛教信徒归依上帝那才是万全之计。史坏水的话让莱华骈感到震惊，这就是传教士来此的目的，也是他们难以实现的目的，没想到竟被史鸿章一语道破。莱华骈再次讨教，史坏水说：要想夺取三义庙改变人们的信仰，必须让庙里的和尚违规出丑，那样就能达到上述目的。莱华骈迫不及待地追问：如何才能让和尚当众出丑。史坏水说：事先可选几名有姿色的女教徒，假扮村妇到三义庙烧香，谎称皈依佛门，伺机对那些修行浅薄的和尚进行挑逗。得手后，咱们再冒充那些女人的丈夫进庙捉奸，只要能将那些和尚扭送到官府治罪，寺庙就成为窝藏奸人的魔窟，要求拆除本在情理之中，到那时谁也不敢出面袒护。

史鸿章献的是一石二鸟之计，既能达到拆毁寺庙的目的，又能使传播千年之久的佛教，蒙受奇耻大辱，从而遭到人们的唾弃。方案已定谁来执行，近处倒有几个合适的女教徒，这里的村民全都与她们相识，无法蒙骗，谁也不愿让自己的女人出面，干那种不要脸的勾当。姚三黑说：他在妓院有十多个相好的女人，可在她们当中挑选几个派到寺庙，略施手段必能将和尚拿下。史坏水听后，冷笑着说：让妓女勾引和尚，这种主意你姚三黑也能想得出来，娼妓与良家妇女的举止差别很大，一眼就能分辨出来，妓女接待的嫖客无数，就连她们自己也难以记清，如被在场的嫖客揭穿，姚大寨主将如何面对你那些一个眼的连襟。姚三黑被史坏水奚落得满面通红，无言应对，他暗恨这个刁钻的小人说话太过尖刻。入教以后，花狸豹手中有钱身价自然提高，很多贪婪的女人围在左右，为了能在教会站稳脚跟，他想从武清县那边带过几个女教徒，勾引三义庙的和尚，这些女人远在百里之外，永清县没有熟人，诬陷和尚的计划定能成功。莱华肼听后连连称妙，他吩咐大家回去准备。

晚饭后，四个农妇走进三义庙要求皈依佛门，做个带发修行的居士。和尚行事单纯没想到其中有诈，庙里的首座按着戒律为她们做了皈依，从此这四个女人常到庙里进香，顺便还带些芝麻饼、花生粘和糖制的地瓜条等送给和尚。三义庙的香火虽盛，这里的和尚仍能遵守清规，每天都以稀粥咸菜度日，很少能见到这些可口的食品，经过多次接触，这几个女人就与庙里的和尚混熟，随之她们就拿出挑逗的本领，事后发生了什么谁也说不清楚。一天傍晚，四个女人又来到庙里，只逗留了片刻，外面就传来喊叫声，庙门也被撞开，有些彪形大汉拥进三义庙，大骂和尚不守清规，勾引他家的女人到庙里通奸。吵闹声惊动了后院的主持，他口宣佛号出来察看，一伙目露凶光的大汉不容分说，揪住这里的和尚反复进行殴打。三义庙的主持暗自心惊，忙向来人说道：各位施主有话好说，不必动怒。其中一人高声骂道：你这头老秃驴，平日装神弄鬼妖言惑众，如今又勾引我等的女人到此淫乱，话音未落便已出手，打得主持满脸是血。庙里的和尚以稀粥咸菜为生，哪里是来人的对手，七个和尚瞬间就被打倒。

近处的村民闻讯赶来，其中一个口齿伶俐的大汉早有准备，他面对着众人，声泪俱下地说：三义庙的和尚不但勾引他的女人到庙里通奸，还将多年的积蓄骗走，致使他家人财两空无法生存。有些没有主见的村民听后，也对自己的女人起了疑心，他们不假思索地参与扭打。三义庙的和尚相互猜疑，不知是谁犯了戒规，因此不敢辩驳只得任凭别人嘲骂和殴打。不明真相的民众激于义愤，他们纷纷上前，帮助那些身负冤情的大汉，扭住三义庙的和尚奔向永清县衙。沿途挤满了看热闹的人，他们被眼前的场景惊呆了，吃斋念佛的和尚为什么变成了无耻的流氓。武家营距永清县城只有三里之遥眨眼就到，进了东关就是县衙，有个大汉拿起堂前的鼓槌狠狠地敲打起来。

高知县正在内宅吸食鸦片，他见鼓声不断，急忙扔下烟枪出来升堂。三义庙的和尚被打得鼻青脸肿，一群彪形大汉将他们架到堂上，高知县原是佛教信徒，他见和尚满身是伤暗起同情之心，堂威喊过开始问案。高知县先问原告击鼓的原因，又是那个口齿伶俐的大汉上前答话。高知县为官多年早已看出破绽，假如那个人的妻子真与和尚通奸，势必乱了方寸，哪能像现在这样气定神闲按律说法，这套说辞前后严谨，分明是由讼师提前教唆。高知县又问和尚：为什么被人告到堂上？三义庙的和尚捂着受伤的地方，满脸迷茫不知如何回答，最后还是主持开口，他把刚才发生的事情重述一遍，究竟为什么被告到堂上仍无法说清。高知县见三义庙的主持一脸正气，决非奸佞之徒，再看原告，神色诡异暗藏凶相，定是恶人告诬状。高知县面现怒容喝问原告：你家的女人与和尚通奸可有证据？这些大汉强横地说：他们是在三义庙里当场捉奸。说完就从衣领里拽出圣牌，其他大汉也纷纷效仿，亮出自己的教徒身份。高知县见状暗自吃惊当即软了下来，他不敢得罪这些洋教徒，以免招来杀身之祸。高知县决定退堂，以待查为由拖延时间，静观后期的变化，到那时再做决定，他打着官腔说：天色已晚难断是非，等到案情查实再审，七个和尚暂时收监看押。衙役上前，把三义庙的和尚关进县衙大牢。退堂后上告的大汉并未离开，他们强行占据了三义庙，附近的村民感到奇怪，谁也不敢上前询问。

前期的谋划进展顺利，莱华胼这才亲自出面，他带着上告的大汉来到县衙，要求高知县严惩违法的和尚，确保教民的身家不受伤害。高知县唯恐激起民变，他惧怕洋人却不敢答应。莱华胼威胁说：他要向清朝政府提出抗议。高知县怕把事情闹大，毁了自己的前程，只得以好言劝慰，等他把案情查实上报再做处理。莱华胼见高知县是个官场上的滑头，短时间内不可能判决，他吩咐姚三黑和史坏水，分头买通永清县内的典吏和狱卒，私自将他们放进牢房，逼迫三义庙的和尚认罪画押，承认勾引良家妇女到庙里通奸。利令智昏的典吏，只看到眼前的金钱，忘掉严重的后果，当天晚上就把当值的狱卒带走去逛妓院，大牢里只剩下看守牢门的狱卒。

姚三黑和史坏水带领十名土匪闯入牢房，私设公堂严刑逼供，三义庙的和尚这才明白来人的企图，他们拒不认罪，结果被打得死去活来。有个施刑的土匪忍不住笑出声来，他说：这些刑具应该用到咱们身上，没想到却由咱们使用。姚三黑坐在那里高兴地说：掌握刑具算什么，今后咱们还要做大堂掌官印。洋教徒在这起哄说笑，酷刑下的和尚遍体鳞伤惨叫不止，三义庙的主持自知在劫难逃，他怕自己挺刑不住玷污了佛门的清誉，当即咬断舌根血竭而亡。首座见状不想独活，他拿起身边的铁钳，拍向自己的天灵盖自绝身亡。凶残的土匪没想到和尚这般刚烈，他们被惊得待在那里。史坏水见和尚不肯屈服，忙从怀中拿出事先写好的供词，不管和尚是死是活全都按上手印。守牢门的狱卒发现里边出了人命，忙到妓院报信，典吏听后瘫倒在妓女的身上，再也不能起来，同来的狱卒慌了手脚，忙替他穿上衣服架回牢房。见到姚三黑，典吏怒斥道：谁让你们把人打死，人命关天如何才能了结。史坏水沉下脸来说：拿人钱财替人消灾，三百块大洋岂能白拿，后面的事由你自己承担。说完拿起带血的供词率众离开。贪婪的典吏自知罪责难逃，他急忙返回家中交代后事。守牢门的狱卒唯恐受到牵连，忙到县衙报信，高知县怕典吏负案逃走，急忙派出心腹抓捕，以免罪责落到自己的头上，随后他又具本上报，严令全体衙役保密，不许外泄和尚的死因。

拿到和尚的供词以后莱华肼神气十足，他再次来到县衙要求严惩和尚，拆毁窝藏罪犯的三义庙。高知县假作亲近，他软中带硬地说：你们买通典吏偷进大牢，冒充官员私设公堂，致使二名和尚惨死在牢中，县内的衙差深感震惊纷纷议论，我怕激起民变，重蹈天津教案的覆辙，到那时你我二人都将难得善终。想到天津的民变，莱华肼感到恐惧，他这才收起凶相向高知县致谢，然后败兴而归，长吁短叹地进入保守书房。史坏水见状忙上前解劝，他笑着说：今天这趟县衙并未白跑，高知县虽然奸猾毕竟胆小怕事，谈话中已经露出怯意，他既怕民变又怕教会只能久拖不判。如今三义庙内空无一人，咱们可趁夜静更深之机进去放火，烧毁这座寺庙，让佛教信徒无处进香，从而达到发展圣公会的目的，即使当地的官员查出起火原因也只能装聋作哑，绝不敢到教会抓人。一语惊醒梦中人，莱华肼连连称妙，当即委派姚三黑等人到寺庙放火，他们本是打家劫舍的惯匪，杀人放火是这些人的拿手本领，当天晚上三义庙就燃起了大火。武家营及其周边的村民从梦中惊醒，当他们赶到三义庙时火势已经无法控制，只能站在远处，眼睁睁地看着这座古刹化为灰烬。为了恫吓那些佛教信徒，史坏水带领洋教徒混杂在围观的人群中散布谣言。他们说：为了铲除邪教魔障，拯救那些被妖言迷惑而误入歧途的民众，无所不能的上帝降下这场天火，警示那些执迷不悟的人，今后谁再信奉神佛必遭报应。谣言迅速传开，有些胆小的村民吓得浑身发抖，他们赶紧回家撤掉供奉的神祇，以免遭到报应。

第十八回　武家营教徒逞凶　抱不平怒杀贼顽

客人那番议论，让荣振武对教会产生了恶感，回到房间百思不得其解。据师父讲，师伯是个疾恶如仇的人，四十年前他投奔的太平天国也信奉上帝，与客人所讲的教会同属于一种信仰。难道师伯不明真相而误入歧途，可是师父为人精细，不可能助纣为虐，牺牲自己的大好年华，抛弃家业远赴关外，舍生忘死地苦苦搜寻。为了验证传言的真伪，荣振武决定尽早赶往廊坊，顺路到永清县实地观察。霸州离永清县城不足百里当天即到，进入南关就能看到面带怒容的人们，相互述说着教会的恶行。荣振武来到情绪激愤的人群中，静听当地民众的议论，和尚违法入狱，寺庙突遭大火，各种骇人听闻的怪事全都出在本县境内。武家营是事发地，那里的民众惊恐不安各守家门，他们不敢随意妄谈，唯恐灾难降到自己的头上。教会的阴谋连连得逞，官府和百姓并未出现过激的反应，莱华肼的胆气更足，他不顾史坏水的劝阻，没过几天就召集上百个教徒，到火场清理瓦砾，随后就运来木料建造教堂。永清县的衙差气愤难耐，他们把洋教徒送进大牢，私设公堂，施酷刑逼死三义庙的和尚，整个过程全都传扬出去。百姓听后奔走相告，笃信佛教的人们特别气愤，这才出现民情汹汹的场面。直到这时，荣振武这才相信霸州客栈的传言，他对师伯当年的做法产生了质疑。

两天后，民众聚集在永清县的大堂外，有人上前击鼓状告本地的洋教徒，为三义庙的和尚申冤。高知县虽有准备，升堂时仍感到心虚，他稳定一下不安的心神，随即就按官场上的俗文絮套，装腔作势地问起案来。本城的郑老秀才，受民众之托出头告状，他递上状纸开始陈述，要求四名原告，带着他们的女人上堂与和尚对质，辨明三义庙内通奸的细节，是和尚恶意勾引还是另有隐情。老秀才反复强调，扭送和尚是教会事先设下的圈套，他恳请高知县，抓捕那些为非作歹的洋教徒。此案发生的始末没人比高知县更清楚，他装作茫然不知的样子，反问老秀才：洋教徒遍地都是究竟谁是疑犯，公堂之上非同儿戏，你不呈报那些人的籍贯姓名，所犯律条，本县依据什么派人执法？满腹经纶的老秀才难抵高知县的利齿，他被问得面红耳赤顿时语塞。高知县暗自高兴，继续用以攻为守的方法追问：谁是诬陷和尚的元凶？谁是放火烧庙的罪犯？老秀才没有真凭实据，根本就答不上来。

大堂下围观的百姓心知肚明，高知县是在袒护教会，人群中发出一片谩骂声。有个身体强壮的年轻人高声呼喊：是谁在县衙的大牢中私设公堂，严刑逼死三义庙的主持和首座，身为县令的高大人难道不知情吗？高知县见事情败露顿时一惊，担心多日的事情终于发生，他站起身来走到堂口，面带愧疚地说：本县有负朝廷的重托和百姓的厚望，疏于对属下的约束，致使典吏胆大妄为，勾结匪类擅自在大牢动刑，造成三义庙的和尚两死五伤，本县得报后，立刻派人前去抓捕，贼人闻讯逃走只将典吏捕获下狱。人命关天，下官难辞其咎，我已向上峰递交表章请罪，陈述违法事实，等候朝廷查处。说到这里高知县声泪俱下，他厉声喝道：押典吏出来示众。昔日威风八面的典吏，如今已是蓬头垢面枷镣在身，今昔相比判若两人。大堂下的百姓多为忠厚之辈，不懂官场上的虞诈，他们纷纷替高知县抱不平。高知县拿典吏当作替罪羊，把民众的怒火压下去，他信誓旦旦地表示，今后定要严查此事还天下一个公道。明镜高悬的县令用欺诈手段，将愤怒的百姓骗走，化解了这场风波，事后他仍以各种借口推拖不办。荣振武站在人群之中暗暗叹息，民众淳朴忠厚，竟被奸猾的官员如此愚弄，这就是清朝王朝自我鼓吹的太平盛世，他决定留下来多住几天，查看这桩奇案的最后结局。

官府无能助长了洋人的嚣张气焰，一座高大的洋教堂在三义庙的旧址上建起。莱华胼做贼心虚，唯恐愤怒的民众冲击教堂，他预先配备了十几支洋枪，架设在教堂的窗口上，指向前后通道，不许教会以外的人踏入，随后又派姚三黑及其手下的土匪，占据城外的大洼地，强行夺取砖瓦窑，在那安营扎寨，并在窑顶竖起一面白底黑字的大旗，上写“天下第一团”，以此对永清一带的军民进行威胁。高知县的谎言让百姓产生了怜悯之心，人们不再到县衙上告，转而来到新建的教堂前，要求教会交出火烧三义庙的凶手。莱华肼躲在教堂不敢公开露面，他暗中派人出城，通知大洼地里的土匪，暗杀领头上告的村民以儆效尤。洋人开口姚三黑哪敢怠慢，他带着手下的土匪混杂在人群中，查找领头闹事的人寻机除掉。教堂前聚集了上千名愤怒的百姓，他们议论教会的罪行，却不敢踏进教堂的大门，直到天黑人们才陆续散去。王寅生与两个同宗兄弟离开教堂结伴回家，他们边走边谈，突然从身后传来急促的脚步声。王寅生练过十几年武功，耳目敏锐超过常人，他警觉地回头张望，发现十多个手持钢刀的黑衣人，从道路两侧窜出向他们奔来。事发突然来不及多想，王寅生带着两个兄弟向南奔去，黑衣人见他们逃走再也不用隐蔽，当即现身，加快了脚步从后边追来。

武家营是个较大的村镇，南端有座古旧的大宅院，这家主人名叫李殿邦，是梅花门的宗师，门下弟子遍布山东、山西和直隶等地，他处世低调从不张扬，平日与普通农夫一起耕种，很少与外界来往。李殿邦的门人弟子多为官宦富裕人家，很多人入仕为官，他们见师父生活清苦常来劝说，希望能搬到京师安享清福。李殿邦故土难离，他不愿丢弃这座祖传几代的老宅，年长的子女拗他不过，只得自己到皇城去讨生活，家中只有老夫妻和十四岁的幼子。像李殿邦这种洁身自爱的武林名宿极少，因此更受世人尊崇，王寅生就是他身边的弟子。前些天民众到县衙状告洋教徒，为三义庙的和尚申冤，高知县以官压民威逼老秀才，王寅生忍耐不住才高声呼喊，揭开大牢中的暴行，逼得县令当众出丑。混杂在人群中的洋教徒见势不妙，马上回去报信，莱华肼见王寅生坏教会的大事，当时就想将他除掉以绝后患，只是机缘不巧，无从下手这才暂时作罢。

午饭过后教堂前聚集的人特别多，王寅生与近处的乡邻也来到这里。姚三黑见王寅生在教堂门前现身，当即决定出手，他选出二十名身带利器的悍匪，隐藏在道路两旁的树丛中，想在半路截杀这个教会的对头。姚三黑也是梅花门的弟子，论辈分是李殿邦的师侄，多年前，他曾携带重礼到武家营拜见这个师叔。李殿邦不齿于姚三黑的人品，毅然将他拒之门外不肯相认，从此结下怨恨。接到莱华肼的追杀令，姚三黑派人对王寅生进行跟踪调查，这才摸清了他的师承来历。李殿邦是梅花门的一代宗师，号称京南逸隐，他的武功高强弟子众多，姚三黑不敢贸然出手，他决定在中途截杀以免惊动这个强敌。王寅生习武多年并得到梅花门的真传，可他毕竟是个衣食无忧的乡绅，从未经历过血腥和险情，见到歹人就慌了手脚不知如何处置。王寅生只有一个念头，到师父家中才能躲过劫难，他这个轻率的决定，几乎断送了李殿邦的一世英名和家人性命。李殿邦的家是一座普通民宅无险可守，家中只有夫妻二人和一个半大的孩子，没有其他帮手更没有枪炮之类的利器，到那儿不但不能避祸，反要连累师父全家，来到近处王寅生才醒悟过来，可惜为时已晚无法更改。

毁庙建教堂的事在武家营闹得天翻地覆，佛教徒与洋教徒之间不顾亲情，他们争得死去活来，李殿邦却置身事外从不过问，照旧下地耕种自家的农田。这天傍晚李殿邦耕地回来，刚放下农具准备吃饭，突然听到远处传来急促的脚步声，由远而近来到自家门前。三义庙的和尚入狱，寺庙无故被毁，李殿邦联想到洋人的凶残，他放下手中的碗筷，抽出钢刀悄悄地来到大门前，通过门隙向外张望，黑暗中发现王寅生的身影，他被一群手持钢刀的黑衣人追到这里。李殿邦知道自己的弟子为人正直，从不做苟且之事，身后追来的黑衣人手持凶器绝非善类，他不敢怠慢，忙把大门敞开。王寅生高声呼喊：师父快来救我。李殿邦迎上前去，用江湖唇典向黑衣人询问事情的始末，他想化解这场纠纷。黑衣劫匪早有预谋，他们依仗人多并不买李殿邦的账。黑衣人想用群狼驱虎的手段，达到杀人的目的。

事到如今李殿邦已经没有退路，只能拼死一战，黑衣人互递眼色，他们挥舞手中的钢刀一拥而上，将这位京南逸隐围在当中，想要除掉这个强敌。李殿邦心存顾忌，唯恐劫匪闯进家门伤及妻儿，他聚集丹田之力突然出手，将迎面扑来的黑衣人砍倒在地。受伤的黑衣人叫声凄厉撼人心肺，其他黑衣人这才知道李殿邦的厉害，不由自主地向后退了几步。道旁有个身材高大的黑衣人，用纱巾蒙面，他站在那里向四处观望，见同伴怯敌后退，就怒声喝道：这里只有老头一人何必惧怕。说完挥刀上前加入厮杀当中。这个蒙面人就是姚三黑，闯到师叔家中杀人，那是欺师灭祖的行为，他怕绿林道上的朋友耻笑，因此才用黑布蒙面，其他土匪见头领亲自出手，胆子又壮了起来，他们再次将李殿邦围住。李殿邦的小儿名叫李岳峰，他见老爹神色凝重地走出家门，随即就传来师兄的呼救声。李岳峰这才知道不好，忙学着父亲的样子提刀冲出家门，正碰上王氏兄弟神色慌张地进来，王寅生怕师弟年幼受伤，忙将他拦住。李岳峰怒道：我爹如要失手，贼人能放过咱们吗。王寅生觉得师弟的话很有道理，忙把兵器抄在手中，他吩咐两个同宗兄弟死守大门，不许贼人进来以免伤及师娘。

王寅生与李岳峰同时杀出，姚三黑见状低吼一声，发出贼人明白的指令，两名黑衣人转身来迎。王寅生毕竟是名门弟子，交手一合就把对手的肩头砍伤，逼得那个黑衣人连连后退。姚三黑恨极又派两个黑衣人过来夹击，这才将王寅生的攻势压住。李岳峰的处境极其艰险，他虽得到其父的真传，毕竟人小力单，难敌打家劫舍的惯匪。李岳峰被黑衣人逼得连连后退，幸亏他的腿脚灵活边打边退，眨眼之间就被逼到屋后的小河边，远离众人百步之外。黑衣人依仗力大步步紧逼，李岳峰年轻气盛，拼死上前迎头猛砍，这种做法正中劫匪的下怀，他抡刀来迎，两刀相交立见胜负。李岳峰被震得仰面跌倒，钢刀也脱手飞出，黑衣人见状面露狞笑，他反转刀锋俯身来刺，两人相距近在咫尺无法躲闪。情急之下，李岳峰抓起地上的沙土向劫匪的面部抛去，随即旋转身躯使了个云龙九现的招法，顺势捡起钢刀砍向黑衣人的大腿。得手后黑衣人猝不及防，沙土迷眼大腿中刀，疼得他浑身发抖泪水直流，眼眶内的沙土竟被泪水带出。黑衣人的视力迅速恢复，他恨透了眼前这个坏孩子，出手更加凶狠，受伤的大腿流血不止，致使行动迟缓难以如愿。李岳峰失手后再也不敢硬拼，他游走缠斗，二人各有所忌，短时间内难分胜负。

姚三黑带领余下的土匪将李殿邦围在当中，他想集中全力，除掉这个强敌以绝后患，然后再去对付其他人。李殿邦明白贼人的意图，他抖起神威连伤两人，姚三黑见手下的土匪难以取胜，这才挥刀上前加入围杀。李殿邦劳作了一天又与劫匪苦斗多时，力量已经用尽，如今又失去了儿子的踪迹，握刀的手不由得颤抖起来，一股凉意涌上心头，他自知今晚凶多吉少，如若失手不但毁了自己的一世英名，就连妻儿也将遭殃。李殿邦鼓起余勇想要拼死一战，绝不能让贼人的阴谋得逞，就在这时突有一人从道旁的树丛中闪出，他挥动手中的短棍把一个黑衣人的头颅打碎，来人正是窥探多时的荣振武。眼前的变化如同炸雷，在场的人全都惊呆了，黑衣人毕竟是见过凶杀场面的惯匪，稍加迟疑立刻涌上前来挥刀乱砍。荣振武并未把这些土匪放在心上，他挥动短棍又将两名黑衣人打倒。姚三黑见荣振武的棍法奇特出手凶狠，他以为是李殿邦的朋友赶来相助，忙令在场的土匪全力对付这位后来者。

李殿邦趁此缓过气来，他注目观看，来人年约三旬，面孔陌生，手中使用的并不是棍而是失传多年的单鞭。没有铜铁的上古时期，只有棍、矛、鞭、殳这几种兵器。据记载，姜尚提鞭率八百诸侯在牧野战败商纣，建立不朽功业，后世很少有人使用这种兵器。喘息方定的李殿邦唯恐来人失手，他再次挥刀杀入重围。姚三黑见来者勇不可当就躲在黑衣人当中，催促手下的土匪上前，借机观察来人的武功门派，找出他的死门予以诛杀。荣振武早已看出，蒙面人就是这群劫匪的头领，此人不除这场凶杀难以终结，他挥手打退面前的黑衣人，飞身来到姚三黑的近前。高声喝道：你这个藏头缩尾的恶奴，平日干尽了坏事，唯恐别人认出你的本来面目，只能用块妓女丢弃的遮羞布，蒙住你这张丑恶的嘴脸，如今又贪生怕死躲在人堆里保命。姚三黑被荣振武骂得无地自容，他这才不顾死活地迎上前来，用蚕花犯寒的梅花刀法拼死一击，他们之间的功力相差太远。荣振武并未在意，他信手挥鞭砸向蒙面人的手腕，姚三黑暗叫不好，连忙撤刀还是晚了一步，鞭头砸中刀把，钢刀脱手飞出。姚三黑的拇指也被砸断掉落在地，荣振武趁势上前，扯掉对手的蒙面黑巾。姚三黑连疼带羞转身逃走，瞬间就隐入道旁的树丛中。姚三黑毕竟是个狠毒的角色，临走前还没忘记收拾残局，他让手下的土匪送受伤的弟兄上路。劫匪逃走前，按着姚三黑的吩咐，杀掉受伤的同伴不给对手留下活口，这种残暴的做法让在场的人感到震惊。

恶战结束后，武家营的村民才敢提灯前来观看，李殿邦忙于察看自己的弟子，他见王寅生和李岳峰都无大碍，这才反身寻找出手相助的人。荣振武环顾四周，他见黑衣人不能再来行凶，这才掉头向北奔向廊坊。李殿邦见状忙从后边追赶，同时高喊：恩公留步，请到寒舍一叙。荣振武并未停留，他说：今日天晚改日再来拜会，请您回去处理善后，以免再起风波。话音未落人已奔向远处。李殿邦是武林中屈指可数的高手，没想到今晚能碰到这样的高人，他哪能错过这种结交的机会，为了弄清对方的来历，李殿邦忘了刚才的凶险和疲劳，他脚下用力紧追不舍，借此验证双方的功力，他们从永清起步直赶到曹家务，前边不远就是永定河。李殿邦仍无法赶上荣振武，他已累得筋疲力尽，无法再往前比拼。他用尽全力呼喊：请恩公留下名号，容我等日后拜谢。荣振武不能再驳李殿邦的情面，他说：我乃河南的过路客。说完加快了脚步，消失在前面的夜幕中。荣振武说的话随风飘来，双方的乡音不同距离又远，李殿邦模糊不清地听到河南什么客，经回忆好像是飘萍客，他怔怔地站在那里，待了很久才回过神来。

李殿邦跻身武林高手之列，却未听说飘萍客的名号，他沮丧地转身返回，行至途中遇到王寅生等人来寻。李殿邦把追赶的过程述说一遍，他让王寅生等弟子留意，查访今晚这位救命恩人，他是河南的飘萍客。回到武家营天光已经大亮，周边村镇的人也闻讯赶来，围观的人越聚越多，地上留下五具黑衣人的尸体，其中三人一击致命，他们全都死在荣振武的鞭下，另有两人因伤势过重无法逃脱，被自己的同伴灭口。天亮后有人认出其中的两具尸体，一人姓杨，是姚三黑的同乡，家住永清城外的南关镇。另一个姓左，家住永清西北的北岔口，两人都是犯案在逃的惯匪。经官前必须保留现场，李家门前遍地是血一片狼藉，死者的面目狰狞，血腥的场面让人感到毛骨悚然。李殿邦不敢私自处理，他让王寅生具状报案，只将荣振武相助这段情节隐下不报，以免给恩公增添麻烦。城门开放，王寅生来到大堂前击鼓投状，听说武家营发生血案，高知县不由得惊出一身冷汗，这桩凶杀定与教案有关，他吩咐衙差，小心勘查秉公处理，千万不要出现任何纰漏，以免重蹈典吏的覆辙。衙差知道其中的利害，当即会同仵作来到武家营，他们细心察看凶杀现场，然后扒开死者的衣服检验伤口，发现他们全都佩戴教会颁发的圣牌，人群中发出一片哗然。实物证明了死者的双重身份，他们既是教徒又是打家劫舍的惯匪，站在人群中的教徒感到耻辱，有些人离开现场回家反思。衙差心知肚明，他们征来村民的大车，将五具尸体运回，并将李殿邦等有关人员带回县衙录供取证。

前些天，永清县的民众与教会之间形同水火，双方随时都可能发生冲突。荣振武常到人多的地方留意观察，借此辨清其中的是非曲直，初次离开师门，他不敢在这种陌生的地方多言，以免招惹是非落入官府之手。荣振武携带着自己的物品，做好随时离开的准备。这天下午，情绪激愤的人们聚集在教堂门前，揭露洋人及其教徒的罪恶，其中一位衣着考究的青年最引人注目，他被人们围在当中讲述和尚的遭遇，提醒周围的村民远离那些女教徒，以免被信教的女人讹诈难以洗刷。听者动容骂声不断，教堂门前的人们全都露出不平之色。荣振武寻声过去静听，此人名叫王寅生，他曾在县衙前现过身。有几个鬼魅一样的身影与众不同，他们在人群中不停地游窜，专心监听别人的议论，这些人的行踪引起了荣振武的注意，天近黄昏，他们陆续来到王寅生的周围互递眼色。王寅生的情绪激动并未发现异常，依然侃侃而谈，直到天黑人们才陆续散去。那些行踪诡异的人跟在王寅生的身后，中途隐入道旁的树丛中，随后就发生了拦截。幸亏王寅生发现及时才得以逃脱，荣振武不清楚双方的底细，因此才避在树后静静地观察，直到李殿邦师徒无力自保他才出手相助。

黑衣人逃走后，李殿邦诚心挽留这位仗义出手的恩人，可是荣振武却不敢接受这份盛情。荣振武在此举目无亲，必须置身事外决不能留下姓名。李殿邦不识此中的厉害只能空追一场，最终记住了河南飘萍客，并将此号传播出去。抛下李殿邦的追赶荣振武这才放缓脚步，前边就是永定河，这时已过午夜路上早就断了行人。来到河边荣振武感到疲劳，他脱下身上的外衣与单鞭一起放到河水里，清洗上面留下的血迹，然后就躲进岸边的草丛中小睡。天光朦胧时衣裤已经半干，荣振武穿戴整齐奔向前面的旧州，暂时到那投宿以免身后有人跟踪。经过半天调息，杀人后的心情逐渐稳定下来，荣振武这才赶往廊坊求取那三件器物。

廊坊是个四通八达的城镇，很快就找到杜家的兵器铺，有个四十多岁的精壮汉子出面接待。经过交谈得知，圣手补天杜盼已于六年前辞世，眼前这位是杜盼的儿子杜弨。荣振武说明来意，随手拿出那张字柬。杜弨只看了一眼就客气起来，他把荣振武让到里边的客厅，茶水备齐谈话就转入正题。杜弨说：此事距今已有三十多年，当时他还是个孩子，那年春季，兵器铺来了一位姓袁的先生，杜盼上前与其攀谈，此人名叫袁寿臣，来自河南广武，是位教书先生。杜盼听后并未在意，他以为袁先生想买文人雅士喜爱的佩剑。出人意料的是，袁先生竟取出三种器物的图样并附有制作说明，杜盼本是此道中的高手，看后连连叫绝。袁先生声称，是慕名而来，希望杜家能帮他打造这三件器物。杜家专做攻守器具，备受习武之人的青睐，就连朝廷也极为重视。杜盼聪颖过人，凭着高超的技艺，才在江湖上博得了圣手补天的绰号，并在黑白两道结交了不少朋友。杜家可以制作各种攻守器具，大到楯车、云梯、抛石机，小到强弓硬弩火铳等，这些器具轻捷犀利，备受世人推崇。袁先生这三件器物结构奇特复杂，让杜盼感到惊喜和为难。袁先生看出杜盼的心意，就解释说：工欲善其事，必先利其器，秦有强弩才能平定六国统一天下，武侯没有木牛流马哪能再出祁山，洋人没有坚船利炮岂敢前来犯边。两人谈得投机，杜盼这才答应制做，他们约定以三年为期，袁先生走后犹如石沉大海渺无音讯，三年期满并没见他来取。家父在世时常讲：袁先生虽然谦称教书匠，从言语之中就能觉察出来，他是个学识渊博行动稳健的人，凭这三件器物就能断定，这位先生是个深藏不露的高人。家父经常提及此事，希望能与袁先生再次相聚，结果却成为遗愿，临终前他老人家还念念不忘，让我妥善保管这三件器物。他说：袁先生绝非无信之人，他年定能来取。

荣振武听后深受感动，他解释说：家师从这里回去以后，听说挚友罹难，弃家远遁关外，他的家小也陷入险境，为尽朋友之义，家师抛下自己的妻儿，携带友人的儿女到关外避祸，历经十九年才返回故乡。杜䂀明白了失约的原因，对袁寿臣的人品更加敬佩。荣振武到街上买来纸锞和果品等祭物，代表师父到杜盼的墓前洒泪祭拜，以圆尊长之间的遗愿。杜䂀拿出当年定做的三件器物，鞭为风雨鞭，内有六条沟槽通达中空的鞭柄，填装独门药粉，扣动机簧药粉外泄，随风飘向四周制敌于众，必须及时施救否则将有性命之忧。弩分左右，名为鸳鸯弩，各装六支三棱透甲锥，用时扣于小臂之上，十步之内可以贯穿铁甲。水中用具名为浪中飞梭，长约一尺二寸，前有三叶旋桨，后有套把掌控，侧有摇柄，腹装三组牙轮，摇柄一周桨旋三百，人在水中横卧既可穿行于惊涛骇浪之中，快如闪电舟船难及，三种器物的图样，都是袁崇焕当年的遗物。

拿到器物后荣振武反复演练，很快就掌握了其中的要领。由于双方的尊长神交已久，荣振武与杜䂀之间算是两代友情，很快就成为无话不说的朋友。荣振武说：杜家的技艺声震朝野，交友甚广，不知哪些人的武功出类拔萃。杜䂀略加思索就回答说：先从朝中算起，聂士成和刘铭传都是安徽合肥人。两人同为一师之徒，都有一身高超的武功，凭此屡建奇功。光绪十年，他们二人先后率部赴台抗法，刘铭传留守台湾，成为第一任台湾巡抚。聂士成授直隶提督，肩负拱卫京畿的重任。冯子材，广东钦州人，自幼习武，深得家传的武功，从军后多次击败入侵的法军，威震西南，曾任广西、贵州、云南等地的提督。年长后厌倦了官场上的是非，多次称疾退职，边境不稳仍被朝廷召回披甲上阵。冯子材、聂士成和刘铭传，都是武功高强的将领，军中称他们为勇士，朝廷视他们为栋梁。荣振武听后连连点头，杜䂀接着说：衡阳的黄逢春与赵海屏，也是武林中的精英，据说，他们脚下的功夫极强，名震湖广，深受当地人的推崇。山东、直隶多出俊才。韩效忠，山东登州人，自幼习武，长大后流落到关外，在夹皮沟集众五万多人盗采金矿。其人武功高强办事公道，深受广大民众的拥戴，官匪皆不敢到那骚扰，人们称他为韩边外。刘士俊与李殿邦都是直隶人。刘士俊，雄县人，深得家传的武功，年轻时曾在王府传授武艺，近几年看破是非，称疾返乡闭门课子不再与官府来往。李殿邦，永清人，他的弟子遍布山东、山西、直隶等地，其中三人中举，军中受封。徒显师贵，李殿邦的名声赫然传开，武林中称其为京南逸隐。黄逢春、赵海屏、韩效忠、刘士俊和李殿邦等人，都是散落在民间的武林高手，只是机缘不同各得其乐。

荣振武边听边想，师父派他到此不仅来取器物，更重要的是让他增长阅历，可惜杜老前辈已经作古。杜弨接着说；北京的会友、保定的安达和关东的永胜，这三家镖局的主人也是武林中首屈一指的人物。近些年世道混乱盗贼四起，有些地方官员，向朝廷进献的贡品也经常被劫，无奈之下只得雇佣镖局，就连军中的饷银也得求助镖局押运，由此可见这几家镖局的实力和威望。

杜弨对江湖上的奇人异事了如指掌，他把那些不为人知的内幕讲了出来。荣振武对杜家的交际和学识深感敬佩，他试探地问道：你们杜家是否习武。杜弨点头说：家父确实喜武，每当遇上武林中的高手总是缠着人家求教，日积月累，他对各大门派的技艺都有所了解。荣振武听后恭维地说：杜老前辈算是武林中的集大成者。杜弨笑着说：家父是个有自知之明的人，他曾当众声称：自己是个杂货铺，什么都有，就是没有值钱的珍宝，否则也不会以打铁为业。荣振武与师父久居乡间，对江湖上的内幕知之甚少，通过杜弨的讲解茅塞顿开，他连连向这位巧匠致谢。荣振武在杜家逗留了两天，原打算第四天离开，那天中午，从永清县来了三个定做兵器的人，无意中谈到武家营的血案。荣振武听后暗自留神，他想探听走后的变化。其中一人说：李殿邦带领一子一徒，力战二十多个黑衣劫匪，最终杀死五人，另有多人带伤逃走，验尸时发现，五名死者全都佩戴教堂颁发的圣牌，据说，他们是圣公会派来的刺客，李家已将诉状递到永清县衙，不知官府如何处理。杜弨听后异常兴奋，客人走后就对荣振武说：李殿邦就是他曾提到的京南逸隐，单凭父子三人就能战败群匪，致使对手死伤多人，京南逸隐名不虚传。荣振武不便多说只能虚以应对，他决定留下，看看教堂的反应再做决定。几天后又有两个从雄县来的客人，他们要定做二十口短刀和十支火铳。生意谈成以后杜弨命人备上酒席，热情款待这两位买主并让荣振武作陪。饮酒时，杜弨用江湖唇典与两位客人交谈起来，荣振武初入江湖，听不懂他们的谈话内容，只能默默地坐在一旁相陪。

等到客人离开以后，杜弨才告诉他，刚才那两个人是白洋淀里的水贼，为了探听武家营的血案才把他们留住。据水贼讲：前几天，姚三黑作案失手的消息传到白洋淀，水贼的头领半信半疑，凭姚三黑的实力和身手，北直隶一带无人能敌，就连官府也惧他三分，怎么可能失手。按照道上的规矩，水贼的头领备上厚礼，来到永清城外的大洼地，在砖瓦窑里见到姚三黑，这才相信传言是真。姚三黑夜入武家营，不但损失了五个弟兄，还将自己的拇指丢在李家门前。水贼的头领觉得奇怪，李殿邦虽然英名在外，凭你们二十多个有备而动的弟兄，还摆不平他们师徒三人。姚三黑满面通红地解释说：仅凭他们师徒三人绝非我等的对手，正当李家父子落败的时候突有一人现身，根据弟兄们的观察，很可能是李殿邦的朋友。此人的面孔十分陌生，武功却很高强，他的拇指和多名弟兄都是伤在那个人的棍下，不知这位神秘人物是何来历，至今回想起来依然感到后怕。姚三黑的右手拇指已断，再也不能握刀，他已成为半个废人。姚三黑的言行让水贼的头领感到震惊，究竟是什么人能让这位杀人不眨眼的魔头感到害怕。回到白洋淀，水贼的头领吩咐手下，近一段时间不要外出作案，以免引来杀身之祸，为了加强防范，这才派出两名水贼到廊坊购置短刀和火铳。说到这里杜弨突然停了下来，他目不转睛地看着荣振武。然后略有所思地说：袁先生是个深藏不露的高人，荣老弟也有乃师之风，我敢断言，武家营出现的神秘人物就是荣老弟。

荣振武听后暗自一惊，他说：杜兄何出此言。杜弨说：从河南到廊坊，走霸州必须经过永清县，你到我家时正是武家营发生血案的第二天，据那两个水贼讲，神秘人物使用的是条短棍，再看荣老弟手中的单鞭，不知道底细的人都能把它当成短棍。另有传言说：当晚出手的人是河南飘萍客，时间、地点、兵器和籍贯，种种迹象都与荣老弟吻合。荣振武听后，正色地说：杜兄切莫胡乱猜疑，今后再也不要提及此事，以免引来灾祸。荣振武的话模棱两可，杜弨听后更加怀疑，他知道事关重大当即答应。姚三黑受创后，唯恐李殿邦召集友人对其追杀，他带领手下的土匪，龟缩到永清城外的砖瓦窑里养伤，暂时不敢出来作恶，洋人的嚣张气焰也随之收敛。事态已经平息，荣振武这才决定离开，杜弨依依不舍地挽留，希望新交的朋友能与自己多聚几天。荣振武说：他想在江湖上游历一番，等到日后闲暇再来打扰。杜弨见荣振武的去意已决，这才备酒为他饯行。离开廊坊经凤河营直奔北京，一路走来，荣振武暗恨自己行事稚嫩，通过这次教训，荣振武行事更加谨慎。

第十九回　赴京师群雄聚会　论天下泾渭分明

进了永定门，前面就是龙须沟，上架一座高大的拱形桥。站在桥的两端相望，只闻其声难见其人，桥下可以行船，就连那些带阁楼的画舫也能在桥下穿行。拱桥高大宏伟如从天降，因此被人们称为天桥。永定门内，东有天坛，西有先农坛，两坛以北至龙须沟一带地势低洼，大小不等的池塘散落其间。经过明清两朝皇家不断的疏通，龙须沟与近处的沟渠相通，文人雅士常于此处泛舟弄乐，饮酒赋诗。几经兴衰，至光绪年间日渐颓败，龙须沟的两岸杂草丛生，平时很少有人来此，只有清明扫墓时才能见到熙熙攘攘的人群。家住城南的王福海见扫墓人疲惫哀伤，头脑中灵光突现，他在天桥西沟沿的南岸，摆上桌椅卖起了大碗茶，生意极其红火。王福海唯恐别人抢占此地，当晚就搭起茶棚永驻，他的生性圆滑诙谐人气极旺，因其排行老八，人们都称这座茶馆为王八茶馆。有了这座茶棚的先例，其他生意人也相继来此，生意场越来越大，最终成为天下闻名的天桥市场。荣振武早有耳闻，如今机缘凑巧，他想看看这个江湖艺人云集的地方，到底隐藏着什么样的高人，走上天桥视野顿时开阔，笔直的大道通往皇城。难怪有人说：天下名利客俱从此桥过。下桥后荣振武沿着沟边向西，走出不远就有一家客栈，庭院不大倒也干净，那是专供江湖艺人下榻的地方，房间狭窄价格便宜。

第二天清晨，天还未亮有就人起身外出，到市场摆摊设场筹备开张，人在陌生的地方必须入乡随俗，荣振武略知此中之道，他也随着人流走向天桥市场，同行的客人分头寻找自己的场地，随后就开始忙碌起来。天色尚早各种生意并未开张，荣振武这才醒悟，不该与生意人同行，他转身向北来到皇城前瞻仰一番，吃过早饭再次来到天桥市场，各种生意已经开张。市场本是龙蛇混杂的地方，生意人都有自己的留客方法，拴马桩、贴身靠和捆仙绳等，都是他们常用的手段。天桥市场分东西两部，东部市场全都是买新卖旧的生意人，桥西称为公平市场，那里才是江湖艺人落脚的地方，踏进市场就能听到喧闹的说笑声。荣振武觉得新奇，挤进人群这才看清，场内一人透着傻相，前言不搭后语顺嘴胡唱，仔细回味又感到诙谐有趣，此人名叫朱少文，人们称其穷不怕，他在京师是个妇孺皆知的风尘人物。荣振武对此不感兴趣，他离开穷不怕的场地，前行不远就是丹桂茶棚，凡是做武生意的人都集中在这一带。

迎着甬道立有一根高大的木杆，顶部挂着白布长幡，上写有“神弹”二字，高杆下放着一张木桌，上面摆着怖怖噔、弹弓和大力丸等。怖怖噔是一种小儿吹响的玻璃玩具，壁薄如纸，稍有不慎即被吹破。经围观者介绍，场地的主人名叫张玉山，曾是巡捕营的把总，因其恃才傲物与上司不睦，愤而除籍回家，他是个不甘寂寞的人，脱掉官衣投身江湖，借卖艺之机向天下扬名。开场前，张玉山先用弹弓打高杆上的小锣，以此招揽游人过来围观，等到人多时才把怖怖噔立起来，在吹口上放置一枚铜钱，铜钱上面再摆放一个泥弹。张玉山并不作势拉弓就打，再看那支壁薄如纸的怖怖噔完好无损，铜钱纹丝不动，上面的泥弹竟被打出两丈之外。张玉山说：刚才这手叫作凤凰夺巢不算什么，稍候再给众位露一手流星赶月。他先射出一弹作为目标，然后再发第二弹，让它追上第一弹并能将其打碎。如要打准了请观众给他喊声好，要是打不准请众位留步，散场时他请大家喝酒。交代清楚以后，张玉山拿出大力丸开始做生意，围观的人不想走，急着要看流星赶月，他们纷纷出钱购买大力丸，这种做法叫作拴马桩。

张玉山把生意做完后再不多说，拿起弹弓显露流星赶月的本事，后弹真在高空追上前弹将其打碎，围观的人再次喊好。挣足了钱又得到满场彩，张玉山自然高兴，他躬身抱拳连连称谢，然后就开始整理桌椅准备收场，就在这时，突见一人来到近前，拿起桌上的弹弓，咔嚓一声将它拉断，然后抛弃于地。张玉山见有人现身砸场，起身就要发作，当他看清了来人的面孔时，竟被吓得低下头来，客气地说：小的张玉山不知虎二爷到此，望您老恕罪。面前这位虎二爷只有二十多岁，长得身高体壮。他指着张玉山说：你既敢挂旗称神，必有超人的本领，为什么不到前敌戍边，难道你对朝廷存有二心吗。张玉山听后更加害怕，他仍低着头说：小的在这以泥弹取悦过客，借此卖药以图温饱，请虎二爷可怜。虎二爷狂横无比还想继续纠缠。与他同来的伙伴唯恐引起众怒，其中两人过来，拉住虎二爷的胳膊转身离开。等他们走远才有人发问：这是些什么人，竟敢在光天化日之下逞凶。有人小声说：他们是方字旁的。人们这才明白过来，砸场的是旗人，难怪他们如此狂横。

荣振武听后好奇心顿起，急忙离开张玉山的场地，不再听别人后续的议论，他紧跟在这伙人的身后，看他们还能干些什么。走出里许虎二等人停了下来，经过他们之间简短的协商，最终走进福海居茶馆。茶馆的门面清洁明亮，门的两旁篆刻着一副对联，上联写：一杯春露留住客，下联写：两片嫩芽醉倒仙，横批写：荟朋聚友。据说，光绪十二年徐世昌进京应试，中举后到天桥游玩，曾在此处落脚饮茶，乘兴为福海居题写了这副对联。茶馆刚生火烧水，喝茶的人还没上座，这里只有虎二等人临窗而坐，从衣装神态就能看出，他们四人决非普通百姓，这几个人围坐在一起，仍议论刚才发生的事。荣振武来到角落独坐一桌，静听他们之间的谈话。这四个神态傲慢的年轻人，都是京师的扑户和塌希密。清朝王朝定都北京以后，为了储备人才单独设立了善扑营，他们的统领由亲王兼任。善扑营分为三大技，摔跤、蹁騀（俗称跳骆驼）和拉硬弓，要想进入善扑营必须是八旗子弟，余者皆不录用。善扑营中的跤手，全都是皇帝身边的侍卫，每当皇帝出巡时由他们随侍左右，就连朝中的大臣也不得随意近身，清帝把自己的性命都托付给这些人，难怪张玉山胆战心惊。每当正月十五，各地的藩王以及那些封疆大吏，都从自己的驻地来到京师，赏灯朝圣以庆升平。正月十九，皇上在紫光阁设宴款待这些权贵，同时由善扑营的扑户与蒙王带来的跤手，在现场较技助兴。

二百多年前，蒙古各部与清朝组成联军，多次突入中原，最终夺取了大明的江山。满蒙之间关系特殊如同兄弟，兄弟虽好仍存异心。为了拉拢和震慑蒙古各部，清朝王朝利用摔跤之机，彰显八旗弟子的勇武借此示威。善扑营下设东西两翼，东翼驻在东城的大佛寺，西翼驻在西城的当街庙。虎二等人隶属于东翼，昨天晚上，该他们四人在宫中当值，升朝后才离开皇城出来游玩。虎二等人依仗自己的特殊身份和娴熟跤法，没人敢来招惹，平时狂横惯了，他们对张玉山那种洋洋自得的神气感到不快，所以才出手对他进行羞辱。留有短髭的人名叫宛八，是善扑营中的头等扑户，宛八的跤法娴熟，他抢把快，扣把紧，涮把活，脚下的功夫十分扎实，是善扑营中出类拔萃的人物，连续两年在紫光阁的跤赛上拔得头筹，被册封为巴图鲁（勇士）。看似凶猛的虎二只是善扑营中的三等扑户，另外两人更差，他们是善扑营的塌希密（候补三等扑户）。果盘摆齐茶水闷妥，茶客们陆续上来，就在这时，从门外走进一个身穿华服的胖大汉子，两名健壮的跟班紧随其后，此人名叫托明浑，被册封为多罗贝勒，他是宛八的姑丈，两人见面难免客气一番。

双方坐定就开始闲谈起来，虎二是个有口无心的莽汉，他喋喋不休地讲述刚才发生的事。托明浑毕竟年纪大点儿，阅历比虎二等人多，他以长辈的口吻劝解说：你们这种狂傲的性格不改迟早要吃大亏，张玉山只不过是个摆场的卖艺人，以前曾当过几天小武官，他倒没有什么本事，北京毕竟是皇城，难免有龙虎之辈藏卧于此，今后行事要多加检点。托明浑本是一番好意，结果却激怒了宛八。他冷笑着说：姑丈所言只是空穴来风，你能指出谁是高人吗？托明浑并未想到内侄能当众顶撞，情急之下他想起了会友镖局。宛八的性格倔强处事认真，当场就要到会友镖局争个高低。托明浑听后暗自着急，唯恐双方为了一句闲话伤了颜面，他推脱说：今天有点急事不能奉陪，等到明天巳时，他在会友镖局为双方引见。话不投机，托明浑与宛八等人不欢而散。贝勒只是清朝宗室的封爵并无实职，托明浑在珠市口经商，常年雇佣会友镖局为他押运货物，通过生意上的往来，双方的关系逐渐密切起来。茶馆中的一番好意却引起内侄不满，很可能招来是非，他后悔不迭，匆忙返回家中思考化解的办法。托明浑反复夸赞会友镖局的神通，似乎没把善扑营的人放在眼里，宛八等人越听越烦心中暗起恨意。善扑营的扑户，本是禁卫军中的精英，皇帝的贴身宿卫，身系社稷的安危，小小的多罗贝勒竟敢蔑视他们，如果没有亲缘关系，宛八等人早就与托明浑翻脸。宛八心中的怒火未消，他决定明天巳时赴约，看看会友镖局的主人到底是何方神圣。荣振武静坐一旁，听清了托明浑与宛八的争论，他决定提前到会友镖局等候，借机观看双方的技艺，尤其是皇帝身边的侍卫究竟有什么惊人的本领。在廊坊的兵器铺，荣振武曾听杜弨提到北京的会友镖局，那里的主人名叫孙广会，原是直隶束鹿人，精通三皇炮锤，刀法精湛，江湖阅历极丰，是个名动南北的人物。

第二天上午，辰时刚过荣振武就来到粮食店街的南头，在路西找到会友镖局，拿出杜弨交给他的名刺。孙镖头看后客气起来，杜弨介绍来的朋友哪能慢待。孙镖头把荣振武让进客厅，两人攀谈起来，他首先询问荣振武的家乡以及师承来历。有了武家营的教训，荣振武不再提及现在的住址，以免给师门招惹麻烦。他说：在下来自关东牛口，家师是个酷爱武学的乡下人，他老人家从未在江湖上行走，所以才让我出来游历。闭门在家必然没有江湖上的朋友，孙镖头又把话题转向关外。他说：关东营口有个永胜镖局，他们的东家才从这里离开，押着货物赶往保定府，四天后就能返回，不知你们是否熟悉。荣振武解释说：我与家师久居乡间很少外出，从未听说营口这个地方，对于永胜镖局更不清楚。孙镖头觉得奇怪，此人来自关外却不熟悉那里的详情，交谈中他面现坦然不像说谎，无奈之下只得岔开话题另谈其他。孙广会与荣振武说的话都是事实，谁也没有欺骗对方。牛口与营口本是同一个地方，双方的谈话有误，才让荣振武失掉一个与师兄相见的机会。

咸丰八年六月，清朝政府在洋人的逼迫下，先后与俄美英法等国签订了丧权辱国的《天津条约》，增开牛庄、登州等十处口岸。条约生效后，英国公使带领各地的领事来到牛庄，进行实地考证，他们沿着辽河往返多次，最终认定，地处牛庄的河段存有欠缺，各种条件都不如入海口的一个无名村，在那建港，各种大型的船舶都能进出不受潮水限制。洋人开始反悔，他们威逼着清朝王朝的权贵改写条约。腐败无能的清廷迫于民众压力，他们不愿公开改写条约，慈禧暗派权贵与洋人密谋，双方想出一个瞒天过海的办法，既能保住清朝的脸面又能达到洋人的要求。他们将这块远离牛庄百里之外的地方，称为牛口，以此欺骗那些局外人，不知内幕的人误以为这是牛庄所辖的口岸，清朝王朝就是用这种拙劣的手段施政。港口建成后这座小城迅速崛起，英俄等国先后在这设立了领事馆。同治五年太平军彻底失败，政局稳定下来，朝中各部的大员都到这座新城淘金，牛口这座港城日渐繁华。几年后，荣振武跟随师父从这离开，远赴河南广武，因此才把自己的故乡称为牛口。光绪初年，兵部侍郎出巡时途经此地，这里的地形让他感到吃惊。牛口退海的时间不久，沟壑交错，池塘密布十分复杂，是个天然的练军场所，回京后，兵部侍郎把自己看到的一切具文上奏。这道奏章引起朝臣的重视，皇上再次派人出关考证，结果与兵部侍郎的奏章完全相同，朝廷指派盛京将军督办此事。一座大型的练军营在此建成，宋庆、左宝贵、徐邦道等清军的重要将领，都曾率部到此练兵。当年谎称牛口，只是欺世盗名的权宜之计，朝中的权贵深感不安，时机适宜必须更名。经过多次商讨，以地处辽河末端的练军营为本，将牛口改为末沟营。

装备落后的清军每战必败，朝中的权贵不查找军政上的原因，一味地笃信神佛。有人提出，末沟营这个名字不吉祥，末字解读为最后或者终了，军旅在那样的地方操练哪能取胜。朝廷不敢怠慢，急忙找来和尚、老道、大仙，神父和一批文人墨客，他们引经据典，经过多日搜肠刮肚的思索，也未取出一个恰当的名字，无奈之下又把以前用过的两个地名拿出来，各取一个尾字组合起来定为营口。更名前些年荣振武就从这里离开，他并不知道自己的故乡已经改名为营口。来人一问三不知，这倒让孙镖头疑惑起来，此人如要没有过人之处，为什么名重朝野的杜玿，能把自己的名刺交给他四处投递？行事缜密的孙广会难下断言，他不动声色继续交谈，就在这时镖局的门人进来禀报。他说：贝勒爷来了。听说托明浑来了，孙广会急忙起身，他把这位老主顾迎进客厅，并为荣振武引荐。寒暄过后，孙广会首先开口。他说：您老人家大驾光临，不知有何差遣。托明浑听后并未及时回答，他支吾了半天才把昨天茶馆发生的事说出。孙广会听后惊出一身冷汗，他强装笑脸，用奉承的口吻说：宛八爷陪鸾伴驾，身系社稷的安危何等重要，他的声威震动四方人人敬仰，这样显贵的身份哪能与我们这些草民一般见识，望贝勒爷从中调停。托明浑叹息道：这位内侄自恃技艺过人，又是皇上身边的红人，从未把他这位长辈放在眼里，时有讥嘲之意，今天这事恐难善了，希望你们早做提防。

孙镖头经历过无数风险，刀枪加身都未曾眨眼，如今这件事却让他进退两难。如若侥幸取胜必将与那些满族权贵结仇，镖局的朋友多为绿林中人，通匪的罪名随时都可能落到自己的头上。如若输在宛八的手下，那将败坏自己的半世英名，谁还敢把财物交给一个庸才保护，镖局的生意也将就此终结。今天这件事如要处理不当，轻则镖局倒闭，重则下狱服刑。托明浑见孙镖头两眼发直浑身战栗，更加愧疚，深恨自己不该多嘴，无意中给会友镖局招来祸殃。荣振武本想到这开眼界长见识，观看双方的绝技，没想到竟是这样的处境，就在众人惶恐不安的时候，宛八竟如约而来。孙广会见宛八进入镖局，屈膝就要下跪，按律以大礼参拜。宛八见状跨步闪身躲到一旁，不受这份拜礼。他说：宛八今日来此，是以私人身份前来会友，望总镖头见谅。宛八这种做法，看似恭谦其实透着敌意，他是御前侍卫，俸正二品，与各省总督的品级相同，按着大清的律法，百姓见他必须行跪拜礼，否则将处以大不敬之罪。孙广会尴尬地跪在那里不敢起身，以免越礼受罚。托明浑实在看不下去，他沉着脸说：孙老板在自己的家中没有越礼之说，请你起来，一切由我担待。宛八见姑丈面现怒容，出于礼貌不想叫外人见笑，他冷冷地与托明浑打个招呼就不再理他。托明浑默默地扶着孙广会起来，眼前的局面让会友镖局的人更加担心，他们诚惶诚恐地把宛八让到客厅饮茶，借机恭维这位权贵，化解这场口舌是非。宛八并不买账，他仍站在前厅要求比试以决高低。孙广会心急如焚，他环顾左右无计可施，最后决定宁肯忍辱服输，镖局倒闭，也不能与宛八这样的权贵结仇，以免招来杀身之祸。

宛八来此找的是会友镖局，与他人无关，因此荣振武才独自坐在后边未动。前厅的对话听得一清二楚，荣振武猜出孙广会的心意，他决定应对宛八的挑衅，帮助会友镖局渡过这次难关。荣振武在这孤身一人并无牵挂，不怕官府报复，他毫无顾忌地从里边出来，朗声说道：在下生长在关外僻壤之地，无缘拜会高人，今天幸遇这位官爷有此雅兴，如若不嫌在下卑微请您出手赐教。突然出现这种变化，让在场的人感到震惊，孙广会的心提了起来。激于义愤，荣振武才出面替会友镖局消灾，可他并未低估宛八的实力，身系帝王安危的人绝非浪得虚名之辈。入主中原以前，满人生活在荒漠以北的崇山峻岭之中，常年与虎狼为伴，养成强壮的身体和剽悍的性格。明万历年间，在努尔哈赤的带领下常年征杀所向披靡，随后又用重金收买了范文程和宁完我等大明的叛将，他们用中原的武功结合满人的狩猎之技，为清朝研制出一套犀利的摔搏法。清朝将士练后，如虎添翼无人能敌，唯独让他们感到惧怕的人，就是出任边帅的袁崇焕。袁家传下来的武技分为九艺，跤法就是其中之一，另有克制摔博的分筋错骨法，更让当年的满人感到胆寒，荣振武是袁崇焕的第八代传人，宛八的命运不佳才碰到这个克星。

清朝建国已有二百多年，如今的摔法只是为了观赏，并有特定的章程加以限制，争夺江山时所用的致命摔法，都在相扑营的禁用之列。经过多年传承，那些要命的技法早已失传，宛八不知其中的厉害所以才敢登门较量。荣振武的出现让宛八感到不快，他嫌这个陌生汉子上来添乱，后来一想也不在乎多摔一个，凭自己的本领和体力，即使在场的人轮番上来也无所谓，借此让托明浑见识一下自己的真实本领，以免今后再放厥词。荣振武虽然得到袁家的真传，却未遇到过精于摔法的人，所以才不敢掉以轻心，必须全力应对。他说：在下久居关外的乡间，只会一些胡摔乱打的粗俗技法，不懂江湖上的礼节和官场上的条规，望这位官爷指点。荣振武首先表明不懂行规，那样就能解除违规的顾忌。宛八过于自大，他不知对方的用意就用嘲弄的口吻说：尽你所学，只管随意地使出来。双方已经交代清楚，没有更改的余地，孙广会只得把他们带到后院，那是镖师练功的地方。

近几年的辉煌成绩让宛八目空一切，他晃身上前伸手就抓，荣振武想见识一下大内侍卫的身手，他拦格拨挂一味地化解并不出手，转眼就是二十四把。宛八连连扑空，他连荣振武的衣角都未摸到。摔跤讲究的是上八把，小袖、偏门、盖领、下襟和腰带，抓不到这些地方就无法出招使绊。宛八出手落空心中起急，他不顾一切地猛扑上来。荣振武站在对面看似无意地挥手，正中宛八的面门。躲闪不及的宛八被拍得涕泪交流连连后退，差点跌倒在地，刚把身形站稳突见面前一闪，荣振武如影随形及时到达，只见他屈膝蹲身，伸腿拧腰横扫一腿，正中宛八的脚踝。势如闪电，宛八无法躲闪当场倒地，他毕竟是跤场上的高手，虽败不惊。宛八纵身站起伸手猛抓，荣振武一改先前的做法，他并未闪躲任由这位跤手来抓。正当宛八抓力已实拉力未起之际，荣振武用单手扣住他的手背，昂头晃膀掩肘下蹲，这招名叫老龙卸甲。只听宛八狂叫一声，随即蹲跪于地如同打千一般，在场的人大惊，荣振武并未停留，瞬间松手，同时将他拉起。惊魂未定的宛八万念俱灰，急忙查看自己的手腕，唯恐落下残疾，疼痛过后并无大碍，他这才把悬着的心放下。

孙广会怕惹恼了这位清朝的权贵，急忙过来替荣振武赔罪。宛八为人倒也仗义，他连连摆手并无责怪之意。孙广会老于世故忙以喝茶为名，把大家让进客厅以解眼前的窘境。荣振武初出江湖，取胜后反倒面红耳赤，他坐在一旁不知说什么才好。事到此时托明浑心中窃喜，他站起身来笑着说：咱们有缘才能相聚，我想代表大家向会友镖局讨杯酒喝，不知孙老板能否赏脸。孙广会听后心领神会，他知道托明浑的良苦用心，赌场上的朋友越交越薄，酒桌上的朋友越喝越厚，镖局的老板不但要与绿林人交往，更要结交官场上的朋友，像宛八这种特殊身份的人，如非机缘巧合很难结交得上。宛八与荣振武换上衣服，在众人的簇拥下来到宴宾酒楼，大掌柜见两位满族权贵光临，哪敢怠慢，当即快步出迎。能在天子脚下开设镖局，必有黑白两道的朋友暗中相助，孙广会也非等闲之辈，大掌柜带领酒楼里的伙计上前施礼问安，拜个不停。托明浑挥手示意，让酒楼的人退下，众人这才揖让着落座。

宛八是个痴武如命的人，对荣振武的技艺敬羡不已，他有意傍在这位异乡人的身旁，伺机进行交谈。孙广会见状十分高兴，没想到今天能因祸得福，同时结交两个有用的人。有了宛八这样的靠山，可以镇住京中那些宵小之辈。荣振武这个人虽然名不见经传，从刚才的身手就能断定，他的武功深不可测，决非等闲之辈，如若镖局有难定能前来相助。孙广会老于世故，常借宴饮之机笼络感情，他坐在那里摆布得当，应酬周全。镖局的生意十分难做，镖局的主人，不但要有精湛的武功和过人的胆识，还要具备曲意逢迎的口才，只有这样才能在官匪之间周旋。光绪初年，保定府的安达、北京城的会友和营口的永胜，这三家镖局的主人都有独到之处，他们之间遥相呼应威震天下。孙广会情意殷殷而不落俗套地为客人敬酒，恰到好处地夸赞宛八与荣振武，不露一丝献媚之态，他的话让人感到亲切诚实，这就是孙老板的过人之处。酒宴持续到夜晚仍未尽兴，周围的店铺早已熄灯，路上行人已断，大家这才依依不舍地离开。临别时宛八说：明后两天该他到御前当值不能出宫，两天后才能返回善扑营，希望荣振武能到那里做客。善扑营本是皇家禁地，普通百姓很难靠近，荣振武哪能错过这种难得的机会，当即就答应下来。宛八走后，孙广会才向荣振武致谢，他执意邀请这位消灾弭祸的朋友，搬到会友镖局来住。荣振武不愿与这些江湖人交往过密，他以随意游走为名谢绝了孙广会的盛邀。荣振武的推辞让孙广会感到失望，随即这位老江湖又提出新的邀请。他说：明天中午在会友镖局设宴，答谢托明浑的庇护和关照，希望荣先生能届时光临。荣振武无法回绝，只得答应下来。

第二天中午，荣振武如约来到会友镖局，进门后他感到诧异，客厅内并未见到托明浑的身影，只有十几个身材魁梧的大汉翘首以待，这些人都是北京城内的武林人物，昨天的事早已在他们中间流传。习武的人都有好奇心，他们纷纷来到会友镖局探听虚实，想要一睹来者的风采，其中一人引起荣振武的关注，此人名叫王正谊，字子彬，家住直隶沧州，排行老五，在京师开设子彬镖局。孙广会为双方引见时，王五面现不忿之色，此人生于武术世家，出道后就拉起一支劫富济贫的响马，专打民间不平之事，当年他曾带领人马游走于直隶、河南、陕西以及甘凉等地。官府感到震惊，连忙悬赏缉拿，因其人多势众居无定所，各地的官府无法出兵征剿，后来查到王五的原籍，沧州的地方官员怕遭弹劾，他们找到王家的族长令其出面劝说，如能改邪归正既往不咎，否则必将殃及家人。王家族长怕受牵连，他带着两个能说会道的族人找到王五，陈述其中的利害，劝他退出绿林报效朝廷，建功立业彰显门楣。王五是个有雄心的人，他听从了族长的劝告，当即到官府投案自首并表示效忠朝廷。身处乱世的官员个个奸猾，谁也不愿招惹那些亡命之人，他们以好言劝慰，前事不予追究。为了博取功名，王五来到北京，在朋友的帮助下开设了子彬镖局，他曾是绿林中人，各地的首领都曾相识，没人劫他的镖，镖局的生意逐渐兴旺起来。王五是个处世执着的人，并未把精力放在生意上，他极力结交各地的官员，寻机进入仕途，实现光宗耀祖的愿望。

今天早晨，王五在镖局听到一些传言，宛侍卫与一个外乡人在会友镖局交手，他并未完全相信，这种传言在江湖上经常出现，多为虚夸不实之词。王五与孙广会同在北京保镖，他们的原籍都在直隶，算是小同乡，因此常有来往。传言不断越发离奇，王五不由得揣摩起来，敢与大内侍卫动手必是胆大之人，就连自己这种绿林出身的人也不敢轻易出手。为了查清事情的真伪，王五这才来到会友镖局查探究竟，另有十几个人也闻讯赶来，他们聚在一起不停地向孙广会询问。迫于情面，孙广会只得把昨天的实情讲出，出于感激的心态，他在讲述的过程中对荣振武大加夸赞，说他是当今武林中的麟凤。这样的话让王五感到不快，当年他曾率领手下弟兄，横行中原几省从未遇到对手。王五以为天下无敌，对孙广会的夸赞产生了怀疑和不满，一个初入江湖的无名之辈，哪能是大内侍卫的对手，其中必有隐情，他决定留下来查看虚实，伺机出手教训一下那个浪得虚名的家伙，以此戳穿孙镖头的不实之词。

从看到荣振武的第一眼，王五就确定了自己的推断，传说中的高手只是个中等身材、体态并不健壮、面目平和略带几分书生气的人。王五只是一介武夫，不懂掩饰，鄙视之心显露无遗，孙广会为二人引见时，他暗聚全力紧握荣振武的手不放，想要试出对方的内力。结果却让王五感到失望，他所发出的内力，如同石沉大海毫无声息。荣振武的手依然软绵无力地放在那里，王五这才有所警觉，他急忙收回自己的手。酒宴早已摆好，孙广会邀请大家入席，共贺自己新交的朋友，众人正要起身入座，王五却开口阻拦，他说：在下嗜武如命，见到高人就想讨教，否则将寝食难安，倘若不能如愿，即使是琼浆玉液也难入口，望荣先生成全王五的心愿。这种当面叫阵的做法太过唐突，就连熟悉王五的人也觉得他的做法过分。孙广会与荣振武相识不久，唯恐伤了双方的颜面，他忙过来劝阻说：今天这桌酒菜是为荣先生接风，五弟如若有兴切磋，改日再会不迟。王五生性固执并不买孙广会的账，他冷笑着说：难道孙兄还有什么不为人知的顾忌吗。荣振武见王五纠缠不休，再要僵持下去必将与孙广会闹翻，无奈之下他才开口说：这位先生既然有此雅兴，在下理当从命。不知先生如何指教？

箭在弦上不得不发，王五暗自忖度，根据外边的谣传，宛八与其徒手相搏才遭惨败，自己成名全靠这对护手钩，为了稳操胜券，只能厚着脸皮选用兵器比拼，他亮出自己的护手双钩。白天出游，荣振武并未携带自己的兵器，他环顾四周，发现门后有根挑窗帘的竹竿，约有三尺多长。荣振武拿在手中反复掂量，王五提着双钩，急不可待地站在后院候在那里。孙广会见状抢步上前，拦在荣振武的面前，悄声说：荣先生有所不知，王五非同我等洁身之人，他乃绿林中人，出手狠毒从不留情，你以一根竹竿对他手中的双钩，那岂不是羊入虎口白白送命，我这里有口家传的钢刀削铁如泥，你先拿去使用。孙广会的关切让荣振武十分感动，他说：多谢总镖头的提示，在下自当留意，说罢来到院落当中。王五见荣振武手持一根竹竿下场，先是一愣，随后就变了脸色，暗恨对手太过猖狂，竟敢当众轻视他。王五发起狠来，他舞动双钩扑上前来，左钩使了个海底捞月，右钩配以铁索封江，就当双钩近身之际，荣振武动如闪电，突然滑到对手的身侧，那是双钩难及之处，他抬起手中的竹竿由下向上，先后击中对手的左右腕骨。王五疼痛难忍，他弃钩抱腕抽身后退。荣振武并没忘记孙广会的叮嘱，王五毕竟是绿林强盗，虽已改邪归正匪气仍难全消，他纵身上前迎面一脚，把对手踢翻在地，让他当众出丑，记住这次教训以免今后再欺别人。王五出道以来从未失手，如今被人打得仰面朝天颜面尽失，他愤然决定离开北京返回原籍。孙广会等人连忙上前劝说：五弟是见过世面的人，你的心胸还不如大内侍卫？昨天宛八受挫还能面带笑容，最终成为荣先生的朋友。王正谊并不是糊涂人，听后立即醒悟过来，他转身拉住荣振武的手，诚恳地说：王五本是莽撞之人，不知天高地厚，望荣先生见谅。荣振武见王五出言至诚，后悔自己做事过当，他面红耳赤地站在那里连连致歉。一场风波就此终结，众人入座畅谈起武林中的奇闻轶事，以此冲淡刚才那种尴尬的场面。

黄昏前客人陆续告辞，荣振武也想结伴离开，王五却苦苦挽留，反复向他请教落败的原因。荣振武不可能将师门的绝艺轻传于人，王五一直纠缠到子夜仍不肯走。无奈之下，荣振武才对王五加以指点。他说：当今世道已变，主宰战场的是枪炮，刀剑之类的兵器只能作为补充，你手上的护手钩，上下有尖，两边有刃，前有利钩，后有锐月，看似吓人实存利弊，既能伤人又能害己，人钩不合便被误伤，限制身法，妨碍进退，反不如单刀实用。钢刀的利刃可以削割，刀背可以拦砸，战时空其一手，上马可以提缰，下马可以抓拿，也可以配用短枪或暗器。王五听后更加佩服，借此向荣振武请教刀法。根据王五的钩法，荣振武提取其中的精华加以变化，改为凌厉的刀法。经过反复演练，刀法的变化被王五记牢，天光已经大亮，荣振武这才离开会友镖局，返回客栈休息。事后，王五痛下苦功，竟以此技成名。

三天后荣振武按着事先约定，来到善扑营的左翼大佛寺，宛八与虎二等人早已在那儿恭候，这次见面更加亲近，如同老友重逢一般。能进入皇家练武的禁地实属侥幸，荣振武留心查看这里的练功器具，以及严格的训练方法。天近午时，宛八邀请荣振武到近处的酒楼聚饮，听说来人武功高超，另有十几名扑户也想过来相陪。同为御前侍卫，宛八不好推辞只得把他们带来，开始双方都很拘谨，酒一下肚就兴奋起来。经过交谈荣振武得知，这些侍卫多为皇亲贵胄的弟子，其中一人的先祖曾是翰林院从二品的掌院学士。翰林院是朝廷储备人才的地方，同时又主掌编修国史、草拟典礼章程，各种鲜为人知的秘密全都掌控于此。清军入关后，明朝的文官武将纷纷投降，他们把朝中的档案以及稗文轶事，全都拿出来献给清朝的翰林院，因此掌院才熟知明清两朝的奖罚及其交战史实。

为了查清师门先祖那桩冤案的后续情节，荣振武把话题扯到清军入关时的经过。那位知情的侍卫回忆说：据他家的先辈讲，清朝的太宗皇帝巧使反间计，致使明朝的思宗皇帝疑心重重，他听信了奸臣的谗言，于崇祯三年八月十六日，将袁崇焕凌迟处死在北京的西市刑场，他的家眷及其兄弟，也被流放到三千里之外的穷荒之地，以绝后患。身在盛京的皇太极惊喜万分，忙召集群臣摆酒庆贺，军师范文程在宴席上献策。他说：满蒙联军合起来还不足三十万，明军虽然无能却有百万之众，尤其是那些边关将士，他们在袁崇焕的调教下变得剽悍果敢，咱们无力入主中原。要想收服这支生力军，必须派人找到袁家的眷属，袁崇焕壮年得子，如能把那个孩子带到两军阵前，定能降服辽西各城的守将，他们都是袁崇焕的忠实部下。皇太极听后大喜，忙派高鸿中率轻骑入关，沿流放袁家眷属的方向追踪，不管老幼全都请到盛京。高鸿中本是大明的降将，熟知中原路途，经过长时间的追踪和搜寻，却未在卷宗里留下任何文字记载。据说，皇太极派出的人马，在途中找到了袁崇煜的儿子，用他冒名顶替袁崇焕之子。还有人说，高鸿中根本就没找到袁崇焕的家人，无奈之下，范文程采用李代桃僵之计，他们找到一个熟知中原礼数的满族青年，让他冒充袁崇焕的儿子，到锦州城下劝降祖大寿等明军将领。为了能收服降将的心，皇太极命此人袭用袁家姓氏，定居瑷珲，编入宁古塔汉军正白旗，授将军之职。如今这个家族已经传至寿山，他是袁崇焕的七世孙，袭骑都尉之职，以三品衔补用郎中候选员外郎，留北京归部选用。上述说法各不相同，此事距今已过二百多年，很难确定其中的真伪。

荣振武听后暗自称奇，师父名叫袁寿臣，瑷珲有位袁寿山，袁崇焕只有一子留在广东老宅，他的师兄茶药童见思宗起疑，提前将这根独苗带到广武隐居，没听说还有另一支在清朝为官。荣振武本想继续追问，他怕引起别人的怀疑，只得忍在那里静听别人点评。在座的侍卫都是喜武之人，他们又把话题转到武功上。宛八说：前天又有一位与我相同的人，不知天高地厚，赶到会友镖局与荣先生较量，结果比我还惨。其他侍卫感到好奇，忙问那个人的姓名。宛八说：只有子彬镖局的双钩王五，才能做出那种傻事，听说他失手后弃钩用刀，不知传言是否属实。荣振武不愿提及此事，以免伤了王五的声威。他岔开话题问道：多日以来常听人们议论，有个名叫冯子材的老将军，武功高强戎马一生，算是常胜将军，不知众位是否熟悉。宛八说：据兵部的人点评，刘铭传、聂士成、鲍超、刘永福和冯子材等，都是当朝武功高强的战将，他们肩负着社稷安危的重任。荣振武追问道：上述这些人你们都曾见过吗？宛八说：刘铭传和聂士成这两位将领都见过，余者从未谋面，只是听说过他们的战绩。荣振武想通过宛八这层关系，拜见当朝这些名将，亲身体察他们的武功和学识。宛八说：刘永福统率自己的黑旗军远在南疆，协助越南抗击法军。鲍超原驻乐亭，最近奉旨移驻白马关。刘铭传督办台湾军务，筹备抗法事宜。冯子材驻守广西远在境边，只有聂士成驻扎在天津，如要见他并无难处。

众人边饮边谈，这时天色已晚，大家起身告辞。分手前宛八再次与荣振武约定，两天后他们共赴天津，拜会直隶提督聂士成。

第二天就是七月十五，荣振武按着侍卫的话来到广渠门，在袁崇焕的墓前摆上祭品，叩拜师门这位先祖。袁督师的祠堂前，高挂着他的诗抄：杖策只因图雪耻，横戈原不为封侯。荣振武看后热血沸腾，久久不肯离开，师门这位先祖的心怀何等坦荡，生前虽为奸小所害，死后却能万古流芳。到此祭拜的人实在太多，祠堂内外拥挤不堪，为了不影响别人祭奠，荣振武只能依依不舍地离开。两天后荣振武应约而至，宛八早已准备妥当，二人拍马出城直奔芦台，聂士成正在那里操练诸军。芦台在蓟运河的东岸，曲折的河道正是练兵的好地方，来到营盘，宛八亮出大内侍卫的腰牌，门军看后不敢多问，有人在前引路，另有一人奔向大帐报信。聂士成正在帐中处理军务，听说朝中来人，哪敢怠慢，急忙起身出迎。聂士成虽是一品提督，却不敢怠慢皇上身边的侍卫和太监，以免他们在皇帝面前进谗，遭到陷害。进帐后，宛八为双方引荐并把来意说明。聂士成正在操练人马，军务特别繁忙，出于礼貌不得不予以应付。

聂士成与宛八谈论起朝中的政事，然后转入操练人马的话题上。八旗将士多为吸食鸦片的瘾君子，无法完成操练中的科目，碍于身份又不能对他们严加惩罚，对此聂士成气愤不已。荣振武听后，接过话题说：六韬中的选将是至理名言，人分优劣，货分好坏，那样的人只能挑选出来充当杂役，以免影响他人。当今时局瞬息万变，大人应优先考虑手中的武器，洋人手中有的利器，咱们也必须要有，那样才算势均力敌，再有舍命向前的将士用力，何愁顽敌不退。荣振武的话让聂士成感到兴奋，他这才正视面前这位年轻汉子，他们从个人的勇武谈到整体阵容，从孙子、吴起的治军，到李靖、司马穰苴的布阵。荣振武对《武经》中的命题立论，都有精辟的见解，那就是袁崇焕常胜不败的奥秘。原想敷衍应对的聂士成深感意外，他命人摆上酒食与荣振武长谈。宛八适时开口，他说出两人在会友镖局较量的经过，并站起身来加以示范。聂士成本是武功高超的童生，从军后，内战太平军，外抗英法日，是个身经百战、阅历极丰的骁将。当他听完宛八的述说以后，心中已经明白了大半，面前这位青年绝非等闲之辈，此人不但武功高强还是胸藏甲兵的人物。聂士成对荣振武的学识敬佩不已，他开口问道：荣老弟算是当今的奇才，不知先人是何时的名将。荣振武听后，暗暗赞叹聂士成的学识和机敏，一眼就能把人看穿。他辩解说：在下的先人世代为农，从未有人投身戎马，望大人不要误会。聂士成听后满腹狐疑，此人如若不是名将之后，哪能讲出这样高深的道理。当今正是多事之秋，外有列强环伺，内有乱民造反，聂士成是个忠君之人，他劝荣振武投身仕途报效朝廷，自己愿作举荐之人，请朝廷降旨破格录用。荣振武是袁家的第八代传人，他秉承师门的遗训与清朝王朝势不两立，哪能去拿仇家的俸禄。荣振武不能对聂士成说出实情，只能婉言谢绝道：在下久居乡野闲散成习，只想四处游历不敢奢望仕途，将军的美意今生难忘。聂士成见荣振武坚辞不从，惋惜地叹道：千军易得，一将难求，望荣老弟以天下苍生为重。这时天色已明，营中的鼓声阵阵动人心弦，聂士成治军严谨，他不停地向外张望。宛八与荣振武不能再耽搁下去，他们双双起身告辞。聂士成说：宛侍卫负有重任在身，可以先行一步，荣老弟赋闲无事不如留在此处，等我操练完毕再回来详谈。荣振武猜出聂士成的心意，他想借此留住自己，再慢慢地进行劝说。既已识破对方的用意，哪能如其所愿，荣振武执意与宛八同行。聂士成见挽留不住，这才拿出自己的名刺交给荣振武，希望他能常来营盘相聚，持此可以自由出入，两人惺惺相惜握手道别。杜cheng把聂士成列为武功高超的名将，大内侍卫把他称为社稷的栋梁，今日一见果然如此，难怪朝廷把拱卫京畿的重任放在他的肩上。

通过这次芦台出访，宛八看出聂士成对荣振武的敬重，回京后他强拉硬拽，非要带荣振武去见善扑营的都统。荣振武不愿与满人的高官相见，他直言回绝了宛八的邀请。荣振武与聂士成虽然只有一面之交，他们的友情却被深深地印在心中，多年后仍不能忘怀。

离开广武已近一年，师父的音容常在荣振武的眼前闪现，分手时，老人家深邃的目光中暗藏着哀思。三十年前，恩师曾被困在冰雪覆盖的山林中，长达整个冬季，脱困时只剩下一身枯骨，那时依仗着气血两旺，不足一年就恢复过来，人到晚年各种疾患都显现出来，病痛把这位饱经风霜的老人，折磨得夜不能寐，他那种侠肝义胆受到世人尊崇，却遭到家人的怨恨，从而被遗弃在广武的老宅中。师徒二人分别的时间越长，思念之情越浓，荣振武决定回归广武，结束这种魂牵梦绕的生活，他收拾完自己的物品，遍请这里的朋友与他们饮酒话别，除了会友镖局的孙老板押镖在外没能到场，其他人全都到齐。宛八与王五等人苦苦地挽留，荣振武归心似箭，他告别了众人向南走去。

第二十回　假大仙装神弄鬼　真强盗另有谋算

师徒相见悲喜交加，袁寿臣的脸上露出了久违的笑容。荣振武拿出杜家打造的三件器物，并述说了杜家的近况。睹物思人，袁寿臣回忆起三十年前的往事，杜盼的音容笑貌又浮现出来，没想到这位名动朝野的巨匠竟已作古。袁寿臣不由得慨叹起来，随后就把鞭内储存药粉的秘方说出。他叮嘱道：按古训所言，绝艺不能载于传世之书，只能言传身教默记在心，这种药物极其歹毒不能落入奸人之手，以免遗祸人间。荣振武听后深明其中之理，当即答应绝不外泄于人，他把巧遇宛八等人的经过述说出来。听说有个名叫袁寿山的人与自己一样，也是袁家第七世孙并在清廷为官，袁寿臣待在那里暗暗称奇，当年袁崇焕只有一子，事发前被茶药童带到广武才躲过那次劫难，明廷派锦衣卫到袁府查抄时，并未查到袁家的子嗣，那些情节已经载入《明史》，如今在清廷为官的寿山将军，究竟与袁家有什么关系，这种情节实在耐人寻味。袁寿臣的年岁已大，再加上疾患缠身，他已无力再赴关外查证此事，只能怔怔地坐在那里思索。荣振武看出袁寿臣的心意，他说：师父不必多虑，等到弟子得闲时一定替师门查清此事。袁寿臣点头说：民间确实有一些离奇的传闻，让人难辨真假，为师已老，查证的事只能落到你的身上，他把袁家的族谱说出让荣振武按序查证。荣振武牢记师父的嘱托，多年后奔赴关外予以查证。

外出游历的事讲完，荣振武又问起家中的情况。袁寿臣说：半年前洛阳一带流行瘟疫，袁奀颋的岳母不幸染上疾患，他们夫妻得信后，忙到洛阳的岳父家中探视，结果袁奀颋的妻子也为瘟疫所染，回家后医治无效暴毙身亡。你走以后，你师娘和袁奀颋很少到广武来，我也不到荥阳走动，我们之间形同路人，你师嫂病故时没人过来报信，事后我才知道家中这桩不幸。袁寿臣怀有贤哲的胸怀，妻儿却是普通人的心态，两者之间处世不同，很难说清其中的对错。荣振武劝解道：师父是个悲天怜地的人，应该包容一切，师娘与师兄都是你的至亲，毕竟血浓于水，不能与他们计较。袁寿臣叹道：道不同不相为谋，你不懂这些人的心计，纵观古今，兄弟相残，夫妻反目，父子加害，这样的事件不胜枚举，就连戒备森严的宫廷，也有各种传闻惊人耳目。师嫂病故毕竟是件大事，荣振武想到荥阳去找师兄，共同到坟前祭奠一番。袁寿臣急忙予以制止，他说：你如在他们母子面前现身又将引起一场波澜，不如默守家中安度时光。荣振武怕给师父招惹是非，只能越礼不敬，蛰居广武闭门不出。

自从上次闹婚，黄艳雯憎恨其父不顾女儿的感受，贪图虚名，强行与巩县的胡三公子联姻。荣振武走后，父女之间的关系更加恶化，相互躲避多日不见。袁奕颋的妻子死后，王氏又把主意打在黄艳雯身上，她想把黄家的女儿娶进家门，做袁奕颋的续妻。胡三公子的定亲教训，让王氏感到胆怯，她不敢贸然提出，只能常到黄府走动，对黄艳雯进行探视，以此拉近双方的感情，等到关系密切时再择机提出。正当王氏施展手段的时候，荣振武却突然回来。王氏得信后犹如冷水浇头，以前那些付出全都化为泡影，她气愤到了极点，恨不能一刀将这个眼中钉捅死。王氏坐卧不宁一心只想算计别人，却不知大祸将临。奕颋当铺的生意十分兴旺，再加上齐氏死时的厚葬，无意间引起一伙贼人的注意。半年前，从山西洪洞县来了三男一女，为首的汉子名叫魏西侯，混在他们当中的女子姓胡，同伴称她小灵狐，此女能言善辩，他们在荥阳城南的崔庙镇，租下一户闲置的农家院落居住。魏西侯是个身手敏捷的惯匪，他带领一伙盗匪在山西境内屡次作案，气焰十分嚣张，闹得当地的民众无法安生，投诉的状纸如同雪片，周边的官府张榜通缉，民团受命设卡严拿。魏西侯在山西境内无法藏匿，这才流窜到河南暂避风头，他们选在交通闭塞的崔庙落脚。经过多日蛰伏搜捕的风声已过，这伙贼人积习难改又在近处的州城游动，窥探那些积蓄丰厚的地方伺机下手，门面阔绰的奕颋当铺首先被他们选中。

初次在河南作案不能大意，魏西侯派小灵狐等到荥阳城内摸底，这才得知，奕颋当铺开张之初，本城的同行曾唆使无赖，伙同江湖艺人到那搅闹诈当，均被当铺的主人抛到门外。从上述那些传言就能断定，当铺的主人绝非等闲之辈，这伙贼人只能在近处徘徊却不敢轻易出手，正在贼人犹豫不定的时候，一个让他们高兴的消息传来，年轻漂亮的小灵狐善于交际，很快就与荥阳城内的三姑六婆扯上关系。城北的齐媒婆曾应王氏母子之邀，为胡三公子和黄艳雯做媒，差点闹出人命。袁奀颋的妻子死后，王氏又来找齐媒婆，让她为袁奀颋和黄艳雯做媒。齐媒婆深知黄艳雯的刚烈，不敢轻易接手这桩婚事。王氏见齐媒婆不肯答应，这才把黄艳雯暗恋荣振武，以及袁黄两家的其他实情说出，并请齐媒婆替她拿主意。齐媒婆说：只要除掉那个姓荣的小子，一切烦恼都将消除。王氏说：荣振武学过武功非常厉害，没有办法将他除掉。听说荣振武是个武功高强的人，齐媒婆怕引火烧身更不敢插手此事。小灵狐从齐媒婆的口中探到全部详情，这才回去报信。魏西侯本是惯匪，他略加思索就说：这件事好办，咱们重操仙人跳的旧业，用七星夺魂大法，先替王氏除掉荣振武这个强敌，为日后抢劫奀颋当铺铲除障碍，同时又能得到一笔丰厚的佣金。

谋财害命的圈套设计周全，魏西侯这才派小灵狐到齐媒婆的家，散布七星夺魂大法的神奇，引逗王氏上钩。果然如魏西侯所料，一心害人的王氏并未考虑其他后果，她急不可待地哀求小灵狐，带她到崔庙去找那位大师。小灵狐见王氏落入圈套，暗自高兴，她假装为难，推三阻四，将王氏的胃口吊足以后，才答应带她到贼人落脚的地方商谈。银子到手魏西侯的口气更硬，他放出狠话，二十一天届满时，你们就可以为荣振武收尸。王氏听后吓得目瞪口呆，为了儿子的幸福只能硬起心肠，除掉这个来历不明的小子以绝后患。为了显示自己的神通，彻底征服这个女人，魏西侯让王氏今晚到场观看打醮。王氏毕竟是个正经人，从未经历过那种人鬼不分的场面，她被吓得瑟瑟发抖连连摇头。齐媒婆出身低微愿凑这种热闹，她在旁边极力劝说，希望王氏能亲临现场，她愿陪同观看。小灵狐也在一旁苦劝，王氏这才勉强答应，双方约定，今晚开始实施七星夺魂大法，尽快夺走荣振武的性命。魏西侯暗示小灵狐陪同这两个女人一起返回荥阳，以免中途发生变故，他从王氏支付的佣金中，拿出五两白银传送齐媒婆，想先收买这个八面玲珑的女人以备日后使用。

回到荥阳，王氏与齐媒婆和小灵狐分手，独自回到家中。雇人施法谋害他人性命，这种做法形同买凶杀人，天理难容，王氏怀着忐忑的心情回到家中，向儿子述说大仙即将施法的经过。收到魏西侯的银子，齐媒婆更加高兴，她反复表示，愿意听从小灵狐的驱使干什么都行。当天晚上，小灵狐就带着王氏和齐媒婆，来到盗匪租住的地方，木人灯火等物早已准备齐全。天交子时，魏西侯换上宽大的衣袍，高挽发髻，两名盗匪紧随其后充当帮凶，一人手持剑印，一人手捧符箓，他们装模作样地来到供案前。魏西侯龇牙咧嘴，念起咒语，然后抽出帮凶手中的宝剑舞动起来，他毕竟练过武功，剑走轻灵确有几份火候，两个帮凶口中含哨相互配合，吹得吱吱乱响，阴气十足，让在场的人感到毛骨悚然。魏西侯趁着忙乱之机，将一根三寸多长的钢针插入木人的左眼中，随之鲜红如血的朱砂从针孔中淌出。王氏以为是血，她被吓得瘫坐在地无力起身，从此再也不敢过来观看。

吃过早饭，荣振武就带着农具到外面的菜园中，清除杂草进行浇灌，天近午时突见黄艳雯身边的李妈，从远处急匆匆地赶来。荣振武不知发生了什么事，他放下手中的农具迎上前来。李妈来不及见礼就气喘吁吁地说：最近几天荥阳城内都在议论，有个会使法术的大仙，要用七星夺魂大法取你的性命，我家小姐听后坐立不安，怕你遭到暗算这才催我过来送信，希望你早作提防。荣振武听后感到奇怪，他说：我在荥阳城里只有黄三叔和奚颋大哥这两家亲人，再也没有其他亲友，更不认识大仙之类的人物，为什么会出现这种不合常理的谣传。李妈虽然着急，却无法说清其中的原因。沉思过后荣振武突然想起，奚颋当铺开业之初，曾与几个诈当的无赖发生过纠葛，也许是他们在暗中兴风作浪以泄当年之忿。荣振武对李妈安慰一番，让她回去转告黄艳雯不用害怕，世间本无妖邪，鬼魅生自心中，等到明天他就进城，必能查出其中的隐情。李妈仍不放心，她反复叮嘱，让荣振武多加小心以免遭到歹人的毒手。送走了李妈，荣振武仍留在菜地把杂草清除干净，他并未为那些谣传所动。荣振武决定不动声色，暗中进城查访谣传的来源，找出那个做法的大仙，到那时就能揪出幕后的主谋。袁寿臣操劳了半生，人到晚年疾病缠身，荣振武不愿再让师父担忧，他隐瞒了外边的实情，想要独自解决这桩奇案。

第二天早饭后，荣振武对师父说：他要到荥阳城内暂住几天。袁寿臣误以为弟子进城与黄艳雯幽会，因此就没再多问。进城后，荣振武首先来到济安当铺的附近进行查探，这家当铺的主人，曾唆使那些无赖到奚颋当铺诈当，这里的嫌疑最大。经过两天细心的观察，并未发现任何异常。不是济安当铺及其无赖的旧恨，还能有什么人怀恨自己？荣振武又想到黄百川，他为黄艳雯的婚事曾与自己结怨，转念一想也不可能。黄百川毕竟是学识渊博的人，他不但出身进士，还曾做过正五品的守备，是驻守一方的将领，即使报复也不可能采取那种卑鄙下流的手段，以免让人议论耻笑。最后才想到王氏母子，思考过后也被荣振武否定，以前师娘和师兄确实憎恨自己，当铺开张以后，荥阳城内的同行、无赖以及那些欺生排外的人，都曾寻隙起哄，逼得袁奕颋无法在荥阳城内立足，无奈之下才让荣振武过来相助，历经三年才将那些怀有恶意的人降服，袁奕颋曾多次提及此事，就凭这份情意也不能雇人害他。荣振武反复思考，一丝灵光突然闪现出来，凡是用神鬼之道惑人者，不是寺观之主就是金点之客。和尚、道士和算命的生意人，他们与那些大仙多有牵连，荣振武决定，先从这些人的身上查找线索。

清晨起床，荣振武就来到中街的小巷口，那里有家命馆，坐堂先生年约五十独踞案后，桌案上摆着签筒、六爻卦合，另有《玉匣记》，《卜筮正宗》，《麻衣相》，《渊海子评》和《灯下神数》等算命的书籍。进门后荣振武先问卦金多少。算命先生答道：每卦两毛，然后反问荣振武想要算什么事。荣振武谎称家中不净，夜晚常有黑影作祟，闹得家人不安，他想到这掐算，上哪才能请到净宅的法师。算命先生略加沉思，就回答道：荥阳城内并未有道行高深的法师，最近有些传言出自北关的齐媒婆，她知道法师的住处，你到她那就能请到。荣振武听后心中暗喜，总算找到一点线索，他支付了卦金转身来到北关，很快找到齐媒婆的住处。荣振武走进对街的小茶馆听书喝茶，借此查看媒婆家中的动静。天近中午，有个年轻貌美的女子来到齐媒婆的家门，她机警地向四周环顾，然后才推门进去。这种不合常理的举止，引起荣振武的注意，从刚才的眼神就能看出此女绝非常人。荣振武正在猜疑之际，王氏的身影突然出现，她匆忙走进齐媒婆的家门，这是巧合还是事出有因。荣振武调整了自己的座位，全神贯注地盯着齐媒婆的家门，大约过了一袋烟的时间，那个女子与王氏相继出来。等她们走远，荣振武才走出茶馆，跟在那个年轻的女人身后，出了南关继续向前走去，那个女人就是小灵狐，此女出身绿林极其机警，常借一些假的动作回头张望。荣振武怕被发现，只能在远处时隐时现进行跟踪，来到崔庙镇的道口，小灵狐再次停住脚步，她环顾四周未见异常才转身进入镇中。荣振武也随之加快了脚步赶来，进入镇内就失去了小灵狐的踪迹。崔庙是个大镇，人口比较稠密，荣振武不能挨家查看只能穿镇而出，以免露出行迹，提前惊动这伙贼人。

听说被害人练过武功，魏西侯也多了一份疑虑，为了慎重行事，他派小灵狐到齐媒婆家约见王氏，谎称七星夺魂大法难及百里之外，必须及时掌握荣振武的动向，否则将前功尽弃。王氏听后哪敢怠慢，她与小灵狐分手后，连家都未来得及回就奔向广武，进入老宅四处查看，并未见到荣振武的身影。王氏与丈夫的关系不睦，无法开口追问，直到黄昏才匆匆地离去，回到家中整夜不能入睡。第二天早晨，王氏提前来到齐媒婆的家等候小灵狐，让她转告魏大仙，荣振武已经失踪，让他快想补救的办法。为了摸清奀颋当铺的底细，魏西侯决定亲自出面，他借核实被害人的详情为由，到当铺查看财物的存放地点，记清贵重物品的方位，以及抢劫时各种应急的进退路线。魏西侯带着小灵狐来到齐媒婆的家，王氏在那等候多时，她把昨天到广武的经过重述一遍。魏西侯虽然担忧却无计可施，只能让王氏多加留意，时刻关注被害人的动向。魏西侯借故来到当铺，王氏母子已被这个恶魔迷惑得失去了理智，错把惯匪当成神明，他们不但安排了盛宴，还带着这位大仙走遍了整个当铺。这里的财物让魏西侯咋舌，更坚定了他的抢劫决心，王氏母子将为这种愚蠢的做法付出代价。

魏西侯和小灵狐进出齐媒婆的家门，自以为小心诡秘，仍未逃出荣振武的视线，他一直跟到奀颋当铺看着这些人进去。荣振武原打算潜进院内凑到近处偷听，及时掌握他们的动向，转念细想这种做法于理不合，王氏母子毕竟是师父的至亲，为了师父的颜面还是不进去为妙。荣振武决定先到崔庙找个地方隐身，静等贼人回去，暗中观察他们的落脚点。黄昏前满身酒气的魏西侯与小灵狐一起回来，直奔镇东那座偏僻的院落。摸清了贼人的巢穴，荣振武回到镇西的路口，住进道边的小客栈，关紧房门躺在床上假寐，天黑后他从后窗出来，直奔贼人的住处，宅院外有几棵枝繁叶茂的大树可以隐身。荣振武纵身上去躲在树上向院内窥视，从窗影就能模糊地看到，四个贼人正在喝酒，院内并未有其他防守。荣振武从树上跃到院内，贴在窗上偷听，贼人的行踪诡秘，已经养成了小声说话的习惯。荣振武站在窗外，无法听清他们谈话的内容又不能捅破窗纸。荣振武环顾四周，发现东边那间房屋的大门半开，里面有微弱的灯光外泄，来到近前才能看清，里面摆放着桌案，上边供奉着三牲、符箓和二尺多高的木人，旁边放置一盏油灯。荣振武趁着四处无人之机拿起木人细看，柳木人的双眼、人中以及左右胸部各刺一根钢针，只剩下脐孔和会阴两处未被施法，木人脊背贴着一张纸条，上面写着自己的姓名和生辰八字。荣振武放下手中的木人，退到房外沉思，知道自己详情的人只有三个、师父、黄艳雯和师兄袁炁颋。师父对自己恩重如山情同父子，绝不可能参与此事。黄艳雯与自己情投意合愿以身相许，也不可能参与此事，只有师兄的嫌疑最大。为了拿到真凭实据，荣振武再次来到供桌前，他从木人身上揭下那张纸条装进怀里，又将木人原样放好。荣振武迅速从这离开，回到客栈静等天明再做决定。

鸡叫头遍，荣振武就离开客栈返回荥阳，早饭后又来到对面的茶馆，守候多时仍未见到贼人的身影。荣振武心中起疑，难道昨晚不慎被贼人看出了破绽，他坐在那里心神不定，苦苦思索却又不敢离开。中午过后才看到魏西侯和小灵狐先后走进齐媒婆的家门。当铺的金银和珍宝让魏西侯感到眼红，回到崔庙以后就与同伙商量劫取的方案。荣振武的失踪让这伙贼人感到不安，他们怕夜长梦多再生事端，最后决定不等做法结束，就提前对炁颋当铺动手。魏西侯带领同伙，把住所里的违禁之物清理干净，不留任何蛛丝马迹，以免案后官府追查。一切准备完毕，魏西侯才与小灵狐来到荥阳，他把这个女贼留在齐媒婆的家，抢劫时作为内应。魏西侯与小灵狐进去多时仍不见出来，坐在茶馆里的荣振武心中急躁，他不想再与贼人周旋下去，付清茶资直奔媒婆的家门。当铺开张之初，荣振武曾在那里帮衬了几年，他与齐媒婆见过多次，虽无往来双方并不陌生。

荣振武的出现太过突然，齐媒婆不由得惊叫起来，魏西侯与小灵狐是见过世面的惯匪，从媒婆的表情就能猜出来人的身份。魏西侯毫不犹豫地抽出钢刀猛砍过来，小灵狐也从怀中取出短刀伺机出手，荣振武不清楚贼人的底细，他以为魏西侯等人只不过是装神弄鬼的骗子，因此才低估了他们的实力，事先并没做任何防范。如今从魏西侯的身手就能看出，此人不但练过武功，还是个历经血腥的杀手，仓促之间只能闪身撤步让开刀锋，随手拿起窗台上的花盆砸向劫匪。魏西侯见花盆夹着劲风扑面飞来，忙用手中的钢刀拦挡。荣振武趁机上步飞起一脚，将魏西侯持刀的肘骨踢碎，钢刀把握不住脱手落地。荣振武再次上步，探出手臂来擒这个匪首，魏西侯强忍着断骨的剧痛，反手抓起身边的小灵狐向荣振武推去，然后转身跃起撞开后窗逃走。小灵狐脚下不稳，她随着那股推力挺刀向前撞去，刀尖直逼荣振武的鸠尾穴。利刃临近，荣振武及时出手拍中小灵狐的手腕，臼骨错位短刀被夺，魏西侯趁室内忙乱之机逃离，眨眼之间就失去了踪迹。荣振武见匪首逃脱懊恼不已，深恨自己太过大意，他扯下齐媒婆的床单将小灵狐捆绑起来。能言善辩的齐媒婆看似张狂，其实是个胆小惜命的长舌妇，从未见过这种的场面，她待在那里，直到争斗结束才回过神来。齐媒婆刚想张嘴喊叫，就被荣振武用夺过来的短刀逼住咽喉，她站在那里浑身发抖。荣振武让齐媒婆准备笔墨书写口供，小灵狐面容失色冷汗直流，她自知死期已到并不回答问话。荣振武看出小灵狐的心意，就劝告说：你的年纪不大，人也生得聪明，何必伙同他人干这种伤天害理的勾当，如若招出实情我将放你一条生路，不然只能送到官府严究，那里的刑具何等残酷你比我更清楚。小灵狐本已绝望，她见荣振武的神情至诚，这才燃起求生的希望。女贼并未隐瞒，她把山西负案外逃，以及受雇施法、借机抢劫炗颋当铺的财产，一字未漏全部说出。齐媒婆听后吓得冷汗直流，她这才感到事态严重，手中的笔不停地颤抖，字也写得歪斜不正。王氏母子的阴狠和愚昧让荣振武感到震惊，即使对自己有所误解，也不该勾引恶贼下此毒手，他坐在那里沉思，面部表情变化不定。绝望和恐惧闪现在小灵狐的脸上，她自知罪责难逃，供完自己的罪行低头不语。齐媒婆为恶贼穿针引线也陷入其中，她被吓得浑身发抖，用哀怜的目光看着荣振武，再也不敢多言。

魏西侯这伙盗匪身负命案作恶多端，本该送交官府审出实情，依照律法予以严惩，如若那样，师娘和师兄必将被贼人供出，按律当以通匪罪论处，轻则入狱坐牢，重则为此丧命，就连齐媒婆也难逃干系。师父对自己恩同再造胜过亲生父子，如今他的年岁已大，只有师娘和师兄这两个至亲，为了师门的清誉和颜面，荣振武决定息事宁人放走这伙贼人，以免王氏母子受到牵连。荣振武让小灵狐和齐媒婆在供词上签字画押，然后对齐媒婆痛斥道：媒人被尊为月老，应成有情人联姻之美，可是像你这样的媒婆贪图钱财强逼硬劝，致使多少男女含悲衔恨苦度一生，有些人还为此轻生丧命。此时的齐媒婆哪敢争辩，只能低头应诺。荣振武又对小灵狐痛斥道：你们这伙负案在逃的要犯不知悔改，反倒变本加厉继续作恶，如要落入官府手中难逃一死，那些非人的刑具将让你们胆裂心碎，今天我放尔等逃离此地，希望你们改邪归正，做个本分人安度一生。说完就为这个女贼解开绑绳，恢复自由的小灵狐喜出望外，转身就向外面逃去，出门后再次返回，她趴在地上失声痛哭，也不知呜咽着说了些什么然后才起身离开。放走小灵狐，齐媒婆悬着的心才放了下来，荣振武让她拿着女贼的供词和木人上的纸条，到炗颋当铺亲自交到王氏手中。荣振武警告齐媒婆，如若中途搞鬼必将灭她满门。齐媒婆知道荣振武的厉害哪敢胡来，她拿起供词和纸条，马上到奀颋当铺传送。

这次事件对荣振武的内心伤害极大，王氏母子与他已到水火不能相容的境地，为了不让师父夹在中间为难。荣振武强装笑脸，可他那副苍白落魄的面容、疲惫倦怠的表情，早已被袁寿臣看出破绽，作为师长对弟子个人情感上的事不便多问，只能默默地为他分担痛苦。荣振武知道师父误解了自己痛楚的原因，却不能解释更不能说出实情，他决定再次从这离开，外出历练，丰意拿定烦躁的心也冷静下来。荣振武做起出走前的准备，他拆洗被褥整理菜地和田园，以免日后师父操劳。多日后出走的事宜准备完毕，荣振武买来鱼肉蛋菜，精心烹制几个小菜和一壶老酒，摆到桌上作为告别的晚餐。为了减轻离别时的痛苦，荣振武专找以前那些有趣的话题让师父开心，他自己的泪水却无法控制，这种哭笑难分的表情，让袁寿臣看着更加心酸，一种不祥的征兆涌上心头。为了能让弟子尽早摆脱情感上的纠缠，他硬起心肠予以呵斥。袁寿臣说：人生在世有很多事需要去做，决不能深陷男女之情而不能自拔，那种愚昧的行为不但让旁人耻笑，同时也毁了自己的人生。听到师父的斥责，荣振武这才发现自己失态，他不愿在分手前惹师父生气，只能连连应诺。饭后荣振武就向袁寿臣提出，他想再次外出游历。为了能让弟子解除心中的烦恼，袁寿臣当即答应，他拿出杜家制作的三件器物交给荣振武，让他带在身边以防不测。荣振武只把风雨鞭裹进行囊，其余两件仍放回原处，他洒泪辞别了恩师，离开广武被逼出游。荣振武出走已有三天，黄艳雯并不知情，她派身边的女仆奔赴广武，询问施法伤人的结果。袁寿臣无法查问弟子的情感纠葛，询问李妈却无所顾忌，他直截了当地说：荣振武到荥阳逗留的那几天，到底与你家小姐发生了什么纠葛，才让他如此心灰意冷。李妈解释说：荣公子到荥阳城内行事隐秘，并未与我家小姐谋面，随后就把所有谣传说出。袁寿臣听后气得浑身发抖，大骂王氏母子禽兽不如，直到这时他才醒悟过来，自己精心调教出来的弟子，并不是那种为情所困的懦夫，为了师门的颜面，才让荣振武感到进退两难，无奈之下只能一走了之。从此袁寿臣就狠下心来，再也不把王氏母子当作亲人看待。

来到奀颋当铺，齐媒婆把供词和木人背上的纸条拿出，王氏看后半信半疑。齐媒婆又把她家发生的一切全部说出，王氏这才明白过来，贼人施法的目的不是帮她解恨，而是抢劫当铺的财物。不明事理的王氏深感气愤，她把袁奀颋找来，让他拿着这些证据到衙门投诉，恳请官府抓捕这伙拿钱不办事的贼人。齐媒婆听后上前制止，她说：你曾勾结这伙负案在逃的惯匪兴妖作怪暗害他人，此事如让官府知道，你我都得落个通匪的罪名，到那时不被处死也得去坐大牢。王氏这才明白过来，以前的做法已经触犯了法律，为了不留后患，齐媒婆与王氏母子商定，将手中的证据全部毁掉，以免落入官府的手中再生事端。贼人逃走，证据毁掉，家无余财的齐媒婆已无后顾之忧。王氏母子却有所不同，当铺存有大量的金银和价值不菲的珍宝，这些已被贼人看在眼里。王氏母子感到后怕，魏西侯和小灵狐的身影常在他们面前晃动，王氏寝食难安精神有点恍惚，虽经多方医治仍无起色。

荣振武出走已有半年仍无音信，早过及笄之年的黄艳雯心急如焚，日夜盼望意中人能早日归来，她已决定今生非荣振武不嫁。年终岁尾外出的人犹如倦鸟纷纷回巢，只有荣振武例外。黄艳雯这才感到绝望，荣振武伤心过度，很可能回归关东不再回来，她萌生了离家出走到关外相会的意愿，主意拿定就开始筹备。黄艳雯出身将门，早年丧母，黄百川对她倍加疼爱因此并未缠足。黄艳雯的脚与男人相同，当年被称为天足，如若女扮男装毫无难处，她在暗中缝制了两套男装，每到夜晚就打开发髻，换装演示男人的举止，经过长时间的磨炼，没人再能识破女儿之身，只有嗓音尖细无法掩饰。为了能与恋人相聚，黄艳雯不惜采用自残的手段，她模仿古人，吞炭伤喉改变声音，一切准备齐全，这才让李妈买来祭品，到母亲的坟前哭拜辞行。回到家中，黄艳雯拿出母亲留给她的金银首饰，挑出两样送给李妈留作纪念，其余的包裹起来带在身边，以备路途所用。当天夜晚黄艳雯换上男装，越墙离家直奔广武，这是她有生以来第一次单人夜行，无名的恐惧袭上心头，来到袁家老宅便迫不及待地跳到院内。

袁寿臣躺在床上正在思念弟子，外面突然传出响声，他悄然跃起透过门缝向外察看，来者并未躲藏，径直来到门前急促地呼叫二伯。这种既熟悉又陌生的呼唤，让袁寿臣感到茫然，外面的人到底是谁，为什么半夜越墙来此？黄艳雯站在门外焦急地等待，候在屋内的袁寿臣却不肯开门。黄艳雯马上明白过来，她用嘶哑的声音报出名号，袁寿臣这才疑惑地把门打开。黄艳雯的着装和声音为什么如此怪异，袁寿臣惊奇地注视着她，心中感到迷惑不解。黄艳雯看出袁寿臣的心意，她把女扮男装吞炭伤喉，以及弃家出寻的做法说出。袁寿臣听后深受感动，他眼含热泪赞叹道：艳雯姑娘真是个刚烈痴情的女子，振武有这样的知音不算枉度此生。随即他又劝道：天地之大，茫茫人海，荣振武的去向不明，想要找他谈何容易。黄艳雯说：荣振武在外举目无亲，没有其他地方可以投奔，伤心后只能返回故乡静养。袁寿臣沉思良久，他觉得黄艳雯的推测确有道理，关东距此远隔千里之外，深居闺中的黄艳雯，是个没有江湖阅历的年轻女子，出门在外凶险极大。袁寿臣疾病缠身无力登程护送，他深感为难地说：关外本是苦寒之地，那里的盗贼多如牛毛，稍有不慎就能丢掉性命。黄艳雯明白袁寿臣的关怀，她说：二伯不必为我担心，只要你把荣家的住址说清，找到荣振武绝非难事。话已至此劝也没用，袁寿臣叹息着告诉她，你从桃花峪渡过黄河奔新乡，离开安阳就进入直隶境内。沿路北上经邯郸、保定、北京，掉头向东直达山海关。出关后继续前行，到了沟帮子以后折向东南，从郑家店渡过辽河，沿河岸直达河口，那就是荣振武的故乡。他家离辽河南岸只有三里之遥，院内有三十多棵桃树，他爹名叫荣福生。见到荣振武，你们可到盖平的永胜镖局，找你大伯的儿子寻求帮助，镖局的老东家名叫杨威，他是你大哥的岳父。当年我们三人邙山结义，如今你大伯的下落不明，我与你父暗生芥蒂互有恨意，你们相聚切莫步我等的后尘，黄艳雯点头答应。

袁寿臣怕黄艳雯孤身遇险，他到荣振武的卧室去取鸳鸯弩，拿起兜囊，下边竟压着一张银票和两封书信。袁寿臣把书信移到灯下观看，其中一封是留给自己的，另外一封是写给黄艳雯的。袁寿臣首先打开自己的那封，上写：恩师在上，恕弟子不孝之罪。多日不寐，几经熟思，权衡利弊，忍痛决断。走吾一人通全家之好，此乃弟子之夙愿。只有一事牵挂肝肠，恩师年迈不适独居，应与师娘重归于好，共度晚年。弟子远隔千里亦能放心。落款，弟子振武叩辞。没等袁寿臣把信看完，黄艳雯就把留给自己的那封信打开，上写：艳雯贤妹坤安，令尊与家师乃金兰之交，吾等晚辈托先人之庇荫亦生友情。原盼就此结秦晋之好，无奈有情无缘徒劳一场。愿尔遵从父命另结良缘，愚兄远在异乡遥祝。你我如若有缘来世再见。愚兄振武祝别。滴血的叮嘱、磊落的情怀，彰显出荣振武的品德。袁寿臣为自己调教出来的弟子感到自豪，也为失去踪迹的弟子感到凄凉和绝望，阵阵寒意袭上老人的心头。黄艳雯拿着写给自己的那封信，反复默读，久久不肯放下。这时已能听到鸡鸣，黄艳雯怕父亲随后追来，她带上随行的物品准备登程。虽经半夜叮嘱，袁寿臣仍不放心，他撑着病体伴随着黄艳雯一起离开广武，送她渡过黄河，直到詹店才分手离别。

黄艳雯不顾父女之间的亲情，弃家出走，黄百川感到羞愤，他以为女儿与荣振武一起私奔，因此并未声张，以免遭到别人的耻笑，只能闭门在家暗中生气。王氏的病情越来越重，整日惊恐不安，一怕官府侦知此事判她通匪，二怕贼人日后再来抢劫。王氏这种心病无药可治，唯有把荣振武找回来，摒弃前嫌，让他来此坐镇确保当铺的安全。袁奀颋走投无路，没脸再回广武去求父亲，他来到黄府拜请黄百川出面，陪同他们母子到广武说情。黄百川对拐带女儿私奔的荣振武恨之入骨，也想查出女儿离家后的确切消息，这才陪同王氏母子到广武，以劝解袁家和好为由探查黄艳雯的下落。来到袁家老宅只见袁寿臣一人独居，袁奀颋怯懦地上前请安。这是袁寿臣第一次听到儿子的问候，他静静地观察着他们的举止，这三个本属于自己最亲近的人，多年来却形同陌路。王氏见丈夫不肯开口，只能厚着脸皮认错，希望荣振武能到当铺坐镇，袁寿臣鄙视着这个结发妻子一言不发。黄百川与王氏母子不同，他觉得心中无愧就理直气壮地上前，询问荣振武的去向。袁寿臣再也压制不住心中的怒火。他讥讽道：你有什么资格盘问我的弟子。随即就把荣振武留下的两封书信拿出，抛到他们面前。王氏首先拿起丈夫的那封书信，当她看到与师娘重归于好，共度晚年时，王氏的那张老脸臊得通红，被她加害多年的荣振武，年纪轻轻就能做到以德报怨，难怪丈夫对他如此器重。王氏退到一旁低头不语。黄百川不知内情，他以为那是勾引女儿私奔的书信，因此气愤地拿了起来，没等看完双手已经发抖，写信的时间是魏西侯和小灵狐逃走的第十天，黄艳雯出走那是半年以后的事。黄百川这才明白过来，荣振武留下的是封绝情书，两个人的出走毫无关联。黄艳雯深居闺中从未独自外出，如今世道混乱，毫无阅历的女儿孤身在外凶多吉少。黄百川的怒气全消，忧虑之心顿起，唯有希望女儿能与荣振武早日相聚，以免出现意外。黄百川无话可说，他与王氏母子满面羞愧地离开广武。王氏的病情日趋严重，两个月后就命丧家中，袁寿臣不让这种女人葬进袁家的茔地，以免让列祖蒙羞。在袁奀颋的跪求和众人的劝说下，袁寿臣才勉强撤回决定，他留下遗言，等他死后绝不与王氏合葬。

第二十一回 经磨难大旗重悬 亮镖会官匪同现

按着袁寿臣指点的路线，历经一个多月才踏进营口这座新兴的小城，在大碑塘的东北岸找到荣家老宅，黄艳雯怀着兴奋的心情上前询问，结果却令她大失所望。十多年前，荣福生就把这处房产卖掉，事后去向不明，这里已经另换主人。黄艳雯初次涉足江湖，她望着满园的桃树发愣，一种不祥的预感袭上心头，忖度多时才强自镇定下来。树上的桃花唤起了黄艳雯的回忆，以前曾听荣振武讲过，他有个胞姐名叫桃花，嫁到船户魏家。港城西端有条贯通南北的潮沟，桃花的婆家就在沟的东岸。黄艳雯急忙向城西奔去，经过反复询问，终于从几个渔夫口中得知了事情的梗概。多年前这里发生动乱，桃花随着婆家逃离此地，可能回归天津海下，究竟住在什么沽就说不清楚。这种结局出乎黄艳雯的意料之外，关外是个幅员辽阔、地广人稀的地方，寻找一个名不见经传的人，犹如大海捞针绝非易事，焦躁不安于事无补，只能静下心来慢慢地寻找。黄艳雯在通惠门内的客栈落脚，她不停地奔走于大街小巷，尤其是码头上的脚夫逢遇必问，期盼能找到荣振武或者是他的亲人。历经半年一无所获，黄艳雯又想起袁寿臣的叮嘱，盖平东关有个永胜镖局，那是林大哥的家。黄艳雯无路可投，只能到盖平去找那位林大哥，向他寻求帮助。营口离盖平只有六十多里，当天中午就来到这座古城，经过路人指点，很快就找到永胜镖局。

怪异的事情再次发生，镖局的大门紧闭，高杆上悬挂的镖旗已经不见，门前被卖货的商贩占据。黄艳雯感到奇怪，她走上前去询问。卖货的商贩说：两年前这家主人犯了命案，镖局停业，举家外出不知去向。黄艳雯听后暗暗叫苦，自己的命运何等乖蹇，找人不见办事不成，难道苍天要绝我们的活路。黄艳雯毕竟是个年轻女子，再也经受不住这种打击，她怔怔地站在街上，忍不住流下无助的泪水。卖货人见黄艳雯哭得可怜就过来解劝。他说：这位小哥不必悲伤，杨老镖头祖居于此，即使出走也不会太远，你可以到近处的州城寻找，也许能在其他地方见到。黄艳雯发现自己失态这才止住悲声，她向卖货人致以谢意，然后到客栈投宿，再想其他办法寻找。出关后连续遭到挫折，黄艳雯彻夜难眠，她躺在床上不停地回忆往事，多年前的闲谈突然出现在脑海中。荣振武有个娘舅名叫姜中，那是个心地善良的人，母亲去世以后，娘舅曾多次过来关照他们姐弟。荣振武对此念念不忘，常为路途遥远不能叩拜而感到遗憾。姜中居住在青泥洼，受亲友的影响也以摆摊卖布为生，荣振武如若返回故乡，定能到青泥洼去找他的娘舅，新的希望再次产生。吃过早饭，黄艳雯就起身向南赶往青泥洼，寻找卖布料的姜中。

年幼时林天佐就想投身镖局，借此周游天下，寻找下落不明的父亲。袁寿臣把他送到永胜镖局，拜总镖头杨威为师。林天佐曾随父亲习武多日，已经扎下坚实的根基，事后又得到杨威的精心调教，很快就成为永胜镖局的主力。杨威见林天佐的武功日臻完善，办事也很稳妥，就把镖局的生意转交给他打理，并把自己的女儿许配给这位爱徒。镖局本是靠贼相助的生意，同时也得拿钱供养匪人，否则就将寸步难行，凭借武功畅行天下那是欺人之谈。杨家传承几代，都是做这种法律边缘上的买卖，杨威熟知此道中的肮脏，因此厌倦了镖局生涯，他深居后宅专心调教年幼的儿子。杨威晚年得子取名杨帆，他期盼小儿能在考场中夺魁，步入仕途，改换门庭为杨家争光。为了能达到这个目的，老镖头对杨帆倍加呵护，上午教他习文，通读经史对仗八股，下午让他习武强壮筋骨。功夫不负有心人，六岁的杨帆就能赋诗，十岁那年既能力敌青壮汉子，年纪不大名声已经显赫，成为盖平城内妇孺皆知的神童。清明那天先生要到城外扫墓，学童各自在家温习功课。吃过早饭杨帆就拿起书籍备课习字，正学得入神之际突见一个矮小汉子闪身进来，他环顾左右见没有别人在场，就压低了声说：门外有个年纪与你相仿的人，自称姓陆，他面带伤痕要求找你，看守门房的老齐头按照总镖头的吩咐，不准闲杂人员入内，来人虽被挡在门外仍不肯离开。矮小汉子怕耽误正事，这才偷偷地过来报信。

杨帆听后放下手中的书籍出来查看，来人果是同窗好友，他把杨帆拉到一旁，低声说，今天早晨他与父兄到郊外扫墓，突见自家墓地的界碑被人拔起扔到远处，墓地也被邻近的邢家占据了大半。陆家父子气愤难耐，上前与其论理又遭到邢家人的毒打。杨帆听后非常气愤，他反问道：既然如此，你们为什么不到衙门上告。姓陆的学友说：邢家主人是本城县令的妻弟，所以才敢胡来。杨帆年轻气盛不知人间险恶，他陪伴学友到墓地论理。邢家自恃官场上有人，并未把这个半大的孩子放在眼里，双方言语不合就动起手来。混乱中邢家的主人被杨帆打中头部，当场倒地，七窍流血而亡，墓地上又多了一具死尸。人命关天非同儿戏，杨帆这才感到害怕，大错已经铸成，他不知如何处置。矮小的汉子再次出现，他把杨帆拉到远处的密林中躲藏起来，此人名叫刁占元，以前曾是黑门槛的窃贼，如今是永胜镖局的镖师。

多年前，永胜镖局行至山东与江苏交界的韩庄，突然发现地上有新鲜的血迹，杨威觉得奇怪，在微山湖这种荒芜的地方，有什么东西能留下这么多血迹。出于好奇，他们顺着血迹来到茂密的树丛中，发现一个矮小的黑衣人，腰部中箭正趴伏在地，因其流血过多已经奄奄一息，如不及时施救必死无疑，不远处还散落着短刀和金银首饰，从现场的器物就能断定，此人绝非善类。镖局的人不愿招惹是非，他们劝老镖头马上离开，继续赶自己的路。杨威深明镖局的行规，如若遇到绿林人落难，必须出手相助，否则就将与他们结怨，甚至成为整个绿林的公敌。杨威派人把伤者抬到路边的镖车上，为他取出钳在肉里的箭头，敷上止血药物，带其上路继续进行调治。刁占元的创伤养好以后，为了报答救命之恩，从此脱离绿林，成为永胜镖局的伙计。刁占元长得身材瘦小，嘴尖面赤，两眼深陷，带有七分猴相，他的名字称为占元，元猿同音，人送绰号贼猴子。刁占元出身盗贼，最恨这个贼字，镖局的人见其长相怪异，经常拿他取笑戏谑。刁占元见众怒难犯就拿那些顽皮的人出气，他弄来一些性烈的辣椒拌在别人的烟丝里，呛得吸食者涕泪交流，有时还到草丛中捕捉蚂蚁之类的毒虫，放到别人的被褥中吸食人血，使那些嘲笑他的人痛痒难耐，抓挠得满身是伤，人们把这个贼猴子视为瘟神。除老镖头以外，所有的人都对刁占元产生恶感，另有一人除外，那就是永胜镖局的少主杨帆。刁占元孤身在外没有家室，每当领到薪酬时就带着杨帆上街，为他购买衣物和食品等从不吝啬，两个人的年龄虽差关系却特别友好。

今天早晨，杨威和林天佐等人分别出城扫墓，像刁占元这样的外地人，祖坟不在这里，所以才让他们留守镖局接待生意。刁占元对杨帆特别关爱，发现有人来找就进去报信，他见杨帆与学友交谈时面现怒容，就预感到事情不妙。刁占元取来自己的短刀藏在身上，等到杨帆与姓陆的学友走后，他也离开镖局，偷偷地跟在后边以防不测，没想到仍酿成大祸。刁占元把杨帆安排妥当以后就回去报信，在返回的途中不停地筹划，如何才能终结这桩命案，最终想出一个让他自己感到满意的办法。刁占元孤身在外并无牵挂，由他代替杨帆扛下这场人命案，任凭官府处置，这样就能保住杨家这根独苗不受伤害，以此答谢杨老镖头的知遇之恩，镖局的生意也能照常运作。谋划已定脚下加快，进城后，就能听到县衙那边传来的鼓声，死者家属已经报案。刁占元不敢怠慢，找到林天佐就把杨帆误伤人命的事述说一遍，还没等他把自己顶罪的想法说出，林天佐就急不可待地奔向后宅，他把贼猴子的话向杨威重述一遍。杨威厮杀一生人到晚年豪气早已不在，他瘫倒在座位上，老泪纵横地说：杨家只有杨帆这根独苗，本想让他光宗耀祖，没想到竟是夭折之命。林天佐怕岳父悲伤过度，就故作镇定地劝说：留得青山在，不怕没柴烧，宁肯毁家也要保住小弟的性命，您老人家只管放心，我这就出去安排。

林天佐从后宅出来，询问杨帆的藏身地点。刁占元这才把自己要顶替杨帆投案偿命的想法说出。林天佐心中感激，表面并未显露出来。他说：杨帆是在众目睽睽之下将人打死，邢家岂能将他放过，你去投案反倒添乱。随后林天佐又压低了声音，吩咐刁占元在此守候，不要对任何人提及此事，如若官差前来搜捕应以好言应对，等他回来再做处理。林天佐按着刁占元的陈述，在东南方的密林中找到杨帆，他怕贼猴子的口风不严，泄漏出藏身的地点，所以才把内弟转移到远处隐藏起来。林天佐叮嘱杨帆千万不要远离此地，不管多久必须等他回来再做决定，临别时留下食水和钢刀以防不测。

案发这天本是清明节，知县与其他官差也都出城扫墓，只留下两个当值的差官守在县衙，他们接下状纸问清了案情以后，未敢妄加评议。原告是当地父母官的亲属，被告是江湖豪客之子，双方都是难以招惹的角色。当值的衙差不敢怠慢，他们决定留下一人在此守候，另外一人出城去找县令和典吏禀明情况。听说内弟被人打死，县令大怒，立刻派人前去抓捕。典吏与永胜镖局交往过密，他暗中派人送信，让杨家早做提防。送信的人刚从镖局离开，抓捕杨帆的官差就到，典吏不敢公开徇私，他按律拿出捕文当众宣读。林天佐吩咐刁占元，打开本宅所有的门窗让官差搜查，经过反复搜寻并未发现凶犯，典吏这才下令收队回衙。林天佐说：众位空手而归难以交差，我愿随上差到公堂面见知县。随后让人拿出二百两白银，赠给办案的衙役，另备两封银子带在身边。知县见典吏没将凶犯带回，立即动怒，大骂衙差办案不利。林天佐忙上堂应对，他先向死者的亲属致歉，并表示愿意协助官府寻找杨帆，让他投案自首，然后又拿出随身带来的五百两白银，送给死者的家属作为补偿。知县见林天佐的态度诚恳这才缓和下来，永胜镖局交友甚广，威名远扬，县令不敢过分相逼只得退堂再审。

林天佐趁知县疏于防范之机，当晚就把杨帆送到绿林人聚集的海城，他想把身负命案的妻弟，托付给绿林中的朋友照顾，以免落入官府的手中，结果却遭到杨帆的拒绝。他说：年迈的父亲对自己寄予厚望，他不能辜负老人家的一片苦心，等到风声过后，仍想跻身仕途为杨家争光。林天佐见杨帆洁身自好，甘冒风险也不愿与强盗为伍，只得改变初衷另谋出路。海城盛产陶瓷，林天佐把妻弟送到瓷器店学徒，从此杨帆就在那里安身避祸。安置妥内弟，林天佐当即返回盖平，继续应对这桩命案，果然如他所料，五百两白银只能安抚一时，两天后，知县又派典吏带人到镖局搜查。钱能通神，林天佐再次拿钱疏通，知县把杨家当成摇钱树，每隔几天就派人过来勒索一番。林天佐发觉知县不怀好意就找岳父商量，不怕官就怕管，做咱们这种生意，依靠黑白两道的朋友赏脸才能经营。如今这位知县已是仇家，绿林中的朋友不知内情，如有途经此地的朋友进来做客，必将遭到知县的暗算，到那时不但咱们遭殃，还得连累绿林中的朋友。杨威叹道：他也想到这层利害，却难抛弃这份祖传下来的生意。林天佐说：两利相交取其重，两害相交取其轻，即使自伤声威也得按江湖上的规矩处理，咱们必须在镖局的门外留下鹰爪标记，警示那些绿林中的朋友远离此地，这里已被官府中的鹰犬监视。杨威听后连连点头。杨帆逃走镖局被迫停业，积蓄多年的钱财也被知县刮走大半，再这样持续下去，不但要倾家荡产就连性命也难保全。林天佐再与岳父商量，杨威也预感到大祸临头，他决定拿出剩余的钱财，分发给生死与共的伙计，让他们离开镖局另谋生路，房产交给杨家的族人公用。老镖头忍痛离开自己经营多年的故居，带着全家偷偷地搬到营口，在偏僻的地方落户，以此躲避盖平县令的纠缠。

为了维持全家人的生计，林天佐远赴北京去找那里的同行寻求帮助。听说永胜镖局散伙，京师的朋友都感到惋惜，子彬镖局的大刀王五，当即表示愿意相助，他有个朋友名叫孙振纲，现任醇王府的教习，此人来自青州府，是个功力深厚的人。孙振纲处事耿直，为人豪爽，在王府任职两年就感到不适。在清廷为官的汉人都有一身善于奉承的媚骨，他们称慈禧为老佛爷，皇上为万岁爷，皇室的成员为王爷或者是贝勒爷，将领为军爷，凡是满族的权贵都是爷，那些人不但把自己贬为孙子，还自称为奴才。孙振纲与众不同，他的自尊心太强，有事时称慈禧为太后，光绪为皇上，从不带那个爷字，即使是当着醇亲王的面也不说奴才二字。王府上下对孙振纲都有非议。

孙振纲的言论早已激怒了府内众人，只是没有扳倒他的理由。醇王府的侍卫多为孙振纲的朋友，他们劝这位教习及早离开，以免遭到暗算。孙振纲也想离开这种是非之地，只是没有合适的去处。王五接着说：你岳父开办永胜镖局已有多年，熟知江湖道上的规矩，如与孙振纲联手仍在关外创办镖局，定能干出一番大事业。林天佐听后十分高兴，当天就与这位王府的教习见面，二人一见如故，都有相见恨晚之意，孙振纲当场写下辞呈，送交王府的总管批复。王府教习本是肥缺，很多人翘首以待却无缘触及，孙振纲的辞呈很快就被批复，他携带林天佐向京师的朋友辞行。在告别的酒宴上，有个名叫于化龙的人把孙振纲拉到一旁，此人是醇王府的侍卫，半年前，该他当值的那天晚上，因为喝多了酒而昏睡不醒，耽误了巡更的时间。总管发现此事非常气愤，按着王府的法规，应该将他移交亲王治罪。孙振纲听说此事，唯恐于化龙身遭不测，他面见总管苦苦哀求。总管对此深受感动，因此才放弃了对于化龙的惩治。获救后，于化龙对孙振纲感恩不尽，可惜没有报答的机会，如今见他要到关外创办镖局，这才低声说：关东的响马多如牛毛，尤其海城，那是个出土匪的地方，势力最大的几个首领都出自那里。冯麟阁是关外绿林道上的总瓢把子，他自己手下就有上千人马。金寿山、张作霖、汲金纯等都是海城人。洪辅臣、董大虎、汤二虎等也在那一带活动，上述那些人都是独霸一方的悍匪。

于化龙也是海城人，当年他与冯麟阁同在衙门当差，二人的关系非常密切。多年前，冯麟阁与当地一个富绅发生纠纷，那位富绅依仗自己有势力，根本就没把这位差官放在眼里。性情暴躁的冯麟阁忍耐不住富绅的嘲弄，当场把他打死。富绅家中豢养的护院见主人被害，他们蜂拥而上，将冯麟阁扭送到官府治罪。冯麟阁身为差官却敢肆意杀人，按大清律法当处斩刑。押在大牢中的冯麟阁追悔莫及，只能在那等死，于化龙见他可怜，暗生搭救之心。于化龙先将自己的家人送走，然后在他当值的那天晚上，趁夜静无人之机打开牢门，挑断绳索将冯麟阁放走。于化龙不敢在海城停留，当晚就潜逃异乡，历经磨难才来到北京，通过友人举荐，终于在王府当上侍卫。事后才听到同乡人传说，逃脱后的冯麟阁投身绿林，扯起杀富济贫的大旗，收容各地的乡勇千人以上，往来于辽河两岸，官军见他也得远远地避开。于化龙讲完事情的始末，又从怀中取出一把短刀交给孙振纲，让他拿着这把短刀去见冯麟阁，就说于七向他问安。孙振纲身居官府不懂绿林道上的规矩，因此并未在意，他接过短刀只是礼貌地向于化龙致谢。火器营的协统名叫裕炜，曾拜孙振纲为师，酒席散后他留下来未走。裕祎说：盛京将军裕禄是他大哥，裕祎写下一封书信让孙振纲带在身边，得闲时送到将军府，以备日后能给以关照。

经过多日应酬孙振纲才得以脱身，他与林天佐一起来到营口选址建房，筹办镖局所用之物。林天佐把永胜镖局的旧部召集起来，只有刁占元的下落不明，孙振纲与林天佐共同商量镖局的名号和开业程序。林天佐说：筹建镖局的资金出自大哥之手，一切应该由你来定。孙振纲说：他对镖局这种生意毫不知情，一切全都仰仗林老弟，这桩生意应该由咱们二人共同来做，永胜镖局行走江湖多年，是个叫得响的老字号，如能沿用这个名号最好。林天佐叹道：大哥之言确实在理，就怕盖平的县令追到这里纠缠。孙振纲笑道：老弟不必担心，官员的鼻子比狗还灵，你们的仇家早已嗅到我的来历。盖平的知县充其量不过正七品，借他十个胆子也不敢招惹议政王身边的人。据你所说那位知县不知自律，纵容亲属仗势欺人，强占别人的墓地才酿成后来的恶果。案发后应该移交上峰处理，避亲情之嫌，这位官员胆大妄为徇私不报，公然派人登门敲诈银两，此事如被都察院得知必遭弹劾，轻则丢官，重则入狱。有孙振纲这样的人撑腰，林天佐的胆子也壮了起来，他决定到海城把杨帆接回，让杨家父子早日团聚。第二天中午林天佐就赶到海城，来到杨帆落脚的瓷器店，眼前的情景让人感到意外，瓷器店的大门紧锁，到处都是破损的瓷器。林天佐没敢停留，他来到对街的杂货铺询问详情。这家店主带着幸灾乐祸的声调说：瓷器店的老板性情古怪，所有的瓷器都被一个小伙计砸毁，然后出逃，至今去向不明。林天佐听后心中剧烈地跳动起来，不用再往下问，这样的杰作必是杨帆所为，他在海城的大街小巷查找了整个下午，也未得到一点有关内弟的消息。林天佐只得上马返回营口，不敢向岳父说出实情，从此就失去了杨帆的踪迹。

孙振纲见林天佐从海城回来，就找他商量镖局开张的日期。林天佐说：镖局的生意与其他行业不同，有很多事需要在开业之前办妥，房舍虽已建成，库房内外必须加装防盗的栅栏，那样才能确保客户的财产不受损失。洽谈生意的前厅要装饰得恢宏典雅，让进来投保的商贾感到安全可靠。选购良马、打造镖车也要着手进行，最要紧的是到官府备案，办理相关的通关手续，当今世风日下贪官横行，不拿钱疏通很难将事办成。最后还要备礼拜山，绿林道上的朋友对我师父十分尊崇，从未找永胜镖局的麻烦，命案发生以后，为了躲避官府的报复，我们永胜镖局与绿林人断绝了来往，至今已有两年，不知绿林道上发生了什么变化，因此不能贸然行事。孙振纲听后连连点头，他从怀中拿出裕袆留下的书信和于化龙的短刀，随后又把这两件东西的来历述说一遍。林天佐听后异常兴奋，裕禄是朝廷的重臣，由他这层关系就不怕地方官员刁难。于化龙的信物更加重要，他与冯麟阁有刎颈之交，能有关东这位大寨主的关照，其他地方的黑道人物都能赏脸让道。两人商量完毕，当即筹备礼物择日北上，先到盛京去见裕禄，拜见这位将军求其庇护。

孙振纲和林天佐分头到古玩店里，寻购贵重的礼品，历经两天仍未购到合适的东西。杨威听说此事，当即拿出自己珍藏多年的字画，那是文徵明绘制的草堂图。林天佐知道，那幅字画是岳父的心爱之物，他不肯收受。杨威说：饱暖之时人们把它当作珍宝收藏，危难之际，这类东西犹如粪土毫无用处，自从杨帆闯下大祸出逃，咱们就算走上霉运，不但生意难做就连温饱都成问题，你与孙振纲能把永胜镖局的大旗挑起，我把这条老命搭上都行，何必计较一张字画。林天佐见岳父这样说，这才收下字画，他与孙振纲共赴盛京拜访裕禄。林天佐牢记家仇不愿拜见满族权贵，他借不懂礼数为由躲在客栈等候。孙振纲拿着书信和礼品只身去见裕禄，看到胞弟亲笔写下的求助信，来人又是醇亲王身边的人，裕禄变得客气起来，他纡尊降贵，破例设宴并亲笔写下书柬，让当地的官衙予以关照。临别时还特意叮嘱：镖局开业时，他派专人到场致贺。这种礼遇出乎孙振纲的意料，他拿着裕禄的手札去办执照，没人再敢刁难，各级官员都以笑脸相迎，不到一天各种证件全都办齐。

林天佐派人溯河而上，寻找绿林道上的首脑，当天就查到冯麟阁的踪迹，这时他正率部驻扎在三岔河。林天佐与孙振纲备上二百两白银，作为拜山的礼金，他们乘船来到大寨主的驻地。冯麟阁的麾下有上千人马，沿着辽河扎下九座营盘，绵延数里俨如官军一般。林天佐递上拜帖，守门的喽啰接过拜帖进去通报，看到永胜镖局的字样，冯麟阁那张老脸立刻沉了下来，他犹豫了一阵才让喽啰把人带到这里。林天佐和孙振纲刚进大帐，冯麟阁就抢先开口，他面带讥讽地说：林老板与乃师不同，自从你接管了永胜镖局就把我们这些绿林人忘了，不知今天是什么风能把你这位贵人吹来。冯麟阁出言不善先挑自己的过节，林天佐忙上前解释，他把两年来的遭遇如实说出。冯麟阁这才知道林天佐的难处，永胜镖局已经关闭，难怪人家不来拜山。前嫌已释，林天佐这才为孙振纲引见，并把重建镖局的想法说出。听说这位大汉是醇王府的教习，冯麟阁瞪着羡慕的眼神愣在那里，孙振纲趁机拿出于化龙的信物。短刀突现吓得冯麟阁浑身一抖，随之，他的目光就被那把短刀吸住。孙振纲朗声说：于七托我向您问安。孙振纲的话音未落，冯麟阁竟霍然站起，他迫不及待地追问于化龙的下落。

孙振纲把于化龙离开海城以后的经过说出，冯麟阁听后。喃喃地说：吉人自有天相，于七差点为我丢掉性命。他拿起这把救命的短刀，看了很久才交给孙振纲，气氛变得融洽友善。冯麟阁传令摆宴，林天佐忙把随身带来的礼金拿出。冯麟阁连看都没看就沉下脸来说：于化龙是我的救命恩人，他的朋友就是我的朋友，你们这种做法是在骂我。分手前冯麟阁告诉孙振纲，营口城西有座火神庙，东邻的连升客栈就是他们的暗桩，镖局开张之前只要到那通知一声就行。客人走后，冯麟阁坐在大帐毫无倦意，他反复思考，从古至今没有一个强盗能得善终，除非归顺朝廷，当初投身绿林，只是权宜之计，事后虽然扯起杀富济贫的大旗，那也是欺人之谈。官府通过税收供养军队，绿林人无税可收只能硬抢才能生存，这种规律无法改变。孙振纲是议政王身边的侍卫教习，刚到关外就与盛京将军裕禄取得了联系，此人如能从中斡旋，投靠朝廷的愿望定能实现。冯麟阁为人奸猾，他以报于七的救命之恩为由，传书关东的绿林道，关照永胜镖局的生意，暗中取悦孙振纲，等到友情建立起来以后再求他从中通融，主意拿定立刻着手安排。

裕禄上任不久，辽河两岸州城的告急文书，如同雪片一般纷纷传来，匪患不断，就连白天也不得安宁，多年前他就对这里的匪情有所耳闻，没想到竟会这样严重，为了自己的前程必须铲除这种顽疾。裕禄派部下的将佐前去征剿，未过多久全都败回，他具表上奏，请求朝廷拨款扩军。外患不断，割地赔款已经闹得慈禧寝食难安，哪有余款可拨，各种费用必须自行解决。裕禄无计可施。部将龚峰官居五品，是守御所的千总，裕禄的心腹，他见上司焦虑不安就来到书房献策。龚峰说：将军不必烦恼，属下想出一计可平关东的匪患。裕禄闻听大喜，忙问详情。龚峰说：醇王府的教习孙振纲，想在此地创办镖局，那样就得与关外盗贼交往，将军可用此人探听各路土匪的虚实，选出实力较强、有意归顺的首领加以安抚，招降后可以封他们官职，到那时就能起到釜底抽薪的作用。等到匪患减弱时，再用降匪征剿那些余孽，达到以毒攻毒的目的，不用朝廷拨款也能铲除匪患，将军可以坐收渔翁之利。裕禄听后连连称妙，他让龚峰保守秘密暗中准备，以免引起土匪的警觉，等到永胜镖局开张的消息传来，就由龚峰携带礼品赴营口致贺，借此查探土匪的虚实，然后再做决定。

黑白两道的关系都已疏通，永胜镖局定于四月初十开张，江湖人把镖局开业称为亮镖，孙振纲与林天佐分头下帖，邀请各界的朋友届时光临。亮镖那天最难应对，官府来的客人傲慢，绿林来的客人强横，稍有不慎就能发生冲突。北京离此较远，那边的朋友提前过来，他们协助永胜镖局的主人，筹办亮镖那天所用的物品。初十这天气朗月明，丑时刚过孙振纲就带头起床，他们挑灯、挂旗、调整桌椅、摆放干鲜果品，提前做好亮镖的准备。天至辰时，冯麟阁带着金寿山、洪辅臣、汲金纯、董守仁、张作霖和汤玉麟等匪首来到镖局的门前。孙振纲与林天佐带着镖局的伙计上前迎接。冯麟阁命身旁的护卫代表绿林道，奉上十两黄金和两匹鞍鞯齐备的良马作为贺礼。

镖局开张，黑白两道的重要人物从不送礼，本人能到现场助威，那就算是最体面的厚礼，没想到冯麟阁竟能破例。孙振纲和林天佐哪敢受此殊荣，他们百般辞谢拒不肯收。冯麟阁的做法激怒了金寿山和张作霖，他们面现怒色，相互传递着恶毒的眼神。这些人的异常表现，早已为冯麟阁所洞察。他指桑骂槐地喝道：我这点薄礼是报于化龙的救命之恩，与你等何干。冯麟阁的话中带刺，他面对着孙振纲与林天佐，斥责的却是张作霖等人。冯麟阁毕竟是人多势众的大寨主，张作霖等心中不服却不敢多言，只能闷坐一旁暗中生气。刚把绿林人安排妥当，远处又有十一匹战马向这里奔来，人马通身是汗，为首的大汉从怀中拿出拜帖，上写：盛京将军府特使，从五品守御千总龚峰拜谒。孙振纲出身公门深知官场上的礼节，他说：草民孙振纲拜见龚大人，说完就要按律跪行大礼。龚峰见状抢步上前连忙扶住。他说：孙先生原是醇王府的教头，那是何等尊贵，下官哪敢受此大礼。说完就让十名随从卸下马背上的礼物，那是五支西洋造的短枪和一千发子弹，另有一百枚特制的号炮，镖局如若中途遇险，可放这种信号向近处的官军求助。冯麟阁看后，更坚定了归顺朝廷的信心。

巳时已到亮镖开始，神态恭谦的孙振纲面向所有的来宾致谢，然后就开始献艺。北京来祝贺的朋友共有三位，一位是王府的侍卫，另外两位是永胜镖局以前的合作伙伴，为尽朋友之义，他们自贬身份，甘愿为永胜镖局的土人垫场。醇王府的侍卫，擅长燕青十八翻，他脱掉长衫下场就练。燕青秘踪一脉传，抱靠粘拿占魁元。掸提卷挎惊雷起，托挤摔挂紧相连。王府的侍卫非同那些自吹自擂的江湖艺人，他们是经过层层筛选，才能拿到那份优厚的俸禄，这位侍卫的步法扎实，技艺精湛，收势后就赢得一片喝彩声。第二位是北京同泰镖局的镖头，他的门派是戳脚，下场后与侍卫相同，并不多费唇舌抬手就练。舌舔上腭任督通，气附丹田内力生。拦拿锁扣惊敌胆，海底捞月后腿蹬。在场的人都是行家，还未等这位镖头收势就响起阵阵掌声。最后下场的是子彬镖局的镖头，王五的师弟，此人演练的是劈挂掌，他与前面两位一样帮情不报名，以避喧宾夺主嫌。斜劈正砍攻上盘，封避插套紧相连。阵门开时快出腿，踢裆扫肋撞心田。这位镖头与前面两位一样也得到满堂彩。按照常规，亮镖时先由本局的伙计上来垫场，然后才由镖头出面镇镖。北京来的朋友，为了抬高永胜镖局的威望，所以才抢先上场，他们这份情谊，把林天佐感动得热血沸腾，他脱掉外衣就要下场。

孙振纲的感受与林天佐相同，他怀着激动的心情甩掉长衫，抢先跳到场内。孙振纲毕竟是个修为较深的人，上场后就能屏弃杂念。他气定神闲地说：在下孙振纲借助朋友的帮衬，在此开办永胜镖局，刚才上场的三位朋友怕我当众出丑，所以才提前上场给我立个榜样，丑媳妇迟早要见公婆，孙某只能硬着头皮上来献丑，请列位不要见笑。孙振纲的话左右逢源十分得体，在场的人都很佩服，场面话已经交代清楚，他这才展开身形练了起来。太祖跨马征四方，挑缠勾挂暗中藏。双手起落军州定，五代十国尽归降。孙振纲这套太祖拳练得气势恢宏，刚猛之中暗藏诡秘，翻腾时立现杀机，即使是创立此艺的赵匡胤重生也不过如此，喝彩声再次响起。冯麟阁本是关东绿林道上的总舵主，平时盛气凌人，来到永胜镖局以后竟变得斯文起来，他不但赠送黄金良马，还面带谄媚的笑容向献艺人鼓掌喝彩。这种反常的举止，气坏了身旁一个瘦小的匪首，此人名叫张作霖。

张作霖虽然生气，却不敢对冯麟阁露出半句怨言，他两眼放出邪恶的贼光，不停地向四处观望，寻找使坏的机会，借此发泄心中的怒火。永胜镖局有个身材特别高大的人，他瞪着一双小眼看着场上献艺的人，并学着别人的样子胡踢乱打，脸上透露出一股傻气。张作霖看后心中窃喜，暗中知会金寿山和汤玉麟，他们来到大个子的面前，问起他的姓名。大个子回答说：他叫耶律雄。从回话进一步证明这是个傻人，张作霖这可找到使坏的地方。他反问道：你叫野驴熊。大个子连连点头，金寿山和汤玉麟也是两泡坏水，他们同时大笑起来。

两年前，林天佐率领镖局的人马途经黑山，看到一个身材高大的人站在河边，手举木棍紧盯着水面，没过多久突然落棍，砸得河水四溅，随即漂上一条半斤多重的草鱼，那人伸手抓起填到嘴里大嚼起来，还没把鱼刺嚼碎又举起木棍贪婪地看着水面。镖局的人感到新奇，他们不约而同地停了下来驻足观看，从砸鱼的架势就能看出，此人天生神力。林天佐顿起爱才之心，他上前与耶律雄交谈，没说几句话，就发现这位砸鱼人是个半吊子。这让林天佐感到失望，他转身就想离开，有几个种地的农夫围上前来说：这位达官慢走，你们如果需要干活的人，就把这个苦命的孩子带走，以免让他忍饥挨饿。林天佐感到奇怪就问起详情，围观的农夫一时也说不清楚，他们把林天佐带到耶律雄的住处。有个中年农妇把林天佐让进房内，那是耶律雄的姨妈。她说：两年前耶律雄的父母与其他几个亲友在草原上放牧，近处的帐篷突然起火，风吹烈火扑面而来，无处躲藏的人们当即葬身火海。耶律雄正在远处的湖水中嬉戏，这才幸免于难，当他回到住处时，发现自己的父母已被烈火烧死，在其他牧民的帮助下将父母的尸骨埋葬。有人同情耶律雄这个弱智孩子，就把他送到黑山的姨妈家中。姨妈也有三个孩子生活比较艰难，看在亡姐的分上，只得收留这个无家可归的外甥，吃饭时才发现，耶律雄的食量特别大，全家五口也吃不过他一个。为了生存，姨妈让自己的孩子出去做杂工，来自草原的耶律雄不会干活，只能让他去替别人放牧牛羊。耶律雄饥饿难耐，在荒野之中，用石块砸死别人家的山羊生食起来，羊的主人找上门来要求赔偿，在姨妈的苦求下才算了事。耶律雄被人家辞退并送给他一个绰号：黑山饕餮怪，从此再也没人敢雇用他，姨妈家的饭菜难以维持温饱。一天傍晚，耶律雄在河边看到一条死鱼就捡起来吃掉，从那时开始，他就盯上河里的游鱼，最后竟能用棍棒打鱼以解饥饿。

林天佐对耶律雄的遭遇感到同情，同时也欣赏他的神力。林天佐这才答应把耶律雄带走，做镖局的车夫，有这样的力士追随左右，任何崎岖的道路都误不了镖车的行程。半年后有一批货物需要押运到安东，因为数额不大，林天佐决定派两名镖师，带着耶律雄等五名车夫走这趟镖。行至岫岩就遇上一伙贼人拦截，两名镖师拍马上前，用江湖唇典与贼人套交情。这伙贼人是当地的无赖，根本就不懂江湖上的规矩，更不懂江湖唇典，他们依仗人多一哄而上。为了保住货物，两名镖师舞刀上前与贼人战在一起，虽有几名贼人受伤，劫匪依然不肯后退。拼搏的时间过长，两名镖师感到力不从心，他们先后受伤血透衣外，难以支撑太久。耶律雄见状发出一声嚎叫，他提着封车用的绞杠扑上前去猛抡，劫匪手中的钢刀纷纷落地，有些劫匪被绞杠砸伤。耶律雄虽在混战中受了两处刀伤，可他的余威不减仍能拼杀，慑于傻小子的神威劫匪四散逃走。镖局的人来不及包扎伤口就迅速离开险地，镖车按时到达安东交割货物。回到镖局，两位镖师把耶律雄勇战群匪，镖车失而复得的经过说出，坚请辞掉镖师一职。林天佐听后，安慰两位镖师说：尔等既已尽力何必自责，仍请他们留任，耶律雄功不可没，虽做车夫可拿镖师的薪酬以资鼓励。

杨帆误伤人命以后镖局倒闭，镖局里的伙计全都遣散，只有耶律雄哭嚎着不肯离开，他怕回家再去挨饿。林天佐见耶律雄可怜就与岳父商量，决定把他留在家中，只有粗粮素菜充饥，傻小子对此并无怨言。近来筹建镖局又能见到鱼肉，耶律雄比谁都高兴，所以才出现损贼戏傻子那一幕。张作霖想把耶律雄骗到场上取乐，让永胜镖局当众出丑。他说：你要是不上场，镖局就不能开业。听说不能开业，耶律雄就害怕起来，金寿山和汤玉麟又在旁边煽惑，傻小子这才下场，他瞪起小眼腆着大肚，装模作样地向四周施礼，场外响起一阵哄笑。突如其来的变化把镖局的人惊呆了，孙振纲与林天佐相互对望，用眼神询问对方，是否有意让耶律雄下场逗乐？两人微微地摇头表示奇怪。林天佐用目光向四周搜索，发现是绿林人在暗中捣鬼。亮镖本是庆典，不能对任何人发火，以免让客人误解为指桑骂槐。耶律雄根本就不会武功，只是力大而已，他在场上学着别人的样子胡踢乱打滑稽异常，场外的笑声不断，傻小子还以为自己练得好，更加神气起来。林天佐再也看不下去，他来到耶律雄的面前拿眼神瞪他，傻小子见事不好这才停住手脚。林天佐离开耶律雄到场外脱衣，他想下场献艺以解当前的窘境。

张作霖把耶律雄骗到场上仍未尽兴，他转身对汤玉麟说：来时总瓢把子不让咱们招惹是非，他说永胜镖局的人非同一般，个个都是高手，你看耶律雄那个傻小子也算是高手吗？你汤二虎在绿林道上怕过谁，今天你敢不敢下场揍他一顿，给咱们绿林道上的弟兄争光？汤玉麟听后一言不发，他甩掉长衫，趁着林天佐在场外脱衣之际，蹿到场内拦在耶律雄的面前伸手就打，在场的人全都感到震惊。汤玉麟行事凶狠才被人们称为二虎，他在妓院逞凶，赌场耍赖，几经生死留下数十处伤疤，是关东有名的悍匪，谁都惧他三分。今天冯麟阁以报恩为由，不但率领各路头领前来捧场，还暗带重金，择机结交前来致贺的官员，为日后归顺朝廷做前期的铺垫。汤二虎下场制造事端，分明在毁冯麟阁的前程，他急怒攻心却不能公开发作，暗嘱甲六隐藏到人群中，保护镖局的有关人员，如遇险情立即出手不管死活。甲六的身材矮小善打飞蝗石，百发百中，他是冯麟阁的心腹侍卫。甲六按着冯麟阁的吩咐，手持飞蝗石隐藏在人群中，等待出手的时机。林天佐刚把外衣脱掉就发现汤玉麟下场，他知道汤二虎的底细，那是个不讲情义的恶匪，常以杀人为乐。林天佐暗自琢磨，冯麟阁赠马献金以报于七之恩，为什么他手下的头领却要恶意中伤，难道另有阴谋。林天佐暗自决定，如若耶律雄遇险，他宁肯退出镖局也要除掉此贼，以免留下祸患。林天佐展目观看，冯麟阁面现怒容，在他身旁闪出一人，快速地躲藏到人群之中时隐时现。林天佐不知冯麟阁暗藏着什么企图，他吩咐身边的伙计通知孙振纲，做好应急的准备，以防不测。林天佐一边监视人群中的甲六，一边观察着场内的变化，随时准备出手救助耶律雄。

张作霖和汤玉麟都低估了耶律雄的实力，他们以害人为乐。汤玉麟带着笑脸突然出手，自以为一拳能把耶律雄打倒，结果却出乎他的意料，傻小子见场外谈话的人面带笑容，他并未防范就挨了一拳，被人家打得连退两步才稳住身形。耶律雄仍未反应过来，他以为对方是在玩耍嬉闹，汤玉麟见傻小子被重击后依然未倒，又扑上前来竭尽全身之力出手。耶律雄见汤玉麟咬牙切齿面现怒容，这才明白过来，可惜为时已晚，他又挨了一记重拳。傻小子皮糙肉厚毫发无损，只是退了几步就站稳脚跟，随即反扑，迎面一拳打在汤玉麟的左脸颊上。汤二虎的半边脸立刻青肿，随即两人撕扯在一起，相互扭打如同开山凿石一般响声不断。凭实力两个汤玉麟也不是耶律雄的对手，可惜他的心智不齐，净打骨坚肉厚之处。汤玉麟却有所不同，他做贼多年怀有丰富的杀人经验，专往傻小子的致命处下手。稍有不慎，耶律雄必将遭到汤玉麟的毒手。林天佐刚想下场制止，突见甲六在人群中闪现，鸽蛋般的卵石挟着劲风从那飞出，正中汤玉麟右腿的条口穴上。汤二虎感到一阵剧痛，急忙弯腰去摸，恰在这时，耶律雄的拳头打来，正中右耳下的颊车穴，汤玉麟应声倒地昏厥过去。林天佐见状强抑心中的兴奋，他以救人为由想要终止这场献艺，突见一人奔来把耶律雄拦住，来者名叫董守仁。张作霖见汤玉麟难以取胜，就来到董守仁的面前拿话激他。张作霖说：关东的绿林道上盛传着两只老虎，大虎董守仁很少露面，被人们称为坐山虎，二虎汤玉麟张牙舞爪，被人们称为下山虎。场上这位大汉号称赛武松，汤玉麟不服，非要下场与人家见个高低，结果技不如人眼看就要倒霉。还没等张作霖把话说完，汤玉麟就中拳倒地昏迷不醒，他看着董守仁哀叹一声，欲言又止假作伤感。

董守仁平日瞧不起张作霖和汤玉麟这些无赖，他们之间很少来往，今天不同，绿林人毕竟站在同一条船上，哪能容忍镖师欺凌。董守仁脱掉外衣，来到耶律雄的面前。他说：从刚才的身手就能看出，你是位打穴的高手，既有这等本事何必扮猪吃虎欺骗世人。耶律雄听不懂董守仁的话，他怔怔地站在那里不知如何是好。林天佐怕耶律雄吃亏，忙过来解围，他向来人施礼，请教对方的尊姓大号。董守仁报出自己的名号，林天佐知道董大虎的舵口，却未曾谋面。他说：久闻舵主的威名，只是无缘拜见。林天佐指着耶律雄说：他是我们镖局的车夫，今年才十九岁，是个弱智的孩子，请您不要跟他一般见识。林天佐说的本是实情，没想到竟把董守仁激怒，他心中暗想，永胜镖局的人太过阴毒，你们把人打伤还拿话损人。董守仁怒极，他说：永胜镖局真是高手云集的地方，一个缺心眼的车夫竟有这等身手，其他人的修为更不可估量，我今天要豁出破头撞金钟，在高人面前领教一番，也为这次亮镖留下一段佳话。

亮镖名为宾朋相聚的开业庆典，其实是在示威，镖局想借这种热闹场面，向世人展示自己的实力。董守仁受到张作霖的蛊惑，不体谅镖局的感受，当众出来叫阵。林天佐绝不可能退让，那是镖局存亡的底线，箭在弦上不得不发，双方都无法规避只能拼死一战，他们都是有修为的人，虽然成为敌手，仍能揖让着来到场地的中央，随即动起手来。董守仁艺承洪拳，刚猛之中彰显彪悍，只见他：出手犹如龙卷风，翻江倒海势无穷。推拖抛拦随意变，制胜取自进退中。董守仁出手就抢得先机，步步紧逼。

林天佐师从杨威，艺承六合拳，他见董守仁挟怒出手连使狠招。林天佐不想与其硬拼，只见他：丹凤朝阳双翅开，白蛇吐信迎面来。云龙三现左右舞，猿猴避树奔洞来。两人交手不过几回合，林天佐就摸清了董守仁的底细，他不想再纠缠下去以免夜长梦多。林天佐有意露出破绽，董守仁心中暗喜，他抡起右臂由上往下，用了个泰山压顶的掌法，硬砸对手的神庭。林天佐不想伤人以免与绿林结仇，他甩手抢步上迎，这叫海底捞月。两掌相交董守仁被震得连连后退，林天佐仍站在原地未动，只此一招强弱立判。董守仁站稳后，发现自己这条手臂酸疼无力不能再战，绝望之余董大虎的贼性突起，他宁肯违规丢人也不能要脸丧命。董守仁暗从怀中抽出一支钢镖，抖手打向林天佐的咽喉，二人只有三步之遥眨眼就到。董守仁的鬼蜮伎俩早被林天佐洞察，他侧身摆头让过镖锋，随手将钢镖抓住，同时跃步起身，来到董大虎的面前，掉转镖锋直指他的胸腹。钢镖贴身，吓得董守仁连连后退，林天佐如影随形紧追不舍，仍将钢镖插进他的胸怀，然后飘身后退。董守仁被吓得亡魂出窍，他惊恐地撩开衣襟察看伤口，结果却出人意料，林天佐已将偷袭他的钢镖归入董大虎的镖囊之中。董守仁愣在那里不知所措，他怔怔地看着林天佐。憋了很久才说：青山不改，绿水长流，日后定当厚报。说完扬长而去。

林天佐这种以德报怨的品行何等高尚，在场的绿林人都感到震惊，他们被臊得满面通红，再也没人出来搅局。孙振纲忙邀众人到望海酒楼畅饮，他们事先做了精细的安排，官府中的人注重仪表，讲究礼节，举止比较斯文。绿林人却有所不同，他们粗犷放荡，言词污秽难以入耳，两者之间必须远离，以免再起事端。官员的酒席设在东厅，绿林人让至西厅，本地名流以及外来的宾朋坐在中厅。开宴后，林天佐趁忙乱之机与孙振纲低声交谈，他把冯麟阁派人暗助耶律雄的经过讲出。孙振纲觉得奇怪，此事如被其他绿林人发现必将引起火拼，身为绿林道上的首领为什么要那样做，即使是报于化龙的救命之恩也不能冒这种风险。两人决定不露声色，静观下面的变化。作为主人，孙振纲与林天佐手捧酒壶，到各个桌前轮流敬酒以示敬谢，他们首先来到西厅。林天佐不计董守仁的卑鄙手段，义还钢镖不让他当众出丑，此举已将绿林人征服。在座的匪首见林天佐进来，立刻把他围在当中套交情。冯麟阁趁机把孙振纲拉到一旁，把自己想要归顺朝廷的愿望说出，恳请这位王府的教习从中牵线搭桥，最好能与将军的特使见面，他备有黄金百两，敬献给裕禄将军以表诚意。孙振纲听后稍加犹豫，最后还是答应尽力帮他去办，冯麟阁连连称谢。

林天佐被绿林人围在当中不停地碰杯无法脱身，孙振纲忙过去解围。他说：众位不要着急，等把这圈酒敬完，我也回来陪大家喝个痛快，绿林人这才放林天佐离开。孙振纲把冯麟阁的话重复一遍，林天佐这才明白这个巨匪的用心。林天佐说：有些土匪投靠洋人，他们用窃取的情报和抢劫来的珍宝，从境外换取枪支，充当入侵者的马前卒，对国人的危害极大，如能促成招安也算是功德一件，除掉匪患能使民众安生，也能解除关东的动乱。孙林二人把中厅的酒敬完，最后才来到东厅。龚峰官居从五品又是裕禄将军的特使，地方官员哪敢越礼，他们把这位守御千总让至上座。孙振纲执壶为他们斟酒，刚说两句答谢的话就被这位守御千总制止。龚峰让林天佐暂陪这些地方官员慢饮，他有几句话要跟孙振纲单独交谈。在座的官员感到困惑，镖局的主人究竟是什么来头，能让这位大员如此敬重，他们只能猜疑却不敢多问。龚峰与孙振纲来到院内僻静的地方。他说：趁咱们未喝酒之前，我把此行的目的告诉你，我奉裕禄将军的密令前来营口，到你们永胜镖局致贺，借此摸清各路土匪的实情，从中选出那些民愤小实力强、有意归顺朝廷的人加以安抚，劝他们归顺朝廷，为地方清除匪患。孙振纲听后大喜，却不敢把冯麟阁的愿望说出，他曾在王府当差，深知人世间的险恶，官匪的话决不可全信，以免他们中途使诈反诬自己通匪。在龚峰的恳求下，孙振纲才答应替他摸清匪情。在饮酒的过程中，孙振纲为龚峰与冯麟阁穿针引线，两年后关东的土匪大部分都归顺了朝廷，只有杜立三和张作霖等人不在招安之列。

杜立三原是辽中人，出身寒门，他怀有民族气节，对日俄等国的入侵全都予以阻击，对清朝王朝的盘剥憎恨不已，因此不肯归降。张作霖与杜立三不同，他人小鬼大又在亮镖那天搅局，所以冯麟阁不愿把他带在身边。归顺朝廷以后，冯麟阁改名冯德麟以示重新做人。受招安的土匪扒下贼皮换上官衣，当地的官员和富绅为他们披红挂彩跨马还乡，拜祭祖先，建造家祠，异常荣耀。人单势孤的张作霖不敢再像以前那样猖狂，他对归降的人十分羡慕，深恨自己不该在永胜镖局开业那天使坏。张作霖把自己的队伍称为保险队，他叮嘱手下的土匪，不要再干那些偷鸡摸狗的勾当，伺机归顺朝廷。多日后，张作霖派到南线踩点的探子回来说：新任盛京将军增祺，派人到北京去接夫人。增祺夫人带着大量的钱财于今天出关，明天就能路经此地，那可是一票大生意。张作霖听后两眼放光，他沉思了很久才拍案高呼：今生成败在此一举。张作霖派人把张景惠、张作相和汤玉麟找来，他把拦劫增祺夫人的打算说出。其他几个匪首一致同意，这场英雄救美的闹剧正式开始。

张作霖派张作相带领一半人马，用黑布遮面埋伏在道旁的密林中，等到增祺夫人的车马经过时一拥而上，将其全部截获，进行威胁恫吓。增祺夫人及其随从感到绝望，张作霖这才率领另一半人马冲杀过来，假战先前的蒙面劫匪，救出增祺夫人，夺回被抢劫的钱财，然后把他们带到新立屯的客栈，奉上烟土压惊。等到增祺夫人的心神稳定以后，才报出救驾人的姓名和身世，张作霖跪伏在地礼貌十分周全，他讲述自己保境安民的无奈，并表示愿意归顺朝廷，投到增祺将军的麾下效力。增祺夫人把张作霖当作救命恩人，内心十分感动，当即答应尽力帮他。张作霖感动得涕泪交流，他指天发誓，有生之年绝不忘夫人的栽培。张作霖亲自扶着增祺夫人上轿，他带领手下的土匪跟在后边护送。为了能打动增祺夫人的心，张作霖弃马随轿步行，他腆着小肚，迈着小步，瞪着小眼，小心伺候，一直送到盛京才率领人马返回自己的老巢。回到盛京以后，增祺夫人哭诉途中的经过，她把路遇劫匪差点丧命，幸亏八角台的保险队路经此地，在张作霖的指挥下杀退了劫匪才将她们救出，一直护送到盛京才率队返回。增祺听后感到疑惑，张作霖的恶名在外，为什么会变成活菩萨？为报夫人的救命之恩只得具表上奏，将八角台的土匪收编，张作霖任管带，张景惠为帮带。为了升官，张作霖计杀拜兄杜立三，被朝廷委以正四品的蓝羽都司。

第二十二回 莽少年伤人外逃 小伙计临危解难

伤人外逃的杨帆，躲在瓷器店里追悔莫及，老父和家人期盼自己能光宗耀祖，结果却因一时之愤而成为逃犯。开始林天佐常去看望这个妻弟，知县见杨家不肯把杨帆交出，就派人对其进行监视，逼得镖局无法经营最终倒闭。家人怕官府侦知杨帆的下落，所以不敢再到海城看他，双方就此失去了联系。深秋的夜晚，街上响起急促的马蹄声，三十多个黑衣蒙面人闯进瓷器店，用刀架在老板的脖子上，让他交出家中的钱财。老板夫妻被吓得浑身发抖，为了保住性命，他们把家中所有的积蓄全部拿出。劫匪依然不饶，他们将老板夫妻捆绑起来准备带走。杨帆与另外四名伙计住在东厢房，他们躲在窗下偷偷地向外张望，灯火下看得真切，老板夫妻被吓得瑟瑟发抖不停地向劫匪哀求。杨帆见他们可怜，就到厨房找出一把菜刀揣在怀中，然后推门出来，他用江湖唇典与劫匪把簧升点。为首的劫匪名叫孙烈臣，他与杨威师徒有交情，听说杨帆是永胜镖局的少东家，忙让弟兄松开老板夫妻的绑绳，归还他们的钱财，然后带领人马悄然离开。惊魂甫定的店老板，自以为与当地的官员有交情，劫匪离开以后立刻神气起来，他向杨帆逼问劫匪的姓名和住址，并对这位救命恩人起疑，反复盘问他的来历，随后就到衙门报官。

一片好心竟引来灾祸，杨帆怕官府追查劫匪时，牵出盖平的命案，他找来一把铁锤，将店里的瓷器全部砸毁一件不剩，随即跨上老板的白马向南奔去，想回盖平探望年迈的老父，然后再做决定。行至青石岭胯下的白马力竭不支，再要继续前行必将倒毙，杨帆急忙下马除掉缰绳鞍辔，将马放到荒野之中任其自由，这里距盖平仍有二十多里，他穿行于乡间小路以免被官府发现。日近黄昏才进入盖平县城，这里的变化让杨帆感到震惊，镖局的旗杆以及其他标志全都不见，墙上留下醒目的鹰爪标记示警。生长在镖局世家的杨帆，熟知江湖道上的隐秘，他怕落入官府手中，急忙避开家门迅速离开。远离镖局以后，杨帆向清扫街道的老者询问家人的去向。老者回答说：他家犯了命案，镖局倒闭以后杨家满门也失去了踪迹，就连官府也不知道他们的去向。杨帆这才明白与家人失去联系的原因，他站在那里遥望家门不知如何是好。杨家这时刚迁至营口，积蓄的钱财已被知县诈空，生活极为艰苦无暇顾及其他。杨帆不敢在城中久留，他来到城南的密林中猜想家人的去向。杨家在此居住了十几代，祖坟和家祠都在这里，即使避祸也不可能离得太远。杨威的性格豪爽为人仗义，他在辽南一带交际甚广，情急之下，很可能到朋友的家中暂避。杨帆无处可去，他决定南下，到熊岳、复州、金州等地寻找自己的家人，历经多日却一无所获。

日本庆应三年元月，孝明天皇的第二皇子睦仁践祚，成为日本第一百二十二代天皇，登极一年，他就暗下讨幕密敕，策使下级武士对执政的德川幕府发动政变，在王政复古的号召下，迫使德川庆喜让权于明治天皇。野心勃勃的睦仁继位不久，就发布一道所谓的御前诏。他在诏书中叫嚣：要继承列祖列宗的伟业，开拓万里波涛，使国威布于四方。并制定了用武力征服世界的大陆政策，把侵略的目标首先指向朝鲜和中国，然后再图其他。经过十几年的筹备，日军的装备全部更新，成为军事强国。清朝王朝却恰恰相反，当年的满族凭借骁勇才入主中原，他们不知自强自律，整日沉浸在声色犬马之中。到了咸丰年间，已经彰显出亡国的征兆。百姓的血汗钱已被榨干，无法再加赋税，朝廷就通过卖官来增加库银。用金钱买到官职的人称为捐班出身，这种饮鸩止渴的结果，导致官员的人数剧增，造成仕途混乱，很多不学无术的有钱人，窃据要职误国害民。驻守辽东半岛的陆军将领来自各地，其中有四川提督宋庆、太原总兵聂士成、正定总兵徐帮道、重庆总兵吕本元、临元总兵姜桂题、亳州总兵程允和，宁夏总兵卫汝成、赵怀业、黄仕林等二十多位将领。这些将领都因兵员不足，奉旨设立募兵站招募新兵。

走投无路的杨帆眼前一亮，募兵站又给他带来新的希望，投身军旅博取功名，同样能圆老父望子成龙的心愿。杨帆从路人的口中得知，聂士成和徐帮道都是科班出身的武童，既有真才实学又有报国之心，专程投奔他们的人很多。杨帆随着其他应募的人，来到芦榆防军的驻地，这座营盘已空，早在几天前，聂士成就率部从这离开，远赴朝鲜靖难。应募的人又转向徐帮道的拱卫军，通过募兵站的测试，像杨帆这种既通文墨又会武功的人，在应募者当中很难见到。招募新兵的把总对此十分重视，他让杨帆出示票引以证自己的身份。杨帆负案在逃，根本就没有官府发放的票引，募兵站的把总让他赶紧返回原籍，到官府补办票引再回来投军，凭着他的学识必能得到重用。杨帆无法说出实情只能应诺退出，通过多日奔走，像徐帮道这种军纪严明的募兵站，办事公允不徇私情，没有完备的票引决不录用。

身居北洋沿海水陆营务会办要职的龚照玙，出资三次才买到这个二品顶戴，他与大同总兵卫汝贵、河南总兵卫汝成一样，都是权臣李鸿章的心腹，到他们设立的募兵站，不用票引就可以标名入募。性情高傲的杨帆耻于他们的恶名，不肯投身其中，只得放弃投军的愿望。天气越来越冷，身无余钱的杨帆决定潜回盖平，向同宗的族人借钱度过寒冬，等到春季到来再谋生计，他从旅顺起身沿着海边的官道回返，气温骤降，狂风夹杂着飞雪扑面而来。多日的急火再加上外面的风寒，奔走在荒野中的杨帆，突然出现忽冷忽热的感觉，他加快脚步想找个村镇落脚。夜幕降临，一切都被白雪覆盖，风雪打得行人双目难睁，疾行中的杨帆难辨南北，病情越加沉重。高烧灼热让杨帆感到阵阵眩晕，昏厥随时都可能发生，就在这时，他发现不远处有座高大的宅院矗立在道旁。杨帆喜出望外，他拼尽全力奔入那家的门楼下，倒地不起，随即就失去了知觉。第二天清晨风止雪停，守夜的护院将大门打开，突见有人倒卧在门前的积雪中不知死活，他不敢擅自处理，忙向主人禀报。大宅的主人连忙来到门前，亲自用手试探，发现积雪中的人仍有气息，他命人抬进西厢房，将陌生人的衣裤除掉，让郎中进行诊治。当天下午杨帆就苏醒过来，他不知道这是什么地方，忙向身旁的看护人询问，仆人把他家主人施救的经过讲出。杨帆听后深受感动，他要向这家主人当面致谢。看护的仆人劝阻道：我家主人饭后就出去打理生意，晚上定能过来探视，望先生安心调治。

同治六年，日本天皇实施强军先于富国的大陆政策，加紧扩军备战的步伐，清朝王朝并未把这个弹丸小邦放在眼里，依然花天酒地地享乐。十年后，朝中的权臣才感到不妙，为了预防倭寇从海上进犯。从光绪六年开始，清廷斥巨资在山东的威海和辽东半岛的旅顺设防，构筑港口炮台，成掎角之势拱卫京畿。清朝王朝在辽东半岛设军港，建炮台的消息传出以后，天地会忙派经商奇才张玺文，携款到青泥洼创办基业，为日后举义筹措款项。张玺文出身书香门第，家住盛京小河沿，他对清朝王朝的盘剥恨之入骨，年轻时就加入反清复明的天地会，成为关外分舵中的骨干。近些年张玺文用经商的方法，为天地会提供了大量的资金，为了不暴露天地会的身份，他只带两名随员到荒凉的青泥洼，开设粮坊和绸缎庄，为今后的事业奠定基础。炮台开工以后，大量的将士和劳工涌来，张玺文抢占商机顿时兴旺起来，他创办起集安商号并购造船只，兴建码头，承办工程，很快就成为举足轻重的人物。

为了构筑最先进的海防，清廷聘请了西洋的工程技术人员，在旅顺建造二十多座炮台，又从英德等国购进一百多门克虏伯巨炮，各国的官商纷纷前来争夺这次商机。清朝王朝在沿海修建炮台的消息传到日本，立刻引起天皇和参谋本部的不安。川上操六任本部次长，他派遣陆军中佐山本清坚、大尉藤井茂太、柴山尚则和荒尾精等，各自统带浪人和樱花会的女间谍潜入中国境内，经过乔装改扮，他们以不同的身份到此刺探情报。荒尾精和西宽太郎最先到达青泥洼，随后又来了十几个青年男女，他们到集安商号推销东洋产品，其中有花布和刀锯之类的东西。在谈生意的过程中，张玺文发现，这些人并不是经商而是另有图谋，为了不招惹麻烦，只得以合理的价格收下这批货物。结账后这些人仍未离开青泥洼，继续在大连湾一带游荡，并在这里开办了株式会社。半年后荒尾精与西宽太郎再次来到集安，找张玺文洽谈珍宝生意，他们带来上百件玉器、字画和青铜器皿。张玺文见多识广，眼前这些东西多为孤品，算是少有的珍宝，突然他想起这批东西的来源。近些年，东南沿海经常遭到倭寇的掠杀，很多珍宝被他们窃走，洋人手中的物品就是那些赃物。日本扩军备战急需资金，国库已经空虚，在军国主义的煽惑下，狂热的战争支持者，拿出他们抢来的珍宝，献给当局购置军备物资。那些价格不菲的珍宝既不能吃又不能用，在动乱的年代里没人能买，只能运到中国，卖给那些玩物丧志的贪官和醉生梦死的富绅。张玺文不愿做那种祸国殃民的生意，他婉言予以回绝。荒尾精采用流氓的手段，他先以让利为诱饵，随后又予以威胁。张玺文对此无动于衷，双方无法合作只得不欢而散。

三天后，荒尾精带领十几个黑衣人，对集安商号的珠宝店进行夜袭，守更的护院的紧守房门并放起求救的号炮。张玺文闻警后，带领家中的护院和伙计及时赶到，他们集中火力连续射击，两个倭寇被打成重伤，张家也有多人受伤。荒尾精低估了集安商号的实力，他以为自己是陆军士官学校的高才生，善于谋划的日本尉官，再加上十几个训练有素的浪人相助，对付张玺文那样的商人并无难处，一战即可将其征服，结果却被人家打得狼狈逃回。

逃回株式会社，荒尾精开始反思，凭借自己这些手下，无法制服实力雄厚的张玺文，当地有一伙流氓进入他的视线。青泥洼原是沟壑纵横的荒野，自从设军港建炮台才逐渐兴旺起来，外来的人员中夹杂着地痞和恶棍。以李金福为首的净街武馆，他们借传授武术之机，网罗那些馋吃懒做的无赖，壮大自己的力量。李金福等人以防盗为名，对那些经营规模较小的商家收取保护费，如若不交当晚就去抢砸。集安与其他商号不同，他们拥有二十多人的防盗队并配有枪支，净街武馆只有刀剑和枪棒，不敢到张家名下的店铺敲诈。为报上次失败的耻辱，给本国筹集军费，荒尾精想出一个恶毒的计划，他准备收买净街武馆这群败类，共同对付集安商号的主人，不能制服张玺文就得把他除掉，然后夺取商号的财产。主意拿定，荒尾精派人把李金福找到日本会社，他编造一套集安商号欺行霸市的谎言，随后又拿出五十两白银送给净街武馆，希望这些无赖能出手相助，共同对付集安商号。李金福本是贪婪之徒，以前不敢到集安收取保护费，已经让他怀恨在心，眼前这位东洋人出手如此大方，立刻就动了邪念。李金福伸手去接荒尾精的白银，突然又把手缩了回去，集安商号拥有二十多位护院，他们是百里挑一的武林高手并携带枪支，拿着刀剑与人家交手那就是送死。李金福心生惧意，这就是他中途收手的原因。荒尾精猜出李金福的顾虑，他说：李先生放心，我们不但赠送白银，另外再给你们十支快枪，如有其他需要，我们也能提供。荒尾精的话让李金福振奋起来，手握快枪背靠洋人，今后可以随意横行，就连官府也不必惧怕。李金福唯恐错过这次良机，他站起身来表示，愿意听从荒尾精的调遣，从此这伙无赖就投到东洋人的怀抱，成为无耻的汉奸，死心塌地与国人为仇。

听说地痞与洋人联手对付集安，张玺文坐卧不安，他派人赶到盛京向天地会告急。分舵的首领意见不同，他们之间发生了严重分歧，一方决定派人过去支援，另一方怕暴露张玺文的真实身份，引起官府对他的警觉，那样将造成更大的损失，双方各执一词僵持不下，就在这时杨帆病倒在张家大宅的门前。张玺文忙碌了一天，当晚才拖着疲惫的身子来到西厢房，看护杨帆的仆人见家主进来，连忙上前引见。经过调治杨帆的病情已见好转，听说这家主人过来探视，连忙起身下床拜谢。张玺文抢步上前将杨帆拦住。他说：你的身体仍未康复何必多礼。仆人把座椅挪到床前，二人开始交谈，杨帆不想欺骗这位救命恩人，他把自己的经历如实说出。张玺文并未鄙视这位负案在逃的病人，反倒赞许他的义举。两人越谈越觉得投机，张玺文这才把东洋人与本地的邪恶势力，联手对付自己的详情说出，只是隐瞒了天地会的身份。杨帆出自镖局世家又有一副侠义心肠，如有这样的人留在身边相助，必能逢凶化吉，在后期的交谈中，张玺文流露出挽留之意。张家对自己有救命之恩，人家有难哪能弃之不管，更不能让倭寇的阴谋得逞，杨帆决定留在这里与集安共渡难关。

两天后杨帆的病体痊愈，他与张玺文一起察看集安商号的码头和店铺，查找防守上的疏漏。杨帆看后暗暗称奇，张家的财产多得惊人，难怪倭寇产生劫夺之心，他并不知道，这些财产统归天地会所有。回到大宅，杨帆按着镖局的防范方法，提出一些整改措施。张玺文见杨帆说得头头是道，干脆就把护卫集安的重任交给他全权处理。杨帆见张玺文对自己如此器重，更不敢有丝毫懈怠。他说：现有的护院忠勇有余却没有江湖阅历，如遇突发事件难以应对。杨帆提议：他家的永胜镖局已经倒闭，那些镖师都曾经过血雨腥风，如要从中选出一些精干，充实到护院的炮手当中，商号的实力必将大增。还没等张玺文开口答应，身旁的护院却抢先开口。他说：多日前有位江湖朋友路经此地，据那人讲，营口新成立一家镖局实力挺强，就连盛京将军都曾派人过来致贺，那家镖局的名字也叫永胜镖局。沿用永胜镖局这个老字号，必然与杨家有关联，为了能找到杨帆的家人，张玺文派出两名护院，陪同他到营口查证镖局的主人。来到永胜镖局的门前，正碰上林天佐从辽阳回来，郎舅二人意外相逢，心情激动不已。林天佐忙把杨帆领到营口这个新家，杨威见逃亡两年的儿子毫无损伤地回来，不由得老泪纵横，半天也未说出一句话。还是杨帆打破僵局，他把自己出逃后的详情说出，随后又问及家人的遭遇。林天佐这才把杨帆走后的情节说出，劫后余生的杨家兴奋不已。

杨帆是个讲信义的人，集安商号的安危让他放心不下。杨帆只与家人团聚了一天就决定回去，临别前他向姐夫提出，要带几名镖师到青泥洼，协助张家对抗倭寇。林天佐听后感到为难，镖局的生意十分兴旺，到这投保的人很多，现有的镖师本就不够，没有多余的人手可派。林天佐与其父相同，都怀有一副舍己为人的热心肠，他低头沉思了良久，才开口说道：

裕禄的特使龚峰，因其平定关东的土匪有功，由从五品的守御千总，破格提升为正三品的参将，目前正率部驻扎在青泥洼以北的南关岭，两地相距不过咫尺，他与永胜镖局有交情，我替你修书一封，如遇危难可以找他相助。林天佐接着说：镖局开张以后，遣散的伙计全都回来，只有刁占元下落不明，众人猜测，无家可归的贼猴子很可能重返绿林，继续做那种没有本钱的买卖。近一段时间才听江湖上的朋友说：刁占元恪守金盆洗手的诺言，并未再操旧业，他在金州城西一个富绅家中护院，你在返回青泥洼的途中，顺路去找那个贼猴子。此人出身绿林性情刁钻，他有很多让人恐惧的手段，虽然歹毒却很实用，尤其对付那些邪恶之人，必须使用那些非常的手段才能把他们制服。刁占元师承黑门槛，他身轻如燕，便于查探歹人的动静，如有异常速到营口报信，到那时我再带人过去相助。林天佐的一席话，让杨帆悬着的心放了下来，他挥泪辞别了老父，带着护院踏上回程的路。

杨帆按照林天佐提供的地址，果然在金州城西，靠近海边的地方找到了刁占元，他把来意说出。刁占元把杨帆视为亲人，并未多问，背上自己的行囊转身就走。回到青泥洼，杨帆把找到家人的经过对张玺文述说一遍，并把刁占元举荐给他。刁占元的相貌古怪，张玺文好奇多看了几眼，贼猴子误认为这家主人不想收留，为了展示自己的本事，他抽出二尺长的小腰刀，瞪着一双猴眼，纵身跃起穿窗而出，落在院中毫无声息。刁占元晃动身躯挽了几个刀花，随即蹿到房上不停地跳跃，在场的人连连喊好，贼猴子这才纵身跳到院落当中，得意地看着张玺文。小儿的把戏何等幼稚，杨帆被臊得满脸赤红。他替刁占元解释道：我这位老哥性如顽童，是个恩怨分明的赤诚汉子，请大家不要见笑。刁占元的身手非同凡响，张玺文是个爱惜人才的老板，他走上前来不停地夸赞。刁占元听后反倒忸怩不安，杨帆怕他再出笑话，赶紧领到后院安排住处。安顿好刁占元，杨帆再次回来，他把林天佐的话重复一遍，张玺文听后十分高兴。他说：就照你姐夫的话去做，只要掌握奸人的动向就能设法应对。

上次与集安交手受挫，荒尾精等日本间谍再也未敢轻举妄动，只能躲在暗中等待时机。随着港口的兴建，青泥洼逐渐兴旺起来，日本在这设立了领事馆，由西宽太郎出任领事。日本侨民不断地涌来，浪人也随之增多，他们成立了黑龙道馆。日本浪人身佩锋利的倭刀，游荡在集市和码头上，有意对张家的护院进行挑衅，国人纷纷躲避，有几个年轻的护院心中不忿，想要出手对其进行教训，杨帆听后予以制止。他说：咱们只是普通百姓，能守住自己的家门已属不易，希望大家恪尽职守，不要让倭寇的阴谋在集安得逞。杨帆说的话确实有理，众人这才默默地散去。西宽太郎新任日本领事，他贼心不死，再次派浪人到张家的码头挑衅滋事，妄图挑起事端，制造国际纠纷，然后借清廷之手惩治集安商号。得报后杨帆让自家的护院暂时忍耐，不能给倭寇留下口实，西宽太郎筹划的阴谋未能得逞，青泥洼又平静下来。

黄艳雯离开盖平疾奔青泥洼，寻找荣振武的娘舅，这是她最后一线希望。开始黄艳雯游走于各个集市，寻找卖布的姜中，这里是个新兴的城镇，居住者多为外来人口，相互之间并不认识，经过多日查访仍无音信，有人告诉她，在这卖布料的人很多，同行之间很少来往，他们卖的布料都是从集安绸缎庄趸来的，到那也许能碰上你要找的人。黄艳雯觉得那个人的话很有道理，她这才转向集安询问，时间一长就与那里的人混熟。有个伙计提议说：到这趸布料的人并无定时，你还不如到绸缎庄当伙计，整日守在这里，既能挣钱又能找人。黄艳雯听后喜出望外，忙求这位伙计带她去见管事的人，绸缎庄的大掌柜名叫安严，这里的生意由他全权负责。女扮男装的黄艳雯，虽然清瘦却能写会算，集安正在用人之际，安严当即将她留下。黄艳雯借用荣振武的名字，留在这里继续寻找姜中。

不管日本浪人如何挑衅，集安商号的人就是置之不理，日本间谍只得改弦易辙。经过西宽太郎和荒尾精的密谋，他们决定换上笑脸，接近集安商号的下人，伺机将他们收买，利用这些人作为内应，达到夺取集安的目的。荒尾精带到这里的人，都是经过特殊训练的间谍，他们的演技比戏子还高，这伙人以不同的身份出现，有些日本人还冒充华人行骗。关东民众的性情淳朴耿直，有些人被日本间谍的花言巧语迷惑，竟与他们成为朋友，集安商号的伙计也不例外，有人与倭寇一起喝酒下棋谈论是非，变化太过突然。杨帆对此深感不安，他把自己的疑虑说出，张玺文听后非常重视，他把集安名下的管事召集到大宅。提醒他们说：日本国民生性奸诈。如今他们趁清朝王朝衰败之际到此掠夺，望众位小心提防切莫上当。在场的人认为东家的话很有道理，他们全都应允，张玺文这才放心。

自从杨帆做了集安商号的大总管，张玺文身上的压力减轻了许多，近一段时间他常在书房泚笔戏墨，写上几笔，以此抒发心中的感悟。辰时刚过，绸缎庄的大掌柜就踏进书房。他说：江南织造局的冯老板，亲自带船停靠在咱们的码头上，他派人送来请柬，定于今天中午在集仙酒楼设宴，款待各地的生意朋友。张玺文经商多年，早已经厌倦了生意场上的应酬。他说：生意上的事由杨总管负责，你可以和他一起赴约。安严说：杨总管带人到金州结算军粮款，中午以前不能回来。张玺文这才放下手中的笔墨，他坐在那里沉思，最近几个月绸缎庄的生意一落千丈。据杨帆讲，株式会社与集安经营的布料相同，双方都在减价竞卖，不知他们的货源来自哪里，既然冯老板请客不如亲自去走一趟，借此查清日本人的进货渠道。有了这种打算，张玺文才起身更衣，他与安严一起来到自己的绸缎庄，清点库存，列出进货的清单，天近午时才将库存清点完毕。安严把清单和算具装进褡裢，张玺文让他携带伙计同行。不知出于什么原因，安严并未挑选那些精通布料生意的老伙计，却把新来不久的黄艳雯带在身边。绸缎庄离集仙酒楼不远，中间隔着青泥河，安严陪着东家走在前边，黄艳雯背着褡裢紧随其后。这时正值花草茂盛的仲夏，张玺文生意缠身，很少在这种季节出行，如今走在蚕鸣鸟叫的林荫下，心情格外舒畅，很快就来到河边。这条河宽约四十步，上有一座两丈多宽的铁木合架桥，张玺文等刚踏上桥面，对面桥头就上来三个目露凶光的大汉，他们手中都提着一根相似镐把的短棍。张玺文立有不祥之感，他转身就想后退，身后的桥头又蹿出二个同样装束的人，堵住他们的退路。

险情突现，毫无防范的张玺文想与安严相商，只见这位大掌柜快步前行并未露出怯意。张玺文见安严敢往前闯，他的胆子也壮了起来，学着安掌柜的样子大步向前。拦路的大汉对安严置之不理，放他过去，只把张玺文截住。其中一人压低了声音说：张老板别不识趣，快跟我们走，不然可别怪我们手狠。说话的人正是净街武馆的李金福。前后的道路已被劫匪堵住，张玺文自知大难临头，为了保住天地会的财产，他闪身来到桥边准备投河自尽，以免落入歹人之手，被他们当作人质，对集安商号进行要挟。河面距大桥约有数丈，湍急的河水上下翻腾，浪花四溅，让人感到头晕目眩。张玺文停住脚步凝神观望，安严早已离开大桥向远处奔去，自己的人已经离开，必能搬回救兵。张玺文又燃起生还的希望，心情稳定以后这才发现，同来的小伙计仍在身边，他连连向黄艳雯投递眼色，暗示她赶快回去传送消息。小伙计对主人的暗示并无反应，这让张玺文感到气愤和失望，就在这时有两个劫匪突然出手，他们要抓捕集安商号的主人。站在身旁的黄艳雯霍然反击，桥上的劫匪把全部精力放在张玺文的身上，并未注意旁边的小伙计。因此才被黄艳雯毫不费力地打到桥下，可能是这位劫匪心有不甘，跌落到桥下时发出凄厉的呼叫：八嘎。落到桥下的劫匪，随着河水上下翻腾，随后就失去了踪影。落水者的咒骂，让张玺文识破了劫匪的身份，这不是土匪打劫而是日本间谍有预谋的绑架。

黄艳雯本是局外人，她不懂日语也不清楚劫匪与张玺文之间的恩怨纠葛。劫匪的呼喊让黄艳雯感到奇怪，正在胡思乱想之际，又有一名劫匪挥动短棍扑上前来，她闪身避开上面打来的短棍，下盘使了个外撞腿，正踹在劫匪的软肋上，骨裂的声音未过，哀号声已起，肋骨断裂的劫匪跪倒在桥面上，痛苦地扭动着身躯无法站立。突如其来的变化，把桥上的人惊得呆在那里，张玺文误以为惊吓过度产生了幻觉，他用牙齿咬自己的嘴唇，觉得疼痛，这才确信眼前的事实。

六名劫匪已经损伤了两人，余下的劫匪面现惊恐，他们抽出腰间的短刀逼上前来。黄百川本是名动天下的双科进士，驻守荥阳的守备，黄艳雯自幼丧母，伴在其父身边长大，无意中练出一身高超的武功，两年前又在荣振武的指点下，学会了胎力八盘和打暗器的功夫。凭借自己的技艺，黄艳雯可以跻身武林中的高手行列，只是阅历不足。黄艳雯见四个劫匪一齐拥来，忙闪身来到大桥的另一侧，她想拾取断肋劫匪丢弃的短棍。劫匪识破小伙计的意图，立即尾随过来，先把短棍踢到桥下，然后刀棍乱舞，又把黄艳雯逼到来时的桥头。手无寸铁的黄艳雯突然想到肩上的褡裢，她拿在手中舞动起来抵挡劫匪手中的刀棍。张玺文站在桥边已经远离劫匪，他见伙计被劫匪围住，自己又无力相助，权衡利弊还是先走为妙。劫匪想要绑架的是他这个主人与伙计无关，想到这些张玺文转身就跑。劫匪见张玺文逃走这才醒悟过来，他们奉命来截集安商号的张老板，何必跟一个下人纠缠。劫匪撇下小伙计反身拦截张玺文，黄艳雯已经斗红了眼，哪能让这伙歹人得手，她随后赶来抡起手中的褡裢，凝聚周身之力砸向劫匪，二十四柱的铁梨木算盘，被震得四分五裂，劫匪的后脑也被砸开，受伤的劫匪发出一声惨叫，随即倒地身亡，其他劫匪不顾同伴的死活又把张玺文逼回原地。一名劫匪抓住张玺文的衣领，把他勒得满面通红不停地挣扎。

黄艳雯已被两名劫匪拦住，无法过去施救，情急之下睿智突生。褡裢里的算盘已被震碎，黄艳雯取出两颗牛眼大的算珠，使出流星赶月的法门，打向远处的劫匪，第一颗打中劫匪的额头，第二颗将劫匪的右眼打瞎。劫匪受伤后疼痛难忍，他急忙松开张玺文的衣领，捂着瞎眼亡命般逃走。黄艳雯趁乱来到张玺文的身旁。大声喝道：还不快走。随手猛推一把，张玺文借着这股推力迅速奔到桥头，扑到围观的人群当中向远处逃去。六名劫匪已经死伤四人，余下的两名劫匪立显惊慌，绑架张玺文的阴谋已经落空，想要回巢复命又怕主人难容。正在这时，远处传来捕快的呼喊声：闲杂人等闪开，如有干扰查奸办案者，一律拿下严惩。捕快的喊叫声终止了桥上的厮杀，两名劫匪刚逃到桥头就被围观的人群截住。站在桥上的黄艳雯见劫匪逃走，这才冷静下来，拦路的劫匪究竟是什么来头，敢如此胆大，自己却一无所知。黄艳雯本是女儿身，如被捕快带上大堂，三推六审很难脱身，如今世道混乱，这里无亲无友，身陷牢狱没人关照，到那时不但自己受辱还将殃及家门。时间紧迫，黄艳雯不再犹豫，她纵身跃起投入湍急的河水中，随即就失去了踪迹。围观的人见黄艳雯凌空跃起投入水中，不由自主地发出惊叫，张牙舞爪的捕快也被吓得呆在那里。人们的目光全都集中在黄艳雯入水的地方，静等她的身影浮出水面。

张玺文侥幸逃脱，形如漏网之鱼，危急关头再也不能顾及身份，他撒开双腿向大宅奔去。杨帆到金州办完军粮款，随后就催马返回青泥洼，还没等他把货款交给账房，门房就述说东家赴宴的经过。杨帆听后暗自吃惊，最近几个月绸缎庄的生意突然萧条，每当问及此事，深谙布料生意的安掌柜，不但言语支吾就连面部也起了变化。杨帆对此早已起疑，只是杂事太多没来得及深究，如今自己离家只有半天，这位大掌柜就找上门来请东家赴宴，其中必有隐情。杨帆不敢耽搁，他带领刁占元等护院的炮手向绸缎庄赶去。行至半路，正碰上狼狈不堪的张玺文，他喘息不定地说了几句没有头尾的话，就带着杨帆等人返回青泥桥，办案的捕快已经离开，围观的人群依然未散，有人把后续的情节说出。张玺文听后泪流满面，他让刁占元到码头去调船只和水手，要不惜一切代价找到那位舍命救主的小伙计，生要见人死要见尸，随后又贴出布告，不论任何人，只要能找到或者能提供小伙计的确切消息，一律重金酬谢。在场的人有的为财，有的为义，全参与到搜寻的行列。张玺文站在桥上，亲自指挥船只和水手搜救，他们布网数道，精心截捞投河的小伙计，直到天黑也没见到她的踪影。张玺文仍不罢休，他吩咐众人点起灯火继续搜寻，到官府投诉的事交给杨帆去办。

听说张玺文被强盗堵在青河桥上，当地的知府慌了手脚，集安的产业占据半城，生意通达南北，朝中也有众多的朋友，这么重要的人物如在光天化日之下为劫匪所害，他这个地方官员难辞其咎。知府马上派出捕快捉拿劫匪，解救被困的张玺文。差官不敢怠慢，他们呼喊着来到事发地，张玺文早已脱身，桥上只剩下四名劫匪，其中一死一伤。据围观的人讲：官差到达之前，一名劫匪落水，另有一名瞎眼的劫匪逃走，最让人不解的就是绸缎庄的伙计，取胜后反倒投河自尽。捕快将四名劫匪带回，知府恨极，命人对活着的劫匪进行毒打，其中有个黑胖的劫匪，有恃无恐地高喊：我是日本侨民。只此一句就把知府吓得瑟瑟发抖，他这才询问劫匪的姓名和身份。劫匪中有四个日本浪人，一人落水生死不明，一人眼瞎不知去向，另有一人后脑开裂早已气绝身亡，断肋的劫匪是净街武馆的李金福，只有黑胖浪人和另一个武馆的打手毫发无损。查清了人犯的身份，知府这才酌情处理，他让捕快把黑胖浪人和那具日本死尸，关到西厢房严加看守，说是关押其实是在保护。方知府的高明之处就在这里，他命人对身受重伤的李金福及其同伙进行毒打，直到血肉模糊才算罢手。就在这时，杨帆赶到府衙递上诉状，知府迎上前去进行抚慰。杨帆见官府对劫匪动了重刑，这才平息了心中的怒火，他为方知府的假象所蒙骗。

因为不肯替倭寇销赃，张玺文才与日本间谍结仇，随后就发生了争斗，集安商号的实力雄厚，东洋人的阴谋无法得逞。硬的不行只得变换手法，寻机收买集安商号的高层管理者，安严的妻子徐氏落入荒尾精的视线，那个虚荣爱美的女人容易上钩。荒尾精决定在这个女人身上下手，他选出两个能言善辩的女间谍，让她们穿上华丽时髦的衣服，带上名贵的首饰，有意接近徐氏。时间一长，徐氏就与女间谍成为无话不谈的密友。日本女间谍出手大方，她们带着徐氏到戏院赌场玩乐。徐氏是个无知的女人，对此羡慕不已，自叹不如，为此常与丈夫吵闹。日本女谍趁机挑拨说：你丈夫名为大掌柜，其实是张家的大伙计，如不及早谋点私利，等到后悔也就晚了。徐氏觉得女间谍的话确有道理，她说：我家老安没有挣钱的门路，拿什么谋利。女间谍谎称：她有个表哥在锦州做布料生意，进货的门路不宽，安严如能帮助进货，可从赢利当中提取酬金。徐氏听后十分高兴，当晚就跟丈夫提及此事，安严听后予以回绝，这种做法为商家所忌。徐氏见丈夫不肯答应就开始哭闹，无奈之下安严才勉强应诺，他以为帮人进的布料运往辽西出售，两地相距较远并不影响这一带的生意。结果却出乎安严的意料，他所进的布料并未销往锦州，而是摆在日本人的货架上。绸缎庄的大掌柜利欲熏心，出卖自己的商机，致使集安的生意日渐萧条，把柄落在日本人的手里再也无法脱身。在安掌柜的身上得手以后，荒尾精又实施另一项恶毒的计划，他利用安严把集安的主人诓骗出来，在半路进行绑架，想用张玺文作为人质，逼集安交出青泥洼的码头。这里的生意非常兴旺，码头的利润颇丰，夺取码头不但能为本国筹到巨款，等到战争爆发时，还可供日军在此登陆。在荒尾精的威逼下，安掌柜充当了日本间谍的帮凶，为了不暴露自己的罪行，安严才把这个异乡的伙计带在身边，没料到她是此行的克星。

一切布置妥当，西宽太郎和荒尾精等人，坐在领事馆内静等佳音，突见瞎眼浪人闯进大厅，他把绑架失败的事说完就疼得昏死过去。事出意外荒尾精派人再去打探，确切的消息陆续传来，卖布的伙计竟将六个有备而去的武士，打得一败涂地并将主人救走。毋庸置疑，那是个假扮伙计的高手，有意替集安商号示威。西宽太郎说：失败的原因只有一个，张玺文诡计多端，识破了骗局才暗带武功高强的人随行，引诱咱们上当，他不但杀伤了咱们的人，还让咱们当众出丑。荒尾精的见解与西宽太郎不同。他说：安严是个见利忘义的人，他对咱们心存不满才临时变卦，把绑架的事透露给张玺文，共同对付咱们。在座的都是日本间谍，他们也有同感，最终决定今后不再轻信中国人。天黑后西宽太郎偷偷地来见方知府，并送上两锭黄金。经过一番讨价还价，方知府才答应西宽太郎，把押在府衙的日本活人和死尸一起带走，所有的罪责全都推到李金福和另一个同伙身上，将他们就地正法，给集安商号一个满意的交代，以免把事情闹大。李金福是倭寇的忠实走狗，西宽太郎不想舍弃，他再次出钱替这个汉奸买命。金钱到手方知府再次枉法，他同意西宽太郎的要求，连同李金福一起带走，只把另一个武馆的劫匪处决。

经过整夜打捞仍未发现小伙计的踪迹，张玺文心存愧疚，回到家中坐卧不安。杨帆熟知江湖凶险，他对这次绑架暗生疑惑，绸缎庄的伙计究竟是什么人，身怀这种本事为什么还要潜伏在集安，甘当一名卖布的伙计？查清此人的来历方能解开秘密。杨帆来到书房把自己的想法说出，张玺文认为他的话很有道理，两人来到绸缎庄，在其他人的指引下找到小伙计的住处。黄艳雯的行李非常简单，只有被褥和一个蓝布包裹，被褥内外并无任何夹带。打开包裹却让人感到不解，里面竟有两套女人贴身使用的衣物，中间有两锭整银，上面刻有河南钱庄的印记。另有一个背袋，内装袖弩和十二支三棱透甲锥，弩背上刻着荣振武三个篆字。杨帆看后长叹一声：此人确是正人君子，只是身份太过离奇。张玺文忙问原因，杨帆说：

从银锭上的印记看，此人确实来自河南，袖弩上的姓名与他自报的姓名相同，从名物相符就能判定，他不是绿林道上的强人。黑道上的人物从不把自己的姓名留在兵器上，以免失手时留下证据。杨帆的分析确在情理之中，张玺文暗暗佩服。杨帆又说：女人的衣物却让人感到费解，从小伙计的行为和财物可以看出，他不是采花大盗也不是行骗的窃手，那就只有两种可能，其一，他是个女扮男装的人，其二，他替妻子或者情人携带衣物。经过反复查找别无他物，张玺文让杨帆把小伙计的钱物全部带回，妥善保管，以备日后归还。

离开青泥桥，安掌柜直奔家门，忧喜参半地坐在家中，等候桥上绑架的结果，未出一个时辰就传来让他感到意外的消息，荒尾精派出六个绑匪，全都败在小伙计的手下，张玺文已被解救逃脱。安严暗恨自己选错了人，他想不出推卸罪责的办法，只能以惊吓过度为由躲在家中闭门不出。为了查清绑架事件的始末，杨帆带着刁占元夜探日本株式会社，从倭寇的谈话中得知，柴山尚则要在夜深人静时，向安严逼问失手的原因。杨帆听后立刻返回，他带着刁占元等轻功好的护院，来到安严家的墙外，让他们藏到安家的房顶。杨帆独自躲在门外的树上予以接应，子夜过后，三个持刀的黑衣人从远处奔来，到了安严家的门前停下。柴山尚则站在那里向院内窥探，两个浪人跟在他的身后向四处张望，经过观察并未发现异常。柴山尚则才让浪人跳进院内将大门打开，他带人来到房门前敲打门环，呼叫多时才传出安严惊恐的回应。他声音发抖地说：家小已经入睡无法待客，柴山先生请回，有事天明再说。柴山尚则听后骂道：你这个反复无常的混蛋，先出卖你家主人，现在又想出卖我们，说完就想踹门。从双方的对话就能听出，安严就是绑架张玺文的帮凶，为了留住安严这个活口，杨帆挥手示意，让预伏在房上的护院动手，刁占元等揭下房瓦和砖块向下猛砸，三名倭寇毫无防范，当即头破血流狼狈逃窜。杨帆跳到树下出手拦截，为时已晚，柴山尚则等人早已消失在远处的夜色中。为了不惊动官府，杨帆决定带人回去，向张玺文报信。等到天明再回到安家，这里已经人去屋空，狡猾的安严趁杨帆追打洋人之机带着家人逃走，不知躲到什么地方。杨帆暗恨自己一时大意，竟让安严这个内鬼脱逃。三天后从南关岭传来消息，安严全家死在道旁的密林中。据当地人讲：事发时，曾有几个日本浪人从这离开，安家暴毙可能与他们有关。绑架事件过后，荒尾精等人再也不敢轻易出手，青泥洼又恢复了往日的兴盛。

第二十三回 躲战火预先谋划 离险地坚壁清野

张玺文闲坐书房浏览经史，突然接到天地会总舵传来的警报，派往境外考查的人员从多种渠道获悉，日军对大清王朝开战的准备已经完成，作战方略已定，随时都可能发生战争。天地会让张玺文做好应急的准备，决不能让集安的财产落入倭寇之手。张玺文见形势危急就把杨帆找来，表明自己的真实身份，并把天地会的警报递给他看。生长在镖局世家的杨帆见多识广，对江湖内幕和帮会的规矩了如指掌。从张玺文的言行就能透露出帮会的痕迹，他自己隐瞒不说，杨帆也不好多问，只能装作糊涂假作不知。杨帆拿着天地会的警报，看了多时才说：自光绪六年到光绪二十年，朝廷斥巨资构筑海岸防御体系，从旅顺口至大连湾共筑炮台十八座，上面配有德国制造的克虏伯大炮数百门，可谓是铜墙铁壁，足可以守住辽东这道关门。张玺文摇头说：杨老弟有所不知，始建炮台之初就留下了致命的隐患，在运送建筑炮台的材料时，他曾与德国陆军大尉汉纳根相遇，并进行了长时间的交谈，从那时才知道建炮台的整个过程。

汉纳根于光绪五年从德军退役，应清朝王朝之聘，在天津任军事教官兼任李鸿章的顾问，负责设计建造卫海、旅顺口和大连湾的炮台。据汉纳根讲：那些炮台的设计存有很大缺欠，只能迎击海上的舰只却无法顾及自己的后路。他曾具表条陈：慎防敌军由陆后攻击。可惜遇上李鸿章等人，他们妄下断言称：只需在炮台之后树立木栅栏，既可高枕无忧。为此汉纳根与李鸿章等发生了争执，气愤之下，他于光绪十七年返回德国。经其岳父德璀琳（时任清朝王朝关税司）的劝说，汉纳根才于光绪二十年再次来华。从炮台设计者的口中得知了实情，张玺文对此忧心忡忡，事后他曾留神察看，确如汉纳根所言，炮台虽然雄伟却无坚实的后防，炮台失守已成定数。杨帆听后连连叹息，随后他又提出新的希望，即使海岸炮台存有隐患，北洋海军却不可小觑。北洋舰队共有战舰二十五艘，只有五艘是福州船政局制造，余者皆由英德等国所造，两艘铁甲舰和七艘巡洋舰可以驰骋大洋，这支舰队算是当今的强大海军，两国开战胜负难定，咱们如要留在这里，凭借地利人和，广招民间义勇之人，开战时可助官军一臂之力。

张玺文的心情与杨帆相同，都不想放弃这里的基业，他坐在案头沉思，杨帆说的话确有道理，自己经营多年所积攒的钱财，原为反清复明的大业所用。如今国难当头，张玺文决定违背天地会的帮规，转用这笔巨资购置枪炮组建民团，协助官军与入侵的倭寇拼死一战。杨帆猜出张玺文的心意，他说：集安的财产数额巨大，决非三两次就能搬运干净，青泥洼与盛京相隔八百多里，沿途有多处险山恶水，那是强盗啸聚的地方，想把钱财挪走谈何容易，日本间谍也决不能善罢甘休，必须摸清敌我两国军旅的实情，然后再做去留决定。杨帆拿出林天佐写给龚峰的书信，他想与张玺文一起到南关岭拜访这位参将，聆听他对这场战争的预测。来到南关岭的大营，递上书信，龚峰看后立即客气起来，杨帆把来意说明，这位清朝参将犹豫了很久，才开口说：此事关系重大，如若传扬出去那将是掉头的死罪，我与林天佐的交情非同一般，不能欺骗你们，只能冒犯朝廷的忌讳说出实情。北洋海军的舰只确实不少，其实仍未把所需要的攻击舰配齐。今年的十月十日，是慈禧太后的六十大寿，朝廷称为万寿节，为了举办这次寿庆，慈禧于多年前就开始挪用数额巨大的军费，改建京城西北的清漪园，竣工后称为颐和园。军费挪走购置攻击舰的计划落空，弹药也严重不足，就连例行的军演也被被迫取消。有几位朝臣上奏：劝慈禧的寿庆从简，按需购置军火，确保时局稳定。慈禧怒道：谁要是让我的生日不快，我就让他全家难活。朝臣见慈禧面现杀机纷纷后退。为了帮慈禧挪用军费，李鸿章勾结奸商，用煤粉掺和炸药填装弹内，致使炮弹的威力大大降低。李鸿章是个阳奉阴违的人，在慈禧面前力主寿庆从丰，以此彰显国威，私下却屡露怨言。他曾对其子李经方说：近几年，太后从军购中挪走白银六千万两，用作自己的寿庆，原定的购舰计划只能落空。若使海军经费如数发放，不过十年，北洋舰炮甲地球矣。

慈禧虽然专横，毕竟是个足不出户的老女人，上朝依靠李鸿章，回宫宠信李莲英。李鸿章入仕后依靠洋人发迹，对洋恩公的旧情难忘。他曾向慈禧献策：外须和戎，内须变法。以羁縻为上，避战自保。丧权辱国的条约都出自此人之手。李莲英整日随侍在慈禧左右，干预朝政多年，就连光绪皇帝也惧他七分。朝野之中多为二李的死党，由这些人当政焉有取胜之理，你们只是拥有钱财的商贾，无法扭转颓败的战局，还是早谋自己的生路为妙。龚峰的一席话犹如冷水浇头，张玺文与杨帆的心也随之凉了下来，他们向这位直言不讳的将领连连致谢，然后返回家中商讨对策。杨帆说：从天地会的警报和龚峰的劝告就能断定，辽东和山东这两个半岛，很可能落入倭寇之手，集安商号拥有巨额财产并与他们结下深仇，遭到洗劫已在意料之中。为今之计，只能采用坚壁清野的策略，运走财物，毁掉码头，让敌酋劫夺财产的欲望落空，无利可取敌军就不能在此久留。张玺文点头同意，他说：你们杨家以保镖为业，熟知绿林道上的凶险，请他们过来相助才能渡过这次难关，二人斟酌多时才把搬迁的事敲定。事关重大杨帆不敢耽搁，他带着刁占元离开青泥洼，快马加鞭赶往营口求助。进入营口城区，杨帆并未急于回家，他与刁占元直奔永胜镖局。林天佐见杨帆与刁占元面现焦急通身是汗，就知道事情不妙，他派人把孙振纲找来共同商讨。杨帆把事情的经过详述一遍，林天佐听后愤怒难耐却不肯开口表态，镖局的资金出自孙振纲之手，人家才是这里的主人，杨帆是自己的妻弟，生意不能与亲情搅在一起，因此他才低头不语。

永胜镖局自开张以来，生意上的事多由林天佐主持，今天他却一反常态低头不语。孙振纲觉得奇怪，随即就明白过来。他说：咱们是生死兄弟，林老弟何必见外，平时连贪官恶绅的生意都接，拼命保的是赃银，如今这趟生意非同寻常，这是爱国之举，即使丢掉性命也在所不辞。孙振纲的话让林天佐激动不已。他说：大哥之言感人肺腑，能交上你这样的朋友足慰平生。有孙振纲的坦诚相助，林天佐再也没有什么顾忌，他吩咐众人立刻准备，只留下账房和两名趟子手看守镖局，其他人的生意暂时不接。第二天早起，孙振纲与林天佐率领人马赶往青泥洼，杨帆派刁占元提前回去报信，张玺文得报后异常兴奋，他带着商号的护院到郊外迎候。回到大宅，先把镖局的人马安置在后进的院落，随即开宴，为镖局的人马接风洗尘。孙振纲与林天佐随着众人频频举杯却滴酒未沾，他们的心情并不比张玺文轻松。酒宴过后，张玺文本想让镖局的人马早点休息，没想到孙振纲和林天佐竟找上门来，他们想连夜商讨搬迁的事。张玺文说：你们连日奔走旅途劳累，应该早点休息，何必急在一时。孙振纲说：张老板有所不知，目前的形势比你们知道的还要严峻，半个多月以前，他从山西太原回来，途经北京时，顺便拜会那里的朋友。赴宴时从醇亲王的侍卫口中得知，近一段时间日军曾多次寻隙滋事，我朝步步退让才使这场战争延缓下来。明治天皇的扩张野心已定，岂肯善罢甘休，他亲率大本营由东京移至广岛，同时制定了陆海作战大方针，先派陆军第五师团，陈兵朝鲜边境待命，再派海军联合舰队，诱使北洋海军进行决战。他们预定的海战有三种结果，其一，日本获胜，夺得制海权，随即派出陆军，趁胜夺取辽东和山东这两个半岛，等到陆海两军会齐后，同时登陆直逼北京。其二，双方战平，两败俱伤，未能夺得制海权，北洋海军也将元气大伤无力远航，日本陆军趁乱占领朝鲜。其三，日本海军如若失败，制海权为北洋海军所夺，日本可派陆军在朝鲜设防，凭借先进的武器仍能击退清军。朝鲜是个长期不和的国家，今年五月，朝鲜国王李熙派心腹部下洪钟宇，到上海刺杀亲日派首领金玉均，死尸运回朝鲜再次被戮，东学党随即起事，日本趁乱占领朝鲜。

睦仁天皇率领日本陆海两军积极备战，慈禧却与满朝文武共商自己的寿庆，朝廷不议军政大事，唯独清漪园的改建工程最为重要。慈禧下旨：召谭鑫培、陈德霖、王瑶卿、王凤卿、钱金福、王长林，尤其是年轻漂亮的杨小楼必须到场。北京城内的大街小巷，到处都能听到慈禧暗恋杨小楼的传言。为了躲避慈禧的纠缠，杨小楼称病不起，装疯胡言，隐在无量观中假装道士，直到慈禧死后他才重新登台，那是后话暂且不提。被召的名角提前进宫排练，等到寿庆时到内廷供奉，亡清之兆已显，有远见的朝臣借故辞官，以免受到牵连。孙振纲的话让在场的人感到沮丧。杨帆说：不在其位不谋其政，咱们还是谈自己的事为妙。孙振纲是个急性子，他说：事不宜迟，如要从速撤离可走水路，沿着海岸北上，进入辽河溯水直达盛京，一次既可完成搬迁。杨帆说：用这种方法防范土匪可以，对付洋人不行，咱们只有靠风行驶的三桅帆船，洋人拥有机动铁船，逆风逆水仍能行走，奇快无比，用船搬运必将遭到他们的暗算。杨帆的话让在场的人感到为难，要走陆路只能用车，一次只能走二十辆，再多就无法监护，如要那样就得往返多次。张玺文焦急地说：形势紧迫不能久等，只能冒险尝试。搬迁的方略已定，随之就是人财撤离的顺序。林天佐提议说：世间最宝贵的莫过于性命，依我之见先把家眷送走，可在她们的座位下暗藏金银，那样就能躲过歹人的耳目。杨帆对林天佐的提议十分赞同。他说：盛世赏古玩，乱世储金银，在动乱不安的岁月里，唯有金银能经受住战火的摧残，因此应当将它们视为重点的搬迁之列。张玺文说：首次撤离关系重大，这笔巨资并非张家私有，望众位妥善安排。林天佐说：张老板不必担心，咱们暗中准备，突然启程，给东洋人及其同伙来个措手不及，等到他们醒悟过来车辆早已远离此地。

三天后，二十多辆豪华暖车在车夫的驾驭下驶出张家大宅，通过车窗就能看到里边坐着的女人和小孩。四十多个携带兵器的彪形大汉，拍马奔走在车队的周围，永胜镖局的大旗插在头一辆车上，大伙计按照江湖规矩在前边喊着号子，照会绿林中的朋友赏脸借道。变故突然，惊动了这里的倭寇，战争即将爆发，日军参谋本部通知中国境内的间谍，密切监视当地的各种变化，尤其是军事上的变动，必须及时送达日本国内。睦仁天皇的野心虽大，该国毕竟是个资源有限的弹丸小邦，要想取胜就得储存充足的武器弹药，为了能筹到这笔资金，日本政要对国民灌输武士道精神，拨动那些无知者的战争神经。日本国内争相献宝，就连那些贵妇人也摘掉自己的首饰助军，捐献出来的奢侈品全都流入中国境内。这时正是慈禧寿庆的最后期限，为了能得到升迁，各地的贪官纷纷派人搜寻奇珍异宝，倭寇手中的珍宝，多半被清朝的高官买到手中作为寿礼。西宽太郎等人正为出售珍宝的事忙碌，突然听说张家的眷属离开，荒尾精来不及多想，他带领几个浪人从后边尾随追赶，然后由柴山尚则等人率队接应，伺机将这些车马拦截下来。各地有名号的绿林人，都知道永胜镖局的底细，见到镖旗纷纷避开以免与他们结仇，那些时聚时散的盗匪，更不敢上前捋这根虎须。张家的车队一路疾行，荒尾精带着浪人随后紧追，两路人马终于在盖平境内相遇。为了查清车内的虚实，荒尾精等倭寇借超越暖车之机向内偷窥，发现里面全都是妇女和小孩。荒尾精的恶念顿生，他在海城落脚等待后援，当晚就与柴山尚则率领的人马汇聚到一起。荒尾精把自己的筹划说出，他想对车内的妇孺下手，劫持她们作为人质，以此向集安进行要挟。柴山尚则说：此计虽好却要慎重，不能再让青泥桥上的失败重演。想到以前的失败教训，荒尾精感到不寒而栗，他这才打消了绑架的念头。

虽经乔装改扮，倭寇的行迹依然引起车队的警觉，孙振纲带领耶律雄等镖师在前，林天佐率领集安的护院殿后，杨帆与刁占元等穿行于车队的两侧，防守十分严密。荒尾精等心中焦急却不敢贸然出手，只能在远处窥探，直到盛京也未敢下手截夺。荒尾精等都是日本间谍中的高手，车轮留下的轨迹引起他们的注意，每辆车内最多不过三人，车辙却深陷地下，拉暖车的健马行走时也显得非常吃力，车内必然暗藏沉重的东西。深思过后，荒尾精突然醒悟过来，他顿足捶胸后悔不迭，大声咒骂同行的倭寇愚蠢。柴山尚则见荒尾精的情绪失控。就劝解道：荒尾君不必烦躁，集安商号在这儿的老巢已被探明，咱们可在近处的客栈落脚，等到押运的人马离开，再将这里的妇孺钱财劫走。荒尾精听后转怒为喜，他拍着柴山尚则的肩头连连喊好。回到张玺文的故居，众人才把悬着的心放下，杨帆对荒尾精等日本间谍怀恨已久，他想除掉这些远离巢穴的倭寇和汉奸，以免今后再生事端，在场的人全都是敢做敢当的血性汉子，他们争相要求出手。杨帆与这些恶魔争斗了多年，深知东洋人的狡诈，他只身来到倭寇下榻的客栈，想要摸清实情然后再做铲除的决定。柴山尚则正在厕所小解，突见仇家闯进客栈，他预感到不妙，忙伏在暗处观察，等到杨帆走后才出来报信。荒尾精与李金福等人听后面露惊恐，柴山尚则再次提议，他说：这里是集安商号的故地，咱们在这孤立无援，如要与其交手必败无疑。柴山尚则的分析十分恰当，荒尾精等人再也不敢猖狂，他们不顾连日来的疲劳，当晚就从盛京逃离，返回青泥洼，双方避免了一场恶战。

常年与绿林人交往的镖师以江湖义气为重，对日本间谍的狡诈和凶残并不了解，他们认为连杀人不眨眼的强盗都讲情面，何必惧怕彬彬有礼的东洋人。集安商号与镖局的处境不同，通过多年对抗深知倭寇的厉害。张玺文与杨帆忧心忡忡，东洋人对集安的钱财垂涎已久，绝不可能轻易放弃，为了防范倭寇的阴谋，他们把孙振纲和林天佐请来，审慎地进行了研究。最后决定，由张玺文与镖局的主人共同筹备外运物品。杨帆对青泥洼的情况比较熟悉，由他负责对倭寇进行监视，及时掌握对手的动向。杨帆挑出几个身手矫健的护院武师，分别到日本领事馆、黑龙道馆和净街武馆进行侦探，当天就发现一些异常。有些面目陌生的东洋人，骑着快马从远处赶来，他们神色诡异地进入领事馆，再也没有离开。非常时期，任何可疑的变化都不能放过，当天晚上，杨帆就带着刁占元夜探倭寇的巢穴，来到日本领事馆。杨帆与刁占元攀到墙外的大树上，居高临下向院内窥探，领事馆内一片漆黑，只有两个窗户透出灯光。刁占元身轻如燕又是梁上高手，由他进去踩探更加合适，杨帆仍留在树上做好接应的准备。刁占元纵身跃到院内避在暗处观察，未见异常才蹑足潜踪来到有灯光的地方，他舔破窗纸向内观望，那里坐着西宽太郎、荒尾精和柴山尚则等，另有两个陌生面孔的东洋人，可能是从外地赶来的。

开始他们谈的都是日本国内的事，刁占元对东洋人的国情并不了解，就连地名和人名都难区分，因此并未多加在意。倭寇把话题转到辽东，这才引起贼猴子的注意。荒尾精说：前一段时间，咱们把精力放在清军布防和筹集军费上，忽视了对集安的监控，让张玺文钻了空子，错过了那次绑架的机会，不但让他们的家眷逃走还带走了大量的金银，今后决不能再让他们拿走一文钱，等到咱们的大军登陆，这里的东西统归大日本所有。西宽太郎摇头说：凭咱们现有的力量对付集安的护院都难，如今又有永胜镖局的人马相助，要想夺取张家的财产更难，咱们的军队远在朝鲜无法到这增援，只能看着人家把财产运走。柴山尚则开口说：净街武馆有个姓姜的人，处事狠毒不留余地，人送绰号辣姜。此人出身盗匪有很多同类的朋友，由他出面召集各地的土匪，咱们联起手来共同对付集安，如要那样双方的实力就能改变。在场的人全都赞同这种做法。躲在窗外偷听的刁占元也是绿林出身，对辣姜这个阴狠的土匪早有耳闻，他心中焦急，未等听完就到墙外报信。伏在树上的杨帆不知领事馆内发生了什么，他急忙下来询问，刁占元把东洋人的对话重述一遍。杨帆听后并未感到意外，他想知道倭寇的最后决定。刁占元撤离的时间太早，后边的话并未听到，因此答不上来，杨帆催他回去继续监听。

柴山尚则的话提醒了荒尾精。他说：咱们领事馆内的中文秘书名叫吕品，在日本留学时曾加入中日学术研究会，那是参谋本部设在学院里的间谍组织，以研究中日文化为名对入会者进行洗脑。经过东洋人的特殊教育，吕品背叛了自己的国家，忘掉了养育他的祖宗，投入日本间谍的行列，并娶日本女人为妻。吕品的姐夫名叫赵怀业，是驻守大连湾的从一品提督，率怀字六营镇守旅顺军港的后路，地理位置十分重要。日军中将参谋本部次长，陆军首席参谋官，川上操六得知这个消息，立刻派吕品回国，利用他们之间的亲属关系，策反这位清军将领。经过几次试探，吕品发现，赵怀业虽然昏庸却不肯背叛朝廷。日本间谍机关怕吕品露出破绽，只得放弃对赵怀业的策反，改用郎舅之间的闲谈窃取清军内部情报。吕品常到军营游荡，很快就把策反的目标转到一个千总身上。此人名叫夏猛，原是受招安的绿林人，作战勇猛匪性难改，每当手中没钱时就纠集身边的死党外出抢劫，他在军中的名声极坏。赵怀业爱其勇猛心存袒护，对外界的传言不闻不问，致使夏猛有恃无恐。夏猛的劣迹被倭寇掌握以后就让吕品投其所好，陪他赌钱，逛妓院，很快就成为形影不离的朋友。二人相处的时间较短，吕品未敢贸然策反，如今事态紧急，荒尾精才想派他去找夏猛，许以重金，让这位清军将佐出营相助，策反的事以后再议。荒尾精的话是在刁占元离开之后讲的，等他回到窗外时倭寇已把话题转到其他事上。刁占元夜探日本领事馆收获确实不小，可他毕竟不懂军国大事，忽略了倭寇开始时的对话。那是日军大本营在广岛新制定的作战计划，如能将谈话的内容记牢外泄，必将引起清朝王朝的重视，甲午之战的结果也许能够改写。勾引夏猛的话也未听到，致使永胜镖局付出了惨重的代价。

回到大宅，杨帆就把张玺文、孙振纲和林天佐找到一起，他让刁占元把听到的详情讲述出来，供大家分析。刁占元把柴山尚则推荐辣姜收买土匪，联手对付集安的经过重述一番。张玺文听后，惊恐不安地说：关东的土匪多如牛毛，凭咱们一家之力难以抵抗。林天佐说：关东的匪首冯麟阁，一心要归顺朝廷，经振刚大哥上下通融，最近朝廷就要降旨对他们进行招安，这种交情绝非金钱所能改变，盗亦有道，只要孙大哥修书一封送到冯麟阁那里，让他传下绿林柬，各地的盗匪绝不敢妄动。孙振纲毕竟在议政王府供过职，他觉得事情绝不可能那样简单，狡猾的倭寇怎么可能将要事放在土匪的身上，因此不停地向刁占元追问，倭寇之间还说了些什么？刁占元并未隐瞒实情，他对日本国内的事一无所知，因此才未在意。孙振纲叹道：你的疏忽很可能误了大事。杨帆说：此事怪我思虑不周，刁大哥出身贫苦从未读过书，不懂倭寇那套鬼画狐的伎俩，他怕我涉险，因此才抢先进去偷听，只要咱们小心应付必能挫败倭寇的阴谋。杨帆的话打动了大家的心，孙振纲忙向刁占元致歉。得知东洋人的阴谋，更加快了筹运的速度，张玺文把商号以及家中收藏的珠宝玉器，全都拿出来进行包装。日军参谋本部派来的特使，传达完战前的密令就悄悄地离开。西宽太郎委派吕品和辣姜分头带着礼品，到军营和匪巢收买帮凶。辣姜从匪多年熟知盗贼的驻地，很快就与金寿山和孙烈臣等见面，土匪以抢劫为生，听说大生意上门自然高兴。集安商号名声远扬，那里的钱财多得无法计算，关东道上的土匪垂涎已久只是无缘下手，如今有人来邀，哪能拒绝这种千载难逢的机会。

盛京将军招安的奏章已经送到朝中，不日就将批复，冯麟阁正忙着备礼打点，劫镖的消息突然传来，大寨主听后暴跳如雷，大骂辣姜这个恶贼，胆敢在关键时刻出来搅局，此事如若传到京师必将引起一场风波，招安的希望也将化为泡影，正在这时孙振纲写给他的书信传到。冯麟阁不敢怠慢，当即传出绿林柬，各寨封门等待招安，不许拦截永胜镖局的生意，否则将砸他的舵子窑。标名立号的绿林人不敢抗命，只得与辣姜反目，拒绝他的邀请。这种结局出乎辣姜的意料，他在东洋人面前已经夸下海口，如今却一事无成，没有办法回去交差。情急之下，辣姜想到步云山，那里聚集着一伙独来独往的贼人，不受任何约束。辣姜来到步云山，找到那伙贼人的落脚点，他们共有四十多人，聚到一起还不足半年，匪巢刚建成不久急需用钱。辣姜吸取了上次的教训，只说集安商号不提永胜镖局，以免这伙土匪产生惧意。经过一番交谈，双方商定赃物的分配方法，当即约定，联手劫夺这批财物，辣姜这才回去复命。

怀字军的营盘就设在海边，吕品来到这里说明来意。夏猛听后有点犹豫，张玺文在此是个举足轻重的人物，他的影响极大，不可随意招惹。吕品是受过专门训练的间谍，学过攻心术，经过劝说和诱惑，利欲熏心的夏猛终于答应出营抢劫。吕品让他做好准备，等待最后的通知。有了土匪和官军的参与，西宽太郎觉得胜算在握，他把黑龙道馆的浪人和净街武馆的地痞，全都集中起来加以训练，静等集安启程的时间。倭寇制定出截杀方案，土匪在前拦截，官军从后堵杀，日本浪人与地痞在中间穿插接应。为了摸清镖车上路的准确时间，荒尾精从武馆挑出两名精干，扮成串街的商贩，在集安商号的周围游走，窥探张家的动向。两个探子求功心切，很快就被刁占元看出破绽，为了慎重行事，杨帆让他继续观察，最终确认无疑。外运的物品已经封存完毕，随时都可以启程，杨帆决定抓一个探子进行审问，查清东洋人的阴谋，那样就能提前做好防范。杨帆让林天佐与刁占元远离大宅，把探子打昏，再带到大宅的后院进行审讯。开始这个地痞以为有洋人撑腰，他面露狂横一言不发，林天佐气愤不过起身就要动手。杨帆急忙拦住，他暗示刁占元出手，严惩这个汉奸，让他开口供述。别看刁占元的身材矮小，刑讯的手段却很高明，他脱下自己的袜子塞到探子的嘴里，然后用刀背磕打他的迎面骨。只磕打了几下，地痞头上的青筋暴起，冷汗直流，他面露惊恐和绝望，却无法呼叫。刁占元并无怜悯之意，他还想出手整治这条走狗。杨帆这才上前阻拦，他拽出地痞口中的袜子，探子惧怕刁占元的手段，只得供出他所知道的一切。西宽太郎估计，张家的车辆近日就要启程，他把黑龙道馆和净街武馆的人马，集中在领事馆内，各带枪刀不许外出，马匹也已备好，随时都可以登程。

为了保住性命，地痞又说出另一个秘密，前几天李金福酒后吐露，张家大宅有东洋人的卧底，具体是什么人并不清楚。杨帆听后半信半疑，他叮嘱林天佐和刁占元，卧底的事不要外传，以免引起相互之间的猜疑。杨帆把林天佐和刁占元带到自己的住处。他说：家父把刁大哥当成自己的子侄，姐夫是他老人家的得意弟子，如今国难当头，咱们虽是一介布衣也得为家出力，为国分忧，保住这批财产决非为张家一己之利，我等恰逢其事，必须尽力才不负忠义二字，希望你们能帮我谋划。林天佐说：小弟不必多虑，辣姜在江湖上的名声极臭，他所结交的朋友多为鸡鸣狗盗之徒，绿林人只会那些下流手段不堪一击。说者无意，听者有心，刁占元就是绿林出身。他面带着怒容反驳道：林镖头的话毫无道理，胜则王侯，败则贼。开国的功臣之中多为绿林出身，得势后就能指挥千军万马，最终拜将封侯。杨帆知道刁占元的心意，他说：刁大哥不必多心，你已金盆洗手不在绿林之列，为什么还要疑神疑鬼，硬往自己的头上泼脏水，咱们面对的是倭寇而不是绿林。杨帆的话让刁占元感到温暖，杨家父子从来就没把自己当作贼人看待。他转怒为喜地说：凭永胜镖局和我老刁的威名，剪径截道的宵小之徒绝不敢现身撒野。杨帆见刁占元自我吹嘘不说正题，忙抢过话茬说：目前的绿林人是敌是友难下定论，黑龙道馆和净街武馆的打手才是咱们的死敌，他们联合起来能有六十多人并配有枪支和倭刀，咱们能出动的人数也不过如此，双方如要硬拼胜负难定，即使咱们取胜也将付出沉重的代价，必须另谋取胜之道。

杨帆的一番话让林天佐感叹不已，历经磨难的小师弟今非昔比，难怪张玺文能把偌大的家业交给他处理。刁占元抢先开口，他说：孙振纲在朝中有人，让他向沿途的州城求助，请守城的官军接应，那样就能万无一失。林天佐说：青泥洼与盛京相距遥远，城镇之间有很多人迹罕见的险山恶水，贼人设伏的地点很难预测，双方如若拼杀起来，守城的官军无法赶到现场策应。刁占元又提议：永胜镖局与冯麟阁的关系非同一般，何不借用他的人马同行。林天佐解释说：咱们都是本分的生意人，如在途中遇到那些不开面的官员，认出贼人的真实身份，永胜镖局与集安商号必将受到牵连，只要立案就难脱身，严重的后果更难预测。杨帆说：姐夫的话确有道理，无法设防就该主动出击，远处求人不如近处动手，到倭寇的巢穴，用釜底抽薪的手段断其祸源，何愁沿途再有风险。刁占元听后挺起身来，他说：依我之计，不伤一人就能让东洋人的阴谋落空。林杨二人知道刁占元的手段，他们用期待的目光看着这个贼猴子。刁占元得意地说：镖车可以随时启程，其他的事都包在我的身上。随后就把自己的想法说出，林天佐忍不住激动的心情连连夸赞。杨帆让刁占元赶紧回去准备，他与林天佐去找孙振纲协商走镖的日期。大家聚在一起商讨启程的时间和路线，孙振纲是总镖头首先开口。他说：择日不如撞运，咱们就于明早寅时起身，出门在外以轻车熟路为先，还走上次的路线。其他人没有异议，各自回去准备。

杨帆对探子的口供半信半疑，为了不使启程的时间外泄，他暗中叮嘱守门的仆人，没有他的允许任何人都不得出入，以免倭寇的卧底从中作祟。天刚见黑当值的武师就来报信，被抓的探子已经逃脱。杨帆听后心中暗惊，探子能在戒备森严的大宅逃走，绝非易事，他跟随护院的武师来到后院，关押探子的门锁已被撬坏丢在一边，绑绳也被利刃割断。从现场就能看出，关押在这里的探子不是自行逃脱，而是被人救走，大宅四周不但有高墙防护，守在这里的武师还按时出巡，种种迹象都能表明，大宅内确实有东洋人的卧底。探子逃走，大宅内已经没有什么秘密可言，这时已至头更，杨帆心急如焚唯恐坏了大事，他快步来到刁占元的住处，贼猴子已把所用之物准备齐全，静等子时动手。两个时辰以后镖车就将上路，杨帆不敢大意，他细心察看刁占元的应用之物，地上放着四个装满煤油的葫芦，火药、棉团等引火之物也放在旁边，另有几袋巴豆与黄豆和在一起的面粉，查看过后这才放心。杨帆把林天佐和另外两名武师找来，拿着所用之物奔向倭寇的巢穴，领事馆内灯火通明，正厅内挤满了人，逃走的探了也在其中，正诉说着他的见闻。人们把精力集中在探子的身上，林天佐背负着豆粉与刁占元潜入马厩，这里的马匹已经备上鞍鞴静等乘用，久经训练的战马见陌生人靠近，立刻骚动起来，有的吐气喷鼻，有的用蹄跺地。刁占元怕惊动洋人，他稳住身形慢慢地向前靠近，然后将豆粉洒在马槽里，见到豆粉马匹开始争抢，很快就把豆粉吃光。林天佐与刁占元见目的达到，他们闪身离开马厩跳到墙外，又把油葫芦和其他应用之物带到院内，先把火药等引火之物分洒在门窗外，上面摆放油葫芦，等到起火时能截断贼人的退路。诸事准备完毕，刁占元猛一挥手，林天佐与他同时点火快速离开，人到墙外还未站稳，火光已经冲天，葫芦爆裂煤油外泄，火势更猛，哭嚎之声随即传来，领事馆内变成一片火海，墙外诸人耐不住热浪的灼炽，只能在远处观望。

倭寇与汉奸原以为胜券在握，他们呼喊着效忠天皇的口号，如今却变成凄厉的哀号。火光和哭叫惊动了附近的东洋人，他们拿着灭火器具赶来扑救，火势太猛无法靠近，只能围着火场乱转。多年的仇恨一朝得报，杨帆等人这才吐出积淀在胸中的恶气，喜悦的心情溢于言表。林天佐怕耽误了启程的时间，他催促杨帆赶快回去。这场大火把聚集在这里的劫匪烧死近半，活下来的也个个带伤，短时间内不能再去作恶。西宽太郎、荒尾精和李金福等首脑毕竟高于常人，他们见势不妙首先扑向门窗，趁火势未盛的那一瞬间，踏火冲出，到远处躲避，留守在株式会社的柴山尚则侥幸逃过此劫。西宽太郎忍着伤痛，吩咐柴山尚则追赶吕品，让他转告夏猛小心提防，这里的武士已被偷袭，无法按原定的计划截杀集安商号的车队，只能由官军和步云山的盗匪联手。柴山尚则按着西宽太郎的吩咐，带领浪人来到马厩，眼前的场景让他感到震惊，这里的战马全都倒在布满粪尿的地面上，不停地抽搐滚动。柴山尚则把马夫找来询问原因，经过查找，发现马槽内的豆粉残渣。为了查清真相，马夫抓起豆粉小心翼翼地放到嘴里品尝，这才确认了豆粉的成分。巴豆产于川云等地，属于大戟科乔灌木，雌雄同株，种子性热味辛，功在破积逐水，是下泄的猛药。食用巴豆的战马必须及时抢救，否则就将脱水而死，即使救活，半年之内也难康复。倭寇与汉奸死伤大半，不能按原定的计划出动，战马中毒无法登程报信。西宽太郎无奈地叹道：集安的实力胜过官府，难怪张玺文如此胆大，此次截杀能否成功，全靠夏猛自己的造化。

杨帆等人回到大宅，张玺文率众在门前迎候，他们面带笑容相互庆贺。寅时已到，孙振纲让大伙计按照江湖上的规矩，喊镖起驾。镖局里的大伙计是个重要角色，武功不用过高，人却要长得健壮机灵，熟知江湖唇典善于应对突发事件。大伙计的薪酬虽高却十分难做，镖客中对大伙计有一套评说：骑着马提着枪，走遍天下是家乡，潜规唇典叫得响，黑白两道能把簧。永胜镖局这位大伙计是个京油子，吐字清晰嗓音洪亮，人送绰号净街锣。镖车入了梁子（上道），大伙计就聚起丹田之气有节奏地呼喊，合吾（江湖人的总称），暗中通知山映舵子窑（匪巢）的人，咱们都是江湖客，请赏脸让道。大伙计一边呼喊一边用招路（眼睛）把簧（观察），顺利来到瓦房店，在前街的安泰客栈落脚，店主见大生意上门，忙带着店里的伙计出迎。进院后林天佐先将客栈的前后，以及草垛和水井等，容易出现纰漏的地方细心查验，未见异常才命人卸车。店伙计将马匹集中起来饮水喂料，大伙计把镖旗插到客栈的大门外，警示黑门槛的人不要进来，以免鞭托破盘。孙振纲把镖师分成两批轮值，当晚太平无事。第二天清晨镖车按时启程，走到松树屯就发现异常，有些面带诡异的彪形大汉，骑马从岔道窜出，超过镖车飞奔而去。永胜镖局自创建以来，从未遇上黑道人物如此嚣张，年轻的镖师心高气盛，他们想截住这些可疑的人，盘查他们的来历和意图。孙振纲忙摆手予以制止，他说：咱们身负集安商号的重托，前途不明岂能招惹是非。林天佐见孙振纲面露惊疑，就上来劝勉。他说：总镖头不必过分担心，船到桥头自然直，东洋人已经受到重创，短时间内难以恢复元气，这些人也许是倭寇邀来的帮凶，只要咱们耐住性子静观其变，不怕他们不现原形。

前行不过十里，就见道旁矗立着三个牵马的壮汉，林天佐怕有埋伏，忙让车队缓行，他独自催马上前查探那里的虚实。道旁的壮汉首先开口，他们问道：来者可是永胜镖局的朋友。林天佐答道：正是。壮汉躬身说道：我等来自步云山，辣姜约我们到万家岭设伏，拦截集安商号运送财物的车队，另有两路人马从后面夹击。一刻前，我们老大发现，是永胜镖局的生意，这才知道上当。他无颜拜见众位，只能留下书信让我们在此等候，弟兄们已经返回山寨，远离这场无法调停的杀戮。壮汉说完，从怀中取出书信。林天佐觉得奇怪，展开书信观看。上面写道：林镖头惠安，贵号开张之际，鄙人曾冒犯虎威，幸得林兄宅心仁厚，宽赦于吾。劣弟无颜再回山寨，当即奔向太平庄，投到岳父的家中。半年前受朋友之约，在步云山另立山头，日前受辣姜蛊惑到此设伏，没想到竟是贵号的生意。我等本该反戈，助恩公脱险，那样就将坏了道上的规矩，让绿林同道耻笑。身处两难只能撤走，远离这场是非，望你等小心提防。过了今天我们就与辣姜断交，只要恩公寸书相召，步云山的弟兄即刻就到，请林镖头体谅我等今日之难。落款董守臣。看罢书信，林天佐这才长长地舒了一口气。他说：多谢步云山的朋友高抬贵手，烦劳三位转告董大寨主，青山不改，绿水长流，改日我等定当登门拜山。三位壮汉答应一声，飞身上马绝尘而去。

传信的人走后，孙振纲这才带领车队赶到，林天佐把董大虎落草步云山，为报当年之恩，私毁劫镖之约，独自撤走的经过述说一遍。孙振纲叹道：林老弟的心胸豁达，才使一路强敌不战而退。杨帆疑惑不解地问道：传信人口中的另外两路人马指的是谁。林天佐沉思良久才说：据我推断，可能是黑龙道馆的日本武士和净街武馆的奸人。杨帆听后自言自语地说道：黑龙道馆和净街武馆的歹人，已被大火吞噬过半，余者也被烧成重伤，马匹中毒无力登程，难道这次搬运又将像上次那样顺利。久经风险的林天佐却不敢大意，他说：辣姜让步云山的人马在万家岭设伏，那就是贼人下手的地方，咱们必须尽快赶到那里，抢占有利的地形察探究竟，如无险情再走不迟。林天佐的话确有道理，事关生死谁也不敢怠慢，当即加快了前行的脚步，大伙计提高了嗓音，高声呼喊着镖号向前奔去。万家岭的地势不算险峻，却离城镇较远，是个非常偏僻的地方，起伏的山岚、茂密的林木，的确是杀人越货的好地方。离万家岭只有里许，突然有两匹快马从岭后奔出，他们见到镖旗转身就向远处奔去，从马的鬃尾及配饰就能看出，那是两匹上等的战马。年轻的镖师气愤难耐拍马就要追杀，林天佐将他们喝住，敌情不明切莫远离镖车，以免中了歹人的奸计。

孙振纲率领人马踏上万家岭，将车马集中在巨石的后面，还未等他们站稳脚跟，身后就传来了急促的马蹄声。林天佐暗叫不好，他让大家做好防御的准备，自己到高处观察，身后的大道上尘土飞扬，有一队来历不明的人马向这里奔来。林天佐对关东的土匪了如指掌，要论实力，以冯麟阁和杜立三为最，身后这队人马大约有五十人左右，人数不多却很精悍，比冯麟阁和杜立三的人马还要整齐。这队没有旗帜和标号的武装究竟是什么人，是否与倭寇有关，为了探出来人的海底，林天佐吩咐大伙计，用江湖唇典与来者把簧。大伙计站到高处，按照林天佐的吩咐，用贴身靠（套交情）升点（盘道）。喊声传到岭下，人马并未停留。其中一人高声回答:上有天罗，下有地网（各处都有埋伏），要想保命，赶紧扯活（逃命）。杨帆见来者不善，就压低了声音说：今天这件事十分复杂，后果难定，黑龙道馆的武士和净街武馆的汉奸，在他们自己的家中已经死伤过半，无力再来逞凶，步云山的人马不忘交情主动退走，没想到又出现一路强敌，不知下面还将发生什么预想不到的事情。他环顾一下四周又说：出门之前就做了最坏的打算，倭寇的凶残胜过豺狼，他们绝不可能善罢甘休，为了不让这批珍宝落入洋人之手，我们在镖车内安放了烈性炸药，危难时由车夫引爆。各位都是上有父母下有妻儿的汉子，不能轻易丢掉性命，如见形势不可逆转，你们可以择机离开，回大宅领取自己的薪酬。最后我再求大家一件事，如果发现哪辆镖车的车夫伤亡，不能引爆车上的炸药，请诸位出手相助，炸药的引线较长，可容引爆者安全脱身，劫匪如能取胜，就让他们陪伴这些珍宝化为飞灰。杨帆的话让在场的人激动不已，孙振纲吼道：只要有我三寸气在，就一定能把这些东西送到盛京，否则我愿把这条老命扔在道上。永胜镖局除林天佐以外，还有都家赟、乔道玄和耶律雄等。都家赟是孙振纲的小表弟，他长得年轻俊朗，口齿伶俐，心气较高，到关外还不足一年，常恨自己没有展示才华的机会。乔道玄来自京师，原是火器营的教习，曾多次到西洋考察，是国内枪炮使用的高手，因与上司不睦才饮恨除籍，到关外投奔孙振纲。此次押运非比寻常，孙振纲把集安和永胜镖局出行的人员合在一起，配上枪支交给乔道玄，让他按着严格的要求进行操练，枪手统归这位教习指挥。事已至此只能拼死一战，乔道玄刚把枪手分布在有利的山石后，岭下的劫匪就发起了攻击，双方的枪声响成一片，树的枝叶被折断，碎石横飞，硝烟笼罩在万家岭的上空。

前天傍晚，被杨帆关押的探子突然逃回，西宽太郎和荒尾精等人大惊，探子把被抓以及逃脱的经过述说一遍。天近黄昏，张家大宅一片忙乱，各自准备启程的事，突有一个黑巾遮面的人，趁乱来到关押探子的门前撬锁入内，割断绑绳协助探子逃走。临别时，蒙面人压低了声音说：快回领事馆，张家的车队明晨寅时出发，我叫梅子。此人虽然压低了声音，仍能露出年轻女子的嗓音。西宽太郎听后并未多问，忙派辣姜与吕品分头通知夏猛和董大虎，届时到万家岭设伏截杀。辣姜带着同伙赶到步云山，让董大虎按着预定的方案在岭上设伏。吕品直奔赵怀业的怀字大营，让夏猛带着手下的死党偷出大营，跟在车队的后面，过了松树屯就可以现身追击，把车队堵在万家岭与松树屯的中间进行击杀。辣姜与吕品走后，西宽太郎以为胜券在握，没想到在最后一刻竟被仇家暗算，就连给帮凶送信的事都无法办到，致使夏猛这路人马蒙在鼓里，孤军上前劫夺。松树屯离万家岭不过咫尺之遥，吕品与夏猛见张家的车队已经进入伏击圈内，仍不见步云山的土匪出动。夏猛怕车队逃离，忙令手下的死党进行攻击，他与吕品弃马登山，到高处察探步云山的人马，为什么迟迟不肯动手，身后的洋人也不见踪影。密集的枪声过后，岭下的劫匪发起了攻击，他们要一鼓作气摧毁岭上的防御，夺取车上的钱财。结果却未能如愿，冲在前边的悍匪纷纷倒地，后边的劫匪见势不妙急忙退回，双方继续对射。

夏猛率领的虽是官军，可他们多为绿林出身积习难改，每逢战事，仍沿用以前那种一哄而上强攻猛打、趁乱抢夺的亡命打法。乔道玄却有所不同，他是京师火器营的教习，通达火器的配合。乔道玄按着正规的操练方法，他把出行的枪手分成三拨，将装弹、瞄准和射击的时间错开，枪声不断，交差射击，让对手无机可乘。夏猛以为，镖局只能吓唬那些小偷流寇，交手后他才发现，面前这队人马非同一般，从枪声就能断定，这是一支训练有素的劲旅。夏猛开始怀疑，可能有精悍的官军夹在其中，双方对峙难分胜负。指挥抢劫的营千总上来请示，镖局的人马十分强悍，凭咱们的实力很难取胜。夏猛听后面现惊容，他责问吕品，为什么不见步云山和东洋人现身。吕品也觉得奇怪，他无法说清，只能支吾搪塞。事已至此没有退路只能硬拼，夏猛与这位营千总稍事商量，最后决定，由精通刀术的将佐，骑马绕到车队的背后发起攻击，重创镖局的首脑人物，掩护岭下的人马夺镖。这位正六品的营千总，回到岭下迅速做出安排，随后就见七匹快马在林荫的遮掩下，悄悄地向远处奔去。枪声虽停林中的劫匪却未退走，孙振纲等人细心设防，耐心等待下边的变化。

刁占元突现惊诧之色，他伏下身躯，耳朵紧贴着地面。然后站起身来说：咱们背后有马匹疾驰的声音，距此不足五里，可能是劫匪的马队从背后偷袭。乔道玄严令枪手不可分神乱动，严防山下的劫匪趁乱夺镖。七名马匪原想偷袭，如今已被镖局发现，只能高举长刀硬拼，他们如同旋风一般扑上前来。孙振纲、林天佐和都家赟各自上马，这里只有他们三人善于骑战，双方的人数相差悬殊，马匪想把镖局应战的人围在当中击杀。孙振纲看穿了马匪的意图，他擎着手中的大铁枪，首先与马匪交手，劫匪手中的马刀轻灵，迎面就是三刀。孙振纲自幼习枪，深得其中之妙，这条大枪在他手中如同蟒蛇一般上下飞舞，不但拨开马匪的连环三刀，随即反背摔枪，砸中了劫匪的肩背，致使劫匪口喷鲜血身受内伤，后边的劫匪及时上来格挡，才使受伤的劫匪保住性命。林天佐见孙振纲年过五十气力已衰，本想越他而出又恐坏了这位硬汉的名声，只得随其左右加以护卫。孙振纲一举得手，林天佐这才放心，他举目观察，发现一个身材高大的马匪，用傲慢的眼神端详着上场的镖师，由此可见，他是马匪中功力最高的一个。林天佐催动坐骑奔向此人，这个马匪是正六品的营千总，除夏猛以外，他的品级最高。马匪并未把林天佐放在眼里，他不屑地哼了一声，随即施展劈扫撩刺四式刀法，那是大清骑射营的传统刀法，这位千总苦练多年，舞动起来霸气十足。刀光突现，林天佐并未躲闪，他迎上前去，施展霹雳刀法与劫匪对攻，两口钢刀不停地撞击，不过几合强弱立判，劫匪的右臂被震得酸痛无力。林天佐趁势猛砍，劫匪无力招架，只得躬身塌腰，伏在鞍上踏镫藏身，人虽躲过此劫，胯下的战马却被砍成重伤，摔倒在地。劫匪毕竟是个久经沙场的宿将，他见战马受伤，急忙甩镫离鞍，跃到一旁反身步战。

七个劫匪一拥而上，分别将孙振纲等围住，他们想用以多欺少的手段取胜。杨帆出身镖局世家，却未见过这种阵势，他见镖师人单势孤急忙扑入阵中。失掉战马的营千总，对林天佐恨之入骨，在两名同伙的配合下，将这位伤他战马的人逼得连连后退，险情不断地出现。杨帆提刀上前步战劫匪，这才将不利的局面扭转。耶律雄虽傻，人数的多少还能分得清，他提着绞杠奔来猛砸。林天佐借机发威，他挥刀将一个劫匪的面部砍开，鲜血四溅面容狰狞。中刀的劫匪手捂刀口，绝望地号叫，突见一人拍马向岭后逃去。孙振纲偷眼观看，原来是他的小表弟，都家赟的欲望极高，总想投身镖局成为当代的英豪，他常在人前自我吹嘘，深恨自己的命运乖蹇，未遇到展示身手的机会。孙振纲疼爱这位小表弟，不愿让他从事这种既危险又辛苦的行当。都家赟的主意已定，他苦苦哀求，孙振纲无法推辞只得答应。如今强敌在前，都家赟踌躇满志，本想速斩劫匪夺取头功，结果却未能实现，他与面前这位正七品的把总不相上下。把总征战多年越战越勇，都家赟却恰恰相反，久战不胜怯意顿生，当他看到身旁的劫匪中刀后，面容被毁，白骨裸露，当即吓得魂飞魄散，不由自主地逃离战场。意外的变化让场上的镖师感到震惊，劫匪见镖局的人逃走，立刻神气起来，得胜的劫匪转身奔向孙振纲，与同伙合力对这位总镖头进行夹击。孙振纲的年纪毕竟大了，上场不过三合就把对手打伤，随后就感到力不从心，小表弟的逃走让他感到羞耻，如今又多了一个强敌临身。孙振纲气愤难耐，他鼓起余勇以死相拼，仍被两个劫匪逼得不停地后退。林天佐被两名劫匪死死缠住，无法分身来救。杨帆和耶律雄只能与对手战平，没有能力过来相助。刁占元站在镖车旁边留神察看，突见孙振纲身陷险境，他手舞小刀纵身跃起，悄无声息地落到劫匪马后，挥刀向劫匪的小腿砍去。战败都家赟的劫匪乘兴发威，全力对付孙振纲，没留神竟被人砍中小腿。劫匪大惊，忙带马后退，偷袭者的刀轻无力又有战靴遮挡，只是受了点皮肉之伤，如若换成常人偷袭，小腿必被砍断。劫匪恨极，转身来战这个怪物，贼猴子身手敏捷，纵上钻下与劫匪搅在一起，战局又被扳平。首脑人物近身肉搏，双方的枪手不敢妄动，只能静静地持枪观战。

激烈的枪声让路上的行人不知所措，他们惊恐万分，纷纷躲进道旁的丛林中，失踪多日的黄艳雯也在其中。青泥桥上解救了张玺文，还没等黄艳雯离开，官差已经赶到。出自官宦世家的黄艳雯，深知官场上的黑暗，公堂上只讲权势和金钱，没有法理可言，劫匪究竟是什么人，为什么与张家结怨，她全然不知，为避官司缠身，只能冒险投河从水中逃脱。前些年，荣振武与黄艳雯成为红粉知己，他将师门的胎力八盘传给这位意中人。世间万物起自三种生法：湿生、卵生和胎生，人乃胎生。精血联珠，二气入元，始有生命。子在腹中，十日为一变势，历经八个月的息养方能降生。胎力八盘循其义，绎其理，按胎息之法，配以二十四式变化，补先天不足之气脉，运用胎息之法，可将口鼻之气纳入腹中，通达全身，暗中运行。谱曰：胎力八盘无双传，吐纳尽在口腹间。体内气血任意走，耄耋之年亦童颜。黄艳雯依仗此术才敢冒险，她将气息调均引入任督二脉，随即投入水中，手脚并用顺流而下，气竭时已在五里之外。人们的目光仍盯在黄艳雯落水的地方，并未注意远处的变化。黄艳雯见四下无人急忙上岸，躲进一片密林中将身上的衣服拧干，她思前想后犹豫不决，想回绸缎庄取走自己的东西，又怕官府张网设伏，权衡利弊，还是远离这场人命案为妙，等到将来与荣振武见面时，再想办法讨回。主意拿定，黄艳雯避入荒野之中，连夜离开青泥洼返回营口。

事隔多日，黄艳雯再次返回青泥洼，途经万家岭时，突然听到激烈的枪声，她忙躲入道旁的巨石后，胡思乱想起来，荣振武的身影突然在脑海中闪现。黄艳雯知道，荣振武与他的师父一样，外示温和内藏刚正是个敢作敢当的人，路见不平就能拔刀相助，她怕意中人置身其中。黄艳雯再也按捺不住焦急的心情，她借着山石和林木的遮掩，向枪响的地方靠近，来到一处突起的高地，双方的人马尽收眼底。二十多辆镖车围在一起，永胜镖局的大旗随风飘荡，刁占元的身形特别显眼，另有几个护院的镖师也曾相识，又是集安的人员遭劫。抢劫者躲在岭下的密林中时隐时现，难窥全貌，枪声突然停止，密林中窜出一个大汉向岭上飞奔。顺着大汉奔走的方向，黄艳雯发现，岭上有块巨石，后面隐藏着两个人，正在指手画脚地向下张望。大汉来到巨石旁，与其中一人交谈多时才回归岭下，从双方的举止就能看出，岭上那位大汉就是劫匪的首领。黄艳雯对双方结仇的原因并不清楚，从上次绑架到这次抢劫就能辨出，集安的仇家绝非良善之辈。黄艳雯曾在集安的绸缎庄做工多日，已经结下情缘，她不能坐视不管，沉思多时才做出决定，只能采用擒贼先擒王的方法，拿住劫匪的首领逼降劫匪，那样就能助集安的车队脱险。

正在这时岭上发生了惨烈的拼杀，镖师的骁勇让夏猛感到震惊，他万没料到永胜镖局竟有这样的人才，上阵的把总都在八品以上，算是官军中的精英，在双方的厮杀中却落在下风，即使双战一人仍不能取胜，难怪狂傲的东洋人不敢出手。夏猛开始后悔，他与吕品争吵起来。吕品本是阴狠的间谍，明知理亏仍在狡辩。躲在暗处的黄艳雯手无寸铁，她在林中找到一根长约三尺的断枝，趁夏吕二人争吵之机突然现身。夏猛本是响马出身的将领，反应敏捷行动果断，他见有人偷袭忙抽腰刀，可惜迟了一步，腰刀出鞘一半臂骨就被短棍砸断，下盘又挨了一脚。受伤后的夏猛立脚不稳，仰面跌倒在巨石旁，黄艳雯抢步上前夺走他的腰刀和短枪。吕品见势不妙转身就想逃走，黄艳雯追到近前，举棍就将这个卖国求荣的汉奸，打得头皮破裂昏迷不醒。臂骨折断的夏猛痛彻心扉，无力脱身。黄艳雯用夏猛的腰带将他捆绑起来，破布塞嘴以免呼叫，随后又用相同的方法，将昏死过去的吕品绑在树上。夏猛这时万念俱灰，他被黄艳雯押到两军阵前。

假扮劫匪的官军，见夏猛被擒顿时慌乱起来，他们纷纷后退不敢再战。杨帆等人见失踪多日的小伙计，在危难时刻现身，不由自主地欢腾起来。刁占元怕劫匪狗急跳墙拼死再战，他登上镖车，振臂高呼：镖局的弟兄不必惊慌，荣振武已经率领人马前来增援，如若有人再敢逞凶决不留情。刁占元使用诈语，是想瓦解劫匪的斗志，其他人却信以为真。青泥桥上，荣振武单身救主的事，已被人们传成神话，车夫与趟子手早有耳闻，就连夏猛带领的官军也曾听人讲过，人们纷纷围上前来。黄艳雯把偷听到的一切当众说出，夏猛等人见自己的真实身份已经暴露，他们无言以对只能苦苦地哀求。杨帆令人缴了对手的枪械，夏猛等将佐被暂时看押起来。林天佐连伤两名把总，他自己也身中十三刀，浑身上下全是鲜血，停战后就从马背上摔下昏迷不醒，杨帆等人扑上前去全力施救。两名把总死在阵前，参战的人员全都负伤，救治过后，杨帆与孙振纲凑到一起磋商，他们决定释放这些假扮劫匪的官兵，以免与清军结仇。夏猛等人以为必死无疑，没想到永胜镖局的人会这样豁达，他们连连致谢，然后悄无声息地退走。

第二十四回　战倭寇将士舍生　庆寿诞慈禧淫乱

经过急救林天佐才苏醒过来，他想面见这个神秘的荣振武，当面予以致谢，人们这才想起那个救命的小伙计，结果却失去了她的踪迹。杨帆等人扼腕叹息，深恨自己忙中疏忽，慢待了这位恩公，致使人家悄然离去。可惜黄艳雯匆忙离开万家岭，假如她能留在这里与林天佐相见，双方必能报出自己的家门。凭着长辈的交情，林天佐对黄艳雯的遭遇决不能坐视不管，邙山三友的后人，很可能在关外重续金兰。黄艳雯女扮男装总怕露出破绽，所以才显得诡秘，让人难以揣摩，这也许就是天意。刁占元对小伙计的义举十分崇拜，本想上前结交，没想到人家竟不辞而别，他口无遮拦，原想痛骂一顿又怕小伙计隐在近处偷听，无奈之下，只能把一堆脏话吞在自己的腹中咒骂。杨帆也有同感，误以为黄艳雯隐在近处未走，他假作与贼猴子闲聊，借机向这位救命恩人放话。杨帆说：刁大哥不必心急，荣先生乃急公好义之人，匆忙离开必有要事去办，在场的弟兄铭记这份大恩，希望先生的大驾能早日光临集安，以解我等渴望之情。假扮劫匪的官兵已经撤走，孙振纲命人整顿车马准备启程。杨帆说：岭上还有一个倭寇的秘书被绑在那里，咱们应该对他严审，查清前途是否还有阴谋。孙振纲觉得有理，他与杨帆一起来到岭上的巨石旁，眼前的场景让他们感到毛骨悚然。被绑在树上的吕品已经变得血肉模糊，有些地方还露出了白骨，黄艳雯将他打得头破血流，随即绑在树上，诸事办妥就押着夏猛从这离开。浓重的血腥味引来数不清的蠓蚊虫蚁，它们扑上前来不停地叮咬，剧烈的疼痛促使吕品苏醒过来，他的嘴被碎布堵塞无法喊叫，双眼也被叮瞎黑白难辨。疼痛伴随着恐惧，吕品的神志有点儿模糊，精神已到了崩溃的边缘，他希望有人来救。双眼虽瞎听力依然正常，远处传来的脚步声，让吕品燃起求生的念头，他无法呼叫只能摇晃自己的身躯。孙振纲见吕品满身都是虫蚁样子十分恐怖，他想上前施救，杨帆见状厉声喝止。他说：此人投身敌国与倭寇狼狈为奸，是他勾引官军到此打劫，今遭此劫算是报应，孙镖头不要行妇人之仁，做东郭先生救狼的事，佛说，除恶既是扬善。杨帆说的话确实有理，孙振纲无言以对，只能叹息着离开这个半死的汉奸，多日后镖局的人马从盛京返回，树下只剩下一堆白骨。

万家岭上的恶战已被路上的行人传开，黑白两道的人都知道，永胜镖局的车内不但有价值连城的珍宝，也有威力巨大的烈性炸药，这种鱼死网破的做法，让所有的歹人都感到胆寒，没人再敢作非分之想。董守臣应辣姜之约提前来到万家岭，当他得知是永胜镖局的生意，立刻带人回山。辣姜原想阻拦，唯恐人单势孤不是人家的对手，只得气愤地上马准备回去报信，刚到岭下就遇见集安的车队从远处奔来。辣姜心虚，他与同伙掉转马头向岭北逃走，躲在暗处等候西宽太郎的人马，恶战过后，官兵败走，仍不见洋人的踪迹。辣姜感到奇怪，这才绕道回去询问究竟。潜伏在青泥洼的倭寇，对集安商号和永胜镖局恨之入骨，却不敢贸然出手，只盼天皇能早日派兵前来，到那时再向这些仇家下手。经过多次往返，集安的财产大部分被转运到盛京，只剩下一小部分等待外运，就在这时睦仁天皇下诏，日本政府对大清王朝宣战。朝鲜是个内部争斗不止的国家，日本以保护侨民为借口出兵朝鲜，攻占了王宫，将国王李熙劫持，威逼大院君李昰应成立亲日政权，朝鲜境内一片哗然，频频向大清工朝求助。出于道义和多年的友好关系，清廷雇佣英国的高升和操江号商船，运送赴朝将士，这个情报被倭寇的间谍得到。日本海军于七月二十五日在中途设伏，劫持了操江号，击沉了高升号，致使一千多名清军葬身海底。为了不影响自己的寿庆，慈禧派李鸿章暗求英国公使，让他出面进行干预。日本政要采用流氓手段，他们面现悲伤两眼含泪，公开致歉，谎称这是一场不该发生的误会。五天后日本政府撕下伪装，公开对大清王朝宣战，从此露出了狰狞面目。

十月十日为万寿节，那天是慈禧太后的六十大寿，普天同庆，朝中各部以及在京的其他衙门放假，颐和园开放，赏戏三天以示君臣同乐。慈禧带领朝臣和满蒙的权贵，随心所欲，大肆挥霍民众的血汗钱，前敌将士却在装备匮乏的条件下与倭寇拼杀。日本政府趁清朝王朝大办寿庆之机，屯兵边陲义州，随即越过鸭绿江，对九连城、安东和凤凰城发起猛攻，日本联合舰队，在伊东祐亨的带领下由水路进犯。警报陆续传来，张玺文早已做好准备，他把孙振纲和林天佐等人找来，让他们速做撤离的准备，在场的人并未多问，他们面含悲愤，沉默了很久才各自离开。杨帆与刁占元等护院的镖师，用烈性炸药把自家的码头炸毁，不让入侵的倭寇从那里登陆。孙振纲带领镖局的人，将集安商号不能带走的东西全部毁掉，以免落入倭寇之手。一切处理妥当，孙振纲派人返回营口，通知镖局的留守人员关门离开，以免遭到倭寇的报复。危难时刻，永胜镖局与集安商号的人马合在一起，他们结伴离开青泥洼到盛京躲避兵祸。

日军犯边，遭到清军将领聂士成、马金叙、马玉昆以及寿山兄弟的顽强抵抗，使其损失惨重无法向前推进。叶志超任前敌统领，他与卫汝贵等人都是李鸿章的亲信，他们拥兵自保龟缩不前，当战事惨烈时竟不战而溃，防线出现空缺，日军乘虚而入，聂士成等部被日军围困，永山战死，寿山负伤。聂士成、马玉昆和马金叙等将领，率部奋战数日，终因双方兵力相差悬殊，弹尽粮绝无力再战，这才杀出重围，退守摩天岭和连山关，拱卫盛京这座重镇免落倭寇之手。日军入侵的暴行激起关东民众的义愤，他们拿起武器组织民团，加入抗敌保国的行列。义民徐珍家住辽阳吉洞峪，此人生性刚正气度豪放，不避权贵，深得民众的拥戴，国难当头，辽阳知州徐庆璋登门拜访，请他出山充任民团的练总。徐珍是个深明大义的人，危难时刻，他并未推辞，当即组织民团迎击来犯之敌，经过多次交锋，致使日军望而却步，民团的声威迅速传开。为壮民团之志，张玺文捐出大部分财产，资助徐珍购置枪械弹药。孙振纲与林天佐暗带镖局的人马，协助民团抗击入侵的倭寇，依附徐珍的民团多达八万之众。聂士成率部固守摩天岭，三战三捷，夺回连山关，在民团的配合下扼守南北通道，致使倭寇攻占盛京的计划落空。战场失利的倭寇败回凤凰城，据坚固守不敢出战，他们转攻辽东半岛的中南部，沿途烧杀，造成十室九空，官道两侧十里难见一人。

日本陆海两军，突破清军设置的鸭绿江防线，侵入辽东半岛的腹地，隐藏在青泥洼的日本间谍，揭下商人、学者的伪装，露出了本来面目，他们原想引导日本运兵船，从集安商号的码头登陆，直取旅顺军港，没想到在最后关头，张玺文竟将自己苦心营造的码头炸毁。变化突然让侵华的日军措手不及，仓促之下只得冒险，他们将登陆的地点改在抢滩不利的花园口。捷胜营驻扎在貔子窝，营官荣安在巡营时，把引导日军登陆的间谍抓获，此人名叫钟奇三郎，从他的口中得知，日本陆军大臣，大山岩大将亲率日本第二军团，共有两万多人，他们用汽船十艘，牵引舢板驶向口岸登陆。荣安听后心急如焚，他将日本间谍送到金州城羁押，急电李鸿章和龚照玙，火速调派人马，把即将登陆的敌军，消灭在浅滩乱泥之中。李鸿章正在北京向慈禧祝寿，无暇顾及此事。龚照玙任北洋沿海水陆营会办，只善于奉承贿赂，不懂用兵治国之道，他把日军登陆的事当作儿戏不闻不问。徐邦道协守旅顺，听说敌军从花园口登陆，他曾多次恳求出兵都被龚照玙回绝。徐邦道等将领职位卑微又有自己的防地，没有上峰的调令哪敢移动半步。日本第二军团历经十四个昼夜，才把两万多人和大量的军用物资输送到岸上，国内对此一片哗然，慈禧与李鸿章等人依然沉浸在喜庆之中。

登陆的日军兽性大发，他们见物就抢，见人就杀，十一月六日将金州这座重镇攻占。龚照玙是前敌的最高官员，他见金州沦陷并未组织人马阻击，反与淮军将领卫汝成同乘鱼雷快艇逃走，前敌诸将失去了节制，日军趁混乱之机挥军疾行连连得手。辽东军民在倭寇的铁蹄下，遭到灭顶之灾，人畜被杀腐尸遍地，很多城镇不见人烟。就拿重镇旅顺为例，十一月二十一日旅顺被倭寇攻占，大山岩下令屠城，就连妇女和儿童也未能幸免，历经四天，旅顺全城近两万人被倭寇杀害，只留下三十六名华人清理同胞的尸体，然后运到白玉山的东麓掩埋。倭寇的暴行让世界感到震惊，当时的美国报纸曾这样评价日军的暴行：他们是蒙着文明的皮肤，具野蛮筋骨的恶兽。国难当头，血的教训让涉世不深的黄艳雯，从情海中醒悟过来，深恨自己的无知，人生在世有很多事情需要去做，不能为了一己之爱弃家出走，更不能抛下年迈的亲人不管，让他们如何安度余生。黄艳雯狠下心来，把对荣振武的思念之情埋在心中，她决定返回荥阳，把倭寇的兽行以及战地民众的苦难，转告家乡父老，希望老爹能振作起来，为天下苍生着想。就在黄艳雯准备动身回家的时候，噩耗传来，金州、旅顺诸城已经沦陷。一月十日，倭寇又攻占了复州，盖平与营口等城将面临险境，为防倭寇偷袭，官府下令，所有的舟船车马一律停运，各处通道全部封锁。

黄艳雯孤身在外，她被困在营口的平安客栈无法回家，在兵荒马乱的年月里，开店的人格外小心，他们时刻关注着客人的举止，唯恐招惹是非。黄艳雯心情焦躁，不慎露出了女儿的破绽。店家老于世故，心中惊惧并不揭穿，他以客多房少为由，让黄艳雯与其他旅客合住一室，以此逼走这个女扮男装的客人。这时正值严冬，天寒地冻，身在异乡的黄艳雯无处可去，只得敲响东郊外的尼姑庵。那是一座低矮的小庙，里面只有两个尼姑，听到门响，她们提灯过来，打开庙门发现是个陌生汉子。两个女尼不知来人的底细，她们被吓得瑟瑟发抖不停地后退，为了打消女尼的疑虑，黄艳雯报出了自己的姓名和来历。女尼听后这才放心，她们把黄艳雯安置在西屋。天光大亮，黄艳雯仍沉睡不醒，女尼呼叫数遍依然不见回应，她们凑到近前这才发现，黄艳雯高烧体热沉疴在身，女尼怕出意外，连忙上前施救。天过午时黄艳雯才苏醒过来，情感上的纠葛和失望，无休止的奔波寻访，再加上数不清的死难者陈尸在荒野之中无人掩埋，眼前的变故让她感到恐怖不安。离家多日，历经磨难的黄艳雯感到心力交瘁，再也支持不住，她病倒在尼姑庵里。

攻占旅顺以后，日军原想从山海关一带登陆，进犯直隶威逼北京。伊东祐亨向大本营提出：关外的气温已经降至零下十度左右，西北风达到五至八级，沿岸已被冰雪覆盖，不仅登陆困难，人马也将被冻毙。他建议大本营，趁北洋舰队停靠在威海港坞之际，予以歼灭，然后再图其他。李鸿章把北洋水师的舰船集中起来，停泊在威海的港坞里，本想保存自己的实力，他这种愚蠢的做法适得其反，港坞狭小，舰船拥挤无法移动。日本战舰把北洋海军堵在那里，封住通道任其攻击，日本联合舰队司令伊东祐亨唯恐清军将领拼死突围，他与日军陆军大将大山岩合写一份劝降书，妄谈其友谊，对丁汝昌的处境深表同情，希望他不要再为清朝那样的政权死战，应存有用之身，候中兴之时。丁汝昌看罢这份劝降书，随即掷于地下。他坚定地说：余决不弃报国大义，唯一死以尽臣节。丁汝昌将海军的文卷封存，送到烟台以防不测，他不为倭寇的言辞所动，当即率领将士对敌军进行顽强的抵抗。

北洋舰队被日军困在威海的港坞里无法移动，北洋海军中的外籍官员立刻骚动起来。马格禄原是英籍拖轮金龙号的船主，且是个有名的酒鬼，他与李鸿章父子交往过密，才被委以北洋海军帮同的重任。这位北洋海军的副统帅，本是个撑船摇橹的船夫，对于海军战术一窍不通，舰队被围便惊慌起来。马格禄把英籍副管带泰莱、德籍炮术教习瑞乃尔、美籍文书浩威等外籍官员，召集到刘公岛上的海军俱乐部，在那进行密议。泰莱首先开口，他说：我等远涉重洋来到这里，只为赚取丰厚的薪酬，绝不是到这儿卖命，如今大势已去，清廷难以取胜，咱们应该联络怯战的清军将领，劝丁汝昌具表投降，那样才能保住我等性命。随后就把威海卫水陆营的提调牛昶昞、参将严道洪等找来，共同胁迫丁汝昌投降。泰莱说：军心已变，势不可为。牛昶昞说：众心离叛，不可复用。外边的兵痞趁机鼓噪起来，他们持刀闯进大帐。丁汝昌见状，怒道：尔等早有预谋，何必多费唇舌。牛昶昞与在场的外籍官员，见丁汝昌威武不惧只能愕然而退。丁汝昌与右翼总兵刘步蟾各自登舰，用舰上剩余的弹药进行反击，一艘日本战舰在威海港的南口被击沉，日本第十一旅团的少将大寺安纯被击毙，直到弹药用尽无法再战。为使自己的战舰不落敌军之手，刘步蟾下令，炸沉自己乘坐的定远舰，他与丁汝昌饮弹自尽，两位海军统帅以身殉国。

丁汝昌死后，贼胆包天的牛昶昞见机会来临，他与外籍官员合谋，盗用丁汝昌的名义，由美籍文书浩威起草降书，派广丙舰管带程光壁改乘镇北舰，将这份投降书送到日军旗舰松岛号，并把北洋海军所有的舰船、军资以及其他器械全部交给日军。慈禧图一时之欢，导致北洋舰队全军覆没。北洋舰队战败的消息传开以后，西洋各国的报纸纷纷评说：日本倾全国之力，独战北洋海军一师，凭侥幸取胜，清朝王朝地大物博，如要征调江南沿海的舟船北上，协助北洋舰队作战，日军必败无疑。亲历中日海战的马吉芬回国后，曾以悲愤的心情写道：震撼东亚之中国舰队，今也，已成过去。彼等将士忠勇，可叹际遇不佳。一误于腐败的政府，再误于陆上官僚。不仅弹药缺乏，且药线铁管内，仅实煤灰。故弹中敌舰而不能裂。尔等将士只能与其所爱之舰，同散殉国之花。慈禧自知她是这次惨败的罪魁祸首，因此才对李鸿章这个误国之徒不予深究，为了尽快平息这次事端，慈禧仍对李鸿章父子委以重任，让他们赶奔日本马关，在春帆楼签订了卖国的《马关新约》。

光绪二十年十一月二十一日，日军攻占了旅顺城。光绪二十一年初，日军制定了扫荡辽河平原的作战计划，他们由东南和东北分兵两路攻打营口。三月七日将营口占领，直到五月才将军队撤出。黄艳雯被困在尼姑庵里长达半年，战争才算结束，焦急与悲愤，让这个年轻女子病得憔悴无力，不能独自还乡，随身携带的银子已经用完。经过半年相处，两个尼姑与黄艳雯结下了深厚的友谊，她们对这位异乡女子的话深信不疑。两个女尼四处奔走，向有车的人家讲述黄艳雯的遭遇以及家中的情况，保证他们把人送回老家即可拿到丰厚的酬金。有车的人家多为衣食无忧之辈，他们不愿冒那样的风险，因此没人肯接这桩不知后果的生意。东郊外的郜家屯住着一户穷苦人家，他家四口坐着一辆破旧的驴车，由关内逃荒至此，夫妻二人心地善良，他们愿意冒险去送。黄艳雯知道自己病入膏肓，即将不久于人世，她怕中途出事连累车夫。临行前黄艳雯索来纸笔留下一封家书，详细记载自己出走的经过，恳求老父厚赏车夫，她把家书交给车夫保管，然后叮嘱道：不管自己是否死活，只要拿着这封书信就能领到酬金。为了照顾黄艳雯的生活起居，车夫将十一岁的女儿带在身边相伴。五月下旬，黄艳雯与两个好心的尼姑洒泪而别，登车上路，在车夫父女的精心照料下，历经多日才回到阔别两年的家门。

黄家本是名门望族，上溯三代为将，黄百川虽然革职赋闲，余威犹在，家中的院落恢宏，门庭森严，非寻常人家可比，车夫害怕不敢上前通报。看守大门的幺叔，发现驴车停在门前不走，急忙出来通知车夫，让他尽快把车赶走。躺在车上的黄艳雯见到自家仆人，异常兴奋，她坐起身来呼叫幺叔：快去通报我爹，他那不孝的女儿在门前待罪。幺叔听后愣在那里，看了半天才辨认出来，这是出走多日的小姐回府，他不再多说，转身进院飞奔而去，时间不长院内就传出喧闹声。黄百川带着家中的仆妇抢出大门，黄艳雯见年迈的父亲面带焦急，来到车前，她强自起身跪倒在驴车上泪流不止。女儿离家不足两年就变得发白容衰，黄百川不由得老泪纵横，他失声痛哭起来，家中的仆妇抢上前去，协助车夫把驴车赶到院内，仆妇和侍女围拢过来，将黄艳雯搀扶到闺房中沐浴更衣。黄百川把车夫带到书房，询问事情的始末，车夫并不知道详情，他从怀中取出黄艳雯的书信。黄百川看后进一步确信，黄艳雯负气离家独自出关，并不是荣振武携带女儿私奔，他让仆人把车夫父女带下去安排食宿，款待他们。黄百川独自坐在那里沉思，人生苦短，长寿者也不过百年，只要人品端正其他的事都能改变，女儿钟情于荣振武必有她的道理，以前自己所看到的只是出身，并未兼顾其他，所以才从中作梗，致使父女反目，害得女儿差点死在异乡。黄百川追悔莫及，他决定要不惜一切代价寻找名医，让女儿的身体尽快康复，然后再到广武向义兄请罪，恳请他把荣振武找回来与黄艳雯完婚，正在这时，有个仆妇进来报信。她说：小姐的身体太弱，浴后就昏睡不醒，不知老爷有何吩咐。黄百川本想把自己的安排告诉女儿，没想到她的身体竟如此羸弱，为了能让黄艳雯尽快康复，黄百川强抑关爱之情，他让仆妇精心照料，等到女儿苏醒后再来通报。

经过昼夜沉睡，黄艳雯终于苏醒过来，黄百川怀着愧疚的心情来到女儿的房间，关心地问起患病原因，以及这两年来的漂泊经历，他心存疑虑不敢开口深问，唯恐再伤女儿的心。黄艳雯的想法与黄百川相同，她也不愿提及此事，以免招惹老父生气，父女二人怔怔地对望，从他们的眼神就能感到相互之间的关切，源于从前的隔阂以及多日的分离，久别重逢的亲人竟显得敬畏和拘谨。最终还是黄艳雯开口，她把病卧广慈庵深得女尼的照顾，以及车夫父女不辞辛苦，长途护送的细节述说一遍，然后恳求父亲付给他们薪酬。黄百川听后深受感动，他说：没想到这些目不识丁的下人也能如此仗义。他让身边的仆妇把车夫父女叫来，当面致谢并拿出八百两银子，其中四百两作为车资由车夫收下，另外四百两赠给两个女尼作为酬谢。黄百川的做法让黄艳雯感到欣慰，父亲的处世之道也发生了变化，不像以前那样歧视这些所谓的下人。车夫走后黄百川才用试探性的语气，询问女儿离家出走的经过。

听说女儿在青泥桥上除恶施威，解救了商号的老板，万家岭前勇擒匪首，平息一场杀戮，黄百川高兴得站起身来，忘形地喝起彩来，这是黄家父女有生以来最幸福的一刻。交谈时间过长，重病在身的黄艳雯喘息起来，稍加休息她才讲起日军入侵的暴行，惨遭倭寇杀害的死难者，陈尸荒野没人掩埋，国难当头，积恨和惊恐使这个青年女子的身心难安，这就是患病的真正原因。女儿的气节让黄百川感到汗颜，他劝黄艳雯静下心来休养，等到病情好转就到广武向义兄请罪，征得他的原谅，把荣振武找回来与女儿完婚。历经磨难的人们绝不可能为情所困，黄艳雯平静地说：我与荣振武有情无缘，前些年的情谊只能当作一段永恒的回忆，这也许就是天意，爹爹的年纪已大不必再去劳神，我在有生之年能多陪您老几天，那就是上苍对咱们的眷顾。黄艳雯的话透出苍凉，黄百川听后惊出一身冷汗，他吩咐家人去请郎中，随后又备下一封书信派人送往广武。不到半个时辰，荥阳周边有名的郎中齐集黄家，他们轮流把脉，结果却默默地摇头，黄百川见状预感到不妙，他把郎中带到书房询问病情。郎中说：小姐急火攻心，久病不治，如今已是沉疴之末，我等医术浅薄无能为力，望黄大人另请高明。说完他们起身告辞，这时黄百川才体会出女儿的话中之意。

荣振武被逼走以后，袁寿臣就与追名逐利的黄百川断绝了来往，至今已有两年，没想到这位义弟竟能派人到广武传书，仆人用双手把信递上。看到送信人焦急的面容，袁寿臣这才意识到，可能有重大的变故发生。袁寿臣打开书信，信中的字迹潦草只有数语。大意是告诉袁寿臣，他女儿黄艳雯已从关外回来，希望义兄能到荥阳予以抚慰。黄艳雯已经回到家中，荣振武为什么还没现身，难道出了什么意外？袁寿臣的心提了起来，他再也按捺不住心中的焦急，当即起身，随着黄家的仆人奔向荥阳。送信的仆人走后，黄百川就候在门前等待，他见义兄不计前嫌及时赶到，急忙迎上前问安。袁寿臣只想面见黄艳雯，对黄百川表现出来的热情并未理睬。见到袁寿臣，黄艳雯竟失声痛哭起来，她把离家以后所遇到的磨难全部讲出。袁寿臣听后暗暗赞叹，这个节烈的女子竟有这等胸怀，她能放下个人的情爱，以民族大义为先，同时又为自己的弟子感到担忧，如今时局动荡，不知振武身在何方，他为黄艳雯诊脉，发现脉象紊乱似有不祥之兆。袁寿臣强装镇静，心中却已惊恐不安，他用好言予以宽慰，然后又开出一副补气安神的温药。回到书房黄百川首先开口，他求义兄把荣振武找回完婚，借此冲喜，让黄艳雯尽快康复起来。袁寿臣怒道：你等狼狈为奸，合谋勾结在一起，不择手段地对荣振武进行迫害，这才把他逼走，我对弟子的行踪毫不知情，让我上哪去找？黄百川被袁寿臣诘问得张口结舌无言以对，只能诺诺地说：二哥不必生气，我这就派人出去寻找。

一天清晨黄艳雯突然觉得浑身轻松，往日的痛楚全然不见，黄府上下一片欢腾，仆妇们服侍着小姐下床梳洗更衣，黄百川见状十分高兴，连忙派人把这个喜讯送到广武，袁寿臣听后暗叫不好，他怀疑这是回光返照。袁寿臣接过仆人手中的缰绳，飞身上马直奔荥阳，焦急的神色呈现在二伯父的脸上，黄艳雯马上明白过来，她自知大限已到，急忙要来纸笔，想在临终前为荣振武留下绝命书。黄艳雯提笔疾书：振武兄见字如面。吾兄乃人中俊杰，贱妹暗恋已久。私将艳雯二字改为彦文，以佐振武之旁。弗料，世事难测，颇多坎坷。惊悉吾兄遁离，贱妹心胆俱碎。随后弃家，远赴关东，苦寻两年未能如愿。兵祸阻路，病倒在广慈庵，幸得二尼相助才得以还乡。蒙家严宏赦，甚感涕零。贱妹自知病入膏肓，无药可救。弥留之际留柬，望兄见字节哀，小妹当含笑九泉。今生与兄有情无缘，望来世再见。黄彦文绝笔。遗书写完，一股倦意突然袭来，黄艳雯觉得双目难睁当即瘫倒，身边的仆妇赶紧过来把她扶到床上。黄艳雯安详地躺在床上昏睡过去，片刻气绝身亡。黄府上下哭声不断，黄百川尤为悲伤，他走到妻子的灵牌前不停地忏悔自责。袁寿臣怕黄百川悲伤过度，忙过来解劝。他说：人死不能复生，三弟要以孩子的后事为重，那样才能对得起她们母女二人。黄百川听后强止悲声，他让仆人布设灵堂，上下人等挂孝。黄家族人见黄艳雯生性刚烈，行事磊落，破例让这位孤身女子进入黄家的墓地，陪葬在其母之侧。

第二十五回　走湖广衡阳会友　返直隶除魔申冤

黄艳雯的死让黄百川幡然醒悟，他与袁寿臣重归于好。中秋佳节即将来临，黄百川提前备礼送到广武，两位老友回忆年轻时的趣事，对生死不明的林沛雨特别怀念，希望他能逢凶化吉活着回来，兄弟三人重聚邙山兑现当年结拜时的誓言。两位孤独的老人坐在一起谈古论今，直到天黑黄百川才起身告辞。送走了黄百川，袁寿臣正要熄灯睡觉，突见有个身背包裹的人来到门前，站在那里向四处观望。袁寿臣觉得奇怪，近几年很少有人登门，就连袁奀踬也不常到这座乡间老宅，来人见屋内熄灯忙高声呼唤师父，这种熟悉的声音如同响雷。袁寿臣惊喜万分，离别七年的弟子终于回到师门，师徒二人久别重逢心情都很激动，他们有许多话要问却不知从哪儿开始。荣振武特别关心师父与家人之间的情感纠葛，那些纠纷因他而起，所以才魂牵梦绕挥之不去。碍于情面荣振武不能直接去问，只得用问安的方法查探师娘和师兄的变化，然后再做去留的决定，以免让师父夹在中间为难。听到弟子的问候，袁寿臣叹着气说：你走以后，我才从黄府的仆妇口中得知了实情，这个阴狠的女人竟敢用卑鄙的手段对你进行迫害，没想到她请来的不是大仙，而是杀人越货的强盗。这个自私的女人知道强盗的意图以后，不到半年就在惊恐中死去。这正是，天作孽，尤可为；自作孽不可活。袁寿臣的话中带有憎恨之意，荣振武听后却有压抑之感，这毕竟是师门不幸，他想到师娘的坟前进行祭奠。袁寿臣止住弟子下面的话，告之他黄府发生的重大变故。

黄艳雯的死讯犹如五雷轰顶，没等把她的信看完荣振武已经成为泪人。袁寿臣神色庄重地说：人生得一知己，便不枉度此生，你有这样的红颜知己实属幸事，只要记住这份情意就算对逝者的回敬。师门的变化大体已经说清，袁寿臣这才询问弟子离家后的去向。

荣振武回忆说：离开师门后，他仍在广武的周围游荡，有时还站在山上眺望田园里劳作的师父，后来见师娘常回广武的家中，不再像以前那样吵闹。荣振武误认为师娘与师父和好如初，这才决定远离师门以免再起波澜，多年前他曾到廊坊的杜家兵器铺，去取那三件器物，闲谈时曾听杜沼和王五等人，谈及衡阳的赵海屏和黄逢春，说他们是享誉湖广的武林高手。荣振武离开师门无处可去，莫不如赶往湘鄂拜访那些名人，既可以增长见识又能到南岳衡山瞻仰风光，他转身向南，经湖北，跨长江，中秋过后才进入湖南境内，沿着湘江来到衡阳，沿途的名山大川让他感叹不已，横贯衡阳的湘江在此与蒸水、来水汇合，这是一座水陆畅通的古城，商贾云集的宝地。

乍到南国人地生疏，为了弄清这里的风土人情，吃过晚饭荣振武就与店主闲谈起来，客栈老板见他态度诚恳，就讲起这里的趣闻轶事。等到两人谈得投机时，荣振武才把话扯到正题上，他向店主探询赵海屏和黄逢春的详情。店主听后面容突变，目光中透露出警觉和不安，对有些问话予以搪塞。荣振武见状心中狐疑，忙把话题岔开，随即问起这里的武馆和镖局，他想从那些地方寻找线索。店主说：这里有家姓何的武馆，在湘江东岸，他的门人弟子倒也不少，衡阳没有镖局，如有大宗货物出行全由民团派人护送。荣振武听后连连称谢，他回到客房休息，等到明天再到对岸的武馆查探，也许能从那里找到赵海屏和黄逢春的踪迹。晨光未现湘江两岸已经忙碌起来，荣振武见天色尚早就在客栈中稍待，等到商铺开张之后再到武馆寻访，就在这时有两个青壮汉子推门进来，他以为来人走错了房间，没想到他们竟开口发话。其中一人说：是你要找黄逢春和赵海屏吗？荣振武听后先是一愣随即就明白过来，此事定与店主有关，他不知来人是敌是友，更不清楚黄赵二人的真实身份，为避是非缠身，荣振武面无表情地回答道：我在中州经商时，常听人们提及衡阳的黄逢春和赵海屏，如今得闲顺便过来看看，是否有合适的生意可做？两个汉子相互对望，脸色也缓和下来。他们说：不知黄逢春是否在家？他们让荣振武在客栈等候回信，然后就告辞离开，来人的言行诡秘不知是什么来头，在这个陌生的地方无处查证只能在客栈等候，直到傍晚仍不见青壮汉子的身影。荣振武镇定如常并未露出焦躁不安之态，他知道客栈的主人与青壮汉子同为一伙，肯定派人暗中进行监视。

直到第二天午后，青壮汉子才在客栈现身，他们要带荣振武去见那个神秘的黄逢春。静等两天才被约见，荣振武并未多问，他跟着来人过江，看看黄赵二位到底是何方神圣。眼前出现一座高大的宅院，从门庭构筑就能看出这家主人的气势，来到客厅门前，从里边走出一个面现威严的汉子，他对荣振武上下打量一番，才自我介绍说：鄙人就是黄逢春，不知阁下找我有何贵干？荣振武听后，回答道：两年前到京师拜访友人，曾听杜弨与王五等人提及黄先生的大名，他们倍加称赞，如今我到南岳玩赏，顺路拜见先生以解渴望之情。听到杜弨与王五等人的名号，黄逢春显得客气起来，他降阶相迎，请荣振武入内详谈，二人坐定。黄逢春首先开口，他说：小可蛰居江南僻壤之地，何劳北方的朋友如此挂念。随后就问起荣振武的出身来历。对黄逢春这种交际甚广的人，不能隐瞒实情，只得把自己的真实地址报出来。听说荣振武来自河南荥阳，黄逢春睁大了双眼。他急切地追问道：道光年间，荥阳曾有兄弟二人同殿中甲，一个入仕为将，官至荥阳守备。另一个投身天国，奉令出关去断清朝皇室的龙脉。请问先生是否知情？荣振武听后，稍加犹豫才予以回答。他说：那两位进士并非外人，他们是家师结拜的弟兄。黄逢春听后霍然站起，他拉住荣振武的手说：不用问您就是袁寿臣的弟子，有了这层关系就不必隐瞒，我与赵海屏都是三合会的分舵头领。我们会中有一首七绝诗：三合暗藏逐鞑虏，加入洪门莫通风。养精蓄锐盼日月，誓将清妖一扫空。近来砀山大刀会的首领庞盛选，准备对洋教堂和贪婪的官府发难，借此扯起义旗，因其实力不足，庞盛选传檄，遍请各地的反清组织前去增援，三合会与大刀会同气相连，对兄弟的壮举不能坐视不管，湖南分舵组织人马想去支援，恰在这时黄逢春的老父病情转危，身为人子无法脱离，只能让赵海屏独自率队前往，举事在即，唯恐官府侦知此事，所以才格外小心。

听完黄逢春的解释，荣振武这才明白他们的苦衷，话已说开再无顾忌。黄逢春回忆说：多年以前，他与赵海屏结伴到北京窥探清朝的动静，顺便到廊坊打造几件利刃，正巧碰上永清县的李殿邦，他也在杜家购置兵器，经过杜弨引见，他们在那里相识，长谈中发现，李殿邦的学识非同一般，无愧于京南逸隐的称号，他并不像别人那样炫耀，仍混迹于农夫之中，过着自耕自食的生活，这种品德实在让人敬佩。通过黄逢春的评说，荣振武对李殿邦的人品有了深刻了解，随后又谈起武林中的奇人异事，他们从关外谈到江南，从朝廷谈到市井，二人越谈越觉得投机。黄逢春想进一步查探这个年轻人的学识。他说：常听人们讲，天下的武林分为崆峒、峨眉、华山等八大门派，荣先生对此有何见教。荣振武说：在下初出师门哪敢妄下定论，据家师讲，上述那些传言，只是说书艺人哗众取宠的噱头，毫无道理，华山在陕西的华阴，崆峒在甘肃的平凉，峨眉地处四川之野，其他门派也都如此，上述那些地方皆为人迹罕见的荒岭。所谓的八大门派是由谋生的行当所定，少林、武当、字门、校军和鹰爪，这些为上五门。另有黑虎、花柳和绺窃，此为下三门。受戒的和尚必须外出化缘，他们不但要提防道旁的恶犬，还要防范歹人的劫夺，为了确保自身的安全就得习练防身术，少林寺自创建以来就与官府暗通，各地的和尚也想借这棵大树荫庇，这就形成了所谓的少林派。出家的道士多在深山幽险之处，借脉势导气炼丹以求长生，武当山贤人辈出，人们就将那些功法统称为武当派。庠序学子难耐寒暑苦读，学馆就以字意为武，让童生练习拳剑，深悟其中之理，随着流传的增减和提升，成为独特的字门武术。军旅乃国之大器，社稷的安危皆赖此辈，校军场上将士按操规演练攻守，娴熟后才能在两军阵前舍生向前，这种功法被称为校军门。没有王法天下必乱，差官以群狼驱虎的手段，施展擒拿锁扣的技法缉捕凶犯，这种技艺被称为鹰爪门。打闷棍，套白狼，掘坑设绊，入室绑票，这些都是黑虎门谋生取财的手段，讲的就是个狠字，这些人犯科后难逃一死，因此技法更加凶残，出手决不留情。花柳门以采花盗柳拐骗妇孺为业，他们不但习武还是使用迷药的高手，专对那些俊俏的青年男女下手，猎艳后就带到远处卖掉，或为奴或为娼手段极其下流。要想吃偷窃的饭，必须投身窃绺门，练成高超的轻功才能施展天鹅下蛋、硕鼠盗洞及蚂蚁过墙的行窃手段，那样才能盗取人家的钱财。世人为了谋生就得依赖那些风格各异的技艺。荣振武的话音未落，黄逢春就赞叹道：荣先生所论不入俗套，实在让人敬佩，少林派为和尚、武当派为道士、字门拳为儒生、校军门为将士、鹰爪门为捕快、黑虎门为打家劫舍的强盗、花柳门为采花盗柳的人贩子、窃绺门为登堂入室的窃贼。人要是没有所图，何必劳神费力，苦练那些技艺。荣振武说：门派的事难有定论，只能作为仁者见仁、智者见智的考量。

天近黄昏，黄逢春想要见识一下荣振武的武功，借此查证当年的邙山三友是否如江湖上所传的那样独步天下、傲视群伦，他提议到庭院当中各展技艺。荣振武到此为的就是增长见识，有此机会哪能错过，他随着黄逢春来到廊檐下相互谦让。为尽地主之谊，黄逢春首先下场。他说：我愿为荣先生作引玉之砖。说完就站到庭院当中。黄逢春挺胸拔背威风立现，只见他步踏罡煞，进退有序，蹿上扑下疾走如飞，左劈右打快如闪电，开合之中暗含杀机，几十个回合一气呵成，树上的枝叶被掌风震得脱落，覆盖在地面上。收式后黄百川面不改色气不长出，不愧为大家风范，荣振武看后连连称赞。他说：黄先生英名远播，真是百闻不如一见。黄逢春口头谦让暗中却很得意，这套拳法是他家的独门绝技很少外示于人，为了能让荣振武看出其中的奥妙，黄逢春让下人拿来笤帚，清扫场地上的落叶，借此展露自己的功力。荣振武明白黄逢春的用意，他装作糊涂并不提前说穿，地上的落叶已被清扫干净。荣振武却紧皱着双眉，他疑惑不解地看着铺地方砖。黄逢春见状异常兴奋，他走上前去假作不知地问道：不知荣先生有何见教？荣振武略加沉思才回答道：黄先生练至第三、七、十一、十五和三十三式时，共有五次方砖的碎裂声，如今地上的方砖却碎了六块，因此才让他感到疑惑，经过仔细回忆和查对这才弄清，当你练至第十五式时，用的是怪蟒翻身，双脚同时落地，脚下的方砖也同时碎裂，在下学艺不精，错把两块方砖的碎裂声混在一起，这才造成了误判。黄先生能在起落之间震碎两块方砖，这种功力实在让人敬佩。黄逢春听后大惊，眼前这个年轻人的学识出人意料，他收起得意的笑容，诚恳地邀请这个外乡人下场。

名动江湖的黄逢春绝非泛泛之辈，从刚才的身手就能看出他的功力。荣振武在此不能掉以轻心，这是他第一次在外人面前展示师门的技艺，从登堂献寿至倒踩七星，共计八十一式连贯而成，练完后不卑不亢地退至一旁。在场的人全都是三合会中的高手，他们一脸茫然，并未看出荣振武有什么惊人之处。黄逢春却截然不同，他紧锁双眉不停地思索，这套拳法看似平淡无奇，仔细推敲却暗藏玄机，招招都用在致命之处，却想不出任何破解的方法。黄逢春陷入迷茫，他呆呆地站在那里，连句恭维的客套话都忘记说了。为了摆脱窘境，荣振武采用反客为主的方法，化解这种尴尬的局面。他说：在下以微末之技在此献丑，请众位不吝赐教。听到荣振武的谦辞，黄逢春这才醒悟过来，他怕会中的兄弟信口雌黄。就抢先开口说：大方无隅，大象无形。这套拳法高深莫测，我等孤陋寡闻不敢妄加评论，还是请荣先生明示为妙。荣振武解释说：这套技法乃家师祖上所传，没入任何门派，这是强筋壮骨的功法没有什么新奇之处。荣振武不愿详述自己的技艺，可能有难言之隐，黄逢春不能强求，只能等到日后有了交情再去请教。

厅内的酒席已经摆上，黄逢春率领三合会的弟兄为荣振武接风洗尘。通过短暂的交往，黄逢春已经发现，眼前这个年轻人非同凡响，他想把荣振武拉进三合会，为反清复明的大业储备力量。酒至兴时黄逢春才把谈话转入正题。他说：鞑虏破关，马踏中原。圈地屠城，作恶多端。眼下气数已尽，荣先生才智双全，何不加入三合会，咱们联手举义干一番惊天动地的大事业，即使不能名垂青史也不算虚度此生。荣振武敬佩黄逢春的坦诚，他对反清复明的提法却不屑一顾，抛下师门的恩仇不说，明朝亡国已过二百多年，当今的世人与朱家毫无关联。三合会的首领想要借尸还魂只能徒劳一场，反不如历数清朝王朝的罪恶，唤起民众的同情和支持，有了这层顾虑，荣振武才婉言予以谢绝。黄逢春仍不想放弃，他继续说：三合会从乾隆年间就开始举义，会中的弟兄在湖广等地，发动了几十次武装起义最终都未能成功，究其原因，不是军中无将也不是会中的弟兄不勇，只怨那时天不助我。荣振武见黄逢春笃信天命，就辩解说：众位恕我直言，你们自恃知兵却不知在民间施德，这种做法犹如无源之水过之则竭，焉能取胜。想成大事者，必须以天下百姓为重，让他们与你同生死，那样才能兵源不断粮秣充足。荣振武的话让这位江湖豪客怦然心动，更想把他拉进三合会。这时已是初更，荣振武见时间不早忙起身告辞，黄逢春见挽留不住，只得派人把他送回客栈。

清晨起床荣振武刚走出客房，店主就满脸堆笑迎上前来，请他到后边用餐，这家客栈是三合会设置的眼线，所以就不再客气。饭后店主向荣振武介绍石鼓山和回雁峰等当地的名胜古迹，并把行走的路线讲清，诸事安排得十分精细，就是不提黄逢春的信息，连续四天依然不变。荣振武心中起疑，他怕三合会举义的事外泄，因此才放心不下，黄逢春与自己虽然只有一面之交，他们毕竟是志同道合的血性汉子，都把清朝当作仇敌，朋友有难岂能坐视不管。早饭后荣振武仍像往日那样不动声色，离开客栈就奔向黄逢春的家门，人在远处就看到，他家门前白幡高挂，走到近前才弄清楚，黄逢春的老父已经病故，他在家中操持丧事，无暇顾及其他。荣振武看后这才放心，他回忆起黄逢春的话，其父的病情转危无法离开，如今看来果然不虚。荣振武转身到店铺买来纸锞到灵棚祭拜，黄逢春带领家中的子侄列队还礼，忙乱过后就把他让到客厅，随后又领来一个英气勃勃的年轻人。黄逢春介绍说：这是家侄黄轸，他在城南书院读书，其子的志向远大且有正义感，是个可塑之人。黄逢春对荣振武的学识十分推崇，想让黄轸拜他为师。荣振武秉承师门遗训，哪敢乱收弟子，情面所碍无法拒绝只能委婉地推脱。他说：公私两面的事纠缠于你，等到日后闲暇再议此事。没想到这个黄轸就是日后名震中外的黄兴。黄家丧事勾起荣振武的伤感，他躺在床上无法入眠，恩师的身影不停地在眼前晃动，赵海屏出门在外无法会面，黄逢春守孝在家不能打扰，衡阳已经无处可去。荣振武决定，天亮以后就离开衡阳到荒山大泽中游荡，以解心中的烦闷，临行前他修书一封，让店主转交黄逢春。虽经店家苦苦地挽留，荣振武仍然离开，为防黄逢春赶来劝阻，离开衡阳就远离官道避入荒山，信马由缰无目的地前行，他游历了长江两岸的名山大川，借荒野幽静之地屏弃杂念，潜心研习师门的技艺，转眼就是四年。荣振武这才掉头向北，经云贵、川陕、横跨山西进入直隶，他想到北京拜访那里的朋友，途经保定府突然想起李殿邦。

荣振武决定到永清县拜访那位京南逸隐，来到武家营的道口，眼前的情景让他感到愕然，贯通南北的大道已被木栅栏封挡，行人过往只能从远处的田间小道绕行，圣公会的圆顶教堂矗立在三义庙的原址上，教堂内外被装扮得富丽堂皇，庄内的人发长过耳，全都身穿西装，清朝治下的发辫已经不见。荣振武历经多年磨炼，非比从前那样冲动，他面无表情地奔向永清县城，先到以前住过的客栈落脚，然后再设法查找李殿邦的下落。经过多日查询毫无结果，每当谈及洋人的事，这里的百姓就像遇到蛇蝎一般，缄口不谈迅速离开。这大晚上乌云遮月，心事重重的荣振武躺在床上无法入睡，他对这里的人和事感到疑惑，尤其是武家营俨如国中之国，那里的戒备比官衙还严，为了查清李殿邦的下落和庄内的玄机。荣振武决定夜探武家营以解心中之惑，三更过后，他穿戴整齐暗藏短刀，离开客栈就躲到暗处窥探，等到街上行人绝迹，这才奔向城东越关而去，武家营距县城只有三里之遥眨眼就到，村镇西侧是连片的庄稼地便于藏身。为了避开庄内的守卫者，荣振武从那越墙进去，庄内有几件怪事引起他的注意，每家门前都有一盏明灯高悬，这种做法极其耗油，就连官宦富绅也难以承担。

多年前荣振武曾在这里救过李殿邦师徒，对这里的街巷仍有记忆，他顺着大道来到镇南，李殿邦的家与其他人家一样也是灯火通明，房屋已被重新修缮，东厢房内传出阵阵笑声。荣振武蹑足潜踪来到窗外，只见四个短发大汉正在赌钱，身边还放着洋枪，可能是这里的值班人，他转身奔向正房，舔破窗纸向里观望，床上躺着一个胸佩圣牌的裸体壮汉，正拥着年轻的女子熟睡，女子胸前也佩有圣牌，从圣牌可以断定他们都是洋教徒。荣振武看后感到恶心，当即转身奔向后院，那里存放着大量的麻布方包，外边用竹板和铁线捆绑，数量之多短时间内难以估算，他不知包内是什么东西，忙抽出短刀划破包布，里面露出崭新的棉花。荣振武看后并未在意，那是家庭常用之物，离开李殿邦的家，掉头向北潜入教堂，室内寂静无声只有闪烁的烛光从里边透出。荣振武对武家营的变化毫不知情，因此不敢久留，只能无功而返。武家营的诡异引起荣振武的猜疑，根据李殿邦的为人和声望，绝不可能加入洋教，更不可能把老宅和家祠拱手让给教会，可是事实确实如此，他家已被洋教徒占据。李殿邦的弟子遍布山东、山西和直隶等地，其中多为殷实人家，有些人艺满后还入仕升为将佐，师门有难哪能不管，诸多疑问无法解释。荣振武坠入迷雾之中，他决定留在此地慢慢探访，清晨过后北风突起，随之乌云滚动降下暴雨让人感到阴寒。

荣振武被困在客栈中异常烦闷，他向店家借来雨具，想到东临的余味香全羊馆饮酒避寒，因为风疾雨大各种生意都显得清冷，偌大的酒馆只有两个壮汉坐在角落里饮酒。店家把荣振武让到临窗的座位，坐在那里可以看到整条街面，时间不长老酒和小菜就摆到桌面。荣振武心事重重，一边饮酒一边观赏外面的风雨，正在入神之际，突然听到喝酒的壮汉嘶声呼叫，他扭项偷看，其中一人面带泪痕情绪非常激动，不停地在辩解着什么事。荣振武收回目光，凝神静听二人的谈话，两名壮汉已有几分酒意，他们絮絮叨叨地谈论着。不过片刻就从谈话中得知，他们姓张，是亲兄弟，住在对街以打铁为业，祖传下来的生意一直不错，自从慈禧当政国家就陷入动荡之中，生意越来越不好做，铁匠铺也不例外，生意人不但要受贪官污吏和当地豪强的盘剥，最近几年还得忍受洋教徒的欺诈。张家兄弟拼尽全力仍难维持家人的生计，张家二弟头脑灵活，眼见教会的势力迅速扩大，为了免受官府的欺压，他到保守书房进行了洗礼并领到三块银圆。张老大见二弟不知羞耻投身魔窟，当即发火，他把弟弟找来痛斥一番。张家老二辩解说：我入洋教以后，官府和教徒就不敢到铁匠铺撒野，那样才能让咱们的家人过上安稳日子。张老大怒道：张家子孙宁肯沿街乞讨，也不能干那种昧良心的事，兄弟二人的想法不同，从此形同陌路互不往来。张家出了个洋教徒，永清县的官吏再也不敢到铁匠铺敲诈，历经两年张老大才体会到弟弟的苦衷。今天早晨风云突变，张老大借雨休停业之机把弟弟请到酒馆，想把以前的误解说开。从张家兄弟的对话中就能看出，张家老二并非邪恶之人，他入洋教的目的是想借教会的淫威，躲避贪官污吏的欺诈。为了能探出武家营的诡秘，荣振武借双方添酒之机与张氏兄弟凑到一起。张家兄弟本是性格豪放的铁匠，如今又有了几分酒意，在荣振武的刻意引逗下，张家老二讲出一个惊天的秘密。

东汉末年，刘关张起兵时曾在此地操练，后人借这段灵气建起这座三义庙，寺内有一眼水井，清澈见底甘凉爽口，百姓如有疾患都到这里取水，饮后就能痊愈，庙里的香火极盛。传教士看后心生嫉妒，他们纠集了当地的邪恶势力将寺庙焚毁，建起教堂并诬陷寺中的和尚，勾引教徒的妻子到庙里通奸。官府偏袒洋人，不问是非就把和尚关进大牢，洋教徒买通了典吏，他们在狱中私设公堂，两个和尚在酷刑下丧命，由此激起了民众的愤恨。为防天津教案重演，莱华胼派姚三黑除掉领头上告的王寅生，却将名动武林的李殿邦牵扯进去，五个行凶的教徒丧命，匪首的拇指也扔在李家门前。奸猾的高知县怕激起民变，他与府尹密谋，将典吏押到闹市当众处斩，狱卒被充军流放到岭南，庙里的主持与首座已死，通奸的事不再追究，在押的和尚全部释放，每人发给十块银圆，拿着自己的度牒改投其他寺院，三义庙与教堂的纠纷就此按下不提。前期那些纠葛，荣振武多半清楚，他假作不知继续询问。张家老二接着说：当地的官员不但不为百姓做主，反倒变本加厉进行盘剥，为了摆脱贪官污吏的欺诈，穷苦的百姓只能剪掉发辫投向教会，那样就可领到三块银圆又能得到庇护。洋人的势力越来越大，莱华胼成为传教士的楷模，他春风得意地到北京西什库教堂炫耀，人在远处就能听到那里的争吵声。莱华胼顺着声音走进主教的寝室，在华的主教全都聚集在那里。莱华胼居功自傲，没等别人开口相让就坐到那里，在场的主教见他不是外人，就继续进行他们之间的争论。

通过主教之间的争辩，莱华胼听清了其中的原因，甲午之战，清朝政府不但割让台湾、澎湖以及辽东半岛，并向日本政府赔偿白银二万万两。英国政府得知后垂涎三尺，他们也想学日本政府那样制造事端，然后对华进行讹诈。为了达到上述目的，英国政府让教会出面，以护卫教堂为由，从境外运进大批枪支弹药，分别储藏在教堂里。枪支可以长期使用，弹药是消耗品，英国距此远隔重洋不能及时补充，一旦事发很难应对。鄂方智首先提出，最好能在北京周边建立制造子弹的兵工厂，供给教会使用。主意虽好寻找合适的地点却十分困难，首先要在教会可控的范围内选址，交通必须便利，地点也得隐蔽，不能让那些局外人靠近，这些条件十分苛刻，所以在场的人才发生争论。有人提议在天津港外寻找目标，也有人提出反对，那里的交通虽然方便，天津的百姓却不好惹，专与教会为敌，事情如若败露必将激起民变。听清了主教之间的争论，莱华胼两眼放光。他站起身来说：众位主教不必争吵，永清县的武家营地处京南，东邻天津，镇东有条横贯南北的河，向南可通大清河，向北可通永定河，交通极其便利，那里的百姓多半被洗礼，且有上百名悍匪追随着姚三黑入教，武家营已经掌握在咱们的手中。莱华胼的一席话让鄂方智兴奋不已，当即率人到武家营进行实地考察。武家营的位置让这些图谋不轨的洋人感到满意，一个恶毒的计划就要在这里展开。

武家营并非是教会的一统天下，另有半数不信教的村民如何处理，这让在场的洋人感到为难。莱华胼早已成竹在胸，他想让三义庙的悲剧重新上演。莱华胼把姚三黑找来，让这个恶魔带着土匪到武家营，对那些不信教的人下发通告，每户可领五块银圆限期离开，如有抗命不从者强行予以驱赶。姚三黑听后一反常态，他面有难色地说：清除那些教外的村民，犹如碾死一只蚂蚁那样容易，家住镇南的李殿邦却不好招惹。莱华胼听后，沉下脸来说：你手下的弟兄拥有百人以上，并配有五十多支西洋造的快枪，论实力就连永清县城的守军，也不是你们的对手，难道还怕一个五十多岁的糟老头子。姚三黑解释说：李殿邦的武功再高也是血肉之躯，合我等之力除掉此人并非难事，他的门人弟子遍布近处几省，尤其那些神出鬼没的武林朋友更难提防。史坏水听后，凑上前来说：姚三黑的话确有道理，此事如要处理不当必将引起无穷的后患，以我之见不如让官府出面，给李殿邦定个罪名，借当官的手将他除掉，梅花门的弟子如要报仇那就是造反。一句话点醒梦中人，莱华胼告别了大主教，带着史坏水来到永清县衙，找高知县密谈，他用威胁利诱的手段，逼着高知县制造借口除掉李殿邦。高知县与洋人交往多年，深知这些人的狡诈和无情，他怕走典吏的老路，因此拒不接受洋人的钱财，更不敢对李殿邦暗下毒手。高知县对莱华胼开诚布公地说：你们洋人和李殿邦都有势力，洋大人的一句话就能让我丢掉官职，李殿邦的一句话就能让我丢掉脑袋，乱世之中很难生存，高某早就想辞官回家以求太平，主教如要嫌我办事不力，可到上峰那里知会一声，下官立马离开另换高明。高知县的神态和言词让莱华胼感到意外，史坏水怕把事情闹僵，忙上前劝解道：高大人不必动怒，主教把你当作朋友才如此直言不讳，请大人不要见怪。莱华胼见高知县对李殿邦也有顾忌，随即赔罪道：鄙人对高大人的难处考虑不周，望大人海涵。

话不投机双方不欢而散，在回教堂的路上莱华胼连连叹息。史坏水说：趁大主教没走之际，求他去找高知县的上司，只要那些高官开口，高知县绝不敢回绝。莱华胼说：史先生有所不知，直隶提督聂士成一贯与洋人为敌，这种人不可能为教会说话。史坏水说：你们可到北京去找直隶总督李鸿章，他是文华殿大学士，掌管清朝王朝的外交、军事以及经济大权，此人出面必能成功。洋人对史坏水的话深信不疑，没过几天就拿到李鸿章的手札。莱华胼带着史坏水再次来到永清县衙，他把这道手札递上，书札上只有寥寥数语，却透出杀机：臣子当为朝廷计，岂容一人伤友邦，行事当需慎之。下面署名，少荃，那是李鸿章的字号。高知县读后吓得两腿发抖忙换上笑脸，不敢再像上次那样强硬，这时的李鸿章已过古稀之年，仍是当朝第一人，小小的七品县令哪敢对他不尊。史坏水见高知县已生惧意，就适时上前套交情。他说：主教在李阁老面前褒奖高大人治境有方，只有刁民李殿邦依仗势力，横行乡里欺辱教民，无故制造事端，阁老听后震怒，让主教转告大人，铲除祸患才能造福桑梓。史坏水的一派胡言让高知县感到厌烦，他止住史坏水的话问道：不知让我做些什么。史坏水说：只求大人除掉李殿邦。高知县为难地说：李殿邦是个奉公守法的人，下官没有理由治他的罪。莱华胼见高知县推三阻四就沉下脸来说：不能公开处置就暗中派人刺杀。高知县说：本人外派到此，衙内的差役都不可靠，唯有文案是我从原籍带来的，算是心腹，此人只是一介书生手无缚鸡之力，如何能除掉武功高超的李殿邦。高知县说的都是实情，史坏水与莱华胼凑到一起窃窃私语，然后又与高知县商讨一番，史坏水这才满脸堆笑地陪着洋主人离开。

洋人走后高知县感到心神不安，不按史坏水的话去办大祸就在眼前，按着他的话去办今后将不得安宁，李殿邦的弟子岂能善罢甘休？权衡利弊还是先顾眼前为妙，他把文案找来耳语一番，然后让这位心腹出去准备。酉时过后忙碌一天的人们多已熄灯睡觉，突然有人敲响李家的大门，正在脱衣的李殿邦感到奇怪，他来到门前，从缝隙中看到县衙的文案，带领两名手提官灯的差役候在那里。官差登门必有要事，李殿邦毕竟是治下之民，哪敢怠慢。他打开大门询问：贵差到此有何吩咐？文案躬身答道：深夜到此多有打扰，望前辈见谅，我家大人派下差来请您老，到县衙有要事相商，望老前辈辛苦一趟。李殿邦说：在下只是一介草民，无德无能岂敢妄言，请上差在大人面前通融。文案来到李殿邦的面前，压低了声音说：我家大人想要铲除大洼地的匪患，所以才请前辈予以指教。听说剿匪，李殿邦这才答应到县衙筹划，武家营距县城不过三里眨眼就到，他们本该从东关进城。文案却说：东关的大门已经落锁，只能从南关入城。刚踏上护城河的吊桥，一股寒意突然从心头升起，凭借多年的修为，李殿邦预感到事情有异，正当他转身后退之际，桥头两侧各蹿上四个手提钢刀的黑衣人，他们将退路截断。站在一侧的文案大声喝道：你们要干什么。心地善良的李殿邦，误认为埋伏在桥下的黑衣人是冲着官差来的，他跨步上前挡在文案的身前予以保护。随同文案一起来的衙差扔掉手中的灯笼，抽出短刀，对准李殿邦的后腰猛刺。事发突然，躲闪不及的李殿邦被刺成重伤，血流如注，他强忍着剧痛反身挥掌，把偷袭者左侧的头骨拍碎，所谓的衙差伴着一声惨叫，倒地不起，气绝身亡，躲在桥边的文案趁乱逃走。另一个衙差的短刀扎空，他见同伴丧命，刚想后退就被李殿邦踢到桥下的河水中。八名有备而来的黑衣人，见李殿邦赤手空拳，如今又身负重伤，他们蜂拥而上抡刀乱砍。李殿邦流血过多神志有点模糊，他凝聚周身之力向前猛扑，探掌把一个黑衣人的喉管掐断，无意中把死者项上的圣牌抓到手中。至此李殿邦才明白过来，这场截杀是官府与洋人共同设下的圈套，为了能让家人和弟子知道真凶，他用尽最后那点力气才把圣牌的挂绳扯断握在手中。站在桥上的黑衣人见李殿邦气绝身亡，忙用事先准备的锹镐，在护城河的堤下挖出一个深坑将他掩埋，然后擦干血迹，抬起同伴的尸体逃回大洼地的砖瓦窑。黑衣人以为这次截杀做得天衣无缝，殊不知百步之外的苞米地里有人潜伏，那人名叫侯灵，原在山东兖州居住，是个亦正亦邪的飞贼，江湖人称闪电手。

三年前兖州大旱，城南一带颗粒无收，潜伏在家的侯灵见乡邻饥渴难耐就频频出手，盗取官宦家中的钱财接济灾民，干练的捕快顺着灾民手中的赃物查出了蛛丝马迹。侯灵见事情就要败露只得举家外逃，他来到永清县北的曹家坞在那落脚，暗中观察着这里的一切，伺机下手盗取大户人家的钱财。侯灵初来乍到不知道京南逸隐的底细，他见这里的人全都对李殿邦敬畏三分，就连那些官员也不例外。侯灵以为李殿邦是当地的恶霸，时逢一个风高无月的夜晚，他来到李殿邦的家，想要盗取他家的钱财借此对其戏弄。侯灵刚跃到屋顶就被李殿邦发现，他依仗轻功高明就施展金钩倒卷帘的技法，用脚勾住檐头探身下望，突有一只鞋飞来，正中这位闪电手的面门，吓得他浑身一抖，脚下松劲人也从房上摔下。侯灵的身手敏捷，半空中连续翻转才调正身姿，虽未摔倒在地却已现出狼狈之态，他刚想越墙逃走，突见李殿邦打开院门相送。侯灵本是梁上高手，初到直隶就在李家失手，他满面通红慌忙离开。两天后李殿邦派幼子给新来不久的侯家送去米面，绝口不提前天晚上的事，侯灵对此万分感激，从此不动武家营的一草一木。

南关血案过后，侯灵怀着好奇的心态来到永清县城，他想探出凶杀案的因由以解心中的疑惑，刚踏进城关就看到汹汹的人群，围在县衙的四周议论，昨晚李殿邦被官府找走始终未归。李家老少放心不下，天亮以后，李殿邦的儿子李岳峰及其弟子结伴来到县城，关门开放，他们就来到县衙寻找李殿邦的下落。文案见李家有人来找，就故作惊讶地回答道：李老前辈已于昨晚独自回家。李岳峰听后，急得满脸通红，随即就与文案争吵起来。他说：我父被你带走至今未归，永清县必须给出一个合理的解释。双方各执一词争吵不休，引来许多围观者，县衙周边挤满了人。高知县做贼心虚怕把事情闹大，他来到门前信誓旦旦地说：本县于昨晚把李老前辈请来，向他讨教保境安民的方略，事毕就急于离去，本官原想派人护送被其拒绝，后来的去向我等确实不知，李公子不要性急也许你父另有际遇，只要耐心寻访必能查清。侯灵听后大惊，昨天晚上遇害的竟是京南逸隐，难怪有那样的身手，他悔恨万分，自己一时大意没能看清李殿邦的面容，如若提前示警，再从远处呼喊鼓噪分散行凶者的精力，凭着京南逸隐的身手，即使不能取胜脱身并不困难，如今后悔于事无补。侯灵静下心神，暗自思考其中的疑点，文案与两名衙差应该是同路人，埋伏在桥下的黑衣人究竟是什么来路，从结局上看，他们与衙差也是同路人，难道都是县里的衙差。侯灵向身边的人询问：本县的官吏共有多少。有人回答说：除知县、县丞、典吏和文案以外，另有二十二名衙差。侯灵暗自计算，昨晚共有两人被李殿邦击毙，其中一人就是文案同行的衙差，据此推算，县里的衙差应该缺少一至两人。侯灵本是有案底的窃贼不敢公开露面，他躲在人群当中传播流言，以此逼出全体衙差，那样就能查出死亡者的身份和姓名。侯灵对身边的人说：他于昨晚看到文案与两个提灯的衙差与李殿邦一起进城，随即就发生了争吵，事情的起因不祥，应该让当事的衙差出来说明原因。侯灵那些半真半假的话迅速传开，李殿邦的家人得信后，要求文案把昨天晚上随行的衙差唤出来当面对质。文案听后开始惊慌，他支吾了半天也没把事件的始末说清，然后就借故逃离。

县里的衙差都是本地人，他们相互查询，结果二十二个衙差全都现身，谁也没跟文案出城，更没有人到武家营去找李殿邦。所有的疑点全都落在文案身上，李家子弟开始发怒，人群也随之骚动起来。文案见事情闹大，吓得满头是汗，躲进县衙再也不敢出来。高知县与文案同样坐立不安，二人商量多时仍没有合适的理由摆脱困境。高知县的眼睛突然亮了起来。他问文案：本县对你如何。惊恐不安的文案并未多加思考。他说：大人对我恩重如山，属下铭记在心。高知县叹道：今天这件事无法平息，只能由你一人承担，这里有根线绳，可用它到自己的住处悬梁，你死以后家中的眷属由我赡养。事已至此多说无益，文案按着高知县的吩咐，死在自己的屋内。文案的死讯传出立刻引起骚动，高知县来到县衙的门前，先对文案的疑点痛斥一番，随后又进行深刻的自责，他向李家弟子保证，一定要把事情的始末查清，文案与典吏一样都成为高知县的替罪羊。文案已死，高知县又信誓旦旦地表示要严查此案，李家子弟别无他法，只得回去另谋寻找的方向。

侯灵不敢公开其中的秘密，他回到家中寝食难安，为了报答李殿邦开门揖盗的情义。侯灵决定犯险报信，让李家明白案件的真相，他找来笔纸写明凶杀的地点，当晚就到武家营投书。李殿邦的弟子人人悲愤，却理不出其中的头绪，正在焦急的时候，突然听到外边有了响动，他们出来查看，发现有张包着石子的字柬，拿到灯下才看清楚。上面写着“南关桥下寻尸”六个字。悲愤的人们不管纸上写的是真是假，他们各拿刀剑和工具向南关奔去，按着字柬所写毫不费力就把李殿邦的遗体找到，这时他已经死亡了一昼夜。李殿邦的尸体被抬到家中，在清洗泥土时发现，他有十七处刀伤，贴在胸前的左手抓着一枚教堂敓发的圣牌，悬挂圣牌的线绳已被扯断。铁的事实摆在面前，站在床前的弟子全都明白，这是师父遇害时留给他们的物证，李家内外哭声一片。躲在人群中的侯灵心中雪亮，跟随文案的衙差一死一伤，可是永清县的衙差却一个不少，由此可见，那两个提灯的衙差也都是洋教徒所扮。李殿邦被害的噩耗传出以后，他的门人从各地赶来，在场的弟子共有九十多名，他们聚集在后院的厅堂里，进行长时间的密议，最后做出决定，丧葬期间弑师之仇暂且不提，在未查清事实之前任何人都不许擅自行动。丧事办完，四名在籍的将佐各自返回自己的驻地，不再与其他师兄弟来往，以免日后受到牵连。没有官职的人也远离武家营，回归自己的家中，绝口不谈师父被害的事，就连李殿邦的家人也锁上房门失去了踪迹。

除掉李殿邦以后，教堂里的洋人与那些作恶的教徒，提心吊胆惊恐不安，唯恐梅花门的弟子进行报复，事情的结果却出乎他们的意料。李殿邦的弟子既未提出追查凶手又未要求报仇，就连李殿邦的家人也不知去向，洋人的胆子又壮了起来。当地的民众对李殿邦的后人及其弟子感到失望，躲在暗处的侯灵异常气愤，大骂李家的门人弟子是缩头乌龟。除掉李殿邦这个心头大患，姚三黑再也没有什么顾忌，他带领手下的土匪进驻武家营，强行驱赶那些教外的村民，整座村镇哭声一片昼夜不停。侯灵静守一旁再也忍耐不住，他把家眷偷偷地送走，每天都在武家营的周围游荡，三个带头为恶的教徒进入视线。这位侠盗在恶徒的家门留下记号，当晚就用迷香将其家人熏倒杀掉，然后放火烧其家园，三个恶徒及其家人共计十九口，全部葬身火海无一生还。这场杀戮震惊了所有的人，带头作恶的教徒心惊胆战，他们的恶行有所收敛，各种猜测随之出现。有人说：那是李殿邦的冤魂回来索命。绝大多数人都认为，那是李殿邦的弟子为师父报仇。也有人推测，可能是武林中的朋友暗中出手，为李殿邦鸣冤。侯灵是个争强好胜的人，杀人后并未离开，仍躲在近处留神窥探，他见当地的村民夸赞李殿邦那些没用的弟子，心中更加不平。当天晚上侯灵再次潜入武家营放火，焚毁那些被教堂强占的房舍，入住其中的教徒及其家眷被烈火烧得惨叫不止，又有多名洋教徒伤亡，为了让村民明白事情的真相，他用烧焦的木炭，在墙上留下自己的姓名然后扬长而去，不知这位侠盗又躲到什么地方。侯灵虽有侠义之举，可他毕竟是绿林中的贼人。姚三黑与侯灵本是同类，对闪电手的事迹早有耳闻，在知情者的引领下，他带领十二名悍匪来到曹家坞，想要活擒这位闪电手，结果却一无所获就连查找的线索也没留下。

侯灵离开以后再也没人敢与教会抗衡，时间不长武家营就被洋人占领，并改名为新民庄。武家营的村民被赶走以后无家可归，他们结伴到东邻的荒草地落脚，在那搭建草棚暂时栖身，当时的处境十分困难，多年后人们才在那里建起新家，取名为新立村。武家营被教会掌控以后，洋人就从境外运来制造弹药的机器设备，并有技术人员随行指导。这里的居民都是种地的农夫不会做工，更没见过机器，即使设备安装完毕也无法开工。张家老二本是铁匠出身，明白尺寸，懂得钢铁的性能，他在教徒中的重要地位就显现出来。莱华肼让张家老二搬到武家营，伴随洋专家学习技术，再由他转教其他教徒。迁入武家营的洋教徒每户可分到五间砖房，三亩二分宅地和三十亩大田。张家老二的身份特殊可分到十间砖房和五十亩良田，他见待遇优厚这才从县城搬进武家营，成为教会中的重要人物，所以才深知其中的秘密。张老二的一席话让荣振武感到震惊，洋人的兵工厂已经建到天子脚下，清朝王朝竟不闻不问，炭灰本是做炸药的重要原料，难怪李殿邦的家中堆积那么多棉花。

荣振武见张家兄弟烂醉如泥，就结清账目告辞离开，回到客栈把铁匠的话重新梳理一遍，他决定摧毁这座魔窟，除掉境内这个隐患。经过一番准备，荣振武于夜深人静时离开客栈，越过城关奔向武家营，隐在镇外察看，等到巡夜的教徒过后，他飞身越过围墙摸到李家的后院，将堆积在那里的棉包用刀划开，棉花裸露便于点火燃烧，随后又攀上高杆摘下悬挂在那里的油灯。荣振武刚想用灯火点燃院内的棉垛，突然从墙边的井口里蹿出一人，事出意外双方同时一惊，等到那人站稳随即就明白过来。他高声呼喊：有人纵火。夜间寂静，整座村镇都能听到。荣振武从喊叫声中辨出，此人正是匪首姚三黑，身在匪巢不能手软，他抽出单鞭随手将油灯扔进棉花垛，油棉遇火顿时燃烧起来。姚三黑见状急得两眼通红，他掏出短枪连续射击。荣振武知道其中的厉害，他不敢硬拼只能借助周围的棉垛隐身，在间距之中穿行，择机拿起燃烧的棉包向姚三黑投掷。烈火飞舞，烟灰四散，遮住姚三黑的视线，他无法击中飘忽不定的对手，枪膛里的子弹已经射完。还没等更换新的弹夹，荣振武已飞身扑来，看到来人手中的单鞭，姚三黑这才回想起李家门前的断指仇人。他再次高喊：弟兄赶快过来，捉拿李殿邦的同伙为死去的弟兄报仇。近处的教徒听到姚三黑喊叫，各拿刀枪赶来增援，双方近身搏杀绞在一起，手持洋枪的教徒怕伤着同伙，只能眼睁睁地看着仇家发威，却无法开枪击杀。荣振武对这群民族败类深恶痛绝，他抖起神威无人能敌，眨眼之间就把身边的恶徒打倒在血泊之中，其余的教徒被吓得四处逃散。姚三黑这才看清了荣振武的身手，他自知不敌转身奔向井口没入其中。

荣振武与张家铁匠闲谈时，还未等把事情的始末说清，他们兄弟已经醉的不省人事，有关生产的规模、场地以及储存弹药的位置等，都未来得及探询清楚。荣振武进庄之初原想点燃这里的棉花，趁火起忙乱之际，找到制造子弹的机器设备将其毁掉，没想到这里竟设有地下暗道。洋人强占了武家营以后，对这里进行了大规模的改造，他们在庄内修建一条贯通南北的地下通道，其中有三个大型的车间和仓库相互串联，弹药的储存和加工都在地下，地表以上只有备用的材料。地下通道有两个进出口，一个设在教堂，另一个设在李殿邦的家，两个出入口都用井台进行伪装，局外人到此也难发现。躲进地道以后，姚三黑的胆子又壮了起来，他换上弹夹躲在暗处静等对手现身，出其不意用黑枪伤人。荣振武的学识渊博岂能上当，他从屋檐摘下两盏油灯，先把灯油泼洒到井下，姚三黑藏在暗处躲闪不及，全身都被灯油浸透，还未等他回过神来，燃烧的棉花如同雨点般的向下投来。姚三黑满身是火，形同疯魔一般向前奔去，嘴里发出凄厉的嚎叫，存放在通道两侧的弹药，被他身上的烈火引燃，随之发生了连锁反应，震耳欲聋的爆炸声不断地从地下传出，整个大地都在颤抖。荣振武初次经历这种场面不知如何应对，他被震得多次跌倒，等到爆炸间歇时才跃到镇墙之外，站在远处观望，庄内已经乱成一片，在火光的映照下留着半截短发的洋教徒，如同受到惊吓的秃尾巴鹰，他们嘶叫着向四处奔逃。天近黎明荣振武正想离开，教堂和近处的房屋突然飞到半空，随之传来几声巨响，大火迅速蔓延，整个武家营被烈火笼罩，再也看不到其他东西。荣振武这才吐出胸中的恶气，对九泉之下的李殿邦也算有个交代。

第二十六回 失都城帝后出逃 守家园义军挥刀

离开武家营，荣振武一路疾行，来到曹家坞，在东边的河水里清洗了身上的血迹和烟尘，然后投到旧州的客栈休息，天过午时才离开客栈向东邻的廊坊奔去，眼前的情景让人感到新奇，大街小巷到处都是头裹红巾、手提刀剑的青壮汉子，就连十几岁的孩子也模仿着大人的样子。荣振武留神察看，有些村镇，在宽敞的地方垒起二尺多高的土坛，头裹红巾的人们聚集在土坛周围舞刀斗剑，天至申时来到杜家的兵器铺，人在远处就能听到铁锤的击打声，杜弨正带着十几个工匠在忙碌着。大门的响声惊动了杜弨，当他发现荣振武时就扔掉了手中的铁锤，快步迎上前来，两只大手紧紧地握在一起。荣振武与杜弨虽然只有一面之缘，却情投意合，再加上双方的尊长神仪多年，两代人的友情得以延续，所以才显得格外亲近。二人坐定，杜弨用奇怪的眼神看着荣振武，旋即说道：今天早晨我就知道你能来寒舍下榻，所以就提前命人打扫房间准备被褥。荣振武以为杜弨在开玩笑，就随口应道：杜家的手艺名满天下，殊不知还能推算阴阳预知未来。杜弨说：今天清晨就有人从南边传来消息，昨晚武家营发生了剧烈的爆炸，致使三十多个洋人和教徒丧命，作恶多端的姚三黑也命丧其中。据当地的人讲，这次事件仍是李殿邦的朋友所为。杜弨的话没说完就来到荣振武的身旁，用鼻子嗅他身上的气味，然后又拿起单鞭，摘下套袋，到窗前仔细察看。杜弨说：上次你到廊坊，正是武家营发生血案的第二天，当时我就猜测，使短棍的神秘人物就是荣老弟，这次现身的人与上次那个人的体貌特征相同，因此我才断定如要是你必来我家。老弟的衣服虽然经过清洗，可是上面的火药味依然残留在缝隙中并伴有血腥气，钢鞭上的血迹也未处理干净。杜邵说得有理有据，荣振武面红耳赤愣在当场，不知作何解释才好。

杜邵见荣振武面现窘色，就用宽慰的语调对他说：要想除掉那些痕迹和异味，必须经过浓碱水浸泡方能清除干净。荣振武这才明白其中的破绽，他忙站起身来致谢，并把路上的见闻述说一遍，然后向杜邵讨教，头裹红巾的汉子究竟是些什么人，为什么敢在光天化日之下，手提刀剑而不惧官府。杜邵叹道：此事还得从李殿邦的身上说起，为了强占武家营，洋人与官府相互勾结，诱杀了这位名动京南的重要人物。李殿邦的弟子闻讯后，愤然聚在一起商讨对策。那些人知书明理且又出身豪门，是一群干大事业的人，他们恪守忠君之道，只恨洋人和贪官污吏并不反对朝廷，这就使报仇的计划难以制定。纵观当前的时局，清朝王朝在洋人面前步步退让，致使教会的势力迅速扩大，仅山东、山西、直隶与河南四省，就有大小教堂五千多座。李家弟子总共不过百人无法与洋人抗衡，这些人都有自己的家业，与侯灵那种敢于犯禁的绿林人不同，经过反复商讨最终达成公议，他们决定卧薪尝胆各自回家，宁肯忍受世人的嘲骂，也不妄谈为师报仇的事。李殿邦的弟子回到家中筑起土坛，广收弟子传授梅花拳，以此储备复仇的力量，不到半年，中原几省就有上百个坛口近万人加入，势力逐渐壮大起来。隐藏在民间的反清组织，见李殿邦的弟子筑坛授徒，他们也纷纷现身效仿，坛民的人数猛增到几十万。天地会的分支八卦教，多次起义都未能成功，人财已经耗尽无力再举义旗，眼下这种机会哪能错过，他们也投身其中，广收弟子传授八卦掌和八卦刀，借此壮大自己的力量。

李殿邦的弟子都是衣食无忧的富裕人家，不愿改朝换代，他们秉承儒家的教义，扶清灭洋以报师仇，这种忠君、御外、尊师的提法，颇受广大民众的认同。八卦教却截然不同，他们是明亡时组建的帮会，以反清复明为宗旨。天地会的首领聚集在山东共襄义举，八卦教的首领徐天吉见时机成熟，他拿出大明开国军师刘伯温的《烧饼歌》，以此为依据推举新的首领。他说：明太祖朱元璋早年出家与神佛结下不世之缘，因此才能得到神明的佑护。刘伯温博古通今深明韬略，精于象纬，对于未来之事了如指掌，所以才能顺应天时辅佐朱元璋夺取天下。刘伯温在《烧饼歌》的第三段中说：秃顶人来文墨苑，英雄一半尽还乡。北方胡虏残生命，御驾亲征得太平。这些话曾在明初得到过印证，朱元璋越位传孙，引起四子燕王朱棣的不满却又无可奈何，有人向他推荐一个名叫道衍的和尚，此人原居苏州，俗姓姚，字斯道，神通广大，他帮朱棣筹划，最终夺取了建文帝的皇位。朱棣登基后让道衍还俗，赐名广孝，授太子少师参与朝政，原来的重臣在姚广孝面前，黯然失色自愧不如，纷纷解职还乡。通过这些实例，再次验证了朱家与和尚之间的渊源。徐天吉的话让反清复明的人感到振奋。坎卦堂主王觉一说：山东泗水有个名叫朱逢明的人，原是朱元璋的后裔，此人生得相貌奇伟，心胸豁达素有大志，为记朱家亡国之恨，朱逢明常穿红色衣裤，乡邻不明其志，多称他为朱红灯，如能请其主持大局定能成功。在座的人对此都无异议，一致推举朱逢明为首领，择吉日迎接，八卦教的首领刚刚议定。艮卦堂主陈兆举又提议说：红花需要绿叶配，只有明主没有良臣相助仍难成其大事。据他所知，有个名叫心诚的和尚威望极高，他的俗名叫杨照顺，原是高唐州人，早年出家，法号本明，如请此人前来辅佐朱红灯，正应验了刘伯温的预言。秃顶人来文墨苑，御驾亲征得太平。众人听后齐声欢呼：天助我等成其大事。从此八卦拳坛就在朱红灯和本明和尚的带领下，公开喊出反清复明、灭洋除妖的吼声。

八卦拳坛的做法，让李殿邦的弟子感到恐惧和气愤，他们开设拳坛的目的是为了给师父报仇，惩治那些横行霸道的传教士，以及那些为非作歹的洋教徒，没想到八卦教却借机谋反，妄图夺取清朝王朝的江山，两种势力形同水火互不相容，导致了多次械斗，各方都有人员伤亡。洋人并未把宗旨不同的坛民放在眼里，他们又在平原县强行拆毁民宅兴建教堂。朱红灯得报后，率领八卦拳坛的弟兄赶到那里，放火烧毁正在兴建的教堂，对那些带头作恶的教徒予以严惩，并查抄了他们家中的钱财。知县蒋楷怕洋人怪罪，他带领辖下的清军前去围剿，结果被八卦拳坛战败逃回县城闭关不出。蒋楷把自己的败绩上报济南府，知府卢昌治也怕洋人，他与统领袁世敦一起带兵赶到平原县，眼前的场景让他们感到震惊，遍地都是红头巾，还未等清军列队，手舞大刀的八卦拳坛的兄弟早已冲到近前，清军虽然配有洋枪，无奈双方的人数相差悬殊，遭到重创的清军逃进城中固守待援。山东巡抚毓贤见朱红灯敢与朝廷为敌，当即派游击将军马金叙，率部将朱红灯和本明和尚捕获，在济南城中斩首。时隔不久又有几位首领遇害，血的教训让八卦拳坛的首领醒悟过来，不能再这样孤军硬拼，必须与其他拳坛的弟兄联合起来。他们与梅花拳坛的首领暗中磋商，最终接受了对方的劝告，暂时放弃反清复明的主张，共同对抗洋人的野蛮行径。从此两家拳坛融为一体，以义为重以和为先，各地的拳坛统称为义和拳，后来改为义和团。

讲到这里杜迢停顿了一下。荣振武依然不解地问道：官府能容忍义和团的存在吗？杜迢说：山东巡抚毓贤、直隶提督聂士成以及山西、河南等地的官员，对义和团的兴起也感到震惊，一时又不知如何应对。他们召集自己的属下商讨对策，有人提议征剿，也有人提议安抚，正当几位封疆大吏犹豫不定的时候，李殿邦在军中的弟子及时开口，为义和团的行为辩解。他们说：这些拳民多为忧国忧民的忠勇之士，当今列强环伺动乱不止，国家正在用人之际，望大人能亲临现场实地考察，引导他们报效朝廷。如用武力征剿必将与朝廷结怨，那些坛民如若效仿教民的样子，剪掉发辫投靠洋人，成为国法治外之民，大清王朝还能存在吗？毓贤听后觉得有理，当即派人去做察访的准备。

山东巡抚要来考查的消息传到义和团，各坛的首领齐集一堂，共同商讨接待的方略。有人提议：从义和团中选出一些武功高超的人，在毓贤面前展示自己的绝技，借此对这位手握生杀大权的巡抚加以震慑，使其不敢轻举妄动，然后再陈述教会作大对国家的危害，唤起朝廷的重视。这种提议原本恰当，有个算卦的头领却站出来反对。他说：高超的武功朴实无华管用而不精彩，毓贤出身监生不懂此道难辨高低，莫不如派出几个腰腿灵活的武戏子下场，他们能翻会滚还不怯场，定能博得巡抚的欢颜，再派几个跑马卖解的艺人出场，让大仙为他们画符念咒，演练铁头撞刀锋、金枪锁喉、油锤贯顶等硬气功，用江湖上的腥活迷惑毓贤。算卦人的一派胡言，竟得到大部分首领的认同，毓贤看后信以为真，他把这些神人请到按察司传艺，随后又跑到北京向端郡王载漪、庄亲王载勋以及大学士刚毅等密报：尔等拳民具有神力，能避枪炮，力胜洋兵全赖此辈等。说到这里杜迢面现愁容，不停地叹息。荣振武听后，冷冷地说：高官如此愚昧，义和团的首领又那样幼稚，他们把关乎百姓生死、国家存亡的大事当成儿戏，用那些下九流的手段相互欺蒙，这样的队伍上阵，岂能战胜凶残狡诈且利器在手的洋人。荣振武的话让杜迢眼前一亮，他转过话题说：荣老弟如能加入义和团，凭你的身手和学识定能当上首领，到那时再把这支铁血男儿组成的队伍，带到抗击列强的正轨上，岂不是奇功一件。荣振武叹息着说：从你刚才的述说中就能听出，义和团成立之初就埋下无法改变的隐患，梅花拳的传人要扶清反洋，八卦教的门徒要反清复明，双方的目的如同水火，眼下联手只是权宜之计，事后必将反目，这样的队伍还是远离为好。杜弨觉得荣振武的话很有道理，这才闭口不劝。

世道动荡，杜家的生意格外红火，定做兵器的人络绎不绝，荣振武怕耽搁杜弨的生意，天明就告辞离开，他想赶往芦台拜访直隶提督聂士成，探听这位高级将领对时局的看法。临行前杜弨反复叮嘱，希望荣振武能尽快回来，他有要事相商。离开杜家一路所见，到处都有义和团的身影，这场保卫家园捍卫传统的争杀将不可避免。看到那些手持刀枪棍棒的铁血男儿，荣振武的心情异常沉重，情绪激昂的坛民并不知道前途伏有凶险，他们昂首挺胸，抬着土炮在大道上游行。并不停地呼喊：天不下雨地发干，全因教堂遮住天。神助拳，义和团，只因洋妖闹中原。激昂的口号响彻大街小巷，让人感到振奋。廊坊与天津相邻，当天就来到提督衙门，荣振武拿出聂士成当年签发给他的名刺，门军看后客气地告诉他，聂大人被调回京中述职，不知何时才能归来。荣振武听后站在那里沉思，时局动荡不安，这位拱卫京畿的直隶守将赴朝，定与今后的战局有关，他来拜访的机缘不巧，只能失望地返回廊坊。

到杜家谈生意的人比较复杂，有军中的将士和衙门里的捕快，也有乔装改扮的绿林人，如今又增加了义和团的勇士，这些人的生存之道不同，他们之间势如水火难以相容。杜弨不敢多言只能小心应对，晚饭后，他关紧房门把荣振武带到僻静的套间里，面色凝重地说：我有一件事想请荣老弟相助，只因前途凶险，所以才一直未敢开口。荣振武说：你我二人离多聚少，可是咱们的心志都很清楚，只要杜兄认为该办的事就不必多虑，在下定当竭尽全力。杜弨说：天地会为形势所迫，暂时不提反清复明的主张，可他们并未忘掉当初的宗旨，直到目前仍在暗中筹划。八卦教借朝廷利用他们的机会，从清军手中购到三百多支西洋造的快枪，藏在我家的地窖里，择机运往天地会的广东分舵，准备在那里起事，如今已经过去半年，仍未选出合适的人护送，自从你来以后，我就萌生了求助的念头，只是无法开口。荣振武听后，稍加沉思就回应道：此事关系重大，我怕路径不熟难以胜任。杜弨说：那些枪支经过严密封装很难看出破绽，另有三十名身手敏捷的汉子随行，任你途中调遣，他们是从天地会中筛选出来的高手。荣振武见杜弨的语气至诚不好推辞，只得点头答应。他说：杜大哥既然开口，在下只能听命一试。杜弨见荣振武答应下来，立刻就把八卦教的首领找来，共同商定运送枪支的事宜。没过几天，荣振武就带领八卦教的人马启程，离开廊坊向南奔去。

光绪二十四年，北京发生动乱，慈禧把光绪皇帝赶出皇宫，囚禁在中南海的瀛台，随后又把倡导变法的谭嗣同、康广仁、刘光第、林旭、杨锐和杨深秀等六人拘捕，说他们结党营私，莠言乱政，以大逆不道的罪名押往菜市口处决。康有为和梁启超闻讯后，逃往日本才躲过那次劫难，这场风波在朝野之中引起一阵大乱。洋人见清朝王朝发生了窝里斗，他们的行为更加猖獗，被教堂夺走家园的百姓无处申冤，只能投奔义和团，借此向洋人讨还公道。民教之间的争斗愈演愈烈，愤怒的拳民将教堂捣毁，将狂横的传教士和那些带头作恶的洋教徒打死。背祖忘宗的洋奴才虽然有枪，可他们毕竟是被国人唾弃的残渣，充其量不过一小撮，难敌广大民众的铁拳，惊慌失措的洋和尚只能向他们的政府求助，列强的战舰停泊在境边陈兵以待。用暴力攫取大权的慈禧做贼心虚，她既不敢得罪洋人又怕隐藏在朝野之中的帝党，煽动民众向她夺权。自以为心术过人的慈禧，一边安抚洋人一边鼓动拳民，她想用引狼驱虎的手段作壁上观，借此转移民众对她篡权的愤恨。朝廷虽然腐败，清朝王朝的疆域却不可小觑，民间的力量更不可低估，洋人对此也有顾忌，他们找到李鸿章的亲信盛宣怀，让他暗中联络两江总督刘坤一，湖广总督张之洞，以及两广总督李鸿章、山东巡抚袁世凯、浙广巡抚刘树棠、闽浙总督许应骙等封疆大吏，与列强签订了《东南互保条约》，借此钳制各地的军事力量。

有了这个条约，英美德法俄日意奥等八国，派出二十四艘战舰齐集大沽口，英国海军中将西摩尔率部首先登陆。各地的督抚难料帝后两党争斗的结果，他们借互保条约为由按兵不动，致使八国联军独战直隶一省。在直隶任职的将官多为慈禧的心腹，他们见洋人登陆立即溃逃，只有直隶提督聂士成和天津镇总兵罗荣光，拼死抵抗壮烈献身。联军登陆后对百姓进行大屠杀，五万多人的塘沽失去了华人的足迹，一千多户的新河仅剩三百，北塘的房屋全部被毁，人口死亡过半。当时曾有一首民谣控诉此事：塘沽一扫光，新河半拉庄，北塘遍地荒。天津城破后，洋人对那里的百姓肆意屠杀，战后历经三日仍未将死者的尸体清理干净。参战的联军，除海军外另有一万九千多名陆军，日军中将山口素臣率军八千，俄将利涅维奇率军四千八百，英军司令盖斯里率军三千，美军中将沙飞里率军二千一百，法军将领福利率军八百，德军二百，奥军五十八，意军五十三，日本是这次出兵最多的国家。攻占天津以后，洋人沿着运河向北京进发，清军将领宋庆、马玉昆等初战即溃，逃往通州潜伏不动，直隶总督裕禄逃至蔡村，在棺材铺中拔枪自尽。裕禄败死，宋庆、马玉昆等溃逃，只有义和团的勇士与入侵者血战。

原任山东巡抚的李秉衡，因受巨野教案牵连，于光绪二十三年被朝廷革职。敌军入境，身在江苏的李秉衡率军北上，前来京师勤王。临行时他曾发誓：宁愿以身殉国，决不偷生后退。危难时刻，慈禧重新启用这个罪臣，她让李秉衡统领陈泽霖、张春发、万本华和夏辛酉这四部人马迎敌，北仓已经失守。李秉衡决定在河西务布防，联军到达未等开战，陈泽林就违令溃逃，张春发与万本华战至中途败走，只有夏辛酉死战不退。李秉衡与夏辛酉率部苦战一昼夜，打退敌军多次冲杀，最终弹尽无援只得退走。李秉衡原想与联军决一死战，无奈兵将不听指挥而败，他愤然写下遗书，服毒自尽以全臣节。直隶境内的将领纷纷溃逃，毗邻京师的袁世凯，躲在山东巡抚衙门称病不出，各省的将领按兵不动，慈禧这时才感到绝望。

慈禧怕被洋人俘获，她提前换上农妇的衣裤，改梳汉人的发髻，做好出逃的准备。庚子年七月二十一日卯时，慈禧率众徒步出宫，上车后经景山西街，出地安门冒雨至西直门。从者皆被淋成落汤鸡，与昔日那种銮仪肃穆、提炉飘香的场景形同隔世。出了西直门向北，经颐和园御道至高亮桥，过了青龙桥，红山口、望儿山、西北旺，在离京七十里的贯市夜宿。第二天继续前行，最终在西安落脚，这就是所谓的庚子西狩。自诩为文明世界的国家，组成的联军进入北京就伸出贪婪的魔爪。八国联军将慈禧从民间搜刮来的钱财、珍宝全部抢走，历经数日仍未运完。

国库和民众的钱财被洗劫一空，八国联军又以武力相威胁，逼迫清朝政府签订《辛丑条约》。慈禧派庆亲王奕劻与李鸿章一起与洋人议和，只要能保住自己手中的大权，什么条件都可以答应。条约签订后，八个参战国的使节设宴庆贺，并邀请李鸿章和清朝的官员参加，日本驻华公使小村寿太郎，生得矮小丑陋却是个中国通，他趁各国公使在场之机，出联对中华古国进行羞辱。小村寿太郎要来笔墨当众写出：琴瑟琵琶八大王，王王在上，合手为拿。他拿着这副上联，用傲慢的目光看着清朝的官员，让他们对仗下联。李鸿章等人看后，臊得满面通红无颜以对，恰在这时有个传菜的杂工上来，他放下手中的方盘，默默地来到案前提笔挥毫，悬肘疾书，然后掷笔于地转身离开。传菜工书写的下联为：魑魅魍魉四小鬼，鬼鬼犯边，单戈应战。在场的人看后大惊，忙派人去找，传菜的杂工早已不知去向。李鸿章如同走火入魔一般，不停地重复着单戈应战这句话，各国的使节也收起了狂傲之态。李鸿章在一片骂声中回到家中，不到两个月就吐血而亡，临死前这位阁臣还叨念单戈应战这句话，不知是固执己见，还是另有所悟。

为了躲避通往广东的关卡，天地会决定改走水路，他们把枪支分别装在两艘渔船的舱底，由永定河顺流而下，从南北运河的交汇处转入金钟河，经北塘出海，沿着海岸经山东、江苏、浙江，历经两个多月才到达广东，交割的事由天地会的人去办与荣振武无关。广东分舵的首领郑士良以行医为名联络各地的反清志士，家中开设的同生药铺就是天地会的分舵，江南的天地会与北方的天地会叫法不同，他们称为三合会。光绪十二年，郑士良与孙中山同在基督教长老会所办的博济医校学医，因其志同道合，二人结为挚友。年初，郑士良受孙中山之托，准备在闰八月十五在惠州举义，因为急需枪支，这才遍请各地的同仁予以支援。郑士良本是性情中人，他设宴款待荣振武及其同来的北方兄弟。通过交谈荣振武得知，即将爆发的惠州起义另有洋外援，日本驻中国台湾地区总督儿玉源太郎，以及日本著名的浪人宫崎寅藏等都参与其中，英国驻香港总督卜力也不甘落后，他授意香港立法局，让华人议员何启拟平治章程，倡议孙中山所领导的兴中会与李鸿章联手，据两广而独立。荣振武见郑士良等人的背景比较复杂，他谢绝了天地会的挽留，当即告辞离开，独自到广州的越秀山、流花湖，肇庆北郊的鼎湖以及虎门等地游览。

多日后从北方传来噩耗，八国联军已在大沽口登陆，天津沦陷，洋人正挥军北进。局势突然变化，荣振武这才醒悟过来，洋人在北方联手对爱国的军民动武，强占那里的重镇，借机掠夺丰富的资源，同时又支持南方的会党，暗中派人策反那里的封疆大吏，唆使他们脱离清廷自立为政，两种手段都是为了达到分裂的目的。荣振武关心北方的战事，直隶守将聂士成是位久经沙场的宿将，根据他的为人，绝不可能在敌军面前退缩，天津如若沦陷，这位爱国将领必将凶多吉少。敌军进犯京师必须经过廊坊，杜家的店铺紧邻官道，难逃战火的蹂躏，不知杜弨能否躲过这次劫难。荣振武再也无心游览，带上自己的物品起身向北，历经风餐露宿，终于回到满目疮痍的廊坊，这里的房屋全部倒塌，遍地都是瓦砾。杜弨正带人清理家中的残垣断壁，突见荣振武从远处奔来，他扔下手中的碎石迎上前去，两个人的手紧紧地握在一起相对无言。杜弨的泪水犹如泉涌，战火燃烧至今，这位打铁的汉子还是第一次落泪。等到心情稳定以后，荣振武才开口问道：杜兄的家人可否康泰。杜弨说：开战之初他就猜到这种结局，装备精良的敌军有两万之众，另有二十四艘战舰用远程炮火支援，聂士成与罗荣光的部下合起来不足七千，余者皆为无能之辈不可信赖，双方的实力相差悬殊难以取胜。为防不测，杜弨提前将家眷送到城南的乡下，只有他一人留守家中，战争发生时藏身地窖才得以逃生。听说杜家安然无恙，荣振武这才放心，家事讲完杜弨又把天津失守、北京沦陷的情节述说一遍。

荣振武对聂士成的壮烈殉国深表哀伤，同时又加深了对洋人的仇视，他问起义和团的首领，那些人多为津京鲁冀一带的武林人物，不知他们的近况如何。杜超叹道：义和团的首领虽有绝技在身，却是一群目不识丁的粗人，建坛之初就轻信了巫婆神汉的谎言，神灵附体，符箓在身，即可刀枪不入的谎言在义和团中广为流传，坛民信以为真。两军对阵真与洋人交战时，坛民自持有神灵护体，他们不避敌人的枪炮，口诵咒语结队向前，结果被炸得血肉横飞，血的教训惊醒了在场的人，义和团的幸存者这才意识到，赤手空拳难敌洋人的枪炮，失利的人们惶恐不安，还未等他们筹划出新的方略，时局已经发生了变化。慈禧原本是个反复无常的老女人，她见时局对自己不利，马上调转枪口，协助洋人追杀义和团，有些头领被逼得隐姓埋名逃亡在外。荣振武惋惜地说：义和团的壮士皆为民族精英，每逢国难当头他们就能现身，后世不能忘记这些人的壮举。杜弨与荣振武正在慨叹之际，突然想到一个与他们相识的人。杜弨说：子彬镖局的王五也在这场变故中丧生。荣振武听后暗自一惊，忙问噩耗的经过。杜弨说：王正谊是个胸怀大志的人，总想跻身仕途干一番惊天动地的大事业，以光王家的门楣。为了实现这个梦想，王正谊带着几个志同道合的朋友来到北京，在前门外开设镖局，寻机结交朝中的官宦求其举荐。王正谊只是一介布衣，无缘接近京中的权贵，无奈之下只能苦苦地等待。

中日甲午战争的第二年，既光绪二十一年三月，李鸿章与日本首相伊藤博文在日本的春帆楼，签订了丧权辱国的《马关条约》。消息传开，举国上下一片哗然。这时正逢三年一次的会试在京城举行，各省的举人共有一千二百多名，齐集在宣武门外的达智桥，随后到松筠庵的谏议草堂候试，得暇传看《马关条约》的内容。十八省的举人情绪激愤，公推康有为执笔陈言，向圣上进谏。康有为以一昼两夜，草万言书，请求光绪皇帝下诏，鼓天下之气，励天下之士，以雪国耻，随之发生了公车上书。此举有发聋振聩之势，大街小巷迅速传开。慈禧与李鸿章、荣禄等人沆瀣一气，他们以御宝已落、无法挽回为由，偷偷地把条约送往日本。

光绪皇帝被逼无奈，这才痛下变法的决心。四月二十三日发《明定国是诏》，宣布变法，任康有为做总理衙门章京行走，梁启超、谭嗣同等各有要任。慈禧唯恐大权旁落，早有预谋应对，她强行任命荣禄为直隶总督兼北洋大臣，陈兵皇城周围。任裕禄为礼部左侍郎入主军机处。警戒九门健锐营的统领也换成了她的心腹，蓄势以待，随时都可以对帝党出手。光绪皇帝预感到局势不妙，他于七月罢免了礼部尚书怀塔布、许应骙等六名后党的高官，并把李鸿章逐出总理衙门。任谭嗣同、杨锐、刘光第和林旭，以四品衔入军机章京行走，号称军机四卿。光绪以为这样就可以掌控军政大事，其实并非如此，谭嗣同等只是一群儒生，虽有强国之愿，却无治军之才。帝后两党之争日趋激烈，光绪皇帝唯恐不测，密诏康有为等设谋相救。谭嗣同是湖广总督谭继询之子，此人生性豪爽，博览群书，早年曾游历直隶、山东、山西、江苏、江西、浙江、安徽、甘肃、陕西、新疆等地，是个见多识广的人物。如今事急，其父虽有重兵在手，却在千里之外，远水难解近渴，他想起组建新军的袁世凯。同在军机处的林旭，深知袁世凯的为人，他极力反对并赋诗一首：伏蒲泣血知何用，慷慨何曾报主恩。愿为公歌千里草，本初建者莫轻言。林旭把袁世凯比作汉朝末年的董卓，劝谭嗣同不要重蹈袁绍与何进的覆辙，以免引火烧身。

谭嗣同又想起子彬镖局的大刀王五，半年前经友人引见，他与王正谊相识，两人一见如故都有除弊报国之心。谭嗣同那时就预感到，单凭他们这些手无缚鸡之力的文人，难变传承已久的陈积陋习。久蓄入仕之愿的王正谊，从谭嗣同的言谈中，就能体察出这位变法者的大志和担忧。当即他就表示：公等如有所需，王五定当带人相助，决不食言。从此王正谊与谭嗣同、梁启超等人经常相聚，成为无话不谈的挚友。谭嗣同无人可依，这才想起王五以前的誓言，他来到子彬镖局，把光绪皇帝的密诏以及救驾的事，对这位江湖豪客述说一遍。王五听后挺身站起，他愿联络友人拔刀相助，谭嗣同让王正谊串联武林中的志士，到皇城近处待命，伺机保护皇上。三天后谭嗣同再次来到子彬镖局，他向王正谊询问：事急时能有多少人马可以调用。王五回答说：目前已有五十多人愿意舍命相助。谭嗣同出身官宦世家，经历的都是军国大事，非比江湖上的恩报仇杀，其父官居湖广总督，麾下即有数万人马，当他得知只有几十人可用，不由得大惊。谭嗣同叹道：皇城的禁卫军归醇亲王载沣统领，他是慈禧的心腹，为人奸狠阴险，禁卫军分为骁骑营、前锋营、护军营、步军营、火器营、健锐营和虎枪营，总计一万两千多人，他们不但配有英国制造的十三响快枪，亦有火炮相随，区区几十人无法与其抗衡。王五的功力虽然超群仍是一介布衣，他能召集到五十多人舍命相随实属不易。谭嗣同无计可施只得失望而归。

慈禧是个政变的老手，喜欢掌控幼童，同治皇帝六岁登基，十九岁驾崩。光绪皇帝四岁登基，十八岁亲政，随之就发生了帝后两党之争。光绪皇帝已经二十八岁难以驾驭，慈禧与荣禄密谋，想立端郡王载漪之子溥儁为皇储，等到元旦过后就逼光绪行让位礼，由溥俊登基改元保庆。光绪见危机临身，他把第二道密诏交付林旭，此诏只有八个字：朕位难保，密筹良策。危机迫在眉睫，无人可依的谭嗣同，决定到法华寺探听袁世凯的口风，二人见面，略作寒暄就谈起朝中之事。近一段时间，袁世凯与谭嗣同等人的关系极为密切，他想借朝中这股新的势力，达到快速升迁的目的。谭嗣同把话题引到光绪身上，说他变法艰难，袁世凯听后霍然站起，他神态激昂地说：圣上是旷世之明主，中兴之君王，为报知遇之恩，我愿为他肝脑涂地，血溅五步亦不足惜。谭嗣同见袁世凯主动表态，这才把光绪皇帝的密诏说出，请他除掉荣禄以解皇城周边之围。袁世凯听后，拍胸顿足满口答应。他说：灭掉荣禄犹如屠宰一头瘟猪，请转告圣上放心。谭嗣同把袁世凯的话传给光绪皇帝，第三天即八月初五，袁世凯被单独召见。他对光绪皇帝说：新进诸人，固然不乏明达勇猛之士，惜其阅历太浅，处事失之缜密，倘有疏误唯恐累及圣上。光绪皇帝见袁世凯出言至诚，连加勉慰。袁世凯原是正四品的浙江温处道，在天津小站操练新军，召见后被光绪皇帝破格提升为正二品的侍郎。

回到法华寺，袁世凯闭门静思，如能救皇帝于危难之中，他将成为天下第一功臣，入阁掌权将不在话下，可是事情得反过来看，荣禄是直隶总督，麾下另有两支劲旅，其一，是董福祥的甘军，驻防北京城。其二，是聂士成的武毅军，驻守天津重镇。聂士成原是袁世凯的曾祖袁甲三的部将，袁世凯在聂士成的面前只能以孙辈自居。久经沙场的聂士成年近六十雄风犹在，工于心计的袁世凯哪敢与其相争，他权衡帝后两党的实力，光绪身边只有一群舞文弄墨的儒生，各省的总督、巡抚多为慈禧的心腹，那些手握兵权的封疆大吏才是政权的根基。袁世凯决定到颐和园向慈禧告密，随即他又改变了主意，荣禄是自己的顶头上司，如若越其上奏必将引起他的嫉恨。这时已近黄昏，袁世凯身着便装，只带一个贴身侍卫就匆忙地奔向天津，向荣禄告密。各种谣言不断，北京城中的粮价飞涨，光绪于清晨向慈禧请安，从语气中发现情况不妙，他传谕康有为等迅速出走不可迟延。康有为见事不好，忙登上英轮外逃，梁启超由日本公使庇护，用兵船将他送走。光绪皇帝被慈禧囚禁在瀛台，过着与世隔绝生活。谭嗣同、刘光第等六人于八月初六被捕。谭嗣同在牢房的墙壁上留下一首七绝：望门投止思张俭，忍死须臾待杜根。我自横刀向天笑，去留肝胆两昆仑。他把光绪和康有为，比作迎风傲雪的昆仑山，希望他们能重整旗鼓再现变法。八月十三日，谭嗣同、林旭等六人被押到菜市口刑场。临刑前谭嗣同高呼：有心杀贼，无力回天。

百日维新彻底失败，王五想要报效朝廷的愿望也随之落空。变法是一场汰裁沉员的大换血，王五本想投身其中博取功名，结果却成为泡影。光绪虽被囚禁仍是一国之主，康有为等变法的首脑也都成功逃往海外，王五早把自己划入帝党之列，他躲在暗中等待东山再起。事过不久就在民间爆发了义和团，其势如燎原之火迅速蔓延。有了上次失败的教训，王五不敢贸然行动，经过多方论证才查清了义和团的宗旨，除了反对洋人以外并未有什么政治抱负。因此王五才置身事外，远离那些徒劳无益的争斗。帝后两党争斗的余波未平，神灵附体的义和团又与上帝的信徒厮杀起来，凭借枪炮强行建造起来的教堂，常被义和团的神火烧毁。内外交困的慈禧束手无策，只能向自己的心腹问计，李鸿章和荣禄主张对义和团进行剿杀，以此取得洋人的谅解。军机大臣刚毅和御前大臣载漪则认为，义和团人多势众，神通广大，可以用这些不拿粮饷的人马去斗洋人，以防大清国的百姓全都投靠洋人。慈禧听后犹豫不决，李莲英上前，悄声说：宣武门外有个游方的瞎子，号称神算，不如让他进宫推算一下再做决定。慈禧进退两难，无奈之下只得点头答应。

当天下午，李莲英就把这位神算带进宫中，双方交谈不过几句，这位算命瞎子就讨来笔墨，挥笔写下十六个字：妖邪相斗，北惊西安，起驾出巡，祛危避险。写罢默不作声，慈禧让李莲英把算命人带走，她拿起字柬面现惊喜。慈禧想用驱狼御虎之计，利用义和团抗击洋人，事后再与洋人媾和，主意拿定她让军机章京连文仲下诏，对洋人宣战。诏中慨言：彼等负其凶横，日甚一日，无所不至。小则欺压平民，大则侮慢神圣。我国赤子仇怒郁结，人人欲得而甘心。此义勇焚烧教堂，屠杀教民所由来也。

朕今涕泪以告先庙，慷慨以誓师徒。与其苟且图存，贻羞万古，孰若大张挞伐，一决雌雄。近畿及山东等省义兵，同日不期而集者不下数十万人。至于五尺童子亦能执干戈以卫社稷。尔普天臣庶各怀忠义之心，共泄神人之愤，朕有厚望焉。随后慈禧又传下口谕：文武百官路遇义和团时，必须避让不得冲撞。京中官员闻风而动，家家都在门旁贴上义和神拳的标记，就连那些王府也不例外。王五是个有气节的人，对教会的暴行早就恨之入骨，可他报效朝廷的决心未变，因此才有所忌惮不敢出手，如今朝廷下旨，将焚烧教堂，击杀教徒称为义勇，坛民被定为义兵，就连那些高官也对义和团礼让三分。王五以为报效朝廷的机会来了，他也拉起一坛人马投身其中，结果却出人意料，慈禧携带光绪皇帝偷偷地逃走，他们于九月初四到达西安府，各路勤王的人马陆续赶到那里。慈禧的心稳定下来，她立刻变了脸色。当即下诏：对拳匪严加剿办，以此促成与洋人的和谈。

宋庆本是袁甲三的部下，与袁世凯一脉相承，这位屡战屡败却能得到升迁的将领，善于见风使舵，他奉命在北仓设防抗击入侵的联军，面对洋人不战自溃，犹如丧家之犬，躲在北京郊外蛰伏不动。看到慈禧的诏书，宋庆凶相毕露，他挥起屠刀杀向义和团，以此向朝廷邀功向洋人献媚。前后不过三个月，朝廷对义和团的态度竟有翻天覆地的变化，在洋人和清军的双重打下，坛民的伤亡极其惨重。王五只是个江湖豪客，胸怀报国之心却不懂官场上的尔虞我诈，时局突变，让他感到懵然不知所措。功名缠身，誓言束缚，王五不敢违背朝廷的旨意，他带着自己的弟兄从义和团中退出，并向官府吐露了实情。清廷按照王五提供的线索，派兵与洋人联手，剿杀那些反清复明的义和团，八卦教的首领多被官府抓捕并惨遭杀害。消息泄露以后，天地会的首领对王五恨之入骨，立刻派人把他除掉，并将头颅割下挂在高处示众，借此儆尤那些告密者。讲到这里，杜弨把话停了下来并不停地叹息。荣振武与王五有过交往，对杜弨的话半信半疑。他说：杜兄听到的传言未必可信。杜弨说：上述的事情千真万确，另有佐证可以参照，帝党的势力不可小觑，康有为与梁启超等虽在海外，他们的耳目遍布朝野，如今的电文更加快捷便利。梁启超身居日本，每时每刻都在关注着国内的变化，听说王五为义和团所害，当即痛哭流涕并撰文记载此事。经过杜弨详细的解释，荣振武这才相信事件的真实。他说：王五为功名所累，才让他断送了性命，实在让人感到惋惜。

天黑后所有的工匠都回窝棚休息，杜弨见四下无人，这才压低了声说：荣老弟在此要多加注意，我家将有灾祸降临。荣振武忙问原因，杜昭说：廊坊西街有个大户名叫贺敏，他与四个儿子一样，专门结交官府中的差吏，巧买诡卖，欺压乡邻无人敢惹，人们称其为贺家五虎，他们知道我家的底细因此还算客气。一年前这里闹起了义和团，贺敏见义和团势大就把那些首领请到家中，盛情款待成为密友。两个月前义和团失势被洋人和官府追杀，贺家父子摇身变成了洋教徒，他们手持刀枪领着洋人到义和团藏身的地方抓人。贺家父子风闻我家藏有义和团的枪支，就带着洋兵和教徒到这搜查，并对我家的工匠进行毒打逼供，因其无所缴获只得作罢，临走时将我家战后残存的房舍焚毁。贺家父子仍不死心，最近几天又在我家周围窥探，继续查找枪支的线索。荣振武说：大哥的家园已经被毁，另有恶邻在旁，为什么不逃离此地以求安宁。杜昭说：战后的廊坊满目疮痍，早已没有留恋之处，家祖的墓地在此才让他感到为难。荣振武劝解道：身逢乱世不能墨守成规，应以宗族的香火为重，先祖的尸骨可与石碑一起深葬，等到天下太平时再回来重修祖坟，以谢危时不敬之罪。荣振武的话解除了杜昭的疑虑，天明就带人将先祖的尸骨深葬，回来后他拿出家中的积蓄分发给工匠，让他们离开此地另谋生路。工匠走后杜昭怕贺家有人跟踪，为防不测，他恳求荣振武结伴同行。荣振武说：杜兄不必多虑，小弟已有安排。他让杜昭先到家中做好启程的准备，天亮前准时在城南相会。荣振武是个疾恶如仇的人，绝不能让贺家父子再害别人，杜昭见他两眼放光，已经猜到恶邻的下场。杜昭见劝说无效只得独自离开，他望着倒塌的兵器铺连连叹息。荣振武见杜昭已经走远，这才踏着瓦砾来到西街，当晚就将贺家满门二十多口杀光，随后又把他家新建起来的房舍点燃，以此警告那些继续为恶的人。天亮前荣振武在城南与杜昭及其家人会合，他伴着杜家一路南行，进入安徽以后才与他们洒泪分别，掉头向西回归广武。

荣振武把离开师门以后的经历全部说出，弟子的经历让袁寿臣感到心惊，当年那个狗嘴余生的孩子，如今竟成为顶天立地的汉子，袁家终于有了第八代传人。第二天清晨，荣振武买来祭奠之物，在袁寿臣的陪同下来到城西的墓地，按例先到王氏的墓前祭拜，然后就来到黄艳雯的墓前恸祭。想到黄艳雯的痴情，荣振武再也控制不住自己的感情，他泪流如雨大放悲声，守墓人知道其中的隐情，他快步奔向黄府报信。听说荣振武归来，黄百川悲喜交加急忙奔向墓地，女儿的死让他性情大变，可能是爱屋及乌的原因，黄百川已把荣振武当作自己的亲人，他在山下就能听到悲痛的哭声。黄百川暗恨自己太重名利，才酿成今天这场悲剧，他不但愧对女儿也愧对妻子临终前的嘱托。黄百川扑倒在妻女的坟前哭得死去活来，最后竟昏厥过去。袁寿臣怕出意外，他大声呵斥自己的弟子节哀顺变，随后又对黄百川进行救治。忙乱过后黄百川才苏醒过来，他在女儿的坟前表示忏悔，希望荣振武能做他的义子，继承黄家的产业。黄艳雯的死让荣振武终生难忘，当年黄百川对自己说的那些恶毒语言又在耳边响起，他不能原谅这个害人害己的老人。荣振武回答说：我本是个脚夫的儿子不敢高攀官员为父，我与你家并无血缘关系，绝不可能继黄家的产业，如今我忝为袁家的弟子，从师门排序与你老人家论为叔侄，你如有事晚辈必到。荣振武的决绝让黄百川感到颓然和无助，袁寿臣见场面尴尬就上前劝解说：事出突然，容待以后再议。

五年后黄百川在抑郁中死去，临终前他立下遗嘱，家中的财产由荣振武继承。黄家族人对黄艳雯的遭遇十分同情，他们也希望荣振武能继承这笔祖业，黄家这份善意再次被荣振武谢绝。黄百川的死让袁夹颋幡然醒悟，直到这时他才看透荣振武的人品，难怪老父对他百般呵护。八年后袁寿臣也溘然辞世，与自己相伴多年的老人突然离去，荣振武感到痛不欲生，他在恩师的坟前结庐守孝，转眼就是两年多，在这段漫长的哀思中，只有袁夹颋和守墓人常到庐棚探视，除此之外再也见不到其他人。一天下午，广武老宅的街坊领着一个身穿西装、短发齐耳的年轻人来到墓地，年轻人从怀中取出一封书信递了上来。荣振武觉得奇怪，展开信纸这才明白，原来是黄逢春写给他的亲笔信。振武贤弟台安：寒舍别后弥添怀思，久疏通问渴望殊深。如今世道混乱，民不聊生。家侄克强与友人义结同盟，光复汉室以解民众倒悬之苦。弟乃人中龙凤，尔等翘首以待，奉恳复示。愚兄，逢春鞠启。书信看完还没来得及多想，年轻人又递上一封书简，荣振武连忙展开观看。荣先生台鉴：衡阳邂逅，实乃幸事。拜别尊颜荏苒数年，家叔提及常扼腕赞叹。先生鸿才德辉，让晚辈敬羡。今使人促驾，祈盼再会，愿得晤谈为幸。晚辈，克强叩上。两封信看完，荣振武已经知道来人的意图，前些年，他帮天地会往广东运送枪支时，从郑士良的交谈中得知了孙中山、黄兴等人的传闻，没想到黄兴就是当年在衡阳见到的黄轸。

年轻人见荣振武把信看完，这才上前自报家门，此人名叫陈晓也是同盟会的成员，半年前他随黄兴一起潜回国内，暗中联络有志之士准备再次起义。荣振武从未接触过这些新的会党。他说：在下久居山野，如今在荒岭之中守孝，对外边的事一无所知，不知先生持信到此有何吩咐。陈晓说：清朝的权贵原是塞外穷乡的一支鞑虏，入主中原后施以暴政，作恶多端，置民众于水火之中，他们自己却过着骄奢淫逸的靡乱生活。孙中山与黄兴等人在日本组成同盟会，准备推翻清朝另建新政，黄兴自幼习武，他是同盟会中少有的知兵之人。每次起义都由黄兴亲自筹划和指挥，他曾在钦州、防城、镇南关、廉州、上思，以及云南河口等地举行起义，最后都以失败告终。今年春天黄兴再次来到香港商讨起义，借鉴以前的经验教训，这次决定策反官军，联合其他会党以及绿林中的朋友，更需要隐于民间的武林高手暗中相助，让他们做选锋队（敢死队）的头领，趁混乱之机捕杀当地的军政要员，使清军群龙无首失去统一指挥，然后夺取要塞的军火库扩大武装。会后黄兴想起他的族叔黄逢春和师父李永球。黄兴曾先后跟他们学过武术，李永球与黄逢春相同也是湖广的武林高手，他练的是岭南乌家拳。黄兴带领陈晓等人赶到浏阳，才听师父的家人说：李永球经商在外，短时间内不能回来。起义的时间临近，黄兴不能耽搁，他转身奔向衡阳，想请黄逢春出山到前敌相助。

黄逢春是天地会的头领，对反清大业义无反顾，他正患风寒下身行动不便，黄家叔侄焦急万分却又无计可施。黄逢春突然想到荣振武，他说：前些年到咱家来的荣先生，那是个有根基的高人，我们虽然只有一面之交，通过交谈既能看出，此人不但武功高超还熟读兵法，是个文武双全的人才。他在江湖上行走多年阅人无数，很多名家徒有其表，不是赳赳武夫就是咬文嚼字的酸腐，真能通达世事随机应变者没有几人，如能请出此人相助胜我万千。黄氏叔侄合议，各自修书以表敬重，黄兴把两封书信交给陈晓，让他赶奔河南遍访，查找荣振武的下落，定要请他前来相助。黄家叔侄的至诚让荣振武怦然心动。这时下起雨来，陈晓身穿西装脚蹬皮鞋，没有雨具无法离开，荣振武把他让到庐内暂避风雨。陈晓继续阐述同盟会的纲领，以此说服荣振武，劝其加入革命的行列之中。他说：同盟会以自由、平等、博爱为宗旨。团结民众，驱除鞑虏，废除帝制，恢复中华，建立民国，平均土地。凡国民皆有参政权，革命党人以前赴后继的献身精神，不达目的誓不罢休。荣振武听后暗暗赞叹，前几年就听到传言，同盟会是由一批读书人组成的反清会党，他们的宗旨与以前的会党截然不同，革命二字出自《易经》。汤武革命，顺乎天而应乎人。同盟会拿过来予以巧妙地运用，同时又把西方的平等博爱穿插进去，让人感到耳目一新。以前的会党多为陈词滥调没有诱惑力，反清复明这句话更让人心寒，明末是个太监横行的朝代，谁愿意抛头颅洒热血去为太监卖命。陈晓的话打动了荣振武的心，孝期即将届满，他决定离开广武投身到起义的行列，为师门的先祖雪恨。

天已经黑了，外边的雨仍下个不停，山路泥泞无法下山，陈晓只能在茅庐中过夜。荣振武燃起灯火，守孝期间庐棚内只有粗食素菜，二人草草用过又开始交谈。陈晓见荣振武已经心动，他那颗悬着的心也放了下来。陈晓又把话题转到孙中山的身上。他说：中山先生的乳名叫帝象，生来就不同凡响，光绪九年，十七岁的孙中山就会同学友陆皓东等人，砸毁寺庙里的北极帝君和金花夫人的神像，并劝告大家不要迷信神佛，那是骗人钱财、误人正事的统治手段，当年岁尾就到香港公理会进行了洗礼，加入了基督教，同盟会中的人都是志同道合的基督徒。陈晓这段话让荣振武感到震惊，他的心也随之凉了下来，教会在武家营等地制造的血案，传教士在京津等地表现的邪恶行径，全都浮现在眼前。荣振武改变了初衷，不愿与那些洋教徒为伍，他以守孝为由，婉言谢绝了同盟会的邀请，因为信仰上的分歧，才错过了那场惊心动魄的大起义，这也许就是命运。守孝期满后，荣振武离开墓地回到广武，精心整理师父留下的遗物，多日后光绪与慈禧相继死亡，时局更加混乱，谣言四起人心惶惶。荣振武又牵挂起关外的父亲。师父已经辞世，这里再也没有任何牵挂，荣振武来到荥阳向师兄辞行。这时的袁夭题与以前不大相同，他拉住荣振武的手苦苦挽留，希望这位异姓兄弟能留在自己的身旁成家立业。荣振武的去意已决，他谢绝了袁夭题的挽留，再次到师父和黄艳雯的墓前痛祭，然后登程向北奔向关外。

有件事让袁寿臣生前耿耿于怀，那就是驻守黑龙江的寿山将军，那位自称是袁崇焕七世孙的清朝将领，究竟是什么人，临终前他曾叮嘱荣振武访查寿山将军的先祖，到底与袁家有什么渊源。荣振武牢记师父的遗嘱，出关后直奔黑龙江将军府，到了齐齐哈尔他才听说，寿山将军已于七年前，在抗击沙俄的入侵时以身殉国。海兰泡原名孟家屯，那是中国的领土。咸丰八年，沙俄以武力逼迫清朝王朝签订《瑷珲条约》，侵吞了江北的中国土地，并把海兰泡更名为布拉格维申克，俄语为报喜城。为了能永久占领那块土地，沙俄决定，把那里的中国居民全部赶走，随后又改变了主意。他们怕这些怀恨者回到瑷珲，组成抗击沙俄的武装力量，所以才设计将这些中国人全部除掉。五月二十一日，这里的百姓被沙俄军警集中到一起。他们说：俄中两国即将开战，为了躲避战火，我们派船送你们过江。这里的居民对沙俄的暴行了如指掌，他们被押到江边并无渡船，沙俄军警这才露出狰狞面目，他们用皮鞭、短斧和刺刀驱赶人们下水，如有不下者就用短斧砍倒推入水中，死尸布满了江面。这次暴行共造成五千多人死亡，只有八十多人泅水逃生，这就是海兰泡惨案。沙俄的暴行并未终止，他们又对江东六十四屯的百姓下手。海兰泡的惨案传到那里，人们惶恐不安，他们逃离世代建造的家园，到黑龙江边哀号，请求对岸的清军接他们过江避难。寿山将军得信后，派副都统凤翔征调船只，昼夜不停地接送难民过江，沙俄又将海兰泡的故伎重演。六月二十一日，沙俄的骑兵赶到渡口，挥动马刀见人就砍，死尸遍布了江边，为了毁灭证据，他们把剩下的人赶进棚屋里放火焚烧，在这场大屠杀中又有两千多人丧生。惨案发生后，得寸进尺的沙俄将领格里布斯基写信给寿山将军，以借道为名，想要强占瑷珲和齐齐哈尔。同胞的鲜血洒在大江左岸，如今又提出这种无理的要求，寿山是位爱国将领岂能卖国求安，他派凤翔等将领沿江设防，同时派人到朝中求援。

慈禧率领清朝的权贵刚从西安返回，他们的精力都用在求和签约上，没人顾及边境的安危。求援无望，寿山所辖的将士不过万人，分布在边境的要冲，可以调动的人马只有三千。沙俄早有预谋，他们陈兵十七万，双方的兵力相差悬殊。寿山召集众将说：养兵千日用在一时，我等不能辜负百姓的重托，应尽守土之责，即使不胜也要拼死一战。在腐败的清朝王朝中，寿山将军算是少有的官员，在民众的配合下，边塞的军民与俄寇进行了反复冲杀，凤翔阵亡，寿山负伤。沙俄依仗人多步步紧逼，寿山在侍卫的簇拥下退到府衙，他把印信托付给文案，让他转交朝廷，然后饮弹自尽。寿山将军既是袁崇焕的七世孙就应该称为袁寿山，可是他的官诰上只有其名未注其姓，不知其中有何隐情，这位爱国将领给后世留下很多猜疑。查证无望，荣振武只能带着遗憾奔向自己的故乡。

第二十七回　据关外认贼为友　东洋人利刃突现

荣振武在永胜镖局，把师门的传承以及自己的经历全部讲出。孙振纲等人听后大惊，谁也未曾没想到，面前这位谈吐儒雅的中年汉子，竟是袁崇焕的第八代传人，难怪他有那样惊人的身手。众人正在畅谈之际，突见有人捧着拜帖闯进客厅。来者站在那里恭敬地说：我家主人请二位镖头，携贵局的客人到舍下小聚，家主备有薄酒望几位达官赏脸。看完拜帖孙振纲连连答应，他让传柬的仆人先行回去报信，镖局的客人随后就到。荣振武在庙会化解了乡帮之间的争斗，很快就被这里的人们传开。当地有位富商名叫王海惠，他的产业占据了半个营口城，王家的生意正逢鼎盛，北京、天津等地都设有分号。王海惠生性好奇挥霍无度，人们称其为王秧子，近亲同族的人管他叫大败。听到街面上的传言，王海惠立刻派人到镖局去请，他想看看这位传奇人物到底有什么过人之处。荣振武的性情淡泊处世低调，不愿与那些庸俗的市侩交往，等到送信的仆人走后，他以困乏为由拒绝到王家做客。荣振武的回绝，让镖局的人感到为难。林天佐劝说道：王家把押运财物的生意交给咱们来做，以此而论，我们之间算是生意上的朋友，碍于情面无法推辞，请兄弟跟我们走一趟，以免产生误会。林天佐已经把事情的原委说清，荣振武不能再加推托只能跟着他们赴约。王家是当地的首富，田园占据大半个东郊，家中雇佣二十多个护院的炮手，统领他们的教头名叫魏通，原是直隶沧州人，来到王家已有八年，深得上下人等的拥戴。傍晚时分，有两个炮手过来向魏通报信。他们说：东家把永胜镖局的镖头与庙会登台的人同时请到家中，不知是何用意。魏通听后心情紧张起来，随即就与几个交情密切的炮手隐在客厅外边，偷偷地向里边观看，他以为传说中的人是个身高体壮的力士，结果却出乎他们的意料，来者与常人并无二样且带有几分儒生气息，王家的护院对外边的传言起疑，同时也对来者产生了轻视之心。

镖局为荣振武换上体面的衣服，在孙振纲和林天佐的陪同下来到王家，寒暄过后，王海惠就把话题扯到武林中的传闻上。孙振纲与林天佐行走江湖多年，经历的风险不胜枚举，他们与这位富商侃侃而谈。王海惠关注的是荣振武，他对孙林二人谈论的陈年旧事毫无兴趣，如今这位传说中的高人独坐一旁不言不语，无法窥探其艺。这位富商计上心来，他让身边的仆人去请魏通，然后拿话相激，让家中的教头与荣振武比武较量，那样就能决出高低，以此满足自己的猎奇之心。仆人走出客厅与魏通等人窃窃私语，然后带着他进来复命，王海惠在众人面前吹捧家中的教头。他说：魏教师出身武林世家，艺成后闯荡四方无人能敌，后来在京师定居，以保镖为业，黑白两道的人都惧他三分，只要亮出魏通的名号没人敢惹。听到主人的夸赞，魏通再也抑制不住心中的喜悦，他昂首挺胸故作勇猛之态。孙振纲曾在王府任职多年，北京城中的武林高手多为朋友，林天佐与京城中的知名镖师都有来往，他们从未听到魏通的名号，出于礼貌不便深究真假。王海惠的话锋一转，又不怀好意地吹捧荣振武，说他神功盖世，技压群雄，挥掌能打百步之外，纵身可以飞跃于东西两个戏台。魏通被王海惠那些不着边际的话激怒。他口无遮拦地说：东家不要轻信外面的传言，只有禽兽才能飞高跳远。林天佐见魏通出口伤人，就疾指着这位教头怒斥道：你也是个有身份的人不要信口雌黄，禽兽二字所指何人。魏通也不示弱，双方争执起来。

王海惠是个工于心计的奸商，等把双方激怒以后立即置身事外。他说：二位都是武林中的高手，何必逞口舌之利，荣先生只要与我家教头比试即可决出高低。林天佐亲眼见过荣振武的身手，他催促义弟下场，教训一下面前这个狂徒，让他当众出丑。魏通已经后悔，他忐忑不安地坐在那里不知如何应对。荣振武与林天佐不同，他不但武功高超还深谙兵法韬略，王海惠那点鬼化狐的伎俩早已被其看穿。直到双方闹僵，荣振武才语气平和地说：魏教头的话很有道理，外边的传言切不可信，在下只是乡间的农夫，偶遇争斗就劝解几句，事后被人们传得神乎其神，真实的情节不值一提。他这番自贬的话让在场的人感到意外。王海惠见荣振武拿话推托，不肯下场较量，以为来者另有所图。他说：我愿出五百两白银作为彩头，奖给取胜者。荣振武听后，冷冷地说：不怕东家见笑，别说是五百两白银，就算你把家中的财产全部押上，我也不敢下场去拿。他已经把话说绝。王海惠那张失望的脸变得阴晴不定，场面十分尴尬。林天佐见状感到为难，他低声劝道：兄弟应该以情面为重，不要太过固执，以免伤了我们之间的和气。荣振武见义兄相劝，这才调转口风说：东家既然有此雅兴，在下就在这里单人献丑以博众位一笑，不知贵府备有什么兵器。王海惠是个商人，对武林中的事一窍不通，他目示魏通出面应对。刀枪剑棍本是世人常用的兵器，魏通擅长的是护手双钩，那是独门兵器，练者极少。魏教头的心胸并不豁达，他想用这种少有的兵器难倒这位外来者，借此彰显自己的高明。

魏通并未征得对方的同意，就让炮手取来双钩摆放到桌案上。荣振武的目光立刻被双钩吸住，并不住地摇头。魏通看后暗自高兴，他以为来人被这种稀有的兵器难住，脸上露出了得意的笑容。荣振武收回目光，疑惑地问道：此钩原在王五手中，为什么会在这里出现？魏通听后霍然站起，他急切地追问：你曾见过子彬镖局的王五？荣振武推算了一下时间说：十四年前曾在北京的会友镖局与王五相逢，事后又见过几面。魏通略加沉思就面露惊诧地说：你可是河南的飘萍客？荣振武淡淡地说：那都是江湖上的误传。魏教头听后抢步上前，他恭敬地说：魏通有眼无珠，没能认出您老人家，望荣先生见谅。荣振武听后不解地问道：你与王五有什么渊源？魏通说：王正谊与我同门学艺，自幼年就在一起练武，长大后追随五哥投身绿林，事后金盆洗手退出绿林到北京开设镖局，他们涉足黑白两道多年从未失手，师兄以为自己天下无敌，没想到竟败在您的手下，从会友镖局回来以后就改用大刀，并把双钩赠给他这位小师弟。从荣振武与魏通的对话就能判断出他们之间的高低，比武的事化为泡影，这让富商王海惠始料不及，他感到失望却又无可奈何。王海惠仍不死心，他苦苦挽留，愿以重金聘请荣振武到王家护院。荣振武以寻找老父和桃花姐为由，谢绝了王海惠的邀请。

光阴如梭转眼就是两年，武昌起义的枪声把五岁的儿皇帝溥仪赶下龙椅，清朝王朝灭亡，民国政府成立。以袁世凯为首的清朝遗臣拥兵自重，有的称王称霸，有的裂土为侯，相互攻杀反复无常。道路不通，镖局的生意彻底终止，镖师们无以为计只得另谋生路，永胜镖局关张以后，只剩下孙振纲和林天佐，耶律雄无家可归仍留在这里。冯德麟与张作霖被招安以后，各自施展诡计都升为师长，成为关东的实权人物，为了称霸东北，他们搜肠刮肚广揽人才，以备日后能灭掉对方。冯德麟首先想到永胜镖局的人，他派心腹携带重礼，以叙旧为名邀请镖局的人马到他的军中。孙振纲年岁已大，厌倦了凶险的生涯，他谢绝了冯德麟的邀请准备回原籍养老。林天佐另有自己的打算，他把荣振武找到家中，悄声说：当年家父举义不成反遭毁家累祖之祸，作为林家子孙，他想应冯德麟之约到军中博取功名，然后衣锦还乡重建家园再修祖坟，以赎家父惊扰同宗先祖之罪。荣振武听后，沉思良久才说：民国成立纷争不断，纵观天下没有统驭群雄的英主，如若轻率投军，必将重蹈沛雨师伯的覆辙，到那时不但毁了自己也害了全家，望大哥三思而定。荣振武的话犹如利箭穿心，惊恐逃难的童年让林天佐终生难忘，若不是义叔舍命相救，林家子孙早已不在人间。荣振武接着说：清朝权贵盘踞中原二百多年，早已根深蒂固，如不是几代先贤舍命拼搏，皇城中的鞑虏焉能驱除，师伯林沛雨就在那些先烈之中，如今已经改朝换代，各地的军政要员都自诩为亡清的功臣，凭借林家先人的伟绩，你在原籍现身，当地的官员必然上前巴结，何必再去冒险拼命。荣振武的一席话解除了林天佐的顾忌，他决定带着家眷返回自己的故乡。

半年后，孙振纲与林天佐结伴离开营口，各自返回原籍。失去了肝胆相照的朋友，荣振武感到寂寞孤独，只有杨帆偶尔从沈阳过来探望。据他讲：蜗居在东海孤岛上的倭寇，对中华大地垂涎三尺，开始他们用移民和购地的方法，把日本国民及其间谍输往东北，然后再用威胁利诱的手段，收买当权的官员，从而获得建铁路开矿山的特权。多年后，又以保护侨民和财产为借口派进军队，达到鸠夺鹊巢的目的。集安商号在永胜镖局的协助下，历经艰险才把财产转移到沈阳，仍摆脱不了倭寇的纠缠，潜伏在大连的日本间谍见嘴边的肥肉溜走，就电告沈阳那边的同类盯住集安，一定要把他们的财产抢夺过来。在杨帆等人的辅佐下，张玺文与洋人巧妙周旋，致使倭寇的阴谋未能得逞。中华民国十年，张玺文卧床不起，他把杨帆和自己的胞弟张玺武叫到床前，安排后事。张玺文说：玺武忠厚有余应变不足，身处乱世以寻常的手段难以生存，杨帆生性豁达且有远见，胜我许多，集安的生意由他主持方能在乱世中规避风险。杨帆听后大惊，忙上前推辞。他说：张家对我有救命之恩，即使粉身碎骨也难以报答，玺武二哥忠厚仁义，我当追随左右尽心辅佐，请东家不要让我为难。张玺文处于弥留之际无力开口劝说，他见杨帆不肯答应，只能用焦急的目光和两眶泪水表达自己的心声。张家子侄怕张玺文带着牵挂离开人间，他们一齐跪倒在地苦苦恳求，无奈之下杨帆才勉强答应下来。洋商和买办享有特权，他们对中国商人进行挤压，致使民族产业无法生存，多数商号倒闭，只有集安独自支撑。

张作霖能在东北称王与日本人的扶持有关，他当土匪时就与日人花田林助结拜为异国兄弟。张作霖用抢劫来的钱财，从这位洋兄弟的手中换取武器扩充自己的人马，降清后又用绿林中的手段，与日本总领事落合谦太郎拉上关系，双方在暗中进行勾结。中华民国四年，张作霖已经升任二十七师师长，他借日本侵朝纪念会之机，亲自到韩国汉城拜见日本驻朝鲜总督寺内正毅，向他表达对日本的亲善。寺内正毅组阁后，对张作霖的扩张特别支持。为了向东洋人表明心态，张作霖先后聘请菊池武夫、町罢武马、土肥原贤二、滨面又助、本庄繁、铃木美通以及斋藤等人作为他的顾问。这些熟知中国内幕的东洋人，日后成为屠杀中国人民的刽子手。张作霖父子曾先后聘请日本顾问十八人，这种做法为中华民族埋下了祸根。张作霖兼并了吉林和黑龙江以后，拥有三十多万人马，军事实力大增，东洋人怕他在东北做大无法控制，就劝其进关问鼎中原，借中国内部的杀戮，消耗东北军的人力和财力。张作霖不知东洋人的险恶用心，他妄想步袁世凯的后尘，入主紫禁城号令天下。从中华民国九年开始，张作霖就参与北京政府的争斗。中华民国十一年爆发了直奉之战，他把东北的精锐调进关内，关外成为无人辖理的盲区。日本人乘虚而入，各种各样的东洋人充斥在大街小巷，关东大地几乎变成了倭寇的天下，沈阳是东北的重镇情况更加严重。这时的青泥洼已经改名为大连，原任日本领事的西宽太郎，被日本政府从大连调到沈阳，他带着党羽出现在大街小巷。李金福等人已经不是当年的街头混混，他们身穿西装变成享有特权的洋买办，追随在倭寇的左右继续作恶。

急剧的变化让杨帆感到震惊，随后又有一些行踪诡秘的人在集安周围出现。这些奇怪现象引起杨帆的关注，他让刁占元进行跟踪，经过多方查证，这些人都与日本领事馆有关。杨帆怕张家遭到东洋人的暗算，就找张玺武商讨此事。他说：张作霖进关参战为的是谋取高官，东北已经成为东洋人的天下，集安与倭寇结仇多年，如今他们得势岂能放过咱们，近期又有异常发生，洋人的探子频繁出现，依我之见应当效仿甲午年间的搬迁，速离此地确保平安。张玺武觉得杨帆说的话很有道理。他说：此事关系重大，必须经过合家商议方能决定。杨帆点头答应，让他尽快做出决定，以免夜长梦多再生事端。张家是个四世同堂的大家族，男女老少共有三十多口，张玺文与张玺武各有两房妻室，另有一个老叔与他们同居。张玺文在世时独自主事，其他人不敢多言，张玺武没有乃兄之威，张家老少各怀私心，常为一些无聊的小事争吵。幸有杨帆主持外边的生意，这才把纷争限制在张家的族人之内，由此就能体现出张玺文的高明，难怪他把家业托付给一个异姓朋友管理。张玺武担心家族的安危，他把杨帆的话重述一遍，话音未落就发生了激烈的争论，张玺文的长子首先站起来反对。他说：今天的事与甲午年间的搬迁不同，那次是返回原籍，如今却是丢下家祠和祖坟外逃，此为不孝之举。张玺武的老叔依仗自己的辈分高，他倚老卖老地说：咱们出走只能携带部分钱财，偌大的家业如何处理？张玺武解释说：我愿留在此地看护产业。张家老叔冷笑着说：既然你能留下，为什么还要把我们支走。生性忠厚的张玺武被问得张口结舌无法回答，又怕伤了自家的和气，他让大伙回去慎重思考，然后再做决定。

张家内部发生了严重分歧，原订的搬迁计划无法实施，杨帆沉思了很久才提出另一套方案。他叹息道：咱们把手上的钱财集中起来分成三份，老叔和你们兄弟各得一份，然后再把你的家人送走，那样就能让老叔和大哥的家人消除顾虑。正在张家争持不下的时候，突然传来一个惊人的消息，当日拂晓张作霖在皇姑屯被炸成重伤，回府进行治疗，案发周边的通道全被封堵，军警林立严查刺客。日本关东军也剑拔弩张，协助东北军缉拿凶犯，整个东北闹翻了天。张作霖的五姨太寿夫人，此人精明能干主掌内府事宜，为防事变再次发生，她隐瞒了张作霖的死讯密不发丧，暗派身边的刘副官乔装改扮，潜往北京传谕，调张学良回府主政，东北军全部从关内撤回，东北的民心又稳定下来。半年后张学良宣布改旗易帜，拥护中央政府，撤掉原属于北洋政府的五色旗，改挂中华民国青天白日满地红的国旗，东北又获得了暂时的平静。时局发生了重大变化，杨帆与张玺武又燃起新的希望，他们决定固守家园，搬迁出走的事再也不提。东北易帅并未改变倭寇的狼子野心，他们不断派遣间谍，充实到日军控制的满铁和其他行业，同时招揽华人中的败类作为帮凶。张学良与他父亲一样，对卧榻之侧，岂容别人酣睡的古训认识不足，对倭寇所做的危险举动并不加以限制。中华民国十九年，中原大战迫在眉睫，张学良为名利所动，他想踏着其父的后尘逐鹿中原。九月十八日，张学良离开自己的防地，率领东北军的精锐入关参战，东北再次成为兵力空虚的地区。

眼前的变化让杨帆感到绝望，搬迁避祸的想法再次出现在脑海中，他把自己的担忧说出。张玺武对其兄的遗嘱牢记于心，他不再犹豫力劝杨帆替张家拿主意。此事关乎张家老少的生死，杨帆也不敢轻易决定，历经几昼夜的煎熬，想到张玺文在临终前那双期盼的眼神和恳切的嘱托，他决定不计张家族人对自己的评说，必须冒险做这个主。杨帆把张家三支主事的人找到一起，首先讲述了国内的战局，倭寇在东北的潜在威胁，然后让账房把钱财的数目报出来，分成三份发到主事人的手中。听说这笔巨款能由自己掌管，张家老叔和张玺文的长子十分高兴，当即就答应下来。钱财已经分清，张玺武的家人急于离开这个险地，可是他们在外没有可以依赖的亲友可投。张玺武对此深感为难，无奈之下还得来找杨帆求助。杨帆说：林天佐是他姐夫，多年前就带着家人返回原籍荥阳，那里位于黄河以南，算是华夏的腹地较为安全，你们去那必能得到照应。张玺武听后异常高兴，他说：林镖头的武功高强为人仗义，与他为邻绝无差错。杨帆说：荥阳远在千里之外路途较为艰险，时逢战乱，你与家人带着大量的钱财应严加防范，途中必须改穿粗布衣褂，暗藏金银，再让护院的炮手携带短枪随侍前后，那样就能避开歹人的耳目，刁占元久闯江湖亲历黑白两道，阅历极丰，遇事要多向他请教。张玺武把杨帆的话牢记在心，一切安排妥当，他辞别了老叔和大嫂，带着自己的家人奔向河南荥阳。为防倭寇及其歹人追踪拦截，张玺武走后，杨帆对他们的去向严加保密，就连张家族人也不清楚确切的去向。刁占元的妻子名叫唐妹，张玺武走后，她曾多次来找杨帆追问丈夫的去向。杨帆谎称：刁大哥跟随二掌柜出门办货，很快就能回来，请大嫂不必担心。唐妹疑惑地追问道：二掌柜出门办货，为什么他的家人也不见踪迹？杨帆警觉地回答：二掌柜外出得闲，顺便带着家眷游览。唐妹听后，面现诡异之色。杨帆看后满腹疑团，暗中对这个女人起疑，唐妹关心自己的丈夫在情理之中，可她为什么要深追张玺武及其家人的去向，这倒让人感到费解。

多年前青泥洼来了个乞讨的女孩，年纪只有十几岁，常到张家的门前讨要，张家老叔心生怜悯就把她领到家中作为侍女。甲午年间为避战乱，张家从青泥洼迁回原籍，无家可归的唐妹，只能跟着主人来到盛京，几年后此女已到待嫁之年，经人撮合，她与刁占元结为夫妻。唐妹朴实能干深得刁占元的疼爱，二人虽无子女，相互之间却没有半句怨言。半个多月前刁占元带领炮手，护送张玺武的家人远赴河南，沿途将有许多意想不到的凶险，为避歹人暗算，杨帆叮嘱所有的知情者，严守秘密以免实情外泄。刁占元按照杨帆的吩咐，临行前对妻子说：我要随东家出门办货，你在家不必担心。唐妹听后并未在意，事后才发现情况不对，她恨刁占元说谎误事。唐妹再也按捺不住心中的气愤，她来找杨帆查证此事，结果却忘掉掩饰自己的神态，被心思缜密的杨帆看出破绽。张玺武率领炮手把家眷带到荥阳，在林天佐的协助下，历经多日才把自己的眷属安顿好，然后返回沈阳。见到刁占元的面，唐妹就开始哭闹起来。她斥责道：我与你结婚这么多年，竟得不到一句真话，回想起来实在让人心寒。刁占元以为妻子对他体贴关怀，就愧疚地赔礼道歉并保证，今后再也不对她隐瞒任何事情。在众人的劝说下，唐妹才停止了哭闹。

日本为了能掠夺其他国家的财富和资源，日军参谋本部中国课，从国内挑选出一百多名愿为大东亚共荣而献身的女人，根据各自不同的条件进行特殊训练。体貌俊美者，学习的科目与培训娼妓的方法相同，主攻勾引魂法和房中术，培训结束后，将她们派往中朝两国，专门勾引那里的军政要员，以此窃取情报骗取钱财。面容丑陋者，学会吃苦耐劳，装痴扮傻，让她们混入商号当中充当下人，长期潜伏，等到战争爆发时作为内应，那是个特殊的间谍组织，名叫樱花会。唐妹原是日本纪州人，生于藩士家庭，原名梅子，十岁那年加入樱花会专攻华语，因其相貌粗俗，她被派到日本南部贫穷的荒岛，在渔村受训两年改名唐妹。那时的青泥洼，已经成为辽东半岛的军事重镇，是通往旅顺口的路上咽喉，地理位置极其重要。日军参谋本部把十三岁的梅子派到那里，寻机混进富商张玺文的家中，让她在那里潜伏，等到中日战争爆发时，配合日军抢滩登陆，协助本国军队抢走张家的巨额财产。张玺文预见到危险降临，提前把家中的财产转移到沈阳。日军原订的劫夺计划落空，只能终止梅子的行动，让她继续在张家蛰伏，当年在张家大宅挑断绳索、放走探子的女人就是梅子。日本间谍对张家的财产垂涎已久，抢不到手誓不罢休，他们让梅子跟随张家一起迁到沈阳，改在那里下手。

甲午战争爆发后，聂士成率领本部人马，在民团的配合下固守摩天岭和连山关，将进犯之敌击退这才保住沈阳这座重镇，张家又侥幸逃过一劫，樱花会的阴谋也随之落空。倭寇强占东北之心不死，只是机缘不巧迟迟不能得手。日军精心培训出来的女间谍，从光绪二十年至中华民国二十年，在张家等待了三十七年仍未罢手，如今的梅子年至五十依然潜伏不动。今年初西宽太郎出任樱花会的头领，他向梅子发出指令，让她迅速查清张家的财产以及存放地点，做好出手的准备。梅子没曾料到，杨帆竟在暗中替张氏叔侄分家，护送张玺武外运钱财的领头者，竟是睡在自己身边的男人。女间谍一时疏忽，没能完成上司交代的任务，她懊恼万分，这才找杨帆询问并对刁占元发火，逼他今后不再说谎误事。杨帆对唐妹的言行只是怀疑，并没有什么确凿的证据，因此不能对刁占元进行提示，只能在暗中留意观察。七月末的一天傍晚，刁占元发现家中堆放着很多精致的人丹广告纸，上面印着一个面容富态留着短须的老者，他与扑克牌上的老K相仿，老者的神态透着诡异。刁占元感到奇怪就问妻子：从哪儿弄来这么多广告。唐妹说：你我已是五十多岁的人，咱们无儿无女，晚年没人照顾，趁现在身体硬朗之际，多积攒点钱财以备日后使用，今天药房雇人张贴广告，正巧被她碰到，谈妥价钱就把这些广告拿回家中，抽空出去张贴。唐妹的话在刁占元的心中产生一股暖意，娶妻如此不枉此生。

中伏的天气异常闷热，蚊子成群，围在帐外面不停地飞舞，发出让人讨厌的声音。刁占元躺在床上回味妻子那些感人肺腑的话，直到亥时才蒙眬入睡，不知过了多久才发现唐妹不见，这是以前从未有过的事。刁占元起身下床，点起灯火寻找，发现粘贴广告用的胶桶不见，堆放在地上的广告纸也有所减少，他这才明白妻子的去向。唐妹想趁夜黑无人之际出门张贴，如今世道不宁，刁占元怕孤身上街的妻子出现意外，他披衣出门，顺着大道往前寻找，终于发现道旁的灯光，唐妹正在细心地往墙上粘贴广告，刁占元站在远处观看，不知是喜还是悲，他在心中产生一种莫名其妙的酸楚感。刁占元的睡意全消，他返身回家拿起胶桶和广告纸，奔向大道的另一端，按着妻子的张贴方法，广告间距均在百步左右，半个时辰以后，夫妻二人在大道的中段相遇。刁占元的突然出现让唐妹感到意外，当她看到墙上的广告立刻变了脸色，这个女人一反常态，如同疯病发作一般猛扑过去不停地撕扯。张贴广告用的胶水黏合力极强，唐妹的十指全都抓破，仍未能把墙上的广告纸揭下。刁占元站在一旁感到茫然，不知自己错在什么地方，妻子的双手已经磨破，血流不止，他心疼地上前抚摸。没想到唐妹竟目射寒光，她双手挥动，刁占元猝不及防，他被抛出两丈多远才跌倒在地。刁占元的惊叫让这个女间谍清醒过来，她暗恨自己不该为此露出行藏，为了遮掩刚才的窘境，唐妹眼中的寒光一闪而逝，又恢复平时那种淳朴憨厚的面容，她扶起刁占元，面带着责怪而又温柔的表情说：谁让你三更半夜扔下家门不管，乱出来掺和，你在集安是个举足轻重的人物，东家的安危系你一身，如不好好休息，哪能应对那些意想不到的事端。唐妹前后的言行判若两人，让刁占元感到迷惑不解，如同坠入迷雾之中。唐妹拿起地上的广告和胶桶，伴着刁占元一起回家，他们默默无言，各自想着心事。

唐妹刚才的眼神犹如恶狼，言语却体贴感人，刁占元毕竟是老江湖，不为表面上的假象所动，他把妻子变态的原因定在那些广告上，此中必有不为人知的隐情。刁占元装作没事的样子，他决定暗中探出其中的秘密。唐妹也非等闲之辈，她曾受训于日军特高课，能在异国潜伏那么多年而未露出马脚，实在可怕。唐妹吸取了晚间的教训，做事更为缜密。刁占元趁着闲暇无事就漫步在大街小巷，留意观察周围的变化，墙上的人丹广告越来越多，广告上面的图像完全一样，只有唇上的胡须分为上翘和下垂两种。历经多日揣摩，刁占元终于发现，凡是通衢无阻的道路，老者唇上的胡须全部朝下。不能通行的道路，全都贴上胡须朝上的广告。这是一种巧合还是另有他意，刁占元百思不得其解。刁占元处事执着，即使是在睡梦中仍无法摆脱对此事的探索，一天夜晚，他在睡梦中重复着人丹广告，上止下通的秘密。听完刁占元的梦话，唐妹被吓得冷汗直流，天亮后就把此事的详情上报。西宽太郎等人见报后也感到震惊，人丹广告本是日军侵华时的路标，胡须朝下的道路可以通行，胡须上翘的道路闭塞无法通行，这是日军大本营的最高机密，战争爆发以前决不能外泄于人。西宽太郎下发指令，让梅子除掉刁占元立刻返回总部，今后不能在华人面前出现。梅子想在晚上的饭菜中下毒，当她看到刁占元那双闪烁不定的猴眼，又把下毒的手缩回。刁占元本是黑道出身，熟知下毒的手段，一旦被他识破后果将不堪设想。梅子决定改在天明时动手，二人貌合神离一夜无话。

刁占元有个多年不变的习惯，起床后就得如厕，然后回来喝水润喉。天刚见亮，梅子就起身下床点火做饭，刁占元仍像往日那样下床如厕。梅子趁刁占元不在之机，将毒药投放到水壶中，然后又到灶台前忙碌起来。刁占元回到屋中，仍像往日那样倒水饮用，时间不长，就觉得头脑发晕睡意袭来，他以为自己的睡眠不好，就躺到床上想要小睡一会儿。上床后，刁占元就发现体内出现异常，他立刻警觉起来，当即调慢了呼吸，让体内的毒素减缓扩散，然后咬住自己的舌尖，用剧烈的疼痛驱散袭来的困倦。

梅子见刁占元已经中毒，就拿起剩余的广告和胶水，投到灶下的烈火中进行焚烧，以免留下华人追查的线索，一切处理妥当，她那颗悬着的心总算放了下来。这个倭寇的女间谍，想在离开之前确认刁占元的中毒症状，她操起案板上的菜刀，迈步进入卧室。刁占元见唐妹面带寒霜不怀好意地进来，为免二次加害，他咬断舌尖借着剧疼的刺激翻身坐起，用鼻音喝道：大胆的贱人竟敢下此毒手，多亏杨帆早有提防。只此一句诈语就把梅子吓得魂飞魄散，她调转身躯夺门而逃。刁占元用尽了剩余的力气，他翻身栽倒不省人事。

唐妹虽然露出破绽，杨帆并未掌握确凿的证据，只能在暗中进行监视，早晚总要到刁家的门前往返几次，查找新的线索。今天早晨杨帆照例出门，人在远处就看到刁家的烟筒冒着火舌和浓烟，那绝不是柴草所发出的烟火，他快步赶来，突见唐妹神色慌张地冲出家门向北方奔去。杨帆见状疑心更大，他高声呼喊：大嫂请留步，我有话说。梅子见杨帆赶来更加相信刁占元的诈语，她加快了脚步亡命地向前奔跑，经过一阵较量，双方的距离已经拉近。再过片刻，杨帆就能抓住这个女间谍，梅子犹如受伤的野兽，两眼露出惊恐和绝望的目光。前边有个岔道口，两边设摊卖货，即将被擒的日本女间谍，转身奔向那里。同时高喊：快来救命，有人打劫。早起买菜的人都是普通百姓，不懂世间险恶，误把杨帆当作歹人，他们拿起抬杠和秤砣将杨帆拦住盘问，梅子趁机溜走。杨帆担心刁占元的安危无心与众人解释，他掉转身躯忙往回赶。刁占元中毒太深，这时已到弥留之际，杨帆上床把他扶起，附在耳边大声呼叫。刁占元与杨帆亲如兄弟，听到他的呼唤强自睁开双眼。刁占元含糊不清地说出人丹二字，半截舌头就随着话音掉到床上，他脸上的肌肉抽搐了几下才再次开口，只说出人丹二字就气绝身亡。杨帆把刁占元的尸体安置妥当，这才托邻居向张玺武报信，让他带人过来处理后事。

躺在床上的刁占元死状极惨，他的脸上青肿，七窍都有血迹，中毒的症状非常明显。张玺武派人出去把近处的郎中全都请来，共同查找刁占元的死因。杨帆说：刁大哥在临死前连说两次人丹，却没有力气把下面的话说全，唐妹仓慌逃走必是下毒之人。张玺武疑惑不解地说：此女自幼来到我家，一贯朴实能干，从未做过什么错事，如今已近四十年，怎么可能是她下毒。杨帆说：唐妹的脚程极快绝非等闲之人，其中必有不为人知的隐情。众人正在议论之际，被请的郎中先后进门，经检验刁占元确实是死于中毒，随后又对他家进行勘验。刁占元腹中空空只是喝了点茶水，茶壶中的水成为本案的疑点。刁占元喜喝酽茶，壶中的茶水色泽较深，茶香味较浓，无法判辨是否有毒。张玺武从邻居家中弄来一只小狗进行测试，结果出来以后，小狗的死状与刁占元相同。死因查明，张玺武等众人这才确信，唐妹就是杀人的凶手。刁占元无亲无友，多年来为集安出入生死，厚葬他的事由张玺武亲自操办。为了替刁占元报仇，必须查出唐妹的出身和来历，杨帆带着集安的护院和伙计，对刁家进行了细致的搜查。最终在一件女棉袍的夹层中找到几张泛黄的硬纸，那是日本间谍的证件。唐妹是她潜伏在中国的假名，梅子才是她的真实名字，这个女谍是樱花七号，生于明治十四年，家住日本纪州，其父为藩士。日本女间谍的真实身份已经查清，张家上下一片惊慌，杀人不眨眼的倭寇在张家潜伏那么多年，竟没被识破，如不是投毒败露，这个女间谍还将在这潜伏。刁占元的丧事处理完，杨帆才静下心来，研讨梅子毒杀刁占元的原因。梅子在张家潜伏那么多年必有重任在身，毒死一个无关紧要的护院，却将她自已的身份暴露，日本间谍机关为什么要做这种得不偿失的蠢事。刁占元在临死前重复着人丹二字，他究竟要告诉咱们什么。张玺武解释说：日本人要往人丹中掺毒，被刁占元发现，所以才将他灭口。杨帆摇头说：此事绝非那样简单。杨帆是个恩仇必报的人，每天都到日本人集中的地方查找梅子，这个女间谍如同在人间蒸发一样，始终不见她的踪迹。气得杨帆大骂。

第二十八回 明壮志舍命杀贼 巧周旋剑走偏锋

刁占元的死对张家震动很大，事关存亡谁都惧怕。张玺武的老叔和张玺文的长子，再也不把沈阳城内的基业放在心上，二人结伴来找杨帆和张玺武，希望能早点安排他们从这离开，到河南与张玺武的家眷团聚。杨帆见张氏家族重归于好，自然高兴，想让他们平安地离开绝非易事，梅子对张家的底细了如指掌，如要携带巨款上路，必将遭到倭寇的拦劫。眼下外迁非比从前，当年有林天佐、孙振纲、耶律雄和乔道玄等人携手相助，如今他们全都离开，就连刁占元也被倭寇毒死。杨帆感到孤立无援，情急之下他想起营口的荣振武，此人不但武功高超且有谋略，他与自己的姐夫有师门之缘，求其相助绝无差错。杨帆把自己的想法说出，张家上下一致赞同，他们对荣振武这个名字并不陌生。当年在青泥桥上，解救张玺文的小伙计也叫荣振武，直到现在人们还念念不忘。张玺武怕邀请落空，他备上一份厚礼让杨帆转赠，借此敦请这位民间英杰临危相助。形势紧迫，杨帆立即起身赶往营口，他把来意向荣振武说明并递上礼金。荣振武把礼金退回，他说：我与林天佐情同手足，你有难处哪能不帮，集安商号的主人虽是商贾却有气节，凭此咱也不能袖手旁观。事不宜迟，当天晚上他们就起身赶往沈阳商讨对策。

荣振武已是年过六旬的老人，他不顾个人安危，应友人之约，远赴沈阳解张家覆巢之险。张玺武对此备受感动，他代表全家不停地致谢，荣振武连连摆手。肩负故主重托的杨帆心急如焚，出于礼貌才耐着性子在这里应酬，他见荣振武晚年还能如此仗义，就不再客套，随即把梅子逃走以及其他疑虑说出。荣振武听后，沉思良久才说：倭寇派女间谍在张家潜伏那么多年，历经大连（原名青泥洼）沈阳（原名盛京）两地紧追不舍，其中必有更重要的原因，绝不可能单为张家那点钱财。杨帆不解地说：张家几代都是无官无职的商人，倭寇潜伏在此，不为钱财还能为什么？荣振武说：据你们讲，当年张家刚从青泥洼撤走，就发生了中日甲午之战，日本陆海两军攻击的目标就在那里，日本女间谍恰在此战之前来到张家，这能是巧合吗？梅子远赴千里来到异国，在辽东重镇委身为奴，这种不合常理的做法定与那场战争有关。张家抛下偌大的产业突然离开，这种变化出乎倭寇的意料，原订的计划自然落空，当他们得知集安商号落户盛京，这才临时改变计划，让女间谍继续留在张家以备后用。梅子蛰伏那么多年却突然现身，这预示着一场新的变故将在这里发生。荣振武的话让人感到毛骨悚然，张家老少逃离的决心更加迫切。荣振武让张玺武回去整理家中的钱财，提前做好撤离的准备，出走的消息绝不可外泄，以免传到倭寇那里再生事端。张家诸人已成惊弓之鸟，他们按照荣振武的提议，各自去做逃离的准备，杨帆仍留在这里商讨具体的防范措施。

镖局绝迹已有二十多年，没人再做那种生意。杨帆提议：用高薪雇佣枪手强行撤离。荣振武说：杨老弟有所不知，浪迹江湖上的枪手，不是兵痞就是作奸犯科之徒，没有信誉可言，中途遇险立即溃散，绝不可能像咱们弟兄那样舍命向前。张家的钱财哪能交到那种人的手里？杨帆为难地说：集安现有的护院不超过二十人，即使全部出动也无济于事。荣振武说：咱们的对手是装备精良的倭寇，不是那些打家劫舍的土匪，强行出走绝难通过，最好能找一些可靠的朋友到商号后宅，换上华服假扮张家的主人，进出于大宅之中迷惑洋人。张家老少改穿下人的衣服，趁商号生意繁忙之际，暗携财物混杂在人群中离开，那样就能瞒过倭寇的耳目。荣振武来自营口，面目较为生疏，可与张家人同行，便于应对那些突发事件。杨帆仍需留在集安主持生意，吸引东洋人的视线，两天后再遣散伙计迅速离开，等到倭寇发现时张家老少早已进关。杨帆见荣振武要用瞒天过海的方法，把集安商号的主人带离险地，这比刀兵相见的硬闯要强得多。他补充说：我的家眷就在近处，由他们充当集安的主人最为合适。荣振武关切地提醒道：留在这里的人将承担巨大的风险，一旦被倭寇识破就将引来杀身之祸，杨老弟要提前做好撤离的准备以防不测。杨帆听后，毫无惧色地说：小弟自有安排，不劳大哥多虑。

出走的准备已经就绪，中午时分商号的生意正盛，荣振武伴着张家老少混杂在人群当中，离开集安商号的大门，出城后取道向西。走出不过二十多里，张玺武突然停住脚步，他向荣振武辞行，并把自己的家人托付给他。荣振武感到奇怪，按原定的计划，应该由张玺武亲自带人进关，他在暗中随行护卫，进关后在秦皇岛的客栈落脚，等待后边的杨帆及其家眷，然后再奔赴河南荥阳。张玺武失魂落魄地解释说：他有重要的事情需要回商号办理。张家老叔听后面现怒色，他以为张玺武背着众人，在商号的钱财上做了手脚，张家老少也有同感，他们心中不忿，鄙视着张玺武远去的身影。

事情危急无暇多说，张家满门的安危全都落在荣振武的身上，他的年纪虽大却不敢有丝毫懈怠，当晚就赶到大虎山，在偏僻的小客栈中落脚，历经三天疾行终于踏进山海关，脱离了倭寇的魔掌，众人这才把悬着的心放下。辞别了荣振武和自己的家族，张玺武怀着复杂的心情返回自己的家中，正赶上集安商号关门结账。张玺武突然在商号现身，反把杨帆吓出一身冷汗，他以为张家人在途中遇险。张玺武见杨帆面露惊慌，早已猜出他的心意，忙把出城后的经过述说出来，然后叹息说：家兄在世时凡事都压在他一个人的身上，如今又把这副重担放在你的肩上，我本是张家子孙，却不能为这个家族消祸弥灾，事到临头反把一个异姓朋友扔在这里，替自己承担风险，这种苟且偷生的做法太过自私。杨帆听后，解释说：张家对我有救命之恩，即使肝脑涂地也难报此恩。张玺武深有感触地说：家侄说的话常在我的耳边回响，抛下祠堂祖坟不管，丢弃家业不顾，为了保命远走他乡，形如丧家之犬，回味起来实在让人愧疚。生活在痛苦之中的张玺武决定留下，他要与这里的家业共存亡。张玺武的人品虽正才智不足，难以充当大任，杨帆极力劝他离开，不要与倭寇争一日之长短。张玺武却一反常态，对杨帆的劝告置之不理，他吩咐身边的伙计，把集安商号所有的雇员，不论男女全都召集到这里，他有话要对大家说。张玺武的固执让杨帆感到手足无措，他只能默默地站在一旁听从安排。

众人到齐，张玺武这才开口。他说：你们来到张家的时间不同，情义却是一样，都曾为集安劳神费力，为此我向全体同仁致以谢意。如今的集安时运不佳，倭寇派来的女奸现身作祟，毒杀了刁占元，不知今后有何企图，张家本是守法的商人无力与歹人抗争，为了不再有人罹难，只能关门停业躲避灾难。众人听后感到惊恐不安，张玺武无暇再做解释，他让账房把手中的钱财集中起来，当众分给集安的伙计，在场的人全都不愿离开，有些人竟失声痛哭起来。张玺武见状深受感动。他再次开口说：形势所迫不得已而为之，众位先把钱财领走，人可以留下，我愿与大家继续在一起。后边这段话算是安慰，杨帆听后心中升起不祥之感，张玺武把他带到后宅，催促杨家的眷属火速离开。杨帆身处两难，既担心沈阳的商号又怕荣振武人单势孤，如若途中遇险难以应对，在张玺武的催促下，他才带着家人整装上路。趁着众人忙乱之际，张玺武暗把金银塞进杨家的行李当中，二人怀着沉重的心情分手。杨帆担心张家族人的安危，他亲自驾车催马疾行，按着事先的约定，在秦皇岛的客栈与荣振武等人会合，他们怀着复杂的心情赶往河南。林天佐等人提前得信，他与张玺武的妻儿预先做好接待的准备，众人见面自有一番离合的述说。只要把人送到荥阳，其他的事就与荣振武无关，他离开众人直奔恩师和红颜知己的墓前祭拜。荣振武陷入哀思之中，泪水浸透胸衣，直到日落他才拖着疲惫的身子离开墓地，到奀颋当铺探访师兄，兄弟二人分别已有二十多年，袁奀颋变得老态龙钟，失去了往日那种商贾风采，他注视了很久才认出自己的兄弟。袁奀颋扑上前来泪流不止，他重复着自己的愧疚和思念之情。

杨帆与荣振武不同，他整日忙碌，不但要安置好自己的家，还要替张家操办新居，二人同在荥阳却很少见面。九月二十日的中午，杨帆急匆匆地来到当铺。他面带焦急地说：刚从当地的官员口中得知，前天晚上十点二十分，日本关东军向北大营和沈阳城发起了攻击。北大营是东北最大的营盘，那里驻有东北军步兵第七旅，那是一支战斗力较强的队伍，旅长王以哲算是治军有方的将领，倘若令其迎战，倭寇的阴谋绝不可能得逞。枪声乍起时，旅参谋长赵镇藩正在署理军务，密集的枪声让人感到震惊，王以哲与三位团长都不在营中，他忙用电话向旅长请示。身在家中的王以哲不知道如何应对，他让赵镇藩稳住心神，向东北军的总参谋长荣臻请示，他是留守东北的最高长官。这位总参也不敢擅自决定，他急电北平，向东北军的总司令张学良请示。东北的上空已被炮火笼罩，将士和百姓正遭到倭寇的杀害，荣升国民政府陆海空三军副总司令的张学良，对此并未在意，他携带夫人于风至和赵媞小姐，在前门外的中和大戏院，观看程砚秋出演的《荒山泪》。身后的侍卫多次传话，都被张学良挥手斥退，军情紧急，副官不敢耽搁，只得硬着头皮强行拉他去接电话，荣臻用焦急的声音，在电话里述说着身边的险情。张学良听后只说了一句话：按既定的方案去办，不可轻举妄动，以免事态扩大。张作霖原是绿林出身，东北军中的重要将领也是黑道中人，他们仍沿袭着江湖上的行规，宁违政令，不违口令。张学良的口谕一出，坐镇东北的荣总参立刻下令：驻守北大营的七旅不许向日军还击。赵镇藩听后气愤地说：不还击那就是挺着等死！荣总参不以为意地回答：遵令殉国，乃我辈之幸，上峰必是有退敌之策，不必尔等多虑。赵镇藩为难地说：这种命令难以执行。荣总参说：你可以把枪械锁进库房，士兵手中没有武器自然遵守命令。七旅的将士不敢抗命只能东躲西藏，即使那样仍有三百多人丧命。不许还击的命令已被倭寇侦知，他们毫无顾忌地杀进营房。面对凶残的倭寇，东北军中有血性的男儿，再也按捺不住心中的怒火，他们夺取枪支杀出一条血路，踏着同伴的尸体撤向东山嘴子，北大营及其储备多年的军械和辎重等，全都落入倭寇之手。

荣振武听后，叹息着说：佞臣误国，百姓遭殃，张家能在兵祸来临之前撤离险地，这也算是不幸之中的万幸，杨老弟不必过分忧虑。张玺武孤身留守在沈阳商号，他的安危让人放心不下，杨帆匆忙离开当铺回去做返乡的准备。经过一阵忙碌，杨帆把这里急需要办的事处理完，余下的事交给林天佐，求他代为处理。深秋时节气候无常，情绪亢奋的袁奀蹶不慎患上风寒，高烧不退。荣振武怕出意外，他守在床前不离左右，精心陪护兄长。杨帆原想与荣振武结伴还乡，如今见他无法脱身只得一人回归关外，集安商号后续的事必须由他处理，以免再生事端。关外的变化让杨帆感到震惊，荷枪实弹的日本兵随处可见，城镇之间的通道全都加岗设卡，盘查过往的行人。杨帆与东洋人结仇多年，他怕有人认出自己，只得避开大道在夜间赶路。沈阳城中的房屋全都遭到炮火摧残，集安商号坐落在繁华地段，临街的店面已被炸塌，后边的库房也有不同程度的损坏。杨帆的心提了起来，他踏着瓦砾小心翼翼地奔向西跨院，那是张家内宅的仓房，里面存储着柴草粮油等生活用品，地下建有牢固的密室，集安商号以前的钱财都储藏在那个密室里，只有张家兄弟和杨帆知道进出的方法。

张氏分家以后那间密室才被空置起来，建在地下的仓房是躲避战乱的最佳选择，所以杨帆才向那里奔去，突然有细微的响声从仓房内传出。杨帆拔出腰间的短刀低声喝问，杂乱的瓦砾下钻出两个手持短枪的人，还未等他站稳，面前的人就哭泣起来，年长的叫王大虎，年少的叫王二虎，他俩本是亲兄弟。四年前王氏兄弟从叶柏寿赶来，投奔在警署当差的表哥郑大炮，求他找一份谋生的差事。熟知军警险恶的郑大炮，不愿让淳朴善良的表弟涉身其中，他来到集安商号求助。张玺武生性厚道，商号又在郑警官的管辖区内，于公于私都不能推辞，他收留了王氏兄弟，让他们充当护院的炮手。杨帆对周围的情况不明，他止住王氏兄弟的悲声，让他们到残损的仓房里讲述近期发生的事，王大虎首先开口，他说：九月初真假难辨的传言就开始出现，沈阳城内人心惶惶。九月十七日郑大炮来到集安商号，催促表弟马上从这离开，回原籍叶柏寿避难。王大虎觉得奇怪，忙问原因。郑大炮说：今年四月日本间谍在长春以北的万宝山小镇，唆使朝鲜咸镜北道的灾民，强行在村旁开渠种稻，开工后日本间谍又煽动当地的村民上前制止，借此挑起中朝之间的民族纠纷。日本间谍见双方结仇，就到朝鲜境内散布朝侨受欺的谣言，蒙蔽那些不明真相的朝鲜民众，反华浪潮迅速掀起，倭寇趁势在朝鲜龙山组成一支敢死队，伺机到中国进行报复。

五月中旬，日本间谍中村震太郎和井杉延太郎，带着随从潜入中国境内沿途进行窥探，当他们来到大兴安岭下的绰尔河畔，被驻守在那里的兴安屯垦军，第三团的巡逻队抓获，从他们身上搜出长短枪、望远镜、测绘仪、军用地图等，另有中国军队布防装备的笔记，就连军官的姓名也记得清清楚楚。自称是农业技师到此考查的倭寇，在铁证面前报出了自己的真实身份，中村是日军中尉，井杉是日军曹长，他们奉日军参谋本部的派遣，到中国境内刺探军情。团长关玉衡按律将其处决。间谍案件发生后，日本政府蛮横地向中国提出抗议。他们谎称：日本在满洲的特别权利与利益处于危险之中，大日本帝国决不能坐视不管。混迹于日侨中间的樱花会、黑龙会、大雄峰会以及满洲青年联盟等，急不可待地跳出来响应，他们组成母国访问团，回国造势，歪曲事实鼓动战争。八月一日那天，日本政府委任本庄繁为关东军司令即刻上任。本庄繁原是张作霖的军事顾问，他与关东军的高级将领交情过密，此人不但对东北军的核心机密了如指掌，就连关内各军的详情也不陌生。本庄繁上任后，重新部署东北地区的日军，他把中国兵营当作攻击的目标进行演习，气焰十分嚣张。即使这样日本政府仍不放心，他们又把日军的特务机关长，土肥原贤二派到东北，协助本庄繁阴谋筹划行动方案。土肥原贤二与本庄繁一样，也是张家父子信赖的军事顾问。讲到这里，郑大炮叹息了一下又接着说：今天上午，沈阳火车站的广场上，突然聚集了一群臂裹黑布的日本人。他们高呼“为保满蒙特权，甘洒热血”等带有煽动和挑衅性的口号。有几个过路的中国青年上前质问：你们为什么要到别人的家里行驶特权，那不是强盗的逻辑吗？闹事的日本人，被质问得张口结舌无法回答，综上所述，东洋人动武的可能就在眼前。

时任省警务处长兼沈阳市公安局长的黄显声，严令所属各部坚守岗位，不得擅离职守，所以郑大炮才赶到集安，让表弟火速离开，返回原籍避祸。王氏兄弟对主人忠心耿耿，当即就向张玺武报警，官方的话绝不可能有假。张玺武立刻遣散所有的雇员，只有王氏兄弟不肯离开。张玺武让他们拿钱到警署去找郑大炮，把主人的意图说明。郑大炮毕竟在军中浪迹多年，他沉思了一阵才说：凭你们那几个人无法阻挡倭寇的抢掠，只有在房舍内安置炸药，才能达到你家主人的目的。王大虎听后急忙返回集安，他把郑大炮的提议说出。张玺武未加迟疑，当即同意埋设炸药，誓与贪婪的倭寇抗争到底。郑大炮佩服张玺武的人品，当晚就带人到集安埋设烈性炸药，引爆装置设在西跨院的库房里。九月十八日中午刚过，由朝鲜龙山征调过来的敢死队，在日本间谍的引领下进入沈阳境内，当天晚上，日军就在柳条湖上演了自编自演的闹剧。预伏在北大营周围的关东军，听到枪声立刻出动，面对打不还手、骂不还口的东北军，倭寇大展淫威，很快就占领了北大营。坐镇公安总局的黄显声，立刻下令：不能丢弃这里的百姓不管。他率领全城的警察冲上前去与东洋兵展开血战，手持轻型武器的警察，无法阻挡倭寇的坦克和大炮，只能借助密集的房屋展开巷战，以此拖延时间掩护百姓逃离。警察部队为抗击倭寇付出了沉重的代价，经过反复拼杀，关东军仍难突破城内的防线，他们调来坦克用炮火开路。黄显声见警察部队伤亡过重，才下令撤退，经新民到锦州集结待命。

九月十九日的黄昏，日军攻占了商业区，西宽太郎领着二十多个手持刀枪的倭寇，在梅子的指引下来到集安商号，他们破门而入直奔账房，砸开金库，里面竟空无一物，东洋人对整个商号进行了搜查，结果还是一无所获。前边的捣砸声，惊动了西跨院里的张玺武，他提着短枪就往前冲，王氏兄弟想要劝阻已经来不及了。张玺武如同雄狮一般无所畏惧，刚到前院就与倭寇迎面相遇。梅子欺这位旧主老实，她奸笑着说：张老二快把藏匿钱财的地方说出，以前的仇怨与你无关，只要你跟大日本合作，我们就会把你当作朋友。张玺武恨透了这个日本女间谍，他并未多言抬手就是一枪。张玺武的枪法不准，并未击中梅子的要害，剩余的几发子弹只击伤了几名倭寇，西宽太郎刚想还击就被梅子制止。她说：此人是个窝囊废，留着他可以查出藏匿钱财的地点。王家兄弟见主人的处境危险，忙举枪向前边的倭寇射击，张玺武趁机脱身。西宽太郎不再犹豫，立刻下令射击，张玺武跑到中途就被倭寇击中，倒在那里不能起身，王二虎见势不妙，随手引爆倭寇身旁的炸药。西宽太郎及其同伙被巨大的爆炸声震倒，其中两人被炸身亡，王氏兄弟交替射击，倭寇以为中了埋伏，他们背起同伴的尸体仓皇逃走。王氏兄弟把主人抬到西跨院的密室中仔细查看，张玺武身中六枪，虽然不是要害却血流不止，这时已经入夜，外面的枪声响成一片，交战正烈之际，敌友难辨。无法外出求医寻药，张玺武自知活不了多久，他用微弱的声音说道：你们兄弟来到张家已有多年，鞍前马后整日辛劳，如今家业破落仍不肯离开，这份情谊实在感人。张玺武边说边从怀中取出一个布包，内裹十条黄金和一封写给杨帆的信。他叮嘱道：杨帆如能及时回来，你们就把这个布包交付与他，倭寇如若先他而来，你们就引爆所有的炸药，把张家这片家业炸毁，到那时就不要再等杨帆，你们可以远走他乡以免受到牵连。王氏兄弟心中焦急却不懂医术，只能眼看着流血过多的张玺武死去。

王大虎断断续续地讲完这次劫难，随即递上布包，信纸已被血水染红，上面的字迹依然清晰可见。帆弟谨启：小别几日如隔三秋，愚兄思念至极。弟见信时吾已不在人间，倭寇势盛，望你携带包中之物速离此地，返回河南与家人团聚，切莫再涉风险。如若有缘，咱们来世再见。愚兄玺武绝笔。中华民国二十年九月十八日。眼前的一切足以证明，老实厚道的张玺武早已抱定必死之心，他一生平庸没有过人之才，国难当头却敢与倭寇以死相拼，其志气和胆识着实让人敬佩。杨帆拿着布包略作沉思，随后就对王氏兄弟说：你们已为张家尽了全力，这是他家最后的一点积蓄，你们拿去分了吧，从此再也别回集安以免受到牵连。王氏兄弟泪流满面，誓死也要追随杨帆为张玺武报仇。为了不再拖累王氏兄弟，杨帆只得派他们到河南替张玺武报丧，以此支走这两个忠心耿耿的护院。偌大的集安只剩下杨帆一人，他决定留在关东，寻机宰杀那些为非作歹的东洋人，为张玺武和刁占元等人讨还血债，他藏身在西跨院的密室中，等待出手的机会。

倭寇侵占沈阳后自以为不可一世，他们耀武扬威横行于大街小巷，抢夺那里的财物，奸淫年轻的妇女。杨帆身穿破旧衣裤假扮进城的农夫，他把刀枪和几枚炸弹藏在背负的柳条筐里，四处游走寻找下手的机会。多日后在小河沿遇到满身酒气的西宽太郎，他们共有七人在大道上横晃，过路的华人如见蛇蝎一般纷纷避让。见到昔日的仇人，杨帆怒火上撞，他下意识地摸了一下手枪和短刀，极力控制冲动的心情，悄无声息地跟在后边，当他们来到小东门时，突然驶来一辆日本军车，停在西宽太郎等人的面前，从车上下来的倭寇竟是梅子，不知他们说了些什么。西宽太郎听后面现紧张，他与梅子迈步就要上车。杨帆怕失掉这次报仇的机会，他不顾个人的安危，拔出手枪对准西宽这个恶魔。站在一侧的梅子突然发现，她把身旁的日军，推到西宽太郎身前去挡子弹，枪响后，子弹洞穿了那个替死鬼的心脏。枪声惊动了周围的东洋人，他们躲在车后，举枪进行反击。杨帆自知寡不敌众，他扔掉背上的柳条筐急忙退走，想把倭寇引到集安将其炸死。

梅子在张家潜伏了近四十年，深知杨帆的厉害，她惊恐地站在那里不知如何处置。西宽太郎从光绪年间就与杨帆较量，每次都以失败告终，如今见他人单势孤，胆子又壮了起来，机会难得不能错过，必须除掉这个可怕的中国人以绝后患，他把身边的日军分成两队，从东西两路进行包抄。梅子熟知杨帆的住处，她与西宽太郎各自带队，呼叫着从后边追赶。为了能全歼雌雄二寇，杨帆挥动手中的短枪，时隐时现，有意引逗，终于把倭寇带到集安的门前。眼见杨帆进入集安的后门，梅子露出得意的笑容，这里只有前后两个可容出入的大门，四周都是高大的围墙，仇敌入内绝难逃脱。西宽在前，梅子在后，他们带人进去搜查，院内寂静无声。西宽太郎挥手示意，让手下的人分头到室内寻找，杨帆躲在西跨院里，他见倭寇进入室内，忙引爆张玺武预先埋置的炸药，爆炸声接连不断，火光伴随着烟尘冲天而起，集安四周响起了刺耳的哨声，奔跑和呼叫声由远而近。杨帆被东洋人围困在这里无法脱身，只能冒险到地下室中藏身，他掏出炸弹拉开导火索丢在地面，趁起爆之前进入地下的密室。随即发生了爆炸，西跨院的库房被杨帆自己炸塌，瓦砾将进入密室的暗门遮掩。日军闻讯赶来施救，忙碌过后只找到十三具尸体，西宽太郎和梅子已被炸得面目全非难以辨认，经过反复搜查仍未找到那个神秘刺客。沈阳城的内外仍有零星抵抗，日军无力派人在此驻守只得悻悻地离开。密室内贮存的食水足够使用半年，杨帆却不能在此久留，不知过了多久外面寂静下来，他试图打开密室的暗门出去查看动静，结果却让人失望，密室的暗门已经无法打开。

半个多月后日军完全控制了沈阳城，他们驱赶城中的百姓，不分男女全都出来清理被毁的房屋和道路，并把所有的瓦砾和垃圾运到城外。杨帆被困在密室中已有多日，突然听到上面的锹镐声，他不知外边发生了什么事，忙把枪支和弹药放在身边做好拼命的准备。响声过后又静了下来，杨帆再次试开那扇暗门，这次竟毫不费力地将其打开，他喜出望外忙纵身出来，这才弄清暗门失灵的原因。地面上的库房被炸毁以后，飞起的砖石堆积在暗道的入口，致使暗门无法启动，上面的杂物被人清除，入口的暗门这才恢复了常态。偌大的集安商号已经荡然无存，没有仓房遮掩，密室的入口随时都可能被倭寇发现，此处不能久留必须寻找新的栖身之处。回到密室，杨帆开始思考今后的去向，如若奔向河南与家人团聚，安享天伦之乐那将是最好的归宿，但这里还有个汉奸，让他恨之入骨。那就是与集安为敌的李金福，此人卖身投靠东洋人，成为倭寇的帮凶，半年前曾在集安的附近现身，刁占元的死很可能与他有关。恰在这时传来火车的鸣笛声，密室墙壁也随着火车通过的碾压发生抖动。杨帆的眼前一亮，中国的财产和资源通过火车运往日本，然后再把日本制造的武器运回来，对中国人进行屠杀。杨帆决定先对日军控制的铁路下手，然后再查找李金福的下落，天黑后，他带上短枪、腰刀和炸弹离开密室，沿着铁路寻找下手的目标。

走出七里多路，发现铁路东侧有处高大的围墙，里边立着铁制的岗楼，上架可以转动的探照灯，把大墙内外照得如同白昼一般，站在上面的哨兵不停地移动身躯。十月下旬天气已经转冷，杨帆静静地守在暗处寻找机会，大约过了半个时辰又有一列火车从这经过，岗楼上的哨兵把注意力转移到火车上。杨帆借助火车的轰鸣声为掩护，他快步来到近处，纵身翻越高墙躲在暗处细心观察，院内停放着七辆军车和三个大型油罐，营房离此较远，除了岗楼上的哨兵再无其他人员。杨帆疏于军旅知识，不知如何出手才能重创倭寇的巢穴，他悄悄地来到油罐旁不停地进行搜索，终于发现了放油的阀门。杨帆快速将它打开，罐内的汽油带着响声喷射出来，他猝不及防，急忙向远处躲闪，整个身形暴露在灯光之下。岗楼上的哨兵发现情况不妙，急忙拉响上边的警报器，刺耳的鸣声传向四方。杨帆见情况危急举枪就把哨兵打倒，枪声和警报声惊醒了熟睡中的日军，营房内外一阵大乱。杨帆见势不好，立刻跃到墙上做好退走的准备，然后就向喷射出来的汽油投掷炸弹，汽油迅速燃烧起来，他不懂汽油的性能，担心油火熄灭仍滞留在墙上观望。冲出营房的日军在灯光和火光的映照下，看清了杨帆的面貌，随即向他开枪。为了躲避日军的子弹，杨帆这才跳到墙下，还未等他站稳脚跟，油罐就发生了爆炸，围墙被震倒，背部被飞起的砖石砸伤，护路站内火光冲天，枪声喊叫声响成一片，铁路两侧的岗楼也拉响了警报。杨帆不能在此停留，他急忙返回密室，把剩余的弹药包起来背到肩上，趁着夜色溜到城外，躲进农家的柴草垛中，那里是偏僻的山沟，只有几户人家居住，便于藏匿。

三十多万东北军，一枪未放就被日军打跑，黄显声指挥的警察总队血战四天，终因众寡悬殊力不能支，只得撤到锦州集结待命。抗击敌军的武装撤走，沈阳全境被占，日军以为高枕无忧，没想到竟有胆大之人夜袭护路队，三个大型油罐被炸，七辆军车被毁，包括哨兵在内，共有五名日军丧命，多名日军受伤。关东军司令本庄繁闻听此事大怒，他让参谋长三宅光治下令，严拿袭击者及其同伙，以免其他华人效仿，根据目击者的描述画出杨帆的图像，张贴到各个路口。李金福一眼就认出图像上的杨帆，当即跑到关东军司令部报告，本庄繁调他进入宪兵队侦办此事。李金福受宠若惊，立刻带人进行搜捕，他这个汉奸的身价再次提升，连续数日仍未查到杨帆的踪迹，地下的密室却被倭寇发现，日军十分后悔，不该忽视对集安商号的后期搜查。倭寇强占了沈阳等城，像杨帆那样的民间义士却不顾自身安危，仍在暗处用不同的方法与敌人周旋。杨帆几次出手都未能成功，沈阳城中到处都有通缉他的画像。他孤立无援，只能在僻静的山野中潜伏。

第二十九回 逢国难官军溃逃 举义旗绿林抗战

在荣振武的精心照料下，历经多日，袁奀颋的病情才有所好转。荣振武关心东北的战局，他向师兄提出要返回自己的故乡。袁奀颋不愿与这位师弟分离，却又没有合适的理由劝阻只得点头答应。林天佐闻讯赶来为义弟践行，并恳请荣振武代他关照杨帆。荣振武点头答应，他辞别友人踏上北归的路，倭寇侵占东北的传言离奇古怪不绝于耳。荣振武对那些道听途说的话半信半疑，他决定到北京拜访昔日那些老友，探听一下时局的变化，进入北京城区就能看到民众组织的游行队伍，他们的呼声一致，严惩张学良，对日军宣战，收复被倭寇侵占的国土，慷慨激昂胜过传言。荣振武看后深有感触，执政者不可为一己之利而损国威，民意更不可欺，他寻路来到粮食店街南的会友镖局，经过多方询问才弄清楚，会友镖局的孙掌柜以及宛八等昔日的朋友，在动荡的年月里全都谢世。荣振武站在会友镖局的旧址前倍感孤独，四十年前的趣事犹如过眼云烟随风而逝，拜访老友的愿望已经落空，他转身向前门走去，先到郑兴的炒肝店打尖，然后再做决定，刚跨进店门就看到营口练军营的教官王奂舜。久旱逢甘雨，他乡遇故人。二人面现惊喜连忙礼让。王奂舜原是青州府临朐县白塔庄人氏，他流落关东从军数载，如今已过而立之年，深谙新军操练的章法，被营口练军营的鲍长官视为柱石。

王奂舜出身行伍酷爱武术，喜欢结交武林中的朋友，营口商联会长孙鼎鑫是荣振武的得意弟子，他与王奂舜同为地方上的头面人物，两人又有共同的爱好，他们之间的关系极为密切。王奂舜常陪孙鼎鑫到其师的家中谈兵论武，他虽不是荣振武的弟子却以师长礼数尊之。北京炒肝本是普通百姓的日常饮食，王奂舜见这里人声嘈杂不是谈话之地，就把荣振武让到对街的全聚德，品尝那里的烤鸭，借此讲述自己的亲身遭遇。荣振武从河南沿途走来，听到的都是民间传闻，他也想从这位教官的口中了解东北失守的实情。荣振武早已饥肠辘辘，却无心品尝桌面上的美味佳肴，还未等他开口询问，王奂舜的眼角已带泪痕。他说：九月十八日的夜晚该他当值，子夜过后，东北军的参谋处就发来急电，北大营失守，沈阳城危在旦夕。接报后王奂舜没敢耽搁，急忙把电文送到鲍长官的家中。鲍瘸子看完电文立刻来到练军营，向东北军的总参谋长荣臻发报，他们之间的谈话内容并未外泄。据鲍长官的侍卫讲：通话结束后鲍长官的面色阴沉，他一言不发直奔家门，带领全家连夜收拾行囊。王奂舜听后，再也按捺不住心中的疑虑，他来到鲍长官的家中询问详情。鲍长官沉思了很久才说：你我二人相处已有多年，营中的庶务没少替我操劳，凭咱们这份交情。有些话也不该瞒你。昨天晚上，荣总参在电话里传达了少帅的口谕，让我留守营中等待日军到此，将这里的军械交给他们，营中在册的弟兄每人发给五块银圆予以遣散，公事交代清楚，荣总参又谈到我的家事，他说，你是张家的门婿，少帅特意叮嘱，等你把军务交割完毕，立刻带着家眷到北京的顺王府找他，日军绝不可能刁难张家的亲属。鲍长官停顿了一下又说：王教官如要没有其他去处，不如带着家眷跟我一起进关。王奂舜听后气愤地说：养兵千日用在一时，作为军人即使血溅疆场也要拼死一战，哪能丢下这里的百姓不管？鲍长官听后满脸通红，他替自己的舅兄解释说：不是少帅不肯还击，而是国府不让还击。王奂舜听后，再也按捺不住胸中的怒火，他口无遮拦地说：政客的话很难让人相信，即使真有此事少帅也当三思而行，张家虽是绿林出身，可是大帅在前清就归顺了朝廷，如今已在两朝为将。少帅算是将门之子，他应该懂得将在外君命有所不受的道理。国土不守，父仇不报，日后有何面目再见东北的父老。鲍长官听后气得一言不发，他挥手示意，让王奂舜退下。

练军营内，共有五百多名受训不到半年的新兵，王奂舜与他们不熟无法进行串联，只有军需官和另外几名教官可以沟通，经过密议，他们决定带领这些新兵抗命，伺机出手全歼到此接收的日本军人。第二天清晨，王奂舜带领新兵照例出操，刚把阵形排好，鲍长官就带着卫队闯进校军场，未容分说就把所有人的枪械收缴。随后宣布：遣散营中受训的士兵。新兵各个想家，他们拿到银圆一哄而散。王奂舜等教官只是阵前统兵的武夫，他们的心计不足最终落入鲍瘸子的圈套。两天后，十五匹战马踏进营口练军营，鲍长官早有准备，他带着荷枪实弹的卫队迎了出来，其中有两名身穿东北军服的人，他们拿出书信递给鲍瘸子，随后就与同来的日军一起，对军营中的物品进行清点和交接。十几名日本兵没放一枪，就把营口这座港城占领，事发突然出乎人们的意料，王奂舜等人见势不好忙想离开，鲍瘸子的卫队和日军把他们拦住。为首的日军面带微笑，他对着王奂舜等人胡说了一通，经过翻译才弄明白，日军点名让他与另外两名军需官留下，协助日军熟悉当地的情况，其余的人全都可以离开。鲍瘸子带着自己的卫队和家眷，从容离开营口，王奂舜等人却被日军软禁起来。

五天后，王奂舜被护送到大石桥矫正院，学习日中亲善关系，他们被禁锢在一所戒备森严的大院里。直到这时王奂舜才醒悟过来，因为直言顶撞惹恼了鲍瘸子，这才使他陷入日本人的牢笼中。被送到矫正院学习的人共有四十多位，这里的伙食很好，每餐都有鱼肉等美味，经过私下交谈才弄清楚，被矫正的人来自东北各地，都是敌视倭寇的军政人员。主持学习的东洋人面带微笑，他们装出友善的面孔，腹内却包藏祸心，王奂舜从军多年历经无数风险，他小心提防暗中戒备。半个多月后，矫正院举办日中联欢酒会，东洋人不但在当地找来戏子和妓女，还从沈阳等地弄来三十多个日本歌妓到场助兴。在日本军官的指使下，日本歌妓分别来到这些所谓的学员面前，频频跪拜劝酒，被软禁在这里的军政人员苦闷已久，不知不觉就被灌得烂醉如泥。王奂舜预感到情况不妙，他借擦嘴之机，把含在口中的烈酒吐到袖口里然后假装醉态，倭寇见在场的中国人全都醉倒，联欢才告结束。王奂舜等人被送回寝室醉卧在床，管理矫正院的日本军官挨个房间查看，然后才默默地离开，天黑后屋外传来杂乱的脚步声。王奂舜起身来到窗前偷偷地向外观看，驻守在这里的日军，全都集中到院北的小广场上。王奂舜的心中升起一种不祥之感，趁着日军忙乱之际，他溜进西墙下的厕所里，静观矫正院的变化。时间不长小广场上的日军就来到马棚前，他们把堆放在那里的草料，搬运到中国军政人员的寝室外，然后退到远处持枪瞄向寝室的门窗。

躲在厕所里的王奂舜这时才明白过来，倭寇要对寝室放火，他心中起急却不敢呼叫，手无寸铁的军政人员已经成倭寇的俎上之肉。王奂舜不能坐以待毙，他在厕所的墙壁上拆出半块青砖，拿在手中以备不测。日本兵受命后手拿着喷火筒来到寝室前，把堆放在那里的草料点燃，天寒风烈火势迅速蔓延，日军全神贯注着寝室周围的大火，以防有人破火外逃。王奂舜趁机越过西侧的高墙，逃离这座矫正院，外边是望不到边际的荒野，他不敢返回营口看望自己的妻小，只能凭借星辰的位置辨别进关的方向。王奂舜朝着西北方奔去，跑出不足三里就听到矫正院那边传来了枪声。王奂舜不敢公开现身，他冒着凛冽的寒风昼伏夜行，穿越于山野之中，历经四天才来到锦州，那里已经挤满了逃难的人，从逃难者的口中得知，日本政府对外宣称：大石桥矫正院举办日中联欢酒会，中国军政人员被大日本帝国的至诚打动，因为兴奋有人饮酒过量，回到寝室余兴未尽，吸烟时不慎把床铺点燃，引发这次火灾，虽经日本官兵拼力抢救，终因火势太猛无法扑灭，中方的军政人员全部遇难，大日本帝国痛失了一批真诚的朋友。第二天矫正院的日军，还为这些死难者举行了盛大的哀悼会。

王奂舜身受其害，听到倭寇那些颠倒黑白的谎言，气得他口吐鲜血，连夜奔向北京，他要面见张学良述说自己的亲身经历，一连数天仍未见到这位少帅的身影。听完王奂舜的讲述，荣振武急忙予以劝阻。他说：辽东沦陷，辽西告急，张学良已经成为千夫所指的罪人，他在这种时期哪能轻易现身，更不可能接待你这种职位的人，鲍长官本是张家的门婿，即使是他唆使日军将你扣留，少帅也可替鲍瘸子推得一干二净。张家的势力很大，你只能忍下这口恶气，返回自己的故乡避祸，静观时局的变化以免再遭不测。王奂舜原是东北军的旧部，他对昔日的将领仍寄以希望，所以才来到北京上告。荣振武的话点醒了这位梦中人，王奂舜这才打消了控告的想法。他气愤地说：刚到矫正院时，有位军需官偷偷地讲，东北军的退让，给国家和人民带来了无穷的灾难，库中储存的步枪有九万五千多支，机枪两千五百挺，大炮六百五十门，迫击炮两千三百门，飞机二百六十架，战车二十六辆。上述这些装备全被倭寇抢走，变成屠杀中国人民的凶器，东北地区的银行，以及各地库存的物资也被倭寇洗劫一空。荣振武叹道：倭寇原是豺狼本性，他们的国家虽小野心却大，强占了东北绝不可能止步不前，等到羽毛长齐以后，很可能再图中原。王奂舜与荣振武志气相投，他们在北京逗留了两天才分手道别。临别前王奂舜恳求荣振武，返回营口以后，到练军营东侧的王家塘沿，给他的家人送信，让他们扔掉那里的家业速回原籍避难。王奂舜与荣振武握手道别，他们各奔南北返回自己的故乡。

营口城东处于郊外，有几户人家挂上了日本旗，途经此地的荣振武感到奇怪，那里只有秦家窝棚、江家坊以及崔家席坊等几个偏僻的小村落，日军到此不久，以种地为生的农夫为什么率先挂起倭寇的旗帜，经过路人指点，他这才明白其中的隐情。此地有个外来户名叫李金声，会说几句日本话，东洋兵占领营口以后，他卖身投靠成为这里的伪警察局长。那几家悬挂日本旗的庄户，都是李金声的亲友，经过他的举荐，这些人也都成为汉奸，跟在东洋人的身后横行于大街小巷。营口城内的军政驻地虽然换上了日本旗，却未留下一点战争的痕迹，王奂舜说的话并没有半点虚假。回到家中，荣振武留心观察日伪的动静，日本宪兵队长岗本次郎成为这里的主宰。王殿忠出任辽河警备司令，当地的伪军由他统领。李金声是李金福的同宗兄弟，因此才被日军委以警察局长，掌控这里的治安。营口地区的百姓对这些恶魔恨之入骨，却不敢露出半点怨言。日近中午，有个身穿棉袍头戴毡帽的高大汉子，来到荣振武的家，未等进门先喊先生，来人的体貌陌生得很。荣振武疑惑地注视着他，刚想开口请教对方的姓名，大汉已经明白主人的心意，他摘掉压在眉梢上的毡帽，露出棱角分明的脸颊。荣振武这才看清了来人的面貌，此人名叫张海天，江湖人称老北风。

张海天出生于沙岭子，自幼习武，练得身强体壮，颇有胆量，年轻时曾为当地的富绅护院。中华民国十一年，河堤决口家乡被淹，张海天跟随家人搬到郑家屯投身警所当差，因其性情高傲与警长结仇，他趁自己当值之机，盗走所里的枪支到盘山落草为寇，经过多年打拼，成为辽西有名的绿林首领，手下拥有三百多人，常年出没于盘山、台安和沙岭等地。张海天疾恶如仇，性如凛冽的北风，他对那些有钱有势的恶绅从不手软，所以被绿林中的朋友贺号为老北风。三年前，荣振武的弟子孙鼎鑫，从关内购进一批货物，途经盘山北边的官道时，突见前方的道路被大树和巨石阻断。孙鼎鑫看后暗自心惊，忙令大车停止前进，并让炮手占据有利的地势，做好应对的准备。孙鼎鑫的话音未落，道路两侧的芦苇丛中就响起了枪声，随即蹿出一伙强盗高声喊喝：卸下车上的东西，饶你们不死。孙鼎鑫躲在道旁的路基下，用江湖上的贴身靠与这伙强盗套交情，为首的大汉报号北霸天，他不吃这一套，双方开始交火，拦路的强盗依仗人多地熟，他们结队向前冲来。孙鼎鑫的武功高超枪法也准，冲在前边的劫匪中枪倒地，其余的匪徒心生恐惧，慌忙退回原地。孙鼎鑫不敢伤及劫匪的性命，只是把他们的腿部打伤，以免与绿林人结下死仇，拦路的强盗暂时被震慑住，他们不敢再往前冲，双方固守在大道两侧僵持不下，出事的地点远离城镇，道路两旁全都是沟渠纵横的芦苇荡，无法脱身。孙鼎鑫焦急万分，突然他想起背包中的号炮。

多年前盘山河两岸的大揽把，江湖贺号西胜，他在抗击官军的围剿中身负重伤，为了躲避官府的后续搜捕，西胜不敢在当地现身医治，只能躲在大洼地以南的芦苇荡里藏身，他想等待官军撤走以后再出来疗伤，未等官军撤离伤口已经溃烂。西胜多次昏迷，生命岌岌可危，周围的人都替他担心却又无能为力。西胜有个贴身护卫是孙夫人的远房族弟，平时少有来往，危难时刻，他想用船把头领偷运到营口，求孙鼎鑫这个远房姐夫相助。经过众人议定，在这等死不如冒险求生，当晚就把西胜送到营口，孙鼎鑫得信后并未犹豫，立刻就把这位绿林豪客接到家中医治。经过多日调理西胜终于康复，他对这位救命恩人深感歉意，事后曾多次携带重金前来酬谢，都被孙鼎鑫予以谢绝。西胜对此铭记在心却无以为报，最后他拿出绿林道上的求救号炮，赠送给孙鼎鑫，如在辽西遇到麻烦，可放这只号炮求助，他的弟兄发现后必能前来关照。西胜的言辞至诚，孙鼎鑫不能再予以拒绝只得把它收下，以免让这位绿林朋友耿耿于怀。这次进关身带重金，孙鼎鑫无意中把这支号炮装进背包，如今事急只得拿出来试用，号炮腾空声震四方，同时绽放出七色光芒。

老北风带着洪海、青龙和白龙等头领在盘山镇内议事，突然听到一声巨响，众人急忙出来观看。老北风的心头紧张起来，这是西胜大哥的求救信号。十几年前老北风曾是西胜的部下，后来才自立山头，昔日的大哥遇险哪能袖手旁观，他急忙带人赶往出事的地点，北霸天见揽把带人赶来暗自欢喜。他高声呼叫：大哥来得正好，火点太硬，弟兄们挂了彩也没把他拿下。老北风听后并未理睬，他来到近前。急切地问道：号炮是从哪个方向发出的？北霸天听后感到奇怪，他愣了一下才回答道：号炮是对头放的。老北风吩咐北霸天不要轻举妄动，他跳下战马独自朝孙鼎鑫躲避的地方走去，并高声呼喊：号炮是哪位朋友放的？孙鼎鑫见后来的马队与劫匪相识，为首的大汉对他们并无敌意，他这才现身回答道：我等路经此地，不知何因冒犯了这里的好汉，无奈之下才将朋友赠送的号炮发出。老北风听后暗自猜想，西胜能把自己的号炮交付他人使用，两者之间的关系绝非寻常，他吩咐北霸天带着弟兄返回驻地。老北风陪着孙鼎鑫来到前边的郑家店，为他们设宴赔罪，酒过三巡，菜过五味，他这才把谈话转到正题。孙鼎鑫不能隐瞒实情，他把号炮的来历说出。老北风叹道：西胜大哥负伤后没得到及时治疗，以致事后留下病根，生意也随之惨淡，不得已才退出江湖，退隐到偏僻的地方。

西胜的信炮多年不见，今日突然升空，老北风以为他遇到昔日的仇家，所以才率队赶来察看，北霸天来自辽东，他对辽西的事毫不知情，因此才造成了这场误会。老北风与孙鼎鑫都是豪爽之人，他们越谈越觉得投机，无意中竟成为朋友。孙鼎鑫急于赶路以免中途再出事端，老北风放心不下，他带着手下的弟兄一路相随，直到营口城外才率部返回，从此成为莫逆之交。那年中秋佳节，老北风备下厚礼，在孙鼎鑫的陪同下前来拜访荣振武，在交谈中流露出拜师的愿望。荣振武秉承师门的训诫，决不滥传门人弟子更不可能收匪首为徒，他婉言予以拒绝。老北风明白荣振武的心意，从此再也没登荣家的门，此事距今已有四年多。荣振武与老北风只见过那一次面，印象淡漠，所以才未能辨认出来。世道混乱，敌友难分，纵横在辽西的匪首突然现身，处世谨慎的荣振武深感意外，他把老北风让到厅内，试探地问道：大当家的到此有何指教？老北风面带愧色地说：荣老先生切莫再提旧事，国家兴亡匹夫有责，倭寇犯境岂能坐视不管。我与项青山和盖中华等人，受黄显声将军之约弃暗投明，如今组建起东北民众抗日救国军，为民族大业尽一份薄力。荣振武听后连连赞叹：国难当头，吃粮拿饷的官军竟不如打家劫舍的土匪。老北风见荣振武解除了对自己的戒备，这才详细讲述了近年来的变化以及此行的目的。

凌印青家住台安县高坨子，留学日本时就被倭寇收买，成为日军的间谍，近两年被派回国内收集情报，并多次得到东洋人的奖赏，他曾亲自参与柳条湖的炸车事件。九一八事变后，倭寇委任凌印青为东北民众自卫军司令，并从日军手中领取了大量的武器装备和巨额资金，他奉关东军之命收编民团、土匪、流氓和无赖，充当东洋人的帮凶。老北风得信后，当即与项青山和盖中华等人联手，活捉了大汉奸凌印青、日军顾问仓岗繁、伪参谋长王魁三、军法处长刘春信和十五旅旅长冯仙洲等，此役俘获日军十二名，伪军数百名。老北风将日军及其为首的汉奸，押到九台子西南的辽河岸边处决，缴获的武器装备分发到战士手中，东北民众抗日救国军的声威大振，倭寇见精心培养起来的走狗被人除掉，立刻调兵到北河口进行报复。绿林英雄首战告捷，倭寇绝不可能善罢甘休，为防洋人从水路偷袭，老北风带着几个弟兄，沿着河边察看地形准备布防，突然被二百多个倭寇包围。他带着生死与共的弟兄，凭着准确的枪法和对地形的熟悉，在沟渠和芦苇丛中与二百多个倭寇周旋了近两个时辰，致使日军死伤百人以上，天黑后民抗救国军的将士才从冰冷的河水中撤走，没有一人受到损伤。

老北风的司令部设在九台子，项青山率部驻扎在沙岭镇，两军成为犄角之势，途经此地的倭寇，宁愿绕道而行也不敢踏近半步。时人留诗称赞：绿林豪杰老北风，国难当头敢请缨。跃马横刀战倭寇，气贯长虹震关东。另有他人赋诗称赞项国学：惊闻夷魔来犯边，毁寨出山受招安。威名远播慑敌胆，青史留名项青山。海城地处军事要冲，日军在那设立了大型军火库，里边储存着大量的武器弹药和军用物资，周边驻有两个日军中队另有伪警察局协防。义军的武器弹药不足，老北风联络项青山、顾靠天和占东边等奔赴海城，合力对军火库发起攻击，经过激战拿下海城火车站，摧毁伪警察局，击毙负隅顽抗的伪警察大队长顾兆祥，生擒伪警察局长等四十余人。随后剪除电网攻进军火库，击毙日伪守军二十多人，余者丢弃枪械仓皇逃走，此役获取全胜，义军缴获了大量的军火和物资，老北风等再显神威。此战过后，日伪军中流传着一句丧气的话，逢山落马，闻风丧命。由此可见项青山和老北风的声威。新年过后，老北风应北平救国会之约，率部与项青山、吴三胜等赶往沈阳的东荒地集结，配合金山好、耿继周、老梯子和君子仁等各路义军攻打沈阳城。金山好、于德霖等率部攻进小东门，杀到城中与驻扎在那里的日本守备队，伪军马队和汉奸商团展开巷战。耿继周、老梯子和君子仁等率部攻进大北门，在中街与日伪军进行血战。老北风、项青山和吴三胜等，在城南与倭寇的主力展开苦战，历经两个半时辰的厮杀，日军伤亡惨重连连后退，义军已经胜券在握，可他们携带的弹药即将耗尽，无法再战只得率部撤走。沈阳这座重镇虽然未能夺回，却让中外感到震惊，单凭绿林豪杰就能打出那样的声威，官军如若能尽守土之责，认贼作父的汉奸若要有半点良知，小小的倭寇焉敢猖狂犯边。

舍身报国的义军增至三万多人，武器装备却严重不足，很多人领不到枪支弹药，只能用手中的大刀和火铳与敌军厮杀，经过半年苦战，义军手中的武器弹药消耗殆尽。老北风设在高力房的兵工厂也被日伪军警摧毁，各地的抗日武装得不到政府的补给，纷纷撤到关内。老北风和项青山领导的民抗救国军死战不退，依然在辽南一带苦苦地支撑，装备不足弹药匮乏，骁勇善战的抗日武装陷入了困境。倭寇趁机发动反攻，为了保存实力减少伤亡，义军转入泥泞的芦苇丛中隐身，为了能扭转这种被动的局面。老北风决定向爱国人士募购军火，要想实现这个计划，必须在商贾云集的营口设立码头，创办货栈，有了自己的码头，义军就可以畅通无阻地运送武器，货栈可以藏匿募购上来的军火。顾兆福，江湖贺号顾靠天，他统领的队伍出没于营口的周边，城内设有多处眼线。老北风借助顾靠天的力量，在营口的河岸建起码头和货栈，码头和货栈创办起来以后，由谁来主持经营又成为一大难题。老北风及其手下的弟兄，多为赳赳武夫，根本就不像生意人，只有管账先生长得斯文且有学问，可惜他们的胆气不足难当此任。老北风身处两难，突然想到自己的好友，营口商联会长孙鼎鑫是个十足的生意人，如能让他或者是他的师父到码头坐镇，定能保住义军赖以生存的命脉。

老北风亲临营口来找这位商联会长，他把自己的来意说明，孙鼎鑫虽有爱国之志却不能涉身其中。他说：多年来我一直做丝绸生意，近些年又被推举为商联会长，很多人都知道我的底细，如要扔下自己的生意不做，跑到货栈搅和，不用汉奸告密就得引起倭寇的警觉。老北风听后点头应道：孙兄所虑极有道理，另有一位合适的人选，不知会长是否愿意帮我去请。孙鼎鑫答道：只要我能做到，定当全力相助，不知那人是谁。老北风见孙鼎鑫满口答应，这才高兴地说：那人就是你的恩师荣振武。听说是自己的师父，孙鼎鑫当即变了脸色。他说：家师已经年至古稀，不能去冒那种风险。老北风把自己的一切全都献给保家卫国的事业上，他不顾朋友的反对，独自一人登门求助。听完老北风的讲述，荣振武深受感动。他沉思了很久才说：老朽空怀一腔报国之志，奔波流离半生，从未为民族大业出过微薄之力，回想起来深感汗颜，国难当头，张司令能让荣某膺当此任，老朽倍感欣慰，我的年岁已大，非比当年，为了义军的前途应当另选别人主持大局，我愿做个传话送信的守门人暗中予以策应。荣振武的推辞让老北风感到失望，后面的话却让他兴奋起来。老北风连连称赞，他说：荣老前辈真乃世间高人，进不求名，退不避祸，宠辱不惊，海天不才，愿把前辈当作楷模。从此荣振武就成为茂源货栈的守门人。

一天夜晚，熟睡中的荣振武突然听到院里发出响声，他披衣起来向外张望，只见一人来到窗前轻轻地叩动。荣振武轻轻地打开房门，只见一个衣服褴褛的人站在那里瑟瑟发抖，适逢乌云遮月看不清来人的面目。荣振武不知来者是谁，他怕慢待了往日的朋友，忙把来人让到室内，燃起灯火这才看清，来人竟是音信断绝的杨帆。面前的杨帆已经变得骨瘦如柴，满脸都是皱纹，与年前判若两人。荣振武见杨帆面现饥渴之色，急忙为他烧水做饭，同时问起回归沈阳的经历。喘息稍定杨帆才把炸毁集安、袭击倭寇的前后经过讲出，他原想除掉李金福以后再从沈阳离开，但日伪军警的防范太严，几次出手都未能成功，后来竟失去了那个汉奸的踪迹。为了躲避日伪军警的搜捕，杨帆只能在郊外的荒野中忍饥挨饿，最终把自己的身体拖垮，近几天，他感到四肢无力常有晕厥之感，体力不支仇人难见，只能回归河南，等把身体养好以后再回东北寻仇。上路后才发现，日伪已把杨帆列在重要的通缉名单中，到处都有搜捕他的画像，要想进关绝非易事，无奈之下才到营口登门求助。荣振武说：咱们弟兄情投意合，我与你姐夫另有一层渊源，你安心在这调养绝无任何差错。杨帆的身体并无大碍，只因饥饿和过分操劳才导致虚脱，经过调养逐渐恢复。

杨帆爱憎分明，他想加入老北风所率领的民抗救国军，亲自上阵杀敌。荣振武曾受林天佐之托，哪能再让杨帆涉险。他劝阻道：江湖上有条不成文的潜规，九六之年必须金盆洗手退出江湖，五十四岁的人已过知命之年，不能再与晚生后辈争筋骨之能，以免毁掉自己的英名，此为明哲保身之道。杨老弟的年纪已近六十，行动必然迟缓，如遇战事紧急反倒拖累大家，依我之见不如静观战局的变化，寻找有利的时机对仇家下手。杨帆听后心中不快却又无可奈何，他叹息着说：我已无处可去，只能听从大哥的安排。杨帆躲在家中调养身体，整日长吁短叹烦躁不安，荣振武怕他偷偷地溜走，就想出一个羁留的办法。茂源货栈东邻东永茂油坊，目前正缺做饭的伙夫，油坊雇用的伙计多为外乡来的穷家子弟，相互之间都很陌生，官面上的人，也很少到油坊那种又脏又乱的地方行走，杨帆在那便于隐身。主意拿定，荣振武就找杨帆进行商谈。他说：茂源货栈本是老北风设在这里的军火转运站，对于抗敌大业极其重要，我在那以看门人的身份暗中予以护卫。茂源货栈与东永茂油坊只有一墙之隔，那里正缺做饭的伙夫，你若到那充当伙夫，既可隐身又能帮我守护那里的军火，这种做法可能对你有点委屈，不知老弟意下如何？只要能为抗战做事，杨帆决无二话，集安商号的总经理转眼就变成了伙夫。

杨帆是个不甘寂寞的人，当天就到油坊下厨，他扎上围裙有模有样地做起饭来。开始荣振武有点担心，他怕杨帆心高气傲露出破绽，经过几天观察这才发现，杨帆是个城府较深的人，难怪张玺文敢把偌大的家业交给他掌管。货栈和码头开张之初，着实让人忙乱了一段时间，爱国人士纷纷响应，他们不顾个人的安危倾囊相助，大量的军火集中到茂源货栈，再从那里转运到义军的手中。辽南一带的日伪军被打得龟缩到城内，不敢出来骚扰，民间的力量毕竟有限，爱国人士储藏的武器捐出以后，在日伪军警的严密监控下，再也弄不到武器，义军又陷入弹药匮乏的困境中。倭寇与汉奸趁机出巢，他们对民抗救国军进行围杀，赤手空拳的义军无力招架，只能退到地形复杂的芦苇丛中与敌军展开周旋。老北风心急如焚，他通知分散在各地的义军头领，到茂源货栈商讨对策，荣振武不是民抗救国军的成员，破例被请到现场。老北风快人快语，他简要讲述了武器和弹药的严重匮乏，然后让大家想办法，如何才能解决燃眉之急，尽快打下倭寇的嚣张气焰，顾靠天首先开口。他说：张司令不必发愁，我带弟兄攻打警署和日军的护路站，从那夺取枪支和弹药。老北风摇头说：打下一两个警署或者是护路站，只能缴获几十条枪和有限的弹药，无法满足上万人的需要，杯水车薪无济于事。第三支队的首领洪海说：咱们集中力量砸开洋行抢走那里的钱财，然后派人进关购买武器。老北风再次摇头，他说：洋行内驻有倭寇的武装，防守极为严密，洋行全都设在繁华的地段，即使得手也难出城，风险太大得不偿失。

民抗首领陷入无言的忧虑之中，老北风移身来到荣振武的面前。他压低了声音说：荣老前辈阅历极丰，能否给我们指条明路？荣振武欠起身来说：老朽无能碌碌一生，指路二字愧不敢当，难得张司令如此抬爱，在下只得进几句抛砖引玉的拙言以备众位商榷。民抗首领苦无良策，他们见荣振武有话要说，忙把目光集中到他的身上。老北风说：这里都是我的生死弟兄，前辈有话只管明言。荣振武再次开口，他说：倭寇逞凶，汉奸肆虐，洋人的淫威正盛，民抗救国军只是民间的爱国志士，无力与倭寇硬拼，众位本是绿林出身，何不绑几个肉票让日伪当局拿军火赎人？听说绑票，老北风臊得满脸通红，他解释说：荣老前辈不要再拿以前的事取笑，自从我们举起抗日的大旗，再也没干过那种勾当。荣振武神态庄重地说：兵者，诡术也，穷尽天下之识而战，制敌取胜不必计较手段，只看最后的成果。倭寇的铁蹄践踏华夏大地，他们所犯下的暴行与禽兽相同，哪有什么法理可言，用什么方法对付他们都不为过。营口有个熙来盛洋行，那家洋行的主人名叫威尼斯，出身于英国军人家庭，其父是八国联军的成员，曾对天津和北京进行过烧抢和洗劫。受其父的熏陶，威尼斯在年幼时就幻想到这个东方古国寻求发达，长大后他来到中国，落脚在水陆畅通的营口。依仗本国的强大势力，威尼斯勾结当地的官员巧立名目，侵吞百姓的血汗钱并从境外私运鸦片毒害国人，当地的百姓对这个为富不仁的洋恶徒恨之入骨，如能把他绑走，既能获得军火又能挑起英日两国之间的事端，这种做法可为一石二鸟之计。

荣振武的话音未落，北霸天首先蹦了起来。他笑着说：老荣头实在高明，难怪张司令把你奉为神明。北霸天的性情粗野，老北风怕他再放厥词，当即予以喝止。老北风又把话题拉到绑票上，他说：以前绑的都是贪官污吏和土豪劣绅，从未动过洋人，不知如何处置才能得手？荣振武说：洋人聚居在营口城东的租界地，他们建造的小洋楼十分坚固，易守难攻，近处还驻有两个装备精良的日军中队，当地汉奸组成的便衣队常到那里巡视，防守极严不能强攻。张司令可派精细之人到交界地留心观察，摸清威尼斯的活动规律，然后再制定抓捕的计划。老北风听后异常高兴，他说：我代表民抗的弟兄向荣老前辈致谢，希望你老人家能在暗中策应。荣振武摆手说：张司令不必客气，咱们同为民族大业尽力，何必再说见外的话。荣振武的提议让老北风感到鼓舞，他收起笑容注视着在场的首领，低声问道：谁愿意留下来踩探。北霸天应声而起，他愿担当此任。老北风关爱地看着他说：你的枪法准，胆子大，遇事不慌，确实是个合适的人选，不过你有贪怀误事的经历，这段时间应当戒酒以免耽误大事。我再把青白二龙留在这里，作为你的帮手，他们兄弟办事机灵，水性也好，凡事都要议定而动，且莫意气用事。北霸天知道这次行动事关重大，他连连答应。老北风带人返回自己的驻地，组织得力的人员回来接应。

北霸天身材雄健，面带慑人的杀气，特别显眼，像他这种相貌的人不能在侨民聚集的地方出现，以免引起洋人的警觉，到租界踩探的事只能落在青白二龙身上。北霸天换上破旧的衣裤装扮成脚夫，到英国人开办的太古码头装卸货物，借此探听威尼斯的详情。青龙和白龙改扮成商贩，到租界地叫卖蔬菜果品，连续踩探了十几天，一点有用的信息也未得到。威尼斯是个贪得无厌的人，整日待在洋行算计，很少外出，即使出门也由多名持枪的保镖相随，很难下手。人都有自己的嗜好，威尼斯也不例外，这个洋人喜欢飙车赛马以此寻求刺激，最近他从外地弄来一匹通体黑亮、没有一根杂毛的健马，这种毛色的马被称为骊。为了显示自己的实力并能拉近与权贵之间的关系，威尼斯决定自己出资举办赛马大会，他发帖邀请各国的驻营领事、教堂里的神父、太古码头的总监以及亚细亚罐等侨居此地的洋老板。普济医院的院长、日本宪兵队长岗本、伪辽河警备司令王殿忠、伪警察局长李金声、商联会长孙鼎鑫等也在邀请之列，他们定于三天后的上午，在练军营的校军场上进行赛马。孙鼎鑫拿到请帖就来报信，北霸天听后欣喜若狂，忙派青龙回盘山禀报。

老北风从军中选出二百名精干，扮成普通百姓，由蔡疙瘩、洪海和顾靠天统领，他们分乘三条快船到营口待命。老北风再次来到茂源货栈，精心研制抓捕预案，他首先征求荣振武的意见。荣振武说：营口的地势低洼，沟渠纵横，绑走人质极其困难，出手前必须熟知进退的路线，河岸有王殿忠的辽河警备队，河里停靠着两艘快艇，动手前必须把它们钳制住，否则将难以脱身。根据荣振武的提议，老北风决定，抓捕威尼斯的事仍由北霸天和青白二龙执行，另加十名身手敏捷的弟兄随行。洪海率领三十名弟兄，分乘三艘快船在河里接应，动手前派水性好的弟兄潜到河里，先将铁线、渔网等物缠绕在快艇的尾轴和推进器上，使快艇无法启动。蔡疙瘩带领三十名弟兄在岸边接应，余下的人由顾靠天率领，隐藏在辽河北岸的芦苇丛中，伺机予以接应，一切准备完毕就等届时动手。赛马那天清晨，天还未亮，北霸天就率领青白二龙及手下的弟兄，分别乘坐战马和大车来到大碑塘的东岸，那是进入练军营的必经之路，他们在操场门前百步之外设置了三道绊马索，自己乘坐的车马，全都藏进道旁杂草丛生的林木中。北霸天带着青白二龙及随行的弟兄，埋伏在道路的两侧静等抓人。

为了办好这次赛马会，威尼斯作了精心安排，他不但把自己的骊马修饰得干净利落，还提前派人到练军营，把那里的杂草铲除坑洼垫平。赛马那天清晨威尼斯提前起床，他吩咐身边的佣人做好一切赛前准备，然后按着事前的约定，来到普济医院门前与其他人会合。普济医院是一家教会医院，它西邻交界地，东邻领事馆和天主教堂，北行百步就是辽河，医院南行几十步有个清澈宽阔的大池塘，那是洋人经常聚集的地方。应约之人陆续赶来，普济医院的主人极其热情，早已命人在客厅摆上早点，供客人享用，随行的保镖和佣人只能候在外边。亚细亚罐的大公子与普济医院院长的千金，那是两个情窦初开的年轻人，二人虽有爱恋之心却无亲近之机，他们想借赛马之机表明心迹。他们趁着家长不在身边之机偷偷地上马，结伴奔向练军营，到没人的地方幽会，没想到灾星竟降临到他们的头上。

第三十回 老英雄临危报国 众豪杰挂孝除叛

北霸天带着民抗的弟兄，躲在树丛中焦急地等待，突然从远处传来急促的马蹄声，随后就从东北方向奔来两匹快马，前边马上坐着一个身披风衣的长发女人，后边马上是个身穿西装的男子。马蹄踏起的尘土随风飘荡，骑马人的面容被灰尘遮挡难以辨清，从体貌和服饰就可以断定，这是两个洋人。民抗的弟兄从未见过威尼斯，他们错把亚细亚罐的大公子当成了那个英国恶商。此次出手事关重大，北霸天的心提了起来，他吩咐青龙等弟兄做好拿人的准备。两匹健马眨眼就到，民抗的弟兄适时拉动绳索，两个洋人随着马匹一起倒地。青白二龙及时上前，还未等那两位洋人醒过神来，绳索已经加身，嘴被封堵，眼被罩住，随即就被抬到马车上。民抗的弟兄不敢停留，他们各自上马，护卫着马车向辽河岸边奔去。威尼斯陪同当地的头面人物，在医院的客厅里品味早茶，亚细亚罐的马夫气喘吁吁地闯进客厅禀明一切。亚细亚罐的老板和普济医院的院长再也坐不住了，他们怕自己的孩子出现意外，当即吩咐仆人备马追赶。医院的主人已经离开，在场的客人不便久留，他们也随着一起离开，众人快马加鞭急匆匆地赶往练军营。北霸天得手后匆忙离开，道上设置的绊马索以及被摔伤的马匹，仍留在原地没来得及处理。亚细亚罐的老板大惊，急忙掉转马头，循着车马留下的痕迹朝前追赶。

民抗的弟兄刚走到落马湖，身后就传来了呼喊声，子弹不停地从后面飞来，北霸天吩咐赶车的弟兄加快行进速度，他带着余下的人拔枪还击，双方且战且走，枪声惊动了辽河警备队，他们从东北方包抄过来，枪声更加激烈。孙鼎鑫夹在洋人的队伍中间留意观察，他怕民抗的弟兄寡不敌众，无法将两名人质绑走。孙鼎鑫急中生智，拍马来到亚罐老板的身旁，低声说道：贵公子和院长的女儿都被绑在车上，子弹没长眼睛，万一被自己的人失手打死后悔可就来不及了。亚罐老板听后急火攻心，这位英国佬犹如中魔一般，他挥动手中的短枪对着威尼斯不停地吼叫。威尼斯见亚罐老板和普济医院院长发怒，当即阻止射击，他让在场的人分路堵截，想要生擒那十几个来路不明的绑架者。激烈的枪声从远处传来，守候在辽河岸边的蔡疙瘩心中起急，他进入货栈与荣振武商讨对策。荣振武说：从密集的枪声判断，拦截你们的人可能不少，凭北霸天等人的本事脱身容易，如要带着人质离开绝非易事，蔡司令应该带人前去接应，为了保住货栈和码头不被倭寇发现，你们必须远离此地，从油坊的南门进去，关紧那里的大门凭借高墙固守，然后再整合力量，伺机从北门杀出，由河中撤离。蔡疙瘩点头答应，他按照荣振武的吩咐率部离开，向枪声密集的地方奔去。

外边的枪声响成一片，杨帆无法安心做饭，他扔下手中的炊具来到货栈询问详情。荣振武说：今天这件事有点棘手，义军要想把人质带走可能不行，依我之见不如险中求成，油坊占地极广，院内存放着油篓、豆饼和稻草等杂物，另有十几个储存黄豆的大囤，那些大囤高约四丈，三十人合抱之围，上面有遮挡风雨的草苫，如在囤中藏匿几个人，绝不可能被倭寇发现。紧急关头无暇多做解释，杨帆本是聪明人一点就透，马上返回油坊去做应急的准备。蔡疙瘩率队向枪声密集的地方赶去，刚走到后街就看到北霸天等弟兄，他们被洋人尾追过来形势十分危急。蔡疙瘩让手下的弟兄隐于道路两侧，在转角处向追兵开枪阻击，掩护北霸天等人撤离，正在紧要关头，当地的汉奸队从侧面赶来，堵断了西行的道路，马车被逼到北面的甬道无法通行。北霸天见情况危急，他让青白二龙丢弃马车，背负着两个被绑的洋人，从狭窄的甬道中步行脱身。蔡疙瘩带领自己的弟兄在前面开路，北霸天率领剩余的人马在后边阻击，经过反复拼杀终于踏进油坊的南门。蔡疙瘩按照荣振武的吩咐紧闭大门，凭借油坊的高墙固守，不停地向外边射击以免追兵靠近。

油坊内外烟气缭绕，榨油机发出的轰鸣声不绝于耳，搅得参战人员心烦意乱，北霸天带着人质在油坊的院内彷徨，不知如何才能脱身。杨帆及时出现，他手指豆囤下的木梯，做出向上攀登的姿态，民抗将士仍不明白这个伙夫的用意。杨帆只得走到近前低声耳语，北霸天这才醒悟过来，他拿出黑布头罩，套在洋人的头上，经过上下配合，终于把两个洋人藏到草苫下边的黄豆中，青白二龙也陪伴着他们没入豆囤之中，油坊的院落又恢复常态。杨帆让义军从北门杀出，天黑以后再伺机回来带走人质，民抗的弟兄已经没有任何牵挂，他们相互配合突然从北门冲出。防守河岸的警备队刚想上前拦截，身后却响起了枪声，洪海指挥三艘快船及时靠岸增援，驻守此处的伪军前后受敌，队长及其警员多人丧生，余下的人丢弃枪械向四处逃命。民抗的弟兄趁乱上船，他们扯起风帆船舷加棹，朝着西北方快速驶去。快艇上那些日军，见民抗将士乘坐木帆船逃走，他们露出嘲弄的笑容，日酋下令，拉起铁锚，发动机器，快艇的尾轴和推进器已被铁线和渔网缠绕，越拉越紧，最终闷车熄火无法移动，只能眼睁睁地看着远去的风帆。营口的倭寇以为人质已被绑走，只得收队处置那些死伤人员，他们上报此事，希望日本当局能增兵解救被劫持的人质。

北霸天趁着夜深无人之机返回油坊，把两名人质带走，回到盘山才弄清楚，被抓的人并不是威尼斯而是一对洋青年，他感到沮丧暗骂自己粗心大意。老北风劝解道：这两个洋青年也是重量级的人物，收取他们的赎金绝不可能减少。老北风派人到营口下书，内容如下：亚罐的公子和院长的女儿已被我拘为人质。如欲索回，需备轻重机枪各十挺，步枪五百支，短枪二百支，子弹二十万发，到盘山县鲤鱼沟交货赎人。尔等胆敢使诈动武，外边枪响里边杀人。不听警告就请派兵来试，且看你们如何收场。落款是，东北民众抗日救国军司令，老北风。亚细亚罐的老板和普济医院的院长，见自己的子女被人绑走，哪能善罢甘休，他们与威尼斯等人结伴，到英国驻营口领事馆诉求，请领事出面与日伪当局交涉。领事不敢慢待这些实力雄厚的财阀，当即就向营口日伪当局递交书面抗议，随后又行文转交本国政府，指责日伪政府违反国际公约，纵匪抢劫英国侨民。英国是当时的世界强国，哪能把这个东方小倭放在眼里，英国政府接到驻营领事馆的呈文，立刻指派驻日大使，向日本政府提出严正警告，限令他们一个月内交还被劫持的人员，否则将采取强硬措施，不排除军事干预。东南亚及其各地的英属总督也纷纷通电，责令日本政府遵行英国政府的严正警告，否则将对旅居英属领地的日本侨民进行报复。

英日两国的争斗成为一大新闻，各大报纸纷纷刊载，盘踞在东北的倭寇胆战心惊，关东军司令本庄繁、参谋长三宅光治以及高参板垣等密商，最终委派伪满洲国治安部次长谢介藩，会同奉天省宪兵队长赶往营口督办此事。谢介藩和奉天宪兵队长来到营口，立刻召集日本宪兵队长岗本次郎、伪辽河警备司令王殿忠、伪警察局长李金声等人，商讨解决人质的办法。如要出兵动武，唯恐惹恼了老北风撕毁洋票，若要拿武器赎人，无异于授人刀柄自找伤害。无奈之下，只得由伪治安部次长谢介藩、奉天日军宪兵队长的翻译董石岗、伪营口警察局长李金声等，携带几件价值不菲的古玩到盘山哄骗老北风，借此探听民抗救国军的虚实。三个汉奸提心吊胆来到盘山县，递上自己的拜帖，他们被限制在远处等候传见。义军的装备紧缺，首领们正在研讨新的作战方案，突然有人拿着拜帖进来报信。老北风听后异常兴奋，日伪当局终于被逼出尿来，他问在座的弟兄，如何接待才能让敌人交出武器。洪海说：咱们按照绿林道上的规矩，摆设刀门让汉奸从下边钻，先给他们来个下马威。老北风觉得不妥，他说：咱们现在是堂堂正正的抗日救国军，应该以民族大义为重，不能再按江湖上的规矩行事，以免让这几个汉奸低看了咱们这支抗日的队伍。众人认为老北风的话很有道理，这才按着他的意图布置。

老北风让手下弟兄把室内的桌椅全都撤走，只留下自己的座位，那样就使汉奸无座可坐只能站在那里答话，同时又不失慢待之礼。三个汉奸妄想把人质的事解决，他们从远处就低头弯腰恭敬地走进司令部，双手抱拳连连施礼。老北风混迹于江湖多年，学业不足见识却广。他不卑不亢地说：我们要的东西你们是否如数带来？三个汉奸相互对视，谁也不愿开口回答这个问题。老北风怒目逼视等待来者答复，职务卑微的警察局长无法推诿只得上前回答。李金声原是乡间的混混，略懂几句江湖唇典，为了在上司面前卖弄自己的学识。他谄媚地对老北风说：大当家的火穴大转（买卖兴旺），卑职万分敬佩。老北风见李金声转移话题，他凝视这个汉奸多时才说：你真是个当贼的材料，不用教就会说那些贼话，不过像你这种人当贼只能当个卖国贼，绿林道上可没有你这号人物。李金声被老北风奚落得满面通红，他无言应对只得后退。董石岗怕把事情弄僵忙上前圆场。他说：久闻张司令的大名，如雷贯耳，声震四方，今日得见真乃三生之幸，身逢乱世正是英雄用武之时，凭张司令的虎威当个师长绰绰有余，只要你把人质放了，兄弟不才愿作引荐之人。老北风静静地听完，然后冷笑着问道：你以什么身份说这番话？董石岗误以为老北风被他的说辞打动，他挺起胸膛得意地说：我是奉天宪兵队长的翻译，兼任此行的特派员。老北风厌恶地说：你只是倭寇豢养的走狗，一旦失去了利用价值就将被主人踢开，从你嘴里吐出来的话哪能让人相信。伪满洲帝国治安部次长谢介藩见老北风的态度强硬，他也摆出一副强硬的姿态说：张司令为民抗之主，处事需加谨慎，昔日拳匪作乱，招致八国联军犯津京，今天你要是不放人质必将重蹈当年的覆辙，到那时玉石俱焚你将成为千古罪人。老北风见谢介藩拿话蒙人，就指着他说：庚子之耻，皆因清朝王朝腐败无能，八国联军才敢进犯，时至今日，你们这些余孽重新纠合起来，在倭寇的操纵下，妄图复辟那个暗无天日的满洲帝国，你们这些清朝王朝的孝子贤孙，还有脸面提及当年你祖宗的耻辱，真不知羞耻二字做何解释？！

三个汉奸低估了民抗将士的学识，他们认为绿林出身的老北风只是一介莽夫，没想到他的言辞犀利、心思缜密，是个难缠的角色。李金声再次上前劝解道：张司令不要生气，谢先生也是为你着想，司令日理万机时间宝贵，你有什么要求全都提出，我们一定尽力办成。老北风说：条件很简单，第一，把我们要的武器弹药如数送来，第二，倭寇滚出中国，回他们自己的国家，上述两个条件你们能答应吗？李金声不敢应对，只得低头不语。谢介藩是个巨奸，他换上笑脸说：我有个两全其美的办法，既能满足司令的要求又能让我们回去交差。老北风不知谢介藩的话中之意，就点头让他说出详情。谢介藩说：我们按照张司令提出的枪弹数量，折合成银圆送过来赎人，这样总该可以吧。老北风略作思索就明白这个汉奸的险恶用心，谢介藩想用如欲夺之，必先予之的手段，达到他那不可告人的目的。老北风当即揭穿伪治安次长的阴谋。他说：你把我们抗日救国军当成了傻子戏弄吗？你们前边送钱赎人，后边大军包围，不但把赎金夺回，还能把这支抗日的队伍消灭。今天我要明确地告诉你们，不见军火别想赎人，民抗救国军的忍耐是有限的，到期不来赎人我们立马撕票。老北风不愿与这些汉奸浪费唇舌，随即高喊：送客。民抗的弟兄恨透了这些卖国贼，他们一拥而上连踢带打，把这三个汉奸轰到营外押出防区。

十几天过去仍不见人质放回，英国使馆呈文，报请英国政府批准，他们从南亚调来三艘大型炮舰，排列在营口的河道上，炮口对着日本宪兵队和伪警备司令部，英国军舰上的士兵反复演练抢滩登陆。英国领事提出交还人质的最后期限，否则将攻占辽南自行查找人质的下落。日伪当局被逼无奈，这才狠下心来用军火赎回人质。得到武器的民抗将士如虎添翼，在老北风和项青山等人的带领下，驰骋辽南，纵横在辽河两岸，逼得倭寇步步退缩。日伪当局在《盛京时报》上惊呼：匪首老北风，匪团二百五十人，尚有匪五百人为后盾。切断电话电报线，营口日军官队与匪防战，一时甚呈苦战……近闻盖、海、营、盘等县，匪患蜂起，异常猖獗，大有蔓延之势。二日午后四时许，兵匪大队，卷土重来，再袭营口，包围新旧两街，势极汹涌……从日伪的诽谤中就能透出那时的实情。

正当民抗将士大展神威的时候，灾难却降到荣振武和杨帆的身上。人质放回以后当地的侨民围拢过来，他们迫不及待地询问被绑架的过程，两个英国青年并未隐瞒实情，他们讲述了那些天的经过。听说他们被绑架的当天并未离开营口，而是被蒙住双眼埋藏在黄豆之中，事后才被送往盘山看管，威尼斯没等听完就跑到日本宪兵队报信。

岗本这个日酋并不熟悉营口的详情，他把王殿忠和李金声这些当地的汉奸找来共议此事。李金声提议：速派军警对东永茂油坊进行全面搜查，先把油坊的经营者抓起来严刑拷问，必能查出事件的真相。王殿忠听后连忙制止。他说：金声老弟有所不知，东永茂的主人非同一般，你我二人谁也招惹不起。岗本听后霍然站起，他怒斥道：不管是谁都要一查到底，决不能姑息养奸。王殿忠说：东永茂油坊始建于光绪十三年，那是由广东洪帮潘氏家族出资创办的，他们聘请山东蓬黄两县的人主持经营，这个由南方财力支撑、北方人巧妙经营的油坊，每遇动乱必发横财，历经两朝四十多年长盛不衰，油坊主人不但与各国的商人交厚，就连那些国家的权贵也在暗中与他们联手。甲午战争以后，华人对日本财阀怀有敌意，很多交易是在东永茂的协调下进行的。东永茂的现任经理戴玉衡，与日本军政要员的关系过密，常驻此号的山本先生，就是二井洋行的特派代表，此事如要处理不当必将引火烧身。岗本听后犹如严霜打草，当即低头不语，李金声也不敢信口雌黄。听清了东永茂油坊的背景，岗本顾虑重重不知如何查找才好。王殿忠提议说：岗本队长应当亲自出头到油坊拜访戴玉衡，当面把事件说清，让他们自己查找可疑的人，李局长暗带便衣对油坊的人员进行清查，这样做既不伤及双方的颜面，又能把责任推给东永茂的主人。

岗本认为王殿忠的提议可行，他让李金声抽调精干的便衣到油坊密查。岗本自己带人到油坊拜访这位戴经理，他把来意说明恳求对方协助查办。江湖上流传着一句调侃的话，蓬莱人的腿，黄县人的嘴。戴玉衡就是思维敏捷、口齿伶俐的黄县人，他哪能应承这种掉脑袋的差事，油坊的伙计多为山东老乡，相互之间沾亲挂拐都不是外人，伤着谁都无法交代，事后要是暴出义军的卧底，自己也没法脱身。戴玉衡面色凝重地说：岗本队长不要难为鄙人，我只是个为人做嫁衣的佣人，不懂军国大事，更不知道如何查找凶犯，你要是对本号有所怀疑就派人查封油坊，提审所有的人员。油坊不是战场，希望岗本队长不要再把绑匪撵到这里，以免让我们担惊受怕又担嫌疑。山本先生是三井洋行的全权代表，常驻此号，你如有事可以找他查证。戴玉衡早已识破倭寇设下的圈套，他说的话软中带硬，根本就没买宪兵队的账。此事没有真凭实据，戴玉衡的话又无可挑剔，岗本只得悻悻地离开。李金声率领的汉奸队犹如幽灵一般，出没在油坊的各个角落，历经三天一无所获只得铩羽而归。根据威尼斯的转述，两个被绑架的英国人就隐藏在油坊的黄豆中，远在盘山的民抗救国军，如若没有油坊的人作为内应，在那种慌乱的枪战中，绝不可能把人质藏匿得如此隐秘，而不被外界发现。

日伪当局的首脑陷入焦虑之中，一个熟悉却又无法记清的面孔，出现在李金声的脑海中，在暗查油坊时，厨房里的伙夫似曾相识，一时又记不清与他相识的原因。经过反复回忆，李金声这才想起，他曾到奉天去找同宗兄弟李金福，想走他的门路在伪满政府谋取官职。李金福奉关东军之命率队搜捕要犯杨帆，奉天城中到处都有通缉他的布告和画像，油坊的伙夫与告示上的杨帆虽有差异，却有着无法描述的相像之处，尤其眼神极其相似。听到李金声的表述，岗本决定，派军警对东永茂油坊进行暗中监控，同时派人到奉天宪兵队调李金福来营，确认这个伙夫的真实身份，若能捕获被通缉的杨帆那将是奇功一件，协助民抗绑架人质的内应是他无疑。通过抓捕人质索取武器弹药，民抗救国军的声威大振，长城内外一片欢腾，到处都在传颂着这段奇闻。荣振武却忧心忡忡，侵占关东以后倭寇的气焰十分嚣张，正当他们要挥军西进的时候，却被义军逼得颜面扫地，日伪当局哪能善罢甘休。荣振武叮嘱自己的弟子，留意日伪当局的动向，以便于提前做好应对的准备。孙鼎鑫利用商联会长的身份巧立名目，频繁设宴招待日伪当局的政要，借酒兴闲谈之际，探听倭寇对绑架人质的后期报复，果然从李金声的口中得到了证实。为了能把识别杨帆的事办得稳妥，岗本亲自到奉天调取李金福，临行前，他把监控油坊的事交给李金声全权负责。

孙鼎鑫深知其中的利害，没等散席他就过来报信。杨帆听后立刻紧张起来，李金福原是青泥洼的一个市井无赖，他趁大连湾建港之机，广招同类投靠洋人最终成为汉奸。中华民国十九年，李金福跟随西宽太郎来到沈阳，继续充当倭寇的鹰犬，他用肮脏下流的手段收集情报残害国人。李金福与杨帆结仇多年，他要到此辨认必将凶多吉少。杨帆决定宁拼一死，也要除掉李金福这个作恶多端的汉奸。荣振武劝解道：倭寇的凶焰正盛，像李氏兄弟那样的汉奸为数不少，单凭咱们这双手岂能将他们杀绝，李金福与你是多年的冤家，事先必有提防，即使你肯舍命也未必能将这个恶贼除掉，依我之见不如迅速逃离，留下有用之身继续与倭寇周旋。孙鼎鑫也在旁边苦劝，杨帆这才同意离开。他说：今天早晨新来了几个身体强壮的伙计，那些人的神色有些诡异绝非普通百姓，有些暗带短枪的便衣也在油坊四周游荡。杨帆误以为是在追查人质的事，没想到竟是自己露出了破绽。情况危急，孙鼎鑫催促道：事不宜迟，你老必须尽快离开以免再生事端。荣振武担心地说：要想离开绝非易事，车站和码头必有埋伏，杨老弟只能从水中脱身。荣振武接着说：我家师门传下的风雨鞭、透甲锥和浪里飞梭，这些东西的威力虽然成为过去，危难时仍不可小觑，十二支透甲锥可在百步之内无声地将人射杀。如在夜晚投身水中，凭借浪里飞梭的轻灵与快捷，即使快艇也难以追及。他取出透甲锥和浪里飞梭交给杨帆，让他随身携带，晚饭后择机逃离此地。孙鼎鑫补充说：李金声是个游手好闲的混混，特别爱听三侠剑之类的评书，他对说书艺人口中的武功深信不疑，饮酒时常向他们讲述登萍渡水、赶浪无湿以及踏波无痕之类的情节。岗本走后，监控油坊的事由李金声负责，咱们可以借用他的愚昧施以迷惑，转移日伪当局的注意力，杨师叔可以另辟出走的路线。杨帆是个历经风险的聪明人，当即回去准备。荣振武唯恐自己的弟子受到牵连，忙让孙鼎鑫离开。临行时叮嘱他：没有特别紧急的事不要再来见面。

离开茂源货栈，杨帆怀疑身后有汉奸跟踪，为了不给荣振武留下祸根，在回东永茂的途中，他又进入其他几家货栈并在那些地方逗留了一段时间，以此迷惑那些跟踪者。进入油坊的大门，杨帆直奔账房把寄存在那里的工钱取出，然后到伙计住宿的工棚去找一个姓向的伙计，那人胆大机灵又有主见。杨帆说：我遇上一件难缠的事，需要别人帮我购买二十个能在水上漂浮不沉的细瓷大碗，选好后装到竹筐里，偷放到太古码头外面的草席垛下，用苫布遮盖以免被别人发现，你要是能帮这个忙，我愿以二十块银圆作为酬金。姓向的伙计听后并未多问，当即就答应下来。杨帆见他应允就压低了声音说：事情办妥以后，你从油坊的北门进来，趁人不备再从南门出去，尽快从这离开，最好能回山东老家以免事后受到牵连。在油坊做工又脏又累，苦干两年也积攒不下二十块银圆，为了能得到这笔酬金，姓向的伙计并未多说，他将二十块银圆藏到贴身处，用余下的两块出去购买竹筐和大碗。杨帆与伙计交谈的经过早已落入便衣的视线，他们抽出两人对小伙计进行跟踪，其他人仍留在油坊进行监视。受雇的伙计怕出差错，他来到杂货铺，让店家拿来一盆清水，把二十个大碗逐个放到水上进行漂浮试验，躲在远处的便衣觉得奇怪却不敢现身查问。伙计不知其中的隐情，他按照杨帆的吩咐，把竹筐藏到待运的草席下，遮盖严实然后离开。两个便衣及时分开，一人留在草席近处对竹筐进行监护，另一人尾随在小伙计的身后，继续对他进行监视。直到小伙计踏进油坊的大门，跟踪的便衣才停住脚步，他转身奔向警察局报信。李金声听后两眼放光，他又联想到书中的情节，蹬着浮萍都能渡水，踏着大碗过河更不为奇，被通缉的杨帆身怀绝技，他不但刺杀了西宽太郎等多名重要人物，还烧毁了奉天近郊的护路站，致使日军蒙受了巨大的损失，从预藏大碗渡河就能断定，伙夫就是日军要通缉的人。李金声怕别人夺了头功，他背着宪兵队和警备队独自组织警力，对码头及其藏匿竹筐的地方进行监控封堵。杨帆如要提前逃走就用乱枪将他打伤，生擒此人算是奇功一件，升官发财就在眼前。

危险即将发生，杨帆仍能屏住心神做完最后一顿饭，晚饭过后夜幕终于降临，他刚要起身离开，厨房的屋顶突然响起轻微的脚步声，倭寇的鹰犬可能要提前动手。事不宜迟，杨帆踹开房门就要往外硬闯，房门两侧已有五名手持短枪的便衣挡住去路，为首的人正是伪警察局长李金声。杨帆返身想从后窗跳出，三支短枪在窗外不停地晃动，恰在这时日本宪兵队起火，随之传来洋人的呼叫声，李金声等人大惊不由自主地扭头观看。杨帆趁汉奸分神之机将蓄水用的大缸踢碎，缸破水淌泼洒到余烬未息的锅灶下，灰尘伴随着烟气向四处飞散，厨房为烟雾和水汽所笼罩，漆黑一片。杨帆熟知厨房内的环境，他纵身跃起手抓天窗的木格，翻转身躯穿窗而出飘落到屋顶上。埋伏在房上的便衣，蹲在屋檐的边缘探身下望，防范杨帆破门逃走。宪兵队起火后，守在房上的便衣抬头向东方眺望，没想到杨帆能从天窗中蹿出。事发突然两个便衣刚想掉转枪口，杨帆早已扣动弩机，透甲锥夹着劲风从袖口里飞出，射进便衣的胸腹之中，随着惨痛的呼叫，中锥人已从房上摔到地面，剩下那个便衣见同伴丧命惊恐袭上心头，他立脚不稳也从房上跌落到地面，虽无性命之忧却已摔成重伤无法站立。除掉房上的汉奸，杨帆不敢迟疑，他鼓起周身之力几个起落就冲到油坊之外。

荣振武摸进日本宪兵队及时放火，掩护杨帆逃走，随后又把道台衙门和警察局点燃，街上的行人见火警连续发生不知发生了什么事，他们惊慌失措地奔跑起来，营口城区一片大乱，杨帆混杂在人流中失去了踪迹。李金声率领便衣队无法拦截屋顶上的嫌疑人，只得退到油坊的大门进行堵截，可惜他们的举措不当，杨帆早已越过高墙离开油坊。李金声见嫌疑人逃离油坊并未死心，他率队赶到太古码头，这位书迷局长误认为只要守住那笸大碗，杨帆就无法渡河逃走。李金声率领便衣队蹲守在大碗的四周，直到半夜仍未见到杨帆的身影，他派人到油坊去抓那个买碗的伙计，想从他的口中审出实情，结果那个姓向的伙计也失去了踪迹。直到这时李金声才醒悟过来，杨帆采用明修栈道暗度陈仓的方法，诱使他们这些汉奸上当。李金声这个伪警察局长唯恐洋人怪罪，他派人对全城进行搜捕，查找纵火人的线索，随后又从日本宪兵队借来几只警犬到火场进行勘查。火起后，赶来灭火的汉奸和围观的百姓，已把现场留下的足迹毁掉，李金声与警犬用尽了全力也未嗅到纵火者的气味，在这次抓捕中警局的汉奸一死一伤，宪兵队、道台衙门和警察局也都遭到严重破坏并有多人受伤。据李金声推断买碗的伙计就是杨帆的同伙，纵火的人必然是他。据油坊的人讲：买碗的伙计名叫向家旺，人称向四，来自山东掖县，有关他的去向谁也说不清楚。

为了配合杨帆逃走，荣振武将引火之物带在身边伺机出手相助，日近黄昏，他就留意油坊及其周围的动向，天刚见黑，李金声就带领十几个携枪的便衣，鬼鬼祟祟地溜进油坊。荣振武预感到情况不妙，伪警要对杨帆下手，油坊的大门已被汉奸监控无法进去报信。年过七十的荣振武非比当年，挥刀闯帐的事已经成为过去，他略加思索就奔向日本宪兵队把喂马的草料点燃。荣振武想用烈火向杨帆示警，让他做好逃离的准备，同时又能使抓捕他的汉奸分神。强占他人家园的倭寇做贼心虚，他们对所有的华人都存有戒心，就连那些俯首帖耳的汉奸也不敢完全相信，火起后在场的东洋人不敢上前救火，他们集中到一起狂呼乱叫，唯恐有人趁乱向他们打黑枪，火势未得到及时控制迅速向四周蔓延。荣振武躲在暗处仍担心杨帆的安危，他转身奔向警察局和道台衙门，连续纵火制造混乱，三处大火冲天而起迅速扩散，全城处于慌乱之中。荣振武趁乱来到油坊附近，查看杨帆是否脱险，突见便衣队冲出大门，在李金声的率领下气急败坏地奔向太古码头，他见伪警察上当这才把悬着的心放下。按着事先的约定，荣振武沿着河岸向东寻找，在肇兴码头的浮桥旁，见到杨帆留下的入水标记，他望着流淌的河水心中生出孤独之感，昔日的朋友全都从这离开，只有自己仍挣扎在倭寇的屠刀下。

第二天中午，岗本带着李金福来到营口，让他辨认油坊伙夫的真实身份，如是关东军通缉的杨帆立即予以抓捕，没想到疑似杨帆的伙夫，竟于昨天傍晚突围逃脱不知去向。为了掩盖这次抓捕的方案失误，李金声夸大了杨帆及其同伙的人数和本事，并以死伤的便衣为例，证明自己与手下的警察，为大东亚共荣所表现出来的献身精神。明知李金声是在顺嘴胡诌，岗本也不揭穿，日本国小人力不足，必须笼络这些汉奸才能与幅员辽阔的中国抗衡。李金福充当汉奸多年深知杨帆等人的厉害，老汉奸及时上前为自己的弟兄开脱。他说：抓捕伙夫时，宪兵队、道台衙门与警察局同时遭到攻击，由此可见反满抗日的人员绝非少数。李金声把岗本和李金福等人带到便衣的尸体旁，表白伙夫的厉害。见到那支三棱透甲锥，李金福被吓得浑身发抖，几十年前他曾在青泥洼见过这种要命的武器，当年的透甲锥就出自杨帆等人之手，由那支透甲锥就能断定，油坊里的伙夫就是杨帆。李金声提议：彻底查清与伙夫有关联的人，通过他们就能抓获逃走的杨帆。通过多方追查，伪警发现，推荐杨帆到油坊做饭的人是茂源货栈的看门老头。李金声听后并未在意，李金福却有所不同，他详细询问举荐人的年龄及其姓名。伪警察说：那个老头年过七十，名叫荣振武。李金福听后霍然站起，荣振武三个字入耳犹如遇到雷轰，当年在青泥桥上，被张玺文身边的小伙计踹断肋骨，那种撕心裂肺的疼痛让他终生难忘，事后才听到传言，踹他的小伙计就叫荣振武，那是个女扮男装的人。

李金福被女扮男装的小伙计吓破了胆，他怀疑看门人也是女扮男装的老太太。李金福亲自带人到茂源货栈探查究竟，他与真正的荣振武从未谋面，这个汉奸如同中魔一般反复查看，从花白的胡须和凸起的喉头可以确定，这个荣振武并非女扮男装，从体貌和性别可以肯定，两个荣振武绝非同一个人。营救张玺文的小伙计名叫荣振武，推荐杨帆到油坊做饭的老头又叫荣振武，集安商号的主人为什么与荣振武这个名字那么有缘？李金福把自己的疑虑上报，岗本虽是日本军官，他对上峰派来的汉奸也得礼让三分。岗本不敢怠慢，急忙召集营口各部的日伪要员商讨对策。李金声说：

既有疑点就把那个看门的老头抓起来，严刑拷打必能审出实情。王殿忠摇头说：那个老头如若是个深藏不露的高人，到了他这把年纪早把生死看透，即使是死也不可能吐出半句实言。随后这位伪司令又想出一个恶毒的办法。他说：咱们从军警当中选出几个会武功的人，假扮醉鬼到茂源货站的门前寻隙滋事，对那个老头进行辱骂殴打逼他出手，那样就能查出此人的底细。李金福对王殿忠的提议深表佩服。他说：此人如若会武不用多问必是杨帆的同伙，到那时抓起来恩威并施不怕审不出结果来。杨帆已经脱险，茂源货栈存放的军火也都运往盘山，库内没有任何违禁的物品不怕敌伪搜查，荣振武刚把悬着的心放下，没想到李金福这个恶魔竟撞上门来。荣振武与李金福并不认识，透过他那种诡异的眼神，这位历经风雨的老人警觉起来。

一天傍晚，从西边来了几个相互搀扶的醉汉，他们摇晃着身躯，来到茂源货栈的门前停住脚步，无缘无故就冲着里面破口大骂。茂源货栈里的人全都是民抗的弟兄，他们出自刀头舔血的绿林，国难当头才成为驰骋疆场的抗日将士，哪能容忍几个醉鬼站在门前吵骂，有个姓聂的弟兄气愤不过，他拿起顶门杠就要出去教训那几个醉鬼。荣振武心存疑虑，急忙予以制止。他说：咱们应该以大局为重，不能因为一时之愤而毁掉民抗这处基业。民抗将士对荣振武这位老人异常尊敬，他们强压怒火退到后边。荣振武仍坐在门内的木凳上假寐，几个醉鬼见他沉睡不动就闯到里面进行推搡。在撕扯的过程中，荣振武发现醉汉散发出的酒气不是出自口腔，而是身上的衣裤，他这才恍然大悟，来者不是醉汉而是另有图谋。荣振武稳住心神静观变化，醉鬼见他不愠不火越发猖狂，出手也开始狠毒。荣振武怕民抗的弟兄压不住怒火出手伤人，他装作害怕的样子逃到货栈门外，护住要害任由这些来路不明的家伙对其殴打。荣振武的面部被打得青肿口鼻也出现血迹，围观的人面现怒色，有几个年轻的脚夫脱掉外衣想要抱打不平。躲在远处接应的伪警怕出意外，他们吹响警哨围拢上来，以违反治安管制为由，把荣振武和那几个假醉鬼一起带回警局。日伪当局急于查清荣振武的底细，他们把那几个假扮醉鬼的军警叫来询问，带头打人的汉奸名叫王其昌。据他讲：被打的老头根本就不会武功，假如没有围观的人起哄，姓荣的老头不死也得成为重伤。李金福又问起货栈里的其他人，是否有可疑的举止。王其昌说：货栈里的人全都躲在后面没有人敢出来制止。

王殿忠在营口居住的时间较长认识的人也多，经过前几天的调查，他对荣振武的身世有了进一步的了解。荣振武居住在落马湖以南，以医治损伤为业，据老人讲：几十年前他曾在庙会上练过棍，知道的人多已不在，有关详情谁也说不清楚。李金福曾在青泥洼开过武馆，对江湖上的掌故比较清楚。他说：从王司令的介绍就能断定，庙会上耍棍无非是卖狗皮膏药，年岁大时蹦跶不动只能改作治伤的郎中，像他这种人到处都有，凡是在大庭广众面前舞刀弄棒者绝非能人，根据杨帆那种高傲的性格难与此辈为友。荣振武在西大庙登台为的是排解乡帮之争，此事已经过去几十年早就被人们淡忘。李金福误以为荣振武在庙会上卖狗皮膏药，所以才有上述那种结论。李金福毕竟在武林中混过，他的话赢得了同类的信服，对荣振武的怀疑也解除了大半。可是荣振武并未被倭寇释放，伪警继续对他进行审讯。听说师父被关进警局，孙鼎鑫吓出一身冷汗，经过多方打听，日伪当局并未抓到什么把柄，只因推荐杨帆到油坊做饭而被怀疑。孙鼎鑫这才把悬着的心放下，他拿钱让山东会馆的主事出面，以同乡会的名义保释荣振武这位山东籍的老人。遭到醉鬼殴打反被拘押不放，于情于理都难以说通，日伪当局怕激起民变只得顺势放人，山东同乡把满身是伤的荣振武送到家中好言予以安慰。荣振武深受师门的熏陶，身怀绝技亦有一身不惧生死的傲骨，临到晚年，为了义军的码头和藏匿军火的货栈不被倭寇查出，他宁愿忍辱负伤也不肯快意恩仇放手一搏。民抗救国军的将士得报后，群情激愤，强烈要求攻打营口，严惩那些行凶的汉奸及其家属。老北风毕竟是义军的掌舵人，他强压心中的怒火，规劝自己的弟兄：小不忍则乱大谋，等到荣老前辈康复后再做决定。

荣振武的弟子都是山东籍的商贾，接人待物一团和气，他们与其师相同不带半点江湖气息，很难让人看穿那身功夫。恩师受辱负伤，弟子们这才围拢过来加以劝慰。荣振武深明大义宁愿死在敌人的枪口下，却无法忍受汉奸的折辱，他怒火攻心寝食俱废，没过几天就病倒在床。医生说：此老患的是心病，绝非药物所能解除。亲友及其弟子按着医生的吩咐，轮番过来劝解，荣振武仍无法摆脱心中的仇恨，他的病情日趋严重。一天傍晚，做毛竹生意的王立久携带酒菜来到师门，他要向师父和师兄弟们辞别。最近几天，王立久把自己的商铺廉价兑出，往来的账目也已结清，随后又把妻儿送到船上让家眷先回山东原籍，他独自留下备办酒菜到师门聚餐。孙鼎鑫见状急忙把王立久拉到门外。他悄声说：师父的病情已入膏肓无药能救，据医生讲，他老人家将不久于人世，咱们与他师徒一场必须守在身旁，不能让老人家孤独地死去。王立久解释说：他已做好回籍的准备不能再逗留此地，有你们守在师父的身旁足矣，何必再多我一人。孙鼎鑫仍想劝说，王立久见师兄纠缠不休，他面现不快地说道：人各有志不必勉强，请师兄见谅。众人见王立久不讲情义，再也没人对他理睬。卧在床上的荣振武叮嘱道：远离倭寇，速回原籍储备力量，这是明智之举不必责怪，你们都有家业，千万不要擅自招惹是非。王立久听后并未搭言，他面带寒霜跪敬了师父三杯，然后起身扬长而去，出门不久就传来了他的悲声。众人觉得奇怪，荣振武却焦躁不安，他连连叹息随之流下了泪水。

第二天清晨天刚见亮，门外就传来了警笛和奔跑声，大街小巷，各处路口都有日伪的军警和狼狗把守，他们严查过往的行人。孙鼎鑫觉得奇怪，他迈步出门到警察局打听原因，人在远处就能听到那里的哭叫声。孙鼎鑫是当地的商联会长，他与警局的人都很熟悉，经过询问才弄清楚，昨天晚上连续发生几起命案，警备队的陈喜旺因为殴打荣振武时特别卖力，因而被提升为队长，上任三天就在昨晚被乱刀砍死在家中。临时住在警局的李金福，不知被什么人一刀断喉死在床上，李金声仰仗堂兄升迁的梦想破灭这才痛哭不止。警备司令王殿忠昨晚在司令部当值，今天早晨，他的大人听到警笛响声不断就提前起床查看，突见寝室的后窗洞开，床上留有尖刀和字柬。上写：逆贼王殿忠再敢为恶，必取尔项上人头，灭你全家老少。王殿忠的妻子惊恐不安，忙派家中的侍卫到警备司令部报信。王殿忠派人到街上查找刺客，随后又派人把尖刀和字柬送到警局，转交局长侦办此案，李金声派出全局的警员查办此案。见到尖刀，孙鼎鑫暗自紧张起来，那把尖刀是王立久的心爱之物，直到这时，他才明白师弟变卖家产的良苦用心。孙鼎鑫回到师门把昨晚发生的事讲出，希望师父能从王立久的壮举中解脱出来。病体沉重的荣振武大限已到，无力排除心中的阴霾，此事不但没能引起他的兴奋，反而增添了无限的忧虑。

荣振武让孙鼎鑫等弟子，到王立久可能藏身的地方查找，看他是否脱险。孙鼎鑫等人也担心师弟的安危，几经辗转，终于从一名脚夫的口中查到了实情。那天晚上脚夫在肇庆码头装船，天亮前大约一个时辰左右，他见王立久登上一艘浙江籍的货轮离开。听说弟子已经脱险，荣振武紧锁多日的眉头舒展开来，病体也有了明显的起色。他说：日本是个资源匮乏的弹丸小国，那里的人却怀有一颗贪婪的心，他们惯用巧取豪夺的两面手法，残害邻国的民众，掠夺他国的财富，你们都是生意人，切忌教训不要与倭寇交往，作恶多端的东洋人必将遭到天谴。荣振武的话音刚落就气绝身亡。荣振武的死讯传出以后，民抗救国军的将士悲痛万分，伤心过度的老北风口吐鲜血晕倒在地。救国军的将士腰束白布挂孝起兵，他们从水旱两路杀向营口，攻打驻守在那儿的倭寇及其走狗。

……

图书在版编目（CIP）数据

袁崇焕家族传奇 / 赵九洲 著. —长春：时代文艺出版社，2013.12（2018.1重印）

ISBN 978-7-5387-4422-4

Ⅰ. ①袁… Ⅱ.①赵… Ⅲ.①袁崇焕（1584～1630）－家族－史料 Ⅳ. ①K820.9

中国版本图书馆CIP数据核字（2013）第265243号

出 品 人 陈 琛
产品总监 郭力家
责任编辑 李天卿
部玉乐
装帧设计 孙 俪
排版制作 初昆阳

袁崇焕家族传奇

赵九洲 著

出版发行 / 时代文艺出版社
地址 / 长春市泰来街1825号 时代文艺出版社 邮编 / 130011
总编办 / 0431-86012927 发行部 / 0431-86012957 北京开发部 / 010-63108163
官方微博 / weibo.com / tlapress 天猫旗舰店 / sdwycbsgf.tmall.com
印刷 / 三河市京兰印务有限公司
开本 / 710mm × 1000mm 1 / 16 字数 / 406千字 印张 / 24.75
版次 / 2014年4月第1版 印次 / 2018年1月第2次印刷 定价 / 59.80元

图书如有印装错误 请寄回印厂调换